多年冻土与铁路工程

丁靖康　韩龙武　徐兵魁　杨永鹏　编著

中国铁道出版社

2011年·北京

内 容 简 介

本书系统总结了我国多年冻土地区的铁路修筑技术，汇集大量科研和实体工程试验观测资料，论述铁路工程稳定性与多年冻土环境的关系，提出维持多年冻土上铁路工程长期稳定的对策。全书分两篇十二章，上篇讲述多年冻土工程地质，对多年冻土地区铁路修筑中可能遇到的工程地质问题进行了讨论；下篇讲述多年冻土上的铁路工程，详细讨论了多年冻土上路基、桥梁、涵洞、房屋、隧道等工程地基基础特殊结构的热设计方法，并对铁路施工和运营中的环境工程地质问题进行了分析，提出了多年冻土环境保护要求。本书对多年冻土地区的铁路设计、施工和运营有重要参考价值。

本书可供冻土工程技术人员和有关大专院校师生参考。

图书在版编目（CIP）数据

多年冻土与铁路工程/丁靖康等编著. —北京：中国铁道出版社，2011. 10
ISBN 978-7-113-13549-2

Ⅰ. ①多… Ⅱ. ①丁… Ⅲ. ①多年冻土-冻土区-铁路工程 Ⅳ. ①U215

中国版本图书馆 CIP 数据核字（2011）第 203835 号

书　　名：多年冻土与铁路工程
作　　者：丁靖康　韩龙武　徐兵魁　杨永鹏

策　　划：江新锡　曹艳芳
责任编辑：曹艳芳　**编辑部电话：**010-51873017　**电子信箱：**chengcheng0322@163. com
编辑助理：江新照
封面设计：崔　欣
责任校对：孙　玫
责任印制：李　佳

出版发行：中国铁道出版社（100054，北京市西城区右安门西街 8 号）
网　　址：http://www. tdpress. com
印　　刷：北京信彩瑞禾印刷厂
版　　次：2011 年 10 月第 1 版　2011 年 10 月第 1 次印刷
开　　本：787 mm×1 092 mm　1/16　印张：27. 25　字数：685 千
印　　数：1～3 000 册
书　　号：ISBN 978-7-113-13549-2
定　　价：138. 00 元

前　　言

我国多年冻土面积约 215 万 km^2，占国土面积的 22. 3%。主要分布在东北的大、小兴安岭和西部的青藏高原。

2006 年，青藏铁路（格尔木—拉萨段）建成通车。这是世界上海拔最高的多年冻土区铁路，通过多年冻土区长度约 550 km。青藏铁路的成功修建是我国多年冻土区铁路筑路技术研究成就的集中体现。

我国多年冻土地区的铁路建设始于 20 世纪 50 年代。自 1952 年开始，在东北大、小兴安岭先后建成牙林线、嫩林线、伊加线和朝乌线等多年冻土区铁路，总长约 1 500 km。1956 年，铁道部第一设计院的勘测设计人员进入青藏高原多年冻土区，开始青藏铁路的勘测设计工作。1960 年，铁道部高原研究所在青海格尔木成立，并在海拔 4 750 m 的风火山北麓建立了我国首座多年冻土定位观测站，修建了 50 m 碎石路基，拉开了青藏铁路多年冻土区筑路技术研究的序幕。1961 年，铁道部科学研究院西北研究所在兰州成立。1962 年，高原冻土铁路修筑的研究正式列入铁道部十年科技发展规划，并交西北研究所组织实施。1965 年，铁道部第三勘测设计院组织开展了东北多年冻土区铁路工程研究。至此，铁路多年冻土研究进入全面发展时期。1984 年，穿越天山多年冻土区的南疆铁路吐鲁番至库尔勒段建成通车，标志着我国多年冻土地区铁路修筑进入了一个新的发展阶段。

半个多世纪来，西北研究所、第一勘测设计院、第三勘测设计院、齐齐哈尔铁路局等单位的冻土工程技术人员，在多年冻土地区铁路修筑技术方面，做了大量研究工作，取得了很多成果。如：块石路基、热棒路基、隔热层路基、通风管路基、遮阳棚（板）路基等特殊路基；桥梁桩基试验与设计计算；房屋架空通风基础；隧道防、排水工程中的泄水隧洞；铁路防冻给水管路与防冻储水池；热棒基础涵洞；冻土区挡土墙的设计和计算等。这些成果均已纳入我国多年冻土区铁路勘察、设计和施工的有关规程规范中，成为我国多年冻土区已有铁路维修、养护和新线设计、施工的依据。

青藏铁路的运营实践表明，采用上述研究成果修建的高原多年冻土区铁路是成功的。这充分说明，我国多年冻土地区的铁路修筑技术已达先进水平。

本书以青藏铁路建设中的工程技术问题为基础，系统总结了我国多年冻土地区铁路修筑中的多年冻土环境工程地质问题和各类铁路工程勘测、设计、施工和运营中的特殊铁路工程技术问题。内容包括多年冻土区铁路选线、建筑选址、冻土地基基础设计原则和计算方法、冻土物理力学参数的确定、热防护措施设计以及冻土环境保护要求等。

谨以此书献给我国多年冻土地区的铁路建设者。

作　者

2011 年 7 月

目　　录

上篇　多年冻土工程地质

上篇　多年冻土工程地质

第1章　概　　论

1.1　全球多年冻土的分布概况

地球陆地总面积约为14 950万 km^2。多年冻土占整个地球陆地面积的1/5，约3 000万 km^2。除大洋洲外，各洲均有分布。主要分布在高纬度的极地和极地附近寒冷地区以及低纬度高山区。北半球，多年冻土主要分布在欧亚大陆、北美洲大陆及北冰洋中的岛屿（包括格陵兰、冰岛等）。南半球，多年冻土主要分布在南极洲及其周围岛屿和南美洲南端的火地岛和福克兰群岛。

从多年冻土的分布和形成条件来看，全球多年冻土可分成两大类：一是处于高、中纬度的大陆多年冻土；二是处于中、低纬度的高山和高原多年冻土。

大陆多年冻土区包括欧亚大陆、北美大陆和南极洲大陆的各多年冻土区。

欧亚大陆多年冻土区包括北欧诸国北部，往东到俄罗斯欧洲部分北部、乌拉尔山及西伯利亚的绝大部地区、蒙古国和中国东北以及阿尔泰山地区。欧亚大陆多年冻土区的南界在亚洲最南可达45°~46°N，其分布面积约1 000万 km^2。

北美大陆多年冻土区包括美国阿拉斯加和加拿大一半以上的国土以及格陵兰岛和北冰洋中的大多数岛屿。

高山和高原多年冻土区包括欧亚大陆多年冻土区以南的天山、帕米尔、青藏高原及欧洲的高加索、阿尔卑斯山、比利牛斯山等多年冻土区和南美洲安第斯山、新西兰库克山、非洲乞力马扎罗山等多年冻土区。

位于欧、亚大陆北部，北极圈附近的俄罗斯、中国和北美大陆北部的加拿大、美国，是世界上多年冻土分布最广的国家。俄罗斯多年冻土分布面积约1 000万 km^2，占俄罗斯国土面积的58%，是世界上多年冻土分布最多的国家；其次为加拿大，多年冻土面积约490万 km^2，占加拿大国土面积的49%；我国多年冻土面积约215万 km^2，占国土面积的22.3%，在世界多年冻土国家中占第三位，其中，高海拔多年冻土面积居世界之最，主要分布在东北高纬度地区的大、小兴安岭和松嫩平原北部及西部高山和青藏高原。美国多年冻土面积约140万 km^2，占美国国土面积的15%，集中分布在阿拉斯加地区。此外，在挪威、瑞典、芬兰、冰岛、智利等国家，多年冻土也有零星分布，但面积很小。南极洲的绝大部分位于南极圈内，面积约1 405万 km^2，由大陆、陆缘冰和岛屿组成，大陆面积约1 239万 km^2，98%为冰覆盖。冰层平均厚度2 000 m，最大厚度4 750 m。裸露的大陆仅见于周边地区。格陵兰岛的绝大部分位于北极圈（纬度66°33′23.9″）以内，面积约217万 km^2，82%的面积为冰覆盖，冰层平均厚度1 500 m，最大厚度3 410 m。

综上所述，世界多年冻土主要分布在：俄罗斯、加拿大、中国、美国、挪威、瑞典、芬兰、蒙古等国家。季节冻土和冰缘现象发育的主要国家有：日本、波兰、法国、德国、印度、捷克、匈牙利等。

1.2　多年冻土的形成与发展

冻土是在岩石圈—土壤—大气圈之间的热、质交换过程中形成的。多年冻土是在特定气候条件下，大气圈与地表之间长期相互作用的结果。

众所周知，地表土壤、岩石层中的热量，来自太阳的短波辐射和岩石圈下部的高温塑流地幔层以及地壳岩层放射性元素的衰变。地幔和岩石圈中的热量，以热流 q 通过地壳岩石，源源不断地向地面传输，并散发至大气中。到达地表的太阳短波辐射（包括直接辐射和散射辐射），在去掉地表的反射辐射和有效长波辐射后，地面得到的是净辐射热能 Q_j。因此，地表土壤、岩石层获得的热量为 Q_j 与 q 之和。这些热量主要消耗于大气与地表间的湍流热交换、水分蒸发耗热、和地面与地中的热交换（地中土的升温或冷却、水的相变等）。

在这种热、质交换过程中，如果地表土壤、岩石层（10 m 至数百米）连续多年获得的能量小于失去的能量时，则形成多年冻土。

太阳辐射是地表热量的主要来源，是影响多年冻土发育的主要因素。通过太阳辐射和地表能量平衡观测，可正确判定、评价多年冻土的发展趋势。

多年冻土的保存与发展，取决于地表与地中的热交换。在一个接触层热交换周期中（寒季和暖季），地表放出的热量等于或大于吸收的热量时，多年冻土得以保存和发展。否则，多年冻土将衰退和消亡。

1.3　多年冻土地区的铁路

多年冻土地区的铁路建设始于 19 世纪晚期。俄罗斯是在多年冻土地区进行铁路建设最早的国家。目前，俄罗斯在多年冻土地区已修筑了 7 条干线铁路，通过多年冻土地区长度达 10 000 km 以上。1892 年俄罗斯开始修建第一条西伯利亚大铁路，即后贝加尔铁路。该线全长 9 446 km，穿越多年冻土地区约 2 200 km，1902 年建成通车。20 世纪 70 年代，又开始修建第二条西伯利亚铁路，即贝阿铁路。该铁路西起贝加尔湖北部的乌斯季库特，东至阿穆尔河（黑龙江）下游的共青城，全长 3 500 km，通过多年冻土地区长度约 2 500 km，于 1984 年建成通车。目前正在修建的别尔卡基特—托莫特—雅库茨克铁路全长 818 km，几乎全部位于多年冻土区。另外，秋明经苏尔古特至乌连戈叶、沃尔格达至沃尔库塔、彼尔姆至谢尔吉斯克、卡尔波戈雷至阿拍吉特几条南北向铁路干线，几乎全部从多年冻土地区通过，铁路北端已进入北极圈。

加拿大在二战期间，开始在多年冻土地区修建铁路。目前，加拿大在多年冻土地区共有铁路五条，即：埃得蒙顿—丘吉尔港（哈得森弯）；利贾纳—海利克（大努湖）；梅尼埃港—谢费维尔；迫斯—林莱克；锡基特波蒂奇—林莱克。五条铁路穿越多年冻土区长度约 2 000 km。

美国在 1904 年开始修建从阿拉斯加南部港口苏瓦德至中部城市费尔班克斯的阿拉斯加铁路，线路总长 756 km，通过多年冻土地区长度约 350 km。

我国多年冻土区铁路总长约 1 900 km，主要集中在东北大兴安岭多年冻土区和青藏高原多年冻土区。计有：青藏线（多年冻土区线路长度约550 km）；牙林线（约350 km）；嫩林线（约470 km）；潮乌线（约90 km）；伊加线（约230 km）、林碧线（约80 km）、塔韩线（约80 km）等。穿越天山的南疆铁路，亦有约50 km线路通过天山多年冻土区。

其他国家在多年冻土地区建设的铁路就比较少了。在北极圈内，挪威有铁路约180 km；瑞典有铁路约300 km；芬兰有铁路约420 km。

在南美洲秘鲁、智利和波利维亚三国交界的安第斯高原（海拔4 000 m以上）上，有三条高原铁路，即：秘鲁的中央铁路；智利的堪拉浩雪铁路（从智利沿海港口安托法加斯塔至波利维亚高原城市乌尤尼）；波利维亚的波托西支线铁路。其中，堪拉浩雪铁路最高点海拔4 825.2 m，但由于该处纬度在南纬20°附近，多年冻土的分布下界应在5 000 m以上。故三条铁路都未通过多年冻土区。

1.4 多年冻土地区筑路的特殊工程地质问题

多年冻土地区的铁路运营实践表明：多年冻土地区的铁路建筑，必须运用特别的设计理念、选择合理型式的基础和地基处理方法、采用特殊的施工工艺，才能确保和维持铁路工程的长期稳定。否则，多年冻土上的铁路工程必然会出现大量变形，甚至破坏。

多年冻土地区铁路工程的设计、施工和运营，需要考虑和解决的核心问题是：（1）在采用保持地基多年冻土冻结状态原则设计时，应选用合理的建筑结构和基础类型，通过特殊的施工方法，来保持地基多年冻土的冻结状态，维持地基多年冻土的地温在施工和运营期间始终在设计允许的变化范围内。（2）允许地基多年冻土在施工和运营期间融化时，应控制地基的融化下沉速率和下沉总量始终在设计允许范围内。

多年冻土地区的铁路工程地基基础系统，是位于地表半无限热力学系统中的一个子系统。即多年冻土地区的铁路工程地基基础系统，首先是一个热力学系统，维持多年冻土上铁路工程稳定的问题，首先是一个热工问题。在铁路的施工与运营期间，应保证系统与外界的热交换，不影响铁路工程地基基础的热学稳定，这是多年冻土地区筑路与一般地区不同的地方。

冻土是一种含有冰的多相岩体，在负温条件下，其强度和变形特性与一般软岩相比，具有良好的工程性质。但随着土温的升高，冻土的工程性质迅速变化，冻土工程的可靠度（稳定性）迅速降低。在地基多年冻土融化时，很多情况下，将引起建筑物的大量变形，甚至破坏。冻土中，冰和未冻水的存在，使冻土具有明显的流变特性。多年冻土地区严寒的气候和特殊的水文地质条件，使冷生过程和冷生现象发育。

经验表明，在多年冻土地区，许多严重的工程问题都是由高含冰量多年冻土的生成与退化引起的。地基高含冰量多年冻土的融化，将使地基失去承载能力，引起建筑物的变形和破坏。地基中高含冰量冻土的生成，将引起建筑物的严重冻胀变形。

多年冻土地区的工程施工，将影响多年冻土地区许多自然过程的发展速度和规模，特别是对冻结和融化过程及其伴生现象的影响尤为明显。施工活动对多年冻土的影响可以是直接的，也可以是间接的。多年冻土地区的工程活动引起的环境工程地质问题主要有：多年冻土的衰退和融化；热喀斯特、地面沉陷、热融滑塌发育；冰锥、冰丘活动加剧；活动层厚度加大，地下水位下降，植被衰退，土地荒漠化加剧等。

近 30 多年来，全球气温升高和人类经济活动加剧给多年冻土环境带来的影响是巨大的。我国的多年冻土出现了明显衰退，由此产生的环境工程地质问题，给多年冻土地区铁路工程建设造成的损失也是巨大的。

多年冻土环境的热敏感性和冻土的特殊工程性质，使得多年冻土地区的铁路工程建设过程复杂化。为维持多年冻土上铁路工程的稳定，除设计合适的冻土工程结构和基础形式外，还要求采用保护多年冻土环境的特殊施工方法。100 多年来的多年冻土地区筑路经验表明："没有多年冻土环境的热稳定，就没有多年冻土上铁路工程的稳定。"稳定的多年冻土环境是维持多年冻土区铁路工程热、力学稳定的前提。

多年冻土环境是地质历史变迁与现代气候变化的产物。存在于大气、植被、活动层和多年冻土间的热平衡状态，是上述变迁和变化的结果。维持、改善现有热平衡状态，提高多年冻土环境的热稳定性，则多年冻土是相对稳定的。

多年冻土工程地质条件与多年冻土环境特征密切相关。多年冻土环境，决定着多年冻土的特征、分布和埋藏条件；决定着冻土的构造特征和物理力学特性；决定着冻土区冷生过程与现象的发育程度。国内外多年冻土区铁路工程的运营实践表明：要维持多年冻土区铁路工程的稳定，必须根据铁路通过地带多年冻土环境的特点，采用不同的、合理的环境保护措施，来确保多年冻土环境的热稳定。

100 多年来，尽管冻土工程师们，在多年冻土地区铁路选线、建筑结构与地基基础设计、施工等方面，作了大量的研究，采用了许多新的结构与热防护措施，但多年冻土区铁路路基工程的病害发生率仍维持在 20% ~40% 。据 1996 年俄罗斯铁路部门对后贝加尔铁路（西伯利亚大铁路）多年冻土地区路基冻融病害的调查，其病害率竟达 40. 5% ；据 1994 年调查，贝阿铁路路基的病害率，亦达 26. 7% ；我国大兴安岭地区铁路线路的病害率也在 30% 以上。

在多年冻土地区的工程活动中，要正确、全面评价多年冻土环境对工程的影响是困难的。例如，1976 年，美国修建阿拉斯加输油管线工程时，由于对多年冻土的影响估计不足，致使工程建设费用由最初预算的 10 亿美元，增加至决算时的 80 亿美元。在阿拉斯加州，每年用于道路工程的养护费用约 80 亿美元，其中 20% 的支出与多年冻土有关。这就充分说明，认识多年冻土环境的特殊性，加强对铁路工程与多年冻土环境相互影响的研究，于多年冻土地区铁路工程建设是多么重要。

多年冻土地区筑路将遇到以下主要冻土工程地质问题。

（1）地基多年冻土的衰退和融化对铁路工程的危害；

（2）地基活动层土体冻结、融化过程对铁路工程稳定性的影响；

（3）不良冻土现象对铁路工程的危害。

尽量减少对现存地表状态（植被覆盖、水体分布、沼泽湿地分布、裸露地表的岩性成分和密实度等）的破坏和对地基多年冻土的热干扰，是维持冻土工程稳定的重要方法。缺少对多年冻土环境和冻土工程特性的充分认识，将导致极高的施工和养护费用，有时甚至使工程毁坏而不得不废弃重建。

多年冻土地区铁路建筑技术的核心问题，是铁路工程基础合理型式的选择和多年冻土地基的正确处理。多年冻土地区铁路工程的设计和施工，常采用以下方法。

（1）合理选择铁路线路：充分考虑多年冻土工程地质条件的特殊性，为提高铁路工程的稳定性，应将线路布置在多年冻土热稳定性好，向阳、干燥的低含冰多年冻土分布地带；避开不良冻土现象、地下水发育地带和高含冰量多年冻土分布地带。

（2）选择良好的站后工程建筑场址：多年冻土地区建筑物的选址，对建筑物的长期稳定有重要意义。地基良好的冻土工程地质条件是冻土工程稳定的基本保障。

（3）减小和消除地基活动层土冻融循环过程对铁路工程建筑物的影响：施工前，采用热学、力学等物理化学方法对地基土进行改良和处理，使地基活动层土体具有良好的抗冻融循环性能；采用适应多年冻土环境特点的合理基础型式；采用柔性结构等能适应大变形的建筑结构。

（4）控制地基土的热状态，防止地基多年冻土衰退：保护好多年冻土环境，在建筑物施工和运营期间，把地基多年冻土的热状态控制在允许的变化范围内，来保持铁路工程的稳定。

（5）合理组织施工，采用快速施工方法：尽量减少地基多年冻土的暴露时间，是减少施工热干扰的有效方法。因此，多年冻土地区铁路工程的施工，应尽量采用“爆破开挖、快速施工”方法，并加强施工场地排水和暴露多年冻土的临时隔热防护，以减少对地基多年冻土的热干扰，加速工程—地基系统热平衡的恢复，提高铁路工程的稳定。

多年冻土地区的铁路建设已有100多年历史。在这100多年的铁路设计、施工和运营中，积累和总结出了不少成功的经验，使今天多年冻土地区的铁路建设得以蓬勃发展。但由于多年冻土环境的复杂性及当今全球气候转暖，在多年冻土出现严重衰退条件下，如何维持多年冻土地区铁路工程的长期稳定，仍是一个值得关注和探讨的问题。

第2章　我国多年冻土的分布和特征

2.1　我国多年冻土的类型和分布

我国多年冻土的类型与分布如图 2-1 和表 2-1 所示。

我国是世界上主要的多年冻土国家，多年冻土面积约 215 万 km^2，居世界第三位，其中，高海拔多年冻土面积居世界之最，主要分布在东北高纬度地区的大小兴安岭、松嫩平原北部、蒙古高原和西部高海拔的青藏高原以及西部、东部的部分高山区（图 2-1）。

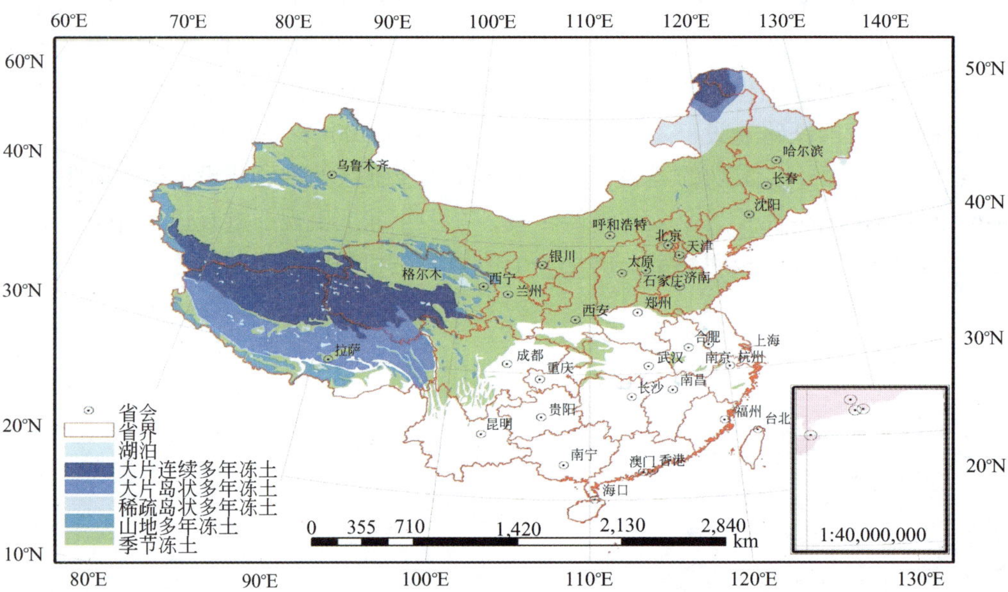

图 2-1　我国多年冻土分布及类型

图 2-1 中东北和西南的两大片深蓝和浅蓝色部分和星点分布的浅蓝色斑点就是我国的多年冻土。从图可以看出，我国的多年冻土主要分布在我国的西部高原和高山地区；东部平原和中、高山区，除北纬 50°附近的高纬度地区有大片多年冻土分布以外，其余地区仅有少量多年冻土分布。即我国的多年冻土主要有两大片：西部高海拔的青藏高原多年冻土和东北高纬度的大、小兴安岭多年冻土。其余的多年冻土则分散分布在我国西部和东部的部分高山区。

多年冻土的存在和分布是地质历史变迁和近代气候变化的产物。影响和决定多年冻土形成和发展的因素有：气候条件、地形、地貌和地质构造等。其中，气候条件对冻土的形成和发展有着重要影响。在高纬度和高海拔地区，严寒的气候条件（年平均气温低于 0 ℃），是多年冻土生成和保存的基本条件。在我国三大气候区（东部季风区、西北干旱区和青藏高寒区）中，多年冻土均有分布。在三大气候区进一步划分的 12 个气候带中，多年冻土主要分布在寒温带、中温带北部和高原寒带、高原亚寒带及高原温带五个寒冷气候带中，这些气候带的自然景观和主要气候要素如表 2-2 所示。

表 2-1　我国多年冻土的分布和特征

多年冻土类型		分布地域	多年冻土面积（$\times 10^4$ km^2）	年平均气温（℃）、（拔海高度(m)）	多年冻土年平均地温（℃）
高纬度多年冻土		东北大、小兴安岭	38～39	−2.0～−4.0（500～1 500）	−0.5～−2.5
高海拔多年冻土	高山多年冻土	阿尔泰山	1.1	−4.4～−8.4（2 200～2 800）	−0.5～−4.0
		天山	5.3	<−2.0（2 700～2 800）	
		祁连山	8.5	<−2.0	
		横断山	0.7～0.8	−2.2～−3.9（4 600～4 900）	
		喜马拉雅山	7.5	<−2.5～−2.0（4 900～5 000）	
		黄岗梁山		<−2.9（1 500 以上）	
		长白山	0.7	<−2.0～−3.0（1 800 以上）	
		太白山		<−2.0～−3.0（3 100～3 200）	
	高原多年冻土	青藏高原	150	−2.0～−7.0（4 300 以上）	−0.5～−3.0

表 2-2　我国多年冻土分布地区的自然景观和主要气候要素

气候带		地　貌	植被、土壤	太阳年总辐射（MJ/m^2）	年平均气温（℃）
Ⅰ	寒温带	大兴安岭北部台原、低山与中山	针叶林，漂灰土	<4 606（东部）	<−4
Ⅱ	中温带	大兴安岭中山、低山；小兴安岭低山、丘陵；天山	针叶、阔叶混交林，草原黑土	4 606～5 443（东部）；5 443～6 700（西部）	−4～8
Ⅹ	高原寒带	藏北台原北部（唐古拉山与昆仑山之间），海拔 4 800～5 100 m	高寒荒漠、高山草原	6 700～10 050	−2～−4 或更低
Ⅺ	高原亚寒带	藏北台原南部，海拔 3 400～4 800 m	高山草原、高山草甸	6 280～10 050	0～−4 或更低
Ⅻ	高原温带	喜马拉雅极高山、藏东川西山原、柴达木盆地	亚高山草原、高山草甸、亚高山森林草甸	>10 050（阿里）；5 025～5 443（藏东）；4 606～6 280（川西）；6 280～7 118（柴达木）	0～6 或低于 0

地质构造和地形、地貌对冻土形成和发展的影响，主要表现在地形（高山、河谷平原）、地貌（包括植被和雪盖）不同，地表得到的太阳辐射能量不同，因而，多年冻土的发育程度不同。如：山区较之河谷平原，气温要低，寒季要长，多年冻土的年平均地温要低，

厚度要大；阴坡较之阳坡，由于获得的太阳辐射能量较少，多年冻土的年平均地温要低，厚度要大；植被覆盖良好地段较之裸露地段，由于植被叶面蒸腾、光合作用耗热大，地表暖季获得的太阳辐射能量较少，多年冻土的年平均地温要低，厚度要大。地质构造和岩相（热物理性质变化）不同，地中热流的大小不同。在地质构造带，岩浆和地下水活动频繁，地中热流 q 大，多年冻土的年平均地温较高，厚度要小；岩石圈的年代越古老，放射性元素的衰变越弱，q 越小，多年冻土的年平均地温要低，厚度要大。即地形、地貌和地质构造对多年冻土的温度和厚度都有重要影响。

根据多年冻土的生成和保存条件，我国的多年冻土大体可以划分为高纬度多年冻土和高海拔多年冻土两种类型。

（1）高海拔多年冻土

我国的高海拔多年冻土主要分布在我国西部的青藏高原和西部、东部的部分高山区。因此，高海拔多年冻土又可划分为高原多年冻土和高山多年冻土。高原多年冻土分布在西部青藏高原；高山多年冻土主要分布在西部的阿尔泰山、天山、祁连山、阿尔金山、横断山、喜马拉雅山以及东部的太北山、五台山、长白山、黄岗梁山等高山区。

青藏高原是新构造运动强烈的地区，南北跨越近 10 个纬度，东西横穿约 26 个经度，其面积约 200 万 km^2。高原地势高耸，海拔平均在 4 000 m 以上，高原腹部地区，海拔高度达 4 500 m 以上。青藏高原特有的海拔高度，决定了它具有 −3.0 ℃ ~ −7.0 ℃的年平均气温，这就为高原多年冻土的形成和保存，提供了必要的低温条件。青藏高原多年冻土区是世界中、低纬度地带海拔最高、面积最广的冻土区，多年冻土面积约占我国多年冻土区面积的 72% 。

青藏高原地势西北高、东南低，西北部寒冷干燥，东南部较温暖湿润。因而，高原西北部多年冻土最为发育，呈连续分布，年平均地温低、厚度大，为大片连续多年冻土区。从西北向东南，随纬度和海拔高度的降低，气温升高，多年冻土由大片连续分布过渡为岛状分布。

高原地区河流下切强烈，第四系沉积多为粗颗粒砂卵石土和碎石土。

高山多年冻土的分布受纬度和海拔高度控制。翻开中国地形图，横断山脉以西的西部高原，有阿尔泰山、天山、祁连山、喜马拉雅山等诸多大山系分布。在东部中、高纬度地区有秦岭、太行山、长白山等高山分布，在这些山系的顶峰及其相邻地区，当由纬度和海拔高度决定的气候条件适合多年冻土的生成和保存时，则有多年冻土分布。

高山多年冻土的分布下界受纬度控制，随纬度的降低，多年冻土的分布下界升高。

（2）高纬度多年冻土

我国的高纬度多年冻土集中分布在我国东北的大、小兴安岭地区，是欧亚大陆高纬度多年冻土区的南部边缘。

大兴安岭为北东 ~ 南西走向，小兴安岭为北西 ~ 南东走向，两山呈“人”字形分布，其地势整体呈现西北高、东南低。大兴安岭东坡较陡峻，西坡则是较为平缓的丘陵山地，海拔高度在 600 ~ 1 400 m；小兴安岭山势较平缓，海拔在 500 ~ 800 m。由于高纬度地区气温具有明显的随纬度升高而降低的特性，故该区多年冻土的分布和特征也具明显的纬度地带性。自南而北，随着纬度的升高，年平均气温降低，多年冻土的年平均地温降低，多年冻土厚度增加，分布面积逐渐增大，多年冻土的连续性由岛状分布，逐渐过渡为大片连续分布。

我国多年冻土的总面积约215万km^2，占我国国土面积的22.3%。其中：

① 高纬度低海拔多年冻土：约39万km^2；

② 高原多年冻土：约150万km^2；

③ 高山多年冻土：约26万km^2。

2.2　我国多年冻土的基本特征

总体来看，我国的多年冻土具有以下基本特征：

（1）多年冻土的年平均地温高，厚度小，热稳定性较差、连续性较差；

（2）我国大、小兴安岭的多年冻土环境与青藏高原的多年冻土环境有着明显差别。因而，两地的“多年冻土工程地质条件”具有不同的特点。

大、小兴安岭多年冻土区为森林、草原覆盖的地势平缓的低山、丘陵（图2-2）区。该区具有湿润多雨、地表水发育、河流蛇曲，沼泽、湿地发育，第四纪沉积多为残积、坡积、洪积细颗粒土和碎石土；青藏高原多年冻土区则是高原荒漠（图2-3）地区。具有干旱少雨、新构造运动活跃，地势高耸，中、高山与平原相间，山区地形割切严重，平原地形平坦开阔，植被稀疏，第四纪沉积多为冲积、冰水沉积的粗颗粒土。这种冻土环境的差异，决定了两地多年冻土的分布和特征不同，多年冻土工程地质条件不同：在大、小兴安岭多年冻土区，饱水细颗粒土的冻融循环，会使冷生过程和不良冻土现象发育，从而给铁路工程建设和运营带来更多的冻土环境工程地质问题；而在青藏高原多年冻土区，少水干燥粗颗粒土的冻融循环过程相对缓和，铁路工程建设和运营遇到的冻土环境工程地质问题则相对较少。

图2-2　大兴安岭多年冻土区的地形、地貌

图2-3　青藏高原多年冻土区的地形、地貌

2.2.1　高纬度低海拔多年冻土

我国东北高纬度、低海拔多年冻土区位于北纬46°30′和53°30′之间，海拔高度从几百米至1 400 m，面积约38.8万km^2，其分布如图2-4所示。

该多年冻土区的自然景观可分为以下四个区：大兴安岭北部和中部的针叶林区；小兴安岭的针、阔叶混交林区；松嫩平原森林草原区以及呼伦贝尔—锡林郭勒高原干旱、荒漠草原区。

多年冻土的发育特征与分布，受以下环境条件的制约。

（1）气候条件

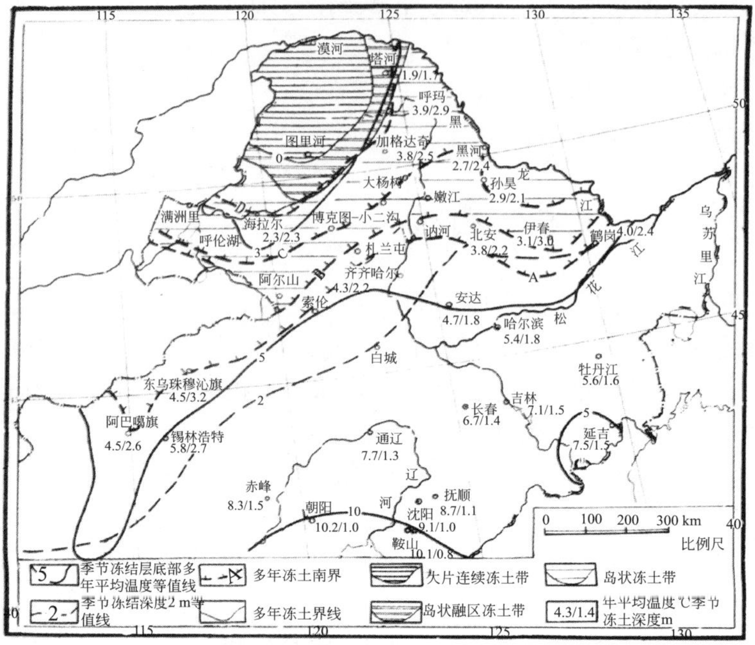

图 2-4　大、小兴安岭多年冻土分布及未来南界变动预测

A—100 年前南界位置；B—现今南界位置；

C—气温升高 1℃时的南界位置；D—气温升高 3 ℃时的南界位置。

该多年冻土区位于我国气候区的寒温带和中温带北部。气候严寒、干燥，冬季漫长，夏季短促，年平均气温低，年较差大，属大陆性季风气候。从多年冻土南界向北，年平均气温从 0 ℃ ~ 1.0 ℃ 降低到 −5 ℃ ~ −6 ℃（图 2-5）；气温年较差从 35 ℃ 递增到 50 ℃ 左右；降水量由 500 ~ 600 mm 减少到 200 ~ 300 mm 以下。冬季，该区气候受西伯利亚和蒙古高压控制，冷空气长驱直入大、小兴安岭，使得该区气温大幅度下降，与同纬度的新疆地区相比，气温要低 5 ℃ ~ 14 ℃。

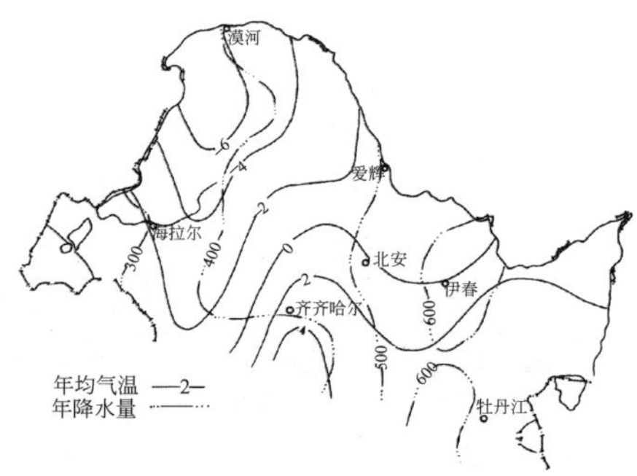

图 2-5　大、小兴安岭年平均气温（℃）、降水（mm）等值线图

夏季，南来的暖湿气流与北来的冷空气在本区交汇，形成多雨天气，使 80% ~ 90% 的降雨量都集中在夏季，在一定程度上抑制了气温升高。因而，东北夏季气温比同纬度的新疆地区要低 1 ℃ ~ 7 ℃。大、小兴安岭较低的年平均气温是该区多年冻土得以发育和保存的基本条件，也是欧亚大陆多年冻土南界能在本区明显向南突出的主要原因之一。

另外，冬季（11 月中旬至翌年 2 月底），该区大气逆温层的广泛分布，是大、小兴安岭地区气候的另一特点。这是受西伯利亚、蒙古高压控制的结果。逆温层中心约位于俄罗斯雅库茨南部山地。逆温层的厚度在西伯利亚山地约达 1 200 ~ 1 500 m，逆温梯度（1.5 ~ 2.0）℃/100 m。进入我国境内逆温层厚度为 500 ~ 1 000 m，其逆温梯度：漠河为 1.0 ℃/100 m，嫩江为 0.8 ℃/100 m，海拉尔为 0.5 ℃/100 m（1961 年）。冬季逆温层的广泛分布，对大、小兴安岭多年冻土特征地域差异的形成和发育有着重要影响。

（2）植被覆盖

植被覆盖对大、小兴安岭多年冻土的发育特征和分布有着重要影响。大、小兴安岭地区绝大部分地面都为森林、灌木、苔草、苔藓层所覆盖。植被的蒸腾和光合作用，要消耗来自太阳的大量辐射热能，其表面温度是较低的，加上植被生长有机层的隔热，使传入地中的太阳辐射热量大为减少。据有关观测资料，夏季晴天时，密集塔头草覆盖地面的温度比裸露地面要低 16 ℃ ~22 ℃（图 2-6）。植被覆盖地表的这种热特性，对该区多年冻土的发育和保存是很有利的。

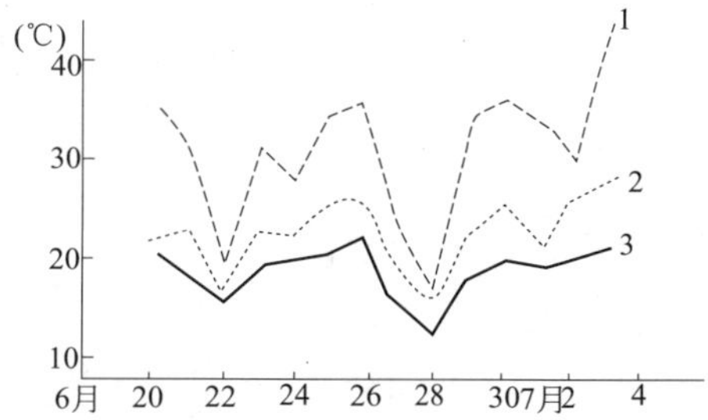

图 2-6　大兴安岭北部裸露地面与植被覆盖地面温度（14 时）的比较

1—裸露地面；2—14 时气温；3—塔头草覆盖

（3）地形、地貌

大、小兴安岭多年冻土的分布和特点与地形、地貌特征有密切关系。大、小兴安岭的地形、地貌是地壳在内、外营力长期作用下，经褶皱、断裂等构造运动和侵蚀、夷平等地貌过程而形成的。大兴安岭为北东 ~ 南西走向，小兴安岭为北西 ~ 南东走向，两山呈“人”字形分布，贯穿整个地区，其地势整体呈现西北高、东南低，嫩江、贝尔茨河从中部穿过。中段的阿尔山、伊尔施至卓尔河一带，地势较高，海拔 1 000 ~1 400 m；北部的满归、古莲地段，则地势较低，海拔 500 ~600 m。大、小兴安岭地形的不对称性，使得阴、阳坡面松散物质沉积、水分、植被、温度等出现较大差异，这对多年冻土的分布与保存有着重要影响。

（4）地质构造

大、小兴安岭在地质构造上属于兴安海西褶皱带。该褶皱带是在古生代经海西运动形成的。大兴安岭由几组平行的北东 ~ 南西向复背斜、复向斜和几组北东 ~ 南西向深大断裂组成。小兴安岭则为北西 ~ 南东向褶皱组成。中生代以后，又经燕山运动和喜马拉雅运动，火山活动频繁，因而，大、小兴安岭地区的基本岩层多为岩浆岩，岩性主要为花岗岩、流纹岩、玄武岩等，沉积岩及变质岩仅有少量分布。该区自第三纪末以来，在老构造的基础上一直处于缓慢抬升，长期受到剥蚀和夷平。第四纪沉积，在山顶只有 1 ~2 m 的残积碎石、角砾夹亚黏土、亚砂土；山麓、山间谷地、盆地则沉积着 10 ~15 m 不等厚度洪积、坡积型粉土、粉质黏土夹碎石、砂砾等。长期相对稳定的沉积环境，赋予植被良好的生长条件，坡地表层沉积着厚度 1 ~3 m、河谷阶地达 5 m 的腐殖质土和泥炭。这种良好的地质环境非常有利于多年冻土的发育与保存，在一些潮湿的细颗粒土地段和饱水泥炭地段，甚至在年平均气温高达 0 ℃ ~1 ℃条件下，仍有岛状多年冻土和厚层地下冰存在。

在上述因素影响下，大、小兴安岭地区的多年冻土具有以下特点：

（1）多年冻土的分布和特征受纬度控制，即具明显的纬度地带性。

在该多年冻土区，自南而北，随着纬度的升高，年平均气温降低，多年冻土的年平均地温降低，多年冻土厚度增加，分布面积逐渐增大。多年冻土的连续性由零星分布、岛状分布，逐渐向大片连续分布变化，多年冻土中的融区逐渐减少。

（2）多年冻土的特征还受海拔高度影响。

在西北部的大兴安岭中、高山地区，多年冻土比东南部的小兴安岭低山丘陵区更为发育。西北部中、高山区的多年冻土，其年平均地温较低、厚度较大、连续程度较高。

（3）多年冻土区中的多年冻土面积从南往北从 10% ~20% 增至 70% ~80%。

（4）多年冻土年平均地温从南往北从 0 ℃ ~ −1.0 ℃降至 −1.0 ℃ ~ −2.0 ℃，最低可达 −4.0 ℃左右。

（5）多年冻土厚度：从南往北，从 5 ~20 m 增至 60 ~70 m，最厚可达 120 m 以上。

（6）地温年变化带厚度一般 12 ~16 m，以 14 ~15 m 居多。

（7）受冬季逆温层的影响，在同一局部地区，植被发育的山间低地、沼泽湿地地段，多年冻土往往最为发育，而在高地和山顶，多年冻土则处于衰退状态或缺失。

根据大、小兴安岭多年冻土的分布规律和发育特征，可对其进行如下冻土工程地质分区：岛状融区多年冻土区（Ⅰ）；岛状多年冻土区（Ⅱ）；零星岛状冻土区（Ⅲ）（图2-4，表2-3）。

表 2-3　大、小兴安岭多年冻土的工程地质分区及特征

多年冻土分区	年平均气温（℃）	年平均地温（℃）	多年冻土所占百分比（%）	多年冻土厚度（m）
岛状融区冻土区（Ⅰ）	< −5	−3.2 ~ −1.5	65 ~75	50 ~100
岛状冻土区（Ⅱ）	−3 ~ −5	−1.5 ~ −0.5	40 ~55	20 ~50
零星岛状冻土区（Ⅲ）	0 ~ −3	−1.0 ~0	5 ~30	5 ~20

以下为各区多年冻土的基本特征。

（1）岛状融区多年冻土区（Ⅰ）

岛状融区多年冻土位于大兴安岭西坡北部的最北部边陲，为年平均气温 −5 ℃线所包围的地区，面积约 5.16 万 km^2。西、北以额尔古纳河、黑龙江为界，西南沿着莫尔道嘎、得尔布尔一线至图里河，东边沿大兴安岭岭脊线东侧向北至漠河一带。该区气候严寒，年平均气温在 −3.8 ℃ ~ −6 ℃以下，气温年较差可达 46 ℃ ~48 ℃，冻结指数大于 3 600 ℃ · d，冻结期长达 7 个月，属寒温带。多年冻土呈大片分布，连续率可达 75% 左右。除河床下没有冻土外，基本都有多年冻土分布。但在裸露或树木稀少的阳坡和海拔高度低于 700 ~800 m 的山顶，往往没有多年冻土存在。由于坡向、植被发育程度、第四系松散层厚度等的不同，多年冻土厚度、温度及地下冰等都具有较大的变化。山间河谷及沼泽洼地和低阶地地带的冻土厚度可达 60 ~80 m，最厚可超过 90 ~120 m；多年冻土年平均地温一般为 −1.5 ℃ ~ −2.5 ℃，最低可达 −3.2 ℃。从年变化深度至 50 m 深处的地温梯度约为 0.05 ~0.06 ℃/m 左右；50 m 以下至冻土下限为 0.03 ℃/m 左右。

该区多年冻土的上限埋深具有如下特点：在植被覆盖良好地段为 0.5 ~1.0 m；覆盖条件一般地段为 1.0 ~2.0 m；覆盖条件差的地段为 1.5 ~2.5 m。

该区的山间盆地底部、沼泽、湿地、低阶地及河漫滩等地段，往往是多年冻土最发育、地下冰最多的地段。地下冰层厚度由几厘米至 1 ~2 m，向下延续深度可达十几米。此外，多年冻土中裂隙冰也很发育，一般厚度 1 ~5cm。

（2）岛状多年冻土区（Ⅱ）

岛状多年冻土区为年平均气温 −5 ℃和 −3 ℃等值线所包围的地带，呈半环状，即岛状融区多年冻土区的东南部地区，面积约 5.6 万 km^2。该区多年冻土的连续率为 40% ~55%。除大、中河流河床及深大断裂充水带属于融区外，在部分小河河床下以及植被稀少和裸露的阳坡也出现融区。多年冻土主要分布在山间谷地、阴坡和半阴坡、沼泽湿地等地段，厚度一般20～50 m，多年冻土年平均地温为 -0.5 ℃～ -1.5 ℃。多年冻土上限埋深为0.5～2.5 m，层状地下冰和裂隙冰较为发育。

（3）零星岛状多年冻土区（Ⅲ）

零星岛状多年冻土主要分布在大兴安岭东南和小兴安岭地区。为年平均气温 -3 ℃等值线和0 ℃等值线所包围的地区，总面积约2.6万 km^2。在零星岛状多年冻土区，由北向南多年冻土的分布面积，由30%逐渐减少至小于5%。

该区多年冻土多存在于草甸，塔头草发育的沼泽、湿地、洼地以及阴凉的山前缓坡中。阳坡和山顶通常很少发现有多年冻土；在黑河至北安的高等级公路沿线的沼泽湿地中都发现有多年冻土岛存在；即使在南界的北安，厚层泥炭覆盖的沼泽湿地亦见有多年冻土岛。多年冻土厚度的变化，总的规律是由南界往北随纬度升高而增大。受地质、地理因素的影响，即使同一谷地，因岩性、植被、地质构造、地表水、地下水、坡向等条件不同，多年冻土厚度也有较大的变化。一般说，多年冻土厚度最大的地段，是植被覆盖良好的沼泽湿地中央。

从空间分布看，该区的岛状多年冻土可分为衔接的和不衔接的。衔接岛状多年冻土分布在该区的北部，南部则为不衔接多年冻土。

零星岛状多年冻土具有以下工程地质特点。

① 多年冻土的年平均地温高，北部的衔接多年冻土，一般在 -0.5 ℃～ -1.0 ℃；南部的不衔接多年冻土，一般为 -0 ℃～ -0.5 ℃。因而，热稳定性差。

② 多年冻土厚度较小，最小仅几米，最大不超过30 m，一般在7～15 m。

③ 岛状多年冻土的上限埋深具有以下特点：在北部的衔接多年冻土地段，其上限埋深一般为1.0～2.5 m；植被覆盖较差的河漫滩地段，上限可达3.0～3.5 m。在南部的不衔接多年冻土地段，其上限埋深一般在5～7 m，最大可达10 m以上。

④ 多年冻土岛的面积较小，一般在数百平方米至数千平方米。尤其是在该区的南部边缘地带，冻土岛的面积小到有时一栋房屋不得不采用两种地基，即不得不把一幢房屋的基础同时放在冻土和融土地基上。

在全球气候转暖背景下，目前，大、小兴安岭地区的多年冻土处于衰退状态。主要表现在：多年冻土的年平均地温升高，厚度减小，融区面积增大，热稳定性较差，大多属于不稳定多年冻土。

多年冻土地区现存的冻土环境是大气圈—活动层—多年冻土之间长期热量平衡过程的结果。在现存气候、地形地貌、植被、水文和水文地质条件下，大、小兴安岭地区的多年冻土环境是相对稳定的。但这种"稳定环境"是脆弱的，一经破坏，难以恢复，有的甚至永远无法恢复。

植被和水屏障（沼泽、湿地）是多年冻土环境要素中最重要的因素，在大气圈—活动层—多年冻土的热平衡过程中起着重要作用。因此，植被和沼泽湿地的破坏，会使多年冻土处于相对严酷的高地表温度热环境中，多年冻土将可能产生严重的衰退和融化。要维持多年冻土环境的稳定，应尽量不要改变多年冻土地区植被和水体的分布和特性。

2.2.2 低纬度高海拔多年冻土

世界高海拔多年冻土的总面积约230万 km^2。其中的约一半分布在亚洲，且主要是分布在青南—藏北高原。

青藏高原西起国界，向东延伸至川西、滇北的横断山，北起昆仑山，南至喜马拉雅山，面积约 200 万 km^2，南北跨越近 10 个纬度，平均海拔在 4 000 m 以上。

青藏高原在地质构造上，自北而南有规则的排列着几个东西走向的构造区（带）：昆仑山褶皱带、可可西里—巴颜额拉山褶皱带、青南—三江—羌塘构造区、藏北构造区、喜马拉雅褶皱带。这些构造带，是在中生代晚期或新生代时期，经多次逆冲、堆叠构造运动而形成。更新世以来，印度板块与欧亚板块的冲撞，加大了青藏高原的抬升速度，使上新世平均海拔高度仅 1 000 m 左右的青藏高原，在 200 ~ 300 万年时间内，一跃成为地球上最大最高的高原。

青藏高原的地貌具有山地与断陷盆地相间分布的特征。昆仑山至唐古拉山之间的多年冻土区海拔在 4 400 m 以上，宏观上属高准平原地貌。除昆仑山北坡地势较险外，其余山系多呈拱形起伏，山顶浑圆，相对高差不大，一般均小于 300 m。

青藏高原为高寒气候区，其气候具有以下基本特点。

（1）海拔高、气压低、高寒，大气稀薄而纯净、透明度高，因而太阳辐射强度大，气温日变幅大。

（2）深处大陆腹地，大陆性气候特征明显。

青藏高原的地面平均气温与同纬度地区相比要低 10 ℃ ~14 ℃。特别是在夏季，藏北高原平均比同纬度的我国平原地区日平均气温低 20 ℃。但是，与同纬度、同高度的自由大气相比，夏季高原比平原气温要高 5 ℃ ~7 ℃。

与东部平原地区相比，高原气温的年较差小，日较差大，表现为明显的内陆山地气候特征。青藏高原气温主要受高度制约，随着海拔高度升高，年平均气温逐渐降低。至 5 000 m 高度，年平均气温可低达 -7.5 ℃（风火山观测站，1985 年）。

我国西部高海拔多年冻土的分布及特征如表 2-4 所示。

表 2-4　我国西部高海拔多年冻土的分布及特征

地　区	峰顶海拔高度(m)	多年冻土面积($\times 10^4$ km^2)	多年冻土下界高度(m)	年平均气温(℃)	多年冻土年平均地温(℃)	多年冻土厚度(m)
阿尔泰山	4 374	1.1	2 200 ~ 2 800	< -4.4	0 ~ -4.0	16 ~ 200
天山	3 963 ~ 7 435	5.3	2 700 ~ 3 100	< -2.0	-0.1 ~ -3.9	5 ~ 140
祁连山	3 616 ~ 5 808	8.5	3 500 ~ 3 900	< -2.0	-0.1 ~ -2.3	
昆仑山	6 488 ~ 7 723		3 900 ~ 4 200	< -2.5	-0.2 ~ -2.5	60 ~ 120
喀喇昆仑山	8 611		4 400			60 ~ 130
昆仑山-唐古拉山北坡间丘陵地带	4 700 ~ 6 305			< -4.0	-1.5 ~ -2.5	0 ~ 60
高平原及河谷地带	4 500 ~ 4 650	150.0		-3.0 ~ -4.0	0 ~ -1.5	<20
唐古拉山南坡	4 500 ~ 4 780		4 600 ~ 4 700	-2.0 ~ -4.5	0 ~ -2.0	30 ~ 60
巴彦喀拉山-阿尼玛卿山	5 202 ~ 6 282		4 150 ~ 4 400			
冈底斯山-念青唐古拉山	6 656 ~ 7 111		4 800 ~ 5 000			7 ~ 49
喜马拉雅山	7 060 ~ 8 844	7.5		< -2.5		
横断山	6 168 ~ 7 556	0.7		< -2.2		

在青藏铁路沿线高原岛状多年冻土的分布北界，在昆仑山北麓的西大滩，拔海高度约为 4 150 m，至海拔高度 4 500 m，便进入大片连续多年冻土区，岛状多年冻土的分布宽度约 6 km。高原大片连续多年冻土的南界，在安多附近，其海拔高度约 4 700 m。而岛状多年冻

土的分布南界（海拔高度约4 650 m，与年平均气温 -2 ℃ ~ -3 ℃等值线大致相当）可延伸至藏北高原的腹地（青藏公路原125道班附近），南北宽约200 km。高原大片连续多年冻土区南、北界的岛状多年冻土，其年平均地温约为 -0 ℃ ~ -0.5 ℃；厚度由几米至20 ~30 m。在两道河一带的沼泽湿地，岛状多年冻土的年平均地温可达 -1.0 ℃ ~ -1.2 ℃，厚度最大可达60 m。

我国西部的高海拔多年冻土具有以下特征。

（1）高原多年冻土的分布和特征受海拔高度控制，即具明显的垂直地带性。

（2）高海拔多年冻土的分布下界受海拔高度控制，随着海拔高度的增加，多年冻土的年平均地温降低，厚度和面积增大，连续性提高。

（3）高原多年冻土的分布还受纬度控制。在青藏高原，从北往南，随着纬度的降低多年冻土的分布下界升高。据统计，纬度每降低1°，多年冻土下界上升80 ~100 m。沿青藏公路，多年冻土的北部界限出现在4 150 ~4 300 m；南部界限出现在4 640 ~4 680 m。位于北纬46° ~49°的阿尔泰山，其高山多年冻土的出现下界为2 200 m，位于北纬40° ~45°的天山，多年冻土下界为2 700 m；到北纬28°的喜马拉雅山北坡，多年冻土下界达到5 200 m以上。

（4）高原多年冻土的厚度受海拔高度和纬度控制。据统计，高度每上升100 m多年冻土厚度增加15 ~20 m。往南每推进150 km，厚度减少10 ~20 m。多年冻土厚度从5 ~25 m变化到60 ~130 m，一般在30 ~60 m。

（5）高原多年冻土的年平均地温受海拔高度和纬度控制。高度每上升100 m，多年冻土的年平均地温下降0.6 ℃ ~1.0 ℃；自北往南每推进150 km，多年冻土的年平均地温上升0.5 ℃ ~1.0 ℃。高原多年冻土的年平均地温一般在 -0 ℃ ~ -2.5 ℃，最低 -3.0 ℃。

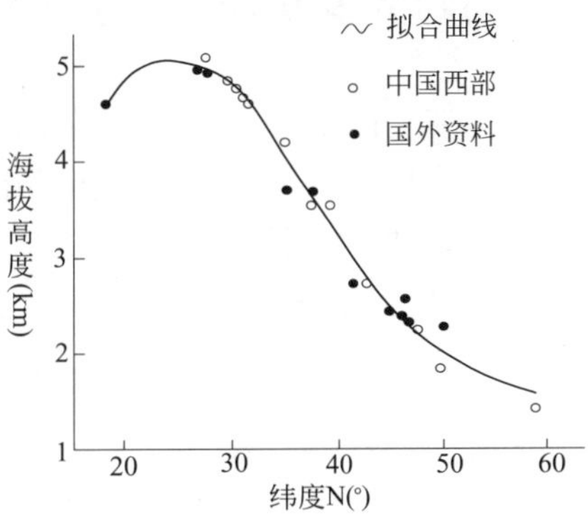

图2-7　北半球多年冻土分布下界随纬度的变化

高山多年冻土的分布下界随纬度的降低而升高（图2-7），其特征如下：

①阿尔泰山：位于北纬46° ~49°之间，海拔高度2 200 ~2 800 m分布高山岛状多年冻土。该区年平均气温为 -4.4 ℃ ~ -5.7 ℃，多年冻土年平均地温为0 ~ -1 ℃，厚度从几米至19 m，上限埋深1 ~2 m；2 800 m以上，为高山大片连续多年冻土带，年平均气温为 -8.4 ℃，多年冻土年平均地温低于 -2.0 ℃，厚度大于20 m，最厚达100 m以上。

②天山：我国境内的天山，位于北纬40° ~45°，南北宽100 ~140 km，东西长达1 700余千米。多年冻土下界的海拔高度为北坡2 700 ~2 900 m，南坡3 100 ~3 500 m。天山岛状多年冻土的年平均地温为 -0.1 ℃ ~ -1.0 ℃，厚度16 ~32 m，上限埋深2.0 ~2.5 m。随着海拔高度的增加，气温降低，岛状多年冻土逐渐过渡到大片连续多年冻土，多年冻土的年平均地温由 -0.1 ℃逐渐降低至 -2.0 ℃，至海拔3 900 m高度，年平均地温可达 -3.9 ℃，多年冻土厚度可达200 m以上。

③祁连山：位于北纬36° ~40°，高山岛状多年冻土的分布下界为3 450 m。南坡海拔3 600 m以上，北坡3 900 m以上，便进入连续多年冻土区。随着海拔高度的升高，多年冻土的年平均地温降低，厚度增大。据有关勘探资料，在海拔3 480 ~4 033 m高度范围内，多

年冻土的年平均地温从 −0 ℃变化至 −2.0 ℃；多年冻土厚度从 7.0 m 变化至 139 m。据统计，在海拔 3 550 ~ 3 700 m 范围，海拔高度每升高 100 m，多年冻土年平均地温降低约 0.2 ℃，厚度增加约 8 m。在海拔 3 700 ~ 4 200 m 范围内，海拔每升高 100 m，地温降低约 0.5 ℃，厚度增加约 20 m。岛状多年冻土的年平均地温为 −0.1 ℃ ~ −1.5 ℃，厚度 5 ~ 35 m。

④喜马拉雅山：有关喜马拉雅山区多年冻土的分布和特征资料很少。据推算，喜马拉雅山区多年冻土的分布下界约在 4 900 m。据周幼吾（2000 年）推算，北坡多年冻土的分布下界约在 5 100 ~ 5 300 m（相当于年平均气温 −2.5 ℃线以上）。在喜马拉雅山口的聂拉木、帕里等地，岛状多年冻土的分布下界约为 4 800 ~ 5 000 m。喜马拉雅山的现代雪线高度约 6 000 ~ 6 200 m。

⑤横断山：横断山岛状多年冻土的分布下界约在 4 600 ~ 4 900 m。

东部高山岛状多年冻土的分布下界如下：

⑥黄岗梁山：1 500 ~ 1 700 m。

⑦长白山：1 800 ~ 1 900 m。

⑧五台山：2 300 ~ 2 400 m。

⑨太白山：3 100 ~ 3 200 m。

2.3　我国多年冻土的自然区划

多年冻土的分布主要受气候条件的控制。高纬度和高海拔地区，气候严寒，气温冻结指数大于融化指数，在年热周转循环中，进入地中的冷量多于热量，这就为多年冻土的保存提供了基本条件。根据上述的我国多年冻土的分布和特征，可将我国的多年冻土进行如表 2-5 所示的两级自然分区。

表 2-5　我国多年冻土的一、二级自然区划

一级区划	二级区划
Ⅰ区：东北高纬度低海拔多年冻土区	$Ⅰ_1$ 亚区：大、小兴安岭多年冻土亚区
	$Ⅰ_2$ 亚区：东部高山多年冻土岛亚区
Ⅱ区：西部低纬度高海拔多年冻土区	$Ⅱ_1$ 亚区：青藏高原多年冻土亚区
	$Ⅱ_2$ 亚区：西部高山多年冻土岛亚区

Ⅰ区多年冻土位于我国气候分带中的寒温带、中温带，多年冻土分布的海拔高度在 3 000 m 以下；Ⅱ区多年冻土基本位于高原寒带，多年冻土分布的海拔高度在 3 000 m 以上。

第3章　多年冻土工程地质与水文地质

3.1　多年冻土上限及其变化特点

多年冻土上限是指多年冻土上部界面的埋置深度。在冻土工程界，习惯上，将多年冻土上限分为天然上限和人为上限。天然上限，是指天然条件下，多年冻土上部界面的埋置深度；人为上限，是指在工程建筑物影响下，地基多年冻土上部界面的埋置深度。人为上限的埋深和形态与冻土工程类型和工程周围的冻土环境有关，即不同的冻土工程，地基多年冻土的人为上限埋深与形态是不同的。

3.1.1　多年冻土天然上限

多年冻土天然上限的埋深受多种因素的控制。如：研究地点所处的地理纬度和经度；海拔高度；地貌类型和气候带类型；多年冻土的岩性成分和物理特征；地表植被覆盖条件；地表的朝向等。这些因素对多年冻土上限埋深的影响，其本质都是影响进入地中热量的多少。如果在一个热周转年中，进入地中的热量等于流出的热量，则多年冻土上限的埋深保持不变。如果进入的热量大于流出的热量，则多年冻土的上限将下降，反之，则上限上升。因此，一般而言，多年冻土天然上限埋深与上述因素的关系是：随海拔高度增加而减小，随纬度降低而增大；在同一地区，多年冻土的天然上限埋深，粗颗粒土大于细颗粒土，向阳坡面大于阴坡；植被的蒸腾与覆盖影响着大气与非有机地表之间的辐射热交换和对流热交换，因而，植被对多年冻土天然上限有着重要影响，植被覆盖良好地段的上限浅于裸露地段；土体含水率小的地段的天然上限大于含水率大的地段。

（1）多年冻土天然上限埋深与气候的关系

气候对多年冻土上限埋深的影响，主要指年平均气温对上限埋深的影响。表现在年平均气温不同，地表的冻结和融化指数（表面温度和温度延续时间之积）不同，多年冻土的上限埋深不同。因此，多年冻土上限的埋深，具有随年平均气温波动而变化的特点。了解活动层的融化和冻结过程，可全面了解和掌握多年冻土上限埋深与气候的关系。

（2）多年冻土上活动层的冻融循环过程特点

暖季，活动层的融化是自上而下单向进行的；寒季，活动层的冻结，则是自上而下和自下而上双向进行的（多年冻土也是一个冷源）。在青藏铁路沿线的多年冻土地区，活动层的融化，约需5个多月才能完成（一般从4月末开始，至9月底，约160 d），其平均融化速率，细颗粒土约为0.8 cm/d；粗颗粒土约为1.0 cm/d。而活动层的冻结，仅需60 d左右。在风火山和清水河地区，活动层自上而下的冻结，一般从9月初开始；自下而上的冻结，一般从10月初开始。上、下冻结界面衔接，一般在11月初，即自上而下的冻结延续时间约60 d；自下而上的冻结延续时间约30 d。自多年冻土上限往上的回冻，约占整个冻结活动层厚度的20%。

据铁道部西北研究所风火山冻土站1978年地表层冻结、融化进程资料：暖季，出现稳定融化的时间为4月24日，地表出现稳定冻结的时间为9月6日。各个月份活动层的融化百分数，如表3-1所示。

表3-1　风火山1978年暖季各月份活动层融化累计百分数

月　份	5	6	7	8	9
融深累计(%)	23	47	79	97	100

从表3-1可以看出，5、6、7三个月，活动层的80%被融化。8、9两月，仅融化活动层的20%。

地表冻结、融化指数在活动层冻结和融化过程中的消耗分配如下：寒季，地表冻结指数的10%左右，用于活动层冻结，90%的冻结指数消耗于多年冻土的降温；暖季，地表融化指数的68%用于活动层融化时的潜热消耗，9%左右用于活动层融化土体的升温，用于多年冻土升温消耗的表面融化指数约在23%左右。地表融化指数的消耗分配，决定着多年冻土大然上限埋深的特点。

地表温度与气温有着密切关系。图3-1为无植被覆盖的砂黏土地表温度与气温的关系，可用下面直线方程来描述（统计样本数$n=324$，相关系数$R=0.97$）：

$$y=-4.0666+0.7949x \tag{3.1}$$

式中　y——气温；

x——地表温度。

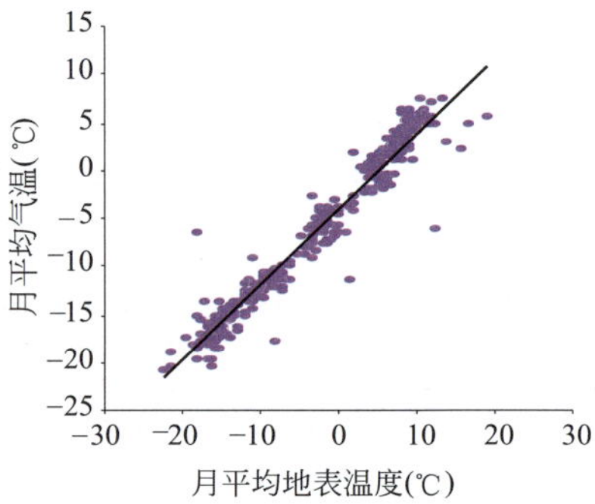

图3-1　地表温度与气温的关系（风火山砂黏土）

地表温度的高低，可用n系数来表示。这将在第七章中予以详述。

气候变化意味着地表冻结指数和融化指数的变化。因而，气候变化将引起多年冻土天然上限的升、降波动。据青藏铁路沿线风火山、清水河两地的观测资料统计计算：对于植被覆盖良好的黏性土地层，当年平均气温变化1 ℃时，天然上限比统计平均值要升高或降低7%；而无植被覆盖的黏性土地层，则要升高或降低17%。

（3）多年冻土天然上限埋深与地理纬度的关系

我国多年冻土的分布和特征与地理纬度和海拔高度有着密切的关系。因而，多年冻土天然上限的埋深，也明显受纬度和海拔高度的影响。这在青藏高原多年冻土区和东北多年冻土区都是如此。实践表面：多年冻土天然上限埋深，在一般情况下，随纬度和海拔高度的降低而增大。对于青藏铁路沿线的高原多年冻土地区，可用下面公式来估算植被覆盖良好、细颗粒多年冻土天然上限的埋深：

$$h_{天}=1531-12.7H-23.0L \tag{3.2}$$

式中　$h_{天}$——细颗粒多年冻土天然上限埋深，cm；

H——海拔高度，百米；

L——地理纬度，°。

按上面公式计算的多年冻土天然上限埋深，对于山间洼地中的沼泽化湿地地段应乘以0.7的系数；对于植被稀疏或无植被的卵、碎石土地段应乘以1.5的系数。

（4）多年冻土天然上限埋深与坡向的关系

据青藏铁路风火山多年冻土观测站资料：在同一地貌单元，向阳坡多年冻土上限的埋深比阴坡要大20%～30%。

（5）多年冻土天然上限埋深与植被覆盖的关系

植被覆盖对太阳能的吸收、反射特性和植物叶面的蒸腾耗热，可使植被覆盖地表的温度较差减小。据青藏铁路风火山冻土站观测资料：与无植被覆盖的地表相比，片状草皮覆盖可减小年较差1.5 ℃，丘状草皮覆盖可减小年较差3.1 ℃。因此，植被覆盖地段的多年冻土上限埋深是较小的。

在大兴安岭地区，多年冻土上限埋深与植被覆盖程度的关系如表3-2所示。

表3-2 多年冻土上限埋深与植被覆盖的关系（大兴安岭地区）

植被类型	土体类型	植被隔热条件与多年冻土上限埋深(m)		
		良好#	一般#	较差#
草皮层,厚度<0.2 m	砂黏土	0.7～1.2	1.3～1.7	1.8～2.2
	碎石土	1.1～2.0	1.5～2.5	2.1～3.5
	卵石土	2.0～2.8	2.9～3.5	3.6～4.3
草皮层,厚度0.2～0.4 m	砂黏土	0.5～1.1	1.2～1.6	1.7～2.0
	砂砾	0.6～1.1	1.2～1.6	1.7～2.1
	碎石土	0.9～1.7	1.5～2.0	1.8～3.0
	卵石土	1.0～1.6	1.7～2.3	2.4～3.3
草皮层,厚度0.4～0.7 m	砂黏土	0.4～1.0	1.1～1.2	1.3～1.4
	砂砾	0.4～1.0	1.1～1.2	1.3～1.5
	卵石土	0.4～1.1	1.2～1.7	1.8～2.2
泥炭层		0.4～0.8	0.4～1.0	0.6～1.2

注：“良好”是指植物生长层土壤的含水率高，导热系数小的植被层；“较差”是指土壤含水率低，导热系数大的植被层；“一般”是指介于二者之间的植被层。

从表3-2可以看出，在土质条件和植被隔热条件相同时，多年冻土上限的埋深随草皮层厚度的增加而减小；在土质条件和草皮层厚度相同时，多年冻土上限的埋深随生长层含水率的减小和导热系数的增加而增大。

（6）多年冻土天然上限埋深与岩性成分的关系

土体是由不同大小的矿物颗粒组成的。不同类型土体，其组成颗粒的大小不同。不同大小的矿物颗粒，具有不同的物理化学特性。细颗粒具有巨大的比表面积和表面能，可吸附大量的水分子，因而，细颗粒土的含水率一般是较大的。而粗颗粒土，由于其组成颗粒较粗，比表面积小，表面能小，不能在颗粒表面形成吸附水膜，因而，粗颗粒土的含水率一般较小。

在同一地区，不同类型土体的含水率一般是不同的。含水率大小不同，在冻结土体融化过程中，消耗的热量不同。因而，不同类型土体，多年冻土的上限埋深不同（表3-3）。

表 3-3　青藏公路沿线不同岩性成分地表层的多年冻土天然上限

岩　性	泥炭、草炭层	砂黏土层	黏砂土层	砂砾卵石层
上限埋深(m)	0.8～1.1	1.1～1.8	1.5～2.5	2.0～3.0

表 3-4 列出了大兴安岭多年冻土区的多年冻土天然上限埋深与岩性成分的关系。

表 3-4　牙林、嫩林铁路沿线多年冻土天然上限埋深与岩性成分的关系

土体类型	泥炭、草炭层	砂黏土	砂砾	碎石土	卵石土
天然上限埋深(m)	0.4～1.0	1.2～1.6	1.3～1.8	1.5～2.0	1.7～2.3

从表 3-3 和 3-4 可以看出：细颗粒土由于含水率一般较大，活动层融化需消耗较多的融化指数，故多年冻土的上限埋深一般较小；粗颗粒土与此相反，故多年冻土的上限埋深较大。泥炭、草炭有机层，由于其含水率较大，导热系数较小，且具有导热系数相变异特性（融化和冻结状态的导热系数不同），所以，泥炭、草炭层下的多年冻土上限埋深最小。

3.1.2　多年冻土人为上限

多年冻土是在特定的热交换和物质交换条件下发育和保存的。现存的天然地表形态、物质组成、植被覆盖和地表水、地下水分布等，是现今多年冻土得以保存的条件。即现存多年冻土环境下，天然地表活动层是多年冻土的热屏障，是维持多年冻土上部界面位置稳定的保证。但是，冻土工程修建，必然在一定程度上改变建筑场地的天然地表形态及其反射、吸收特性，改变活动层的岩性成分和含水特征等，使大气圈—活动层—多年冻土间的热量平衡遭到破坏。其结果，在一般情况下，都将导致传入地中的热量增加，引起地基多年冻土上限下降，地基基础系统进入新的热量平衡过程，并逐渐形成新的（地基）多年冻土上限，即多年冻土人为上限。

多年冻土人为上限的形态和埋深，除决定于上述影响天然上限埋深的因素外，还与冻土工程特性有关。在影响人为上限的诸多因素中，地基表面的融化指数、工程基础的外部形态和多年冻土的年平均地温是最主要的。

据试验观测资料显示：地基表面融化指数越大，人为上限埋深越大；地基多年冻土的年平均地温越低，人为上限埋深越小。

人为上限埋深的大小和形状影响着冻土工程的稳定。众所周知，要维持多年冻土上建筑物的稳定，建筑物应有可靠而稳固的地基—基础系统。地基多年冻土保持冻结状态时，强度很高，变形甚小，基础是稳定的。因此，多年冻土上的建筑物基础，一般都要求埋入多年冻土中，即基础底面应在稳定人为上限以下。

3.2　不良冻土现象

冷生过程产生寒区的各种冰缘现象。冷生过程常常导致地表形态的变化、增加表层土体的不均匀性、改变表层土体的物理力学性能。多年冻土地区，寒冷的气候条件和多年冻土的存在，以及冻结和融化过程中的水、热相互作用，导致多年冻土区物理地质现象（冰缘现象）的发育。这些物理地质现象，一般对工程的稳定性都有一定的影响，故常称为不良冻土现象，以下为常见的不良冻土现象。

（1）冰锥、冻胀丘：

冰锥和冻胀丘（也称冰丘）是多年冻土地区寒季随处可见的一种物理地质现象。

①冻胀丘：在一定地层结构和冻结条件下，地下水在地面下某一深度处冻结，形成冰凸镜体，产生聚冰膨胀，将地表抬升、鼓起呈丘状，称为冻胀丘或冰丘（图 3-2）。

图 3-2 藏铁路沿线的冻胀丘

图 3-3 昆仑山多年生冻胀丘

冻胀丘可分为一年生（寒季出现，暖季消失）冻胀丘和多年生冻胀丘。著名的昆仑山冻胀丘就是一个多年生冻胀丘（图 3-3）。该冻胀丘直径 20 多米，高 10 m 有余，是在 1960 年的青藏公路沿线多年冻土考察时发现的，至今依然存在。20 世纪 60 年代初期，该冻胀丘曾被开挖解剖研究，冻胀丘中的冰凸镜体厚度达 2 m 多，其下还有一股泉水从中涌出，形成一“冰下水池”。

图 3-4 青藏铁路沿线多年冻土区的冰锥

图 3-5 青藏铁路沿线多年冻土区的热融湖（塘）

②冰锥：寒季地表冻结后，地下水承压，从薄弱处挤出地表冻结，形成的锥状冰体称为冰锥（图 3-4）。

（2）热融湖（塘）

高含冰量多年冻土分布地段，由于来自地表或地下的热干扰，使多年冻土融化，地面下沉形成的积水洼地（热喀斯特现象），称为热融湖（塘）。

热融湖（塘）的直径一般数十米至数百米。可分为常年有水和季节性有水两种。在青藏铁路沿线的楚玛尔河高平原和多玛河（头儿九山北）阶地等地，均有大量热融湖（塘）分布（图 3-5）。

在热融湖的形成、发展和消亡过程中，高含冰多年冻土分布地段的地表景观逐渐变化，地表附近的有机和无机沉积发生重分布，形成新的地表。在湖水干涸后，形成土壤和多年冻土。

（3）热融滑塌

在多年冻土地区，厚层地下冰一般分布在植被覆盖良好、坡度 5° ~ 16° 的山坡。在这种地段，当坡脚破坏，地下冰暴露融化，山坡被掏空时，上覆活动层土体失去支持，发生剪切破坏，坍塌至冰面，与冰水混合，形成泥流，沿斜坡冰面滑溜的现象，称为热融滑塌（图3-6）。

图3-6　青藏铁路沿线多年冻土地区的热融滑塌

热融滑塌泥流土体，沿冰面斜坡滑溜至下部坡面平缓区堆积，将下部暴露冰层覆盖起来，从而，减少冰层的融化。当覆盖土层厚度达一定值时，冰层停止融化，下部山坡进入稳定状态，这便是热融滑塌的“自埋稳定”。

热融滑塌的发育过程具有朔源（向高处）发展的特点。发育成熟的热融滑塌可划分出坍塌区、滑溜区和堆积区。只要有厚层地下冰存在，斜坡的坍塌—滑溜—堆积过程就会一直进行下去，直至斜坡上部无厚层地下冰分布的地段，热融滑塌停止发展，进入消亡阶段。

在青藏铁路沿线多年冻土地区的昆仑山、风火山、开心岭、唐古拉山、头儿九山等厚层地下冰发育的山前斜坡地段，均可能引发热融滑塌现象。在风火山地区，由于青藏公路修建和铁路试验路基施工，曾引发多处热融滑塌病害。热融滑塌形成的泥流可堵塞侧沟，甚至掩埋线路，危害行车安全。

（4）厚层地下冰

厚层地下冰是指埋藏于地下，厚度较大的冰层。按其成因，厚层地下冰可划分为：分凝冰、埋藏冰和裂隙脉冰。其中，分凝冰是多年冻土地区常见的厚层地下冰。在山前堆积斜坡地段，由于地表层冻融循环过程的重复分凝析冰作用，在多年冻土上限附近，往往形成巨厚的冰层。在我国冻土工程界，把厚度大于0.3 m的冰层称为厚层地下冰（俄罗斯定义为0.5 m）。这种冰层的纯度很高，其体积含冰量可达80%以上。在青藏铁路沿线多年冻土区的低山丘陵地段和湖相沉积的楚玛尔河高平原，厚层地下冰均有分布。其最大厚度可达4～5 m（图3-7、图3-8）。

图3-7　多年冻土中的厚层地下冰（北麓河）

图3-8　东北多年冻土沼泽地中的厚层地下冰

厚层地下冰的分布具有以下特点。

①在低山丘陵区，植被覆盖良好、坡度小于9°、由黏性土组成的平缓山坡均有分布。9°～16°的类似山坡可能也有厚层地下冰发育。

②由黏性土组成的河流阶地、河床和热融湖（塘）下，大多有厚层地下冰分布。

（5）热融沉陷

在地面坡度小于5°的高含冰量多年冻土分布地段，由于热干扰，引起多年冻土融化，地面产生大量下沉破坏，称为热融沉陷（图3-9）。热融沉陷进一步发展，可形成热融湖（塘）。

（6）沼泽、湿地

多年冻土区的山前平缓斜坡地段以及山间洼地，由于植被生长，使地表隔热覆盖加厚，致使多年冻土上限上升，导致地表排水性能降低而沼泽化。形成沼泽、湿地（图3-10）。

图3-9 施工便道修建引起的地面热融沉陷

图3-10 青藏铁路沿线多年冻土地区的沼泽化湿地

（7）寒冻裂缝

在气候严寒的多年冻土区，尤其是在无雪盖的地区，寒季地表的强烈冷却和冻结，使地表土层中出现温度梯度和湿度梯度，各土层之间由于收缩量（温度收缩和干缩）不同，冻结土层中出现拉应力，致使地表产生裂缝，称寒冻裂缝。

（8）斜坡蠕动

在一定坡度细颗粒土组成的天然斜坡上，当活动层土体含水率较大时，土体在冻结和融化过程中，在重力作用下，融化土体沿斜坡向下的“冻爬”和“蠕动”现象，称为斜坡蠕动（也称土溜）。蠕动斜坡的微地貌特征为：坡面波浪起伏，呈台阶状。

（9）冻胀

多年冻土上的活动层，每年寒季冻结时，由于土中水分的迁移和冻结，产生体积膨胀，使冻结土体体积增大，称之为冻胀。冻胀是冻土区普遍存在的一种地基土变形现象。在高温多年冻土地段、连续多年冻土区的边缘地带和岛状多年冻土区，当活动层土体为粉质土，冻结速率较小，活动层厚度较大时，地基的冻胀一般较严重。在低温多年冻土区，活动层的厚度一般较小（1.5～2.0 m），而冻结速率又相对较高（大于4～6 cm/d），地基土的冻胀量一般较小。

图3-11 东北某地被冻胀拔起的测温管

活动层的冻胀往往引起基础的冻拔（埋于地基中的建筑物基础，在地基土冻结过程中被抬起的现象），冻拔是冻土区建筑物变形破坏的主要原因。图3-11是东北多年冻土地区，某地测温管在4年中被冻胀拔起的情况。该测温管平均每年被拔起的高度在35 cm左右。

多年冻土地区冰缘现象的分布，具有地域性特征。即：在不同的地貌单元，分布着不同的冰缘现象。冰锥、冻胀丘、热融湖（塘）等主要发育在平原地带；热融滑塌、斜坡蠕动等，则仅发育在山区。

3.3 多年冻土的物理状态分类

冻土的强度决定于冰胶结黏聚力（冰胶结土颗粒的强度）。冰胶结黏聚力是负温度的函数，因此，冻土强度也是负温度的函数。根据冻土强度和变形性能变化特征，按冻土温度 θ 和冻土的压缩系数 a，可将冻土划分为坚硬冻土和塑性冻土：

坚硬冻土：温度 θ 低于下列值，压缩系数 a 小于 0.001 cm^2/kg 的冻土。

砂：−0.25 ℃；

黏砂土：−1.0 ℃；

砂黏土：−1.5 ℃；

黏土：−2.0 ℃；

重黏土：−3.0 ℃。

塑性冻土：冻土温度 θ 高于上列值，压缩系数 a 大于 0.001 cm^2/kg 的冻土。

在土力学中，按土的压缩系数 a 值的大小将土分为：

低压缩性土：$a<0.005\ cm^2/kg$；

中压缩性土：$0.005\ cm^2/kg<a<0.05\ cm^2/kg$；

高压缩性土：$a>0.05\ cm^2/kg$。

坚硬冻土的 a 值远小于 0.005 cm^2/kg，故可认为坚硬冻土是不可压缩的。而塑性冻土虽可压缩，但它是中等压缩性土中一种压缩性较小的土体，在一般地基基础设计中，可不考虑其压缩性。

另外，在自然界还可能遇到含冰量很小的粗颗粒碎石类土和砂土。在这种冻土中，冰的胶黏连结只在一些个别团粒集合体中发生，而整个土体仍处于松散状态，称为松散冻土。

3.4 多年冻土的工程分类

不同含冰量的多年冻土，其物理、力学性质不同。根据冻土物理、力学性质的不同和对基础工程稳定性的影响，将多年冻土划分为：少冰冻土、多冰冻土、富冰冻土、饱冰冻土和含土冰层五种类型，称为多年冻土的工程分类。

地基多年冻土的融化下沉特性，于正确设计冻土地基—基础工程十分重要。基础型式和热防护措施的选择，主要是根据地基多年冻土的融化下沉特性决定的。

在多年冻土地区工程勘察和设计规范中，多年冻土的工程分类和融沉性分级如表 3-5 所示。

表 3-5　多年冻土的工程分类及融沉性分级

多年冻土类型	土的名称	总含水率 ω_A(%)	平均融沉系数 δ_0(%)	融沉等级	融沉类别
少冰冻土	粉黏粒含量≤15% 的粗颗粒土(包括碎石类土，砾、粗、中砂，以下同)	$\omega_A<10$	≤1	Ⅰ级	不融沉
	粉黏粒含量 >15% 的粗颗粒土	$\omega_A<12$			
	细砂、粉砂	$\omega_A<14$			
	粉土	$\omega_A<17$			
	黏性土	$\omega_A<\omega_P$			

续上表

多年冻土类型	土的名称	总含水率 ω_A(%)	平均融沉系数 δ_0(%)	融沉等级	融沉类别
多冰冻土	粉黏粒含量≤15% 的粗颗粒土	$10 \leqslant \omega_A < 15$	$1 < \delta_0 \leqslant 3$	Ⅱ级	弱融沉
	粉黏粒含量 >15% 的粗颗粒土	$12 \leqslant \omega_A < 15$			
	细砂、粉砂	$14 \leqslant \omega_A < 18$			
	粉土	$17 \leqslant \omega_A < 21$			
	黏性土	$\omega_P \leqslant \omega_A < \omega_P + 4$			
富冰冻土	粉黏粒含量≤15% 的粗颗粒土	$15 \leqslant \omega_A < 25$	$3 < \delta_0 \leqslant 10$	Ⅲ级	融沉
	粉黏粒含量 >15% 的粗颗粒土				
	细砂、粉砂	$18 \leqslant \omega_A < 28$			
	粉土	$21 \leqslant \omega_A < 32$			
	黏性土	$\omega_P + 4 \leqslant \omega_A < \omega_P + 15$			
饱冰冻土	粉黏粒含量≤15% 的粗颗粒土	$25 \leqslant \omega_A < 44$	$10 < \delta_0 \leqslant 25$	Ⅳ级	强融沉
	粉黏粒含量 >15% 的粗颗粒土				
	细砂、粉砂				
	粉土	$32 \leqslant \omega_A < 44$			
	黏性土	$\omega_P + 15 \leqslant \omega_A < \omega_P + 35$			
含土冰层	碎石类土、砂类土、粉土	$\geqslant 44$	>25	Ⅴ级	融陷
	黏性土	$\geqslant \omega_P + 35$			

注：①总含水率为冰和未冻水的总质量与土骨架质量之比；

②ω_P—塑限含水率；

③表中各类土不包括盐渍化冻土、泥炭化冻土、腐殖土和高塑性黏土。

从表 3-5 可以看出，划分多年冻土类型时，分界含水率的大小，与土的颗粒组成有关，颗粒越细，分界含水率越大。

在俄罗斯的道路工程界，多年冻土的融沉性分为四级，如表 3-6 所示。

表 3-6　俄罗斯道路工程中的多年冻土融沉性分级

多年冻土融沉性级别	融化下沉系数 δ(%)	地基多年冻土的类型与状态特征
Ⅰ级，非融沉性土	$\delta < 3$	石质土，不含冰包裹体的大块碎石土，融化时呈坚硬或半坚硬状态
Ⅱ级，弱融沉性土	$3 \leqslant \delta < 10$	融化时呈硬塑、流塑状态的黏性土；1.0 m 厚冻土层内，冰夹层和冰透镜体的总厚度小于 0.1 m 的砂土、大块碎石土
Ⅲ级，融沉性土	$10 \leqslant \delta \leqslant 40$	融化时呈流塑、流动状态的黏性土和泥炭土；1.0 m 厚冻土层内，冰夹层和冰透镜体的总厚度小于 0.4 m 的砂土、大块碎石土
Ⅳ级，强融沉性土	$\delta > 40$	融化时呈流动状态的黏性土和泥炭土；1.0 m 厚冻土层内，冰夹层和冰透镜体的总厚度小于 0.4 m 的各种土体

从表 3-6 可以看出，俄罗斯对于多年冻土融沉性的分级要粗略一些。这可能是出于方便道路工程设计应用和防护工程措施选取的考虑。

各类多年冻土在空间的分布是极不均匀的。地貌类型、气候条件、植被覆盖特征、地层岩性、水文地质条件等，都是影响各类多年冻土分布的重要因素。这可从青藏公路沿线各类多年冻土分布特征调查资料看出：青藏公路从青海格尔木至西藏拉萨，全长约1 170 km，于1954年12月25日建成通车。公路通过高原大片多年冻土区（昆仑山北—唐古拉山南）的长度约550 km。由于西藏社会发展和国防建设的需要，自20世纪70年代以来，该公路多次进行改建。在此过程中，对青藏公路沿线多年冻土的分布和特征进行了大量的调查和勘探，得出大片连续多年冻土区各类多年冻土的分布如表3-7所示。

表3-7　青藏公路沿线各类多年冻土的分布*

多年冻土区段	区段长度(km)	各类冻土和融区累计长度(km)					
		少冰冻土	多冰冻土	富冰冻土	饱冰冻土	含土冰层	融　区
昆仑山区	52.0	5.0	9.0	8.0	5.5	20.7	3.8
	占区段(%)	9.6	17.3	15.3	10.6	39.8	7.3
楚玛尔河高平原区	52.7	5.54	6.60	6.19	12.36	21.41	0.60
	占区段(%)	10.5	12.5	11.7	23.5	40.6	1.1
五道梁、可可西里山区	52.9	4.74	8.1	4.96	13.75	21.35	0
	占区段(%)	8.9	15.3	9.4	26.0	40.4	0
北麓河、秀水河盆地区	11.05	1.68	2.69	0.70	4.13	1.65	0.2
	占区段(%)	15.2	24.3	6.3	37.4	15.0	1.8
风火山、乌丽盆地区	52.40	6.3	8.55	2.7	22.05	12.8	0
	占区段(%)	12.0	16.3	5.2	42.1	24.4	0
沱沱河盆地区	65.95	15.50	6.4	8.95	12.2	0	22.9
	占区段(%)	23.5	9.7	13.6	18.5	0	34.7
开心岭区	30.50	4.0	6.4	3.7	3.1	11.3	2.0
	占区段(%)	13.1	21.0	12.1	10.2	37.0	6.5
通天河盆地区	21.5	5.8	3.0	1.1	2.3	2.0	7.3
	占区段(%)	27.0	14.0	5.1	10.7	9.3	34.0
布曲河河谷区	98.56	15.78	5.1	2.75	12.3	0	62.63
	占区段(%)	16.0	5.2	2.8	12.6	0	63.5
唐古拉山区	54.44	8.54	12.86	12.72	16.94	2.4	0.98
	占区段(%)	15.7	23.6	23.4	31.1	4.5	1.8
头儿九、安多河谷区	52.0	12.0	8.0	23.0	2.0	7.0	0
	占区段(%)	23.1	15.4	44.2	3.9	13.5	0
总计	544.00	84.88	76.7	74.77	106.63	100.61	100.41
	占总长(%)	15.60	14.1	13.7	19.6	18.5	18.5

*注：冻土的类型是以上限以下1 m范围以内的冻土总含水率确定的。

根据表3-7资料统计，青藏公路通过连续多年冻土区的544 km中：少冰冻土地段累计长度84.88 km；多冰冻土地段累计长度76.7 km；富冰冻土地段累计长度74.77 km；饱冰冻土地段累计长度106.63 km；含土冰层地段累计长度100.61 km；融区地段累计长度100.41 km。如果按低含冰冻土和高含冰冻土分，则低含冰冻土（少冰冻土和多冰冻土）地段累计长度为 161. 58 km，占连续多年冻土区长度的 29. 7%；高含冰地段累计长度为 282. 01 km，占连续多年冻土区长度的 51. 8%；融区地段累计长度 100. 41 km，占连续多年冻土区长度的 18. 5%。

据青藏铁路勘察资料，青藏铁路通过连续多年冻土区长度为 548. 95 km。其中：高含冰冻土地段累计长度 222. 16 km，占连续多年冻土区长度的 40. 58%（厚层地下冰地段累计长度 56. 2 km）；低含冰冻土地段累计长度 224. 109 km，占连续多年冻土区长度的 40. 93%；融区地段累计长度 101. 68 km，占连续多年冻土区长度的 17. 49%。

从上面资料可以看出，各类多年冻土在各种地貌单元、各种地表条件、各种多年冻土地温区都有分布，较之非多年冻土地区，冻土的空间分布要更不均匀。这是多年冻土工程地质的一大特点。

3. 5　活动层土体的冻胀性分级

多年冻土上的活动层，其冻胀性的大小，对基础的稳定性有重要影响。在多年冻土地区，许多工程的破坏，都是由地基活动层的冻胀引起的。

冻土地基基础的设计，应根据地基活动层土体的冻胀性，进行基础的抗冻胀稳定验算。在冻土工程界，常将活动层土的冻胀性分成五级，如表 3-8 所示。

表 3-8　地基活动层土体的冻胀性分级

<table>
<tr><th>土的类别</th><th>冻前天然含水率 ω(%)</th><th>冻结期间地下水位距冻结面的最小距离 h_w(m)</th><th>平均冻胀率 η(%)</th><th>冻胀等级及类型</th></tr>
<tr><td>粉黏粒含量≤15% 的粗颗粒土(包括碎石类土，砾、粗、中砂，以下同)，粉黏粒质量≤10% 的细砂</td><td>不考虑</td><td>不考虑</td><td rowspan="5">$\eta \leq 1$</td><td rowspan="5">Ⅰ级不冻胀</td></tr>
<tr><td>粉黏粒含量 $>$15% 的粗颗粒土，粉黏粒质量 $>$10% 的细砂</td><td>$\omega \leq 12$</td><td>>1.0</td></tr>
<tr><td>粉砂</td><td>$12 < \omega \leq 14$</td><td>>1.0</td></tr>
<tr><td>粉土</td><td>$\omega \leq 19$</td><td>>1.5</td></tr>
<tr><td>黏性土</td><td>$\omega \leq \omega_P + 2$</td><td>>2.0</td></tr>
<tr><td rowspan="2">粉黏粒含量 $>$15% 的粗颗粒土，粉黏粒质量 $>$10% 的细砂</td><td>$\omega \leq 12$</td><td>≤ 1.0</td><td rowspan="8">$1 < \eta \leq 2.5$</td><td rowspan="8">Ⅱ级弱冻胀</td></tr>
<tr><td>$12 < \omega \leq 18$</td><td>>1.0</td></tr>
<tr><td rowspan="2">粉砂</td><td>$\omega \leq 14$</td><td>≤ 1.0</td></tr>
<tr><td>$14 < \omega \leq 19$</td><td>>1.0</td></tr>
<tr><td rowspan="2">粉土</td><td>$\omega \leq 19$</td><td>≤ 1.5</td></tr>
<tr><td>$19 < \omega \leq 22$</td><td>>1.5</td></tr>
<tr><td rowspan="2">黏性土</td><td>$\omega \leq \omega_P + 2$</td><td>≤ 2.0</td></tr>
<tr><td>$\omega_P + 2 < \omega \leq \omega_P + 5$</td><td>$>2.0$</td></tr>
</table>

续上表

土的类别	冻前天然含水率 ω(%)	冻结期间地下水位距冻结面的最小距离 h_w(m)	平均冻胀率 η(%)	冻胀等级及类型
粉黏粒含量 >15% 的粗颗粒土,粉黏粒质量 >10% 的细砂	$12<\omega\leqslant18$	≤1.0	$2.5<\eta\leqslant6$	Ⅲ级冻胀
	$\omega>18$	>0.5		
粉砂	$14<\omega\leqslant19$	≤1.0		
	$19<\omega\leqslant23$	>1.0		
粉土	$19<\omega\leqslant23$	≤1.5		
	$23<\omega\leqslant26$	>1.5		
黏性土	$\omega_P+2<\omega\leqslant\omega_P+5$	≤2.0		
	$\omega_P+5<\omega\leqslant\omega_P+9$	>2.0		
粉黏粒含量 >15% 的粗颗粒土,粉黏粒质量 >10% 的细砂	$\omega>18$	≤0.5	$6<\eta\leqslant12$	Ⅳ级强冻胀
粉砂	$19<\omega\leqslant23$	≤1.0		
粉土	$22<\omega\leqslant26$	≤1.5		
	$26<\omega\leqslant30$	>1.5		
黏性土	$\omega_P+5<\omega\leqslant\omega_P+9$	≤2.0		
	$\omega_P+9<\omega\leqslant\omega_P+15$	>2.0		
粉砂	>23	不考虑	$\eta>12$	Ⅴ级特强冻胀
粉土	$26<\omega\leqslant30$			
	>30			
黏性土	$\omega_P+9<\omega\leqslant\omega_P+15$	≤2.0		
	$>\omega_P+15$	不考虑		

注：①ω 为活动层冻前天然含水率的平均值；

②ω_P—塑限含水率；

③盐渍化冻土不在表列；

④塑性指数大于 22，冻胀性降低一级；

⑤碎石类土当充填物大于全部质量的 40% 时，其冻胀性按充填物土的类别判定。

3.6　多年冻土的地温分区

多年冻土年平均地温的高低取决于当地气候和地形、地貌以及地质条件等。多年冻土的温度状况与活动层有关，因为岩石圈与大气圈之间的热交换是通过活动层实现的。年平均气温是影响多年冻土层温度状况的主要因素。多年冻土层的温度状态可分为稳定状态和非稳定状态：当引起温度状态变化的因素消除以后，在当地自然条件影响下，多年冻土温度能恢复到原来状态时，则这种温度状态叫稳定状态；否则，叫非稳定状态。

多年冻土年平均地温 T_{cp}的高低，反映多年冻土的热稳定性。T_{cp}越低则多年冻土抗热干扰能力越强，其上建筑物地基基础的热稳定性越好。相反，则抗热干扰能力越小，其上建筑物地基基础的热稳定性越差。因此，多年冻土年平均地温不同，冻土工程地基基础的设计原则和应采取的热防护措施不同。为指导铁路工程设计，应对研究地带的多年冻土进行地温分区。

在青藏铁路勘察设计过程中，根据铁路沿线多年冻土特征和铁路工程特点，对沿线多年冻土进行如下地温分区：

Ⅰ区：高温极不稳定冻土区，$T_{cp} \geq -0.5$ ℃；

Ⅱ区：高温不稳定冻土区，-1.0 ℃ $< T_{cp} \leq -0.5$ ℃；

Ⅲ区：低温基本稳定冻土区，-2.0 ℃ $< T_{cp} \leq -1.0$ ℃；

Ⅳ区：低温稳定冻土区，$T_{cp} < -2.0$ ℃。

俄罗斯的多年冻土，其分布面积和厚度以及年平均地温，较之我国的多年冻土，均有较大的差别。在土木工程勘察和设计中，按多年冻土的年平均地温，俄罗斯对多年冻土进行了如下地温分区：

Ⅰ区：极不稳定区，0 ℃ $\geq T_{CP} > -1$ ℃；

Ⅱ区：不稳定区，-1 ℃ $\geq T_{CP} > -3$ ℃；

Ⅲ区：稳定区，-3 ℃ $\geq T_{CP} > -7$ ℃；

Ⅳ区：极稳定区，$T_{CP} \leq -7$ ℃。

3.7　多年冻土地区的地下水

多年冻土是隔水层。与非多年冻土地区相比，其水文地质条件具有如下特点：区域性分布的多年冻土，将原水文地质构造（水文地质地块和水文地质盆地）中的含水层分割成上、下两部分和多年冻土中的融区，从而，改变了地下水的埋藏、补给、径流和排泄条件。也就是说，多年冻土这一区域性隔水层的存在，决定了多年冻土区特殊的地下水埋藏、补给、径流和排泄特征。

3.7.1　多年冻土地区的地下水分类

按含水层与多年冻土层的关系，多年冻土区的地下水可分为以下三种类型：

(1) 冻土（冻结）层上水：蕴藏于多年冻土上限以上，冻土层为冻土层上水的隔水底板；根据埋藏条件，冻土层上水又可分为：活动层水和非贯穿融区水。

(2) 冻土（冻结）层中水：蕴藏于多年冻土层中；根据埋藏条件，冻土层中水可分为：贯穿融区水和多年冻土层中融区水。

(3) 冻土（冻结）层下水：蕴藏于多年冻土层以下，冻土层是冻土层下水的隔水顶板。冻土层下水的水文地质特征与非冻土区深层地下水相同。

这三种类型的多年冻土地区地下水，依含水层的岩性成分不同，可以是孔隙水、裂隙水、孔隙-裂隙水、裂隙-脉状水、岩溶水。

3.7.2　多年冻土区地下水的基本特点

冻土层上水通常埋藏于宽广平坦的分水岭、河流阶地、山间盆地、山间谷地、山前平缓斜坡等地段的活动层中和河流、湖泊下的非贯穿融区中。

冻土层上水含水层的岩性成分，在分水岭地区为基岩风化裂隙带；在河流阶地以冲积、洪积砂砾卵石层为主，岩层的富水性较强；在山前平缓斜坡和山间谷地以坡积、洪积碎石土层为主；在山间盆地以冲积、湖相沉积粉细砂层为主。含水层（活动层）的厚度依当地的气候条件和活动层岩性的不同而不同，从零点几米至数米。河床、湖床下的非贯穿融区水含水层厚度一般较大。

冻土层上水是具有自由水面的潜水，一般由大气降水和地表水补给，其动态取决于大气降水和冻结、融化过程。水量大小随含水层的岩性、地形和气候条件而异，季节变化明显。一般活动层水富水性弱，寒季会全部冻结，变成固态水，无供水价值；而非贯穿融区水含水层多为砂层、砂卵石层，富水性较强，且厚度较大，寒季一般不会全部冻结，具一定供水价值。

冻土层中水是被多年冻土包围或半包围的、常年处于液态的地下水。它的补给、径流和排泄条件取决于融区的特性，它的冻结取决于长周期的地温波动。

多年冻土地区存在的各种贯穿融区，如大河、湖泊融区、辐射—渗透融区、构造—地热融区，是多年冻土地区的独立水文地质单元，其中地下水的补给、径流和排泄不受多年冻土层影响。在青藏铁路沿线的多年冻土地区，较大的这类融区就有温泉融区、通天河融区、滔滔河融区等。贯穿融区是冻土层上水和冻土层下水的联系通道，也是冻土层下水补给、排泄的途径，是多年冻土地区较为可靠的供水水源。

多年冻土层中融区水是完全被多年冻土包围的地下水。这种地下水没有补给，也没有排泄，是一种动态停滞的地下水。它之所以能够存在，完全是由于它的高矿化度所致。

明显的动态变化是多年冻土地区地下水具有的显著特点。

多年冻土隔水层的存在，使得多年冻土地区的地下水在分布、化学成分、水温以及补给、径流、排泄条件等方面，都有它自己特有的特点。活动层的冻融循环、降水的分布和多年冻土层的存在，使得多年冻土地区的地下水具有以下水物理、化学和水动力学特点。

（1）水温低（接近 0 ℃）、矿化度较高、储量变化大。即：暖季降水集中，地下水进入丰水期，其水温有所升高，矿化度降低，储量增大；寒季是多年冻土地区地下水的枯水期，地下水的水温最低，矿化度最高，储量最小。

（2）冻土层上水的承压特性是变化的。在地表冻结过程中，由于含水层的厚度减小，地下水的径流、排泄条件发生变化，冻结层上水大多都由无压变成有压，并且，其压力会随冻结深度的增加而增大，破坏威力可以达到巨大的值。例如，在青藏高原多年冻土地区，曾在寒季末出现过高承压地下水引起的地表冻土层爆炸，其爆炸威力至少相当于数公斤硝胺炸药。这一物理地质现象被称为“爆炸性充水鼓丘”。在东北大兴安岭多年冻土区，曾在寒季末出现过因承压冻结层上水引起的铁路路基的突然隆起，其隆起高度达数十厘米，中断行车。经打孔放水泄压后，路基才恢复原状，可见地表层冻结过程中伴生冻结层上承压水的高压强特性。

充分认识地下水的上述特性，是成功设计多年冻土地区铁路给水、排水工程的关键。

第4章　冻土的工程性质

含水的松散岩石和土体，温度降低到0 ℃以下时，伴随有冰体的产生。冰的存在是土体冻结状态的主要标志。从狭义上来说，冻土的定义就是："含有冰的岩土称为冻土。"由于冰的胶黏连结作用，土体抵抗外力的强度提高了。可以认为，冻土是一种含有冰的"岩石"，在负温环境条件下，具有一般岩石的工程特性，其强度可与混凝土相比。试验表明，即使在很低的负温度下，黏性冻土中也总有未冻水存在。未冻水的数量与土矿物颗粒的成分、分散度、冻土的温度等有关。冰和未冻水的共存，又使冻土具有许多特殊的工程性质。

冰对土颗粒的胶结特性是评价冻土工程特性的重要指标。冰的胶结强度与土的温度、土的颗粒组成、含冰量、盐渍度等有关。

土骨架是冻土多相体系的基础。土颗粒的大小和形状、矿物成分、吸附阳离子成分、交换容量等，对冻结时的水分迁移、冰析和冻胀，冻土冷生组构的形成等都有重大影响。

4.1　土矿物颗粒的物理—化学特性

4.1.1　土颗粒的矿物成分和分散度

土矿物颗粒的物理和物理—化学特性，取决于颗粒的矿物成分和分散度。

细颗粒土中的矿物颗粒成分主要是一些次生黏土矿物，如高岭土、伊利石、蒙脱土等。黏土矿物对土冻结过程的冻胀和冻胀力有重要影响。不同矿物成分的黏性土其冻胀性不同，如高岭粉土的冻胀性最大，水云母粉土次之，蒙脱土粉土最小。

众所周知，组成物体的分子间都存在相互吸引的力。在物体内部，一分子受四周分子的吸引而处于平衡状态。这些吸引力相互抵消，对该分子的能量没有影响。但位于物体表面的分子，受到的引力则是不平衡的，因而，表面分子具有一定的剩余能量，能够吸引靠近其表面的极性分子、离子等。这种剩余能量是由于表面的存在而产生的，故称表面能。表面能是细分散矿物颗粒产生物理—化学吸附的原因。

土颗粒表面吸附性能（活动性）的强弱，取决于颗粒表面积的大小。土颗粒粒径越小，分散程度越大，单位体积土颗粒表面积的总和越大。即土的分散度可用单位体积土颗粒的表面积来表示，称为比表面积。所谓比表面积是指每立方厘米矿物颗粒表面积的总和（cm^2）。

假定矿物颗粒是球形或立方体的，其直径或边长为 d（cm），则比表面积 s 为：$s=6/d$（cm^2）。如果粒径为1 mm时，则比表面积为60 cm^2；而当粒径为0.001 mm时，则比表面积为60 000 cm^2。从这里可以看出，随着土颗粒粒径的减小，比表面积迅速增大，其物理—化学吸附能力迅速增强。

黏土矿物颗粒均为薄片状，其实际表面积要比按上面公式计算的大得多。

黏土矿物表面一般都吸附有各种阳离子（可交换阳离子）。阳离子的成分对细分散土的冻胀性有重要影响。在冻结边界条件相同的情况下，交换阳离子类型对析冰和冻胀的影响大小是：

$$Fe^{3+} > Al^{3+} > Ca^{2+} > K^{+} > Na^{+}$$

4.1.2 矿物颗粒表面的结合水

存在于松散土体中的水，可分为两大类：矿物颗粒中（内）的水；矿物颗粒外的水。

矿物颗粒中水，是指矿物晶体格架中的结晶水和化学结合水（以 H^+ 和 OH^- 离子的形式，或以 H_2O 的形式存在于矿物晶体格架中和晶胞之间），这些水是矿物的组成部分。矿物颗粒外的水，是指存在于矿物颗粒之间的水，这些水依其水分子活动能力的大小（物理性质和运动特点），可分为：气态水、固态水（冰）和液态水三种。其中，液态水又可分为吸着水（强结合水）、薄膜水（弱结合水）、自由水（包括重力水和毛细水）。

（1）极性水分子和水化离子

水分子是偶极体（极性分子）。在水分子中，氢原子和氧原子排列成等腰三角形，两个氢原子位于等腰三角形的底角，氧原子位于顶角，彼此以共价键相联。该等腰三角形的顶角为 103°～106°。就整个水分子来说，它所带的正、负电荷是平衡的，即水分子是中性的。但是，水分子的 H^+ 离子端带正电荷，O^{2-} 离子端带负电荷，表现出极性分子的特性。在普通水中，由于激烈的热运动，水分子的排列是很紊乱的，遇有电场作用时，水分子就会定向排列起来，这就是水分子的极化。在水中存在电解质时，水分子也会围绕着离子发生定向排列，从而，出现离子的水化现象。不同类型离子，由于所带电荷不同，其水化强度（水化半径）是不一样的。水中常见阳离子的水化强度可排成如下顺序：

$$Li > Na > K > Mg > Ca > Al > Fe$$

（2）双电层

胶体体系：在任何一种介质中，分散着其他物质的小质点时，这两种物质就形成一个体系，称为分散体系。分散体系由两部分组成：分布和散开在介质中的小质点称为分散相，而包围分散相的物资称为分散介质。

对于土体，所研究的是以固相（矿物颗粒）为分散相，以液相（土中的水）为分散介质的分散体系。

分散体系的性质，特别是稳定性，取决于被分散质点的大小。质点愈大，则稳定性愈小。按照固体颗粒的大小，分散体系可分为三类：

① 分子分散体系：分散相小于 1 mμ，在水中成为分子溶液；

② 胶体分散体系：分散相从 1～100 mμ，在水中成为胶体溶液；

③ 粗分散体系：分散相大于 100 mμ，在水中成为悬浮液。

$$(1\mu = 0.001\ \text{mm};\ 1\ \text{m}\mu = 0.001\mu)$$

对于黏土粒组（粒径小于 0.005 mm）来说，有一部分颗粒是小于 100 mμ 的胶体颗粒，而另一部分 100 mμ～0.005 mm 的颗粒很接近于胶体粒，称为准胶体颗粒。因此，由较多黏土颗粒组成的黏性土，在水中就具胶体体系的特性。

胶体体系具有很多特性。主要有：胶体颗粒具有巨大的表面能，能够吸附离子而使胶体颗粒带电。胶体颗粒与所带电荷层一起称为胶核。胶体粒与其表面所吸附的正、负离子一起称为胶团。整个胶团内所带的正、负电荷相等，故胶团不带电。

为了解胶体体系的物理—化学特性，应对胶体颗粒所带电荷的性质、电泳或电渗速度；胶体体系 ζ 电位的大小、pH 等电值、吸附容量和交换容量、交换阳离子成分以及触变速度等进行研究。

由于胶体颗粒带有电荷，能吸引极性水分子和离子，在颗粒外围形成吸附水膜。胶体颗粒外围的水膜，按其物理特性，可分成如下三层（图 4-1）：

①吸附层：是指胶体矿物颗粒吸引极性水分子和带电粒子，形成的电荷层。吸附层具有一定电位，胶核与吸附层之间的电位差称为 ε 电位，也称热力电位。胶核加上吸附层称为胶粒。

②扩散层：是指吸附层外被吸附的带电粒子和极性水分子形成的电荷层。由于吸附层中电荷并未完全平衡，故吸附层外又吸引一些带电粒子和极性水分子，形成扩散层。吸附层与扩散层之间的电位差称为 ξ 电位，也称电动电位。胶粒加上扩散层称为胶团。

③自由层：矿物颗粒电分子引力场以外的水层，不带电。

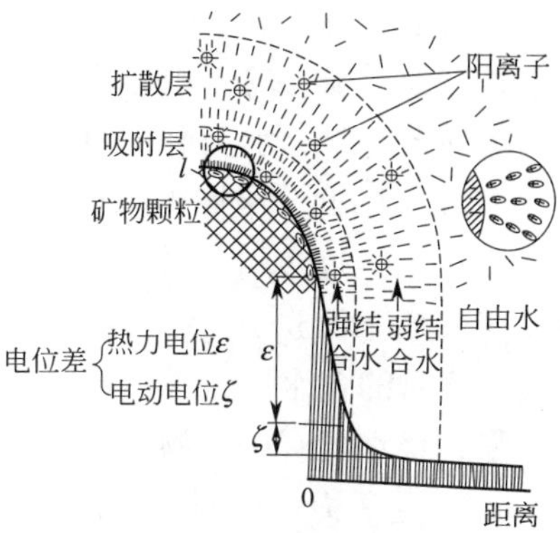

图 4-1　矿物颗粒表面与水之间电分子引力作用示意图

胶体矿物颗粒外围的吸附层和扩散层称为双电层。

（3）矿物颗粒表面的结合水

巨大表面能的存在，是细分散矿物颗粒表面存在结合水的原因。

细分散的矿物颗粒，通常带有负电荷（从分散介质中吸附离子或矿物颗粒表面分子离解形成新离子而带电）。矿物颗粒从周围溶液中吸附的水分子和其他离子，而形成的吸附层水化膜，称为强结合水（图 4-1）。强结合水膜，由于受到颗粒表面巨大的电分子引力作用，其物理状态基本是不变的。强结合水膜外的扩散层水膜，称为弱结合水。由于该层中的水分子距离颗粒表面较远，受到的电分子引力较小，故其物理状态是变化的。即弱结合水是一种相成分可变化的水。冻土中未冻水含量随温度的变化，就是弱结合水数量的变化。

矿物颗粒表面的强结合水和弱结合水一起称为矿物颗粒表面的结合水。

决定结合水数量多少的主要因素是矿物颗粒大小和矿物的亲水性。试验表明：颗粒愈细，比表面积愈大，矿物表面结合水的数量愈多。如表 4-1、表 4-2 所示。

表 4-1　强结合水含量与矿物颗粒粒径的关系

石英粒粒径(mm)	0.1 ~ 0.05	0.05 ~ 0.01	0.01 ~ 0.005	0.005 ~ 0.001	<0.001
强结合水含量(%)	0.02	0.06	0.11	0.30	0.86

表 4-2　结合水含量与矿物颗粒粒径的关系

颗粒粒径(mm)	1 ~ 0.5	0.5 ~ 0.25	0.25 ~ 0.10	0.10 ~ 0.05	0.05 ~ 0.005	<0.005
结合水含量(%)	1.57	1.60	2.73	3.75	9.18	43.85

矿物的亲水性也影响着水的结合。有些矿物能把很多水结合在其表面，有的矿物则结合能力很差。表 4-3 中列出了同一大小的不同矿物对水的吸附能力。

表 4-3　不同矿物（粒径 <0.001 mm）对水的吸附能力

矿物名称	石　英	钠长石	钾长石	褐铁矿	白云母	黑云母
每克矿物吸附水量(mg)	7.7	81.4	166.3	227.9	357.1	478.3

（4）矿物颗粒表面结合水的特性

矿物颗粒对水分子的吸引力随离矿物表面距离的增加而减小。处于吸附层和扩散层中的水，其电分子引力的作用远大于重力的作用。因此，结合水表现出与自由水不同的性质。

①强结合水：承受巨大的电分子引力，在颗粒表面，约 1 000 以上大气压，在最外层约 31 大气压。因此，吸附的水分子被牢牢地"固定"在颗粒表面，失去了活动能力，类似于"固态水"。其厚度可达数十层至数百层水分子。强结合水在形成过程中，其原有分子的动能转变成热能释放。强结合水只有在吸热转化为汽态后，才能转移。相应于强结合水膜达到最大厚度时的含水率，称为"最大吸着水容度"。

强结合水具有以下物理特性：

a. 不受重力作用而移动，不能传递静水压力，具有一定弹性；

b. 密度：1.2 ~2.4 g/cm^3，具很大黏滞性；

c. 冰点：约 −78 ℃；

d. 导电性很小，无溶解性。

②弱结合水：承受的电分子引力约为 5.25 ~31 大气压。由于承受的电分子引力较小，弱结合水的性质与普通水差别不大。弱结合水膜的形成不伴随放热现象，它的移动不受重力影响。弱结合水可以从水膜厚处移向水膜薄处，也可在化学势（溶盐浓度）的影响下产生移动。相应于最大结合水膜（强结合水和弱结合水之和）厚度时的含水率，称为"最大分子水溶度"。

弱结合水具有以下物理特性：

a. 具有较高的黏滞性，不能传递静水压力；

b. 密度：约 1.3 ~1.7 g/cm^3；

c. 冰点：低于 0 ℃，约在 −1 ℃ ~ −2 ℃，水膜愈薄，冰点愈低；

d. 无溶解性。

除结合水外，在土矿物颗粒表面电分子力影响范围以外，还存在不受吸附作用影响的重力水和毛细水（自由水）。重力水是存在于土孔隙中的，只受重力作用的普通液态水。这种水可在重力和水头差的影响下，在土孔隙中移动，能够传递静水压力，并具有溶解土中可溶盐的能力。毛细水是存在于土细小不规则通道中，受弯液面表面张力的作用，在重力水面以上能沿通道上升一定高度的水。毛细水的上升高度和移动特点，受重力和表面张力控制。毛细水的物理性质与重力水基本相同。

4.1.3　水对土体工程性质的影响

在一般情况下，土体中存在结合水和自由水。水文地质学研究岩石（土体）中，在重力作用下，易于移动的自由水的储藏、运动以及化学成分等的变化规律，把水当作有用矿物或有害因素来研究。工程地质学则把水当作影响岩石（土体）工程地质性质的一个重要因素来研究。在岩石风化过程和土壤形成过程中，水起着极其重要的作用。土体中的水与固体细分散矿物颗粒强烈作用，改变着土体的工程性质，特别是土体的强度。由于水的作用，会使土的强度降低或提高。例如，含水极少的黏土，坚硬如岩石；而饱水黏土，则强度极低，甚至在外力作用下，常会液化成溶胶。

水对土体工程性质的影响，可通过黏性土特殊工程性质的形成与变化过程来了解。

由于黏土矿物颗粒表面的物理—化学吸附，形成结合水膜，使黏性土具有一系列的特殊工程性质。如：黏（聚）性、塑性、膨胀性、收缩性、触变性等。黏性是细分散土的基本特性。因此，称为黏性土。

黏性是黏性土有别于砂性土的重要特征。黏性是指黏性土在一定含水条件下，承受拉力和剪力的能力，是土颗粒与水相互作用而产生的一种联系，也称原始内聚力，是黏性土强度（抵抗外荷载作用）的主要来源。黏性土由于含水率不同，可以处于固态、半固态、塑态和流态。砂性土在干燥和饱和状态下，不具黏聚性，在含水率不大的情况下，由于毛细力的作用，会出现一定的黏聚性，但其值十分微小，因而，不具实际意义。

黏性的大小取决于土的密度和含水率（在其他条件相同时）。当土颗粒靠得很紧，含水率很低时，土中主要含强结合水，这时土表现出很大的黏性，并呈固态或半固态。随着含水率的增加，弱结合水逐渐增多，水膜增厚，土的体积增大，产生膨胀现象。在膨胀过程中，由于颗粒间距离加大，颗粒间的联系主要靠弱结合水，土的黏性降低，呈塑性状态。

黏性土出现黏性的原因，可能有以下几点：

（1）细微矿物颗粒间电分子引力的相互作用。

当黏土颗粒间的距离小到一定程度时（小于2倍分子引力半径），颗粒间将产生显著的分子力，将相邻颗粒连接在一起，而形成黏聚力（原始黏聚力）。显然，颗粒间的平均距离越小，即土的密度越大，则由固体颗粒间分子力作用所产生的黏聚力越大。

（2）水膜胶黏连结。

当相邻颗粒间的距离小于两倍结合水膜厚度时，在两颗粒间会形成共同的水化膜。这层水化膜将两颗粒连结在一起，作用于颗粒以黏结力，形成黏性土的水膜胶黏黏聚力。显然，土的密度越大，这种水膜胶黏连结会越多，黏聚力会越大。

（3）盐的胶结作用。

矿物颗粒周围水中溶解盐的结晶析出，可将接触颗粒胶结起来，形成脆性连结。这种连结具有一定强度，称为结构黏聚力。结构黏聚力是在黏性土沉积的漫长过程中形成的。

在黏性土的上述三种黏聚力中，原始黏聚力和水膜胶黏黏聚力，在土发生变形破坏后，黏聚力被破坏。但当土的湿度—密度状态恢复后，黏聚力也可得到恢复。故这种黏聚力称为可恢复黏聚力。与此相反，结构黏聚力在土体变形破坏后即消失，一般是不可恢复的，故称为不可恢复黏聚力。

塑性是指土在外力作用下，改变形状，但不改变体积，不发生断裂的一种特性。塑性是黏性土的一种特殊性能。只有当黏性土的含水率介于某一特定范围内时，才会表现出来。

黏土颗粒表面吸附水化膜的存在，使黏性土产生塑性。即黏性土中结合水含量的高低，决定着黏性土塑性的强弱。因此，黏性土中，黏土颗粒的含量越高，结合水的含量越多，其塑性就越强。

当黏性土的含水率很高，孔隙中存在大量自由水时，相邻颗粒的水化膜彼此脱离，土体处于流动状态，因而，不具有塑性。反之，当土的含水率很低，黏性土中仅存在少量强结合水时，处于干燥状态的黏性土，也不具有塑性。

膨胀性和收缩性是指黏性土吸水时的体积膨胀和失水时的体积收缩现象。由于黏土颗粒间是通过水化膜连接的，自然，黏土颗粒水化膜扩散层厚度的增减，必然会引起黏性土体积的膨胀和收缩。

触变性是指高含水率的黏性土，在经受振动、冲击、搅拌等外力作用时，液化为溶胶的特性。当外力作用消失，经一段时间静置后，液化黏性土又可固结。

黏性土产生触变的原因可以这样来解释：高分散片状黏土矿物颗粒，具有巨大的表面能，因而，其水化膜较厚。当高含水率的黏性土经受外力作用时，其扩散层外层结合不牢的极性水分子和水化阳离子，会脱离水化膜而转变成自由水，从而，使黏土颗粒处于悬浮状态。外力消失后，液化黏性土在静置过程中，黏土颗粒扩散水膜的厚度逐渐得到恢复，一部分自由水又重新转变成结合水，黏性土恢复原来状态。

土体冻结时，自由水首先冻结，而后弱结合水开始冻结。弱结合水的冻结温度低于0 ℃，且随水膜变薄而降低。也就是说，随着温度的降低，弱结合水逐渐冻结，冻土中的未冻水含量逐渐减少，含冰量增大，强度增加，冻土的物理状态发生变化。即：在相当大的温度范围内，土从融化状态经过塑性冻结状态而变成坚硬冻结状态（表4-4）。

表 4-4　各种土的物理状态变化温度

土　名	温　度(℃)	
	塑性冻结状态	坚硬冻结状态
砂	0 ~ -0.25	低于 -0.25
黏砂土	-0.3 ~ -1.0	低于 -1.0
砂黏土	-0.5 ~ -1.5	低于 -1.5
黏土	-1.0 ~ -2.0	低于 -2.0
重黏土	-2.0 ~ -3.0	低于 -3.0

根据冻土中未冻水含量变化与负温度的关系，可将土冻结时的相变温度划分成以下三个区域。

①强烈相变区：在该区域内，温度变化 1 ℃时，冻土中未冻水含量变化等于或大于1%；

②过渡区：冻土温度变化1 ℃时，未冻水含量变化在0.1% ~1%之间；

③实际冻透区：冻土温度变化1 ℃，未冻水含量变化不超过0.1%。

土冻结时，土中水相转换的温度区域如表4-5所示。

表 4-5　相转换温度区域

土　名	强烈相转换区(℃)	过渡区(℃)	实际冻透区(℃)
砂	0 ~ -0.2	-0.2 ~ -0.5	低于 -0.5
粉质砂黏土	0 ~ -2.0	-2.0 ~ -4.0	低于 -4.0
饱和黏土	0 ~ -4.0	-4.0 ~ -10	低于 -10
侏罗纪黏土	0 ~ -6.0	-6.0 ~ -30	低于 -30

4.2　冻土的组成成分

土体冻结的主要标志，是土孔隙中水的成冰（结晶）作用。孔隙水的冻结伴随着一系列极其复杂的物理和物理化学过程，如水分迁移、矿物颗粒间的水胶黏连接变成冰胶结，孔隙溶液浓度增大，体积膨胀等。冻土按粒度成分的分类与未冻土一样，可分为大块碎石类土、砂土和黏性土。冻土是复杂的多相和多成分体系。矿物颗粒、冰、未冻水和气体是冻土的基本成分。即冻土是由固体矿物颗粒（包括有机矿物颗粒）、黏塑性冰（胶结冰、冰夹层、冰包裹体）、未冻冰（强结合水和弱结合水）和气体（空气和水蒸气）组成的四相体系。这些基本组成成分决定了冻土的结构、构造特性，物理、热物理和力学特性（特别是冻土的流变特性），以及冻土融化过程特性等。

4.2.1　固体矿物颗粒

矿物颗粒的成分、大小和形状以及矿物颗粒表面的物理、化学特性（吸附容量和交换容量），对冻土的物理、力学性质有重要影响。土的颗粒组成对冻结时的水分迁移、析冰和冻胀都有重要影响。

冻土的性质，尤其是抵抗外力的强度，不仅取决于颗粒的大小，而且取决于颗粒的形状。在外力作用下，不同形状颗粒之间，如圆的、带棱角的和扁平状的，产生的局部应力是不同的。

颗粒大小不同，冻土变形和强度特性不同。在温度和荷载大小、作用时间等相同时，大块碎石类土的变形小，强度大；砂土的变形次之，强度次之；黏性土的变形大，强度小。在温度和应力条件等相同时，颗粒形状不同，颗粒与冰接触点的压应力不同，从而，未冻水的含量不同，致使冻土的结构和强度发生变化。

自然界的土体通常都是由大小不一的颗粒以不同比例组成的。土的粒度成分是表征组成土体矿物颗粒大小的指标。不同大小的矿物颗粒具有不同特性，但由相似大小的一组颗粒组成的土体则具有相似的性质。在土木工程界，常根据颗粒的大小划分出若干种基本粒组，供评价地基土工程地质特性用。在《铁路桥涵地基和基础设计规范》中，包括块石、碎石和砾石在内，进行的颗粒分组如表 4-6 所示。

表 4-6　土的粒组划分

粒组名称		粒径 d(mm)
块石(漂石)粒组	大	$d>800$
	中	$400<d\leqslant 800$
	小	$200<d\leqslant 400$
碎石(卵石)粒组	大	$100<d\leqslant 200$
	小	$60<d\leqslant 100$
粗砾(圆、角)组	大	$40<d\leqslant 60$
	小	$20<d\leqslant 40$

续上表

粒组名称		粒径 d(mm)
砾石粒组	大	$10 < d \leq 20$
	中	$5 < d \leq 10$
	小	$2 < d \leq 5$
砂粒组	粗	$0.5 < d \leq 2$
	中	$0.25 < d \leq 0.5$
	细	$0.075 < d \leq 0.25$
粉土粒组		$0.005 < d \leq 0.075$
黏土粒组		$d < 0.005$

对于地基基础冻土工程地质评价来说，表4-6中的土又可分为两个性质完全不同的大组。

（1）冻融不敏感组。粒径2 mm以上的砾石、粗砾、碎石、块石，其比表面积和表面能很小，无吸附水的能力，土中所含水分均为自由水，颗粒间不存在相互连结，无毛细力，透水性强。因而，其物理、力学性质几乎不受冻融循环的影响。甚至可以认为，对于土木工程地基设计来说，这类土体在“冻结状态”和“融化状态”的物理、力学性质是一样的。

（2）冻融敏感组。粒径2 mm以下的颗粒，由于其比表面积增大，表面能增大，颗粒具有吸附能力，能将水分子、离子等吸附在表面，颗粒间存在水膜胶黏连结，因而，具有特殊的物理—化学特性和工程特性。冻融过程对其物理、力学性质有明显影响，特别是冻融循环过程的冻胀和融沉，对冻土工程稳定性有重要影响。

该大组中的各组颗粒具有以下特点：

①砂砾组（粒径2.0～0.075 mm）。无黏性，易透水，内摩擦角较大，存在毛细力，但毛细上升高度小，冻胀性小或不冻胀。

②粉土粒组（粒径0.075～0.005 mm）：具有不大的内摩擦角，因此，容易产生滑动。湿润时，可稍呈黏性，但随着土中水分的减少，土颗粒间的连结力不断减弱。饱水时，易振动液化成流砂。透水性弱，具很大的毛细上升高度。冻胀性最强。

③黏土粒组（粒径小于0.005 mm）：具有巨大的表面能，吸附能力强，与水作用时，具极复杂的性质，如黏性、可塑性，膨胀性，收缩性和较大的压缩性等，透水性极弱，冻胀性强。

如前所述，黏土粒组的这些特性都与其比表面积、颗粒矿物成分、吸附阳离子种类等密切相关。

根据矿物成分对土工程地质性质的不同影响，可以将土中固体颗粒的矿物成分分为以下四种：

（1）不溶于水的原生残余矿物（原生矿物）；

（2）不溶于水的次生矿物（黏土矿物）；

（3）溶于水的次生矿物（可溶盐类）；

（4）有机物。

从矿物成分对土工程地质性质影响程度考虑，在上述四种矿物中，原生矿物对土工程地质性质的影响是比较固定的，称为“稳定矿物”。而黏土矿物、易溶盐和有机物在土中的含量、成分和性质是变化的，对土体工程地质性质的影响也是多变的，因而，称为“不稳定矿物”。

土的矿物成分与其成因有着密切关系。甚至可以说，土的矿物成分是由其成因决定的。例如，黏土矿物必定是化学风化作用的产物；有机物的出现必定是生物作用的结果。

土的粒度成分和矿物成分关系密切。在粗颗粒土中，长石、石英颗粒的含量占主要优势，而粉土粒、黏土粒很少或不存在。在细粒土中，其矿物成分主要为次生黏土矿物，较细的黏土颗粒由高岭石组成，而较粗的黏土颗粒则由拜来石组成。

土中的原生矿物有：石英、长石、角闪石、云母等。这些矿物是原岩经物理风化而成的碎屑，性质比较稳定，主要存在于较粗的颗粒中，是非黏性土（粗颗粒土）的主要矿物成分。土中的黏土矿物是由原岩经物理和化学风化而形成的次生矿物。黏土矿物的最大特点是它的高度分散性，粒径很小（颗粒大小一般在 0.001 ~ 10 μm），而且多呈半鳞片状。因而，黏土矿物具有巨大的表面能和许多独特的性质。黏土矿物是黏性土的主要矿物成分。

原生矿物对土体工程地质性质的影响是由它们的颗粒大小和形状决定的。据试验：在一定荷载作用下，由同一种矿物组成的土体，颗粒大小不同时，其孔隙度不同；颗粒大小相同时，不同矿物组成的土体，其孔隙度不同。在相同荷载作用下，颗粒大小相同，而矿物成分不同的土体，其压缩性不同。

黏土矿物基本由 MgO、Al_2O_3、SiO_2、H_2O 等组成，可分为以下三类。

（1）蒙脱土类：包括蒙脱土、皂石、拜来石、绿高岭土等；

（2）水云母伊利石类：包括水云母、海绿石等；

（3）高岭土类：包括高岭土、迪凯石、珍珠陶土、多水高岭土等。

不同种类的黏土矿物，组成晶架结构的基本原子层数目不同，晶架结构的稳定性不同。例如，高岭土晶架的每个晶团由五个基本原子层组成，各层相互吸引，晶架固定；而蒙脱土的晶架是由七个基本原子层组成的，某些相邻层相互排斥，晶架易移动。因此，不同黏土矿物组成的黏性土，其吸水性、塑性、压缩性、透水性、内摩擦角等不同，对土的工程地质性质影响不同。

土体中，通常或多或少含有水溶性盐类。主要有：$NaCl$、$NaSO_4$、$CaCl_2$、$MgSO_4$、$MgCl_2$、$NaHCO_3$、Na_2CO_3 等。这些盐类根据其可溶解程度分为：易溶盐、微溶盐和难溶盐。不同温度下，各种盐类在水中的溶解度如表 4-7 所示。

表 4-7　各种盐在水中的溶解度

盐的名称	不同溶液温度下的溶解度(占溶液重量百分比)(%)		
	0 ℃	20 ℃	49 ℃
$NaCl$	26.2	26.4	26.8
KCl	22.2	25.5	28.7
$CaCl_2$	37.5	42.7	53.5
$MgCl_2$	34.5	35.3	36.5
$NaSO_4$	4.5	16.1	32.5
$MgSO_4$	26.9	36.2	45.6
Na_2CO_3	6.6	17.8	33.2
$NaHCO_3$	6.5	8.8	11.3
$CaSO_4$	0.17	0.20	0.21
$CaCO_3$	—	0.001 4	0.001 5

在表4-7中，除 $CaSO_4$（应属微溶盐），$CaCO_3$（应是难溶盐）外，其他盐类都是易溶盐。盐类对土的物理、力学和物理化学性质都有影响。冻土中盐的存在可使土的起始冻结温度降低。

土中，尤其是土壤中，通常都含有有机物。这些有机物是动物和植物遗体分解而产生的。一般所指的有机物主要是指植物遗体而言，如泥炭、腐植质等。

有机物的最重要特性是它们的胶体性质，如亲水性、离子交换性能等。土体中有机质的存在可使土的比重减小，渗透性降低，强度减小。

4.2.2　冰

与土的矿物颗粒相反，冰是一种物理化学性质极为特殊的、与其他矿物颗粒很不一样的、单矿物低温“水化岩石”。冻土结构、构造特点及其物理、力学性质，都取决于冻土中冰的特性。冰与土骨架间的组合关系对冻土的工程性质有重要影响。

水在正常大气压力和一般低温（-100 ℃以内）条件下冻结时，生成普通冰。而在高压力（2 000以上大气压力）条件下，则可生成某种结构复杂的变态冰，这种冰的密度大于水的密度，即使在正温条件下也能存在。

普通冰是冻土必不可少的组成成分。在通常条件下，冻土甚至可以这样来定义：含有冰的土体称之为冻土。

冰是一种具有复杂属性的似黏弹性材料，是一种物理、化学性质极为特殊的固体“矿物”，冰与土骨架间的组合关系对冻土的工程性质有着重要影响。

在通常条件下，水冻结（结晶）时，体积增大8.07%，密度减小7.31%（水的密度为0.999 968 g/cm^3，冰的密度为0.916 8 g/cm^3）。

普通冰是六边形晶体，呈片状构造，具明显的各向异性。在瞬时荷载作用下，冰表现出一定的弹性；在微小持续荷载作用下，冰也会产生流变。在受剪时，冰的各向异性表现尤为明显，冰的纯剪过程只有当剪切面与冰晶基本平面重合时，才会发生，而在其他方向，冰晶体发生破坏，并产生重新定向。在平行主光轴方向，冰的黏聚力较大，抗剪强度较大，黏塑性变形甚小，甚至在弹性变形后，即开始脆性破坏。而在垂直主光轴方向上，冰的黏聚力较小，抗剪强度较小，黏塑性变形最大。

冰的线膨胀系数亦表现出明显的各向异性：在温度为0 ℃ ~ -66 ℃时，沿主光轴方向，冰的线胀系数为 29×10^{-6}℃$^{-1}$；在垂直主光轴方向，则为 17×10^{-6}℃$^{-1}$。

冰的剪切弹性极限小于0.1 kg/cm^2，所以，冰开始进入塑性流动的临界剪应力值是极小的。

冰的内部联结对负温的变化极为敏感，它随负温的降低而增强。例如，当冰的温度从 -1.5 ℃下降到 -2.5 ℃时，其瞬时黏聚力可从22 kg/cm^2 增加到45 kg/cm^2。当剪应力大于1 kg/cm^2 时，冰将发生重结晶作用，冰晶体将重新定向（冰晶基面平行于剪力方向）。

普通冰的组构特点，是晶格中氢原子的活动性随温度和压力的变化而不断改变。当温度下降时，氢原子的活动性减小，冰的密度和强度增加。当温度低于 -70 ℃时，冰由六角形晶体转变成立方晶体。只有在温度低于 -78 ℃时，冰晶格而才处于稳定状态。

多年冻土中存在的所有冰体，不论其生成原因和埋藏形式，统称地下冰。按地下冰的生成过程，可将地下冰分为：构造冰，洞穴脉冰和埋藏冰。

构造冰是指土体冻结过程中生成的冰。它对冻土构造的形成具有重要作用。在某种情况下，构造冰以细小的冰体充填于土的孔隙中。而在另外一些情况下，则以纯冰透镜体夹层的形式分布于冻土中。冻土工程性质的差异，与冰和土层的数量比例、相互位置有关。冻土中冰的相对含量及其强度，主要取决于冻土温度，在土质条件、含水条件相同时，随着冻土温度的降低，冰的相对含量增加，强度增大。因而，冻土的力学强度也提高。

构造冰又可分为：胶结冰，分凝冰和侵入冰。

胶结冰是含水率小的土体冻结时，或任何含水率的土体快速冻结的情况下形成的。它分布在土颗粒接触点，是胶结土颗粒孔隙冰的一种特殊形式。在胶结冰生成过程中，不发生土颗粒的明显位移。

分凝冰是由弱结合水向冻结缘迁移冻结而成。大多以透镜体或不规则体的形状存在。在形成分凝冰的同时，土颗粒之间发生相对位移，在冰分凝过程中，形成冻土的冷生结构和构造。冰透镜体和冰夹层的厚度可从零点几毫米至几十毫米。

侵入冰是指承压地下水侵入多年冻土层或季节冻土层后，冻结而生成的冰体。参与侵入冰形成的水是自由重力水。侵入冰的形成过程具“千斤顶”效应，能将上部土层隆起，形成冻胀丘。

洞穴脉冰是存在于多年冻土各种裂隙中的冰。这些裂隙可以是基岩裂隙、热收缩裂隙、干缩裂隙，或冻胀丘上的膨胀裂隙。

埋藏冰是指各种地表冰体（河冰、湖冰、海冰、冰锥冰、和积雪冰等）被堆积其上的沉积物掩埋，而形成的地下冰。埋藏冰能多年保存而不融化的条件是其上覆盖的沉积物厚度大于季节融化深度。

4.2.3　未 冻 水

细颗粒土中的细微颗粒几乎都是黏土矿物。如前所述，黏土矿物颗粒一般呈片状或针状。在黏土矿物的表面，尤其在颗粒的角、棱处，晶体格架的电荷是不平衡的，成为带有负电荷的荷电体。故黏土矿物的电场能使水分子发生定向排列，将水分子吸附在其表面，形成不同于自由水的结合水膜。由于结合水膜中的水，在一般负温条件下，只能部分冻结，因而，在细颗粒冻土中总存在一定数量的未冻液相水与冰共存，这就是冻土中未冻水的来源。

冻土中未冻水的含量受温度、压力、孔隙水的化学成分、土颗粒尺寸和表面作用等因素控制。

未冻水的含量与土体含水率无关。对于指定的土体，仅取决于温度条件。当冻土温度低于 −70 ℃时，绝大多数土体中的未冻水实际上已完全冻结。

4.2.4　气　　体

冻土中未被冰和水充满的孔隙，则被水蒸汽和其他气体物质所充填。这些气体处于自由、挤压或被吸附状态。土中的气体可以与周围空气相通，并能在土中移动。如自由水蒸汽可以向冻结峰面迁移，这是成为含水率小的砂性土冻结时聚冰的原因之一。被挤压的气体，形成封闭的气泡，可提高土的弹性。有一部分气体则被吸附在矿物颗粒表面。土吸附气体的数量随土中有机质含量的增加而增大。

4.3 冻土中未冻水与冰的动力平衡

未冻水和冰是冻土工程性质好坏的决定因素。未冻水和冰含量比例的改变是冻土工程性质变化的根本原因。

冻土中未冻水和冰的平衡状态原理是冻土力学的基本原理。该原理指出："冻土中所含未冻水的数量、成分和性质不是固定不变的，而是随外部作用的变化而变化，并与冰处于动平衡之中的。"在外部作用影响下，冻土中未冻水数量的增加，意味着冻土含冰量的减少，两者总是始终处于动力平衡中的。

如前所述，冻土中，特别是细分散的黏性土冻土中，都含有一定数量的未冻水。即使在很低的温度下（-70 ℃以下），也是如此。未冻水集中于极窄小缝隙、毛细管和矿物颗粒接触点处，因而，其数量的任何变化，都将剧烈地影响到矿物颗粒间的黏聚力，导致冻土力学性质非常明显的、有时很剧烈的变化。

冻土中未冻水和冰的含量是随冻土温度、冻结时间和外部压力的变化而变化的，具有如下规律：冻土温度降低，未冻水含量减少，冰的含量增加；外部压应力增大，未冻水含量增加，冰的含量减小；在冻土温度不变时，冻结时间延长，未冻水含量减少，冰的含量增大。

4.3.1 冻土未冻水的物理—化学特性

在冻土中，水分（未冻水）和溶质可在热力梯度、化学梯度和电力梯度影响下，缓慢地迁移和重分布。冻土中未冻水和冰的含量，是依土的负温度值，按每类土固定的曲线而规律变化的。即每一类土都有其未冻水含量随温度变化的特征曲线（图 4-2）。负温值的任何提高，都将引起冻土中冰的部分融化。

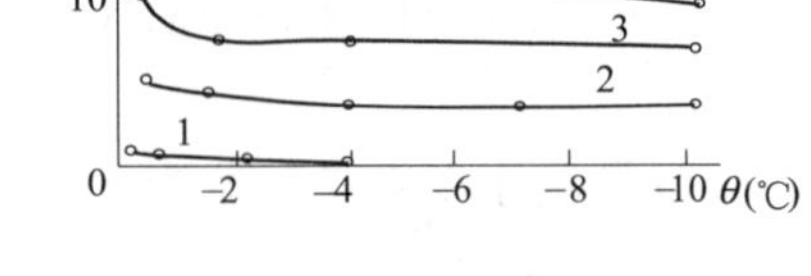

图 4-2 冻土未冻水含量与负温的关系曲线
1—石英砂；2—黏砂土；3—砂黏土；
4—黏土；5—含蒙脱石黏土

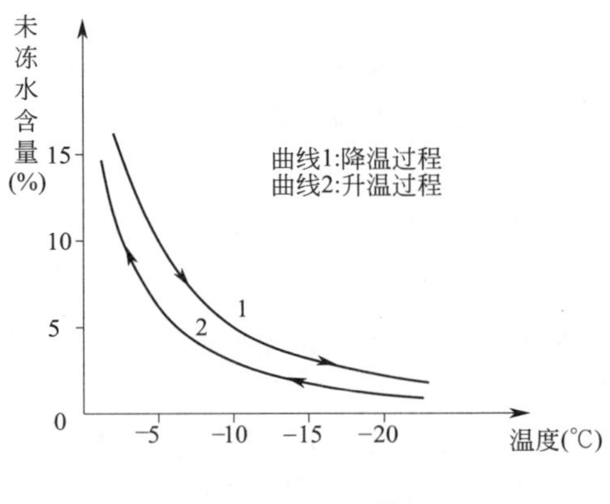

图 4-3 冻土降温和升温过程的未冻水含量曲线

冻土中的未冻水具有以下特性。

①每种土都有自己固定的未冻水含量与负温度关系曲线（图 4-2）；

②未冻水含量随冻土温度降低而减少（图 4-2，表 4-8，表 4-9）；

③当土体含水率超过其最大分子水容量时，未冻水含量实际与土体总含水率无关；

④不考虑水相变热传导过程时，未冻水含量与负温的延续时间无关；

⑤未冻水含量，随作用于冻土上荷载的增加而增大，随荷载作用时间的延长而增长；

⑥在冻土降温和升温过程中，未冻水含量曲线不同（图 4-3）。从图 4-3 可以看出，升温过程的未冻水含量曲线有滞后现象（升温曲线位于降温曲线之下）。即冻土在升温过程中，相同温度的未冻水含量较降温过程小。这也可从冻土在升温和降温过程中，相对含冰量的变化情况表 4-8 看出：在相同温度下，冻土升温过程的相对含冰量较大，即升温过程中，冻土的未冻水含量较小。

由于冻土在降温与升温过程中，未冻水的含量不一样，故同一温度下，冻土在降温和升温过程中的强度是有所变化的。

图 4-2、表 4-8 和表 4-9 所列资料表明：土越分散（黏性越大），在一定的负温下，其中所含未冻水量越多。很明显，这是因为分散性较大的土，矿物颗粒比表面积较大，从而具有较大的束缚孔隙水的能力。

表 4-8　冻土降温和升温过程中相对含冰量的变化

温度(℃)	冻结砂土 (ω =11% ~12%)		冻结砂黏土 (ω =21% ~22%)		黏土 (ω =30% ~31%)	
	降温(%)	升温(%)	降温(%)	升温(%)	降温(%)	升温(%)
-0.3	0.94	0.97	0.19	0.42	0.0	0.0
-0.5 ~ -0.6	0.95	0.97	0.31	0.48	0.0	0.12
-0.85 ~ -1.0	0.97	0.99	0.43	0.55	0.0	0.21
-2.1	0.97	0.99	0.53	0.62	0.20	0.28
-2.0	—	—	0.55	0.63	0.30	0.37
-3.4 ~ -3.5	0.97	1.00	0.56	—	0.33	—
-9.5	0.99	—	0.60	—	0.43	—
-14.2	1.00	1.00	0.66	0.70	0.49	0.52

表 4-9　冻土中的未冻水含量与负温的关系

土的种类	不同温度下的未冻水含量占干土重的百分比(%)					
	-0.2 ℃ ~ -0.5 ℃	-0.5 ℃	-1.0 ℃ ~ -1.5 ℃	-2.0 ℃ ~ -2.5 ℃	-4.0 ℃ ~ -4.5 ℃	-10.0 ℃ ~ -11.0 ℃
砂土	0.2	0.2	—	—	0.0	0.0
黏砂土	—	5.0	4.5	—	4.0	3.5
砂黏土	12.0	10.0	7.8	—	7.0	6.5
黏土	17.0	15.0	13.0	12.0	—	9.3
蒙脱黏土	34.3	25.9	—	19.8	—	15.3

4.3.2　未冻水含量与温度的关系

如前所述，土矿物颗粒表面结合水膜的冻结温度取决于水膜的性质，水膜厚度越大，冻结温度越高；水膜越薄，冻结温度越低。冻土中的未冻水是随冻土温度的降低而逐渐冻结的。因此，对于给定的冻土，未冻水的含量会随冻土温度的降低而减少（表 4-9），冰的含量会随冻土温度的降低而增加（表 4-8）。例如：冻结砂黏土（总含水率 $\omega_0=30\%$）在温度为 -1.6 ℃时，未冻水的含量为 74%；温度降低至 -16.4 ℃时，其未冻水的含量减少至 56.4%。冻结中砂温度为 -0.5 ℃时，未冻水含量为 2%；温度为 -9.0 ℃时，未冻水含量 <0.2%。

4.3.3 未冻水含量与随外部压应力的关系

试验表明，冻土的含冰量是随外部压应力的增大而减小，未冻水含量是随外部压应力的增大而增加的。众所周知，水的冰点与压力有关。外部压力增加，冰点降低。作用于冻土上的荷载增加，矿物颗粒接触点上的压应力增大，冰点降低，部分冰融化，冻土的含冰量减小，未冻水含量增大。如表 4-10 所示。

表 4-10 外部压应力对冻土中未冻水量的影响

土　名	温度(℃)	应力(kg/cm^2)	含水率(%)	未冻水含量#(%)	
				无压力时	有压力时
砂黏土	负温	2	22	50.2	61.2
砂黏土	-2	10	22	72.6	73.2
膨润黏土	-2	2	49	58.3	65.1
砂黏土	-1.7	2	20	42.4	57.1
膨润黏土	-4.8	2	46	42.5	44.6

注：#未冻水含量为未冻水占全部水量的百分数（%）。

从表 4-10 可以看出，增加外部压力，可以明显地使冻土的未冻水含量增加，而且，施加的压力越大，这种影响就越大。甚至在较低的温度下，外应力也能引起未冻水含量和含冰量的变化。

4.3.4 未冻水含量与冻结时间的关系

试验表明，即使冻土温度不变，冻土的强度也会随冻结时间的延长而增大，特别在冻结初期更是如此。这种现象的出现与孔隙水相变过程的热量传递有关。这说明，土中孔隙水的冻结是一个十分复杂的物理化学过程。

众所周知，土中孔隙水结冰时，相变潜热的释放和传递都是需要时间的。也就是说，冻土含冰量的增加是需要时间的。冻土强度是含冰量和温度的函数，强度随冻结时间延长的增长，其实质是随冻土含冰量的增加而增长。这就表明，冻土中的未冻水含量是随冻结时间的延长而减少的。

例如：在环境温度不变时，冻结砂土的抗压强度，是随冻结时间的延长而增加的，如表 4-11 所示。

表 4-11 冻结砂土强度与冻结时间的关系

冻结时间(h)	抗压强度(kg/cm^2)	备　注
24	48	冻结环境温度为 -5 ℃
72	59	
120	64	

必须指出：当负温降低时，不只是减少了冻土中未冻水的数量，而且，还改变了未冻水的溶液成分。因为温度降低时，纯水分子与冰晶结合而使未冻水溶液中水的数量减少，从而，增大了未冻水的盐份浓度，使其冻结温度更低。

冻土中，未冻水和冰的同时存在是冻土的一种基本特性。冻土中的未冻水、溶质、蒸汽、气体都可以在温度梯度、化学梯度和压力梯度作用下迁移，而在冻土中重新分布，改变着冻土的结构和构造。因此，冰与未冻水的比例、总含水率、温度和压力不仅控制着静载和动载下冻土的变形特性，而且，控制着冻土的热物理性能、导水系数和其他特性。

4.4　土中孔隙水的冻结过程

4.4.1　土（孔隙水）冷却—冻结过程特点

土冻结的标识是土中孔隙水的相变。土中孔隙水的冷却、冻结过程与一般自由水体的冻结有所不同，在一般情况下，土的冷却—冻结过程曲线如图 4-4 所示。该曲线可分为以下三段。

（1）冷却过冷段：土体从初始温度 θ_{10} 冷却至过冷温度 θ_2，冰结晶中心形成，水开始结晶，放出潜热，土体温度突变至起始冻结温度 θ_3。

（2）结晶段：土中自由水开始冻结，放出潜热，土体保持起始冻结温度 θ_3 不变。

（3）继续冷却段：自由水全部冻结，土体温度下降，弱结合水开始逐渐冻结。

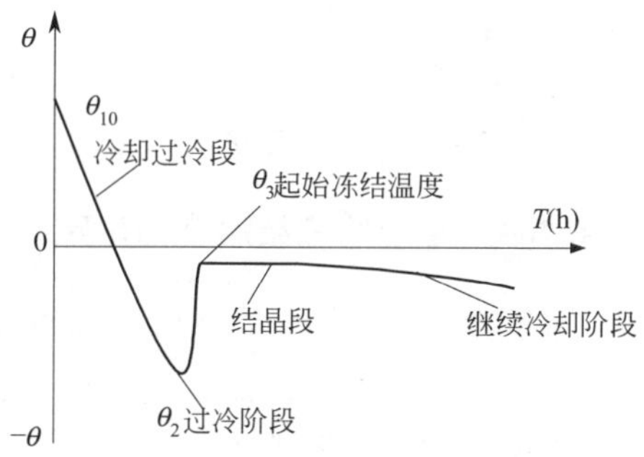

图 4-4　土的冷却和冻结曲线

土的颗粒组成不同，其冻结过程曲线不同，但曲线的形状和阶段划分大体相似。

4.4.2　土的过冷温度和起始冻结温度

土孔隙水中形成冰结晶中心的温度叫土的过冷温度（θ_2）。

与任何其他液体的结晶一样，水结晶的先决条件是：冷却的水中含有结晶中心（或结晶核）。结晶中心（或结晶核），既可以是由于被冷却液体中各种机械夹杂物作用而形成；也可以是由于分子起伏现象的结果而自发形成。但都必须在比液体本身结晶温度更低的条件下才能形成，即冰结晶中心的形成需较低的温度。另外，土颗粒的吸附作用，也使土中冰晶格架的形成需更低的温度。

土冷却—冻结过程的过冷现象与冷却强度和水的体积有关。冷却缓慢时，过冷现象持续时间长；冷却急剧时，只能出现短暂的过冷现象。冻结水的体积越小，过冷现象越明显。

土中水分开始冻结的温度叫土的起始冻结温度（θ_3）。

由于孔隙水与矿物颗粒表面的相互作用，并含一定数量盐份，其冻结温度是较低的。纯净自由水的冻结温度是 0 ℃，而扩散层和自由层中水的冻结温度都低于 0 ℃。且扩散层水的冻结温度随水膜的变薄而降低。

对于一种给定的土来说，其起始冻结温度并不是一个常数，而是随土中含水率变化而变化的。因此，土的起始冻结温度，应是与土的初始试验含水率相对应的冻结温度。

4.4.3　影响土过冷温度和起始冻结温度的因素

试验表明，土的过冷温度和起始冻结温度是随土的颗粒成分、冷却系统温度、含水率、孔隙水矿化度的变化而变化的（表4-12）。

表4-12　土的起始冻结温度 θ_3

土种类	不同孔隙溶液平均浓度 C_P 时，土的起始冻结温度 θ_3（℃）					
	0	0.005	0.01	0.02	0.03	0.04
砂土	0	-0.6	-0.8	-1.6	-2.2	-2.8
黏砂土	-0.1	-0.6	-0.9	-1.7	-2.3	-2.9
砂黏土、黏土	-0.2	-0.6	-1.1	-1.8	-2.5	-3.2

土的过冷温度和起始冻结温度与以下主要因素有关：

（1）土的分散度：土的颗粒愈细，表面能愈大，其过冷温度和起始冻结温度愈低；

（2）含水率：土的含水率愈小，扩散层水膜愈薄，其过冷温度和起始冻结温度愈低；

（3）孔隙水的含盐量：孔隙水的含盐量增加，其过冷温度和起始冻结温度降低。

4.4.4　土起始冻结温度的确定

土的起始冻结温度是融点与冰点相互转化的温度。在俄罗斯的地基基础设计规范中规定：对于非盐渍化的砂土和砾石土，等于0 ℃；对于细颗粒土和盐渍化土，其冻结起始温度 θ_3 应由试验确定。在进行冻土地基的初步设计时，可根据土的类型和土孔隙溶液的平均浓度 C_p，采用表4-12所例值。土孔隙溶液的平均浓度可按下面公式计算：

$$C_p = D_s/(D_s + \omega_0) \tag{4.1}$$

式中　D_s——土的盐渍度；

　　ω_0——土的含水率。

试验室测得的不同土的过冷温度 θ_2 和起始冻结温度 θ_3 如表4-13所示。

表4-13　土的过冷温度和起始冻结温度

土　　名	击实压力（kg/cm²）	冷却液温度（℃）	土的重量含水率（%）	温度（℃）	
				过冷温度	起始冻结温度
中砂	1	-10	20.5	-2.0	0.0
亚黏土（<0.001 mm，颗粒含量20.8%）	0.5	-10	32.2	-3.0	-0.1
同上	10	-10	18.6	-2.3	-0.9
膨润黏土	1	-10	80.5	-3.9	-0.7

4.5　冻土的结构和构造

土的结构和构造通常是复杂的，是随地点和时间而变化的。细颗粒土的冻融循环和析冰作用会使土的结构、构造发生变化。这意味着土的力学与热学性质的变化。在评价土的力学和热学特性时，应注意土体结构和构造的复杂性与多变性。

冻土结构、构造的形成与土冻结过程的水分迁移和析冰有着密切关系。水结晶时，其体积增加 9% 。因此，饱和度大于 90% 的土体冻结时，生成的冰会压缩孔隙中的空气或把土体骨架推开，使土的孔隙度发生变化。

粗颗粒土在 -0.5 ℃或 -1.0 ℃时，土中水分已完成冻结，其孔隙度会有少量增加，但整个体积增加很少。

细颗粒土体冻结时，土中的水分迁移和析冰，会使土体体积发生很大变化。例如，在开敞系统条件和缓慢冻结速率影响下，粉土的体积可增长百分之几十；冻结黏土的体积和孔隙度，在温度下降至 -30 ℃或更低时，还会继续增加。

土体冻结过程的冷生组构作用，形成冻土特殊的结构和构造。土体类型，冻结速率和水分补给关系不同，生成的冻土结构和构造不同。

冻土的结构和构造，是决定冻土物理、热物理特性和力学强度的重要因素。

4.5.1　冻土的结构

冻土结构是指冻结矿物层中矿物颗粒和胶结冰的相互排列和连结特征。

根据土颗粒与胶结冰之间的关系，冻土结构可分以下三种。

（1）接触胶结结构：冰仅在矿物颗粒的接触处存在；

（2）薄膜胶结结构：冰已完全包裹矿物颗粒，但尚未充满大部分孔隙；

（3）基底胶结结构：冰已完全充满土的孔隙。

胶结冰在冻土中仅起胶黏连结作用，决定着冻土的结构特征。但胶结冰不改变土体的原生结构特征，也不改变土体骨架组成部分的大小和形状。

4.5.2　冻土的构造

冻土构造是指冻土中矿物层和冰层、冰包裹体在空间的分布特征，即各种固体组分之间的空间排列特征。冻土构造一般可分以下三种（图 4-5）。

（1）整体构造（图 4-5(a)）

土中水分在原地冻结，且没有水分迁移时形成这种构造。含水率小的土体冻结时，或任何含水率的土体快速冻结时，都可形成这种构造。整体构造冻土的强度最大，融化时下沉量最小。

（2）层状构造（图 4-5(b)）

冻土中的冰体以层状形式分布，呈冰层、土层互层形式。这种构造是高含水率土体慢速冻结时，或土体冻结过程中有外来水源补给时形成的。在这种构造冻土中，冰层的间距具有随深度增加而增大的特性。

(a) 整体构造　(b) 层状构造　(c) 网状构造

图 4-5　冻土冷生构造的基本类型

粉质黏砂土、砂黏土和黏土单向慢速冻结时，常生成这种层状构造冻土。根据冰夹层的厚度，层状构造冻土又可分为：

①微层状构造冻土：冰层厚度小于 0.1 cm；

②薄层状构造冻土：冰层厚度 0.1 ~0.5 cm；

③中等层状构造冻土：冰层厚度 0.6 ~2.0 cm；

④厚层状构造冻土：冰层厚度大于2.0 cm。

层状构造冻土一般具有较高的强度，但融化时，强度急剧下降，并产生较大下沉。

（3）网状构造（图4-5(c)）

不同大小、不同形状、不同方位的冰晶体形成大小不一、不连续的网格分布于冻土中。这种构造的生成与土体中的裂隙有关，即不同方向贯通的裂隙是导致冻结过程中形成网状冰脉的原因。网状构造冻土中冰体厚度较大，一般10～25 mm。网状构造冻土强度较小，融化时下沉很大。

在上述冻土基本构造之间，还存在有中间和过渡形式的冻土构造。如层状—网状构造等。

在粗碎石土及带有砂黏土充填物的小漂石中，广泛分布着所谓“果壳状构造”冻土。其特点是不同厚度的冰壳部分或全部包裹着粗碎石。果壳状构造是粗颗粒冻土融化时产生大量下沉的原因。

在土体冻结过程中，冻土冷生构造的形成是一个十分复杂的物理和化学过程。黏性土体的冻结，由于较小粒径聚合体的再聚集，其粒径会有所增加。由于水分迁移和冰晶体的生长，邻近土层会出现脱水现象，脱水土层会随水分减少而产生压缩。冻土中温度梯度和湿度梯度的存在，会导致剪切应力和拉应力的出现，使冻土中产生裂隙。

冻土结构和构造对冻土的强度特性、融化下沉和压缩特性、热物理特性等都有重大影响。

4.6 冻土的物理性质

4.6.1 冻土物理性质的一般概念

冻土的物理性质可用冻土的物理特征指标和冻土的物理状态指标来描述。

冻土的物理特征指标是指：冻土的容重、总含水率、含冰量、未冻水含量、比重、孔隙率等。其中，含水率是决定冻土物理特性的主要因素。

冻土的物理状态指标是指冻土的特征温度，即决定冻土热稳定性和变形特性的地温特征值，包括：起始冻结温度（土冻、融状态转换温度）和多年冻土的特征地温（年平均地温、上限处地温的年平均值等）。

冻土中的水有三种状态：汽态、液态和固态。

（1）汽态水：指冻土中的水蒸汽。即使在 -40 ℃温度下，冻土中仍然有水蒸汽存在。

（2）液态水：冻土在非常低的温度下，都存在有液态水（未冻水）。

（3）固态水：指冻土中的冰、冰包裹体、冰透镜体和冰层等。

4.6.2 冻土的物理特征指标及其测定

在融土地基物理特性研究和地基基础设计计算中，对不同相成分的地基土，需要确定的基本物理指标是不一样的。如果地基土是单相体系（如整体岩石）或似单相体系（如忽略孔隙中空气的松散土体），则只需确定一个指标——比重；对于两相体系（如抽去气体的天然土体）则需要确定两个指标——比重和含水率；对于三相体系，则需确定三个指标——比重、含水率和容重。

四相体系的冻土地基，至少应测定以下四个基本物理指标：

①矿物颗粒比重 γ_d：矿物颗粒重量与同体积水重之比；

②冻土的天然容重 γ：冻土总重量与冻土总体积之比；

③冻土的总含水率 ω_c：冻土中冰、未冻水总重与土颗粒重量之比；

④冻土的未冻水含量 ω_H：冻土中未冻水重与土颗粒重量之比。

冻土工程地质调查时，除测定冻土的上述四个基本物理指标外，还应根据颗粒分析资料和塑性指数确定冻土的岩性成分（确定土的名称），并测定土的盐渍度、有机质含量等。

冻土的其他物理指标可通过计算确定（表 4-14）。

表 4-14　冻土各物理指标间的关系

试验测定的指标	计算确定的指标
(1)天然容重 γ (2)土颗粒比重 γ_y (3)总含水率 ω_c(对干土重%) (4)未冻水含量 ω_H(对干土重%)	(1)湿土含水率(水重与湿土重之比):$\omega_{0\delta}=\dfrac{\omega_c}{1+\omega_c}$
	(2)总含冰量:$\omega_c=\omega_c-\omega_H$
	(3)相对含冰量: $i=\dfrac{\omega_c-\omega_H}{\omega_c}$
	(4)体积含冰量:$i_{0\delta}=\dfrac{\gamma(\omega_c-\omega_H)}{\gamma_i(1+\omega_c)}$ 式中　γ_i——冰的比重,取 0.9 g/cm^3
	(5)土骨架容重(干容重):$\gamma_{0k}=\gamma(1-\omega_{0\delta})=\dfrac{\gamma}{(1+\omega_c)}$
	(6)冻土的孔隙率:$\xi_m=(\gamma_y-\gamma_{ck})/\gamma_{ck}$
	(7)饱和系数:$I_B=(\omega_c\cdot\gamma_y)/(\xi_m\cdot\gamma_B)$ 式中　γ_B——水的容重(g/cm^3)
	(8)冰包裹体含冰量:$i_i=\dfrac{\gamma_y\omega_B}{\gamma_i+\gamma_y(\omega_c-0.1\omega_H)}$ 式中　ω_B——冰包裹体含水率。
	(9)1 cm^3 冻土中,各组分的重量: ①固体颗粒(矿物颗粒):$g_{ck}=\gamma(1-\omega_{o6})$; ②冰:$g_i=\gamma_i\omega\omega_{o6}$; ③未冻水:$g_B=\gamma\omega_{o6}(1-i)$。 1 cm^3 冻土中空气的体积 $V=\left(\dfrac{\xi_m}{\gamma}-\dfrac{\omega_c}{\gamma_B}\right)\gamma_{ck}$

冻土的总含水率是冰包裹体含水率与冰夹层之间的矿物冻结层含水率之和。冻土矿物夹层含水率又可分为胶结矿物颗粒的孔隙冰含水率和未冻水含水率，即：

$$\omega_c=\omega_B+\omega_D=\omega_B+\omega_j+\omega_H \tag{4.2}$$

式中　ω_c——冻土的总含水率；

ω_B——冻土中冰包裹体的含水率；

ω_D——冰层间冻土矿物夹层的含水率；

ω_j——冻土矿物夹层中胶结冰的含水率；

ω_H——冻土矿物夹层中未冻水含水率。

在俄罗斯多年冻土地基基础规范 CHиП 中，允许采用 $\omega_D=\omega_P$（ω_P 为土的塑限含水率）。这样，冰包裹体含水率 ω_B 就可通过上面公式计算出。即：

$$\omega_B=\omega_c-\omega_P \tag{4.3}$$

冻土计算物理指标的定义如下。

①相对含冰量 i：指冻土中冰的重量与总水量之比。

②体积含冰量 i_{o6}：指冻土中冰的体积与试样体积之比。

③冰包裹体含冰量 i_i：指冻土中肉眼可见冰体的体积与试样体积之比。例如：$i_i=0.2$ 时，表示每 100 cm 厚冻土中，有 20 cm 厚的冰包裹体存在。

④冻土的总含冰量 i_c：指冻土中冰的重量与干土重量之比。

（1）冻土容重的测定

冻土容重 γ 是指原状构造冻土单位体积的重量。冻土容重与冻土的孔隙度、矿物成分和总含水率有关。

测定冻土的容重时，为提高测定精度，试样体积应尽可能大一些。一般试样重量以 1 ~ 3 kg 为好。

测定冻土容重常用以下方法。

①环刀法：用专门的取土器，采取原状冻土试样后，用环刀制样，测定冻土的容重。

在现场条件下，用环刀来测定塑性冻土的容重是较为方便的。但是，采用该方法时，要求环刀的体积尽可能大一些，以 500 ~ 1 500 cm^3 为好。

②静水力学称重法（静水浮重法）：用低温煤油作介质，将冻土试样在煤油中称重，确定冻土容重的方法。

冻土试样在空气中称重，得重量 g，而后，放入负温煤油中，测定试样在煤油中的浮重 g_1，按下式计算出冻土的容重：

冻土试样的体积 V 为：

$$V=\frac{g-g_1}{\gamma_0} \tag{4.4}$$

冻土的容重 γ 为：

$$\gamma=g/V \tag{4.5}$$

式中 γ_0——煤油的比重，g/cm^3；

g——冻土试样的重量，g；

g_1——冻土试样在煤油中的浮重，g。

（2）冻土含水率的测定

冻土含水率是指：总含水率 ω_c、未冻水含水率 ω_H、矿物层含水率 ω_k。

总含水率 ω_c：指冻土中冰和未冻水占干土重的百分数。

$$\omega_c=\frac{g_b+g_H}{g_t}\times 100\% \tag{4.6}$$

式中 g_b——冻土中冰的重量；

g_H——冻土中未冻水的重量；

g_t——干土重。

未冻水含水率 ω_H：指冻土中，未冻水重与干土重之比。

$$\omega_H = \frac{g_H}{g_t} \tag{4.7}$$

矿物层含水率 ω_k：指冻土中，不含肉眼可见的冰层和冰透镜体的土矿物层的含水率。

$$\omega_k = \frac{g_k}{g_t} \tag{4.8}$$

式中　g_k——矿物层中水的重量（包括冰和未冻水）。

通常所讲冻土的含水率是指冻土的总含水率。

①冻土总含水率 ω_c 的试验方法

冻土总含水率 ω_c 的测定，可采用以下方法：

a. 点法：此方法适用于整体构造冻土。其取样和试验方法与融土含水率测定方法相同。

b. 开沟法：此法适用于层状构造冻土。在选定的代表性取样范围（试坑壁或岩心）内，垂直于冰层开沟取样，用刮下的土、冰样作含水率试验，测定冻土的总含水率。

c. 平均试样法：当冻土构造比较复杂时，可采用该方法测定冻土的总含水率。其试验步骤如下：

（a）取冻土试样2～5 kg，称重，得 g_1。

（b）将冻土试样置瓷盘中融化，使之呈流动状态（稠度大于1）。水多时，将水倒出（注意：不要将矿物颗粒倒出）；水少时，加入些水，将土样搅拌均匀，重新称重，得 g_2。

（c）从试样中取出样品，作含水率试验（一般方法），得 ω_1。

（d）用下式计算出总含水率：

$$\omega_c = \frac{g_1(1+\omega_1) - g_2}{g_2} \times 100\% \tag{4.9}$$

平均试样法公式推导：

设：瓷盘土样中的干土重为 g_s，水重为 g_w。

则：$g_2 = g_w + g_s$

因为，$\omega_1 = \dfrac{g_w}{g_s}$；所以，$g_w = \omega_1 g_s = \omega_1(g_2 - g_w) = \dfrac{\omega_1}{1+\omega_1}g_2$

按总含水率定义，ω_c 为：

$$\omega_c = \frac{(g_1 - g_2) + g_w}{g_s} = \frac{g_1 - g_2 + \dfrac{\omega_1}{1+\omega_1}g_2}{g_2 - \dfrac{\omega_1}{1+\omega_1}g_2} = \frac{g_1(1+\omega_1) - g_2}{g_2}$$

$$\text{即}, \omega_c = \frac{g_1(1+\omega_1) - g_2}{g_2} \times 100\%$$

②未冻水含水率 ω_H 的测定方法

冻土未冻水含量可采用以下方法确定：

a. 曲线图解法：由于每种土都有自己固定的未冻水含量与负温度关系的特征曲线。因此，可在野外条件下，测定冻土的总含水率和温度。根据实验室试验得出的该种扰动冻结土样未冻水含量与负温度关系曲线，查得该温度下冻土的未冻水含量。

b. 试验测定法：如前所述，冻土中未冻水的含量是随冻土温度的降低呈指数规律减少的。故冻土未冻水含量随温度的变化，可采用下面方程来描述：

$$\omega_H = a\theta^{-b} \tag{4.10}$$

式中 a、b——与土性质有关的常数，每种土都有自己的 a、b 值，由试验确定。

将方程(4.10)两边取对数，得：$\ln\omega_H = \ln a - b\ln\theta$。未冻水含量与负温度的关系变成线性方程。这样，可通过试验，测定特定含水条件（如：液限、塑限含水率）下，土的起始冻结温度，绘制 $\ln\omega_H \sim \ln\theta$ 关系曲线（图 4-6），用下面公式计算出 a、b 参数值，即可得到试验土样的未冻水含量方程。

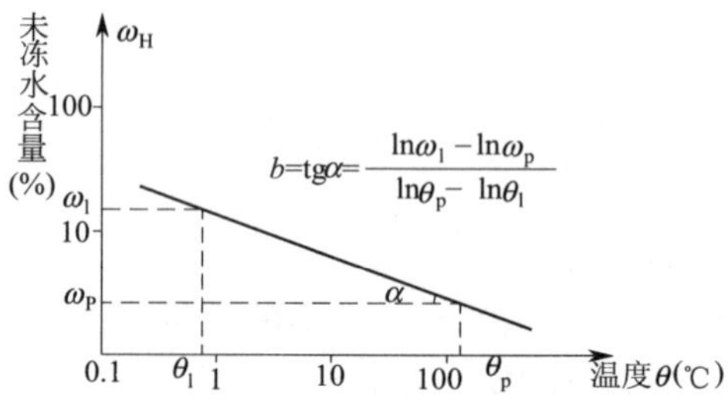

图 4-6 冻土中未冻水含量与冻结起始温度的关系

$$b = \frac{\ln\omega_l - \ln\omega_p}{\ln\theta_p - \ln\theta_l} \tag{4.11}$$

$$a = \omega_l\theta_l^b \quad 或 \quad a = \omega_p\theta_p^b \tag{4.12}$$

式中 ω_H——未冻水含率，%；

ω_p——塑限含水率，%；

ω_l——液限含水率，%；

θ_p——塑限含水率时的起始冻结温度（绝对值），℃；

θ_l——液限含水率时的起始冻结温度（绝对值），℃。

有了上面的未冻水含量方程，即可计算出不同温度下，该种冻土的未冻水含量。

c. 按有关规范确定：在俄罗斯的地基基础设计规范中规定：对于非盐渍化冻土，其未冻水含量 ω_H，在无试验资料时，可根据土的塑限含水率 ω_p、塑性指数 I_p 和负温度值，查表 4-15，用下面公式计算确定。

$$\omega_H = K_H\omega_P \tag{4.13}$$

式中 ω_P——土的塑限（以小数计）；

K_H——系数，按表 4-15 确定。

表 4-15 系 数 K_H

土名称	塑性指数 I_p	不同土温下的系数 K_H 值								
		−0.3 ℃	−0.5 ℃	−1.0 ℃	−2.0 ℃	−2.0 ℃	−3.0 ℃	−5.0 ℃	−7.0 ℃	−10 ℃
砂土	$I_p \leq 2$	0	0	0	0	0	0	0	0	0
黏砂土	$2 < I_p \leq 7$	0.60	0.50	0.40	0.35	0.33	0.30	0.28	0.26	0.25
砂黏土	$7 < I_p \leq 13$	0.70	0.65	0.60	0.50	0.48	0.45	0.43	0.41	0.40
砂黏土	$13 < I_p \leq 17$	*	0.75	0.65	0.55	0.53	0.50	0.48	0.46	0.45
黏土	$I_p > 17$	*	0.95	0.90	0.65	0.63	0.60	0.58	0.56	0.55

注：* 代表土孔隙中所有水都没有冻结。

表 4-16 给出了几种常见细颗粒土，在不同温度下的未冻水含量参考值。

表 4-16　不同负温下，土的未冻水含量参考值

土的名称	不同负温下,土的未冻水含量(%)		
	-0.3 ℃	-2.3 ℃	-10 ℃
重黏土	33.3	18.8	15
一般黏土	17	12.3	9
砂黏土	12	—	5.5
黏砂土	3	—	0.5

d. 安捷尔索计算法：在已知土颗粒的比表面积 S 时，土的未冻水含量可用下面公式进行计算：

$$\omega_H = \alpha\theta\beta \tag{4.14}$$

式中　θ——冻土的温度（绝对值），℃；

α、β——每种土特有的系数，与土颗粒的比表面积 S 有关：

$$\ln\alpha = 0.5519\ln S + 0.2618 \tag{4.15}$$

$$-\ln\beta = -0.2740\ln S + 0.3711 \tag{4.16}$$

对(4.14）式两边取对数，将式(4.15)、(4.16）代入，得：

$$\ln\omega_H = 0.8159\ln S + \ln\theta - 0.1093 \tag{4.17}$$

应该指出，当 $\theta > -2$ ℃时，计算的误差是较大的。

（3）冻土容重和总含水率的联合测定

在冻土工程地质调查时，常采用下面简便方法，联合测定冻土的容重和总含水率。

该方法的特殊器具是一带放水管（嘴）的容器，放水管上带有开关，容积在 3 L 左右（图 4-7）。试验采用低温（不宜高于 5 ℃）普通水作介质。

试验步骤：

①把容器出水管开关打开，加入低温水至放水管底水平（水流出为止），把开关关上。容器连同低温水称重，得 g_0。

②将冻土试样放入容器中，快速称重，得 g_1。

③快速打开放水管，把水放出（水流出为止）后称重，得 g_2。

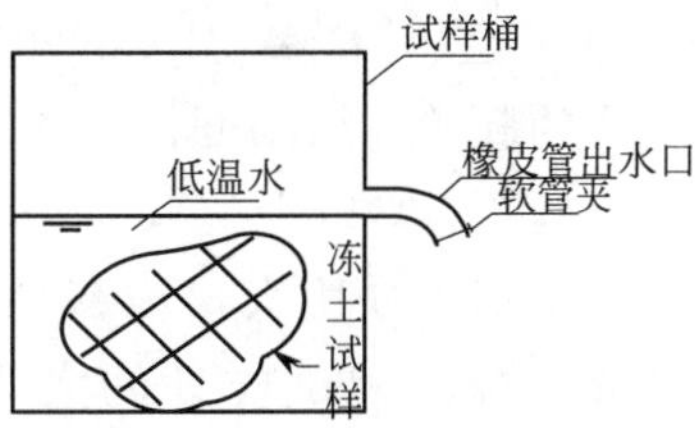

图 4-7　冻土容重、总含水率联合试验器

④让冻土在容器中融化。冻土融化后，水面若高出放水口，水将自动流出；水面若低于放水口，则补充水至放水口下缘，称重得 g_3。

按下式计算出冻土容重：

$$\gamma = \frac{g_1 - g_0}{(g_1 - g_2)\gamma_w} \tag{4.18}$$

式中　γ_w——水的容重，近似取 1。

按下式计算冻土的总含水率：

$$\omega_c = \left[\frac{(g_1 - g_0)(\gamma_y - 1)}{(g_3 - g_0)\gamma_y} - 1\right] \times 100\% \tag{4.19}$$

式中　γ_y——土颗粒的比重。可采用以下值：砂土，2.66；黏砂土，2.70；砂黏土，2.71；黏土，2.74。

总含水率计算公式的推导：

设容器中试样干土重为 g_s；土颗粒的比重为 γ_y。

由试验原理可知，容器中的冻土试样的干土重量 g_s 应为：第四次称重的 g_3，加上干土所排开的水的重量，减去容器加水的重量 g_0。

即：$g_3+\dfrac{g_s}{\gamma_y}-g_0=g_s$

即：$g_s=\dfrac{g_3\gamma_y+g_s-g_0\gamma_y}{\gamma_y}$

整理上式，得干土重：$g_s=\dfrac{\gamma_y(g_3-g_0)}{\gamma_y-1}$

从含水率的定义，ω_c 应为试样中的水重除以试样中的干土重，即：

$$\omega_c=\frac{(g_1-g_0)-\dfrac{\gamma_y(g_3-g_0)}{\gamma_y-1}}{\dfrac{\gamma_y(g_3-g_0)}{\gamma_y-1}}=\frac{(g_1-g_0)(\gamma_y-1)}{\gamma_y(g_3-g_0)}-1$$

即：$\omega_c=\left[\dfrac{(g_1-g_0)(\gamma_y-1)}{\gamma_y(g_3-g_0)}-1\right]\times100\%$

4）土比重 γ_d 的测定

土体矿物颗粒的比重，是指土体在 100 ℃～104 ℃温度下，烘干至恒重的质量与土体排开同体积 4 ℃蒸馏水重量之比。冻土矿物颗粒比重采用常规试验方法确定。

4.6.3 冻土物理状态指标的测定

（1）土起始冻结温度的测定

土的起始冻结温度，通常采用热电偶测温法测定。试验装置如图 4-8 所示。

试验装置要求及试验方法：

①冷却源采用大口冷藏瓶内装的低溶冰晶混合物。冷却介质温度视试样杯的大小而定，一般采用 －7 ℃左右。

②土样冷却容器可采用直径 5 cm，壁厚 5 mm，长 25 cm 的塑料管。管底用橡皮塞密封，管内装 5 cm 高的干砂。

③试样置于试样杯中。试样杯用黄铜制成，直径 2.5 cm，高 5 cm，带杯盖。

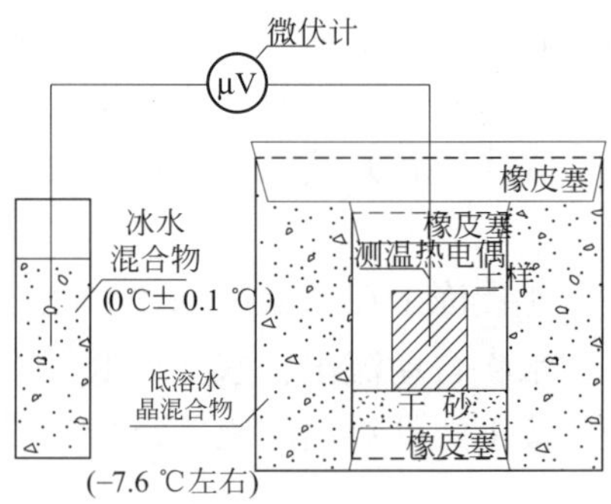

图 4-8 土起始冻结温度测定仪示意图

④土样制备好后，在中心插入热电偶，放入土样冷却器内的干砂上。将土样冷却器用橡皮塞密封好后，放入低温瓶中的低溶冰晶混合物中。（注意！不要让冰、水进入土样冷却器中，低溶冰晶混合物的高度可略低于土样冷却器高度。）

⑤接好热电偶测温装置，开始读数。每分钟读数一次，直至热电势突然增大，并在某一稳定读数 v 稳定 3 次，试验结束。

⑥按下式计算土的起始冻结温度：

$$\theta = \frac{v}{k} \tag{4.20}$$

式中　v——热电势跳跃后的稳定值，μV；

k——热电偶的标定系数，μV/℃。

（2）多年冻土地温特征值的测定

多年冻土的地温是表征冻土层冷热程度的状态参数。

众所周知，地表温度具有日、月、年等周期变化，表现出明显的周期性。当地表面温度在长时间内呈现周期性波动时，地中各点温度也以同样周期变化。地面温度的波动，必然要在地中产生不稳定导热过程，引起地中温度的变化。因而，地中各处的温度都是不相同的，是随时间而不断变化的。

在多年冻土地区，冻土工程地基基础的计算和评价，常常要用到多年冻土的年平均地温、上限处地温的年平均值、基础底面地温的年平均值等多年冻土地温特征值。

多年冻土的年平均地温是多年冻土重要的物理状态参数。多年冻土年平均地温的测定，可根据钻孔地温观测资料，绘制地温沿深度变化曲线，从图上确定地温年变化深度和多年冻土的年平均地温；亦可根据钻孔一次地温观测资料及多年冻土的热物理参数，计算出地温年变化深度和多年冻土的年平均地温。

根据地中温度波传播的傅里叶定律和地热增温理论，特征地温值的确定可有以下方法：

①已知地表多年平均温度 T_0 和上限多年平均埋深 h_0 时，地温特征值，可用下面公式计算：

a. 上限处地温多年平均值 T_s 采用下式计算：

$$T_s = T_0 \times \exp\left(-h_0 \times \sqrt{\frac{\pi}{\alpha\tau}}\right) \tag{4.21}$$

式中　α——活动层融化后土的导温系数与冻结后土的导温系数的平均值，m^2/h；

τ——年周期，取 8 760 h；

T_0——地表多年平均温度可采用 5 cm 深处地温代替。

b. 自上限起算的地温年变化带深度 H_1，采用下面公式计算：

$$H_1 = \sqrt{\frac{\alpha\tau}{\pi}}\ln(A_s/C) \tag{4.22}$$

式中　A_s——上限处地温的年振幅，℃，采用上限处多年平均地温 T_s 的绝对值；

α——多年冻土的导温系数，m^2/h；

C——年变化带底部地温的年振幅，采用 0.1 ℃。

c. 多年冻土年平均地温 T_{cp} 和基础底面埋深 H_m 处地温年平均值 T_m，用下面公式计算：

$$T_{cp} = T_s \times \exp\left(-H_1 \times \sqrt{\frac{\pi}{\alpha\tau}}\right) \tag{4.23}$$

$$T_m = T_s \times \exp\left(-H_m \times \sqrt{\frac{\pi}{\alpha\tau}}\right) \tag{4.24}$$

式中　H_m——从活动层底面起算的基础埋深，m；

α——多年冻土的导温系数，m^2/h；

τ——年周期，取 8 760 h。

对于均质地层，上限处地温的年平均值和多年冻土的年平均地温，还可用下面的经验公式，近似计算：

a. 上限处地温的年平均值 T_s，用以下公式计算：

$$T_s = T_0 \times \sqrt{\frac{\alpha_t}{\alpha_f}} \tag{4.25}$$

b. 多年冻土年平均地温 T_{cp}，用以下公式计算：

$$T_{cp} = T_s \times \frac{\lambda_t}{\lambda_f} \tag{4.26}$$

式中 α_t、α_f、λ_t、λ_f——分别为融土和冻土的导温系数和导热系数。

② 利用钻孔一次性测温资料，计算地温特征值。采用该方法时，钻孔测温深度不宜小于 15 m。

设：钻孔底部深度（自地面起算）d 处多年冻土的地温为 T_d，离孔底 L（3 ~5 m）距离处的地温为 T_L，最大季节融化深度多年平均值为 h_z。

特征地温值采用以下公式计算。

a. 地温梯度 ξ 的计算：

$$\xi = \frac{T_d - T_L}{L} \tag{4.27}$$

b. 上限处地温年平均值的计算：

$$T_s = T_d - \xi \times (d - h_z) \tag{4.28}$$

c. 自上限起算的地温年变化深度 H 的计算：

$$H = \sqrt{\frac{\alpha\tau}{\pi}} \ln \frac{T_s}{C} \tag{4.29}$$

式中 C——年变化带底部地温的年振幅，采用 0.1 ℃。

d. 多年冻土年平均地温 T_{cp} 的计算：

$$T_{cp} = T_d - \xi \times (d - H - h_z) \tag{4.30}$$

e. 基础底面埋深 h_x 处地温年平均值 T_x 的计算：

$$T_x = T_d - \xi \times (d - h_x) \tag{4.31}$$

式中 h_x——自地面起算的基础埋深，m。

4.7 冻土的热物理性质

材料的热物理性质是指材料传递热量、蓄热和均衡温度的能力。

材料的热物理性能一般用导热系数 λ、热容重 C 和导温系数 α 来描述。对于含水的土体来说，相变热 q 也是一个重要的指标。

（1）导热系数 λ

导热系数是表征固体物资传递热量的能力。其定义为：单位厚度物质层，当两层面间温度差等于 1 ℃时，单位时间通过单位面积的热量；或物质层两层面间的“温度降度”为 1 ℃/m 时，流经两层面间的比热流量［kcal/(m · h · ℃)］。

（2）热容量 C

热容量是表征物体蓄热能力的物理量。其定义为：1 kg 物质温度升高 1 ℃所需的热量

(kcal/kg)。热容量分为容积热容量和重量热容量。单位体积物资温度升高1 ℃所需的热量，称为容积热容量；单位重量物资温度升高1 ℃所需的热量，称为重量热容量。

(3) 导温系数 α

导温系数是指物体中某一点在相邻点温度变化时，改变自身温度的能力。即导温系数是描述物体温度场中各点温度平衡快慢的物理量。导温系数 α 与导热系数 λ 和热容量 C 有如下关系：

$$\alpha = \lambda / C \tag{4.32}$$

式中　C——物质的容积热容量，$kcal/m^3$。

(4) 土的体积潜热 q：对于研究土的冻结融化过程特性来说，土的体积潜热是冻土工程地基基础热工计算不可缺少的参数。所谓"土的体积潜热"，是指单位体积含水土体发生相变时，所吸收或放出的热量 ($kcal/m^3$)。

4.7.1　冻土的导热系数

冻土的导热系数，决定于组成冻土的矿物颗粒、冰、水和气体的导热系数。即冻土的导热系数取决于组成冻土的各相成分的导热系数。因此，相成分组成比例的变化，必然引起冻土导热系数的变化。对于一种给定的冻结土体，温度是影响其导热系数的唯一因素。

不同的物质，具有不同的导热系数。在一般情况下，物体的导热系数与物体的温度有关，对于气体和液体，有时还与压力有关。

矿物颗粒的导热系数，在零点几至几 kcal/(m·h·℃) 范围内变化，在实际计算中，可认为与温度无关；结合水与自由水的导热系数可视为常数，一般采用0.5 kcal/(m·h·℃)；冰的导热系数约为水导热系数的4倍，并具有随温度降低而增大的特性；气体的导热系数变化在0.005~0.5 kcal/(m·h·℃) 范围。并具有随其温度升高而增大的特性。在一般情况下，气体的导热系数可以认为与压力无关。

冻土各相成分组成比例的变化，表现在冻土容重、总含水率等的变化上，即冻土的导热系数具有随其干容重、含冰量、未冻水含量、含盐量和吸附阳离子成分的变化而变化的特性。试验研究表明：冻土的导热系数具有随干容重和含冰量的增加而增大，随未冻水含量的增加而减小，随含盐量和吸附阳离子化合价的升高而减小的特性。

阳离子的类型控制着吸附水膜的厚度，控制着冻土中未冻水的含量。例如，在蒙脱土中，与 Ca^{2+} 离子较薄的水膜相比，Na^{+} 可使水膜达很大厚度。

颗粒表面的化学势是由吸附离子的化学势能决定的。随着吸附阳离子化合价的升高，吸附表面的表面能增大。因此，高价阳离子可使冻土的未冻水含量增大，导热系数减小。

冻土中几种常见矿物、水、空气和冰的导热系数，可参考如下值：

石英：5.88 kcal/(m·h·℃)；

长石：1.72 kcal/(m·h·℃)；

云母：0.5 kcal/(m·h·℃)；

结合水、自由水：0.5 kcal/(m·h·℃)；

纯冰（不含气泡）：1.994 kcal/(m·h·℃)（随温度降低稍有增加）；

空气：0.021 kcal/(m·h·℃)。

冻土、融土、正冻土、正融土的导热系数具有以下特点：

①温度对已冻土导热系数的影响，在一般情况下，是较小的。因此，可以认为：已冻土的导热系数与温度无关；

②融土的导热系数与温度无关；

③对于同一土体，冻结状态的导热系数大于融化状态的导热系数。各类土体冻结后的导热系数 λ_f 与冻结前的导热系数 λ_t 之比，其平均值约在 1.1 ~1.3，并且与土的容重和含水率有关。

④正融土和正冻土的导热系数与温度有着密切关系。处于冻结过程和融化过程的正冻土和正融土，温度的变化会引起冰和未冻水含量比例的大幅变化。冰、水含量比例的变化，将引起导热系数的明显变化。

冰、水物理和热物理性质的巨大差别，是正融土、正冻土导热系数随温度变化的根本原因。水变成冰时，比热减小一倍多（水比热 1.009 kcal/(kg·℃)，冰 0.497 kcal/(kg·℃)，导热系数几乎为水的 4 倍。水结晶时放出的潜热足以使同等体积的土体温度升高 150 ℃。

冻土的导热系数可通过现场试验和实验室试验确定。亦可根据冻土的岩性成分、干容重和总含水率，从有关规范中查取。

常见工程材料的导热系数 λ 具有如下特性：

①金属材料：λ 值变化在 2 ~360 kcal/(m · h · ℃) 范围，并具有随材料温度升高而减小的特性；

②建筑材料：λ 值变化在 0.2 ~2.5 kcal/(m · h · ℃) 范围，当材料温度升高时，λ 值增大（水泥：0.26 kcal/(m · h · ℃)，混凝土：1.10 kcal/(m · h · ℃))；

③隔热材料（保温材料）：λ 值变化在 0.02 ~0.2 kcal/(m · h · ℃) 范围。其 λ 值具有随温度升高而增大的特性；

④液体：λ 值变化在 0.08 ~0.6 kcal/(m · h · ℃) 范围。除水和甘油外，所有液体材料的导热系数都具有随温度升高而减小的特性。

4.7.2 冻土的热容量

大部分土的重量热容量变化在 0.16 ~0.25 kcal/(kg · ℃) 之间（表 4-17)。

表 4-17 土、水泥、混凝土的重量热容量概值

材料名称	重量热容量 C/[kcal/(kg · ℃)]	备注
石英砂	0.17	
砂土	0.165	
砂黏土	0.175	
黏砂土	0.185	
黏土	0.22	
干砂	0.19	
湿砂	0.50	
水泥	0.27	
混凝土	0.27	

土中自由水和结合水的热容量等于 1.0 kcal/(kg · ℃)，而冰的热容量仅为 0.505 kcal/(kg · ℃)，约为水的一半。所以，冻土的热容量小于融土的热容量。冻土中未冻水含量的变化会引起热容量的变化。但这种变化不会超过 1% ~2%，所以在工程的热工计算中，一般不考虑冻土热容量与温度的关系。

4.7.3　冻土的导温系数

当土体温度场不稳定时，其热学特性受导温性能控制。导温系数是表示温度场中“各点温度平衡速度快慢”的指标。导温系数是由土体比热所决定的“导热性”。导温系数越大，则土体冷却和升温的速度越快。

在已知冻土的导热系数和容积热容量时，冻土的导温系数可用下面公式计算：

$$\alpha_f = \lambda_f / C_0 \tag{4.33}$$

式中　α_f——冻土的导温系数，m^2/h；

λ_f——冻土的导热系数，kcal/(m · h · ℃)；

C_0——冻土的容积热容量，kcal/(m^3 · ℃)，其值为

$$C_0 = C_f \cdot \gamma$$

其中　C_f——冻土的重量热容量，kcal/(kg · ℃)；

γ——冻土的容重，kg/m^3。

同一土体的导温系数大小与土的密度和含水率有关。密度越大，含水率越大，导温系数越大。

对于同一土体，冻结状态的导温系数 α_f 大于融化状态的导温系数 α_t。其比值（α_f/α_t）约在 1.5 ~2.3。现将一般细颗粒土、粗颗粒土和碎石土冻、融状态导温系数的变化范围列于表 4-18。

表 4-18　土冻、融状态导温系数的变化

土体类型	状态	导温系数 $\alpha\times10^{-3}$(m^2/h)	备　注
细颗粒土	冻结	0.7 ~3.2	
	融化	0.7 ~1.5	
粗颗粒土	冻结	1.6 ~5.5	
	融化	1.2 ~2.8	
碎石土	冻结	0.7 ~3.3	
	融化	0.7 ~2.2	

4.7.4　冻土的体积潜热

冰、水相态转换时，要放出或吸收潜热。冻土的体积潜热 q，是指单位体积冻土融化时，所吸收的热量（$kcal/m^3$）。可用下面公式计算：

$$q = L\rho_d(\omega_c - \omega_H) \tag{4.34}$$

式中　L——单位重量冰融化时吸收的热量，在热工计算中，一般取 80 kcal/kg；

ρ_d——冻土的干容重，kg/m³；

ω_c——冻土的总含水率；

ω_H——冻土的未冻水含量。

从公式(4.34) 可以看出，冻土体积潜热的大小，取决于冻土的容重和含水率。对于冻土工程分类中的各类冻土，其体积潜热参考值如表4-19所示。

表4-19　冻土的体积潜热参考值

冻土名称	干容重(kg/m³)	含水率(%)	体积潜热(kcal/m³)	备　注
少冰冻土	1 450	16	18 640	表中各类冻土的干容重和含水率为假设值
多冰冻土	1 450	20	23 120	
富冰冻土	1 450	29	33 280	
饱冰冻土	1 450	40	46 480	
含土冰层	—	—	>46 480	

4.8　冻土的电学性质

冻土的电学性质是指电流通过冻土的特性。这里主要讨论冻土的电阻率。

4.8.1　冻土的电阻率

冻土的电阻率较之融土要大很多。这为采用物探方法确定多年冻土的分布特征，提供了物理基础。

土孔隙溶液中的离子和土颗粒表面吸附双电层中的离子，是土中电流的主要传递者。冻土和融土一样，其导电性能的好坏，取决于土矿物颗粒的成分、大小（比表面积）和形状，取决于土的孔隙率、孔隙的空间结构，取决于土的含水率和孔隙水的矿化度等。但是，对于冻土，除上述影响因素外，其导电性能的好坏，还取决于冻土的含冰量和冻土构造。

土中孔隙的空间结构和土颗粒的空间分布特性，对冻土的电阻率有重要影响。土的冻结，通常会使土的物理状态发生重大变化。在土体冻结过程中，水的结晶膨胀，改变着土中孔隙的空间结构和土颗粒的空间分布特点，使土中“孔隙通道”的弯曲程度增加，电流通道加长；冰晶体的析出，使土孔隙中水的数量减少，矿化度增大。这些变化是引起冻土导电性能变化的基本原因。

4.8.2　影响冻土电阻率的因素

冻土电阻率的大小与冻土的岩性成分、含冰量、冻土构造、冻土温度等有关。

影响冻土电阻率大小的主要因素有：

(1) 冻土温度

冻土电阻率随温度的变化与土的水分饱和度有关。在一般情况下，冻土的电阻率具有随冻土温度降低而增大的特点。

土体冻结过程中，电阻率随温度的变化，可分以下三种情况。

①含低矿化度自由水的土体冻结时，随着自由水结晶，冷生构造开始生成，电阻率开始缓慢增长。随后，温度进一步降低，冷生组构基本形成时，电阻率突然增大，即电阻率产生跳跃。跳跃完成后，温度的进一步降低，主要是土中冰包裹体的体积增大，冰包裹体的空间分布特征没有大的变化，故冻土的电阻率变化很小，或实际上不再发生变化。

②如果土中不含有自由水（仅含结合水），则冻土的电阻率随弱结合水的逐渐冻结而不断增大。即冻土的电阻率随温度降低而增加。但在这种情况下，电阻率的增加值是较小的。一般不超过初始值的 1 ~2 倍。

③如果土体中仅含有强结合水，则冻结状态土体和融化状态土体的电阻率是一样的。

（2）冻土构造

冻土构造决定着冻土的电学性质。

在一般情况下，冻土形成过程中，电阻率的增长具有缓慢—跳跃—缓慢变化的特点。即土体开始冻结时，电阻率增加缓慢，而后，随冻土低温组构的基本形成，电阻率产生突然跳跃，猛增至数万欧姆·米，跳跃过后，电阻率的增长又变得缓慢。这种变化特点是由冻土中冰包裹体的生成与分布过程决定的。

冰的导电性能是很差的。分布在冻土中的冰晶体、冰夹层、冰包裹体，对冻土的电学性质有重要影响。冻土中冰晶体、冰夹层、冰包裹体在空间的不同分布，形成不同的冻土构造。试验表明，不同构造的冻土，其电学性质是不同的。据有关试验研究资料：冻土为整体构造时，其电阻率比融土约增加 10 倍，可达 1 000Ω·m 左右；层状构造冻土的电阻率，比融土约增加 100 倍，可达 20 000 Ω·m 左右；网状构造冻土的电阻率，比融土约增加 400 倍，可达 140 000 Ω·m 左右。

表 4-20 列出了冻土电阻率的参考值。

表 4-20　冻土电阻率参考值

冻土类型	电阻率(Ω·m)	电阻率增大倍数	备　注
坡积碎石土层	32 800	80	
河床砂卵石层	184 000	260	
冰碛砂砾石层	496 000	400	网状—斑状构造
细颗粒土层	1 520	10	整体构造
细颗粒土(季节融化层)	111 000	—	层状构造
湖相—冲积相粗颗粒土层	143 000	400	网状—斑状构造

（3）冻土的含水率

含水率大小是决定冻土冷生组构特点的主要因素之一。在冻结边界条件相同时，含水率小的土体，形成整体构造冻土；含水率大的土体，则可生成层状或网状构造冻土。因此，含水率对冻土电阻率的影响，体现在冻土构造上。

（4）孔隙水的矿化度

孔隙水矿化度对冻土电阻率的影响表现在以下两方面：

①孔隙水的矿化度影响土的起始冻结温度和冻土的含冰量。矿化度增加，起始冻结温度降低，冻土的含冰量减少，电阻率减小；反之，则电阻率增大。

②孔隙水矿化度增加，导电阳离子的数量增加，冻土的电阻率减小。

4.9 冻土的力学性质

4.9.1 冻土力学性质的特点

冰的胶黏连结是冻土内部联系的主要特征，是决定冻土力学强度特性的主要因素。流变是冻土的主要特性，冻土中流变过程的显著发育，是由其内部连结特征所决定的。而作为理想流动固体的冰，在其中起着头等重要的作用。

冻土的强度主要来自冻土的黏聚力。冻土黏聚力的大小取决于土的种类、冻土温度和含冰量。

冻土黏聚力由以下几部分组成。

①冰胶结黏聚力：冰胶黏连结是冻土矿物颗粒间最重要的连结作用，它几乎完全制约了冻土的强度和变形特性，是冻土黏聚力的主要来源。但它不稳定，随温度、含冰量、未冻水含量的变化而剧烈变化，融化时完全消失。

②分子内聚力：它是由被未冻水分割开的土颗粒及其集成体之间的引力引起的，是一种纯分子作用力。它的大小取决于土的分散度、密实度和矿物颗粒的物理化学特性。

③结构黏聚力：它是在冻土形成过程中，在各种自然地质作用下形成的。结构黏聚力的大小，决定于冻土组构的不均匀性（结构缺陷、开放性孔隙等）。组构不均匀性越强，结构缺陷越多，冻土的结构黏聚力越小。

结构黏聚力在冻土天然结构破坏时，基本消失。在许多情况下，人工制备的试样比天然结构土样的强度低1/3～1/2，就是由于结构黏聚力消失引起的。

在负温条件下，冻土的瞬时强度是很高的，可与一般混凝土相比。

试验表明：在任何大小的荷载作用下，冻土中的冰（胶结冰、冰夹层、冰包裹体等）都会产生塑性流动和冰晶的重新定向排列，会使矿物颗粒接触点处的冰融化和矿物颗粒周围未冻黏滞性水膜产生压力迁移。冰的塑性流动和未冻水的迁移是导致冻土流变过程产生和发展的基本原因。

附加荷载作用下，冰的塑性流动、冰的融化和未冻水的迁移和重新冻结，使冻土中发生不可逆的组构再造，出现应力松弛和蠕变变形。即冻土的强度和变形是随时间而变化的，是不稳定的。

冻土融化时，冰胶黏连结消失，水分流出，结构失去稳定，土体强度降低，甚至完全丧失，同时产生大量下沉。

综上所述，冻土的力学特性，是受土冻结过程的水分迁移、已冻土中的水分迁移和冻土中冰和未冻水含量的动态变化等过程控制的。与一般岩石的力学特性相比，冻土的力学性质具有以下特点。

①冻土的力学性质是不稳定的；

②长期荷载作用下，冻土具明显的流变性；

③坚硬冻土是不可压缩的。但高温塑性冻土则是可压缩的；

④ 冻土融化时，其结构是不稳定的，具有大的下沉性和压缩性。

冻土力学性质的上述特点，是由土中细微颗粒对水的吸附特性和土冻结和融化过程特性决定的。

4.9.2　影响冻土力学性质的主要因素

试验表明，冻土的力学性质特征，取决于外部环境。外部环境条件（温度、压力、荷载作用时间等）的任何微小变化，都会引起冻土中未冻水含量和含冰量的变化，从而，引起冻土力学性质的变化。

影响冻土力学性质有以下主要因素。

（1）冻土温度

冻土的力学性质是温度的函数。冻土温度是影响冻土力学性质最主要的因素，冻土温度越低，其强度越大。

气候的季节变化、植被覆盖的变化、地表反射和吸收特性的变化、水文地质条件的变化以及建筑物热源的影响等，都将引起地基多年冻土温度的变化。从而，改变冻土中冰和未冻水含量的比例，使冻土的力学性质发生变化。

温度对冻土力学性质影响程度的大小，取决于冻土温度的变化区间。在土中水的强烈相变区（砂土约为 0 ℃ ~ −0.5 ℃；黏性土约为 0 ℃ ~ −5 ℃），冻土温度变化引起的冻土强度变化是明显的；在非强烈相变区，冻土温度的变化，也会引起冻土强度的变化，但这种影响就要小得多了。

据有关试验资料：冻土温度从 −1 ℃降低至 −2 ℃时，对于冻结黏土，这一温度变化范围，正处于水的强烈相变区。因而，冻结黏土的单轴压缩极限强度可从 10 kg/cm^2 增加至 15 kg/cm^2，强度增长 50%；对于冻结砂土，这一温度变化范围，是处在砂土中水的非强烈相变区，其单轴压缩极限强度从 64 kg/cm^2 增加至 75 kg/cm^2，强度仅增长 15%。在相同的温度变化区间，冻结黏土和冻结砂土强度增长比例的不同，是由于两种土中未冻水含量的变化幅度不同引起的。在上述温度变化范围内，对于冻结砂土，其未冻水含量仅减少 0.1%；而对于冻结黏土，其未冻水含量却减少了 5%。未冻水含量的这种不同比例减少，自然会使冻土强度的增长比例不同。

温度变化对冻土的变形性也有强烈影响：高温冻土的压缩性是比较大的，其压缩系数约在 0.005 ~ 0.03 cm^2/kg，接近于密实黏土的压缩性；而低温坚硬冻土，其压缩性很小，可以认为是不可压缩的，在地基基础计算中可以忽略不计。

除冻土含冰量（未冻水）变化影响冻土强度外，冻土中冰体强度的变化，也是引起冻土强度随温度变化的原因。冻土温度降低，冰分子中氢原子的活动性减弱，因而，冰的强度随温度降低而增长。

多年冻土地温沿深度的分布是不均匀的。因而，地基多年冻土的强度和变形性沿深度也是变化的。在进行冻土地基基础设计计算时，应充分考虑这种地基条件的特殊性，合理确定基础埋深和基础底面的计算温度。

（2）冻土中的应力状态

冻土中应力状态的变化，是冻土层在外部和内部的物理、力学作用影响下发生的。水的相变是引起冻土中应力状态变化的基本原因。

冻土中应力状态的变化，对冻土抵抗外荷的能力和变形特性都有强烈影响。

冻土内部物理、力学作用引起的应力状态变化，可用挡土墙背活动层土体冻结期间水平冻胀力的增长、变化过程来说明。图 4-9 是青藏铁路风火山多年冻土站实测的水平冻胀力随时间变化曲线。从图 4-9 可以看出，在 10 月初至 11 月初期间，墙后活动层土体冻结过程中，随着土中水的结晶膨胀，水平冻胀力迅速增长。这说明正冻土层和已冻土层中的应力状态在迅速变化（增大）。11 月初以后，墙背活动层土体已完全冻结，墙背冻土的温度和水平冻胀力随气温的波动而变化。

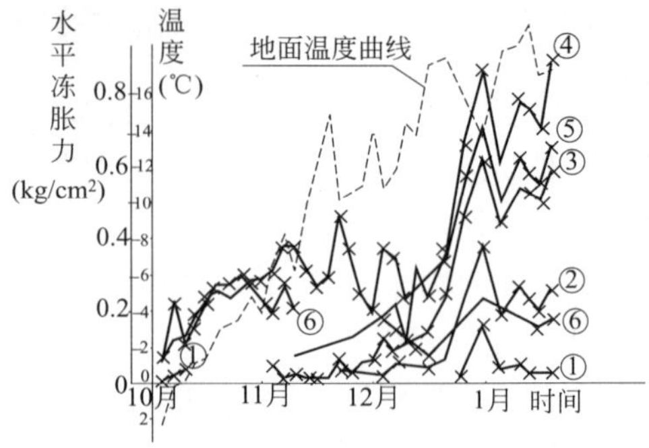

图 4-9　模型挡土墙背黏砂土水平冻胀力随时间的变化

注：①～⑤为水平墙体层编号，①为最上层，⑤为最下层

从图 4-9 还可清楚看出，墙背土体水平冻胀力的增长、变化态势与地面温度的变化态势是完全一致的。只是水平冻胀力的波动相位较之地面温度稍有滞后。

冻结期间，水平冻胀力的波动与增长，说明冻土中的应力状态一直是在不断变化的。

引起冻土中应力状态变化的原因，是水的相变和冻土的温度膨胀。根据冻土中冰、未冻水的动平衡原理，冻土负温的变化，会使冻土中的冰融化或未冻水冻结。同时，冻土温度变化，会使冻土中的冰和土骨架产生膨胀或收缩，出现温度应力，改变冻土中的应力状态。墙背活动层土体完全冻结后，水平冻胀力随温度的变化就是冻土中应力状态变化的反映。

冻土中应力状态的改变，反过来又将引起冻土中未冻水含量的变化，从而，使冻土的力学性质发生改变。

外部压力对冻土力学性质的影响，与内部作用有所不同。外压力的增加，会使冻土固体颗粒接触点（土矿物颗粒接触点、矿物颗粒与冰接触点）上的局部应力（有效应力）增大，使接触点上的冰产生融化，冻土的未冻水含量增加，引起冻土强度发生变化。

例如，对于温度为 －1.7 ℃的冻结砂黏土，在无荷载作用时，未冻水含量为 42%；压应力为 2 kg/cm^2 时，未冻水含量为 58%。

外压力引起冻土未冻水含量的这种变化，使冻土中矿物颗粒间的冰胶黏连结强度弱化。因而，冻土强度降低，变形模量减小（表 4-21）。

表 4-21　外压力对冻土力学性质的影响

冻土类型	总含水率(%)	试验温度(℃)	试验压应力(kg/cm^2)	弹性模量(kg/cm^2)
冻结黏砂土	40	－4	1	100×10^3
			2	60×10^3
			3	47×10^3

（3）荷载作用时间

试验表明，在冻土温度、含冰量等不变时，其强度随加荷速度的提高而增大。

荷载作用时间对冻土力学性质的影响，仍然是冻土中冰的融化和未冻水的迁移所引起的。瞬时加荷，冻土力学性质的变化是不明显的。因为颗粒接触点上冰的融化和未冻水的迁移，以及随后在低应力点上未冻水的冻结，不是瞬时发生的，而是需要一定的时间。长期荷载作用时，矿物颗粒与冰接触点上产生应力集中现象，使冰产生塑黏流动和部分冰晶融化。

冰晶融化水补充给矿物颗粒结合水膜，在压力梯度作用下，结合水从高压力处流向压力低处，并在那里重新冻结。

试验研究表明，长期荷载的作用，会使冻土中发育如下两种过程：

①冻土结构、构造再造（作用）过程。

未冻水的迁移和冻结，使冻土的结构和构造发生不可逆改变，因而，使冻土的力学性质发生变化。

②冻土中出现应力松弛和蠕变变形。

冰的塑黏流动和微裂隙的发育，使冻土中产生应力松弛，冻土变形随时间而发展，即冻土流变过程发育，从而，冻土的力学性质发生变化。

荷载作用时间愈长，对冻土力学性质的影响就愈强烈。在长期荷载作用下，冻土的强度随荷载作用时间的延长而减小（表 4-22 和表 4-23）。

表 4-22　原状冻土单轴压缩瞬时强度和极限长期强度

土的种类	总含水率(%)	温度(℃)	瞬时强度 σ_0 (kg/cm^2)	极限长期强度 σ_w (kg/cm^2)
轻黏砂土	20 ~ 24	-4	33 ~ 36	5
中黏砂土	32 ~ 35	-4	16 ~ 18	2 ~ 3

表 4-23　原状冻土的瞬时抗拉强度和极限长期抗拉强度

土的种类	总含水率(%)	温度(℃)	瞬时抗拉强度 σ_0 (kg/cm^2)	极限长期抗拉强度 σ_w (kg/cm^2)
砂黏土	39	-4.2	24	1.7 ~ 1.8
黏砂土	30	-4.0	20	1.6 ~ 1.7
黏砂土	44	-4.2	20	1.6 ~ 1.7
黏砂土	44	-0.3	7 ~ 8	0.3
黏砂土	30	-4.6	—	1.7 ~ 1.8
黏砂土	31	-4.3	20	1.8

根据荷载作用时间的长短不同，试验所得冻土强度可分为以下 3 种。

①瞬时强度：相应于加荷 10 s 内引起冻土破坏的应力；

②长期强度：在一定时间间隔内引起冻土破坏的应力；

③极限长期强度：荷载作用时间无限长情况下，冻土不发生渐进流动和破坏的最大应力。

冻土具有极限长期强度是冻土强度的主要特性。从表 4-22，表 4-23 可以看出，冻土的极限长期强度较之瞬时强度要小得多。

4.9.3　冻土的流变特性

冻土是一种具有明显流变特性的“特殊岩土”，冻土力学性质的研究，需采用流变学的方法。

(1) 流变理论的基本概念

流变学是研究物体在外力作用下，应力、应变状态随时间变化的科学。

试验研究表明：所有实际的物体都具有弹性和流变特性。物体流变特性的表现程度如何，取决于一系列因素，如应力、温度、观测手段和过程等。在一般温度和应力条件下，很多材料的流变特性表现不明显，并且可以认为对工程的稳定性没有影响。但有些材料，如高温下的金属等，其流变过程对强度的影响就不容忽视了。

古典弹性和塑性理论认为，物体的应力状态是恒定的，并且认为，加荷以后立即产生变形，不需考虑时间的影响。广义的流变理论，包括了弹性和塑性理论，在其应力与应变的基本方程中，时间是作为独立参数而进入方程的。

物体应力、应变状态随时间的变化如图 4-10，图 4-11 所示。

物体呈现流变特性的现象之一是蠕变。即在应力不变时，物体的变形随时间而发展的一种特性，如图 4-10 所示。

在不同外荷作用下，物体蠕变变形的发展过程是不同的：当应力小于材料的流限时，物体的变形是随时间而停滞的，这种变形发展过程称为弹性后效或衰减蠕变（图 4-10 中 τ_1 曲线）。当应力等于或大于材料的流限（极限长期强度）时，物体的残余变形不断增长，在结束弹性后效后，过渡到等速流动，直至破坏，这种变形发展过程称为非衰减蠕变（图 4-10 中 τ_2、τ_3 曲线）。

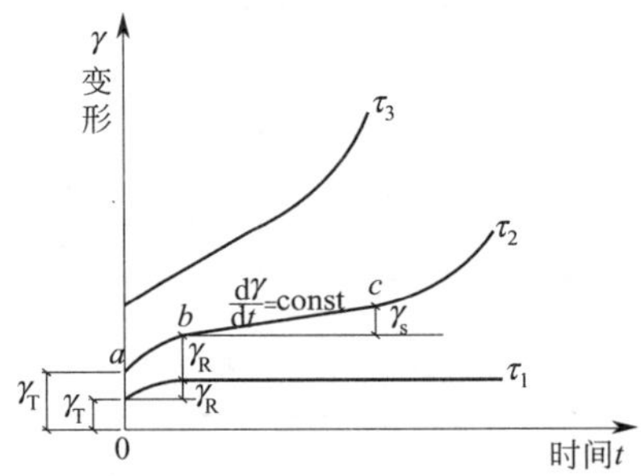

图 4-10　应力不变时的变形～时间曲线（蠕变曲线）

τ_1 < 极限长期强度 τ_g，$\tau_3 > \tau_2 > \tau_g$

物体的蠕变变形可分为三种：

①具增长速度的前进流动；

②具恒定速度的稳定流动；

③具减小速度的（非稳定）蠕变变形。

衰减蠕变具有以下动力学特性：加荷以后，物体立即产生初始的、假定瞬间（理论上式以声速产生的）的弹性变形 γ_T，然后，随时间而发生弹塑性（韧性）变形 γ_R，变形速度逐渐减小到趋近于 0，变形逐渐停滞而达到某一最终的、对给定应力为最大的值而停止。因此，在任一瞬间 t，衰减蠕变变形应等于：

$$\gamma_t = \gamma_T + \gamma_R \tag{4.35}$$

对于理想黏弹体，其蠕变变形是完全可逆的：初始变形瞬时恢复，韧性变形随时间而恢复。

非衰减蠕变过程包括以下几个阶段：

①初始的、相当于瞬时发生的纯弹性变形阶段（图 4-10τ_2 曲线的 oa 段）。产生弹性变形 γ_T。

②非稳定蠕变（初始蠕变）阶段，也称韧性变形阶段（图 4-10τ_2 曲线的 ab 段）。变形速度逐渐减小至某一最小值，产生韧性变形 γ_R。

③稳定蠕变阶段（图 4-10τ_2 曲线的 bc 段）。变形速度保持不变$\left(\frac{d\gamma}{dt}=常数\right)$，产生黏塑性变形 γ_s。因为这个阶段的外部表现与液体流动过程相似，故称为黏塑性流动（简称塑性流动）。

④前进流动阶段（图4-10τ_2曲线c点以后段）。变形速度逐渐加大，变形逐渐增长，直至破坏。

物体变形达到第四阶段以前，任时刻t的非衰减蠕变变形应等于：

$$\gamma_t = \gamma_T + \gamma_R + \gamma_s \tag{4.36}$$

这里，弹性变形和韧性变形是可逆的，而黏塑性流动变形是不可恢复的。

物体呈现流变特性的另一表现是松弛，即在变形一定（体积不变）时，物体中的应力随时间而减小的特性（图4-11）。松弛是荷载长期作用下，物体中出现的强度破坏现象。

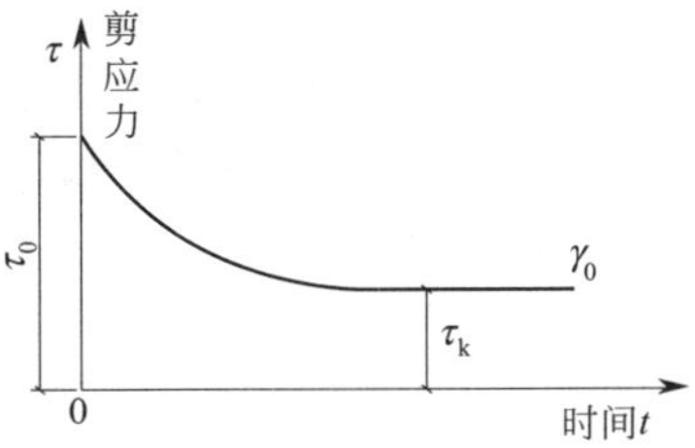

图4-11　变形一定时的应力-时间曲线（松弛曲线）

注：τ_0—初始应力；τ_k—最终极限应力；γ_0—固定变形

材料的强度降低与松弛现象有着密切关系。

如果加荷速度很快，材料来不及产生蠕变变形，而发生脆性破坏，强度最大，称为瞬时强度τ_s（理论上相当于以声速加荷时的强度）。在实际中，常采用假定瞬时强度或标准加荷速度时的极限强度作为瞬时强度。试验研究发现，物体可以在小于瞬时强度对应的荷载下破坏。即如果荷载不是瞬时荷载（慢速加荷）时，则物体发生蠕变变形，经一定时间间隔后，物体变形达一定值而破坏。并且，施加的荷载越小，则发生破坏的时间越长，变形具黏性特点。这种破坏强度称为“长期强度”。

某些材料（如高温下的金属），强度的降低是无限的。但对于很多存在所谓“极限长期强度”的材料，在应力达到该强度以前，是不会破坏的。在这种情况下，材料强度的变化，实际上与荷载作用时间无关。因此，可以把极限长期强度看成是这样一种应力：在达到这一应力以前，物体的变形是衰减的，而超过这一应力时，则发生非衰减蠕变变形，并随着时间的延长而导致物体破坏。

在工程材料研究中，常将物体划分为弹性体、塑性体和黏滞体等理想物体。图4-12绘出了6种最简单理想物体的应力—应变和应力—应变速率曲线。这些图形从变形角度看，它们都表征着实际物体的某种状态。

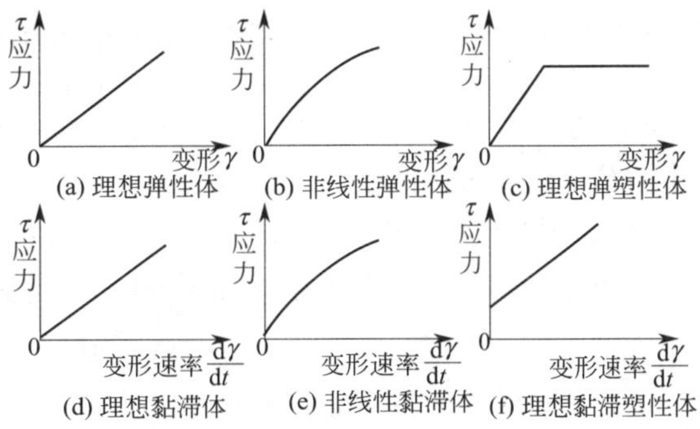

图4-12　理想物体的应力—应变和应力—变形速率曲线

图4-12中的（a）、（b）、（c），表示在变形过程中不考虑时间影响的物体应力与应变关系（弹性—塑性变形理论）。对于虎克体（图4-12(a)），$\tau = G\gamma$是线性的（式中G为剪切模量），在应力达流限τ_L以前，变形服从虎克定律；当应力达$\tau = \tau_L = c =$常数时，变形不可逆增长，物体形状发生变化，但体积不变。有些物体，其应力与变形之间的关系是非线性的（图4-12(b)）；有些物体，在应力不超过某一极限值时，发生弹性变形，超过该极限值后，则发生塑性变形（图4-12(c)）。

图4-12中的（d）、（e）、（f）表示变形随时间而发展的理想物体（液体）的应变速率与应力之间的关系。对于理想黏滞牛顿体（图4-12(d)），在任何不等于0的应力作用下，

都会产生流动，其流动速度与剪应力成正比，即：

$$\tau = \eta \frac{d\gamma}{dt} \tag{4.37}$$

式中 η——黏滞系数，等于直线$\frac{d\gamma}{dt}=f(\tau)$ 倾角的正切。

许多物体的应力与流动速度间的关系是非线性的（图4-12(e)），曲线$\frac{d\gamma}{dt}=f(\tau)$ 的切线倾角的变化往往解释为变化的黏滞系数。对于理想塑性体（或理想黏塑性体，也称宾格体），只有当剪力超过某一极限值时，才开始发生明显的流动（图4-12(f)），其变形过程，可用流动速度与剩余应力之间的线性关系来表示：

$$\tau - \tau_{gl} = \eta_s \frac{d\gamma}{dt} \tag{4.38}$$

式中 τ_{gl}——材料的极限长期强度；

$\tau - \tau_{gl}$——剩余应力；

η_s——塑性黏滞系数。

虽然黏性变形图形（图4-12(d)、(e)、(f)）是对液体而言，但它们也可以用来描述变形随时间而发展的固体的变形过程，表示其应力与恒定蠕变速度之间的关系。因此，黏塑性流动定律在生产实践中得到了广泛应用。

应该指出：理想的弹性体、塑性体和黏滞体是不存在的。理想物体只是表征实际物体的某种状态。大多数的实际物体在外力作用下的变形过程是比较复杂的，有时弹性、塑性及黏性变形可能相互联合发生。为了更准确地描述这些物体的变形过程特性，可采用图4-12中各种图形的组合。

物体流变方程的形式取决于物体的特性及其状态。例如，对于理想弹性—塑性—黏滞体，在出现非衰减蠕变变形时，可假定其应变速率等于弹性变形速率与黏塑性流动速率之和（忽略初始蠕变）。其应力—应变速率关系可用如下方程表示：

$$\frac{d\gamma}{dt} = \frac{1}{G}\frac{d\tau}{dt} + \frac{1}{\eta_s}(\tau - \tau_{gl}) \tag{4.39}$$

式中 G——剪切弹性模量；

其余符号含义同式(4.38)。

令$\gamma=0$，对式(4.35）积分，则得到理想弹、塑、黏物体的松弛方程：

$$\tau_t = \tau_{gl} + (\tau_m - \tau_{gl}) \times e^{-\frac{t}{n}} \tag{4.40}$$

式中 τ_t——任意时间 t 的应力；

τ_m、τ_{gl}——瞬时强度和极限长期强度；

n——与物体强度特性有关的参数，其值为

$$n = \frac{\eta_s}{G}$$

在研究金属的非衰减蠕变变形中，采用的各种蠕变技术理论几乎都是基于这样的假设：恒定蠕变速度与应力之间存在非线性关系，而代表这种关系的曲线经过坐标原点。基于这一假设，提出了各种联系应力与恒定蠕变速度的经验关系式，其中最适用的是幂函数关系式$\frac{d\xi}{dt}=A\sigma^{\alpha}$。按照流动理论，描述非衰减蠕变变形发展全过程的方程式，可由弹性变形速率与

塑性变形速率两部分组成：

$$\frac{d\xi}{dt}=\frac{1}{E}\frac{d\sigma}{dt}+A(t)\sigma^{\alpha} \tag{4.41}$$

式中　$A(t)$——相当于应力 $\sigma=1$ 时的蠕动速度的函数；该函数随时间而变化，逐渐趋近于极限值，$A\to A_k=\mathrm{const}$（A_K 为等速流动阶段的不变变形速率）；

E——冻土的瞬时弹性模量；

α——试验参数。

（2）冻土的流变特性

在低温条件下，冻土具有一般岩石的物理和力学特性。土体冻结过程中，冰胶黏连结的形成，是冻土“成岩过程”完成的主要标志。冰和未冻水的存在，使冻土具有明显的流变特性。

应该指出：对于研究冻土流变特性来说，上述变形方程式给出的关系，一般来说，并不能与冻土流变试验实际资料定量相符，也不能完全反映冻土的真实变形过程，只能给出冻土流变过程的一般定性概念。

土冻结过程的物理、物理—化学作用和现象表明：“水分迁移”（土冻结过程的水分迁移和已冻土中的水分迁移）和“冰、水动力平衡”，是外荷作用下，冻土中“伴生”的两个基本过程，它揭示了冻土之所以具有特殊工程性质的根本原因。冻土的特殊力学性质和复杂变形特征，基本是受这两个物理过程控制的。

在外荷作用下，冻土的应力、应变是随时间而变化的。

四相体系的冻土，由于冰和未冻水的存在，在外荷作用下，其变形是十分复杂的。冻土的变形包括：各组分的弹性压缩变形、冰的塑黏流动变形、土体结构的压密变形和未冻水迁移引起的变形等。根据变形的可恢复性，冻土的变形可划分为以下两种：

①弹性变形：由矿物晶格和冰晶的弹性变形、水分和密闭空气的弹性压缩变形以及矿物颗粒接触处未冻水水膜的迁移引起的变形组成。这种变形在外荷卸去后，可以恢复。

②塑性变形：由冻土的结构压密变形、土颗粒的不可逆剪切变形和冰的塑黏流动变形组成。这些变形在外荷卸去后，不能恢复。

外荷作用下，高含冰量黏性土冻土的变形，有些接近理想弹性—塑性—黏滞体，其应力 σ 和应变 γ 之间的关系是非线性的。并且，其应力—应变关系与温度、荷载作用时间等密切相关。在冻土温度不变时，瞬时荷载作用下的冻土，可表现出一定的弹性；而长期荷载作用时，冻土则表现出明显的流变特性。

冻土的自身组构是极不均匀的，在外荷作用下，冻土中经常会发生不可逆的“组构再造”作用。据有关研究资料，在荷载作用下，冻土流变（蠕变和松弛）的发育过程，是受冻土中微裂隙的发育、颗粒集合体的破坏和其他结构缺陷的增长和消失过程控制的。

在长期荷载作用下，冻土中同时发育着两种相反的过程。

①“强度弱化过程”。矿物颗粒的移动和重新排列，冰的塑性流动，矿物颗粒接触点上冰的融化和未冻水的迁移，使冻土中的微裂隙和结构缺陷增加，冻土的结构联系“弱化”，强度降低。

②“强度强化过程”。矿物颗粒和冰晶体的重新组合、定向，导致颗粒排列更紧密，微裂隙、孔隙、空隙等缺陷的“愈合”，使冻土的结构联系“强化”，冻土强度增加。

在荷载较小时，冻土变形以“强化过程”为主，变形随时间而衰减，即出现衰减蠕变；如果荷载应力大于极限长期强度界限，则冻土中以“弱化过程”为主，冻土的变形随时间发展，即产生非衰减蠕变。

图4-13为快速加荷（大于标准加荷速度15～20 kg/cm²/min）时，冻土的单轴压缩曲线。在快速加荷情况下，冻土的塑性变形来不及发展，其变形主要为弹性变形，应力—应变关系近似非线性弹性体，曲线接近于直线。在图4-13中，曲线的OA段基本为直线。A点称为比例极限或流动极限。在直线OA段内，冻土的应力—应变关系，可用虎克定律来描述，即$\sigma = E\gamma$（冻土的弹性模量$E = \tan\beta$）。A点以后，变形速率加大，应力—应变关系为曲线。至B点冻土破坏。B点应力为冻土的强度极限。

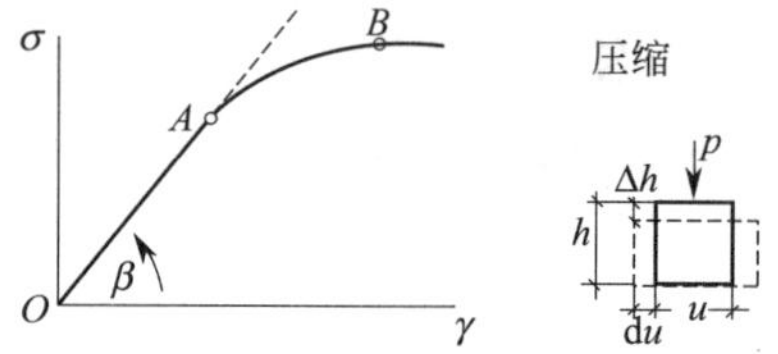

图4-13　快速加荷时冻土变形曲线（单轴压缩）

对于理想的弹性体，OA直线段的弹性变形，在荷载卸去后，可以完全恢复。但对于冻土，荷载卸去后，仅能恢复一部分变形，另一部分变形则是永远残留的塑性变形。

慢速加荷（或长期荷载作用）时，冻土表现出明显的流变特性。即在荷载的长期作用下，塑性变形随时间的延长而增加（蠕变），强度随时间的延长而减小（松弛）。即冻土产生衰减蠕变变形或非衰减蠕变变形，冻土中应力产生松弛。

图4-14为描述冻土流变特性的综合图。该图给出了指定温度和恒定荷载作用下，描述冻土流变特性的一组代表性曲线。图中第一象限为冻土的应力—应变关系曲线；第二象限为不同恒应力作用下冻土的蠕变曲线；第三象限为冻土强度衰减（松弛）曲线，第四象限为冻土的应力—应变速率关系曲线。这四种曲线图可全面反映冻土强度、应变、应变速率与应力大小和荷载作用时间之间的关系。

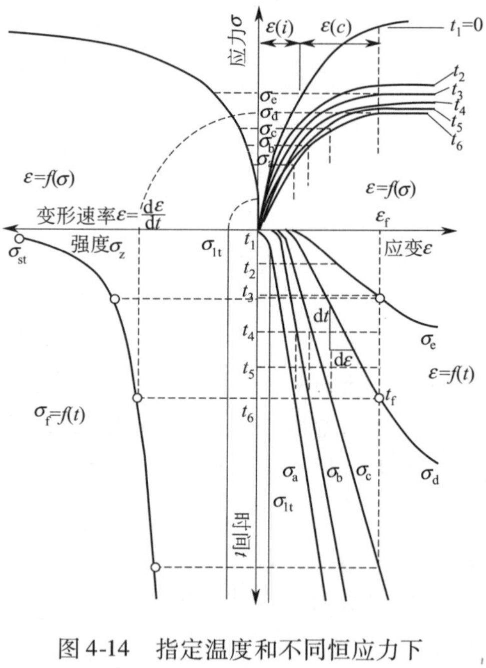

图4-14　指定温度和不同恒应力下冻土的流变特征曲线

注：σ_{st}—瞬时强度；σ_{lt}—极限长期强度

图4-14中的冻土应力—应变曲线、应力—应变速率曲线和强度衰减曲线，都是根据恒应力蠕变曲线图绘制的。其绘制方法如下：

在恒应力蠕变曲线图上，找出同一时刻，不同应力（σ_a、σ_b、σ_c、σ_d、σ_e）时的应变值，即可绘制第一象限的冻土应力—应变关系曲线图（t_0、t_1、t_2、t_3、t_4、t_5、t_6曲线）；找出各恒应力蠕变曲线的稳定蠕变速率（直线段的斜率），即可绘制第四象限的冻土应力—应变速率关系图；找出各恒应力作用下，起始流动应变值（ε_f）的出现时间，绘制第三象限的冻土强度衰减（松弛）曲线图。

冻土在不同恒应力作用下的蠕变变形过程如图4-14（第二相限图）所示。从图可以看出：当应力低于某一临界值（极限长期强度）时，“初始蠕变”处于优势，蠕变速率将永远趋于零（图中 σ_{1t} 曲线），冻土发生衰减蠕变；在中等应力条件下，冻土发生非衰减蠕变，"稳定蠕变"变形处于优势（图中 σ_a、σ_b、σ_c 曲线），当出现这种情况时，可以完全不计初始蠕变阶段，而把蠕变曲线看作一条直线，这便是稳定蠕变问题；在高应力条件下，冻土可能直接进入前进流动变形阶段（图中 σ_d、σ_e 曲线），在这种情况下，其变形态势很像完全的塑性材料，表现出明显的塑黏性流动。

冻土的衰减蠕变变形，可采用下面公式计算：

$$\gamma = \left[\frac{\tau}{A(\sigma_m,\theta)}\right]^{1/m} \times (1 + t^a) \tag{4.42}$$

式中　γ——时刻 t 的蠕变变形；

τ——剪应力；

$A(\sigma_m,\theta)$——初始变形模量（是应力和温度的函数）；

m——硬化系数，$m \leqslant 1$，对于冻土，$m = 1/3 \sim 1/4$；

a——试验参数。

对于工程应用来说，冻土的前进流动变形是不允许发生的。因此，关于非衰减蠕变变形的计算，可不考虑冻土的前进流动变形，采用下面两阶段变形公式进行计算：

$$\gamma = \left[\frac{\tau}{A(\sigma_m,\theta)}\right]^{1/m} \times (1 + t^a) + \left[\frac{\tau - \tau_s(\sigma_m,\theta)}{\eta_s(\sigma_m,\theta)}\right]^{1/n} \times (t - t_n) \tag{4.43}$$

式中　$\tau_s(\sigma_m,\theta)$——极限长期剪应力，是应力和温度的函数；

$\eta_s(\sigma_m,\theta)$——塑性黏滞系数，与应力和温度有关；

t_n——稳定蠕变阶段开始时间。

式(4.43) 右边第一项为初始蠕变变形，第二项为稳定蠕变变形（恒速流动）。

冻土的应力—应变关系（第一象限）是非线性的。并且，不同时间的曲线是彼此相似的，可用同一幂函数方程（但参数不同）来描述：

$$\sigma = A(t)\varepsilon^m \tag{4.44}$$

式中　m——强化系数（$m < 1$），与温度和荷载作用时间无关；

$A(t)$——可变的变形模量，与荷载作用时间和温度有关。

冻土的应变速率与应力的关系（第四象限）也是非线性的，可用式(4.41)的幂函数方程来描述。

冻土的强度降低曲线表明：在外荷作用下，冻土强度是随时间而减小的。这种现象的发生，是由于冻土矿物颗粒接触点上冰的部分融化和结合水从高应力处迁移至低应力处重新冻结，引起冻土的结构黏聚力和冰胶结黏聚力减小（松弛现象发展）所致。

冻土破坏时间为无限长时，其强度称为冻土的极限长期强度。在荷载应力小于极限长期强度时，冻土不会破坏，其强度变化实际上与荷载作用时间无关，即冻土发生衰减蠕变；在荷载应力大于极限长期强度时，则冻土发生非衰减蠕变，最终导致破坏。因此，冻土的极限长期强度也可这样来定义：持久作用的内力超过某界限值时，冻土发生非衰减蠕变，此界限值称为冻土的极限长期强度。

冻土强度降低与荷载作用时间的关系，可用下列方程来描述：

$$\sigma = \frac{\beta}{\ln(t/B)} \tag{4.45}$$

式中 β、B——由试验确定的参数，β 的量纲为 kg/cm^2，B 为时间 t 下的冻土理论强度值所对应的年数；

t——荷载作用时间，年。

当时间 t 为无限大（一般取 100 年）时，按式(4.45) 计算出的冻土强度即为冻土的极限长期强度。冻土的极限长期强度值在生产实践中具有重要意义：当作用于地基的应力小于地基冻土的极限长期强度时，地基冻土的蠕变为衰减蠕变；反之，则为非衰减蠕变。

试验表明，冻土的极限长期强度约为瞬时强度的 1/5 ~ 1/15。

冻土流变方程中的各试验参数，应根据冻土蠕变试验资料，整理、计算确定。其具体方法可参阅 C. C. 维亚洛夫的《冻土流变学》和 H. A. 崔托维奇的《冻土力学》。

4.9.4 冻土的基本力学指标

对于给定条件下的冻土，其强度可以看作是负温度、总含水率和荷载作用时间的函数，即：

$$R = f(\theta, \omega, t) \tag{4.46}$$

式中 R——冻土强度；

θ——冻土温度；

ω——冻土总含水率；

t——荷载作用时间。

在设计冻土上的地基和基础时，要充分考虑冻土力学性质的不稳定性，选择确定冻土力学设计指标的方法，并预测建筑物运营期间地基冻土可能发生的变化。

冻土可以是建筑物地基，也可是建筑材料。在土工建筑设计、计算中，常需用到以下冻土基本力学指标：

①冻土的弹性模量（变形模量）；

②冻土的抗剪强度；

③抗压强度和抗拉强度；

④冻土与基础间的冻结强度；

⑤冻土地基允许承载力；

⑥冻土地基活动层土的冻胀力；

⑦冻土融化下沉和压缩特性指标等。

下面讨论各指标的变化特征与获取方法。

(1) 冻土的弹性模量

据虎克定律，物体在弹性变形范围内，应力与应变成正比，其比例系数 E 称为弹性模量，也叫变形模量。弹性模量是表征材料特性的重要参数，它在工程上的用途很多，计算中常用到它。

冻土在外荷小于比例极限时，其应力与应变近似直线关系，可以视作“准弹性体”，其变形模量可用弹性力学中的公式进行计算：

对于圆形载板：
$$E = \frac{(1-\mu^2)}{s} \times \frac{p}{d} \tag{4.47}$$

对于方形载板：
$$E = 0.95\frac{(1-\mu^2)}{s} \times \frac{p}{a} \tag{4.48}$$

式中　μ——侧膨胀系数，即波桑比；

p——加在载板上的总荷载；

s——在 p 作用下，载板的沉落；

d——载板直径；

a——载板边长。

冻土的弹性模量较之融土要大十几倍甚至几十倍，变化在 3 000 ~ 300 000 kg/cm^2 之间。影响冻土弹性模量的因素有：

①冻土的岩性成分、含冰率。粗颗粒冻土 E 值大，细颗粒冻土 E 值小；含冰量大，弹性模量大。

②冻土温度。冻土的弹性模量随温度的降低而增大；例如：冻结砂（含水率为 17% ~ 19%）温度为 -0.2 ℃时，E = 8 200 kg/cm^2；温度为 -10.2 ℃时，E = 225 000 kg/cm^2。冻结黏土（含水率为 46% ~56%）温度为 -1.2 ℃时，E = 6 800 kg/cm^2；温度为 -8.4 ℃时，E = 27 800 kg/cm^2。

③外部荷载作用时间。冻土的弹性模量随荷载作用时间的延长而减小。

④载板尺寸。随载板尺寸增加而增大。

冻土的弹性模量应通过原位试验确定。

（2）冻土的抗剪强度

众所周知，任何材料某一点的强度，就是它在这一点所具有的抵抗剪切的能力。对于一般松散材料，其抗剪强度 τ，是压应力 σ 的单值函数，其极限应力状态方程（库伦强度理论方程）为：

$$\tau = \sigma \times \tan\phi + c \tag{4.49}$$

式中　ϕ，c——材料的内摩擦角和黏聚力，均为常数。

对于冻土，由于存在冰和未冻水，故冻土的强度指标是变化的。冻土的抗剪强度除与冻土骨架的矿物组成、结构构造有关外，还与土的温度、总含水率、外部压力和荷载作用时间有关，即：

$$\tau = f(\theta,\omega,\sigma,t) \tag{4.50}$$

式中　τ——冻土的抗剪强度；

σ——外部压应力；

ω——总含水率；

t——荷载作用时间。

试验表明：冻土在平面剪切时的极限（破坏）强度与正压力有关。即冻土的抗剪强度不仅受黏聚力的制约，而且受内摩擦力的制约。在不太高的正压力（10 ~ 15 kg/cm^2）下，冻土的抗剪强度基本符合库仑强度理论方程，即：

$$\tau = \sigma\tan\phi(\theta,\omega,t) + c(\theta,\omega,t) \tag{4.51}$$

式中　$\phi(\theta,\omega,t)$ 和 $c(\theta,\omega,t)$——冻土的内摩擦角和黏聚力，均是负温度、总含水率和荷载作用时间的函数。这是冻土强度有别于一般融土的最为明显的特征。

应当指出,当压力变化范围很大时,冻土抗剪强度与压力的关系就不能再看作是线性的了,而是不同极限应力圆的包络线。

温度对冻土的抗剪强度有重要影响。冻土温度愈低,其抗剪强度愈大。当温度接近于 -0 ℃时,冻土的内摩擦角实际上等于未冻土的内摩擦角,但黏聚力则比未冻土大得多。冻结砂土的内摩擦角受温度的影响不大,可看成常数,其值在 30° ~ 35°。因此,黏聚力是决定冻土强度的主要因素,在许多情况下,特别是对高温冻土,在计算中允许仅考虑黏聚力。

剪切荷载作用时间对冻土抗剪强度的影响,粗颗粒冻土和细颗粒冻土有所不同:冻结砂土的内摩擦角,实际上与荷载作用时间无关;而冻结黏性土的内摩擦角和黏聚力,则都随荷载作用时间而变化。因此,剪切荷载的作用时间,对评价冻土的抗剪强度,具有非常重要的意义。例如,在温度为 -2 ℃、总含水率为 33% 时,网状构造冻结黏性土的瞬时抗剪强度为 12.7 kg/cm^2;而其极限长期抗剪强度仅为 1.1 kg/cm^2。在长期荷载作用下,冻土抗剪强度的下降,主要是由于黏聚力的减小造成的。

冻结黏性土的内摩擦角较小,往往可以忽略。因而,冻结黏性土的抗剪强度 τ_t 可用下式表示:

$$\tau_t = c_t = \delta_t / 2 \tag{4.52}$$

式中 δ_t——荷载作用时间为 t 时的冻土单轴抗压强度极限;

c_t——荷载作用时间为 t 时的冻土黏聚力。由球形压模试验测定。

确定冻土抗剪强度的方法有以下四种:①直剪仪法;②楔形剪力仪法;③三轴剪力仪法;④球形压模仪法。

前三种方法是大家所熟悉的常用土工试验方法。第四方法是从金属材料强度试验方法引过来的。实践表明,用球形压模试验可满意的测定冻土的抗剪强度。如果假定硬度与流限应力之比为一常数(0.36),则冻土(包括黏性土、砂土和冰)的黏聚力可用如下公式计算:

$$c_t = 0.18 \frac{P}{\pi \times D \times h_t} \tag{4.53}$$

式中 c_t——荷载作用时间为 t 时的冻土黏聚力,kg/cm^2;

P——作用荷载,kg;

h_t——t 时间内钢球压入冻土中的深度,cm;

D——钢球直径,cm。

在加载后 5 ~ 10 s 内,测定钢球的下沉(压入深度)值 s_t,求得的冻土黏聚力 c_t 可作为冻土的瞬时黏聚力。

用球形压模仪测定的黏聚力是冻土抗剪强度的一个综合指标。它主要考虑的是黏聚力,但在一定程度上也考虑了内摩擦力。

冻土在球模试验过程中,其"强化"作用是十分轻微的。因此,所求得的黏聚力,可看作冻土力学性质的真实指标。

应该指出:冻土的黏聚力值在很大程度上取决于冻土的负温度值。试验时,应注意保持试样温度的均匀和稳定。

冻土的极限长期黏聚力 c_g 可用下式计算:

$$c_g = 0.8c_8 \tag{4.54}$$

式中 c_8——荷载作用时间为 8 h 的黏聚力；

表 4-24 列出了部分冻土的瞬时黏聚力和极限长期黏聚力。

表 4-24 原状冻土的瞬时黏聚力和长期极限黏聚力

土的种类	总含水率（%）	不同温度下的黏聚力（kg/cm^2）					
		-0.3 ℃ ~ -0.4 ℃		-1.0 ℃ ~ -1.2 ℃		-4.0 ℃ ~ -4.2 ℃	
		瞬时 c_0	长期 c_∞	瞬时 c_0	长期 c_∞	瞬时 c_0	长期 c_∞
极密实的黏土	35 ~ 40	5.7	1.8	—	2.6	16.0	4.2
粉质重砂黏土	36	4.3	0.6	7.0	1.0	12.0	—
粉质轻砂黏土	30	4.1	0.9	7.4	—	11.0	2.0
重黏砂土	28 ~ 34	4.0 ~ 4.5	0.9 ~ 1.0	7.3	1.6	8.0 ~ 1.5	2.8 ~ 3.2
重黏砂土	43	6.0	0.75	—	—	11.6	—
泥炭化重黏砂土	30	—	—	—	—	9.0	2.0
粉砂	23	11.0	2.1	14.0	2.7	20.0	3.7 ~ 4.5

从表 4-24 中资料可以看出：冻土的黏聚力随冻土温度的降低而增大，长期黏聚力约是瞬时黏聚力的 1/10 ~ 1/4。

用球模仪法测定冻土抗剪强度时，应注意以下事项。

①球模试验时，钢球与冻土试样表面为点接触，由于冻土构造不同，有时会出现较大误差。为了减小和消除偶然误差，试验时，应在试样表面移点反复测定 5 ~ 10 次，取其平均值作为试验值。反复测定中，压痕之间的距离应不小于 10 mm。

②为了获得可靠数据，应使压痕深度 h 和钢球直径 D 之比，保持下面关系：

$$0.01 \leqslant h/D < 0.1$$

或

$$0.005D \leqslant h_{15} < 0.05D$$

式中 h_{15}——试验开始 15 min 后的压痕深度。

试验表明，压痕太小（$h/D < 0.01$）和压痕太大（$h/D > 0.1$）时，所得试验结果误差较大，不能代表其真实值。

③为满足上面压痕与钢球直径关系的要求，可采用以下方法调整：

a. 当变形太大时，可减小荷载，或加大钢球的直径；

b. 当变形太小时，可增大荷载，或减小球径。

（3）"冻融过渡带"土体的抗剪强度

暖季，活动层融化过程中，融土与冻土的交界面，常被称为"冻融界面"。其实，所谓的"冻融界面"并不是一个面，而是一个分布于接触面上、下两侧（包括 +0 ℃融土和 -0 ℃冻土）一定范围的"带状土层"，称为"冻融过渡带"。经验表明：暖季，冻土斜坡的稳定，一般取决于"冻融过渡带"土层的抗剪强度。

① 冻融过渡带土抗剪强度的现场大剪和室内快剪试验

在多年冻土地区，路堤边坡、基底和路堑边坡的稳定性检算，都涉及到冻融交界面抗剪强度问题。在以往实践中，发现冻融交界面存在水分富集现象，是否冻融过渡带就是软弱面，就是斜坡产生滑动的滑动面呢?

1975 年，铁道部科学研究院西北研究所，在青藏铁路风火山多年冻土站开展了冻融过渡带和融土抗剪强度的现场大剪试验。与此同时，在室内用现场土样（砂黏土，黏砂土）做了冻融过渡带土、未冻土、冻后全融土的小型快剪试验。

砂黏土冻融过渡带，未冻土及冻后全融土室内快剪试验结果如表 4-25 所示。

表 4-25　砂黏土冻融过渡带，未冻土及冻后全融土室内快剪试验汇总

土样类型	剪前含水率 ω(%)	控制干容重 γ(g/cm³)	不同垂直正压力下的抗剪强度 τ(kg/cm²)			内摩擦角 ϕ(°)	黏聚力 c(kg/cm²)
			1 kg	2 kg	3 kg		
冻融交界面	12.85	1.55	0.955	1.690	2.410	35°45′	0.235
未冻土			0.908	1.565	2.222	33°25′	0.260
冻后全融土			0.845	1.502	2.144	33°01′	0.210
冻融交界面	17.14	1.55	0.845	1.487	2.112	32°20′	0.210
未冻土			0.751	1.268	1.784	27°01′	0.240
冻后全融土			0.626	1.127	1.596	25°53′	0.150
冻融交界面	20.74	1.55	0.657	1.174	1.722	28°22′	0.110
未冻土			0.516	0.939	1.330	21°48′	0.115
冻后全融土			0.438	0.829	1.189	20°33′	0.070
冻融交界面	22.50	1.55	0.516	1.002	1.455	25°10′	0.050
未冻土			0.407	0.767	1.111	19°33′	0.058
冻后全融土			0.297	0.626	0.939	17°13′	0.010

图 4-15 为相同含水率和相同密度条件下，三种土样的抗剪强度图。

从表 4-25 和图 4-15 可以看出：三种土样中，冻融过渡带土的内摩擦角和黏聚力都是最大的，未冻过的土样次之，冻后全融土最小。

1975 年的风火山砂黏土冻融过渡带，以及融化砂黏土的现场大型快剪试验结果如表 4-26 所示。

从表 4-26 可以看出：在天然含水条件和天然密度下，砂黏土冻融过渡带的抗剪强度大于融化砂黏土的抗剪强度。冻融过渡带的内摩擦角大于融土的内摩擦角，但二者的黏聚力却非常接近。

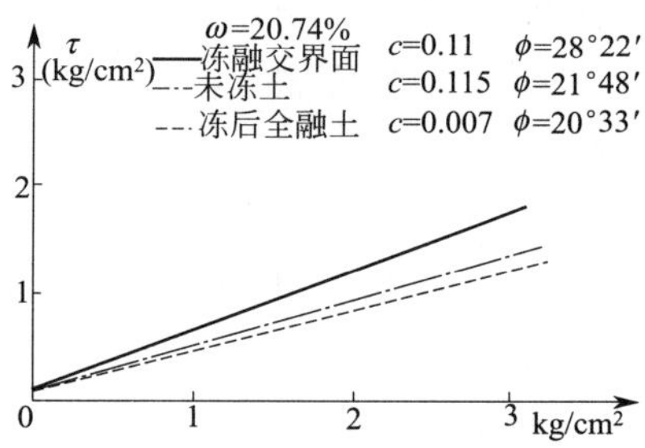

图 4-15　冻融过渡带、未冻土、冻后全融土的抗剪强度

表 4-26　砂黏土冻融过渡带，融化砂黏土现场大型快剪试验汇总

试验土体特征	剪前含水量 ω(%)	剪前孔隙比 ε	不同垂直正压力下的抗剪强度 τ(kg/cm²)				内摩擦角 ϕ(°)	黏聚力 c(kg/cm²)
			0.5 kg	1 kg	1.25 kg	1.5 kg		
冻融过渡段	21.3	0.74	0.301	0.473		0.698	20°48′	0.11
融土	20.9		0.206	0.332		0.458	13°08′	0.08
冻融过渡段	26.5	0.80	0.288	0.425	0.498		15°40′	0.14
融土	26.3		0.244	0.362	0.432	0.474	12°50′	0.135
冻融过渡带	31.1	0.82	0.277	0.383		0.537	14°55′	0.135
融土	30.0		0.226	0.321	0.362		10°33′	0.13

冻融过渡带现场大剪试验和室内快剪试验得出以下结论。

a. 冻融过渡带的抗剪强度大于未冻土的抗剪强度，而未冻土的抗剪强度又大于冻后全融土的抗剪强度。且三者的抗剪强度都随含水率的增加而降低。

由于冻土中冰的分布是不均匀的，因此，在融化过程中所形成的冻融交界面并不是理想的光滑平面，而是凸凹不平的一个面。即冻融交界面实际上是一粗糙界面。因此，冻融过渡带土的内摩擦角，比未冻土和冻后全融土的内摩擦角大得多。这是冻融过渡带抗剪强度比未冻土和冻后全融土抗剪强度都大的主要原因。

未冻土的抗剪强度大于冻后全融土的抗剪强度这一事实表明，土的冻融过程对土结构、构造的影响较大。这种影响表现在冻后全融土黏聚力的降低上。

b. 冻融界面附近富水带的融化土体是冻融过渡带中的软弱层，其抗剪强度最低，冻土斜坡的稳定与该软弱层密切相关。在检算冻土斜坡的稳定性时，应采用经冻融循环后融土的抗剪强度指标。

c. 人工制样冻后全融土的抗剪强度可用未冻土指标通过换算得到。换算系数 K 定义于下：

$$K=\frac{\tau_{未}}{\tau_{融}} \tag{4.55}$$

式中　$\tau_{未}$——未冻土抗剪强度；

$\tau_{融}$——冻后全融土抗剪强度。

砂黏土换算系数 K 与含水率 ω 的关系如表4-27所示。

表4-27　砂黏土换算系数 K 与含水率 ω 的关系

含水率 ω	抗剪强度换算系数 K
$\omega_p\times85\%<\omega<\omega_p\times115\%$	1.07～1.13
$\omega_p\times115\%<\omega<\omega_L\times85\%$	1.13～1.15
$\omega_L\times85\%<\omega<$饱和含水率	1.15～1.28

黏砂土换算系数 K 与含水率 ω 的关系如表4-28所示。

表4-28　黏砂土换算系数 K 与含水率 ω 变化的关系

含水率 ω	换算系数 K
$\omega_p\times85\%<\omega<\omega_p\times115\%$	1.065～1.078
$\omega_p\times115\%<\omega<\omega_L\times85\%$（或饱和含水率）	1.078～1.082

② 冻融过渡带土的室内长期抗剪强度试验

冻融过渡带土体，由于冰融化时的吸热，土层温度保持在冻结起始温度。这个土体带含水率高、温度高，自然是冻土地基中的软弱层。

过渡带土体相对于融土而言温度低，因而土中水分的黏滞性较大，使土的黏聚力增加；相对于冻土而言温度高，过渡带的冻土是高温冻土，未冻水含量大。因此，过渡带的冻土具有明显的流变特性。这种低温融土和高温冻土共存的过渡带是一种较之融土和冻土更复杂的土体带。为了了解过渡带的特性，为多年冻土区斜坡上建筑物设计提供依据，1991年，作者与哈工大徐学燕教授在中国科学院冻土工程国家重点试验室，进行了冻融过渡带土长期抗剪强度的试验研究，得出如下成果：

a. 冻融过渡带土的剪切流变特性

在荷载作用下，冻、融过渡带的剪切变形具明显的流变特性。在剪切应力不变时，剪切变形随时间而增长。当荷载小于某一值时，剪切变形表现出衰减特性；荷载超过该值时，则具非衰减特性。冻融过渡带的剪切变形曲线，是一种典型的冻土蠕变曲线。在各级垂直荷载和水平荷载作用下，冻融过渡带土体的剪切变形破坏过程均具有上述特点，这说明冻融过渡带土体，明显具有冻土特性。

冻融过渡带土体的强度位于融土和冻土之间。与融土相比，黏聚力较大，内摩擦角较小。较之冻土，则黏聚力较小，内摩擦角较大，如表 4-29 所示。

表 4-29　试验土体的瞬时 c、ϕ 值

土体类型	c(kPa)	ϕ(°)
冻融过渡带下的冻土	780	26
冻融过渡带	300	29
冻融过渡带上融土	47	32

b. 冻融过渡带土体的长期抗剪强度

如前所述，冻融过渡带土体主要具冻土特性，因此，应存在长期强度。试验得出了过渡带的长期强度曲线。且不同垂直荷载下的松弛曲线基本上是平行的。因此，可用不同参数，同一方程来表示。即，冻融过渡带土体的长期强度方程可采用如下形式：

$$\tau = \frac{B}{\lg(A \times t)} \tag{4.56}$$

式中　A、B——由试验确定的参数，A 的单位为 min^{-1}，B 的单位为 kPa；

t——时间，min；

τ——抗剪强度，kPa。

整理试验资料，可以得到长期强度方程的 A 值和 B 值，从而可以得到计算所需长期强度，结果如表 4-30 所示。

表 4-30　冻融过渡带的长期抗剪强度

垂直应力(kPa)	50 年的抗剪强度(kPa)	100 年的抗剪强度(kPa)
400	80.9	77.5
340	77.5	75.3
240	73.3	72.3

将表 4-30 的值绘制成 $\sigma \sim \tau$ 曲线，即可求得冻融过渡带 c、ϕ 值的长期值，如表 4-31 所示。

表 4-31　冻融过渡带土 c、ϕ 的长期值

年限(年)	黏聚力 c(kPa)	内摩擦角 ϕ(°)
50	64	2.4
100	62	2.4

从表 4-31 可以看出，冻融过渡带土体的黏聚力 c，随时间的增长而减小。但 ϕ 值基本不变，且数值很小。

c. 冻、融过渡带土体长期抗剪强度与瞬时抗剪强度的比较

按照长期抗剪强度试验的边界条件，对冻融过渡带土体进行了瞬时抗剪强度试验。剪切加荷速度用时间控制，即用 40 ~ 60 s 将土样剪坏。

试验表明，长期抗剪强度较瞬时抗剪强度要小得多，前者约为后者的 1/6。从 c 值和 ϕ 值的比较来看，前者的 c 值约为后者的 1/5；而 ϕ 值的衰减就更多了，前者的 ϕ 角仅为后者的 1/12。冻融过渡带土体 c、ϕ 值的长期和瞬时值列于表 4-32。

表 4-32　冻融过渡带土体的 c、ϕ 值对比

时　　间	黏聚力 c(kPa)	内摩擦角 ϕ(°)
长期(50 年)	64	2.4
瞬时(1 min)	300	28.0

d. 剪切过程中试样温度的变化

试验发现，土样在剪切过程中，剪切带（冻融过渡带）土体和其上融土、其下冻土的温度都是升高的。这说明，外力所作的功，除使土样产生剪切变形破坏外，还有一部分功转变成了热能。这种温度的升高，会使冻融过渡带高温（ -0 ℃）冻土产生融化，含水率增加，抗剪强度降低。表 4-33 列出了快剪试验时，土样中心和边缘温度的升高值。

表 4-33　快剪过程中土样温度的升高值

位置 / 土样种类	中心(℃)	边缘(℃)	备　　注
过渡带下冻土	0.345	0.254	表中所列值均为平均值
冻融过渡带土体	0.166	0	
过渡带上融土	0.110	0.102	

从表 4-33 可以看出，快剪过程中，试样土温的升高是：冻土最大，过渡带次之，融土最小；剪切土样中心土温的变化较边缘大。这种温度的变化规律是由试样中融土、过渡带土和冻土的热物理特性（主要是热容量）和试验系统换热边界条件决定的。

剪切带土温的升高，在剪切土样产生一定位移后开始，至剪应力峰值出现，温度趋于最高值。

综上所述，冻融过渡带土体具有以下特点。

(a) 黏性土冻融过渡带土体是零度冻土和零度融土的混合体，具有明显的流变特性。其长期抗剪强度，可用上面提出的长期强度方程来计算。

(b) 黏性土冻融过渡带土体，抵抗剪切应力的能力以黏聚力为主，内摩擦角很小。

(c) 冻融过渡带土体的瞬时抗剪强度，大于过渡带上已融冻土的抗剪强度。多年冻土区斜坡稳定性计算时，应根据荷载作用时间的长短，选择合理的 c、ϕ 值指标进行。

(4) 冻土的抗压强度和抗拉强度

冻土的抗压强度（在瞬时荷载和长期荷载作用下）对选择建筑物地基的设计压力和计算人工冻结竖井和基坑冻土墙的强度具有重要意义。

冻土在正压力（压缩和拉伸）作用下的强度可用瞬时强度和极限长期强度来评价。在标准加载速度（15～20 kg/cm²/min）下，确定的极限抗压强度，可近似地看作瞬时强度。不同颗粒成分的冻土（如砂土、黏性土），在正压力作用下，其破坏形式（脆性的或塑性的）是不同的。当出现塑性变形时，要准确确定破坏荷载是困难的或不可能的。因此，对于黏性冻土，采用球形压模仪来确定其极限长期抗压强度是合理而方便的。

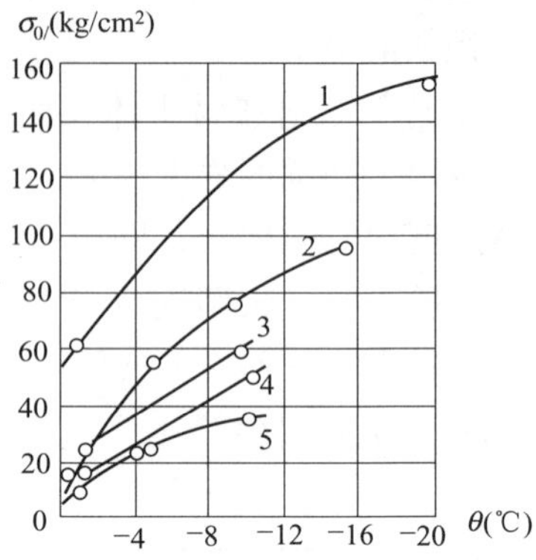

图 4-16　冻土瞬时极限抗压强度 σ_0 与负温 θ 的关系

注：1—砂土（$\omega=16\%\sim17\%$）；
2—黏砂土（$\omega=11\%\sim12\%$）；
3—黏砂土（$\omega=21\%\sim26\%$）；
4—黏土（$\omega=43\%\sim49\%$）；
5—有机质粉土（$\omega=52\%\sim61\%$）

在采用球形压模法获得冻土的极限长期抗剪强度后，可用下面公式计算冻土的极限长期抗压强度：

$$\delta_g=2C_g \tag{4.57}$$

式中　δ_g——冻土的极限长期抗压强度；

C_g——冻土的极限长期抗剪强度。

试验表明，冻土的极限长期抗压强度较之瞬时抗压强度要小得多。

①冻土的抗压强度

冻土的抗压强度是很高的（图 4-16），即使是在标准加载速度下，也可达几十至几百 kg/cm²，在更高的加载速度下，其强度将更大。由此可以看出，冻土能很好地抵抗短时荷载的作用。

冻土的抗压强度具有以下特点。

冻土的抗压强度同样是负温度 θ、总含水率 ω 和荷载作用时间 t 的函数。

a. 冻土的抗压强度很明显地依赖于负温。在水的强烈相变区内，随着负温度的降低，冻土抗压强度迅速增长。在更低的负温下，抗压强度还将增长，但其变化规律更为复杂。

b. 冻土的总含水率 ω 对其抗压强度也有明显影响。在含水率低于完全饱和程度时，所有冻土的抗压强度均随含水率的增加而增长。但当含水率超过饱和含水率后，则随含水率的增加，其强度反而降低。

c. 冻土的抗压强度随荷载作用时间的延长而减小。例如：当冻结砂的温度为 −3 ℃，$\omega=18.8\%$ 时，其瞬时抗压强度为 75 kg/cm²，而极限长期抗压强度仅为 5.5 kg/cm²；对于冻结亚黏土，当温度为 −3 ℃，$\omega=31.8\%$ 时，其瞬时抗压强度为 35 kg/cm²，而极限长期抗压强度仅为 2.6 kg/cm²。从这里可以看出，冻土的瞬时抗压强度可是极限长期抗压强度的十几倍以上。

d. 冻土的粒度成分对冻土的抗压强度有重要影响。在一般情况下，粗颗粒冻土的抗压强度大于细颗粒冻土的抗压强度。例如：当温度为 −10 ℃时，冻结砂的瞬时抗压强度约为 120～150 kg/cm²；而冻结黏性土仅为 30～50 kg/cm²。

②冻土的抗拉强度

冻土的抗拉强度明显小于其抗压强度，一般仅是抗压强度的 20%～50%。

但试验表明，与抗压时相反，冻结黏性土的抗拉强度大于冻结砂土的抗拉强度。其原因在于：在冻土压缩时，矿物颗粒间距离减小，相互接触数量增加；而拉伸时其距离增加，其颗粒接触数量减少。冻结黏性土抗拉时，接触数量的减少较之冻结砂土要少，故其抗拉强度要大。例如，在 -2 ℃ ~ -10 ℃时，快速拉断条件下，冻结黏性土的抗拉强度为冻结砂的 1.7 ~1.8 倍。

冻土的抗拉强度与抗压强度一样，也是负温度、总含水率，和荷载作用时间的函数。

(5) 冻土与基础间的冻结强度

埋于多年冻土中的基础（如桩基），当地基土回冻时，土体与基础间的水膜胶黏联结转变成冰胶黏联结，基础与土体冻结成一整体，其联结强度称为冻结强度。冻结强度可分为抗剪冻结强度和抗拉冻结强度。基础与冻土界面间的抗剪强度称为抗剪冻结强度。基础与冻土界面间的抗拉强度称为抗拉冻结强度。

冻土对基础的冻结力，只有在外荷作用时，才表现出来，而其作用方向总是与外荷作用方向相反。

①抗剪冻结强度

抗剪冻结强度由两部分力组成：冻土与基础间的冰胶黏连结力；冻土与基础间的摩擦力。

冻结力是多年冻土中桩和锚杆等承载能力的来源，是作用于多年冻土中挡土墙上的主要稳定（抗滑、抗倾复）力系，也是冻土作用于基础切向冻胀力的来源。研究冻结力的大小和影响冻结力的主要因素，对于多年冻土中基础的设计和计算，有着十分重要的意义。

影响冻结力的因素主要有：土的粒度成分、含水率、温度、基础材料类型、基础表面的粗糙度、荷载作用时间等。

在基础条件（材料、尺寸、埋深等）不变时，冻结力是冻土温度、含水率、荷载作用时间和岩性成分的函数。

试验表明：土的颗粒成分对冻结强度有强烈影响。图 4-17 为不同类型土的冻结强度。从图可用看出，土颗粒愈粗，冻结强度愈小。在常见的土体中，砂土的冻结强度最大，黏性土次之，砾、卵石土最小。在砂土中，饱水砂土（特别是中砂）的冻结强度最大，粗砂的冻结强度较低。与饱水砂土相比，黏性土的冻结强度较低，这可用黏性土比砂土，在相同温度条件下，含有更多的未冻水来解释。

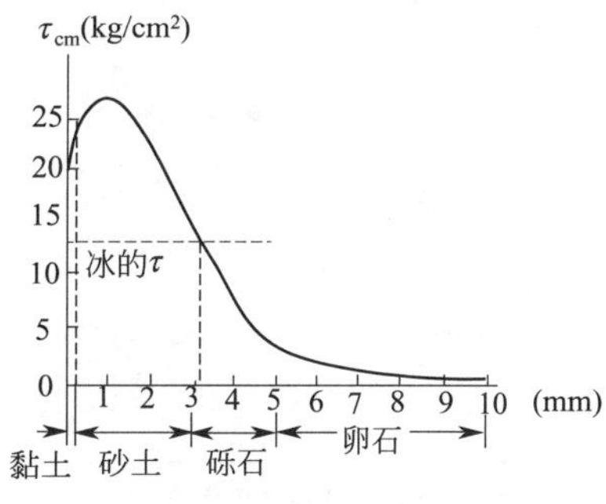

图 4-17　不同类型土对木材的极限冻结强度

试验表明，土含水率对冻结强度的影响具有以下规律：含水率不大于某一界限值时，冻结强度随含水率的增加而增大；含水率超过该界限值后，冻结强度随含水率增大而减小，如图 4-18 所示。这一含水率称为土的“冻结强度界限含水率”。从图 4-18 可以看出：砂土（图 4-18 曲线 1）的冻结强度，在含水率小于 20% 时，随含水率的增加而增大，在含水率大于 20% 时，随含水率增加而减小，其界限含水率约为 20% 。砂黏土、砾石土冻结强度随含水率的变化规律与砂土相同，其界限含水率，砂黏土（图 4-18 曲线 2）约为 33% ，砾石土（图 4-18 曲线 3）约为 15% 。

图 4-19 为各类冻土冻结强度随负温度的变化曲线。图中曲线Ⅰ、Ⅳ代表少冰冻土和饱冰冻土，曲线Ⅱ代表多冰冻土，曲线Ⅲ代表富冰冻土。从图可以看出，各类冻土的冻结强度都随温度的降低而增加，特别是在水的强烈相变区，冻结强度随温度的下降而强烈增长（表 4-34）。

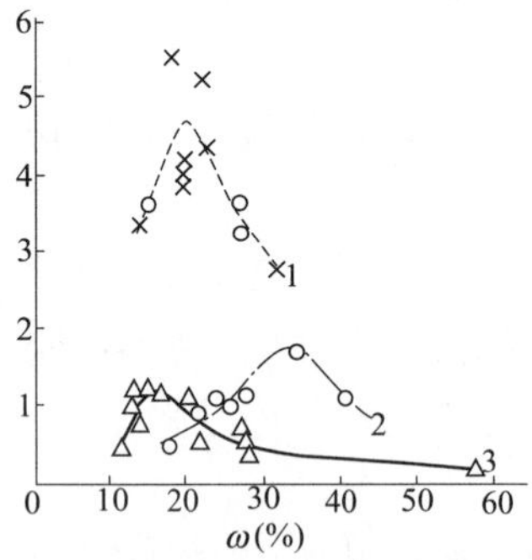

图 4-18　冻结力与含水率的关系

1—砂土中短时极限冻结力；2—砂黏土中混凝土桩长时极限冻结力；3—砾石土中混凝土桩长时极限冻结力。其中 × 钢桩，○木桩，△混凝土桩

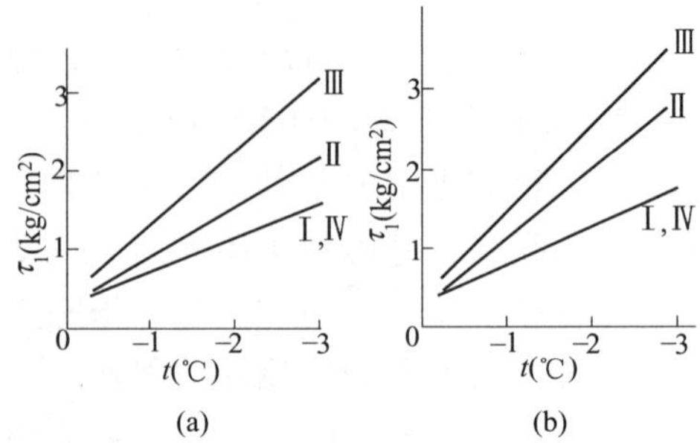

图 4-19　冻结强度与温度的关系

表 4-34　冻土与木材的瞬时冻结强度与含水率和温度的关系

土　　名	温度 θ (℃)	总重量含水率 $\omega_{0\delta}$ (%)	冻结强度 τ_{cm} (kg/cm²)
黏砂土（1.0～0.05 mm 颗粒含 68%；<0.005 mm 颗粒含 8%）	-0.2	11.0	1.3
	-1.2	6.3	2.8
	-1.2	11.5	7.0
	-1.2	14.2	8.2
	-5.6	11.4	20.8
	-10.5	12.3	24.7
	-17.4	11.3	27.4
黏土（<0.005 mm 颗粒含 36%）	-0.2	21.3	2.9
	-1.5	20.9	5.9
	-5.8	22.1	11.1
	-10.8	22.1	18.6
砾石（2～20 mm 颗粒含 99%）	-9.9	1.4	0.9
砾石（含 1.8% 的淤泥）	-10.5	2.7	1.6

试验表明，冻结强度随荷载作用时间的延长而减小。例如，在加载速度为 22 kg/cm²/min 条件下，黏砂土的冻结强度为 8.3 kg/cm²；而在 1 kg/cm²/min 时，仅为 2.8 kg/cm²。

表 4-35 为风火山现场拔桩试验得到的砂黏土冻结力与荷载作用时间的关系。

表 4-35　砂黏土冻结强度与荷载作用时间的关系（风火山）

桩材类型	冻土总含水率(%)	冻土温度(℃)	冻结力(kPa)	松弛系数
钢桩	28.1	-2.4	长时,220	长/短 =0.32
	26.4	-2.2	短时,680	
混凝土桩	25.5	-1.4	长时,110	0.28
	27.1	1.5	短时,400	

续上表

桩材类型	冻土总含水率(%)	冻土温度(℃)	冻结力(kPa)	松弛系数
钢桩	18.7	-1.5	长时,114	0.42
	18.9	-1.2	短时,270	
钢桩	18.9	-1.2	长时,114	0.51
	19.1	-1.2	短时,224	

注：短时—拔桩历时在 5 min 左右；长时—拔桩历时在 30 min 左右。

从表 4-35 可以看出，随着拔桩时间的延长，冻结强度迅速减小。在试验条件下，长时冻结强度只是短时冻结强度的 1/3 ~ 1/2。

表 4-36 列出了冻土与混凝土基础和木质基础的极限长期冻结强度值。试验表明，极限长期冻结强度约为瞬时冻结的 1/15 ~ 1/5。

表 4-36　混凝土基础和木质基础的极限长期冻结强度

土的种类	不同冻土温度下,极限长期冻结强度(kg/cm²)							
	-0.5 ℃	-1.0 ℃	-1.5 ℃	-2.0 ℃	-2.5 ℃	-3.0 ℃	-3.5 ℃	≤-4 ℃
各种砂性土	0.3	1.3	1.6	2.0	2.3	2.6	2.9	3.3
含粉粒的黏性土	0.5	1.0	1.3	1.5	1.8	2.0	2.3	2.5

基础材料性质和基础表面的光洁度对冻结强度有一定影响。一般条件下，基础表面光洁度越高，则冻结强度越小。据前苏联建筑规范《多年冻土上的地基与基础》（СНиП-88），如将金属膜板预制混凝土的冻结强度设为 1.0，则未涂防腐油木质基础的冻结强度为 1.0，涂油木基础的冻结强度为 0.9，热轧钢基础表面的冻结强度为 0.7。即木质基础的冻结强度与混凝土基础一样，比钢质基础要大 30%。

1975 年，铁道部科学研究院西北研究所，曾在风火山多年冻土站，进行过不同材质基础的冻结强度现场试验。采用的试验桩为钢管桩、木桩、浆砌片石桩和钢筋混凝土桩，试验所得短时冻结强度如表 4-37 所示。

表 4-37　基础材料类型对冻结强度的影响

桩的类型	桩周冻土含水率(%)	桩周冻土温度(℃)	桩的冻结强度(kPa)	备　注
桩	33.2 ~ 41	-0.28	260	桩周冻土为砂黏土,桩长 0.5 ~ 0.6 m。 混凝土桩试验不在该场地,故结果未列入
		-0.36	205	
		-0.8	403	
		-1.34	638	
钢管桩	31.2 ~ 43.2	-0.3	109	
		-0.9	400	
		-1.58	791	
		-2.5	1 000	
浆砌片石桩	32.9 ~ 42.8	-0.3	258	
		-0.6	290	
		-2.5	400	
		-2.5	560	

整理分析试验资料，得出如下结论：钢管桩（管中填以当地土）的冻结强度最大，木桩次之，钢筋混凝土桩最小。如果将钢筋混凝土桩的平均冻结力设为 1，那么，钢管桩的平均冻结力为 2.06，木桩为 1.16。即木质基础的冻结强度较钢质基础小约 50% 。这一试验结果与 CНиП-88 规范不同。其原因除试验方法和试桩尺寸不同外，可能还有以下两个因素影响：a. 在我们的试验中，测温剖面离试桩有一定距离，提供的冻土平均温度不能完全代表试桩表面的温度；b. 钢桩长度约 50 cm，由于钢的导热系数（45 kcal/(m · h · ℃) 左右）较大，钢管表面的温度梯度较小，温度分布较均匀（木桩表明温度分布正相反），因而，低温时，钢桩表面的实际平均温度较之其他材料桩的温度要低；高温时，实际平均温度却要高。故试验结果是木桩的冻结力低于钢管桩的冻结力。

②抗拉冻结强度

冻土与基础间的抗拉冻结强度，是由冻土与基础间的冰胶黏连结力提供的。在以往的研究和实践中，仅将冻结强度定义为冻土与基础界面间的抗剪强度，并由此提出了采用压入或拔出冻土中的桩，来确定冻结强度的试验方法。

1980 年，铁道部科学研究院西北研究所，在低温试验室进行了冻土与混凝土基础界面和钢质基础界面的抗拉、抗剪强度试验。以研究抗拉时，冻土与基础界面的应力、应变特性，研究抗拉冻结强度与抗剪冻结强度的关系，试验结果如表 4-38 所示。

表 4-38　冻土与混凝土界面的抗拉、抗剪冻结强度

界面土体物性			破坏强度 kPa	破坏位移 (mm)	备注
含水率(%)	容重(kg/cm³)	温度(℃)			
12.6	/	-3.6	76.5	0.07	抗拉
12.3	2.023	-3.8	96.1	0.02	抗拉
12.2	2.050	-4.3	174.5	0.39	抗拉
12.3	2.070	-4.0	292.2	0.39	抗拉
11.0	1.950	-4.6	125.5	0.18	抗拉
11.3	1.950	-4.4	184.3	0.36	抗拉
15.4	2.090	-3.5	545.2	/	抗拉
15.4	2.090	-3.7	506.0	0.48	抗拉
20.8	2.020	-4.1	525.6	0.35	抗拉
21.1	2.000	-3.9	643.3	0.57	抗拉
15.7	1.970	-4.5	392.2	0.38	抗剪
15.7	1.970	-3.9	434.4	0.50	抗剪

从表 4-38 可以看出，在边界条件相同的情况下，冻土与基础界面间的抗拉冻结强度比抗剪冻结强度要大。

图 4-20 为混凝土桩抗拉冻结强度与抗剪冻结强度与温度的关系曲线。从图可以看出：在温度相同条件下，冻土与基础界面间的抗拉冻结强度均大于抗剪冻结强度。

冻土与基础界面间的抗拉冻结强度具有以下特点：

a. 土与基础界面的拉伸破坏蠕变位移较小，一般变化在零点几毫米至 1 mm 之间（表 4-38）。它随抗拉冻结强度增加而增大，最后趋于某一极限值（约为 0.8 mm 左右），如图 4-21 所示。而界面的抗剪破坏蠕变位移值一般较大，在冻结强度不超过 2 000 kPa 时，其值变化在零点几毫米至 2 mm 之间。

b. 界面拉伸应力—应变关系为一曲线，且具有典型脆性材料的变形、破坏特点。即应力—应变曲线上没有明显的拐点。但应力—应变曲线反映了界面的屈服现象。即应力不变时，变形迅速增长。这说明界面又具有塑性材料的特点。

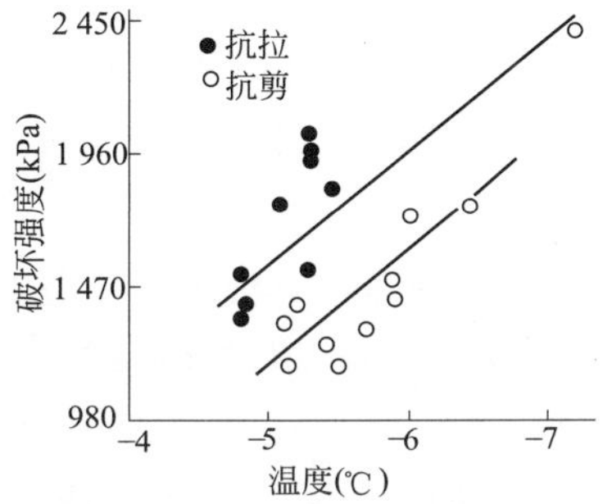

图 4-20　抗拉冻结强度与抗剪冻结强度的比较

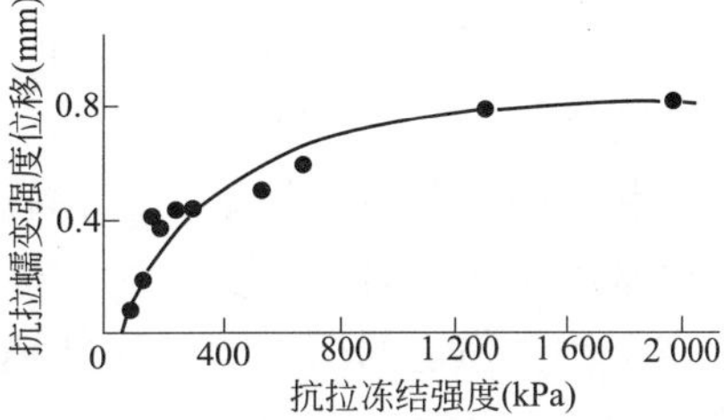

图 4-21　抗拉蠕变位移与冻结强度的关系

除上述特点外，界面抗拉冻结强度与抗剪冻结强度一样，与土体类型、含水率、温度、荷载作用时间及基础材质有关。具有以下规律。

c. 界面土体含水率不同时，其抗拉冻结强度不同。在含水率不超过土体流限时，抗拉冻结强度随含水率的增加而增大。

d. 界面土体类型的变化，将改变冻土与基础的联结特性。即改变着冻土与基础表面的冰胶黏联结数量和冰薄膜特性，从而使界面的抗拉冻结强度发生变化。从试样破坏后对界面的观察发现，不论是混凝土还是钢材，界面上总是存在一层薄冰膜，正是这一薄冰膜的特性，决定着界面的抗拉冻结强度特性。

试验得出如下结论：

a. 冻土与基础界面间的抗拉冻结强度与抗剪冻结强度是不相等的。据试验资料计算，前者较后者一般大 25% 左右。

b. 界面抗拉破坏具有脆性材料的特点，在相对变形很小时便产生破坏。且抗拉冻结强度不存在残余值。

c. 界面抗拉破坏蠕变位移值较小，其极限值约 0. 8 mm。

d. 在冻土基础稳定性检算中，如无抗拉冻结强度资料，用抗剪冻结强度代替抗拉冻结强度是偏于安全的。为简化计算和增大安全储备，各冻结界面均用抗剪强度进行检算是可行的。

（6）冻土地基的允许承载力

冻土地基的允许承载力，是指地基冻土的极限长期强度值（包括极限长期抗压强度和极限长期冻结强度），是由地基“载荷试验”或“极限应力状态理论”分析计算确定的冻土力学参数特征值，在前苏联的地基基础设计规范 CНиП 中，称为“计算强度”或“设计强度”。该规范规定：地基冻土的设计强度可按以下关系确定。

①设计强度应不大于起始临界强度（载荷试验时，起始临界荷载对应的地基强度）σ_{k0}，即：

$$\sigma_{设} \leqslant \sigma_{k0} \tag{4.58}$$

②设计强度应不超过极限临界强度（即破坏临界荷载对应的地基强度）σ_{kp}的某一百分数，即：

$$\sigma_{设} \leqslant k \times m \times \sigma_{kp} \tag{4.59}$$

式中　k、m——地基冻土的均质系数和工作条件系数。

对于岩质土，$km=0.5$；对于冻土，在按当量黏聚力（球模试验得到的冻土黏聚力）计算时，$km=0.6\sim0.7$；当同时考虑内摩擦力和黏聚力，且摩擦角 ϕ 值较大时，km 可以更小些（约 0.33）。

所谓起始临界荷载，是指在该荷载作用下，建筑物基础下的冻土不会出现危险的塑性流动，即地基冻土产生衰减蠕变。所谓极限临界荷载，是指荷载达到和超过该荷载时，地基冻土发生完全丧失稳定的渐进流动而破坏。

冻土的临界强度，也可通过土的极限应力状态理论，分析计算求得。在应力不太高（10 ~ 20 kg/cm^2）时，极限破坏抗剪强度与正压力的线性关系式，可作为冻土的极限应力状态方程，即：

$$\tau_{\Pi P} = P\tan\phi_{\theta t} + c_{\theta t} \tag{4.60}$$

式中　$\phi_{\theta t}$——冻土的内摩擦角，是温度和荷载作用时间的函数；

$c_{\theta t}$——冻土的黏聚力，与温度和荷载作用时间有关；

P——正压力，kg/cm^2。

如果 $c_{\theta t}$和 $\phi_{\theta t}$采用极限长期值，则冻土的设计临界强度 $\tau_{\Pi P}$为：

$$\tau_{\Pi P} = c_{长} + P\tan\phi_{长} \tag{4.61}$$

对于冻土，特别是冻结黏性土，在总抗剪强度中，黏聚力占主导地位。它比未冻土大 10 倍以上。对高温冻土，其内摩擦系数 $\tan\phi$，特别是在长期荷载作用下，数值是很小的。因此，对内摩擦角 $\phi<20°$左右的分散性冻土，可当作理想黏塑性材料，其摩擦阻力，在确定极限荷载时，可以忽略不计。在这种情况下，冻土地基的起始临界荷载 P_{ko}与极限临界荷载 P_{kp}，可根据地基冻土的球形压模试验资料，采用下面公式（条形均布荷载）计算确定：

地基冻土的起始临界荷载：

$$P_{ko} = \pi c_{长} \tag{4.62}$$

或

$$P_{ko} = \pi c_{长} + \gamma h \tag{4.63}$$

地基冻土的极限临界荷载：

$$P_{kp} = (\pi+2)c_{长} + \gamma h \tag{4.64}$$

按上面公式计算的临界荷载 P_{ko}，是冻土保持负温时，完全安全的荷载。其值接近于荷载与冻土沉降量间的“比例界限”。

表 4-39 列出了野外荷载试验得到的冻土极限临界荷载与按上面理论分析式计算的冻土极限临界荷载值。

表 4-39　冻土极限荷载试验值与理论分析计算值的比较

冻土类型	极限长期黏聚力 $c_{长}$（kg/cm^2）	极限临界荷载 P_{kp}（kg/cm^2）		备　注
		载荷试验值	理论计算值	
致密带状黏土	1.8	10.0	10.2	
带状黏土	1.8	9.0	10.2	
轻粉质黏砂土	1.0	5.3	5.7	
轻粉质黏砂土	1.2	6.0	6.8	
轻粉质黏砂土	1.2	6.3	6.8	
重粉质黏砂土	0.88	4.7	5.0	

从表 4-39 可以看出，冻土现场载荷试验结果与理论计算结果是十分接近的。

地基冻土的允许承载力，可参考以下几种方法确定：

①利用邻近地区的已有建筑物和建筑经验确定。

如果在新建地区附近有一些不同时期的建筑物，那么这些建筑物的状态和作用在基础底面的实际压应力，是确定地基允许承载力的最宝贵资料。可根据建筑地段的工程地质条件，综合分析确定其允许承载力。

②根据现场实测资料确定。

可用现场荷载试验资料，来定出地基冻土的比例界限或极限荷载，而后按上述方法确定其允许承载力。

③按建筑规范的规定确定。

冻土地基的允许承载力是温度和土体类型的函数。可查有关建筑规范所给出的允许承载力资料，来确定其允许承载力。

④用理论公式计算确定。

冻土地基的允许承载力，亦可按上述理论公式，计算出起始临界荷载或极限临界荷载后确定。

4.10　冻土融化下沉与压密特性

冻土融化时，体积减小，水分排出。但冻结形成的土体结构会有部分保持稳定，如层状和网格状构造冻土中，常常会长期留有冻结时形成的裂隙、空洞或其他缺陷。这些残留结构不会自行发生破坏，仅在外加荷载的影响下才会发生。冻土融化释放出的水会使黏土颗粒再水化，使黏土颗粒发生膨胀。

4.10.1　冻土融化时的下沉特性

冻土融化时，孔隙和矿物颗粒周围的冰融化，水分沿孔隙逐渐排出，土中孔隙尺寸减小，在土体自重作用下，土体孔隙率会发生跳跃式变化，这便是冻土的融化下沉特性。

图 4-22 给出了冻结砂土和冻结黏土融化过程的下沉和压缩特性曲线。从图 4-22 可以看出：无论何种类型冻土，其融化下沉与压缩下沉曲线的形状是完全相似的。曲线明显分为三段：冻结状态时，冻土在荷载作用下，体积是没有变化的（曲线与横坐标平行）；冻土融化后，虽然荷载不变，土体孔隙率也会发生跳跃式变化（曲线与纵坐标平行）；融化后的冻土（融土），荷载增加，土体孔隙率减小（曲线下降），其压缩曲线与一般融土一样。

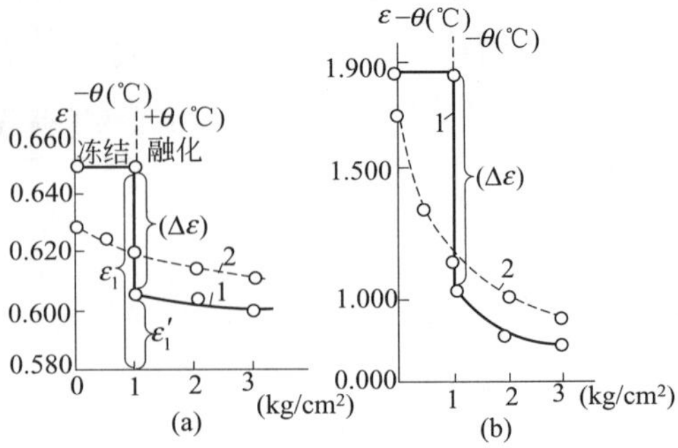

图 4-22　冻结砂（a）和黏土（b）的融化、压缩曲线

1—冻土融化时；2—未冻土（正温下）

冻土融化过程中，在 0. 1 kg/cm^2 应力（土自重）作用下，产生的下沉，用融化下沉系数 A_0 来描述：

$$A_0 = \frac{\Delta h}{h} \tag{4.65}$$

式中　A_0——冻土的融化下沉系数，其值与冻土的类型有关；

Δh——土样在 0. 1 kg/cm^2 应力下，融化后的下沉量，cm；

h——土样高度，cm。

一般情况下，细颗粒冻土的 A_0 值较粗颗粒冻土大；高含冰量冻土的 A_0 值较低含冰量冻土大。

4. 10. 2　融化冻土的压缩下沉特性

土承受压力后，土颗粒会作不规则的移动，去填充土中的孔隙，使土的体积减小，这种变形便是土的压缩性。压缩性是土的重要力学性质。如果忽略土颗粒本身的变形，则土受压后体积的减小就是土孔隙体积的减小。融化后的冻土与融土并无区别，其压缩变形过程与融土一样（图 4-22）。

冻土融化后，在荷载作用下产生的下沉，称为融化压缩下沉，用融化压缩系数 a_0 来描述：

$$a_0 = \frac{(S_{n+1} - S_n) \div h}{P_{n+1} - P_n} \tag{4.66}$$

式中　S_{n+1}、S_n——P_{n+1}、P_n 级荷载下的变形量，cm；

P_{n+1}、P_n——$n+1$ 和 n 级荷载，kg/cm^2。

冻土融化压缩系数 a_0 较之普通融土的压缩系数要大得多。

4. 10. 3　影响冻土融化下沉与压密特性的因素

在一维课题条件下，冻土层融化、压缩下沉总量可认为由两部分组成：由与外荷载无关的融化下沉量和与外压力成正比的压密下沉量组成，用下面公式计算：

$$S = A_0 h + a_0 h P \tag{4.67}$$

式中　P——作用于融化土层上的荷载应力。

影响冻土融化下沉与压缩特性的因素较多，其中主要的是冻土的岩性成分含冰程度和冻土构造。即冻土融化下沉系数与压密下沉系数的大小，主要取决于冻土的总含水率及冻土密度。一般来说，含水率大，A_0 与 a_0 都大；干容重大，A_0 与 a_0 都小。

从工程角度考虑，地基冻土的融化下沉系数在 0 ~ 1% 范围内时，地基土的微弱沉降不会引起建筑物的变形，超过此界限之后，融化过程可能引起建筑物的沉降。对应这个变形界限（0 ~ 1%）的冻土含水率，称为地基冻土的"起始融沉含水率"。

试验表明，当冻结黏性土的含水率小于或等于塑限含水率时，在融化过程中，产生的融化下沉一般小于 1%，并且土体将出现微小的热膨胀；当超过塑限含水率后，冻土融化时，就会产生较大的融化下沉。

黏性土的起始融沉含水率（ω_0），略大于其塑限含水率（ω_P）。粗颗粒土的起始融沉含水率，约在 10% 左右，依粗颗粒土中的粉、黏粒含量的多少而定。当粉、黏粒含量多时，其值较大；含量少时，其值较小。

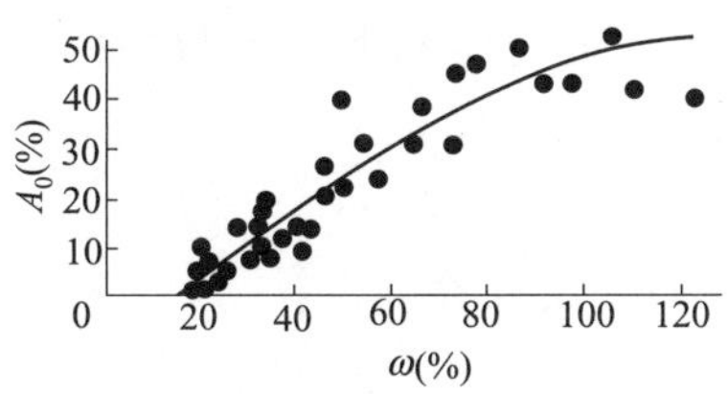

图 4-23　融化下沉系数 A_0 与含水率 ω 的关系

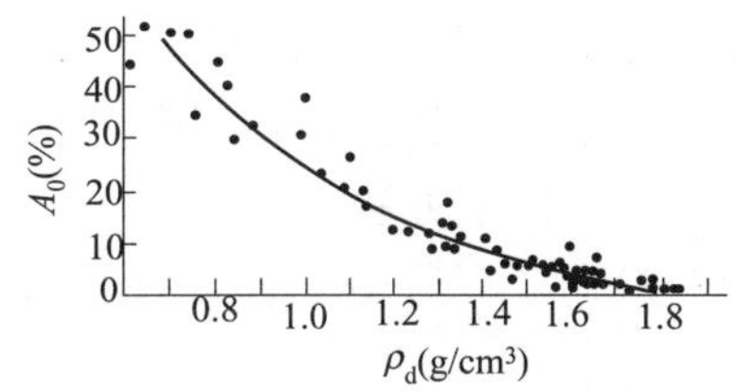

图 4-24　融化下沉系数 A_0 与干容重 ρ_d 的关系（风火山砂黏土）

无论是细颗粒冻土，还是粗颗粒冻土，当其含水率超过起始融沉含水率后，它们的融化下沉系数，都是随其含水率的增加而增大，如图 4-23 所示。冻土的融化下沉系数（A_0）与冻土的干密度（ρ_d）关系密切。当冻土的孔隙比小于某一数值时，冻土在融化过程不会出现下沉现象（或者融化下沉系数小于 1%）。此时的土体密度称为"起始融沉干密度 ρ_{d0}"。

试验表明，当冻土的干密度小于起始融沉干密度 ρ_{d0} 时，冻土融化下沉系数随干密度的减小而增大，如图 4-24 所示。

不同颗粒成分的土，在冻结过程中的水分迁移特性不同，因而，形成的冻土构造不同，故融化下沉和压缩下沉特性不同。细颗粒土（特别是粉质土、砂黏土等）在冻结过程中，水分向冻结锋面强烈迁移，形成薄层状、厚层状构造冻土，融化时，其融化下沉系数较大；粗颗粒土（含一定细颗粒土）冻结时，水分迁移较为复杂，往往形成整体构造、网状构造冻土，融化时，其融化下沉系数较小。

在有效融沉含水率（$\omega - \omega_0$）相同情况下，粉质砂黏土、粉质黏土的融化下沉系数最大；其次是重黏土；砾石土融化下沉系数最小，如图 4-25 所示。

粗颗粒土的水分迁移能力取决于它的粉、黏粒含量。在充分饱水条件下，粗颗粒土的融化下沉系数随着粉、黏粒含量的增加而增大，如图 4-26 所示。从图可以看出：当粗颗粒土的粉、黏粒含量小于 12% 时，融化下沉系数的增长较为缓慢，且其最大值不超过 4%；当粉、黏粒含量超过 12% 后，融化下沉系数急剧增长；粉、黏粒含量达 25% 时，融化下沉系数可达 15% 以上。

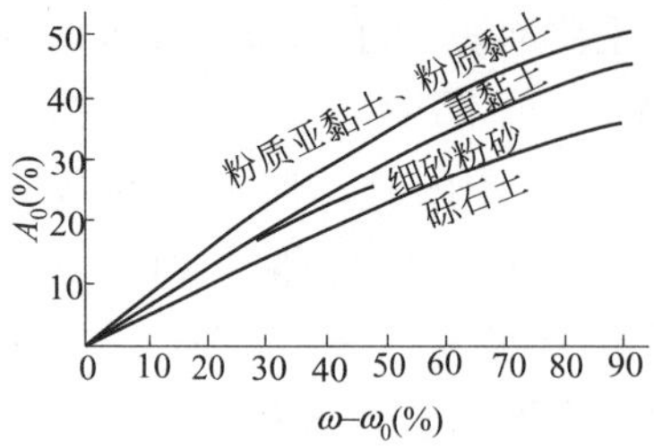

图 4-25　不同土质冻土的融沉性比较

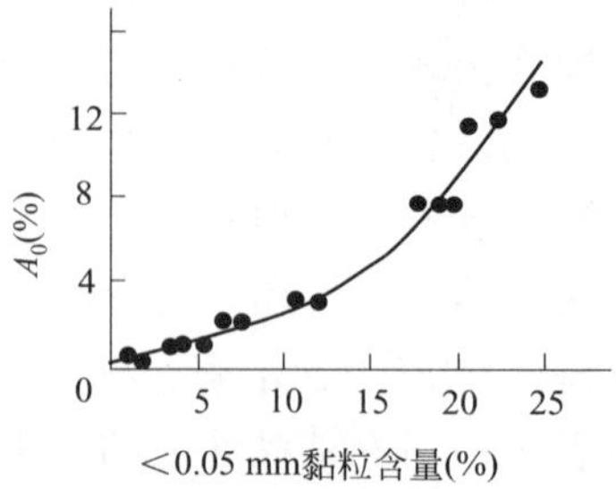

图 4-26　砾石土融化下沉系数与粉、黏粒含量的关系

4.10.4　冻土融化下沉系数与融化压缩系数的确定

冻土融化下沉和压缩特性参数，是多年冻土地区地基基础设计不可缺少的岩土参数。在《冻土地区建筑地基基础设计规范》中规定：冻土的融化下沉与压缩下沉系数，应通过现场试验确定。在无条件进行现场试验时，可按下面方法通过计算确定。

（1）A_0 的确定方法

①根据冻土（不包括含土冰层）的总含水率，用下面公式计算确定：

$$A_0 = K_1(\omega - \omega_0) \tag{4.68}$$

式中　K_1——经验系数，按表 4-40 确定；

ω——冻土的总含水率；

$(\omega - \omega_0)$——冻土的有效融沉含水率；

ω_0——起始融沉含水率；可参考表 4-40 确定。对于黏性土，亦可根据塑限含水率 ω_P，用下式计算确定：

$$\omega_0 = 5 + 0.8\omega_p \tag{4.69}$$

表 4-40　K_1、ω_0 值

计算参数	砾石、碎石土*	砂类土	粉土、粉质黏土	黏土
K_1	0.50	0.60	0.70	0.60
ω_0(%)	11.0	13.0	17.0	22.0

注：1. * 对粉、黏粒（粒径小于 0.074 mm）含量 <15% 的粗颗粒土，K_1 值取 0.40。

2. 按公式(4.69) 计算的 ω_0 值与表 4-40 中所列值不同时，取小值。

②根据冻土（不包括含土冰层）的干容重 ρ_d，用下面公式计算确定：

$$A_0 = K_2 \frac{\rho_{d0} - \rho_d}{\rho_d} \tag{4.70}$$

式中　K_2——经验系数，由表 4-41 确定。

ρ_{d0}——起始融沉干容重，g/cm³；大致相当于或略大于最佳干容重。无试验资料时，可按表 4-41 取值。

表 4-41　K_2、ρ_{d0} 值

计算参数	砾石、碎石土*	砂类土	黏性土	重黏土
K_2	46	49	52	58
ρ_{d0}（g/cm^3）	17.0	20.0	24.0	20.0

注：* 对粉、黏粒（粒径小于 0.074 mm）含量 <15% 的粗颗粒土，K_2 取 20，ρ_{d0}取 2.0 g/cm^3。

在野外勘察时，一般要求同时测定冻土的总含水率 ω 和干容重 ρ_d，分别用 ω 和 ρ_d 计算 A_0，若两种计算结果不一致，取大者。

（2）a_0 的确定方法

各类冻土融化后的压缩系数 a_0 值，可按表 4-42 确定。

表 4-42　各类冻土融化后的压缩系数 a_0 值

土质及应力 σ（kg/cm^2） 干容重 ρ_d（g/cm^3）	砾石、碎石土（σ = 0.1 ~ 1.1）	砂类土（σ = 0.1 ~ 1.1）	黏性土（σ = 0.1 ~ 1.1）	草皮（σ = 0.1 ~ 1.1）
2.1	0			
2.0	0.010			
1.9	0.020	0	0	
1.8	0.030	0.012	0.015	
1.7	0.030	0.024	0.030	
1.6	0.040	0.036	0.045	
1.5	0.040	0.048	0.060	
1.4	0.040	0.048	0.075	
1.3	0.030	0.048	0.075	0.040
1.2	0.030	0.048	0.070	0.045
1.1	0.025	0.040	0.070	0.060
1.0	0.025	0.035	0.060	0.075
0.9	0.020	0.030	0.060	0.090
0.8		0.025	0.050	0.105
0.7			0.050	0.120
0.6			0.040	0.135
0.5				0.150
0.4				0.165

4.10.5　地基多年冻土的融沉性评价

根据国标《冻土工程地质勘察规范》（GB 50324—2001），按冻土的总含水率（冻土类型）和平均融沉系数，多年冻土的融沉性可分为五级：不融沉、弱融沉、融沉、强融沉、融陷（表 4-43）。

表 4-43　多年冻土融化时的融沉性分级

土的类别	总含水率 ω_A(%)	平均融沉系数 δ_0(%)	融沉性等级及类别	冻土类型
粉黏粒含量≤15%的粗颗粒土（包括碎石类土，砾、粗、中砂，以下同）	$\omega_A<10$	≤1	Ⅰ级不融沉	少冰冻土
粉黏粒含量>15%的粗颗粒土	$\omega_A<12$			
细砂、粉砂	$\omega_A<14$			
粉土	$\omega_A<17$			
黏性土	$\omega_A<\omega_P$			
粉黏粒含量≤15%的粗颗粒土	$10\leqslant\omega_A<15$	$1<\delta_0\leqslant3$	Ⅱ级弱融沉	多冰冻土
粉黏粒含量>15%的粗颗粒土	$12\leqslant\omega_A<15$			
细砂、粉砂	$14\leqslant\omega_A<18$			
粉土	$17\leqslant\omega_A<21$			
黏性土	$\omega_P\leqslant\omega_A<\omega_P+4$			
粉黏粒含量≤15%的粗颗粒土	$15\leqslant\omega_A<25$	$3<\delta_0\leqslant10$	Ⅲ级融沉	富冰冻土
粉黏粒含量>15%的粗颗粒土				
细砂、粉砂	$18\leqslant\omega_A<28$			
粉土	$21\leqslant\omega_A<32$			
黏性土	$\omega_P+4\leqslant\omega_A<\omega_P+15$			
粉黏粒含量≤15%的粗颗粒土	$25\leqslant\omega_A<44$	$10<\delta_0\leqslant25$	Ⅳ级强融沉	饱冰冻土
粉黏粒含量>15%的粗颗粒土				
细砂、粉砂				
粉土	$32\leqslant\omega_A<44$			
黏性土	$\omega_P+15\leqslant\omega_A<\omega_P+35$			
碎石类土、砂类土、粉土	≥44	>25	Ⅴ级融陷	含土冰层
黏性土	$\geqslant\omega_P+35$			

注：①总含水率为冰和未冻水的总质量与土骨架质量之比；

②ω_p—塑限含水率；

③盐渍化冻土、泥炭化冻土、腐殖土、高塑性黏土不在表列。

4.11　土冻结过程特性与冻胀防治

当环境温度降至土的冻结起始温度时，土中水分开始结晶，土体开始冻结。水冻结时的体积膨胀，引起土颗粒的相对位移，使土的体积发生膨胀，即冻胀。冻胀受到约束时，将产生冻胀力。冻胀和冻胀力是土体冻结过程出现的特殊物理、力学现象。

土体冻结过程开始后，土中的冻土与融土分界面，称为冻结峰面，或称冻结缘。

黏性土冻结时，不仅原位置的水会结冰膨胀，而且在渗透力（抽吸力）作用下，水分将从未冻结区向冻结锋面转移，并在那里结晶膨胀。水分向冻结锋面的迁移和冻结，是土体产生强烈冻胀的直接原因。

按土体冻结过程中水分补给来源不同，冻胀可分为封闭系统冻胀和开敞系统冻胀。封闭系统冻胀是指无外来水源补给的冻胀。在封闭系统土体冻结过程中，仅在系统内产生水分的重分布。开敞系统冻胀是指在土体冻结过程中，有外来水源补给的冻胀。

土的冻胀特性，与土体类型、含水率，冻结速度、水源补给条件等有关。冻结过程的水分迁移与冻结速度有着密切关系。对于黏性土来说，当冻结峰面较长时间停留在某一位置时，土中水分有充分时间向冻结峰面聚集、冻结，形成厚层状或透镜状冰体，土体发生严重冻胀。但冻结速度很快时，土中水分来不及转移，就在原地冻结，形成整体结构冻土，这时冻胀就较轻微，有时甚至不出现冻胀。

4.11.1　土冻结时的水分重分布现象

试验和实践表明，冻结土层中水分沿深度的分布是不均匀的。即土层经冻结过程后，其中的水分会发生重新分布。这种水分重分布现象的产生是由于土体冻结过程中，土中物理和物理化学平衡被打破，水分向冻结锋面迁移和冻结所致。即水分向冻结锋面的迁移和冻结，是土中水分发生重分布的原因。

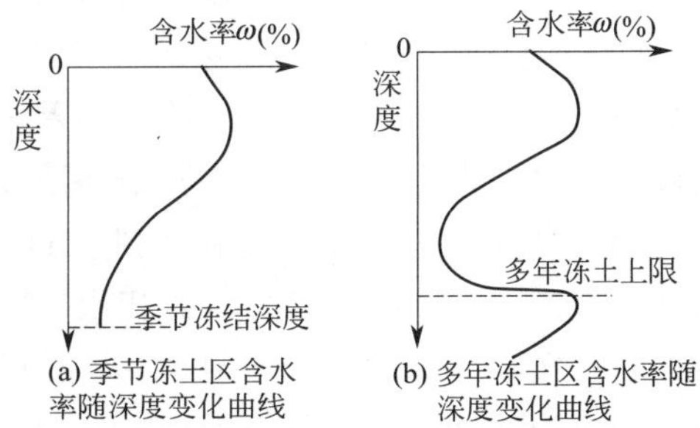

图 4-27　季节冻土和多年冻土活动层含水率沿深度的分布

黏性土冻结时，由于水分向冻结锋面迁移，土层上部含水率增大，下部含水率明显减小。而砂土冻结时，其中的自由水，会在压力梯度作用下，离开冻结锋面向下迁移。故砂土冻结后，表层部分常常脱水，而下部土体的含水率却相应增大。图 4-27 为季节冻土区和多年冻土区，黏性土活动层冻结后，冻土层中水分沿深度的分布曲线。

从图 4-27 可以看出：在季节冻土区，冻结活动层中土的含水率上部大，下部小；在多年冻土区，冻土层含水率沿深度的分布与季节冻土区相似，但在上限附近，含水率有所增加，呈“K”形分布。这是由于多年冻土上活动层的冻结是从上、下两个方向进行的。冻结过程中，水分向上、下两个锋面迁移，因此，冻结活动层中含水率呈“K”形分布。

图 4-27 中，表面层含水率较小的原因，是因为最表层直接与冷空气接触，冷却速度较快，水分向冻结前缘迁移历时相对较短，加上表面层冰的升华作用也较强烈，因此，表面层的含水率相对较小。

4.11.2　土冻结过程中的水分迁移

大量试验表明：正在冻结的土体和已经冻结的土中都存在水分迁移。

正在冻结和已冻结的土中，可有以下三种形式的水分迁移：①汽态水迁移；②液态水迁移；③固态水迁移。

汽态水和液态水迁移是正在冻结的土体中水分迁移的主要形式，而固态水迁移是指冻土中冰的一种塑黏性流动。

土体冻结过程中，水分向冻结锋面的迁移，已为试验和工程实践所证明。产生的基本原因是：外部作用条件的改变，打破了土中的物理（温度、压力、含水率）和物理-化学（矿物颗粒表面能、薄膜水中水分子活动性等）平衡，从而，引起土中水分的转移。一般认为，汽态水的迁移是在压力差作用下进行的。而液态水的迁移是在压力差或分子吸附—薄膜力或毛细吸力等作用下进行的。

解释水分迁移的理论较多，归纳起来有以下几种。

（1）压力差理论：认为土体在冻结时，形成一个封闭系统，并产生压力，水分将由压力高处向低处迁移。这种理论一般只适用于饱水的砂土。当饱水的砂土冻结时，由于水冻结成冰体积增大，产生压力，使水分自冻结面挤向压力较小的方向。这时，冻结层中含水率反而降低。

（2）薄膜水迁移机理：如前所述，土颗粒表面被水膜包围，由于颗粒的电分子引力的作用，最接近颗粒表面的水受到的吸力最大，为强结合水，外层则为弱结合水。当外层弱结合水部分冻结时，水膜厚度减薄，相邻水膜之间便产生吸附力梯度，即产生一种抽吸力。受吸力较小的水膜，便向受吸力较大的水膜处迁移，并附着在冰晶上冻结，这便是薄膜水迁移理论。

（3）毛细水分迁移机理：认为土冻结时，土中水分的迁移，是由于悬挂于土中的毛细水源源不断地供给增长着的冰夹层所致。

（4）渗透压力差水分迁移机理：认为渗透力是水分迁移的决定因素。由于矿物颗粒外的水膜一部分冻结，产生了渗透压力差，在它的作用下，溶液浓度较小部分的水，即下卧层颗粒水膜内尚未冻结的水，向冻结面浓度较大水膜方向迁移。

（5）化学潜能差水分迁移机理：这是对土中水分迁移现象的一种物理—化学解释。根据这种理论，土中的水可分成界相水、附界相水和容积水。认为界相水和附界相水与颗粒表面之间存在着化学潜能。土中水分迁移的动力，就是这种化学潜能梯度。而化学潜能具有矿物表面能的特性，决定着土中化学和物理—化学过程的范围和强度。

土冻结时的分凝成冰作用、冷生组构形成和冻胀过程都是与水分迁移紧密相联的。

水分迁移是土体冻结过程中的主要现象。水分迁移对冻土结构、构造、冻胀及冻胀力的产生和发展有重要影响。

正冻土中的水分迁移具有以下特点。

（1）粗砂冻结时，砂中所含水分从冻结锋面挤向未冻砂层中，即水分从冻结锋面被挤出；

（2）分散性黏性土冻结时，未冻黏性土中水分向冻结锋面迁移；

（3）开敞系统冻结时，大量外来水分向冻结锋面的迁移补给，使析冰作用强烈，土体冻胀最严重；

（4）封闭系统冻结时，土中水分产生重分布，在土中形成“丰水带”和“贫水带”。

在冻土中，未冻结的薄膜水，在土颗粒电分子引力等作用下，会从厚度较大的地方移向较薄处，即在冻土中亦存在未冻水的迁移。

4.11.3 土的冻胀与特性

（1）土的冻胀特性

寒季，地表活动层的冻结过程是随时间而发展的。随着冻深的增加，地表的冻胀量逐渐增长，活动层全部冻结时，冻胀达最大值。图 4-28 为多年冻土地区和季节冻土地区活动层的冻结过程曲线和地表冻胀发展过程曲线。从图4-28 可以看出，在多年冻土地区，10 月初，活动层开始稳定冻结，地表开始冻胀，随着冻深的增加，地表冻胀量增大，至11月底，活动层冻透，地表冻胀量达最大值。在暖季来临的4月中，活动层开始融化，地表开始下沉变形，至9月初，寒季产生的地表冻胀变形全部消失，地表面回到平衡位置。季节冻土区活动层的冻结过程曲线与地表冻胀的发展过程曲线与多年冻土地区基本相似。

土体冻结过程的冻胀，可分为“原位冻胀”和“分凝冻胀”。土体内孔隙水原位冻结，其体积增加9%，使土颗粒产生位移，称为原位冻胀；外来水源补给的水分在冻结锋面的冻结，引起的土体体积膨胀量为迁移水量体积的1.09%，称为“分凝冻胀”。

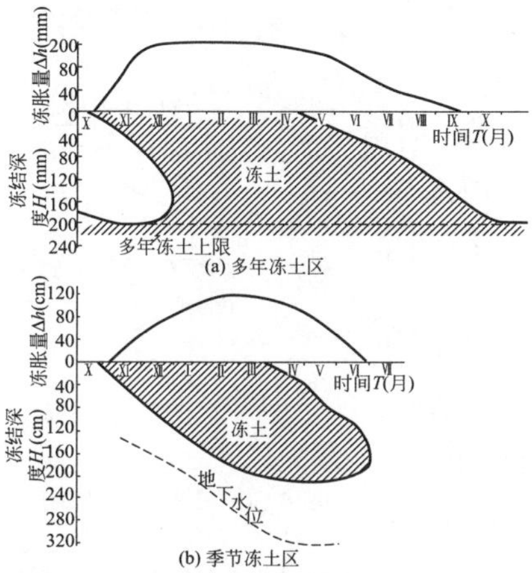

图4-28　土体冻结和冻胀过程曲线

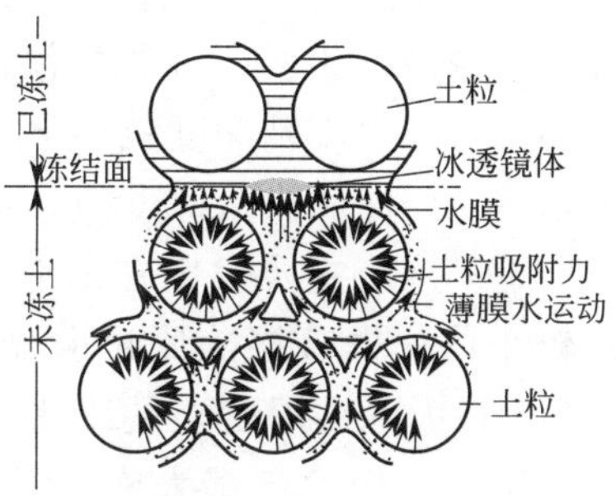

图4-29　土冻结时的水分迁移和冻胀

冻结缘水分的冻结，使冻结缘未冻融土孔隙中出现真空负压，冻结缘下融土中的水分，在冻结缘土颗粒电分子引力、冰晶体吸附力和空隙真空负压等作用下，被抽吸到冻结缘冻结，形成冰晶体、冰透镜体、冰夹层等（图4-29）。在开敞系统条件下，外来水源补给冻结锋面形成冰聚合体的分凝冻胀，是开敞系统土体冻胀量的主要部分。

冻胀量是指土体冻后体积与冻前体积之差，即：

$$\Delta V = V_2 - V_1 \tag{4.71}$$

式中　ΔV——冻胀量，m^3；

V_2——土冻后体积，m^3；

V_1——土冻前体积，m^3。

在天然条件下，单向冻结时，冻胀量可用下式计算：

$$\Delta H = H_2 - H_1 \tag{4.72}$$

式中　ΔH——冻胀量，cm；

H_1——冻前土柱高度，cm；

H_2——冻后土柱高度，cm。

考虑水分迁移时，土的总冻胀量可用下面公式计算：

$$\Delta H = 0.09\omega \cdot \gamma_d \cdot h \cdot i + 1.09Q \tag{4.73}$$

式中　ω——土的原始含水率；

γ_d——土的干容重；

h——冻结深度；

i——相对含冰量；

Q——为由下卧融土层迁移入冻结土层的水率。

天然条件下，土的冻胀率可用下式计算：

$$\eta = \frac{\Delta H}{H_1} \times 100\% \tag{4.74}$$

冻胀率沿深度的分布如图4-30所示。由图4-30可以看出：冻胀率沿冻结深度的分布是不均匀的。在多年冻土地区，活动层上部冻胀率大，往下迅速减小，至上限附近冻胀率又有所增加，呈“K”形分布（图4-30(a)）。在季节冻土区，冻胀率沿深度的分布是上部大，往下迅速减小，至最大冻结深度减小至零（图4-30(b)）。冻胀率的这种分布特点与冻胀量沿深度的分布是相似的。

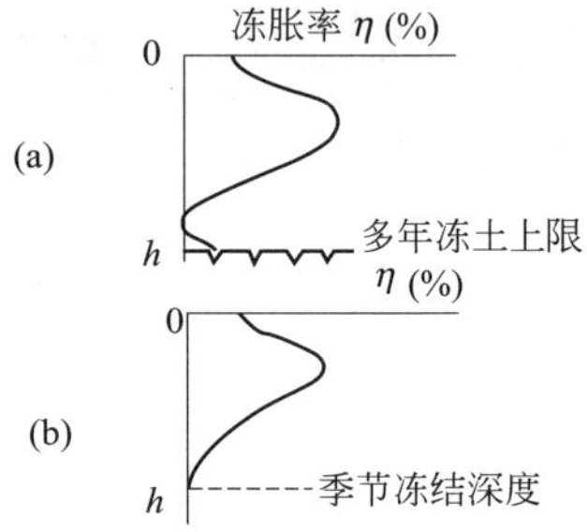

图4-30　冻胀率沿深度分布

活动层土的冻胀主要发生在上部，下部土层冻结产生的冻胀是相对较小的。据分层冻胀试验观测资料：活动层冻结时，上部层（1/3最大冻结深度）的冻胀量约占总冻胀量的30%～36%；中间层（1/3～2/3最大冻结深度）的冻胀量约占50%～53%；下部层（下1/3冻结层）约占10%～16%。一般来说，在冻结土层达最大冻结深度的50%～70%时，其冻胀量约占总冻胀量的80%～90%。因此，可以将冻结的活动土层划分出“强冻胀带”和“弱冻胀带”。在冻土工程界，常将地表下1/2～2/3（无地下水补给情况）最大冻结深度的土层称为“主冻胀带”。

综上所示，多年冻土区和季节冻土区活动层的冻胀具有以下特点：

①最大冻胀量和最大冻胀率不是出现在冻结土体表层，而是在其表面稍下的位置；

②在整个冻结深度范围内，存在一个主冻胀带。绝大部分冻胀量发生在主冻胀带；

③冻结土层下部存在一弱冻胀、甚至无冻胀的区域（特别是在无地下水补给的季节冻土区，更是如此）；

④在多年冻土分布地区，多年冻土上限附近将出现一定数量的冻胀。

（2）影响土冻胀的因素

试验研究表明：土的颗粒组成、矿物成分、水分状态、水源补给条件、冻结条件、外荷载作用及交换阳离子成分和数量等，都对土体的冻胀有重要影响。

①土的颗粒组成对冻胀的影响

试验研究表明，土的冻胀特性，与土的颗粒组成有密切关系。在一般情况下，粗颗粒土冻胀性小，甚至不冻胀；而细颗粒土一般冻胀较大。即：土的冻胀性具有随土颗粒粒径的减小而增大的特性。冻胀与土颗粒的粒径有如下关系：

a. 颗粒粒径大于0.1 mm时，水分背离冻结锋面迁移，土的冻胀系数一般都小于0.2%（主要是土中孔隙水冻结引起的冻胀）。

b. 颗粒粒径为0.1～0.02 mm时，水分向冻结峰面迁移，形成薄层状冰。冻胀率一般在0.5%～2%。

c. 颗粒粒径为 0.02～0.002 mm 时，水分向冻结锋面迁移强烈，可形成厚层冰或冰透镜体，冻胀率一般超过3%。如有外界水源补给时，冻胀率可达10%以上。

d. 颗粒粒径小于 0.002 mm 后，由于黏土颗粒的巨大表面能，土中水分被土颗粒强烈吸附，成为土颗粒表面的强结合水和弱结合水。这种水迁移困难，因而，冻结期间的水分迁移量减小，冻胀性减弱。

粗颗粒渗水土（砂土、碎石土、砾石土、卵石土）是一种冻胀不敏感的土体。但粗颗粒土随着其中细颗粒土含量的增加，渗透性减弱，冻胀性增大。粗颗粒土的冻胀性与其粉、黏粒（粒径 0.075 mm 以下颗粒）含量的关系如图4-31所示。

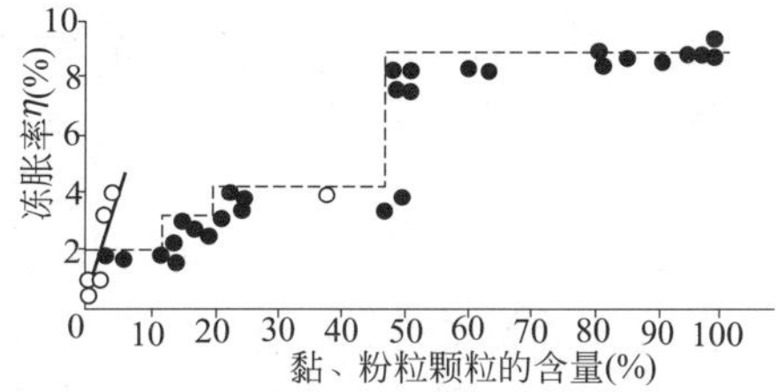

不同粒径颗粒含量对粗颗粒土冻胀性的影响

○ 颗粒粒径 <0.05 mm；● 颗粒粒径为 0.05～0.005 mm；× 颗粒粒径为 0.1～0.05 mm

图4-31　粗颗粒土冻胀率与粉、黏粒含量的关系

据试验研究资料：粗颗粒土中，若粉、黏粒含量不大于5%，则这种粗颗粒土一般不会产生冻胀；含量不大于12%时，冻胀率约为2%；含量不大于30%时，冻胀率一般不大于4%，属于弱冻胀性土（图4-31）。

②土的矿物成分对冻胀的影响

土颗粒的矿物成分对土的冻胀性有重要影响。

黏土颗粒是细颗粒土的主要颗粒成分。试验研究表明，黏土颗粒的矿物成分、吸附容量和离子交换能力，对土的冻胀有着重要影响。

黏土矿物呈片状、层状构造。常见的黏土矿物有蒙脱石、水云母和高岭石。

蒙脱石具有较高的离子交换能力和较强的吸附能力，能够牢固地吸附大量水分，导致冻结过程中水分迁移量减少，从而使土的冻胀性减弱。

高岭石晶格连接力强，不允许水分子进入晶胞。它的离子交换能力很弱，一般不到蒙脱土离子交换能力的10%。但高岭石的亲水性较小，因而，其表面的可移动水膜较厚，故含高岭石的黏性土冻胀性较大。

水云母的吸附和离子交换性能介于上述两者之间。

对于砂性土和粗碎屑土来说，颗粒的矿物成分对冻胀没有影响。因为它们在冻结过程中，水分迁移方向是背离冻结缘的。即土在冻结过程中，处于排水状态。

③土密度对冻胀的影响

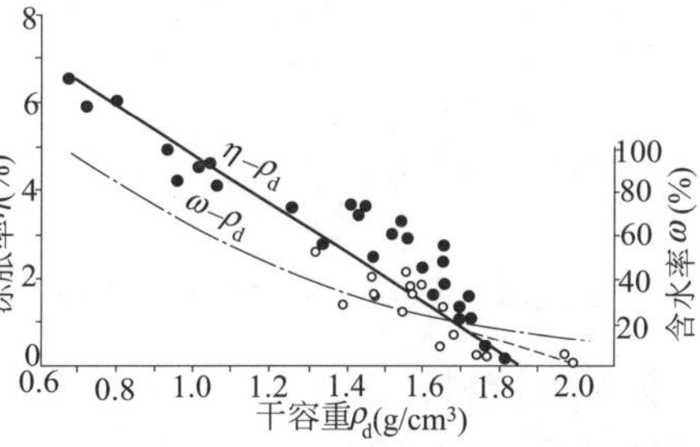

平均饱和度S_r＞90%时土体冻胀系数与密度之间的关系

●黏土,亚黏土　○亚砂土

图4-32　黏性土的冻胀率与干密度的关系

对于同一土质，土的干密度增大，孔隙率减小，在相同饱和度条件下，含水率减小，故土的冻胀性减小。即土的冻胀率具有随土体密度增大而减小的特性，如图4-32所示。

土冻胀率与土干密度的关系，可近似地用下面线性方程来描述：

$$\eta = 9.666 - 4.928\rho_d \tag{4.75}$$

在土的密度、含水状况、冻结速率大致相似的条件下，各类土体的冻胀性可大致按以下顺序排列。

黏砂土 > 砂黏土 > 黏土 > 粗颗粒土

④ 土体含水率对土冻胀的影响

地基土体的含水率总是周期性变化的。引起土体含水率变化的原因主要是大气降水的渗透。影响土体冻胀特性的含水率是土的冻前含水率。

试验表明，并非所有含水的土体都产生冻胀，只有当土体含水率超过一定界限值时，土才出现冻胀，通常将此界限含水率称为“起始冻胀含水率”。也就是说，土的冻胀是由土中的“有效冻胀含水率”引起的。

当土体密度一定时，黏性土的起始冻胀含水率（ω_0）与它的塑限含水率（ω_P）存在下面关系：

$$\omega_0 = a\omega_P \tag{4.76}$$

据试验资料统计，a 值在 0.71 ~ 0.86 之间，可取 a = 0.8。

应该指出，当土体密度不同时，起始冻胀含水率也随之变化。

试验表明，在无外界水源补给的封闭体系统，土体干密度为 1.5 ~ 1.7 g/cm^3 的条件下，细颗粒土的冻胀系数随含水率的增加而增大，最终趋于某一稳定值（图 4-33）。

土体冻胀率 η 与有效冻胀含水率（$\omega - \omega_0$）之间的关系可用下面经验公式表示：

$$\eta = k(\omega - \omega_0)^n \tag{4.77}$$

式中　ω——秋末土体的平均含水率，%；

n，k——试验常数。

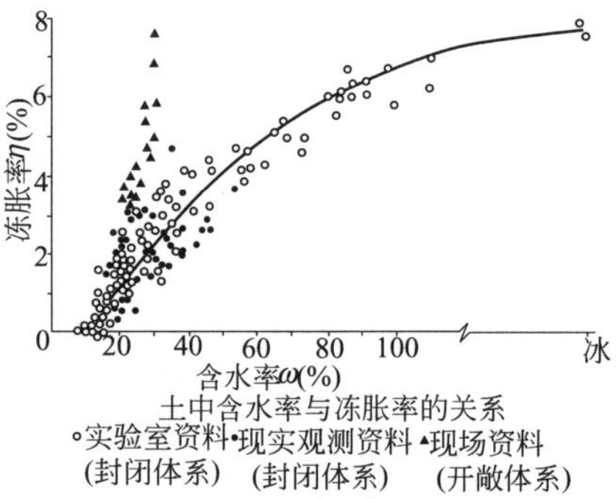

图 4-33　土冻胀系数与土体含水率的关系

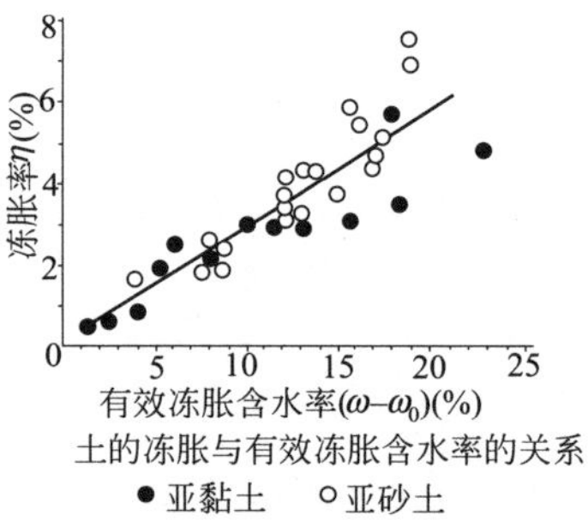

图 4-34　土冻胀与有效冻胀含水率的关系

据有关试验资料：细粒土的含水率在液限含水率 ω_t + 17 范围内时，冻胀率与有效冻胀含水率间的关系（图 4-34），可近似用下面线性方程来表示：

$$\eta = 0.277(\omega - \omega_0) \tag{4.78}$$

粗粒土的冻胀性具有随土的饱和度（S_r）增大而增加的特性，如图 4-35 所示。

外界水源补给对土冻胀性的影响是十分明显的，图 4-36 给出了有水源补给的开敞系统和无水源补给的封闭系统条件下，土的冻胀率随时间发展的过程曲线。

从图 4-36 可以看出，在有水源补给时，土的冻胀率随时间迅速发展，曲线急剧上升，至 150 h 时，其冻胀率高达 40% 以上；而在无水源补给条件下，土的冻胀率却始终保持在 5% 左右。两者差别是巨大的。

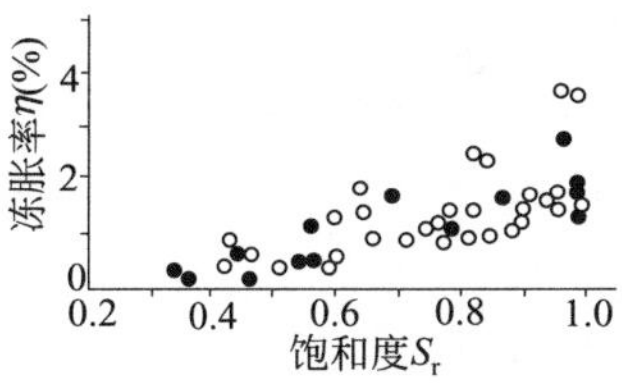

图 4-35　粗颗粒土冻胀率与饱和度的关系

● 粒径小于 0.05 mm，颗粒含量小于 12%

○ 粒径小于 0.05 mm，颗粒含量大于 12%

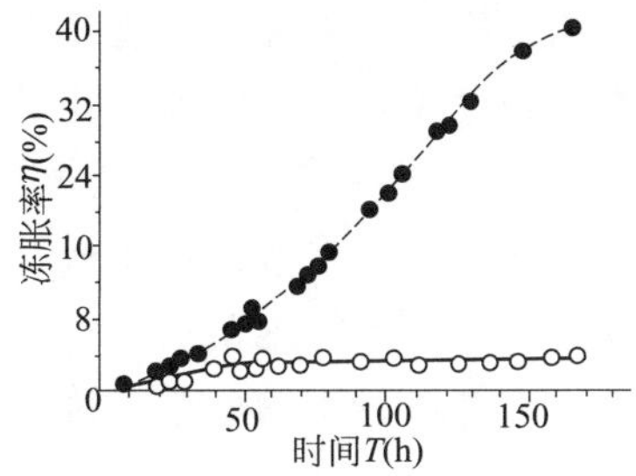

图 4-36　水补给条件对土冻胀性的影响

○ 无水源补给，土体初始含水率 $\omega=23.7\%$

● 有水源补给，土体初始含水率 $\omega=21.1$

在有地下水存在的野外条件下，土的冻胀率与地下水位距冻结锋面的距离密切相关。具有随该距离增大而呈指数规律衰减的特性。

一般来说，地下水是否能补给冻结锋面，是由土的毛细上升高度决定的。在冻土工程界，常按地下水位以上土的毛细上升高度，来确定地下水对土体冻胀的影响。当地下水位埋深小于土的毛细上升高度时，地下水将参与土的冻结过程。各种土的毛细上升高度为：砂性土 1.0～1.5 m，黏性土 2.0～2.5 m。地下水位埋深超过此界线值时，可不考虑地下水对冻胀的影响。

⑤冻结速度对土冻胀性的影响

冻结速度即冻结锋面的移动速度。冻结锋面的移动速度对土冻结过程的水分迁移和冻土组构的形成有重要影响。冻结速度快，土中水分来不及迁移，形成整体构造冻土，冻胀一般较轻微。冻结速度慢时，形成层状、网状构造冻土，一般冻胀较严重。

在有外界水源补给的开敞系统中，土体冻结过程中的吸、排水量是影响土体冻胀性大小的直接因素。在附加荷载较小时，土体冻结过程处于吸水状态；当荷载压力大于孔隙水抽吸压力时，则出现排水现象。

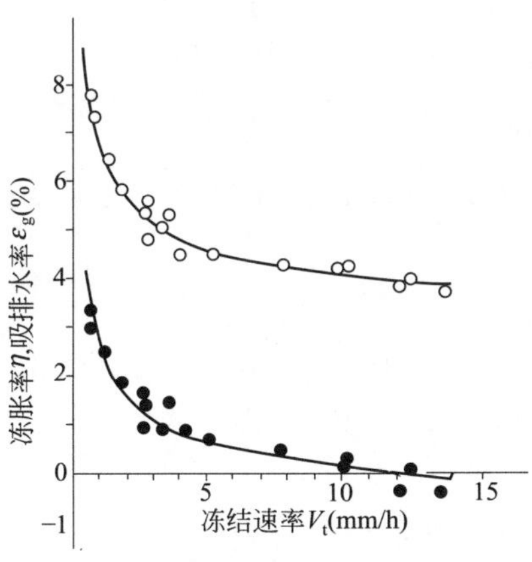

图 4-37　土的冻胀率、吸排水率与冻结速度的关系

○ 冻胀率；● 吸、排水率

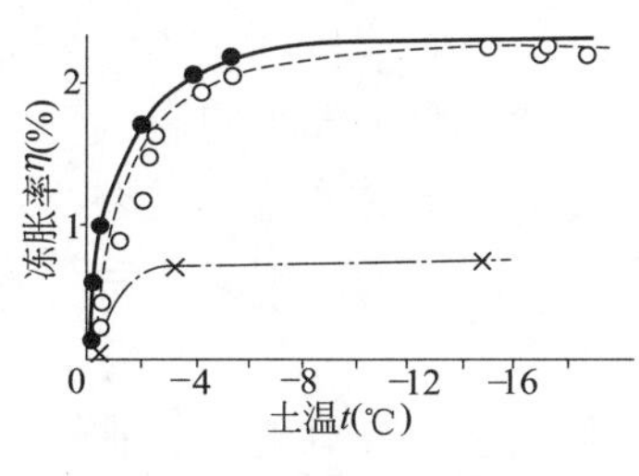

图 4-38　土的冻胀率与冻土温度的关系

● 砂黏土，$\omega=37\%$；○ 黏土，$\omega=44.8\%$；× 中粗砂，$\omega=20.7\%$

土的冻胀率、吸排水率与冻结速率的关系如图 4-37 所示。

⑥ 土的冻胀率与温度的关系

细颗粒土中薄膜水的冻结温度是较低的，是随冻土温度的降低而逐渐冻结的。因此，细颗粒土的冻胀率具有随冻土温度降低而增大的特性，如图 4-38 所示。

在冻土温度较高时，细颗粒土的冻胀率与负温的关系，可用下面幂函数方程来描述：

$$\eta = a\theta^{b} \tag{4.79}$$

式中　a、b——试验常数，与土质、含水率有关；

θ——土温的绝对值。

各种土冻结过程中的冻结、冻胀特征温度如表 4-44 所示。

表 4-44　各种土的冻结、冻胀特征温度

温度＼土名	黏土	砂黏土	黏砂土	砂土
冻结起始温度(℃)	-0.5 ~ -0.9	-0.1 ~ -0.3	-0.1	0.0
冻胀起始温度(℃)	-0.7 ~ -1.3	-0.3 ~ -0.5	-0.2 ~ -0.3	-0.1
冻胀终止温度(℃)	-8 ~ -10	-5 ~ -7	-3 ~ -5	-2

⑦ 附加荷载对土冻胀的影响

附加荷载对土体冻胀有明显的抑制作用。在附加荷载作用下，土体中出现两种现象：一是土孔隙水的结晶温度降低（冰点降低），二是水分向冻结锋面的迁移量减少。产生这种现象的原因是：附加荷载增大了土颗粒间的接触应力，使土颗粒接触点处的冰融化，冻土中的未冻水含量增加。

土的冻胀率与附加荷载的关系如图 4-39 所示。

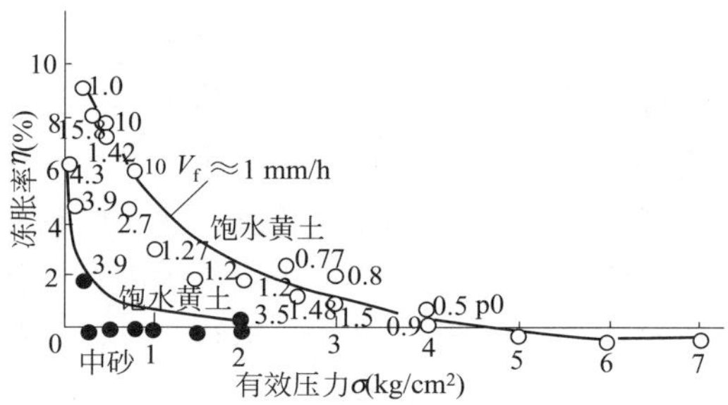

图 4-39　冻胀率与附加荷载的关系
（图中各点数据为冻结速率）

对于黏性土，在含水率和冻结条件相似情况下，土体冻胀率随附加荷载的增加而急剧减小，最终达到零。这一压力（使土体冻胀率为零的附加荷载）称之为“中断压力”（图 4-39）。

在含水状况和冻结速率相同条件下，土质不同，终止土体冻胀所需要的附加荷载相差甚大，粗粒土需要的“中断压力”较小，黏性土则较大。

⑧土中盐分对土冻胀的影响

土体孔隙水中易溶盐的类型、含量对土的冻胀性有重要影响。不同阳离子的水化半径不同，土颗粒吸附不同的阳离子后，表面结合水膜的结构特征不同，从而，影响土冻结过程的水分迁移特点。

交换阳离子成分对土体冻胀性的影响程度大小，可按下列次序排列：

Na^{+}、K^{+} > Ca^{2+}、Mg^{2+} > Fe^{3+}、Al^{3+}。钠、钾为单价阳离子，水化半径大，吸附钠、钾阳离子的土颗粒，其结合水膜厚，土的冻胀强烈。高价阳离子则相反。

（3） 土的冻胀量计算

封闭系统冻结时，其冻胀率小于 9%；而开敞系统冻结时，其冻胀率可达百分之十几，甚至百分之几十。

冻结过程水分的迁移和聚集，情况十分复杂，因此，土的冻胀量，目前还无法进行准确计算。

冻胀量的计算，虽有各种各样的经验和理论公式，但都受各种具体条件的限制，局限性较大，以致使计算值与实测值相差很大，在实际工作中甚至无法采用。因此，地基土的冻胀性应通过现场试验确定。在无现场实测资料时，在一般情况下，对于封闭系统用2% ~6%的冻胀率来估计土层的冻胀量是可行的。

在不可能进行现场实测时，地基土的冻胀性也可按下面经验公式进行估算。

①封闭系统

最冷月的平均气温为 $-10\ ℃ \leq T_a \leq -3\ ℃$ 时，冻胀量按下面经验公式计算：

$$\Delta h = 0.5 z_f(\omega - 0.8\omega_P) \tag{4.80}$$

最冷月的平均气温低于 -10 ℃时，冻胀量按下面公式计算：

$$\Delta h = 0.4 z_f(\omega - \omega_p) \tag{4.81}$$

②开敞系统

开敞系统冻胀量的计算可按下列经验公式进行：

a. 低塑限黏土的冻胀量，可采用下面公式计算：

$$\Delta h = 1.25 \times z_f^{0.71} \times e^{-0.013z} \tag{4.82}$$

b. 粉土、高液限黏土、粒径≤0.075 mm 粒组含量占 20% ~50% 的粉土质砂（砾）类土的胀量，可采用下面公式计算：

$$\Delta h = 1.95 \times z_f^{0.56} \times e^{-0.013z} \tag{4.83}$$

c. 粒径≤0.075 mm 粒组含量为 10% ~20% 的砂类土、砾类土的冻胀量，按下面公式计算：

$$\Delta h = 0.13 \times z_f \times e^{-0.02z} \tag{4.84}$$

式中 Δh——地面冻胀量，cm；

z_f——冻结深度，cm；

z——地下水位埋深（从地表算起），cm；

ω——冻结土层的平均含水率，%；

ω_p——冻结土层的塑限含水率，%。

（4）地基土的冻胀性评价

地基活动层土在冻结过程中的冻胀性评价，可按表4-45进行。

表4-45 地基活动层土体的冻胀性分级

土的类别	冻前天然含水率 ω(%)	冻结期间地下水位距冻结锋面的最小距离 h_w(m)	平均冻胀率 η(%)	冻胀等级及类型
粉黏粒含量≤15%的粗颗粒土(包括碎石类土,砾、粗、中砂,以下同),粉黏粒质量≤10%的细砂	不考虑	不考虑	$\eta \leq 1$	Ⅰ级不冻胀
粉黏粒含量>15%的粗颗粒土,粉黏粒质量>10%的细砂	$\omega \leq 12$	>1.0		
粉砂	$12 < \omega \leq 14$	>1.0		
粉土	$\omega \leq 19$	>1.5		
黏性土	$\omega \leq \omega_P + 2$	>2.0		

续上表

土的类别	冻前天然含水率 ω(%)	冻结期间地下水位距冻结锋面的最小距离 h_w(m)	平均冻胀率 η(%)	冻胀等级及类型
粉黏粒含量>15%的粗颗粒土，粉黏粒质量>10%的细砂	$\omega \leqslant 12$	≤1.0	$1<\eta\leqslant 2.5$	Ⅱ级弱冻胀
	$12<\omega\leqslant 18$	>1.0		
粉砂	$\omega\leqslant 14$	≤1.0		
	$14<\omega\leqslant 19$	>1.0		
粉土	$\omega\leqslant 19$	≤1.5		
	$19<\omega\leqslant 22$	>1.5		
黏性土	$\omega\leqslant\omega_P+2$	≤2.0		
	$\omega_P+2<\omega\leqslant\omega_P+5$	>2.0		
粉黏粒含量>15%的粗颗粒土，粉黏粒质量>10%的细砂	$12<\omega\leqslant 18$	≤1.0	$2.5<\eta\leqslant 6$	Ⅲ级冻胀
	$\omega>18$	>0.5		
粉砂	$14<\omega\leqslant 19$	≤1.0		
	$19<\omega\leqslant 23$	>1.0		
粉土	$19<\omega\leqslant 23$	≤1.5		
	$23<\omega\leqslant 26$	>1.5		
黏性土	$\omega_P+2<\omega\leqslant\omega_P+5$	≤2.0		
	$\omega_P+5<\omega\leqslant\omega_P+9$	>2.0		
粉黏粒含量>15%的粗颗粒土，粉黏粒质量>10%的细砂	$\omega>18$	≤0.5	$6<\eta\leqslant 12$	Ⅳ级强冻胀
粉砂	$19<\omega\leqslant 23$	≤1.0		
粉土	$22<\omega\leqslant 26$	≤1.5		
	$26<\omega\leqslant 30$	>1.5		
黏性土	$\omega_P+5<\omega\leqslant\omega_P+9$	≤2.0		
	$\omega_P+9<\omega\leqslant\omega_P+15$	>2.0		
粉砂	>23	不考虑	$\eta>12$	Ⅴ级特强冻胀
粉土	$26<\omega\leqslant 30$	≤1.5		
	>30	不考虑		
黏性土	$\omega_P+9<\omega\leqslant\omega_P+15$	≤2.0		
	$>\omega_P+15$	不考虑		

注：①ω—冻层冻前天然含水率的平均值；

②ω_P—塑限含水率；

③盐渍化冻土不在表列；

④塑性指数大于22，冻胀性降低一级；

⑤碎石类土当充填物大于全部质量的40%时，其冻胀性按充填物土的类别判定。

据青藏铁路多年冻土区冻胀观测（路基和天然地面）资料统计分析，封闭系统土的冻胀率参考值如表4-46所示。

表 4-46　封闭系统土的冻胀率

土的类型	天然地面状态		路堤（%）	路堑（%）
	无植被（干燥）（%）	有植被（潮湿）（%）		
黏性土	2～5	3～7	3～5	5～8
碎石土（细粒土含量小于 30%）	1～3	3～5	1～3	
砾石土（细粒土含量小于 30%）	1～3	2～4	0.5～3	
粉砂	1	3	1	

4.11.4　土冻结过程的冻胀力

伴随地基土活动层的冻胀，在建筑物基础表面将作用冻胀力。当建筑物的重量和附加荷载不足以与之平衡时，建筑物将在冻胀力作用下，产生冻胀变形。严重时将引起建筑物的破坏。

根据冻胀力作用于基础表面的部位和方向不同，冻胀力可划分为以下三种（图 4-40）：切向冻胀力：平行作用于基础侧表面上的冻胀力；水平冻胀力：垂直作用于基础侧表面上的冻胀力，故也称侧面法向冻胀力；法向冻胀力：垂直作用于基础底面上的冻胀力。

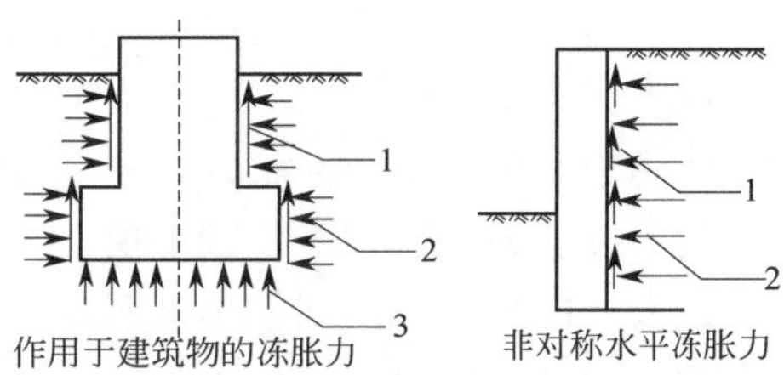

图 4-40　作用于建筑物基础上的冻胀力

（1）切向冻胀力

切向冻胀力是作用于冻土区建筑物基础上的主要力系之一。切向冻胀力是由于基础侧面地基土在垂直方向冻胀而引起。地基土冻结过程产生切向冻胀力的必要和充分条件是：①基础表面是亲水的，地基土能够与基础冻结在一起；②地基土在冻结过程中，产生体积膨胀。两者缺一都不可能产生作用于基础的冻胀力。

根据切向冻胀力产生机理可知，切向冻胀力的极限值就是基础与冻土间的冻结强度极限值。

切向冻胀力的大小，与地基土的粒度成分、含水率、温度以及基础材料性质和基础埋深等因素有关。

地基土粒度成分对切向冻胀力的影响如图 4-41 所示。由图 4-41 可以看出：黏性土对基础桩的平均切向冻胀力和切向冻胀总力，均较粗颗粒土大，并且切向冻胀力的发展过程亦不相同。黏性土在冻结前期，切向冻胀力随冻深增加而迅速增大。在冻结后期，切向冻胀力随冻深增加反而减小。粗颗粒土与此相反，切向冻胀力主要在冻结后期发展，它在整个冻结过程中，随冻深的增加而增长。在冻结后期，两种土的平均切向冻胀力值和切向冻胀总力值均相差无几。这种规律是由两种土在冻结过程的水分迁移特性决定的。黏性土在冻结过程中，水分向冻结锋面迁移和聚集，在冻结锋面形成冰透镜体和冰夹层，体积急剧膨胀，从而，切向冻胀力在冻结前期发展最快。而粗颗粒土在冻结过程中，水分离开冻结锋面向深部迁移和聚集，从而在深部聚集了较多水分。这些水分（粗颗粒土中主要的水分）直至冻结后期才完全冻结，所以，粗颗粒土的切向冻胀力主要在冻结后期发展。

土体冻前平均含水率，对平均切向冻胀力和切向冻胀总力的影响，示于图 4-42 中。由图可以看出：平均切向冻胀力和切向冻胀总力，均随冻前含水率的增加而增大。

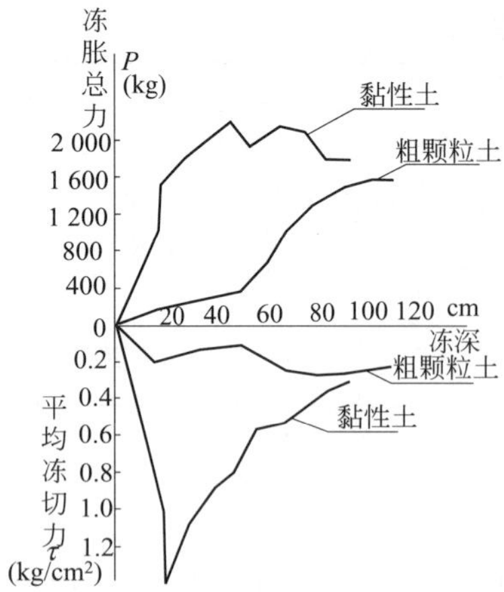

图 4-41　不同类型土体的切向冻胀力

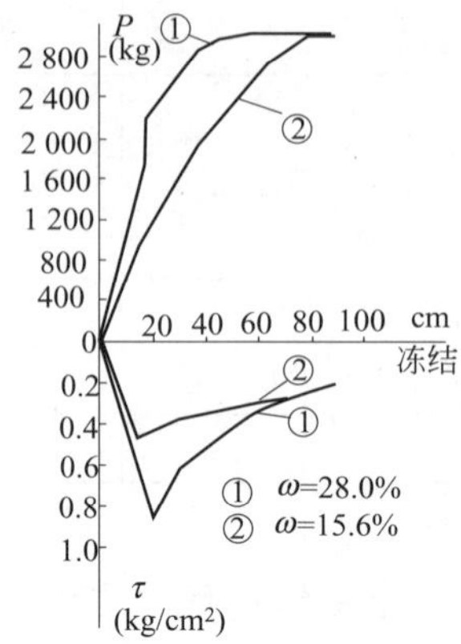

（亚黏土、浆砌片石桩，尺寸：35 cm × 35 cm）

图 4-42　黏砂土冻前含水率对平均切向冻胀力（τ）和冻胀总力（P）的影响

切向冻胀力沿冻深的分布是不均匀的。当冻结深度（基础埋深）不大于某一值时，平均切向冻胀力随冻深增大而增加。超过这一深度时，随冻深的增大，平均切向冻胀力减小。这个深度约为整个活动层厚度的 1/6 ~ 1/5。

作用于基础的切向冻胀力，主要分布在活动层厚度的 1/2 ~ 2/3 范围内。超过这个范围平均切向冻胀力保持在一个较小值。

最大切向冻胀力出现在主冻胀带。

据青藏铁路风火山多年冻土区试验资料，细颗粒土的最大切向冻胀力可达 2. 05 kg/cm^2，粗颗粒土可达 0. 64 kg/cm^2。虽然切向冻胀力的值不是很大，但由于基础的侧表面积一般都很大，所以，作用于基础的抬升力一般都是很大的。因此，冻土区的建筑物基础，一般都需进行抗冻胀稳定检算。

冻胀力作用下，基础稳定性验算的切向冻胀力设计值，应由现场试验确定。在无实测资料时，对于一般房屋建筑工程，可按表 4-47 选取。

表 4-47　切向冻胀力 τ_d

冻胀类别	弱冻胀	冻胀	强冻胀	特强冻胀
单位切向冻胀力(kPa)	$30 \leq \tau_d \leq 60$	$60 \leq \tau_d \leq 80$	$80 \leq \tau_d \leq 120$	$120 \leq \tau_d \leq 150$

对于一般桥涵工程，可按表 4-48 选取。

表 4-48　桥涵混凝土基础的切向冻胀力 τ_d

黏性土	液性指数 I_l		$I_l \leq 0$	$0 < I_l \leq 0.5$	$0.5 < I_l \leq 1$
	切向冻胀力 τ_d(kPa)	非过水建筑物	0 ~ 30	30 ~ 80	80 ~ 150
		过水建筑物	0 ~ 50	50 ~ 150	150 ~ 250
砂土	饱和度 S_r 或天然含水率 ω_n(%)		$S_r \leq 0.5$ 或 $\omega_n \leq 12$	$0.5 < S_r \leq 0.8$ 或 $12 < \omega_n \leq 18$	$S_r > 0.8$ 或 $\omega_n > 18$
	切向冻胀力 τ_d(kPa)	非过水建筑物	0 ~ 20	20 ~ 50	50 ~ 100
		过水建筑物	0 ~ 40	40 ~ 80	80 ~ 160

注：1. 粉黏粒含量大于 15% 的碎石土，视其含水率按表中砂土采用；粉黏粒含量小于 15% 时视其含水率按表中 $S_r \leq 0.5$ 或 $0.5 < S_r \leq 0.8$ 两栏采用；
2. 粉质黏性土和粉黏粒含量大于 15% 的砂土用表中的较大值；
3. 未作处理的钢结构基础，按表列数值降低 20% ~ 30%。

在前苏联建筑规范《多年冻土上的地基与基础》（CHиП－88）中规定：冻胀力作用下，地基与基础稳定性的计算，应考虑施工和营运条件下，地基活动层的动态变化，分别进行检算。必要时，应在设计中规定防止施工期间基础冻胀的措施。

该规范给出的切向冻胀力，除考虑活动层的岩性成分和含水率外，还根据活动层的不同厚度，给出不同的切向冻胀力，如表4-49所示。该规范规定：单位切向冻胀力计算值，应通过现场试验确定。在无条件试验时，对于一般建筑物，允许根据土的成分、含水率和活动层厚度，按表4-49采用。

表4-49　混凝土基础表面的切向冻胀力设计值

活动层土的类型和饱水程度	活动层厚度为 d 时的切向冻胀力 τ 值[kPa(kg/cm^2)]		
	1.0 m	2.0 m	3.0 m
粉质黏土，液性指数 $I_l>0.5$；细砂、粉砂，饱和度 $S_r>0.95$	130(1.3)	110(1.1)	90(0.9)
粉质黏土，$0.25<I_l\leqslant0.5$；细沙、粉沙，$0.8<S_r\leqslant0.95$	100(1.0)	90(0.9)	70(0.7)
粉质黏土，$I_l\leqslant0.25$；细沙、粉沙，$0.6<S_r\leqslant0.8$；粉黏粒含量在10%～30%的粗碎屑土	80(0.8)	70(0.7)	50(0.5)

注：对于金属基础和添加了防冻剂的混凝土灌注桩，表中 τ 值应乘以0.7的系数；

（2）法向冻胀力

水结晶时的膨胀应力是巨大的。据物理学资料，水在结晶时，如果体积不能膨胀，则将产生巨大的膨胀力——结晶压力。在－22 ℃时，冰的结晶压力可达2115kg/cm^2。

法向冻胀力是垂直作用于建筑物基础底面的冻胀力，其性质与结晶压力相似，它的大小与土的粒度成分、含水率以及基础的对冻胀的约束程度等密切相关。基础底面下土的冻胀量愈大，基础的刚性愈大，则法向冻胀力愈大。根据风火山试验资料，法向冻胀力与冻胀量的关系如图4-43所示。

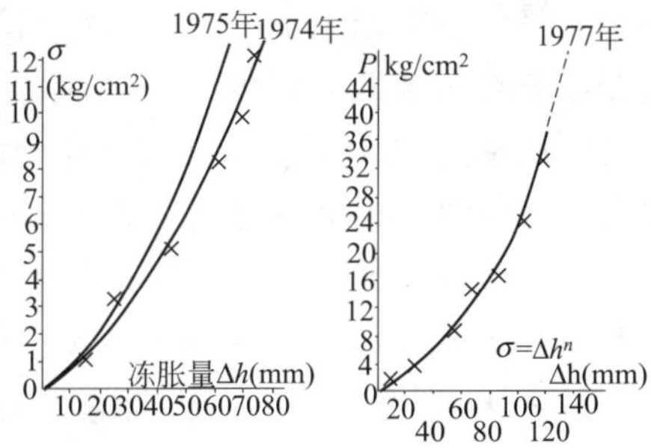

图4-43　平均法向冻胀力与冻胀量的关系（砂黏土）

从图4-43可以看出：法向冻胀力与冻胀量的关系近似抛物线．可以用下面经验方程来描述：

$$\sigma=\Delta h^n \tag{4.85}$$

式中　σ——在某一时刻的法向冻胀应力，kg/cm^2；

Δh——某一时刻的冻胀量，cm；

n——试验确定的参数；对于风火山砂黏土，$n=1.09\sim1.15$。

法向冻胀力具有“千斤顶”效应，即基础荷重越大，法向冻胀力越大。法向冻胀力可达巨大值，根据风火山多年冻土站实测资料，其极值大于43 kg/cm^2，即每平方米可达430 t以上。表4-50为俄罗斯多年冻土地区的法向冻胀力现场实测值。从表可以看出，其最大值竟达56 kg/cm^2。

法向冻胀力沿深度的分布规律与冻胀量沿深度的分布规律是一致的。风火山现场测得的法向冻胀力沿深度的分布曲线如图4-44所示。从图4-44可以看出：法向冻胀力随着基础埋

表 4-50　野外试验测得的法向冻胀力

试验场地冻土条件	基础底面埋深（m）	冻土温度（℃）	基础下土的冻结速度（mm/d）	法向冻胀力（kg/cm²）
衔接多年冻土地区	0.62	-0.4	—	1,7
		-0.3	1.38	2.8
		-0.7	1.38	6.0
		-1.4	1.07	20.5
		-3.0	0.92	35.2
		-4.8	0.63	56.0
不衔接多年冻土地区，多年冻土上限埋深 4.5m	1.06	-0.9	0.95	1.6
		-1.4	1.36	5.1
		-2.4	1.35	9.5
		-4.4	1.22	31.0
		-4.7	1.12	38.0
		-4.9	0.96	47.0

深的增加（即随着基础下冻胀土层厚度的减小）而减小，至某一深度后，法向冻胀力达最小值。从这一深度向下，法向冻胀力维持在最小值附近，变化不大。但在多年冻土上限附近，法向冻胀力又有所增加。法向冻胀力的这种分布规律，与衔接多年冻土地区活动层含水率沿深度的分布曲线和冻胀量沿深度的分布曲线所反映的规律是完全一致的。

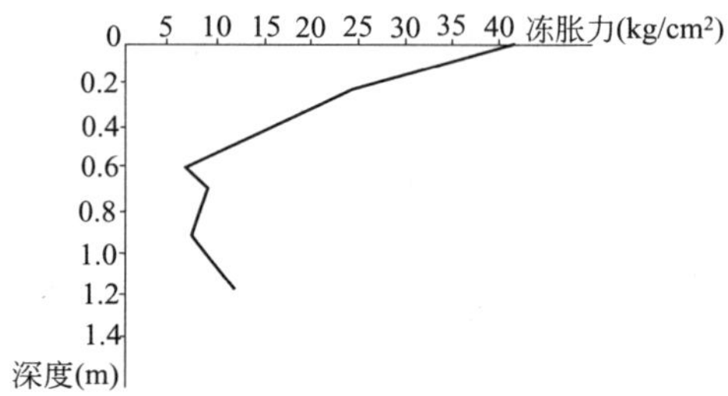

图 4-44　平均法向冻胀力沿深度的分布（砂黏土）

风火山现场测得的几种土的最大法向冻胀力值及其与基础埋深的关系如表 4-51 所示。

从表 4-51 可以看出：法向冻胀力值，即使是粗颗粒土，在一定条件下，其值也是相当可观的。

表 4-51　法向冻胀力的野外实测值（风火山）

地基土名称	冻前平均含水率（%）	上限埋深（m）	基础底面埋深（m）	最大平均法向冻胀力（kg/cm²）
砂黏土	17.53	1.4	0	42.00
			23	21.00
			60	5.53
			70	7.94
			93	5.59
			117	11.68
砾石土	22.4	1.7	43	4.06
砾砂	12.4	1.7	52	3.07

从上面试验资料可以看出，法向冻胀力较之切向冻胀力要大得多。这个力是无法用建筑

物的重量来平衡的。所以，冻土区的建筑物基础，应设法消除基础底面的法向冻胀力。即应将建筑物基础底面埋入多年冻土中或季节冻深线以下。

含水率对法向冻胀力的影响具有如下规律：在一般非饱水土体条件下，只有当土体含水率达到某一界限值时，黏性土才产生法向冻胀力。超过此界限值后，随着含水率的增加，法向冻胀力迅速增长。

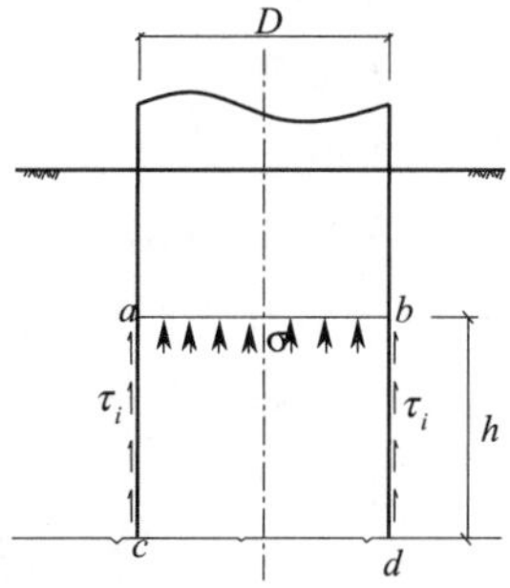

图4-45 基础“周边效应”引起的“似切向冻胀力”示意图

应该指出，法向冻胀力的大小还与基础底面积有关。基础下地基土的冻结，对基础还将作用一“似切向冻胀力”τ_i，如图4-45所示。“似切向冻胀力”是基础周边效应引起的。图4-45中，基础下土柱 *abcd* 在冻结时，冻胀量受到约束，其值小于周围土体的冻胀量，故周围土体冻胀过程中，将在土柱 *abcd* 的侧表面上作用一向上的力，这便是“似切向冻胀力”。

“似切向冻胀力”的存在，将增加作用于基础底面的法向冻胀力。因此，基础底面的法向冻胀力应采用用下面关系式来计算：

$$\sigma = \sigma_0 + \frac{\sum \tau_i}{F} \tag{4.86}$$

式中 σ——作用于基础的综合法向冻胀力；

σ_0——作用于基础底面的纯法向冻胀力；

τ_i——“似切向冻胀力”，由基础的周边效应引起，作用于基础底面周边；

F——基础的底面积；

$(\sum \tau_i)/F$——作用于基础底面的附加法向冻胀应力。

设：基础底面为圆形（图4-45），则：

$$\sum \tau_i = 2\pi R h \tau_i$$

式中 R——基础底面的半径；

h——基础下冻结土层的厚度。

所以，$\sigma = \sigma_0 + (2\pi R h \tau_i)/\pi R^2 = \sigma_0 + 2h\tau_i/R$

从图4-45和上面计算可知，作用于基础底面的综合法向冻胀力 σ 随基础底面尺寸 R 的增大而减小，随基础下冻结土层厚度 h 的减小而减小。当 $R \to \infty$ 时，$\sigma = \sigma_0$。

由于冻土具塑黏特性，周边效应的影响范围应该是有限的。

法向冻胀力与基础底面积的关系，可用具极限的二次曲线来描述。据试验，在其他条件不变时，基础板面积越小，单位面积的法向冻胀力值越大，基础板面积超过1 600 cm^2 时，单位面积法向冻胀力值的变化减小，并逐渐趋于某一定值。对于黏性土，当其含水率在22%～25%范围时，它们之间的关系可用下式描述：

$$\sigma = n e^{\frac{m}{f}} \tag{4.87}$$

式中 f——基础的底面积，cm；

n，m——与土质、水分有关的试验常数。根据现场试验，对于基础底面积大于400 cm^2，含水率为22%～25%的亚黏土、黏土，其系数 $n = 3.6$，$m = 483$。

基础底面法向冻胀力的大小，还与基础对地基土冻胀的约束程度有关。据有关试验资料，法向冻胀力与基础对地基土冻胀变形的约束程度成反比（图4-46）。从图可以看出，对土体冻胀约束越大，产生的法向冻胀力越大。

（3）水平冻胀力

水平冻胀力是作用于多年冻土区和季节冻土区挡土建筑物上的主要力系。它较之土压力要大几倍、十几倍甚至几十倍。因此，冻土地区的挡土建筑物设计，应考虑水平冻胀力的作用，并采取有效措施，减小水平冻胀力的作用，以确保冻土区挡土建筑物的稳定。

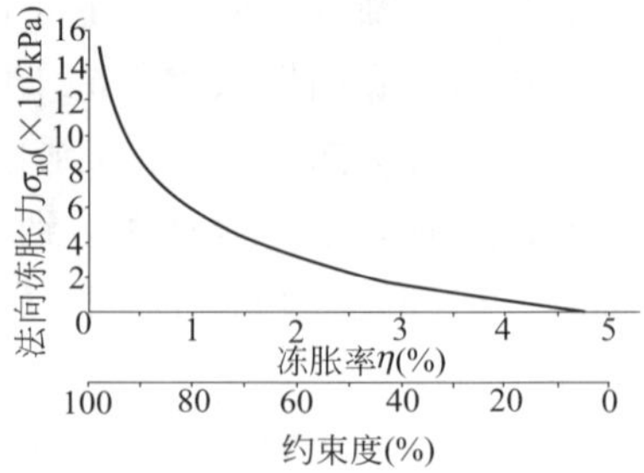

图 4-46　法向冻胀力与冻胀约束度的关系

（砂黏土，塑限 7.7%，含水率 22% ~ 25.8%；基础板面积 491 cm²）

水平冻胀力又可根据建筑物修建后，基础周围地基土体在冻结过程中的散热条件和作用于建筑物基础的水平冻胀力是否对称出现，划分为对称水平冻胀力和不对称水平冻胀力。对称水平冻胀力是指一维冻结条件下，对称作用于建筑物基础的水平冻胀力；不对称水平冻胀力是指二维或多维散热条件下，非对称作用于建筑物的水平冻胀力。

多年冻土区和季节冻土区的挡土建筑物，常常在水平冻胀力作用下，产生变形和破坏。例如，1967 年修建的青藏公路清水河公路桥，在 1969 年即发现两个桥台（一字形桥台）均已被剪断（图 4-47）。在水工建筑物中，类似的变形和破坏是屡见不鲜的。但是在过去（1960 年代以前）的设计中，由于对土冻结过程水平冻胀的产生及特点缺少研究，对于多年冻土区和季节冻土区挡土建筑物的设计，仍按一般地区考虑，仅在基础埋深上提出了某些要求，对于挡土建筑物稳定性和结构强度的计算并未考虑水平冻胀力的作用，这显然是不合理的。

图 4-47　受水平冻胀力作用而破坏的桥台

图 4-48　风火山冻土站的试验模型挡土墙

20 世纪 70 年代，铁道部科学研究院西北研究所，在青藏铁路风火山多年冻土站，曾开展水平冻胀力的试验研究。在现场进行了实体挡土墙和模型挡土墙试验（图 4-48，图 4-49）。实体挡土墙为悬臂式“L”形挡土墙，该挡土墙是风火山 1976 路基试验工程的组成部分。挡土墙长 15，高侧边坡墙高 5 m，墙后填土为风火山季节性河流中的河床砂卵石土，砂卵石土中粉黏粒含量为 4.9%，回填时的含水率为 9%。墙后换填厚度为底部约 2.5 m，顶部约6 m；低侧边坡墙高 4 m，墙后回填原地砂黏土，砂黏土含水率 20%。“L”形挡土墙路基结构和人为上限位置如图 4-50 所示。

试验模型挡土墙，是预制层迭式小型挡土墙。墙高 1.6 m，长 3 m，墙体每层厚度 0.2 m。墙体用钢筋混凝土预制块体砌筑，每块尺寸为 20 cm × 15 cm × 100 cm（高 × 厚 × 长）。该模型挡土墙采用离散化的墙体，来测定墙后活动层土体冻结时，不同深度层的水平冻胀力。

实体挡土墙测得的水平冻胀力沿墙背的分布如图 4-51 所示。

图 4-49　风火山试验路基上的“L”形实体挡土墙

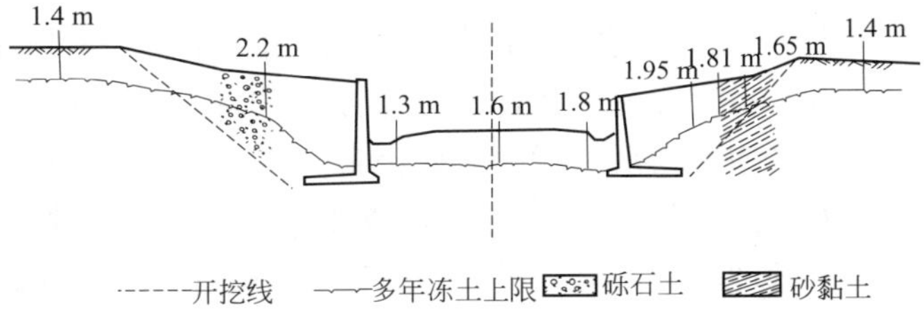

图 4-50　“L”形挡土墙路基结构和人为上限位置图

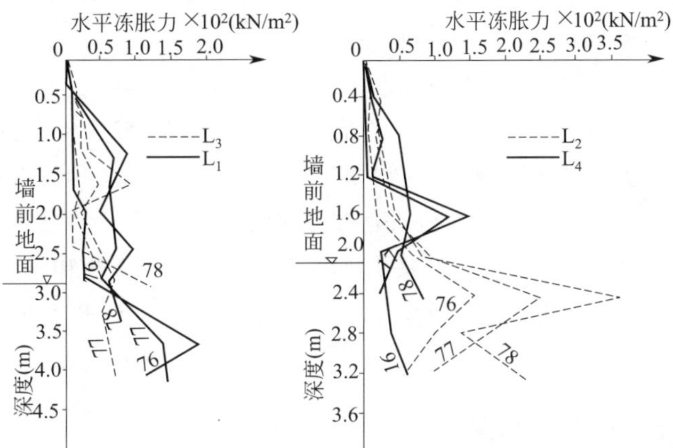

(a) 砾石　(b) 砂黏土

图 4-51　水平冻胀力沿墙背的分布

图 4-51 中（a）图为粗颗粒土水平冻胀力分布图；（b）图为细颗粒土水平冻胀力分布图。L_1、L_3 曲线代表挡土墙背粗颗粒土两个测试剖面水平冻胀力的分布情况；L_2、L_4 曲线代表挡土墙背细颗粒土两个测试剖面水平冻胀力的分布情况。

从图 4-51 可以看出：作用于挡土墙背的水平冻胀力（图中各点均为该点的最大水平冻胀力），主要分布在挡土墙背的中部和下部。在挡土墙的上部，水平冻胀力较小。而最大水平冻胀力的出现位置，细颗粒土与粗颗粒土有所不同，细颗粒土的最大水平冻胀力，出现在挡土墙背的中部或下部，而粗颗粒土的最大水平冻胀力，出现在挡土墙背的下部。

经连续 3 年的试验观测，得出以下结论。

①在一定水、热和土质条件下，土冻结过程对挡土建筑物将产生水平冻胀力在一般情况下，与相同深度的土压力值相比，要大几倍甚至几十倍。“L”形挡土墙实测得到的细颗粒土的水平冻胀力最大值达 2.61 kg/cm^2；粗颗粒土达 1.88 kg/cm^2。

②在挡土墙高度不大于 5 m 时，水平冻胀力的大小与墙背活动层体土的粒度成分、含水率、冻结速率及支挡建筑物的变形特性等有关，而与挡土墙的高度无关。

③在一般情况下，细颗粒土产生的水平冻胀力大于粗颗粒土。

④用粗颗粒土换填墙背土体来减小和消除冻胀，必须满足以下条件。

a. 控制粗颗粒土中粉黏粒的含量在5%以下；

b. 保持粗粒土的干燥，或者保证粗颗粒土冻结过程中水分可以自由排出。

如不能满足以上两个条件，虽系粗颗粒土，其冻胀仍是十分可观的。在多年冻土地区的天然条件下，上述两个条件是很难同时满足的。所以粗颗粒土换填并不一定能消除冻胀。

⑤水平冻胀力沿墙背的分布是不均匀的。在进行挡土建筑物的结构计算时，为简化计算，水平冻胀力沿墙背的计算分布图式，可以采用以下两种（图4-52）：

对于细颗粒土，视挡土墙基础埋置情况，分别采用图4-52中（a）或（b）的分布图式。基础埋深较浅时，采用图式(a)；基础埋深大时，采用图式(b)。

对于粗颗粒土，不论挡土墙基础埋置深度多少，均采用图4-52(c)的三角形分布图式。

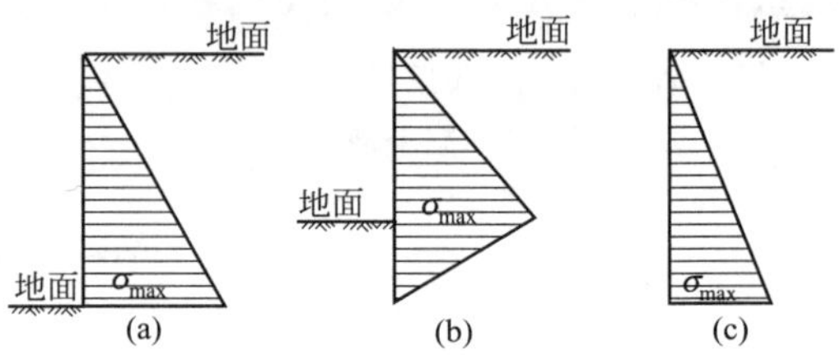

图4-52　水平冻胀力沿墙背分布的计算图式

⑥根据层叠式模型挡土墙和"L"形挡土墙所测水平冻胀力值分析，并考虑水平冻胀力的分布和松弛特性以及墙背各深度水平冻胀力达到最大值的时间不同等特点，对于青藏铁路风火山地区的具体条件，在按三角形分布图形进行计算时，水平冻胀力最大值，细颗粒土取1～1.5 kg/cm^2、粗颗粒土取0.5～1.0 kg/m^{2}是适宜的。

⑦ 根据一个冻、融周期中，水平冻胀力和土压力发生、发展和消失过程，以及水平冻胀力远大于土压力的特点，多年冻土地区挡土墙的设计，应把水平冻胀力作为作用于挡土墙上的主要力系。

4.11.5　土体冻结时的冻裂作用

正在冻结和已冻结的土中，由于各层土体体积变化不均匀而形成裂隙的过程，称为冻裂作用（也称寒冻劈裂作用）。

土体冻结过程的寒冻劈裂是一种广泛分布的现象。它既出现在活动层中，也会出现在下卧多年冻土层中。

寒冻裂缝的产生有以下主要原因。

①在土体冻结过程中，由于温度梯度和湿度梯度的作用，使土中出现拉、剪应力；

②土体具有沉积缺陷和土颗粒的物理化学特性存在差异。

寒冻劈裂可分为以下三种。

①温度劈裂：由于土体冻结过程中，各层土中的温度不同，致使各土层的温度收缩不同，从而引起土体开裂。

②湿度劈裂（沉积冻裂）：由于土体沉积时的结构缺陷（如微裂隙）和高分散土的物理化学作用（如吸附），在土冻结过程中，使水分向冻锋面迁移，在土中形成湿度梯度。各层土由于湿度不同，产生的干缩量不同，引起土体开裂。

③冻胀应力劈裂：由于冻结过程的冻胀，产生内部应力而引起的土体开裂。

以上三种冻裂中，以温度冻裂为主。土体冻结过程中的温度劈裂作用，可用以下公式计算。

设：温度应力与其引起的地表剪切变形之间存在线性关系，土体冷却时产生的变形与温度梯度成正比，剪应力沿平行于冻结面的平面均匀分布。

则：地表剪应力值 τ_x，可用下式描述（图 4-53）：

$$\tau_x = \frac{1}{2} \cdot G \cdot n \cdot a \cdot x \cdot \frac{\theta_h - \theta_0}{h} \tag{4.88}$$

式中　G——冻土的剪切弹性模量，其值为

$$G = E/2(1+\mu)$$

其中　E——标准弹性模量；

μ——冻土的侧膨胀系数。

a——冻土的温度膨胀系数；

θ_h——冻土冷却体底面的温度；

θ_0——冻土冷却体顶面的温度；

h——冻土冷却体的厚度；

x——两冻裂裂缝间的距离；

n——比例系数，接近于 1。

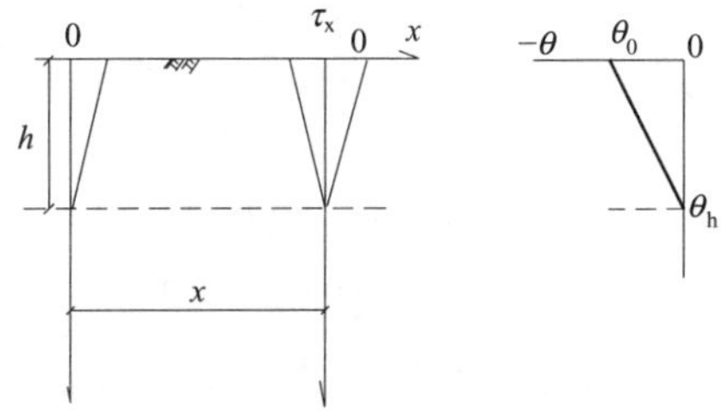

图 4-53　冻结过程温度劈裂应力计算示意图

4.11.6　基础的冻胀防治

地基活动层土体冻胀时对基础的冻胀力，主要是由冻土与基础之间的冻结力引起。即主要由基础与冻土之间的冰胶黏连结引起。如果能减弱或消除这种冰胶黏连结强度，则可减小或消除作用于基础的切向冻胀力。

冻结力和冻胀的存在，是多年冻土区基础产生冻胀破坏的基本原因。

减小和消除切向冻胀力，关键在于减小地基土的冻胀性，减小基础与冻土间的冻结力。铁路建筑物基础和路基冻胀防治设计，是铁路工程设计的一项重要内容。

（1）基础冻胀防治对策

①采用隔热措施，减小活动层（冻胀土层）厚度。地基冻胀量的大小与冻结土层的厚度有关，减小活动层厚度是减弱冻胀的有效方法。

②采用土壤改良方法。将某些化学材料掺入土中，改变土颗粒大小，降低土孔隙水的冻结起始温度，从而减小冻结深度，减少冻结过程中的水分迁移。

③改变基础形状。把基础作成上小下大的形状（即基础表面作成一斜面），使作用于基础的上拔力，变成切向冻胀力的一个分力。

④降低基础表面的亲水程度。将基础表面进行化学处理，降低基础表面的亲水程度，减小冻土与基础间的冻结强度。

⑤换填地基土。用冻胀不敏感的粗颗粒土换填基础周围的冻胀性土。

⑥改变活动层冻结过程冰的析出方向，减小活动层的垂直冻胀量。

⑦消除基础底面下地基土的冻融循环。

（2）基础冻胀防治方法

①热棒防治冻胀

在建筑物基础侧旁插入热棒，可改变地基活动层土体冻结时冰的析出方向，使作用于基础的切向冻胀力减小，达到防治基础冻胀的目的。

热棒防治冻胀是基于以下基本原理。

a. 土体冻结时，冰晶的析出方向是与热流方向相垂直的。天然地面冻结时，析出的冰层是与地表面平行的，活动层的冻胀主要是在垂直方向。热棒的径向冷冻作用可使热棒周围土体中冰层的析出方向与基础侧表面平行，从而，可大大减弱或消除土体在垂直方向的冻胀，减小或消除作用于基础的切向冻胀力。

b. 由于热棒的冷冻作用，使热棒基础周围活动层土体的一维冻结变成两维冻结，因而，冻结速度加快，土中水分迁移量减少，活动层的冻胀量减小，作用于基础的切向冻胀力减小。

c. 热棒的超前冷冻作用（即在非热棒地基还在升温融化时，热棒地基已开始降温冷冻），使热棒基础周围冻土温度提前下降，冻结强度提前增长，在活动层土体开始冻结时，热棒基础已有足够锚固力来抵抗基础的冻拔作用。

d. 热棒在寒季采集的冷量，可使地基多年冻土温度降低、冷储量增加，从而，可减小基础周围活动层的厚度。据试验，埋设热棒后，可使基础周围土体地温的年平均值降低 1.5 ℃ ~2.5 ℃，最高地温降低 0.5 ℃ ~0.8 ℃，可有效提高地基基础的稳定性，减小基础的冻胀。

②用渣油防治冻胀

20 世纪 70 年代，铁道部科学研究院西北研究所和金属化学研究所，曾在青藏铁路风火山多年冻土站进行过桩基防冻胀试验研究。据有关资料：采阳离子表面活性剂对桩基表面进行处理，而后在桩周表面涂上一层 10 mm 厚的渣油层，可使作用于桩上的切向冻胀力减小 70% ~95% 。

③法向冻胀力防治

将基础底面埋入地基多年冻土人为上限（或最大季节冻结深度线）以下，保持基础底面下地基土的永久冻结状态或融化状态可完全消除作用于基础底面的法向冻胀力。

第5章　铁路工程冻土地基基础的设计和计算

如前所述，冻土的物理、力学性质是温度和荷载作用时间的函数。地基多年冻土承载性能随温度和时间变化的特性，是多年冻土地区地基基础设计所必须慎重考虑的。冻土地基基础的设计和计算，首先是一个“热学问题”，维持地基多年冻土的设计温度，是确保基础—地基系统力学稳定的前提。在此前提下，确保作用于地基多年冻土上的荷载应力不超过其极限长期强度，则冻土地基基础的长期稳定是保证的。

多年冻土地区铁路工程地基基础的设计，包括以下五项基本内容。

（1）地基的热工计算。包括：地基特定深度地温年平均值计算；多年冻土年平均地温计算；地基基础最高工作温度剖面计算；地基基础平均工作温度剖面计算和地基冻结、融化深度计算等。

（2）地基、基础的力学计算和设计。包括：基础类型选择；地基承载能力计算；基础变形计算；基础抗冻胀稳定检算和基础尺寸的确定。

（3）维持铁路工程施工和营运期地基多年冻土设计热状态的热防护措施设计。

（4）维持、改善适应多年冻土环境特点和地基多年冻土热状态的铁路建筑物结构设计。

（5）维持、提高铁路工程热稳定性的多年冻土环境保护工程设计。

在多年冻土地区地基基础计算中，应考虑地基多年冻土的利用原则，仔细研究、分析建筑物与地基的热学和力学相互作用特点，合理选择基础类型、热防护措施和工程的建筑结构，来确保铁路工程地基基础的热学稳定和力学稳定。

多年冻土地基，一般应同时按两种极限状态计算：

按承载能力计算（第一极限状态）。即：建筑物基础作用于多年冻土地基的应力应不超过地基的允许承载力（极限长期强度）。

按下沉变形计算（第二极限状态）。即：建筑物在施工和营运期间，地基的下沉变形速率和变形总量都不超过建筑物的允许变形值。

多年冻土上的地基基础计算，除满足以上要求外，基础还应满足抗冻胀稳定要求。即：在建筑物施工和营运期间，地基活动层土体冻结过程作用于基础的冻胀力应不超过允许值。

在地基基础设计中应明确规定：在工程施工准备时，施工单位就应采取措施，确保施工地段的设计水文地质条件和地基多年冻土的设计热状态，防止施工场地和工程地基的热卡斯特侵蚀，防止不良冻土现象对工程的危害。施工中，应尽量减少施工用地，减少对施工场地周围植被的破坏，保护好现存多年冻土环境。工程竣工后，应按设计要求，认真进行环境恢复。

5.1　热力学和传热学的基本概念

5.1.1　热力学基础知识

热现象是自然界中最普遍，人们最熟悉的自然现象。

热力学系统是指由各种物质（由大量微观粒子组成）组成，并与周围环境相互交换能量的宏观物质体系，简称系统，热力学系统的状态用其状态参量来描述。

所谓热力学系统的状态参量是指描述系统宏观性质的、可以测量的宏观物理量，简称状态参量。描述热力学系统状态的物理量可分为：几何参量；力学参量；化学参量；电磁参量。

在一般情况下，热力学系统的状态都可用上述四类参量来描述。但是。上述四类参量并不能直接表达系统的冷热程度。要表达热力学系统冷热的程度，还必需引入温度参量。温度是表征物体冷热程度的参量，是物体内部分子热运动平衡状态下，分子动能的统计平均值。处于同一热平衡状态下的物体，必定具有相同的温度。

上述四类参量与温度之间存在一定的联系，表示这种联系的数学关系式就是系统的物态方程。气体、液体和各向同性固体热力学系统，它们的平衡态都可用压强 p 和体积 V 来描述，这些系统物态方程的一般形式为：

$$f(p、V、T)=0 \tag{5.1}$$

一切物理量只要是状态参量的单值函数，都称为态函数。热力学系统的状态方程只能是上述四类参量与温度之间的关系，且只有均匀系才有物态方程。

热力学是研究物质热运动规律和物质热特性的科学。物质的热运动是指组成物质的分子和原子的无规则运动，物质的热特性与物质的微观结构有着密切关系。但是，在热力学中，主要是研究物体在宏观平衡态时的一些规律，而不具体深入研究物质分子和原子的热运动。物质热运动在宏观现象上的主要表现是：处于一定热力学平衡状态下的物体具有一定的温度，不同温度物体之间以热交换的形式传递能量。

热力学系统状态的变化是怎样发生的呢？系统状态发生变化时，应遵守什么规律？这是生产实践中迫切需要解决的问题。

（1）热力学第一定律

热力学第一定律是热力学领域的能量守恒与转化定律，是能量守恒与转化定律在热现象领域的特殊形式。这个定律反映了自然现象中最普遍的规律。

热力学系统状态的变化称为过程。改变热力学系统状态的方法有两种：一是使系统与外界进行热交换；二是使系统对外界作功或外界对系统作功。在一般情况下，热力学系统状态的变化，都会牵涉到热量的吸收（放出）、作功和内能的变化。热力学从能量守恒原理出发，来研究热力学系统状态的变化规律。焦耳通过许多试验，确立了热力学第一定律。

热力学第一定律是这样描述的：在任意过程中，系统所吸收的热量，在数值上等于该过程中，系统内能的增加和对外所作的功之和。即：

$$Q=\Delta U+W \tag{5.2}$$

式中　Q——系统所吸收的热量；

ΔU——系统内能的增加值；

W——系统对外所做的功。

热力学第一定律描述了内能、热量和功相互转化和转化时的数量关系。

热力学第一定律用于实际问题时，必须对内能、热量和功进行计算。

机械功与热量有如下关系：

$$W = j \times Q \tag{5.3}$$

式中 W——机械功；

Q——热量；

j——与物资无关的普适常数，即热功当量。其值为 4.1858×10^7 尔格/卡（或 4.185 8 J/cal）。

热力学系统不和外界进行热交换时，它的状态的变化则完全是由于它对外界作功或外界对它作功而引起。热力学系统状态的这种变化过程称为“绝热过程”。

绝热过程中的功仅取决于系统的初态和终态，与中间状态无关。即一个热力学系统在绝热过程中初态与终态的内能变化就等于系统所作的功。即：

$$U_1 - U_2 = -\Delta U = W \tag{5.4}$$

式中 U_1、U_2——内能（表示热力学系统本身在绝热过程中能量变化的态函数）；

$-\Delta U$——表示内能的减少，即热力学系统在绝热过程中作功是以自己内能的减少为代价的。

热力学系统的内能是指系统内分子无规则运动的动能、分子间相互作用的位能、原子内电子所具有的能量和原子核的核能的总和。

热力学中所研究的“系统”是处于宏观平衡状态的系统。热力学系统状态发生变化时，平衡状态便被破坏。在系统变化过程中，系统的状态就不能用热力学参量来描述了，而需引进新的态函数。

物体的热容量是热工计算中常用的物理量。所谓热容量是指单位体积物质温度升高1 ℃所需要的热量。物体所吸收的热量与过程有关，所以，物体的热容量也是与过程有关的量。因而，物体的热容量可分为定压热容量和定容热容量。

物体的定容热容量为：

$$C_V = \left(\frac{\partial U}{\partial T}\right)_V \tag{5.5}$$

物体的定压热容量为：

$$C_P = \left(\frac{\partial U}{\partial T}\right)_P + P\left(\frac{\partial V}{\partial T}\right)_P \tag{5.6}$$

在这里引进一个函数 H，令：

$$H = U + PV \tag{5.7}$$

则

$$C_P = \left(\frac{\partial H}{\partial T}\right)_P \tag{5.8}$$

H 是热力学系统的态函数，称为“焓”。它等于系统的内能加上压强与体积的乘积。焓的微分表达式为：

$$\mathrm{d}H = \mathrm{d}U + P\mathrm{d}V + V\mathrm{d}P \tag{5.9}$$

焓的物理含义是：在定压过程中，系统焓的增加等于系统所吸收的热量。

（2）热力学第二定律

热力学第二定律是描述一切涉及热现象的实际宏观过程进行方向的定律。热力学第二定律是克劳修斯与开尔文在研究“卡诺循环”时提出的。

热力学第二定律指出了“热量不能自动从低温物体传到高温物体”的试验事实。它有两种描述方法：

克劳修斯说法：不可能把热从低温物体传到高温物体而不引起其他的变化。该描述方法是说“热传递过程是不可逆的”。

开尔文说法：不可能从单一热源取热使之完全变成有用的功而不引起其他的变化。该描述方法是说“功转变成热的过程是不可逆的”。

热量从高温物体传向低温物体的自发过程是不可逆的。但在热力学系统中，有些过程则是可逆的。如何来判断热力学过程的可逆和不可逆呢？这就要用表征热力学系统特性的一个态函数“熵”来判断。

“熵”在可逆过程中的变化，等于系统所吸收的热量 dQ 与热源的绝对温度 T 之比；在不可逆过程中，熵大于这个比值。即：

$$dS \geqslant \frac{dQ}{T} \tag{5.10}$$

式中　S——热力学系统的熵。

熵在可逆绝热过程中，系统从初态到终态，熵永不减少；在不可逆绝热过程中，熵总是增加的（熵增加原理）。即熵不变的热力学过程是可逆的，熵增加的热力学过程是不可逆的。

上面熵的数学表达式是热力学第二定律的最普遍表达形式。

任何一个宏观过程必须同时遵守热力学第一和第二定律才能实现。

（3）热力学第三定律

热力学理论被广泛应用于物理学和化学的各个领域。1912 年，斯特在分析低温下化学反应的许多试验事实时发现，在等温过程中，当温度趋近于绝对零度时，系统的熵不变。据此，提出了一个新的热力学定律：“不能用有限手段使系统的温度达到绝对零度”。即：绝对零度是不可能达到的。这便是热力学第三定律。

5.1.2　传热学基础知识

传热学的基础是热力学。传热学是研究热能传递规律的科学。物体（包括固体、液体和气体）之间或同一物体的两部分之间存在温差时，将出现热能从高温物体向低温物体的传递。温差是产生传热的必要条件。传热学的主要研究内容是：物质的热性质、状态变化和物体之间传热现象的规律。

热量传输是一种复杂的现象。为了便于研究，常常将热量传输划分为以下三种基本模式：传导、辐射和对流。在一般情况下，热能的传输，可能通过三种模式之一或多种模式而发生。在这三种模式中，前两种没有物质的传输，而第三种模式则与物质的传输密切相关。

（1）传导

处于不同温度的物体，或同一个物体的不同部分处于不同温度中时，则热能将从高温物体（部分）流向低温物体（部分）。这种热能的传输方式称为传导或导热。导热是指两个物体直接接触时或是在一个物体的内部，依靠分子、原子和自由电子的热运动而出现的热交换过程。导热这种传递热量的方式，可以在固体中进行，也可以在液体和气体中进行。

不同相态的物质传导热量的能力不同。

气体的热传导，是分子不规则运动时，动能转移所引起的。由于气体分子间的距离最大，所以导热系数最小。影响气体导热系数的主要因素是气体的分子量，因为，气体的分子量越小，分子运动速度越快，也就越容易导热。所以，在气体中，氢的导热系数最大。对同一种气体，温度升高时，分子运动速度加快，导热能力也稍微增大。表5-1列出几种常见物质的导热系数值。

表5-1 几种气体的导热系数值

温度(℃)	空气[kcal/(m·h·℃)]	水蒸汽[kcal/(m·h·℃)]	氢气[kcal/(m·h·℃)]
0	0.021	0.014	0.15
200	0.033	0.028	0.15
500	0.049	0.058	0.33

液体和固体的分子间距较小，分子的运动主要是弹性震动。所以，导热系数值常比气体大。水的导热系数是各种液体中（熔化金属除外）最高的。当温度升高时，除了水和甘油外，大多数物质的导热系数反而下降。

传导换热可用傅里叶定律来描述：

$$q = -\lambda \frac{\partial t}{\partial n} = -\lambda \times \mathrm{grad}(t) \tag{5.11}$$

式中 q——比热流量，即单位时间通过单位面积的热量，kcal/(m^2·h)；

λ——比例系数（材料的导热系数），kcal/(m·h·℃)。

傅里叶定律描述了传导换热的基本规律。即：在不均匀温度场里，热量永远沿着等温面法线方向，由温度高的一边流向温度低的一边。热流 q 的大小与法线方向的温度梯度$\frac{\partial t}{\partial n}$成正比。比热流量是矢量，它的正方向是朝温度降低的方向，即与温度梯度方向相反，故在上公式中加上了负号。

傅里叶定律所描述的传导换热基本规律，无论对于稳定导热过程，还是不稳定导热过程，都是适用的。对于均匀的温度场，不存在温度梯度，也就不会出现热流。

（2）对流

对流是指在流体内部，由于温度不同，产生的流体微团之间的相对位移而造成的热量传递作用。对流是流体所特有的一种传热方式，与流体的运动密切相关。

“对流换热”是指流体（气体、液体）和固体壁面接触时，两者进行的热交换过程。“对流换热”过程既包括了由于流体微团位移而形成的换热作用，同时也包括了流体分子间的导热作用。在这一过程中，导热和对流同时发生了作用。这种换热过程称为“对流换热”，简称“放热”。应该指出，单纯的对流是不存在的，对流传热过程总是伴有导热。

对流换热过程的强度取决于流体的性质、流体运动的情况（层流，湍流以及速度的大小）、流道的几何形状，壁面特性等多种因素。在实际计算中，把这多种因素对放热过程的影响，都归纳到一个放热系数 α 中去。

对流换热不仅是一种热现象，也是一种流体力学现象。所以，描述对流换热现象的微分方程不是一个，而是一组。包括：换热微分方程、运动流体的导热微分方程、运动方程和连续性方程。

固体表面和周围流体之间的换热，可用牛顿冷却定律来描述：

$$q = \alpha(t_w - t_f) = \alpha\Delta t \tag{5.12}$$

式中　q——热通量；

α——表面放热系数；

t_w——固体表面温度；

t_f——流体温度。

根据引起流体运动的原因，对流换热可以分为“自然对流”（或叫自由运动）和“强制对流”（或叫受迫运动）两大类。“自然对流”是指壁面对流体的局部加热（或冷却）而引起的流体运动（流体受热部分因密度减小上升，附近密度较大的冷流体则流过来填充），运动的推动力是由于流体不同部位的密度差而形成的所谓“浮升力”，这种推动力通常是很小的，产生的运动速度也较低，因而，表面的放热系数也较小。“强制对流”是指由于机械力（水泵或风机）的推动而引起的流体运动，通常它比自由运动的速度大得多，放热系数也大得多。表5-2为不同流体在不同运动情况下，放热系数的变化。

表5-2　不同流体运动情况下，表面的放热系数

换热情况	α[kcal/(m²·h·℃)]	换热情况	α[kcal/(m²·h·℃)]
空气自由运动时	5～30	水在管内受迫运动时	500～10 000
空气在管内受迫运动时	10～100	水沸腾时	2000～40 000
蒸汽在管内受迫运动时	100～200	蒸汽冷凝时	4000～15 000

（3）辐射

任何物体都具有一定温度，不同温度的物体，其内部带电粒子的热运动，都具有一定的加速度和频率，因而，发射出各种不同波长的电磁波来，这便是物体的能量辐射。任何温度高于绝对零度（－273 K）的物体，都要从它们的表面向外辐射能量。一切辐射都伴随着能量的转换，辐射能是辐射体中带电粒子热运动的能量转换而来的。辐射热是辐射能的一种形式，两个温度不同的物体，互相辐射出去的热量也不同，二者之间相互交换的辐射热量的差值，就是辐射换热量。这种热量交换过程叫做“辐射换热”。

热辐射是由电磁波来传播热能的一种方式。物体受热温度升高时，电子的振动频率增加，放出的辐射能也增加。辐射能是温度的函数。一般物体都具有辐射的能力，同时也具有吸收外界辐射的能力。当物体放出和吸收的辐射能量相等时，物体便处于“热力动平衡”状态。

物体辐射能量的速率，可用斯蒂芬—波尔兹曼定律来描述：

$$q = \sigma A T^4 \tag{5.13}$$

式中　q——物体辐射出的能量；

A——物体的表面积；

T——物体的绝对温度；

σ——斯蒂芬、波尔兹曼常数。

投射到物体表面的热辐射能，一部分被物体吸收，一部分被表面反射，一部分穿透该物体。如果投射到物体的热辐射能全部被物体吸收，则这一类物体称为“绝对黑体”，简称黑体。如果投射到物体的热辐射能全部被物体反射，则这一类物体称为“镜体（正常反射）或白体（漫反射）”。如果投射到物体的热辐射能，全部透过该物体，则这一类物体称为“透热体”。

应该指出：在自然界，对热射线（不是对可见光）而言的绝对黑体、绝对白体和绝对透热体都是没有的。石油烟、煤烟、黑丝绒、雪、霜（雪、霜对可见光是反射的，对热射线是吸收的）等接近于黑体（其吸收率为 0.97）；磨光的金属接近于白体（其反射率为 0.97）；氧（O_2）、氮（N_2）等气体接近于透热体（其透射率接近于 1）。

一般来说，固体和液体都是不透热体，即其透射率等于 0。

任何物体在 1 h 之内，从 1 m^2 表面积上辐射出去的能量称之为辐射力，用符号 E 代表。辐射力 E 的大小决定于物体的物质组成、表面特性及其温度。试验得出，绝对黑体的辐射力与其绝对温度的四次方成正比，即：

$$E_0 = c_0\left(\frac{T}{100}\right)^4 \tag{5.14}$$

式中　E_0——绝对黑体的辐射能力，kcal/（m^2·h）；

T——物体表面的绝对温度，$T = t + 273$ K（t 为摄氏温度值）；

c_0——绝对黑体的辐射系数，$c_0 = 3.9$（kcal/m^2·h·K^4）。

工程上常见物体的辐射力 E 均小于同温度下绝对黑体的辐射力 E_0，所以，$c < c_0$（c 为一般物体的辐射系数）。

一般物体辐射力与绝对黑体辐射力之比，称为物体的黑度，

即：

$$\varepsilon = \frac{E}{E_0} = \frac{c}{c_0} \tag{5.15}$$

式中　ε——物体的黑度。

黑度 ε 都小于 1，其值的大小取决于物体的物质组成，表面特性及其温度。一般来说，磨光的金属表面黑度较小，而表面粗糙的物体或氧化的金属表面黑度较大。表 5-3 是几种物体黑度的一般值。

表 5-3　物体的黑度

物体名称	温度(℃)	黑度 ε
表面磨光的铝	225~575	0.039~0.057
在 600 ℃时氧化后的铝	200~600	0.11~0.19
氧化铁	200~600	0.8
红砖	20	0.93
水	0~100	0.95~0.96
烟灰	95~270	0.95

5.2　太阳辐射与地表能量平衡

5.2.1　太阳辐射平衡

太阳辐射是地表热量的主要来源，是影响多年冻土发育的主要因素。通过太阳辐射和地

表能量平衡观测，可比较准确地判定、评价多年冻土的发展趋势。

太阳辐射是指太阳向宇宙空间发射的电磁波和粒子流。在大气科学中，太阳辐射仅指太阳向宇宙发射的电磁波。太阳辐射能量覆盖了从 X 射线到无线电波的整个电磁波谱，但其能量的99%集中分布在0.15～4 μm 波段，99.9%的能量集中分布在0.2～10 μm 波段内。太阳辐射能量的50%在可见光谱内（可见光波长为0.4～0.8 μm，红外线波长为0.8～40 μm），且主要集中在0.480 μm 波长。而地球辐射能量的波长在4～120 μm 之间。当把地球和大气圈的能量辐射称为长波辐射时，习惯上把太阳辐射称为短波辐射。

在气象观测上，太阳辐射是指通常要测量的太阳直接辐射和总辐射。

太阳的直接辐射是指来自太阳圆面的立体角内，投向与该立体角轴线相垂直的面上的太阳辐射。

太阳总辐射是指地球水平面上，接受到的来自水平面以上整个半球天空（2π 立体角内）的太阳直接辐射与散射辐射之和。

地表热状况取决于到达地表的太阳短波辐射能，及其转变为长波辐射的数量和与地表面吸收太阳辐射能有关的热过程。

在某一确定的时段内，地表太阳辐射平衡可由下式确定：

$$Q_j = (Q_z + Q_s)(1 - a) - Q_e \tag{5.16}$$

式中　Q_j——剩余辐射量或称辐射平衡量，kcal/cm^2；

Q_z——到达水平面的太阳直接辐射，kcal/cm^2；

Q_s——来自天空的散射辐射，kcal/cm^2；

$(Q_z + Q_s)$——太阳总辐射，kcal/cm^2；

a——地表反射率；

Q_e——有效长波辐射，kcal/cm^2。

从式(5.16)可知，地表获得的净太阳辐射能量等于到达地表的太阳总辐射（直接辐射与散射辐射之和）与反射辐射和有效长波辐射之差。

在我国多年冻土地区，暖季，地面的有效长波辐射 Q_e，总是小于地面的吸收辐射 $(Q_z + Q_s) \times (1 - a)$ 的，故地面获得的净辐射 Q_j 为正值；寒季，太阳辐射较弱，加之雪盖和冻结地表的反射率较大，地表的吸收辐射小于有效长波辐射，Q_j 为负值。

我国太阳辐射年总量，具有东部小，西部大的特点。东北多年冻土地区，年总辐射量在4 100～5 400 MJ/m^2；西北高山多年冻土区，年总辐射量在5 400～5 800 MJ/m^2。青藏高原多年冻土地区，由于海拔高，空气稀薄洁净，透明度高，太阳辐射年总量在6 700～9 200 MJ/m^2，并且，年总辐射量具有随海拔高度增加而增加的特点。例如，青藏高原多年冻土腹部地区的风火山（海拔4 750 m），2000年的太阳辐射总量就达7 137.53 MJ/m^2，是东部同纬度郑州地区的1.5倍（图5-1，表5-4）。

到达地面的太阳总辐射，由直接辐射和散射辐射组成。直接辐射在总辐射中所占比例，据风火山气象站资料，约在66%左右。

太阳的直接辐射和散射辐射，暖季达到最大，而寒季减到最小。暖季，地表的有效长波辐射总是远远小于地面吸收的净辐射，因而，辐射平衡为正值。暖季的辐射平衡，使地表温度升高，活动层融化。净辐射的改变，可使地表年平均温度和年较差改变。高原的暖季（4月～9月），总辐射量一般在4 200 MJ/m^2 左右，约占全年总辐射量的70%～80%。

表 5-4　风火山与郑州（同纬度）的太阳辐射比较

年　　份		1999 年	2000 年
总辐射(MJ/m²)	风火山	7 052.53	7 137.53
	郑州	4 914.68	4 632.97
最高月辐射(MJ/m²)	风火山	835.6(7 月)	805.26(5 月)
	郑州	584.06(7 月)	614.39(5 月)
最低月辐射(MJ/m²)	风火山	416.89(12 月)	407.35(12 月)
	郑州	272.67(12 月)	185.67(12 月)

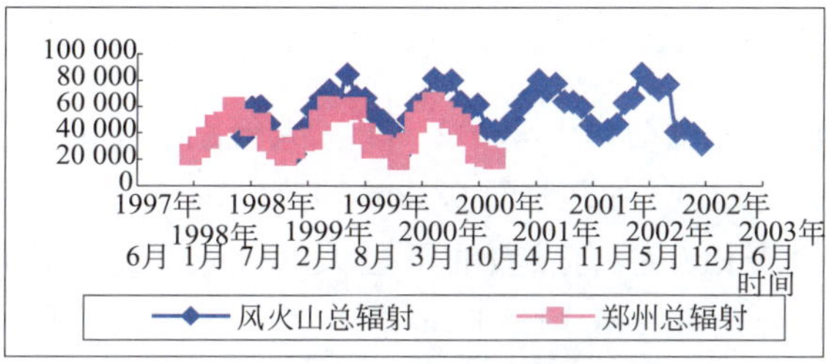

图 5-1　风火山太阳总辐射与同纬度郑州太阳总辐射的比较

月总辐射量的最大值出现在 6 月，大、小兴安岭多年冻土地区，月总辐射量在 540 ~ 590 MJ/m²；西部高山多年冻土地区，在 670 ~ 690 MJ/m²；青藏高原多年冻土地区，在 800 ~ 920 MJ/m²。月总辐射量最小值出现在 12 月，大兴安岭多年冻土地区，月总辐射量在 125 MJ/m² 以下；西部高山多年冻土地区，在 170 MJ/m² 以下；青藏高原多年冻土地区，在 500 MJ/m² 以下。例如，风火山地区 2000 年 12 月为 408.35 MJ/m²。

我国太阳辐射平衡（净辐射）年总量，亦具有东部小，西部大的特点。东部大兴安岭多年冻土地区，净辐射年总量约在 1 600 ~ 2 000 MJ/m²；西部高山多年冻土地区，约在 1 700 ~ 2 500 MJ/m²；青藏高原多年冻土地区，净辐射年总量约在 1 700 ~ 3 300 MJ/m²，和总辐射一样为全国最大，且全年均为正值。例如，风火山地区 2001 年净辐射值为 2 077.38 MJ/m²，月最大净辐射出现在 7 月，达 370 MJ/m²，月最小值出现在 12 月，仅 4.0 MJ/m²。暖季的净辐射值占全年净辐射值的 89% 。

太阳辐射强度在一天中的变化，如图 5-2 所示。该图是风火山地区 2001 年 8 月 13 日的太阳辐射—时间曲线。从图可以看出：总辐射、净辐射和反射辐射，都从上午 6 时开始增加，最大值出现在 12 时左右：总辐射达 3.99 MJ/m²；净辐射达 2.60 MJ/m²；反射辐射达 0.66 MJ/m²。

太阳辐射在一年中的分布，如图 5-3 所示。

该图是青藏铁路风火山冻土站 2001 年的太阳辐射—时间曲线图。从图 5-3 可以看出；风火山地区，各月太阳总辐射变化在 380 ~ 800 MJ/m²，寒季的 12 月总辐射最小，为 380 MJ/m²，暖季的 5 月，总辐射最大，为 800 MJ/m²；各月的净辐射变化在 0 ~ 380 MJ/m²，最大值出现在 7 月，为 380 MJ/m²，最小值出现在 12 月，为 0 MJ/m²。

5.2.2　地表能量平衡

多年冻土热状态的变化受地表能流的控制。岩石圈和大气圈之间的能量交换，在岩石圈上部层（固体）和大气圈下部层（流体）之间的一定厚度界面层中发生，这个一定厚度的空气和土体组成的界面层称为“接触层”。

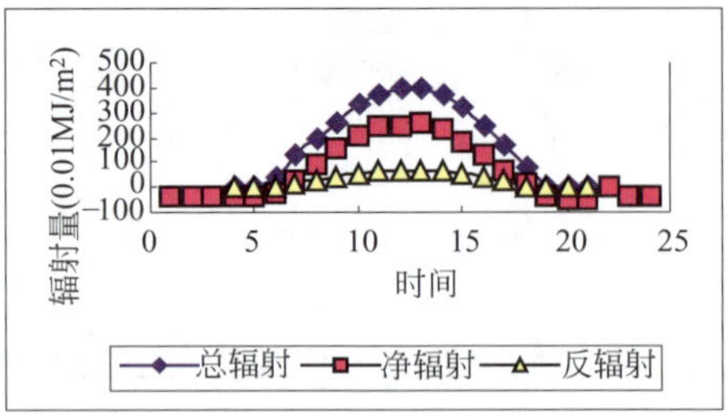

图 5-2　风火山 2001 年 8 月 13 日太阳辐射曲线

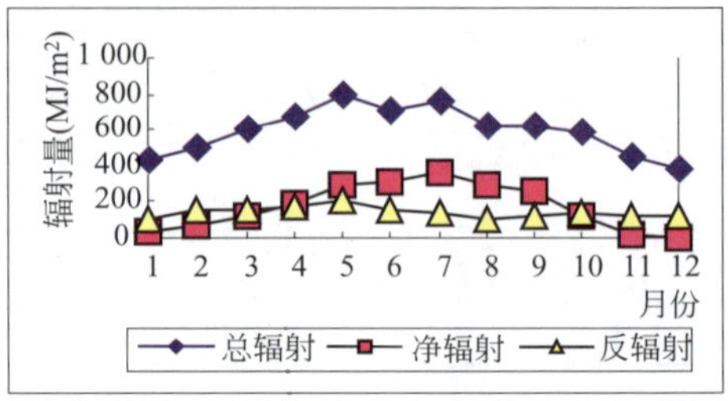

图 5-3　风火山地区太阳辐射各分量的分布

大气在地球表面附近的密度约为 1.293 g/cm^3。大气圈质量的 90% 集中分布在离地表 15 km 的范围内；99.9% 的质量集中在离地面 48 km 的范围内。

大气界面层是指与地表相互影响强烈的下层大气，它与地面之间主要是摩擦作用。所以，该层也称摩擦层，其厚度在 200 ~ 1 500 m。

空气的运动是服从一定统计规律的无规则运动。空气的运动一般是大于分子自由程的各种尺度的空气涡旋运动的迭加。在近地层（大气界面层的最下部层，厚度 20 ~ 150 m）中，由于空气与地面摩擦和浮力作用形成的湍流，把空气的动能输送至地中，把地面放出的热、水汽和气溶胶传输至该层上部的大气中。

接触层中的能量交换（包括：太阳辐射能、生物化学能、水相变潜热等）是复杂的，它随近地层中能量的变化而迅速变化。不同种类的能量（周期和振幅不同）在地中的渗入深度是不同的。接触层的下部边界应根据计算能量的最大渗入深度来确定。

地表获得的太阳净辐射 Q_j，主要消耗于地表与大气间的能量交换、地表蒸发耗热和地表与地中的热交换。接触层的瞬时热量平衡，可用下面方程表示：

$$Q_j = LE + P + B \tag{5.17}$$

式中　LE——消耗于蒸发过程的热量，kcal/cm^2；

P——地表与大气间的湍流热交换所消耗的热量，kcal/cm^2；

B——地表与地中的热交换量，kcal/cm^2。

多年冻土的保存与发展，取决于地表与地中的热交换 B。在一个接触层热交换周期中，地表放出的热量等于或大于吸收的热量时，多年冻土得以保存和发展；否则，多年冻土将衰退和消亡。

据有关研究资料，我国多年冻土地区地面的年蒸发耗热量，具有东部大西部小的特点。大兴安岭多年冻土地区，在 840 MJ/m^2 以下；青藏高原多年冻土地区西部，在 210 ~ 420 MJ/m^2，东部可达 420 ~ 840 MJ/m^2。

我国多年冻土地区，地面与大气间的湍流热交换量：东北多年冻土地区，约在 1 000 MJ/(m^2·年）上下；西北高山多年冻土地区和高原多年冻土地区，可达 1 700 ~ 2 100 MJ/(m^2·年)。

我国多年冻土地区，地表热量平衡各分量的实测值，如表 5-5 所示。

表 5-5 我国多年冻土区地面热量平衡组成

项目 地区	辐射平衡 Q_j [MJ/(m²·年)]	蒸发耗热 LE		湍流交换热 P		地中热交换量 B		多年冻土特征
		LE 值 [MJ/(m²·年)]	LE/Q_j	P 值 [MJ/(m²·年)]	P/Q_j	B 值 [MJ/(m²·年)]	B/Q_j	
西藏土门格拉	2 792.6	664.5	23.9%	2 096.6	75.0%	31.5	1.1%	大片连续
昆仑山垭口	1 737.4	493.3	28.4%	1 224.8	70.5%	19.3	1.1%	大片连续
大兴安岭北部	1 599.4	699.2	43.7%	799.7	50.0%	100.5	6.3%	大片连续

从表 5-5 可以看出：在我国多年冻土地区，尽管地面在一年中获得的太阳净辐射较多，但进入地中的热量是较少的。例如，土门格拉（海拔 4 900 m，年平均地温 -1.9 ℃）年净辐射量 2 792.6 MJ/m²，用于蒸发耗热为 664.5 MJ/m²（占 23.9%）；湍流交换耗热 2 096.6 MJ/m²（占 75.0%）；进入地中的热量只有 31.5 MJ/m²，占净辐射量的 1.1%。

表 5-6 列出了 1965 年西藏土门格拉地区，地中热流（热通量）观测研究资料。

表 5-6 土门格拉地中热通量（MJ/m²）观测资料

年份及场号	月份	1	2	3	4	5	6	7	8	9	10	11	12	年
1965 年	1 号场	-47.7	-30.1	-14.2	13.0	37.2	56.1	51.5	47.3	23.0	-12.6	-45.2	-62.8	15.5
	2 号场	-46.9	-28.9	-8.8	17.2	46.4	59.8	55.6	49.4	25.1	-10.5	-37.2	-50.2	71.1
	3 号场	-46.0	-23.8	-8.8	8.8	30.1	40.6	38.9	36.8	18.4	-7.1	-34.7	-47.7	5.4
	4 号场	-39.7	-21.8	-10.9	13.0	28.0	41.8	43.5	40.6	19.7	7.5	-31.0	-43.5	47.3
	5 号场	-41.0	-23.0	-11.3	10.9	28.9	43.1	45.2	39.7	20.1	-4.6	-29.3	-44.4	34.3
	平均	-44.3	-25.5	-10.8	12.6	34.1	48.3	46.9	42.8	21.3	-8.7	-35.5	-49.7	31.5

从表 5-6 可以清楚看出：1965 年，在西藏土门格拉的五个观测场，4 月～9 月（暖季），地中热通量均为正值（热量进入地中）；寒季各月份（1、2、3、10、11、12 月）地中热通量均为负值（热量从地中流出）。全年进入地中的热量为 206.0 MJ/m²；从地面放出的热量为 174.5 MJ/m²，两者相消，地中全年净收入太阳辐射热量为 31.5 MJ/m²，占总净辐射热量 2 792.6 MJ/m² 的 1.1%。

又据青藏铁路风火山冻土站 1975 年～1976 年观测研究资料，暖季，进入地中的热量为 187.5 MJ/m²；寒季，从地中流出热量为 64.9 MJ/m²，两者相消，地中全年净收入的辐射热量为 122.6 MJ/m²，占年总净辐射热量 3 065 MJ/m² 的 4%。

根据地中热流观测资料，可初步评价多年冻土的发展趋势。

设：在地中热交换中，暖季进入地中的热量为 B_j [MJ/(m²·年)]；寒季，从地中流出的热量为 B_c [MJ/(m²·年)]。

若：$B_j > B_c$，则地中热量增加，多年冻土的年均地温将逐渐升高，多年冻土处于退化状态；

若：$B_j < B_c$，则地中蓄积的热量减少，多年冻土的年均地温将逐渐降低，多年冻土处于发展状态；

若：$B_j = B_c$，则多年冻土处于（发展与退化间的）临界稳定状态。

据近年来太阳辐射观测研究资料，我国的多年冻土大多处于退化状态。例如：

（1）昆仑山垭口地区（1993 年 ~ 1994 年）：$B_j = 116.2$ MJ/(m^2 · 年)，$B_c = 96$ MJ/(m^2 · 年)，地中热交换量 $\Delta B = +20.2$ MJ/(m^2 · 年)；

（2）风火山地区（1975 ~ 1976 年）：$B_j = 187.5$ MJ/(m^2 · 年)，$B_c = 64.9$ MJ/(m^2 · 年)，$\Delta B = +122.6$ MJ/(m^2 · 年)；

（3）西藏土门格拉地区（1965 年）：$B_j = 206.2$ MJ/(m^2 · 年)，$B_c = 171.6$ MJ/(m^2 · 年)，$\Delta B = +31.5$ MJ/(m^2 · 年)；

（4）青海木里地区（1966 ~ 1967 年）：$B_j = 86.7$ MJ/(m^2 · 年)，$B_c = 135.2$ MJ/(m^2 · 年)，净传入 $\Delta B = -48.5$ MJ/(m^2 · 年)；

（5）青海巴拉大财地区（青藏公路原 66 道班，1993 年 ~ 1994 年）：$B_j = 85.6$ MJ/(m^2 · 年)，$B_c = 39.4$ MJ/(m^2 · 年)，$\Delta B = +46.2$ MJ/(m^2 · 年)；

（6）东北大兴安岭地区（1991 年），$\Delta B = +100.5$ MJ/(m^2 · 年)。

以上例举的六个地区，除木里地区地中热交换年平衡为负值，多年冻土处于发展状态外，其他地区均为正值，即 $B_j > B_c$，多年冻土均处于退化状态。

当然，用一年的地中热流观测资料，来准确评价、预报多年冻土的发展趋势是不可能的。但地基多年冻土热状态变化的基本情况，在冻土地基基础设计中是应该充分考虑的。

5.3　试验数据处理与土工设计参数的确定

岩石和土是在漫长的地质年代里形成的。岩土的物质成分、结构构造特征、物理力学特性等，都是在地质历史变迁过程中，各种地质作用综合作用的结果。因而，岩土工程性质在时间和空间的分布都是随机性的。岩土性质的多变性和勘探、试验数量的有限性，决定了人们对建筑场地工程地质条件评价的不确定性，对岩土工程性质估计的不确定性。因此，岩土工程的设计，实际是在许多不确定条件下进行的。

传统的岩土工程设计方法是采用“确定性”途径。即将计算所用土工参数看作是代表整个建筑地段的、确定的量，这显然是不符合实际的。

合理的途径是将试验、观测得到的土工参数子样看作随机变量，采用概率统计方法，对其进行概率统计分析，求得子样的统计参数，估计土工参数总体平均值的置信区间，得到设计所需土工参数。从而，赋予设计、计算结果以概率的含义。

客观存在的岩土参数总体平均值是未知的，也是无法求得的。但子样（试验、观测数据）的平均值和标准差是可以求得的。根据子样的这两个统计参数来估计总体的平均值，是估计土工设计参数的基本方法。

5.3.1　测量数据的分布特性与误差表示方法

（1）岩土测量数据的分布特性

地基冻土的物理、力学特性，是由冻土的物质组成、含冰量、温度状况和结构构造决定的。而冻土的物质组成、温度状况在时间和空间的分布都是变化的、不均匀的。因此，岩土测量参数是一随机变量。

冻土物理、力学试验的目的，是为确定用于地基基础计算的、表征冻土物理、力学状态的物理量——冻土物理、力学特征指标。

冻土物理、力学试验和现场观测，都力求测定表征冻土状态的物理量的真值。但是，任何物理量的真值都是无法测得的。人们所能测定的，只是某物理量的近似值。在同一冻土物理、力学试验中，无论所用仪器多么精密，测量方法多么完善，试验者多么细心，所得结果常常不能完全一致，即，所测得的数据总存在一定的误差。

在一组精度相同的测量值中，如果用 n_i 代表某一测量值 s_i 出现的次数，绘制 s_i 与 n_i 关系直框图，则岩土参数试验、观测值的分布如图 5-4 所示。从图可以看出：在试验条件相同时，同一岩土参数的多个测量值中，大测量值和小测量值出现的次数都较少，中等测量值出现的次数最多。即：大测量值和小测量值出现的概率小，中等测量值出现的概率最大。

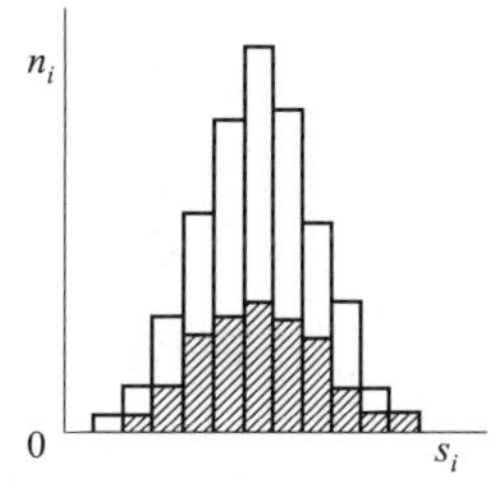

图 5-4　岩土参数测量值的分布

在试验观测中，必须根据岩土测量数据的分布特性，找出在给定条件下，所测数据与真值之间的关系，从而，从一组观测值中确定一个最佳值，用此最佳值代表所测岩土参数（物理量）的真值。

在生产实践中，通常给物理量的真值如下定义：真值是测量次数无限多时，测得数据的平均值（数学期望）。

测量参数的平均值有以下五种：

①算术平均值；②均方根平均值；③加权平均值；④中位值；⑤几何平均值。

各平均值的定义如下：

设：测量次数为 n，测量值为 x_i（$i=1$；2；3；4；5；……；n），则：

算术平均值为：

$$a = \frac{\sum_{i=1}^{n} x_i}{n} \tag{5.18}$$

均方根平均值为：

$$u = \sqrt{\frac{\sum_{i=1}^{n} x_i^2}{n}} \tag{5.19}$$

加权平均值为：

$$w = \frac{\sum_{i=1}^{n} w_i x_i}{\sum w_i} \tag{5.20}$$

式中　w_i——各测量值的权；

中位值为：测量值按大小排列的中间值；

几何平均值为：

$$x_g = \sqrt[n]{x_1 \cdot x_2 \cdot x_3 \cdot \cdots \cdot x_n} \tag{5.21}$$

根据最小二乘法原理，可以证明：在上述平均值中，算术平均值是一组测量值的最佳值，最可信赖值。

（2）测量值误差产生的原因与表示方法

岩土工程的试验与观测总是存在误差。根据误差的性质和误差产生的原因，测量中的误差可分为以下三种：

① 系统误差（或恒定误差）

系统误差，是指在试验测量中未发觉或未确认的因素所引起的误差。系统误差的特点是：永远朝一个方向偏差，其大小及符号在同一试验中完全相同。

系统误差产生的原因：仪器结构不良，或未按规定及时校准等，如刻度不准，砝码未校正等；周围环境变化，如温度、压力、湿度变化等；试验者的习惯与偏向，如读数常偏高或偏低等。

② 偶然误差（或或然误差）

偶然误差，是指在测量中消除了引起系统误差的一切因素后，而所测数据仍出现的误差（在末一位或末二位数字上有差别）。偶然误差的特点是：有时大，有时小，有时正，有时负，方向不一定。

偶然误差产生的原因一般不详，因而，无法控制。但是，在同一条件下，用同一仪器对同一物理量进行多次测量，若测量次数足够多时，则可发现，偶然误差完全服从统计定律：误差的大小、正负误差的出现，完全由概率决定。即偶然误差与测量次数有关，随着测量次数的增加，偶然误差的算术平均值将逐渐接近于零。因此，多次测量结果的算术平均值将更接近于真值。

③ 过失误差

过失误差，是指由于粗心大意，操作错误而引起的显然与事实不符的误差。如读错刻度，纪录错误，计算错误等。

误差有如下四种表示方法：

a. 范围误差：指一组测量值中，最大值与最小值之差。即测量误差的变化范围。

范围误差的大小，通常用最大误差系数 k_1 来表示：

$$k_1 = \frac{l}{a} \tag{5.22}$$

式中 l——范围误差；

a——测量值的算术平均值。

范围误差的缺点是：k_1 值仅取决于两个极端测量值，而与测量的次数无关；

b. 算术平均误差：算术平均误差是表示误差的较好方法，其定义为：

$$\delta = \frac{\sum |d_i|}{n} \tag{5.23}$$

式中 δ——算术平均误差；

n——观测次数；

d_i——观测值与平均值的偏差。

在一组观测精度相同的观测值中，观测值与平均值之差的代数和为零。即：

$$\sum d_i = 0$$

c. 标准误差：标准误差也称均方根误差，其定义为：

$$\sigma = \sqrt{\frac{\sum d_i^2}{n}} \tag{5.24}$$

在观测次数有限时，标准误差用下式表示：

$$\sigma = \sqrt{\frac{\sum d_i^2}{n-1}} \tag{5.25}$$

式中 σ——标准误差；

n——观测次数。

标准误差是一组测量中各观测值的函数，对误差大小的反应比较灵敏，故标准误差是表示精确度的较好方法。标准误差系数为：

$$k_a = \frac{\sigma}{a} \tag{5.26}$$

式中　k_a——标准误差系数；

a——测量值的算术平均值。

d. 或然误差：

或然误差用γ表示，其定义是：在一组测量值中，如果不计正、负号，则误差大于γ和小于γ的测量值各占一半。或者：在具有负误差的测量值中，其误差介于 0 和 $-\gamma$ 之间的测量值占一半；在具有正误差的测量值中，其误差介于 0 和 $+\gamma$ 之间的测量值占一半。

用误差函数可以证明：或然误差是标准误差的 0.674 5 倍，即：$\gamma = 0.6745\sigma$。

5.3.2　高斯误差分布定律与最小二乘法原理

（1）高斯误差分布定律

据概率的定义，在一组观测值中，任一观测值 s_i 出现的概率 p，等于此观测值出现的次数与总观测次数之比。即：

$$p = \frac{n_i}{N} = \frac{1}{N}\frac{\mathrm{d}n_i}{\mathrm{d}s}\mathrm{d}s = y_i \mathrm{d}s \tag{5.27}$$

式中，$y_i = \frac{1}{N}\frac{\mathrm{d}n_i}{\mathrm{d}s}$称为概率密度函数。只要找出这一函数的形式，即可计算测量值 s 出现的概率。

测量值误差的分布规律与测量值的分布规律相同。将（5.27）式中观测值 s 换成误差 x，便可得到任一误差出现的概率 p，即：

$$p = \frac{1}{N}\frac{\mathrm{d}n_i}{\mathrm{d}x}\mathrm{d}x = y_i \mathrm{d}x \tag{5.28}$$

只要找出 y_i 的函数形式，即可求得某一误差（观测值）出现的概率。

误差的分布具有如下特点：

①小误差比大误差出现的机会多，故误差出现的概率与误差的大小有关；

②大小相等，符号相反的正、负误差的数目近于相等，故概率曲线对称于 y 轴；

③极大的正、负误差出现的概率均非常小，故大误差一般不会出现。

从误差分布的这些特性可以看出，概率曲线用数学公式表示时，一定是 x^2 的函数，即：

$$y = f(x^2) \tag{5.29}$$

高斯给出了或然率密度 y 的函数形式，即：

$$y = \frac{h}{\sqrt{\pi}} e^{-h^2x^2} \tag{5.30}$$

或

$$y = \frac{1}{\sqrt{2\pi}\sigma} e^{-\frac{x^2}{2\sigma^2}} \tag{5.31}$$

式中　h——精确度指数，$h = \frac{1}{\sqrt{2}\sigma}$；

σ——标准误差。

从式(5.30)可以看出，x 越小，则 y 值越大，当 $x=0$ 时，$y_0=\dfrac{h}{\sqrt{\pi}}$。

式（5.30）和式（5.31）称为高斯误差分布定律，亦称误差方程或或然率方程。根据方程绘出的曲线，称为高斯正态曲线或误差曲线。

故误差出现的概率为：

$$p=\frac{1}{\sqrt{2\pi\sigma}}\mathrm{e}^{-\frac{x^2}{2\sigma^2}}\mathrm{d}x \tag{5.32}$$

或

$$p=\frac{h}{\sqrt{\pi}}\mathrm{e}^{-h^2x^2}\mathrm{d}x \tag{5.33}$$

（2）最小二乘法原理

在具有同一精确度的观测值中，最佳值乃是能使各观测值与它的误差的平方和为最小值的那个值。

现在来证明算术平均值就是一组观测值的最佳值。

设：在一组试验中，各观测值为 m_1，m_2，m_3，…，m_n，算术平均值为 a。则对应的误差为 $x_1=m_1-a$，$x_2=m_2-a$，$x_3=m_3-a$，$x_n=m_n-a$。

根据高斯误差定律，各误差出现的概率为：

$$p_1=\frac{h}{\sqrt{\pi}}e^{-h^2x_1^2}\mathrm{d}x_1$$

$$p_2=\frac{h}{\sqrt{\pi}}e^{-h^2x_2^2}\mathrm{d}x_2$$

$$p_3=\frac{h}{\sqrt{\pi}}e^{-h^2x_3^2}\mathrm{d}x_3$$

…

$$p_n=\frac{h}{\sqrt{\pi}}e^{-h^2x_n^2}\mathrm{d}x_n$$

因各次试验是独立的事件，所以，各误差同时出现的概率，为各个误差概率之乘积，即：

$$p=p_1p_2p_3\cdots p_n=\left(\frac{h}{\sqrt{\pi}}\right)^n e^{-h^2(x_1^2+x_2^2+x_3^2+\cdots x_n^2)}\mathrm{d}x_1\mathrm{d}x_2\mathrm{d}x_3\cdots\mathrm{d}x_n$$

令：

$$y=x_1^2+x_2^2+x_3^2+\cdots+x_n^2 \tag{5.34}$$

则：

$$p=\left(\frac{h}{\sqrt{\pi}}\right)^n e^{-h^2y}\mathrm{d}x_1\mathrm{d}x_2\mathrm{d}x_3\cdots\cdots\mathrm{d}x_n \tag{5.35}$$

根据误差分布特性，在一组观测值中，最佳值（最可信赖值）应是出现概率最大的那个值。式（5.35）中，p 要最大，则指数 y 应最小。满足 y 值最小的条件是：$\dfrac{\mathrm{d}y}{\mathrm{d}x}=0$；$\dfrac{\mathrm{d}y^2}{\mathrm{d}x^2}>0$。

将 $x_1=m_1-a$，$x_2=m_2-a$，$x_3=m_3-a$，$x_n=m_n-a$ 代入式(5.34)，并进行微分，得：

$$\frac{\mathrm{d}y}{\mathrm{d}x}=2(m_1-a)+2(m_2-a)+2(m_3-a)+\cdots+2(m_n-a)=0 \tag{5.36}$$

$$\frac{dy^2}{dx^2}=2n>0。$$

y 值最小的条件满足，故概率 p 为最大。

整理式(5.36)，可得，
$$a=\frac{\sum_{i=1}^{n}m_i}{n} \tag{5.37}$$

即：算术平均值与测量值之差的平方和为最小，出现的概率最大，故算术平均值是一组测量值的最佳值，最可信赖值。

5.3.3　概率积分

概率误差函数的积分，在一般教科书中，有以下三种表示法：

$$\phi(t)=\frac{1}{\sqrt{\pi}}\int_{-t}^{t}e^{-t^2}dt; \tag{5.38}$$

$$\phi(t)=\frac{2}{\sqrt{\pi}}\int_{0}^{t}e^{-t^2}dt; \tag{5.39}$$

$$F(x)=\frac{2}{\sqrt{\pi}}\int_{0}^{hx}e^{-h^2x^2}h\,dx。 \tag{5.40}$$

由于误差曲线是对称于纵坐标的，位于 $t=0$ 两边的面积相等，令 $hx=t$，则以上三种表示法完全相同。

将 e^{-t^2} 展开为级数，得：

$$e^{-t^2}=1-\frac{t^2}{1!}+\frac{t^4}{2!}-\frac{t^6}{3!}+\cdots \tag{5.41}$$

将式(5.41)代入式(5.38)并积分，得：

$$\phi(t)=\frac{2}{\sqrt{\pi}}\left[t-\frac{t^3}{1!\,3}+\frac{t^5}{2!\,5}-\cdots\right]_{-t}^{t} \tag{5.42}$$

故：
$$\phi(t_i)=\frac{2}{\sqrt{\pi}}\left[t_i-\frac{t_i^3}{1!\,3}+\frac{t_i^5}{2!\,5}-\frac{t_i^7}{3!\,7}+\cdots\right] \tag{5.43}$$

式(5.43)即以 t 为变数的概率积分方程。如误差 x 为已知时，可根据

$$t=hx=\frac{x}{\sqrt{2}\delta} \tag{5.44}$$

计算出 t，然后查 $\phi(t)$ 积分值表，即可得出误差介于 $\pm x$ 范围内的概率的大小。

在试验观测中，常常需要知道某一误差介于某一范围内的概率的大小，从而，判断误差属于系统误差或偶然误差。

设：在一组测量值中，其标准误差为 δ，令 $k=\sqrt{2}t$，则任一观测值的误差 x 介于 $\pm k\sigma$ 之间的概率如表 5-7 所示。

表 5-7　保证率系数 k 与保证率 p 的关系

k	0.32	0.50	0.67	1.00	1.14	1.28	1.44	1.65	2.00	2.58	3.00
p	0.25	0.38	0.50	0.68	0.75	0.80	0.85	0.90	0.95	0.99	0.997

从上表可以看出，测量值的误差介于 $\pm 0.67\sigma$ 之间的概率为 50%；介于 $\pm 2\sigma$ 之间的概

率为 95%；介于 $\pm 3\sigma$ 之间的概率为 99.7%。一个误差如果出现在 $\pm 3\sigma$ 范围之外（其出现概率仅为 0.3%），则该误差一定不属于偶然误差，而应该为系统误差或过失误差。

误差是测量值与平均值之差。误差的分布特性即测量值的分布特性，因此，上面的讨论用于测量值的分布也是正确的。

设：今有一组精度相同的测量值，其平均值为 a，标准差为 σ，则测量值介于 $a \pm 0.67\sigma$ 之间的概率为 50%；介于 $a \pm 2\sigma$ 之间的概率为 95%；介于 $a \pm 3\sigma$ 之间的概率为 99.7%。

5.3.4　土工计算参数总体平均值的估计

地基基础工程中的岩土参数可分为标准值、特征值、设计值。

标准值是指根据岩土样本试验值（子样），经概率统计分析，求得试验子样的平均值和标准差，再经数学期望和方差运算，得到整体标准差。而后求出岩土参数整体平均值的置信区间，确定岩土参数值。

特征值是指原位试验测得的岩土参数。如：地基承载力特征值是根据地基承载力试验得到的 $P \sim S$ 曲线求出的。其值为试验极限荷载对应的地基抗力的 1/2。

设计值是指岩土参数标准值经设计修正后的值。

土工设计参数总体平均值的估计，实质上就是对总体平均值作置信区间的估计。

人们对地基土强度特性的取样研究，就是从地基中采取“特殊的”土样进行试验，以了解和判断作为建筑物地基的整个土层强度的平均趋势。从而，估计地基持力层强度的总体平均值。这样的取样研究结果，究竟在多大程度上反映了整个土层的实际性状呢？

土工取样试验的取样数量是有限的。如何从特殊的、有限的试验指标得出关于总体强度特征的结论呢？这就需要采用从有限试验结果来估计总体的特征，从特殊抽样数据来推断一般总体特性的统计推断方法，对试验数据进行可靠性评价，并据此来估计总体平均值。

总体平均值虽然是客观存在的，但却是未知的。估计总体平均值的基本方法是：从总体中抽取 n 个试样，经试验得到总体强度的一个子样。对该试验数据子样进行统计分析，得到子样的平均值 $\bar{x}$ 和标准差 σ（总体标准差的估计值）。对子样平均值 $\bar{x}$ 进行数学期望和方差运算，得总体平均值 μ 的分布为：

$$E(\bar{x}) = \mu$$

$$V(\bar{x}) = \frac{1}{n}\sigma^2$$

故，总体标准差

$$\hat{\sigma} = \frac{\sigma}{\sqrt{n}} \tag{5.45}$$

这便是采用一次抽样的标准差来估计总体标准差的方法。

如果土工试验、观测数据（随机变量）服从正态分布，则可用区间估计理论来估计设计参数。

假如已知总体平均值的分布，则可定出一个以 μ 为中心的区间：

$$[\mu - u\hat{\sigma}, \mu + u\hat{\sigma}]$$

其中：u 为标准化变量（总体标准差的置信度，即保证率系数），$u = \dfrac{\bar{x} - \mu}{\hat{\sigma}}$。

一次抽样得到的平均值 $\bar{x}$，落在这个区间的概率 p 为：

$$P[\mu - u\hat{\sigma} < \bar{x} < \mu + u\hat{\sigma}] = 1 - \alpha \tag{5.46}$$

平均值 $\bar{x}$，落在这个区间以外的概率为：

$$P[\bar{x} < \mu + u\hat{\sigma}] = \frac{\alpha}{2} \tag{5.47}$$

$$P[\bar{x} > \mu - u\hat{\sigma}] = \frac{\alpha}{2} \tag{5.48}$$

由于 μ 是未知数，区间在数轴上的位置是不确定的，故上面定义的区间是不能应用的。为实际应用，可以给出一个以子样平均值 $\bar{x}$ 为中心的区间，区间的幅值不变，即：$[\bar{x} - u\hat{\sigma}, \bar{x} + u\hat{\sigma}]$。则可证明：子样平均值 $\bar{x}$ 以概率 $1-\alpha$ 落在区间 $[\mu - u\hat{\sigma}, \mu + u\hat{\sigma}]$ 内这样一个事件，与总体平均值 μ 以概率 $1-\alpha$ 落在区间 $[\bar{x} - u\hat{\sigma}, \bar{x} + u\hat{\sigma}]$ 内的事件是等价的。也就是说，以子样平均值 $\bar{x}$ 为中心的区间 $[\bar{x} - u\hat{\sigma}, \bar{x} + u\hat{\sigma}]$ 将以 $1-\alpha$ 的概率覆盖着总体平均值 μ。

这样，就可以用子样的统计量来定义一个区间，它以一定的概率覆盖着总体平均值 μ。

上面的区间是双侧的，即有两个界限值和两个界限以外的尾部概率 $\frac{\alpha}{2}$。

在岩土工程中，参数估计所用区间常常并不要求有两个界限，只要一个界限就足够了。比如说，只要区间的下限 $\bar{x} - u\hat{\sigma}$，此时可设想区间的上限为∞，只要将参数的总体平均值低于这个下限值的概率，限制在一个小概率就足够了。至于上限并不受限制，总体平均值越大越安全。这就是单侧下限。

单侧下限适用于抗剪强度、抗压强度、抗拉强度、压缩模量、地基承载力等指标。对于土体的含水率、压缩系数、冻胀力等，应该用单侧上限来估计。在这种情况下，可以设想区间的下限为 $-\infty$。

单侧区间估计可用下面公式表示：

单侧下限：

$$P[\bar{x} - u_{\alpha}\hat{\sigma} < \mu < \infty] = 1 - \alpha \tag{5.49}$$

或

$$P[\mu < \bar{x} - u_{\alpha}\hat{\sigma}] = \alpha \tag{5.50}$$

单侧上限：

$$P(-\infty < \mu < \bar{x} + u_{\alpha}\hat{\sigma}) = 1 - \alpha \tag{5.51}$$

或

$$P[\mu > \bar{x} + u_{\alpha}\hat{\sigma}] = \alpha \tag{5.52}$$

岩土设计参数的标准值 x_b，可由平均值 $\bar{x}$ 乘以统计修正系数求得，即：

$$x_b = \gamma_s \bar{x} \tag{5.53}$$

式中　γ_s——统计修正系数，按单侧界限给出。

$$\gamma_s = 1 \pm \frac{u_{\alpha}}{\sqrt{n}} v \tag{5.54}$$

式中　n——样本容量；

v——变异系数，$v=\frac{\hat{\sigma}}{\bar{x}}$。

统计修正系数反映了样本容量和允许承担的风险对标准值的综合影响。

变异系数 v 是一个能够综合反映岩土参数质量水平的指标。它既反映了所测岩土性质的变化特性，又反映了取土试验技术对试验结果重现性的影响。变异系数越大，说明试验结果的可靠性越差。

算例：

地基活动层土体冻结过程作用于基础的冻胀力大小，受土体冻前含水率、冻结速率、冻土温度、水文地质条件等多因素控制，而这些因素都是随时间而变化的。因此，冻胀力的大小是随机的。

中铁西北研究院在20世纪80年代，曾在青藏高原风火山地区进行挡土墙模型试验，测定作用于墙背的水平冻胀力。墙背填土为砂黏土，冻胀率为4.3%。经多年观测，得到一组水平冻胀力最大值：57 kPa，90 kPa，80 kPa，90 kPa，98 kPa，81 kPa，94 kPa。

将样本进行统计分析得：样本平均值 $\bar{x}$ 为84，样本标准差 σ 为13.7，总体标准差 $\hat{\sigma}$ 为5.18。

假设：要求水平冻胀力总体平均值的保证率为 $1-\alpha=95\%$。

题解：查概率积分表，得 $t=1.39$，计算得 $k=\sqrt{2}t=1.41\times1.39=2$，故水平冻胀力总体平均值置信区间的下限应为 $\bar{x}-2\hat{\sigma}=84-2\times5.18=73.6$ kPa，上限应为94.4 kPa。即水平冻胀力总体平均值 μ 落在73.6 kPa至94.4 kPa之间的概率为95%。

5.4 冻土地基、基础的热设计问题

冻土地基基础的热稳定性决定着冻土工程的力学稳定性。全面了解冻土地基、基础中的热传递过程特点及其影响，控制冻土地基、基础系统中的热过程，于冻土工程的正确设计、高质量施工和持续运营都十分重要。

5.4.1 傅里叶导热微分方程

傅里叶导热微分方程和描述温度波地中传播规律的傅里叶定律，是冻土地基热工计算的基础。

傅里叶定律是导热计算的基本公式，但它只是对稳定导热过程而言的。在一般情况下，包括不稳定导热在内的热传导计算微分方程，还须在傅里叶定律的基础上作进一步的推导。

设：物体为单一均质材料组成，且各个方向的物理、热物理性质相同。在这种情况下，物体内部的温度场是空间和时间的函数，可用下式描述：

$$y=f(x,y,z,\tau) \tag{5.55}$$

今在物体内分割出一个微小的平行六面体（单元体），其边长分别为：dx、dy 和 dz（图5-5）。现研究该单元体的热平衡，即计算在 x、y、z 方向流进、流出该平行六面体的热量。

根据傅里叶定律，在 x、y、z 方向流进六面体的热通量为：

$$q_x = -\lambda \frac{\partial t}{\partial x} \tag{5.56}$$

$$q_y = -\lambda \frac{\partial t}{\partial y} \tag{5.57}$$

$$q_z = -\lambda \frac{\partial t}{\partial z} \tag{5.58}$$

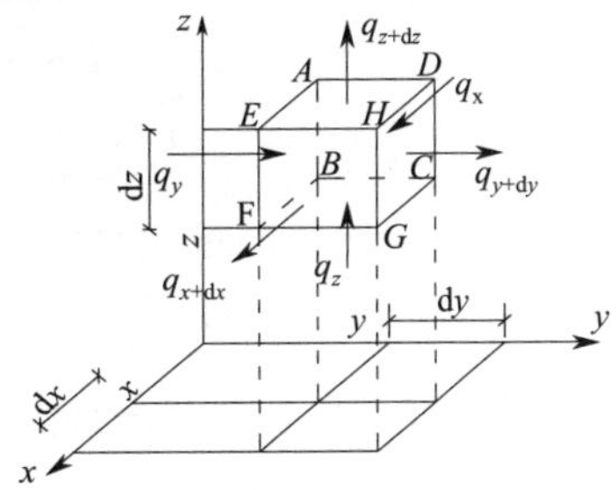

图 5-5　单元体热平衡计算图

式中　q_x、q_y、q_z——物体中比热流量 q 在 x、y、z 方向的投影；

$\frac{\partial t}{\partial x}$、$\frac{\partial t}{\partial y}$、$\frac{\partial t}{\partial z}$——温度梯度的相应投影。

则在 $d\tau$ 时间内，经 $ABCD$ 面流进单元体的热量应为：$q_x dydzd\tau$。

设在同一时间内，经 $EFGH$ 面流出单元体的热量为：$q_{x+dx} dydzd\tau$。则单元体在 $d\tau$ 时间内，从 x 方向接收的热量应为：$(q_x - q_{x+dx})dydzd\tau$。

同理，单元体从 y 方向和 z 方向接收的热量应分别为：$(q_y - q_{y+dy})dxdzd\tau$ 和 $(q_z - q_{z+dz})dxdyd\tau$。

故：在 $d\tau$ 时间内单元体 $dv(=dxdydz)$ 所接收的总热量应为：

$$dQ = [(q_x - q_{x+dx})dydz + (q_y - q_{y+dy})dxdz + (q_z - q_{z+dz})dxdy]d\tau \tag{5.59}$$

在（5.59）式中，q_{x+dx}，q_{y+dy}，q_{z+dz}分别是 x、y、z 坐标的未知函数。可将其展开成台劳级数，并取前两项，得：

$$q_{x+dx} = q_x + \frac{\partial q_x}{\partial x}dx \tag{5.60}$$

$$q_{y+dy} = q_y + \frac{\partial q_y}{\partial y}dy \tag{5.61}$$

$$q_{z+dz} = q_z + \frac{\partial q_z}{\partial z}dz \tag{5.62}$$

故：

$$q_x - q_{x+dx} = -\frac{\partial q_x}{\partial x}dx = \lambda \frac{\partial\left(\frac{\partial t}{\partial x}\right)}{\partial x}dx = \lambda \frac{\partial^2 t}{\partial x^2}dx \tag{5.63}$$

同理得：

$$q_y - q_{y+dy} = \lambda \frac{\partial^2 t}{\partial y^2}dy \tag{5.64}$$

$$q_z - q_{z+dz} = \lambda \frac{\partial^2 t}{\partial z^2}dz \tag{5.65}$$

将上面计算的单元体从 x、y、z 方向接收的热量代入方程（5.59），整理得：

$$dQ = \lambda\left(\frac{\partial^2 t}{\partial x^2} + \frac{\partial^2 t}{\partial y} + \frac{\partial^2 t}{\partial z}\right)dVd\tau。 \tag{5.66}$$

根据能量守恒原理，单元体 dV 在 $d\tau$ 时间内接收的热量 dQ 应等于其焓的增加，即：

$$dQ = C\gamma dV \frac{\partial t}{\partial \tau} d\tau \tag{5.67}$$

式中　C——物体的重量热容量，kcal/(kg · ℃)；

γ——物体的比重，kg/m^3；

$\frac{\partial t}{\partial \tau}d\tau$——在 $d\tau$ 时间内的温度变化。

令方程(5.66) 和 (5.67) 的右边部分相等，整理后得导热微分方程：

$$\frac{\partial t}{\partial \tau} = \alpha\left(\frac{\partial^2 t}{\partial x^2} + \frac{\partial^2 t}{\partial y^2} + \frac{\partial^2 t}{\partial z^2}\right) \tag{5.68}$$

式中　t——温度；

τ——时间；

α——导温系数，$\alpha = \lambda/\gamma C$，表示物体加热或冷却时，内部温度变化的快慢。

方程(5.68) 称为傅里叶导热微分方程。

傅里叶导热微分方程，确定了物体内部温度随时间和空间的变化规律。在稳定导热条件下，$\frac{\partial t}{\partial \tau}=0$，即：$\alpha\left(\frac{\partial^2 t}{\partial x^2} + \frac{\partial^2 t}{\partial y^2} + \frac{\partial^2 t}{\partial z^2}\right)=0$，而 $\alpha \neq 0$，故只有$\frac{\partial^2 t}{\partial x^2} + \frac{\partial^2 t}{\partial y^2} + \frac{\partial^2 t}{\partial z^2}=0$。即在稳定导热条件下，物体内部温度的变化与导温系数无关。

傅里叶导热微分方程的物理含义可这样理解：方程的左边部分表示温度场随时间的变化，即温度场的不稳定程度。而右边部分的两次导数，可以理解为在 x、y、z 方向温度梯度的变化率。温度梯度的变化反映热流的变化，正是由于热流在各方向的传导过程中有所变化，才引起物体内部温度场随时间的变化。

傅里叶微分方程是解热传导问题的基本方程。对于没有相转换（无冻结和融化过程）的地中热传导问题，可以得到该导热微分方程的一些解析解，这些解可用于计算地中温度和热流。然而，对于包含相变化过程的热传导问题，大多数解都是不能用的，必需采用近似的分析方法。

导热微分方程描述的是各种彼此具有不同特点的各种导热现象。要从这些现象中，区分出特定的研究对象，就须把该研究对象具有的特点表示成数学式，并入微分方程中，从而，求得代表该现象的解。

不同的导热现象，具有不同的特点。根据特点的不同，可区分出不同的各种导热现象。这些区分现象的特点（条件）总称为单值性条件。

单值性条件包括：几何条件、物理条件、起始条件和边界条件。在已知研究对象的几何形状和物理性质时，单值性条件主要就是起始条件和边界条件了。

起始条件（时间条件）是指时间 $\tau=0$ 时，物体内部的温度分布规律。在稳定导热条件下，就没有起始条件了。

边界条件可分为以下三种：

（1）第一类边界条件：已知任何时刻物体表面的温度，但靠近表面处的温度梯度和比热流量的数值为未知。

（2）第二类边界条件：已知任何时刻通过表面的比热流量。即已知温度梯度，但不知道表面温度。

（3）第三类边界条件：已知物体周围的介质温度。物体表面的温度，可通过介质温度来确定。在这种情况下，可采用牛顿冷却定律确定物体的表面温度。

5.4.2　地中温度波的传播规律

地表温度周期性波动时，地中温度受表面温度影响，亦具有周期波动的特点。

在地表温度长期呈现周期性波动时，温度波在地中的传播具有以下规律。

（1）傅里叶第一定律

地中温度振幅 A_z 随深度 z 的增加，呈指数规律减小，即：

$$A_z = A_0 e^{-z\sqrt{\frac{\pi C}{\lambda T}}} = A_0 e^{-z\sqrt{\frac{\pi}{\alpha T}}} \tag{5.69}$$

（2）傅里叶第二定律

地中温度变化的滞后时间 δ（相位移），与深度 z 成正比，即：

$$\delta = \frac{1}{2} z \sqrt{\frac{CT}{\pi\lambda}} \tag{5.70}$$

（3）傅里叶第三定律

地表温度在地中的传播深度，取决于表面温度的变化周期，即：

$$\frac{z_2}{z_1} = \sqrt{\frac{T_2}{T_1}} \tag{5.71}$$

式中　A_0——地表温度振幅；

λ——土体的导热系数；

α——土体的导温系数；

C——土体的容积热容量；

T、T_1、T_2——地表温度变化周期；

A_z——z 深度处的地温振幅；

z_1、z_2——与周期 T_1、T_2 对应的温度波传播深度。

由傅里叶第一定律可以得到地表温度变化的影响深度计算公式：

$$z = \sqrt{\frac{\lambda T}{\pi C}} \ln \frac{A_0}{A_z} \tag{5.72}$$

式中　A_z——计算深度 z 处的地温振幅。

当 A_0 为地表年振幅，A_z 趋于 0 时，z 即是地温年变化带的深度（即年较差为零的深度）。在年变化深度以下，地温几乎保持不变。

5.4.3　多年冻土天然地温场特征

地温是表征地表下地层（地基）“冷热程度”的状态参数。在通常情况下，地中各点的温度是随空间和时间而变化的。地温场研究就是研究地中温度在空间和时间的分布规律。在土体成分、含水率等条件不变时，地中温度是空间（x，y，z）和时间（τ）的函数。即：

$$t = f(x,y,z,\tau) \tag{5.73}$$

在某一时刻，所研究地层空间内各点地温数值的组合，称为地温场。温度不是矢量，所以地温场也不是矢量场。

随空间和时间而变化的地温场称为不稳定地温场。如果地中各点的温度不随时间而变化，即：$\frac{\partial t}{\partial \tau}=0$，则这种地温场称为稳定地温场。发生在稳定地温场内的传热过程，称为稳定导热过程。

把地中具有相同温度的各点连起来，就得到等温面。在等温面上，温度是没有变化的。只有在穿过等温面的方向上，才有温度的变化。等温面法线方向地温的变化率称为地温梯度（℃/m），即：

$$\mathrm{grad}(t) = \frac{\partial t}{\partial n} \tag{5.74}$$

温度梯度是一沿等温面法线方向的矢量。它的正方向朝着温度升高的一面。负的温度梯度称为“温度降度”。

来自地球内部流向地表的热流所形成温度梯度，称为地热梯度。地热梯度的倒数称为地热增温率。

气—地界面的能量交换，是多年冻土中最重要的界面现象，于工程冻土研究有着十分重要的意义。

气—地界面的辐射、对流和传导热交换的综合影响，控制着地表温度。地表的年平均温度、多年冻土的年平均地温以及地温梯度是判断多年冻土生存条件、评价多年冻土发展趋势的依据。地温也是描述和评价多年冻土热稳定性的重要指标。

多年冻土的地温场是在大气层—多年冻土层—下伏融土层之间的热交换过程中形成的。由于地表能量收、支的周期变化，其表面温度也会出现周期性的日波动和年波动。在多年冻土地区，一年中地温的变化表现为半年变热，半年变冷。热半年土体吸收热量的过程和冷半年土体放出热量的过程，组成土体中的热量循环（周转）。土的冻结和融化过程与这种热量循环密切相关。暖季来临时，冻结地表开始融化，活动层土体逐渐升温、融化，多年冻土层亦逐渐升温，至暖季末（8 月 ~9 月），融化深度达最大值，多年冻土地温上升至最高。随着寒季的到来，活动层从地面和多年冻土两个方向开始冻结，活动层冻结后，活动层和多年冻土层的地温逐渐降低，至寒季的 1 月 ~2 月地温达最低值。在一个周转年中，多年冻土地温沿深度变化的典型包络曲线如图 5-6 所示。

地温通常与气温、植被、雪盖、地形、水文和水文地质条件、土体的热物理特性等有关，随这些因素的变化而变化，且其变化幅度较大。所以，用某地的地温去推测另一地点的地温，在一般情况下，是不合适的。

多年冻土地温场的特点，反映多年冻土的热稳定性。多年冻土的发展趋势，可通过多年冻土地温场的研究来评价。

多年冻土地温场的变化，表现出明显的周期性（一日的、一年的、多年的等），具有以下特点（图5-6）。

（1）从地表至最大季节融化深度（h_1）的活动层，直接吸收太阳短波辐射能量，地温变化剧烈。其温度场受地表短周期（日周期、月周期等）温度变化影响。

（2）从多年冻土上限至地温年变化带底部（h_0-h_1）的多年冻土层，其温度常年为负值，顶部最高值为 -0 ℃。这带地温的变化幅度较小，从上限往下，地温年较差随深度的增加而减小，至地温年变化深度处变为零。

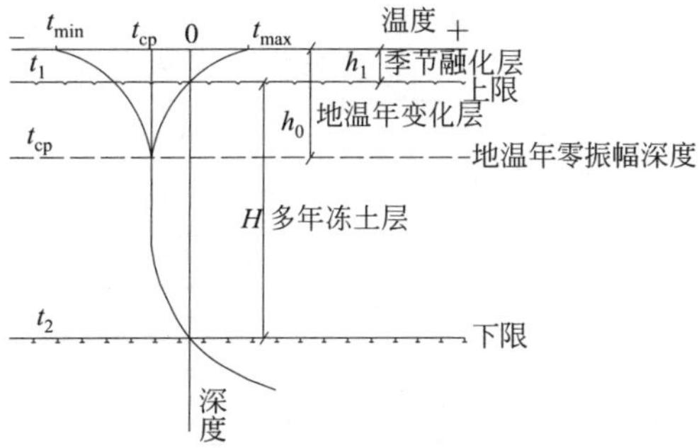

图5-6　多年冻土地温沿深度变化曲线的典型包络线

（3）年变化深度以下（$H-h_0$）的多年冻土，其温度场仅受地表长周期（气温多年波动）温度变化的影响，表现出相对稳定状态。

地温年变化带土体与大气圈和多年冻土之间的热交换，在一年中，大致可分为以下三个时段：

（1）活动层土体冻结期：从稳定负气温出现开始，至活动层完全冻透为止。在这期间，活动层土体从上、下两个方向（双向）冻结；

（2）年变化带冻土冷却期：从活动层冻透开始，至地表出现稳定融化止。在这期间，年变化带冻土（包括季节冻土和多年冻土）地温降至最低值；

（3）活动层冻土融化期：从地表出现稳定融化开始，至稳定负气温出现为止。在此期间，活动层冻土融化，年变化带融土和多年冻土地温升高至最高值。

在工程实践和科学研究中，多年冻土温度场的研究，是通过一定数量的钻孔测温来实现的。根据不同时刻沿钻孔深度的测温资料，通常绘制以下三种曲线图，来研究多年冻土地温场的特征：

（1）指定时刻地温随深度的变化曲线，或指定时间段地温平均值沿深度的变化曲线（如：沿深度地温年平均曲线），即 $t=f(z)$，$\tau=$常数；

（2）指定深度地温随时间的变化曲线，即 $t=f(\tau)$；$z=$常数；

（3）剖面上等温线深度随时间的变化图，即 $z=f(\tau)$，$t=$常数。

多年冻土（各深度）地温年平均值沿深度的变化曲线，可用来评价多年冻土近期的发展趋势。

地温年平均曲线一般可分为三种：放热型（负温度梯度）、吸热型（正温度梯度）和过渡型（0温度梯度）。

地温年平均曲线为放热型时，说明在热周转年中，多年冻土放出热量，地温降低，冻土处于发展状态；地温年平均曲线为吸热型时，多年冻土吸收热量，地温升高，冻土处于衰退状态；地温年平均曲线为过渡型时，在热周转年中，进、出多年冻土的热量接近相等，多年冻土处于临界状态。

影响多年冻土地温的因素较多，在同一地区和不同地区，在地表热量平衡过程中，随着时间的流失，上述三种多年冻土地温年平均曲线是可以相互转化的。

表5-8列出了铁道部风火山多年冻土站15 m地温观测孔1982年～2002年的地温观测

资料。

表 5-8　风火山 15 m 孔各年、各深度地温的年平均值

年份	不同年份、不同深度地温的年平均值(℃)												
	0.5 m	1.0 m	1.5 m	2.0 m	2.5 m	2.0 m	2.5 m	3.0 m	4.0 m	6.5 m	9.0 m	12.5 m	14.0 m
1982 年	-2.4	-2.5	-2.65	-2.8	-2.75	-2.7	-2.75	-2.8	-2.7	-2.5	-2.3	-2.3	-2.3
1987 年	-2.9	-2.4	-2.2	-2.3	-2.3	-2.3	-2.2	-2.4	-2.3	-2.2	-2.2	-2.3	-2.3
1992 年	-2.9	-2.8	-2.6	-0.3	-2.3	-2.1	-2.2	-1.9	-2.0	-2.0	-2.0	-2.1	-2.1
1997 年	-2.2	-2.4	-2.5	-2.3	-2.2	-2.2	-2.2	-1.9	-2.0	-1.9	-1.9	-1.9	-2.0
2002 年	-1.7	-1.8	-1.8	-1.8	-1.8	-1.8	-1.8	-1.75	-1.7	-1.8	-1.8	-1.85	-1.9

将表 5-8 中资料，绘制成地温年平均曲线图，如图 5-7 所示。

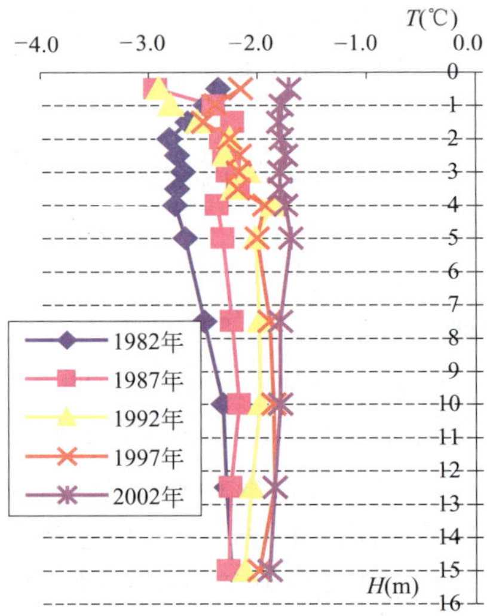

图 5-7　风火山地温年平均曲线

从图 5-7 可以看出：1982 年地温曲线为明显的散热型曲线，年变化带（深 10 m 左右）以上地层的地温降度为 -0.08 ℃/m；1987 年地温曲线，年变化层以上地温升高，地温曲线向正温方向偏移，地温降度减小为 -0.02 ℃/m；1992 年，10 年周期的地表温度变化，已经影响到整个 15 m 深度，地温明显升高，曲线吸热趋势明显；1997 年，年变化层以上地温的升高，继续向年变化层以下地层传递，曲线呈现吸热趋势，15 m 深处地温由 1982 年的 -2.3 ℃升至 1992 年的 -2.0 ℃；2002 年，15 m 深内地层的地温曲线已完全变成零梯度曲线，15 m 深处的地温由 1997 年的 -2.0 ℃升至 2002 年的 -1.9 ℃。

从以上分析可以看出：20 年来，该处多年冻土的年平均地温升高了 0.4 ℃（表5-8），地温年平均曲线已变成零梯度型，多年冻土处于衰退状态。

地温的年变化深度（年变化层厚度）受土的导温系数和年平均地温控制，因此，不同地段的地温年变化层厚度是不同的。表 5-9 列出了地温年变化深度 h_0 与年平均地温 t_{cp} 和土的导温系数 α 之间的关系（B. A. Кудрявцев）。

表 5-9　地温年变化深度与年平均地温 t_{cp} 和导温系数 α 的关系

年平均地温 t_{cp}(℃)	不同年平均地温、不同导温系数下的地温年变化深度(m)								
	0.12	0.01	0.008 1	0.006 4	0.004 9	0.003 6	0.002 5	0.001 6	0.000 9
0.5	8.4	7.5	6.6	5.8	4.9	4.1	3.2	2.4	2.5
1.0	12.4	12.1	9.9	8.7	7.5	6.3	5.1	3.9	2.6
1.5	14.7	13.3	12.9	11.4	9.0	7.6	6.2	4.8	3.3
2.0	16.4	14.8	13.2	12.7	11.1	8.5	6.9	5.4	3.7
2.0	18.7	17.0	15.9	13.4	12.6	9.8	8.0	6.2	4.4
3.0	21.4	18.5	16.5	14.6	12.6	11.7	8.7	6.8	4.9
4.0	22.7	20.7	17.6	16.5	13.5	12.4	9.3	7.3	5.2

从表 5-9 可以看出：地温年变化深度随年平均地温的降低而减小，随土体导温系数的增大而增大。

地表温度变化对地温场的影响深度（地表温度的传播深度）以及地中温度变化的滞后时间，受地表温度变化周期控制。两者均随表面温度变化周期的延长而增大，可用傅里叶第二定律和第三定律来计算。

综上所述，多年冻土地温场的变化特点取决于以下因素：

①气候和地表条件；

②活动层和多年冻土层土体的物理、热物理特性。

多年冻土的年平均地温、地温年变化深度、地温梯度、上限埋深等，是描述多年冻土地温场特征的主要参数，也是评价多年冻土发育趋势的主要依据。

算例：

假设：对于青藏铁路风火山地区的草皮覆盖地表，其日周期地表温度振幅 $A_0 = 15.5$ ℃；周周期 $A_0 = 16.5$ ℃；月周期 $A_0 = 19$ ℃；年周期 $A_0 = 23$ ℃；10 年周期 $A_0 = 25$ ℃。$\lambda_T = 0.97$ kcal/(m · h · ℃)，$C_T = 673.7$ kcal/(m^3 · ℃)。求：各种周期地表温度变化的影响深度和地中温度变化滞后时间。

题解：将上述各参数代入傅里叶公式，求得各种地表温度变化周期的地表温度传播深度和地中温度变化滞后时间（表 5-10）。

表 5-10　地表温度周期变化的影响深度和滞后时间

周　期	日	周	月	年	10 年
影响深度(m)	0.53	1.43	2.01	9.89	33.97
滞后时间	19 h	4.7 d	25 d	316 d	7.8 年

5.4.4　冻土地基、基础工程中的热工问题

多年冻土地基基础系统是处于大地半无限热力学系统中的子系统。多年冻土上地基基础施工和运营中遇到的许多工程问题，实质上都是一些热工问题。即基础、地基间的热量传输是引起地基多年冻土衰退和融化的根本原因，是冻土地基基础工程一切病害产生的根源。采取有效热防护措施，处理好多年冻土上地基基础工程中的热传输问题，是确保冻土工程长期稳定的先决条件。

在多年冻土地区，现存的自然环境（地形、地貌、植被、水屏障等），是地质历史变迁和现代气候变化的产物。存在于大气—地表—活动层—多年冻土之间的热平衡，是相对稳定的，即现有活动层的物理特性、多年冻土埋藏条件和热动态是相对稳定的。然而，工程建设必将改变冻土环境，带给多年冻土以热干扰，从而，引起地基热特性的变化，产生一系列影响冻土工程基础稳定的热工问题。

（1）工程施工引起的问题

冻土工程的修建，将改变多年冻土地区的自然环境，破坏气—地界面间的热平衡。在一般情况下，都将导致传入地中的热量增加，引起地基多年冻土的衰退和融化。

①地表形态和热工特性的变化。工程施工时，将破坏植被，改变地表形态，压实地表层，改变地表粗糙度等，从而引起地表温度的变化，使地基多年冻土温度场发生改变。即施

工会改变地表面的冻结指数和融化指数，引起多年冻土上部层融化深度的变化和多年冻土的升温、融化。

②多年冻土上覆活动层热阻的变化。地基开挖和场地填筑，都将改变活动层的厚度，引起活动层热阻的变化，使多年冻土的天然上限发生改变；

③地基暴露多年冻土的升温和融化。施工开挖暴露地表的多年冻土，在阳光照射下，会产生升温和融化。尤其是高含冰量冻土和地下冰，阳光穿透冰层时产生的“温床效应”，会引起高含冰量冻土和地下冰的大幅升温和大量融化。

（2）工程运营中的问题

新建冻土工程的地基基础系统是不平衡的热力学系统。地基基础系统与多年冻土新热平衡的建立，一般需 3～5 年或更长时间。在此过程中，地基多年冻土温度场将进行调整，工程的人为上限和与工程相容的多年冻土环境将逐步形成。与此同时，由于地基活动层土体工程特性的改变和多年冻土热状态的变化，会伴生出许多工程冻融病害，基础会出现大的变形。但这种工程冻融病害会随时间的流失而减少。在工程稳定人为上限形成后，地基基础进入相对热稳定和力学稳定阶段，冻土工程进入相对稳定的“正常运营”。

冻土工程运营中有以下常见的冻融过程病害。

①采暖房屋下地基多年冻土的衰退和融化

采暖房屋是一较大的热源，房屋中热量通过地坪、基础的传导和辐射，进入地基多年冻土中，引起多年冻土的升温，从而，产生地基多年冻土的衰退和融化。这种衰退和融化，会在房屋下形成房屋地基融化盘。例如，在东北多年冻土区，非架空采暖房屋下，地基多年冻土的最大融化深度可达 9～10 m，甚至更大。地基多年冻土融化、衰退产生大量下沉，引起房屋工程严重变形和破坏的事例，在多年冻土地区的房屋工程中是屡见不鲜的。

②黑面公路下地基多年冻土的衰退和融化

青藏公路格尔木至拉萨段，全长 1 137 km。平均海拔高度约 4 100 m。线路从柴达木盆地出发，经昆仑山区、楚玛尔河高平原、可可西里、唐古拉山进入藏北高原，而后，经念青唐古拉山，到达拉萨。沿途经过季节冻土区 506 km；岛状多年冻土区 103 km；大片连续多年冻土区 528 km。该公路于 1954 年建成通车。路面为砂石路面。1972 年开始，按沥青路面进行改建，1984 年完成。

沥青路面是一不透水、不透气的黑色面层。它对太阳能的吸收率可达 0.94～0.98。即照射到黑色沥青表面的太阳能，绝大部分都被表面所吸收。因而，沥青路面的表面温度是很高的。据青藏铁路风火山冻土站观测资料：暖季，沥青路面表面的 n_t 系数可达 4.5～5.9；而寒季，沥青表面的 n_f 系数则较小，约在 0.6～0.7 左右。因而，在青藏公路沿线的多年冻土地区，许多地段黑面公路下的融化深度都是很深的。如果按 n_t 系数 4.5，n_f 系数 0.7 计算，则在青藏公路沿线的多年冻土区，许多路段公路黑面的融化指数都大于冻结指数。即这些地段黑面公路下的融化深度都大于冻结深度，路基下的多年冻土上限是不断下降的。据资料，运营早期，在低温冻土区（年平均地温 $t_{cp} < -1.5$ ℃）的某些地段（其表面融化指数大于冻结指数的地段），黑面公路下多年冻土人为上限的下降速率为 2～6 cm/a；而在高温冻土区（年平均地温 $t_{cp} > -1.5$ ℃），人为上限的下降速率为 16～32 cm/a。路基下融化夹层厚度逐年增加。由此引发多年冻土区黑面公路出现一系列严重病害，如：路基下沉、路面倾斜，路面波浪，路面纵向裂缝等。据中交第一公路设计院调查资料：由于多年冻土上限下降，路基严重热融下沉地段累计长度达150余千米。路基纵向裂缝累计长度达13 300 m。在清水河地区（平均海拔4 470 m，近年的年平均气温在 -3.2 ℃ ~ -4.3℃，气温冻结指数在2 175 ~2 284 ℃·d，融化指数在687 ~699 ℃·d，冻结指数均小于融化指数的3.5倍），黑色路面下的多年冻土人为上限已达3.7 ~6.6 m（天然上限2.0 ~2.7 m）。并且，目前仍在继续下降。在青藏公路沿线多年冻土地区，60% ~70%的路段，其下的多年冻土已成为不衔接多年冻土（原为衔接多年冻土）。公路下的融化夹层厚度已达0.5 ~5.0 m，路面相对下沉量达0.3 ~0.7 m，对正常行车造成严重影响。

③涵洞下地基多年冻土的衰退和融化

多年冻土地区的涵洞，多采用明挖整体基础。虽然涵洞遮断了太阳辐射，洞中气温较洞外要低。据青藏高原观测资料，在暖季，涵洞中的气温较之洞外要低 1 ~2 ℃。故涵底表面的融化指数较之洞外相同暴露表面要小。但涵洞基础的导热系数较大，如果基础埋深不够，地基多年冻土是要升温和融化的。在多年冻土地区，许多涵洞洞身和端墙的冻胀和下沉变形，就是地基多年冻土上限下降和多年冻土衰退所引起的。据1990年调查，青藏公路多年冻土地段长度520余千米，共有涵洞772座。其中，严重破坏的119座，占涵洞总数的14.4%；一般破坏的163座，占21.1%；轻微破坏的490座，占62.5%。病害涵洞中，破坏最多、最严重的部位是洞口建筑和涵底铺砌。在282座严重破坏和一般破坏涵洞中，洞口建筑和涵底铺砌破坏的就有243座，占86%。涵洞下多年冻土衰退和融化引起的病害有：洞身、涵台开裂下沉；涵底埔砌开裂、破碎并下沉；涵底铺砌淘空漏水；涵洞进、出口端墙、八字墙倾斜下沉、开裂；洞口铺砌及截水墙破坏等。

④热管道下多年冻土的衰退和融化

多年冻土中的热管道，将引起多年冻土融化和衰退，在管道周围形成一定厚度的融化圈。融化圈的出现，可能使管道产生诸如融沉、冻胀、浮起等病害。

综上所述，多年冻土中基础的稳定与否，取决于地基多年冻土的热稳定性。上述冻融病害的产生都是由地基中热量的传输过程引起的，是冻土地基基础设计中的热工问题。控制地基多年冻土的热状态，确保地基多年冻土温度不高于设计温度，是多年冻土中基础力学稳定的前提条件。

5.4.5　多年冻土地温场的计算

如前所述，地温年变化带与大气圈和多年冻土之间的热交换，在一个热周转年中，大致可分为三个时段。当这种“三时段”热交换过程多年重复出现时（周期基本一致），则可认为地温年变化带与大气圈和多年冻土之间的热平衡已建立起来。

（1）多年冻土地温场分带

从前面图5-6可以看出：在年零振幅深度以上的地温，在一年中是随季节的变化而变化的。暖季，剖面的地温达最高值；寒季，地温降到最低值。在地温年零振幅深度以下的多年冻土温度，则是相对稳定的。因此，根据多年冻土地温的分布和变化特点，在研究、计算多年冻土地温场时，可以划分出以下两个带。

①热传输过程不稳定带（$h_1 \leqslant h \leqslant h_0$）。即在地温年零振幅深度线以上的多年冻土层。该层多年冻土的温度，由于受气温的季节变化和季节融化层的冻融循环作用影响，其热传输过程是不稳定的。但是，在大气层—多年冻土—下卧融土层之间的热平衡建立起来后，该带的热传输过程可看作是准稳定的，其中的热传导问题可按稳定温度场处理。

②热传输过程稳定带（$h_0 < h \leqslant H$）。即在地温年零振幅深度线以下的多年冻土层。该层多年冻土的地温，其温度场仅受地表长周期（气温多年波动）温度变化的影响，表现出相对稳定状态。因此，该带的热传输过程可以认为是稳定的。

（2）多年冻土区地温场计算

关于土中温度周期波动的导热问题，即确定周期性稳定的地温状况，是一个无初始条件的问题。因为，当温度循环变化过程重复多次时，初始温度对表面温度状态的影响就减弱了，以至比另一些被忽略因素，如土的不均匀性等的影响要小得多。

在计算多年冻土地温场时，通常把多年冻土看作是地表具有温度周期变化（谐振）的半无限体。多年冻土天然地温场，通常按一维稳定温度场考虑。

①地温年变化带多年冻土（$h_1 \leqslant h \leqslant h_0$）温度场的计算。

地表温度的年波动，可采用正弦波或余弦波来描述。

设：地表温度 t_f 在某一个平均值 $\bar{t}_f$ 的上下波动，其波动规律，如图 5-8 所示。

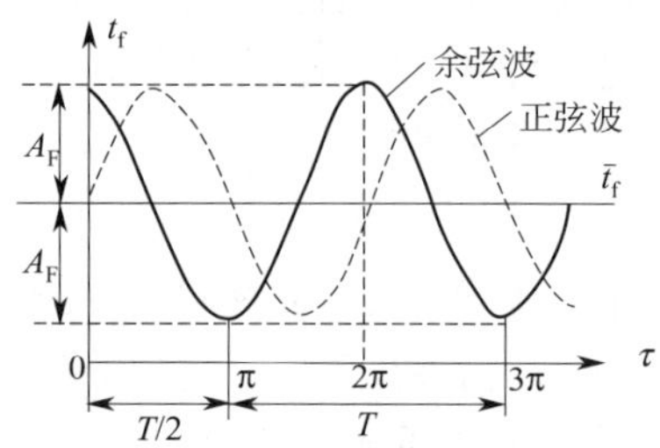

图 5-8 理想的地表温度波

图中：A_F 表示地表温度波动的振幅；T 表示地表温度波动的周期。

在采用正弦波或余弦波时，周期 T（小时）相当 2π（弧度）。任一时刻 τ（小时）用弧度表示时，应为$\frac{2\pi}{T}\cdot\tau$（弧度）。

采用余弦波变化规律时，任一时刻 τ 的地表温度 t_f，可以表示为：

$$t_f = \bar{t}_f + A_F \cdot \cos\left(\frac{2\pi}{T}\cdot\tau\right) \tag{5.75}$$

当 $\tau = 0$ 时，$\cos 0 = 1$，t_f 达到它的最大值，即 $t_{f,0} = \bar{t}_f + A_F$。

由于 $\cos\alpha = \sin(\pi/2 - \alpha)$，任何余弦波都可以表示成相位差为 $\pi/4$ 的正弦波。因此，也可以把上式表示成：

$$t_f = \bar{t}_f + A_F \cdot \sin\left[\frac{2\pi}{T}\left(\tau + \frac{\pi}{4}\right)\right] = \bar{t}_f + A_F \cdot \sin\left(\frac{2\pi}{T}\cdot\tau + \frac{\pi}{2}\right) \tag{5.76}$$

$\tau = 0$ 时，$\sin(\pi/2) = 1$，t_f 达到它的最大值 $t_{f,0}$。

a. 多年冻土上限地温的计算

从前面图 5-6 可以看出，多年冻土上限处的最高温度为 0 ℃，其地温振幅为该处地温年平均值 t_m。

据公式（5.75），多年冻土上限处任一时刻 τ 的温度可用下面方程来描述：

$$t(0,\tau) = t_m\left(1 + \cos\frac{2\pi}{T}\tau\right) \tag{5.77}$$

式中　T——地表温度变化周期，等于 1 年；

t_m——上限处多年冻土地温的年平均值（上限地温的年振幅）。

b. 上限以下，年变化带地温的计算

上限以下多年冻土（均匀半无限土体）中的一维热传导问题，可用傅里叶导热微分方程来描述：

$$\frac{\partial t(z,\tau)}{\partial \tau}=\alpha_f\frac{\partial^2 t(z,\tau)}{\partial z^2};0<z<\infty$$

边界条件：

$t(0,\tau)=t_m\left(1+\cos\frac{2\pi}{T}\tau\right)$；

$t(z,0)=f(z)$；$z=\infty$时，$\frac{\partial t}{\partial z}=0$。

式中　α_f——冻土的导温系数；

z——从多年冻土上限起算的深度。

当时间 τ 足够大时，多年冻土周期性（年）稳定温度场的解，具有以下形式：

$$t(z,\tau)=t_{zm}\left[1-e^{-z\sqrt{\frac{\pi C}{\lambda_f T}}}\cos\left(\frac{2\pi\tau}{T}-z\sqrt{\frac{\pi C}{\lambda_f T}}\right)\right]\tag{5.78}$$

或

$$t(z,\tau)=t_{zm}\left[1-e^{-z\sqrt{\frac{\pi C}{\lambda_f T}}}\sin\left(\frac{2\pi\tau}{T}+\frac{\pi}{2}-z\sqrt{\frac{\pi C}{\lambda_f T}}\right)\right]\tag{5.79}$$

式中　λ_f——冻土的导热系数；

C——冻土的容积热容量；

t_{zm}——波动周期内，深度 z 处土的平均温度。

以上温度场的解，是假定多年冻土的厚度为无限大的条件下得出的。在多年冻土实际厚度较小时，式(5.78) 计算出的温度场与实际温度场可能有较大的差别。

②地温年变化带以下多年冻土（$h_0<h<H$）温度场的计算。

在大气层—多年冻土—下卧融土层之间的热平衡建立起来以后，地温年变化带以下多年冻土的温度，不随时间而变化，其地温场可看作线性温度场，即：

$$t_z=t_{cp}+\frac{t_H-t_{cp}}{H_1}z\tag{5.80}$$

式中　t_{cp}——多年冻土的年平均地温；

t_H——多年冻土下限处的温度；

H_1——地温年变化带以下多年冻土层的厚度；

z——从地温年变化带底部起算的深度。

③ 地温场特征值的计算

冻土地基、基础的热工计算和设计，常常需要多年冻土地温场中某些特定深度的地温特征值，即地温年变化带中，某些特定深度处的地温值。常用的地温特征值有：多年冻土的年平均地温值；上限埋深处地温的年平均值；基础底面埋深处地温的年平均值等。

多年冻土地温场特征值，一般应通过现场（钻孔）测温确定，在无条件时，可参考下面方法计算确定。

根据傅里叶温度波传播定律和地热增温理论，特征地温值的确定可有以下方法：

a. 已知地表多年平均温度 t_0 和上限多年平均埋深 h_0 时，地温特征值，可用下面方法计算：

（a）上限处地温多年平均值 t_s 用下面公式计算。

$$t_s = t_0 \times \exp\left(-h_0 \times \sqrt{\frac{\pi}{\alpha\tau}}\right) \tag{5.81}$$

式中　α——活动层土冻、融状态导温系数的平均值，m^2/h；

τ——年周期，8 760 h。

计算时，如无地表多年平均温度 t_0，可采用 5 cm 深处平均地温代替。

（b）自上限起算的地温年变化带深度 H_1，采用下面公式计算。

$$H_1 = \sqrt{\frac{\alpha\tau}{\pi}} \times \ln\left(\frac{A_s}{A_0}\right) \tag{5.82}$$

式中　A_s——上限处地温的年振幅，℃，采用上限处多年平均地温 T_s 的绝对值；

α——多年冻土的导温系数，m^2/h；

τ——年周期，8 760 h。

A_0——年变化带底部地温的年振幅，采用 0.1 ℃。

（c）多年冻土年平均地温 t_{cp} 和基础底面埋深 H_m 处地温年平均值 t_m，用下面公式计算：

$$t_{cp} = t_s \times \exp\left(-H_1 \times \sqrt{\frac{\pi}{\alpha\tau}}\right) \tag{5.83}$$

$$t_m = t_s \times \exp\left(-H_m \times \sqrt{\frac{\pi}{\alpha\tau}}\right) \tag{5.84}$$

式中　H_m——从活动层底面起算的基础埋深，m。

α——多年冻土的导温系数，m^2/h；

τ——年周期，8 760 h；

b. 利用钻孔一次性测温资料，计算地温特征值。

采用该方法时，钻孔测温深度不宜小于 15 m。

设：钻孔底部深度 d 处多年冻土的地温为 t_d，离孔底 L（3 ~ 5 m）距离处的地温为 t_L，最大季节融化深度的多年平均值为 h_z。

特征地温值采用以下公式计算。

（a）地温梯度 ξ 的计算：

$$\xi = \frac{t_d - t_L}{L} \tag{5.85}$$

（b）上限处地温年平均值的计算：

$$t_s = t_d - \xi \times (d - h_z) \tag{5.86}$$

（c）自上限起算的地温年变化深度 H 的计算：

$$H=\sqrt{\frac{\alpha\tau}{\pi}}\times\ln\left(\frac{t_s}{A_0}\right) \tag{5.87}$$

式中　A_0——年变化带底部地温的年振幅，采用 0.1 ℃；

α——冻土的导温系数，m^2/h。

（d）多年冻土年平均地温 t_{cp} 的计算：

$$t_{cp}=t_d-\xi\times(d-H-h_z) \tag{5.88}$$

（e）基础底面埋深 h_x 处地温年平均值计算：

$$t_x=t_d-\xi\times(d-h_x) \tag{5.89}$$

式中　h_x——自地面起算的基础埋深，m。

c. 根据活动层土体冻结、融化状态的导热系数和导温系数，采用经验公式计算地温特征值。

多年冻土地温场的变化，受其上活动层土的热物理特性控制。众所周知，地中热传输是以导热为主的。在这种情况下，多年冻土上限的温度与地表温度差别的大小，取决于活动层土的导温系数和热容量。

因此，对于均质地层，在已知地表温度的年平均值 t_0 时，上限处地温的年平均值和多年冻土的年平均地温，可用下面经验公式，近似计算：

（a）上限处地温的年平均值 t_s 与活动层土体冻结、融化状态的导温系数有关，可用下面公式计算：

$$t_s=t_0\times\sqrt{\frac{\alpha_t}{\alpha_f}} \tag{5.90}$$

（b）多年冻土的年平均地温 t_{cp} 与活动层土体冻结、融化状态的导热系数有关，可用下面公式计算：

$$t_{cp}=t_s\times\frac{\lambda_t}{\lambda_f} \tag{5.91}$$

式中　α_t、α_f、λ_t、λ_f——分别为活动层土体融化和冻结状态的导温系数和导热系数。

算例：

假设：青藏铁路风火山多年冻土站气象观测场（20 m 测温孔）的多年冻土上限埋深 1.45 m，地温年变化带深度为 10 m。请用活动层的导热系数和导温系数计算该场地上限处地温年平均值和多年冻土年平均地温。

1980 年至 1984 年该测温孔各个深度地温的年平均值如表 5-11 所示。

表 5-11　风火山 20 m 测温孔各深度地温的年平均值

深度(m) / 年份	0.0	0.3	0.6	0.9	1.2	1.5	2.0	3.0	4.0	5.0	10.0	15.0	20.0
	各深度地温年平均值(℃)												
1980 年	-3.5	-3.0	-2.9	-2.9	-2.8	-2.8	-2.5	-2.5	-2.7	-2.8	-2.4	-2.4	-2.4
1981 年	-3.3	-2.9	-2.7	-2.7	-2.8	-2.8	-2.7	-2.6	-2.7	-2.7	-2.3	-2.3	-2.4
1982 年	-3.4	-3.2	-2.8	-3.0	-2.9	-2.8	-2.8	-2.7	-2.8	-2.7	-2.3	-2.3	-2.4
1983 年	-4.0	-3.8	-3.6	-3.6	-3.3	-3.3	-2.9	-2.8	-2.8	-2.8	-2.5	-2.3	—
1984 年	-2.6	-2.8	-2.6	-2.8	-2.7	-2.7	-2.8	-2.9	-2.8	-2.8	-2.5	-2.3	—

题解：该场地季节融化层为砂黏土，干容重为 1 500 kg/m³，融化期平均含水率为 24%，冻结期平均含水率为 20%。据此，查《冻土地区建筑地基基础设计规范》附录，得 $\lambda_t=1.05$ W/m · ℃；$\lambda_f=1.22$ W/m · ℃；$\alpha_t=1.47\times10^{-3}$ m²/h；$\alpha_f=2.12\times10^{-3}$ m²/h。

将上面参数代入公式(5.90)、(5.91)，得：上限处 5 年平均地温为 -2.78 ℃；多年冻土年平均地温为 -2.39 ℃。

据表 5-11 地温资料计算：上限处（采用 1.5 m 资料）5 年平均地温为 -2.88 ℃；多年冻土年平均地温（采用 10 m 资料）为 -2.40 ℃。这与计算结果是基本一致的。

5.4.6 地表冻结和融化深度的计算

前面讨论的是土体中无相转换过程的热传导。

地表的冻结和融化是带相变过程的热传导问题。对于含水土体，当其温度达到冻结起始温度时，土中孔隙水冻结，放出潜热（冻土融化时，吸收潜热）。水的相转换，使土体中的导热问题由线性变成非线性。这时，标准数学方法中的大多数，对于解决这个问题就不再有效了。

地表冻结和融化深度（活动层厚度）的大小，取决于很多因素。其中包括：地表温度、年平均地温、活动层土（冻结状态和融化状态）的热物理性质和含水率，以及冻结与融化期的延续时间等。其中，地表温度和年平均地温，又与太阳辐射和地表能量平衡密切相关。

在上述影响冻结、融化深度的因素中，许多参数，特别是与地表和大气圈间热交换有关的参数，其测定精度是不高的。因此，冻结、融化深度的计算，对于一般工程应用来说，采用经验近似公式反而具有较高的精度。

带相变过程的土体导热问题，可通过导热微分方程本身或边界条件的变化来解决。

（1）带相变过程土体导热问题的常用确切解

① 牛曼问题

牛曼问题研究的是静止水体冻结过程热传导的计算方法。牛曼解是带相变过程导热问题的一个确切解。

设：半无限水体的初始温度为 t_0，其表面温度突然降至 t_s，且保持不变（即表面温度停止变化），水体从表面开始冻结，由液态水变成固态冰，如图 5-9 所示。

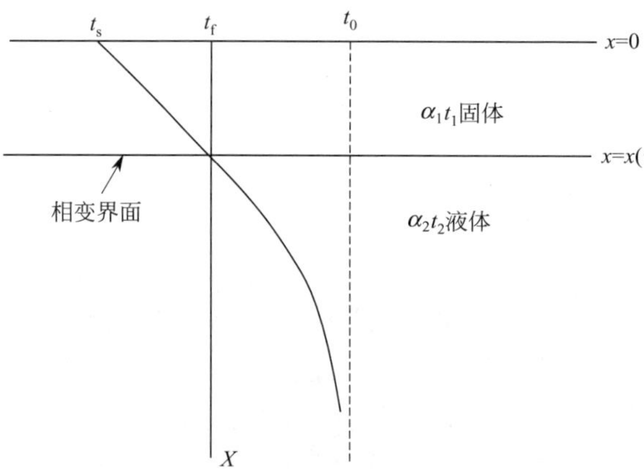

图 5-9 牛曼问题计算图式

假定在时间 τ，相变界面移至 $x(\tau)$。

由傅里叶导热微分方程可知，在固体区，冰体温度随时间的变化与 x 方向温度梯度的变化成正比，即：

$$\frac{\partial t_1}{\partial \tau}=\alpha_1\frac{\partial^2 t_1}{\partial x^2} \tag{5.92}$$

同理：得到液体区水温度随时间变化的微分方程：

$$\frac{\partial t_2}{\partial \tau}=\alpha_2\frac{\partial^2 t_2}{\partial x^2} \tag{5.93}$$

边界条件：

$t_1 \to t_0$ 时，$x \to 0$；

$t_2 \to t_0$ 时，$x \to \infty$。

式中　α_1，α_2——分别为冰和水的导温系数；

t_1，t_2——分别为冰和水的温度。

冻结界面（相界面）的位置是时间和相界面处固体和液体温度的函数。在相界面处，固体和液体的温度都等于其冻结起始温度，即：

$$t_1(x,\tau)=t_2(x,\tau)=t_f \tag{5.94}$$

在相变界面上，能量是平衡的。即在相变期间，从水体流进界面的热量与界面相变热之和，必定等于从相界面流入冰体的热量。即：

$$\lambda_2\frac{\partial t_2}{\partial x}+\rho\omega\frac{\partial x}{\partial \tau}=\lambda_1\frac{\partial t_1}{\partial x} \tag{5.95}$$

式中　ω——单位重量水的相变潜热；

ρ——水的密度；

λ_1，λ_2——冰和水的导热系数。

上面微分方程的解为：

冻结界面（锋面）x 的位置：

$$x=2\gamma\sqrt{\alpha_1\tau} \tag{5.96}$$

冻结带（固态区）和融化带（液态区）的温度场（T_{1x}、T_{2x}）：

冻结带：
$$t_{1x}=t_s+\frac{(t_f-t_s)}{\mathrm{erf}(\gamma)}\times\mathrm{erf}\left(\frac{x}{2\sqrt{\alpha_1\tau}}\right) \tag{5.97}$$

融化带：
$$t_{2x}=t_0-\frac{(t_0-t_f)}{\mathrm{erfc}\left(\gamma\sqrt{\frac{\alpha_1}{\alpha_2}}\right)}\times\mathrm{erfc}\left(\frac{x}{2\sqrt{\alpha_2\tau}}\right) \tag{5.98}$$

参数 γ 由下面方程求解：

$$\frac{e^{-\gamma^2}}{\mathrm{erf}(\gamma)}-\sqrt{\frac{\alpha_2}{\alpha_1}}\times\left(\frac{t_0-t_f}{t_f-t_s}\right)\times\frac{e^{\frac{\alpha_1}{\alpha_2}\gamma^2}}{\mathrm{erfc}\left(\gamma\sqrt{\frac{\alpha_1}{\alpha_2}}\right)}=\frac{\gamma L\sqrt{\pi}}{C_1(t_f-t_s)} \tag{5.99}$$

式中　L——水的体积潜热，$L=\rho\omega$；

C_1——冰的容积热容量。

②斯蒂芬解

均质土体冻结、融化深度的计算公式，可在牛曼解的基础上推导出来。

对于冻结土体的融化，上面求参数 γ 的方程（5.99）仅须考虑固态（方程左边第一项）部分即可。方程（5.99）变成：

$$\gamma e^{\gamma^2}\mathrm{erf}(\gamma)=\frac{C_1(t_s-t_f)}{L\sqrt{\pi}} \tag{5.100}$$

式中　t_s，t_f——分别为冻土融化期表面的平均温度和冻土的融化温度；

C_1——冻土的积热容量；

L——冻土的体积潜热，$L=\rho\omega$；

ω——单位重量冻土的融化潜热；

ρ——冻土的容重。

如果 γ 很小，则 $\mathrm{erf}(\gamma)\approx\frac{2}{\sqrt{\pi}}\gamma$，$e^{\gamma^2}\approx1$。上面方程（5.100）的解为：

$$\gamma^2=\frac{C_1(t_s-t_f)}{2L} \tag{5.101}$$

将（5.101）式的 γ 值代入（5.96）式，得相变界面位置 x（融化深度）的计算公式：

$$x=2\gamma\sqrt{\alpha_t\tau}=\sqrt{\frac{2\lambda_t(t_s-t_f)\tau}{L}}=\sqrt{\frac{2\lambda_f I_{st}}{L}} \tag{5.102}$$

式中　α_t——融土的导温系数；

λ_t——融土的导热系数；

I_{st}——土体表面的融化指数，$I_{st}=\int_0^{\tau}(t_s-t_f)\mathrm{d}\tau$。

土体表面的融化指数 I_{st} 与空气的融化指数 I_{at} 密切相关，可用 n_t 系数来表示。即：$n_t=\frac{I_{st}}{I_{at}}$，于是斯蒂芬方程变成：

$$h=x=\sqrt{\frac{2\lambda_t}{L}n_t I_{at}} \tag{5.103}$$

式中　h——地表融化深度。

式(5.103）就是大家所熟悉的，求解地表融化（冻结）深度的斯蒂芬方程。

在计算土体的冻结深度时，只需将 λ_t 换成冻土的导热系数 λ_f，表面 n_t 系数换成 n_f 系数，空气融化指数 I_{at} 换成空气冻结指数 I_{af} 即可。

上面方程（5.101）中，$C_1(t_s-t_f)/L$ 称为斯蒂芬数，用 S_t 表示。斯蒂芬数是土体显热与潜热之比，即显热占潜热的百分数。如果 S_t 值很小，则斯蒂芬方程的计算结果是可靠的。对于水和含水率很高的土，斯蒂芬方程是正确的。但是，如果土体的含水率很低，用该方程计算出的融化深度可能就不太可靠了。

（2）带相变过程土体导热问题的近似解

在冻结地基融化时，如果忽略热扩散和相变界面移动对地温场的影响，便可将冻结地基融化时的导热过程看作是“静态的”，从而，求得其近似解。即带相变过程土体导热问题的斯蒂芬准静态近似解。

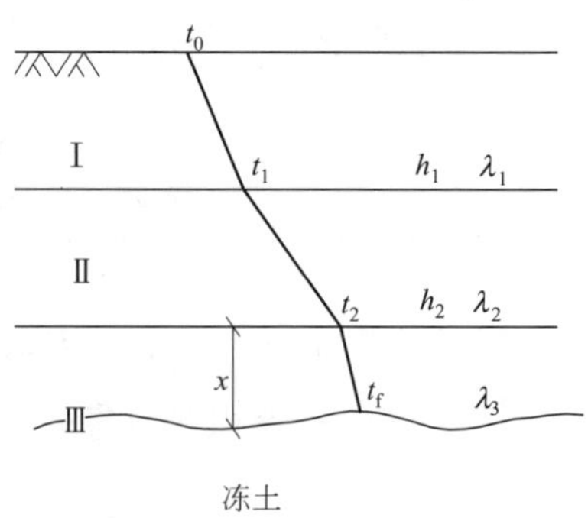

图 5-10　带相变过程斯蒂芬近似

设：融化地基为三层地基（图 5-10）。相变界面的移动对地温场无影响，单位时间内，界面上相变放出的潜热，全部通过相变界面上部已融化的土层放出。忽略地基融化过程中的热扩散。

根据上面假设，可得出如下导热微分方程：

$$\frac{t_f - t_0}{\frac{h_1}{\lambda_1} + \frac{h_2}{\lambda_2} + \frac{x}{\lambda_3}} = L\frac{dx}{d\tau} \tag{5.104}$$

式中　h_1，h_2——已融化土层的厚度；

λ_1，λ_2——融化土层的导热系数；

t_f——土层的冻结起始温度；

t_0——计算期土表面的平均温度。

将式(5.104)积分、整理，将三层地基变成多层地基（设层数为 n），得：

$$\frac{x}{\lambda_n} + \sum R_{n-1} = \sqrt{(\sum R_{n-1})^2 + \frac{2I_t}{L\lambda_n}} \tag{5.105}$$

式中　R_{n-1}——为融化界面以上各融化土层热阻的总和；

I_t——地表的融化指数。

将式(5.105)移项、整理，并将融化指数的℃ · d，变成℃ · h，得：

$$I_t = \frac{L \times x}{24}\left(\sum R_{n-1} + \frac{R_n}{2}\right) \tag{5.106}$$

式(5.106)便是计算多层冻土地基融化深度的斯蒂芬近似解。

计算多层地基冻结深度时，只须将地表的融化指数换成冻结指数，融化土层的热阻换成冻结地层的热阻即可。

地基为均质土时，$n=1$。将 $R=\frac{x}{\lambda}$ 代入，便得到计算均质地基冻结、融化深度的斯蒂芬方程。

5.4.7　地中输送管道的传热计算

埋于地下的输油、输气、输水等管道，由于管道上部覆土厚度一般较小（有限厚度），因而，热阻较小。而管道下部土体的厚度，可以认为是无穷的（热阻无穷大）。因此，管道的热损失主要是向上导热所引起的。

下面讨论地中物质输送管道热损失的计算方法。

设：在均质地基中，埋设有一直径为 d 的管道，埋置深度为 h。管道表面温度为 t_w，均匀分布；地表温度为 t_F；地基土的导热系数为 λ（图 5-11）。

求：管道向外散失的热量 q_t[kcal/(m · h)]。

为此，必须确定管道周围的温度分布，即求解管道—地基系统的温度场。

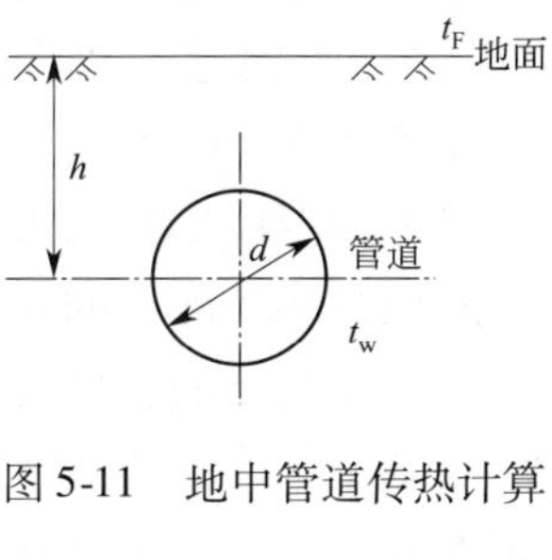

图 5-11　地中管道传热计算

据假设，管道为一恒温热源，因此，管道周围的等温线可以认为是一组曲率相同的封闭曲线。

采用影射法解管道周围温度场，可得出埋式管道的热阻计算公式：

$$R = \frac{1}{2\pi\lambda}\ln\left[\frac{2h}{d} + \sqrt{\left(\frac{2h}{d}\right)^2 - 1}\right] \tag{5.107}$$

管道单位时间散失的热量用下面公式计算：

$$q_t = \frac{t_w - t_F}{R} \tag{5.108}$$

地表温度 t_F，可根据计算期的平均气温和地表的 n_f 系数确定。

5.5　地基多年冻土的利用原则与热稳定性评价

5.5.1　铁路工程地基多年冻土的利用原则

在多年冻土上进行工程建设时，为维持工程地基、基础的稳定，可供采用的工程措施是很多的。但不论何种工程措施，发挥其有效性的前提是："在工程施工和运营期间，多年冻土环境和地基多年冻土的温度状态是相对稳定的"。因此，多年冻土地区地基、基础的设计，首先应考虑的是如何作好多年冻土环境保护，尽量减少工程施工和运营对多年冻土环境和地基多年冻土的热干扰。

冻土工程地基多年冻土的利用原则有以下三种，可根据建筑物的温度特性和结构特征，地基多年冻土工程地质条件和地基土体性状的最终可能变化来进行选择：

原则Ⅰ：在施工和运营期间都保持地基多年冻土的冻结状态。

该原则适应各种类型多年冻土地基。但其前提是：地基多年冻土的热防护措施得力，并能长期有效，可确保地基多年冻土的设计温度状态。

原则Ⅱ：允许地基多年冻土在施工和运营期间逐渐融化。

该原则，在一般条件下，仅适应低含冰量多年冻土地基和基岩多年冻土地基。

原则Ⅲ：预先融化（破坏）地基多年冻土。

该原则适应各种类型多年冻土地基。只要技术、经济合理，均可采用。

所谓建筑物的温度特性是指：建筑物是采暖的，还是不采暖的；是高温的，还是一般的等。建筑物的结构特征是指建筑物对地基不均匀沉降的敏感性等。

多年冻土工程地质条件主要指：

①地基多年冻土的工程类型；

②多年冻土的年平均地温；

③多年冻土上限埋深；

④多年冻土厚度；

⑤地基温度年变化带厚度；

⑥地基多年冻土的融化下沉与压缩特性；

⑦多年冻土的岩性成分等。

地基多年冻土的最终可能变化是指：在运营过程中，地基多年冻土可维持冻结状态或将逐渐升温融化的变化过程。

工程实践表明，以下几种情况，采用保持地基多年冻土的冻结状态是合理而简单的。

（1）低温冻土区（坚硬冻土地区）和高震级地震区；

（2）建筑物释放热量不多，在平面上所占面积不大，地基多年冻土的年平均地温又较低时；

（3）考虑建筑物的使用特性和地基处理的经济性，采用原则Ⅱ利用地基多年冻土不合理时。

在下列情况下，可采用允许地基多年冻土在施工和运营过程中逐渐融化的原则：

（1）地基多年冻土为高温低含冰量冻土，融化后其下沉变形不超过设计建筑物的允许值时；

（2）地基为砾石、碎石、砂土等粗颗粒多年冻土，融化后其下沉变形不超过设计建筑物的允许值时。

多年冻土地区的铁路工程，在线路通过的不同地段，应根据冻土工程地质条件，采用不同的地基多年冻土利用原则进行设计。

在采用原则Ⅰ和原则Ⅱ利用地基多年冻土时，地基基础的设计，应满足以下基本要求：采用原则Ⅰ时，应采取有效措施，防止地基多年冻土的升温和融化；采用原则Ⅱ时，应控制地基多年冻土的融化速率，满足运营期间建筑物允许变形速率和变形总量的要求。为此，可供采用的对策有以下 3 种。

（1）降低地基表面的温度，增加多年冻土上覆盖层的热阻，减少传入地基多年冻土的热量；

（2）采取措施增加地基多年冻土的冷储量；

（3）防止地下水和地表水对多年冻土地基的热侵蚀。

在采用预先融化地基多年冻土的建筑原则时，应通过热工计算，确定需融化地基多年冻土的最小深度。并确认在建筑物运营期间，融化地基不会回冻。

应该指出，预先融化地基多年冻土的建筑原则，其造价一般是很高的。因此，在多年冻土地区的土木工程中，是较少采用的。

5.5.2　地基多年冻土的热稳定性评价

冻土工程建成后，基础—地基系统将开始新热平衡的建立过程。在此过程中，地基多年冻土的热稳定性如何？冻土工程的长期稳定性怎样？采取什么样的措施可提高地基多年冻土的热稳定性？要回答这些问题，必须对工程建筑物的地基温度场和变形进行长期监测，了解基础—地基系统热平衡过程的实际进程，并对基础—地基系统的热稳定性和工程的长期稳定性作出评价，提出维持、提高工程长期稳定性的基本对策。

在已知地基多年冻土的年平均地温 t_{cp} 和地基表面温度的多年平均值 t_0 时，可将两者进行比较，来初步评价地基的热稳定性和基础的力学稳定性。

（1）$t_0>0$ ℃时，说明基础—地基系统在每年的热周转过程中，进入地基多年冻土的热量多于散失的热量，地基多年冻土处于升温融化的衰退状态，是热不稳定的，地基多年冻土将最终消失；

（2）$t_0\leqslant 0$ ℃时，说明基础—地基系统在每年的热周转过程中，进入地基多年冻土的热量等于或小于散失的热量，地基多年冻土可以得到保存。在这种条件下，地基多年冻土的发育趋势可分两种情况：

①$t_0\geqslant t_{cp}$时，地基多年冻土处于年平均地温升高的衰退状态，地基的热稳定性会降低，但其过程是相对漫长的。

②$t_0<t_{cp}$时，多年冻土的年平均地温将下降，多年冻土处于发展阶段，地基多年冻土的热稳定性将逐步提高。

有了基础—地基系统稳定性的初步结论，在进行冻土地基基础设计时，可针对具体情况，采取适当的热防护措施，来提高基础—地基系统的稳定性，满足铁路工程地基基础设计的需要。

5.6　多年冻土地区的铁路选线与建筑选址

实践表明，多年冻土环境具有一定的“自身热调节”能力，即人类经济活动带给多年冻土的热影响，环境会自行进行（热力学）系统的热调整，恢复多年冻土环境的热平衡，维持多年冻土环境的热稳定。在多年冻土地区进行铁路选线和建筑选址时，应选择冻土工程地质条件良好地段，充分利用多年冻土环境的这种热调节能力，尽快建立起“铁路工程多年冻土环境”新的热平衡，以减少铁路工程的变形和破坏，并为多年冻土上铁路工程的长期稳定和正常运营打下一个坚实的基础。

5.6.1　多年冻土地区的铁路工程地质选线

多年冻土区的特殊工程地质和水文地质条件以及冻土的特殊工程性质，为提高铁路线路的稳定性，减少铁路运营中的冻融病害，在多年冻土地区铁路线路的选择中，要求充分重视工程地质选线。

多年冻土作为铁路工程的地基，除了在地层结构、岩性成分方面的不均匀性外，还增加了含冰量和温度的不均匀性。多年冻土地基的高度不均匀性、冻土的特殊工程性质和不良冻土现象的危害，是多年冻土地区铁路工程建设遇到的、不同于一般地区的特殊工程地质问题。要解决好多年冻土上铁路工程的长期稳定性问题，首先得从铁路选线着手，即让铁路线路从冻土工程地质条件良好的地带通过。

多年冻土地区铁路线路的选择，应充分考虑多年冻土工程地质条件，遵守以下基本原则。

（1）线路宜选择在地形平坦的基岩出露地带、粗颗粒土分布地带和低含冰量多年冻土分布的阳坡地带。应尽量避开泥炭化冻土、盐渍化冻土及高含冰量多年冻土分布地带。

（2）当线路走向沿大河河谷时，宜选择在高阶地上通过。尽量避免沿河漫滩和低阶地定线；应避免沿大河融区边缘的多年冻土不稳定地带定线。当线路必须通过大河融区边缘的多年冻土不稳定地带时，应以最短的距离通过。

（3）线路纵断面的选择，应贯彻“多填少挖”的原则，尽量减少路堑。当必须采用路堑通过时，应尽量减小挖方深度（减少暴露多年冻土的厚度）。注意减少零断面和填土高度低于最小设计高度的低路堤。

（4）冻胀不敏感的砂卵石土和碎石土是多年冻土地区最好的填料。应贯彻“集中取土”的原则，充分考虑路基填料的来源，防止因取、弃土不当引发冻土环境工程地质问题。必要时，可“移线就土”。取土场离线路的垂直距离不宜小于300 m。

（5）线路应尽量避免通过不良冻土现象发育地段。当无法绕避时，应根据不良冻土现象发育特点，合理确定线路位置、通过方式和线路高程。

①线路通过发育中的热融滑塌体时，应选择在下部堆积区，以桥或路堤通过；

②冰锥、冻胀丘发育地段，线路宜在其下方一定距离，以桥或透水路堤通过；

③线路经过地下水发育地段时，宜采用桥或透水路堤通过；

④厚层地下冰和高含冰量多年冻土发育的斜坡地段，为防止产生热融滑塌病害，线路宜从斜坡中、上部用最短距离，以旱桥或路堤通过；

⑤冻土沼泽、湿地和热融湖（塘）地段，线路宜用最短距离，以桥或抛石路堤通过。

（6）线路应尽可能避开需“特殊地表和地下排水”的地段，以防排水系统冻融循环过程病害对铁路工程的危害。如，需并沟建涵（桥）排水地段、需修建地下排水系统的地段等。

（7）大、中桥位，宜选择在河流融区。应避免将一座桥的墩、台设在融土（区）和多年冻土两种不同的地基土上。桥位应尽量避开河水冰锥发育地段。

（8）隧道洞口应避开不良冻土现象发育地段，特别是厚层地下冰和高含冰量冻土发育地段。

（9）车站应尽量选择在地形平坦、开阔，排水条件良好的基岩出露地段、粗颗粒土分布地段、低含冰多年冻土分布地段。

实践证明：遵守以上“冻土工程地质选线原则”确定的铁路线路，是多年冻土地区可靠度最高、安全性最好的线路。这些选线原则的贯彻，对于保护多年冻土环境，减少铁路工程对多年冻土环境的影响，维持铁路工程的长期稳定都是行之有效的。

5.6.2 铁路站后工程建筑场址的选择

选择一个冻土工程地质条件良好的建筑场地，是减少工程冻融病害，节省养护、维修费用，确保工程长期稳定的基本保障。为此，在进行站后工程地基、基础设计之前，应充分研究建筑地区的多年冻土工程地质与水文地质资料，考虑相邻地区已有建筑经验，将站后工程的建筑场地，选择在冻土工程地质条件相对良好的地段。

（1）排水条件良好、地下水不发育的以下地段，可作为站后工程建筑场地的首选。

①不良冻土现象不发育或虽有发育但对设计的建筑物无危险性的地段；

②范围大的融区地段；

③多年冻土厚度较薄，其下的融土层可用作建筑物地基持力层的地段；

④基岩出露地段；

⑤粗颗粒土分布地段；

⑥非盐渍化和泥炭化的低含冰量多年冻土分布地段。

（2）对站后工程存在直接威胁或潜在威胁、排水条件又差的下列地段，不宜选作建筑场地。

①不良冻土现象（冰锥、冰丘，厚层地下冰，热融滑塌，热融湖塘，沼泽、湿地等）发育地段；

②高含冰量多年冻土分布地段；

③地下水发育地段；

④构造破碎带；

⑤斜坡与平地过渡地带（坡脚地带）等。

根据冻土工程地质条件的复杂程度，多年冻土地区的铁路站后工程建筑场地，可进行如下工程地质分级（表5-12）。

表 5-12　铁路站后工程建筑场地的工程地质等级划分

考虑因素	复杂程度等级		
	Ⅰ级，简单的	Ⅱ级，中等的	Ⅲ级，复杂的
地形、地貌	处于同一地貌单元的平坦、开阔地段	处于同一地貌单元，但地形起伏较大	处于不同地貌单元，且地形起伏
地层岩性	土质均匀的粗颗粒土，基岩出露或埋藏较浅	土质不均匀，粗颗粒土和细颗粒土均有分布，基岩埋藏较深	土质不均匀，以细颗粒土为主，基岩埋藏深
冻土及冰缘现象	年平均地温低于 -1.5 ℃，低含冰量整体构造冻土为主，无厚层地下冰分布，无不良冻土现象	年平均地温高于 -1.5 ℃，但低于 -0.5 ℃，高含冰量冻土时有分布，层状构造，有不良冻土现象分布	年平均地温高于 -0.5 ℃，主要为高含冰量冻土，层状、网状构造，厚层地下冰发育，不良冻土现象发育
水文地质条件	冻结层上水不发育	冻结层上水发育	孔隙水、裂隙水发育

对于不同工程地质等级的建筑场地，应根据建筑物的特点和重要性，采用不同的地基处理措施、基础类型和建筑结构，以满足工程长期稳定性的需要。

多年冻土地区的建筑经验表明：基岩出露地段；粗颗粒土分布地段；冻土总含水率、体积含冰量最小，年平均地温最低，地下水和不良冻土现象不发育的地段是多年冻土地区良好的站后工程建筑场地。

5.7　铁路工程地基基础的设计和计算

冻土的特殊工程性质，使得多年冻土地区铁路工程地基、基础的设计和计算与一般地区有着较大的差别：首先，多年冻土基础—地基系统是一个热力学系统，该系统的热学稳定是冻土工程力学稳定的先决条件；其次，多年冻土基础—地基系统的热学稳定，取决于多年冻土环境的热稳定，即“没有多年冻土环境的热稳定，就没有铁路工程的稳定”。因此，冻土地基基础的设计，应通过详细的热工计算，采取有效的环境保护措施和地基基础热防护措施，确保铁路冻土环境的热稳定和地基多年冻土的设计温度状态，从而，确保铁路工程的长期稳定。

（1）铁路工程冻土地基基础的设计，应根据地基多年冻土的利用原则，多年冻土的工程类型和物理状态，采用不同的计算方法。但不论采用何种原则和设计方法，多年冻土地基、基础的应力和变形计算，均应满足以下两个条件：

①基础作用于地基的应力，应不超过地基冻土的允许承载力（即地基冻土的极限长期强度），在建筑物运营期内，基础的下沉量不超过允许值。

②建筑物施工和运营期，基础周围活动层土体作用于基础的冻胀力，应小于允许值。

即：多年冻土中的地基基础应进行应力、变形和抗冻胀稳定计算，以确定基础的形状、大小、埋深和应采取的防冻胀措施。

（2）冻土地基基础的设计，可按以下方法进行。

①按原则Ⅰ利用地基多年冻土时，对于坚硬冻土，按第一极限状态（应力）计算；对于塑性冻土，应同时按第一和第二极限状态（变形）计算。

②按原则Ⅱ利用地基多年冻土时，应同时按第一和第二极限状态计算。

③采用原则Ⅲ处理地基多年冻土时，按一般融土地基要求进行计算。

5.7.1　设计所需冻土工程地质资料

多年冻土是一种特殊岩土。多年冻土区工程地质条件的复杂性，是由冻土的特殊工程性质、活动层的冻融循环过程和多年冻土环境的热敏感性等决定的。铁路工程冻土地基基础的设计和计算，应根据专门的冻土工程地质勘察资料进行。

铁路多年冻土工程地质勘察，应充分考虑建设地区多年冻土的特征和铁路工程的结构特性，铁路建筑物与地基多年冻土的热学和力学相互作用，以及铁路工程施工、营运可能引起的多年冻土环境变化，详细查明建设区多年冻土的分布和特征、水文和水文地质条件、多年冻土环境特征、冷生过程和现象以及地基多年冻土的工程特性等，并对建筑场地多年冻土的发展趋势进行长期观测，对铁路工程与多年冻土环境的相互影响和地基多年冻土工程地质条件的变化做出评价。

冻土地基基础热学和力学计算所需的物理、热物理和力学参数，应根据现场试验或试验室试验确定。在采用保持地基多年冻土冻结状态的设计原则时，对于一般建筑物，冻土的允许承载力、冻结强度以及热物理指标，允许根据土的类型、土的物理性质和设计温度，从有关规范中查取。对于重要建筑，应通过现场原位试验和试验室试验确定。

多年冻土用作地基时，基础的力学稳定性计算需提供以下基本土工参数。

①地基活动层的岩性成分、容重、含水率；

②地基多年冻土的工程类型、上限埋深；

③冻土地基的允许承载力特征值；

④冻土与基础间冻结强度的标准值；

⑤高温冻土压缩系数的标准值；

⑥地基冻土的融化下沉系数和压缩系数标准值；

⑦地基活动层土的切向冻胀力、水平冻胀力和法向冻胀力标准值。

多年冻土基础—地基系统的热学稳定性计算，除需提供设计地区的气温冻结指数和融化指数外，一般还需地基冻土的以下基本物理指标。

①冻土的干容重；

②冻土的总含水率；

③冻土的导热系数；

④冻土的重量热容量；

⑤冻土的未冻水含量；

⑥地基活动层土的物理和热物理参数等。

冻土作为建筑材料时，其强度安全性计算，需以下基本指标：

①冻土的抗压强度标准值；

②冻土的抗剪强度标准值。

5.7.2　冻土地基基础设计、计算的主要内容

多年冻土上的地基基础设计，应进行热学和力学稳定性计算。一般包括以下内容。

（1）地基多年冻土热状态（特征地温）的计算；

（2）保持地基多年冻土设计热状态的合理建筑结构、基础类型和热防护措施的选择和

计算；

（3）冻土地基应力、变形计算和基础抗冻胀稳定检算；

（4）地基冻结、融化深度的计算；

（5）多年冻土环境保护设计；

（6）冻土工程长期监测系统的设计等。

5.7.3 冻土基础—地基系统的热防护设计

冻土基础—地基系统的热防护设计，是多年冻土地基基础设计的一项重要内容。

在多年冻土区，铁路工程的基础，在地基活动层土体的冻融循环过程中，每年都要经受一次冻胀变形和下沉变形的作用。基础的冻胀和融沉变形，是引起铁路工程建筑物破坏的一个重要原因；而地基多年冻土的衰退和融化引起的基础沉降变形，则是铁路工程建筑物破坏的主要原因。因此，加强冻土地基—基础系统的热防护，防止地基多年冻土的衰退和融化，是维持铁路工程长期稳定的重要措施。

地基表面热状态的变化和基础的传热，是引起地基多年冻土衰退和融化的原因。经验表明，在多年冻土地区，地基基础工程中出现的许多严重工程问题，都是由于地基多年冻土的衰退和融化引起的。缺少对地基多年冻土工程特性的充分认识和基础的不合理设计，将导致工程运营中极高的维修、养护费用支出，有时甚至会使建筑物毁坏而不得不重建或废弃。

消除地基多年冻土衰退、融化影响，维持铁路工程长期稳定的常用方法有以下几种。

（1）选择良好的建筑场地。不同岩性成分和不同类型多年冻土的地基，其建筑工程地质条件差别很大。选择冻土工程地质条件良好的建筑场地，对于冻土工程的稳定具有决定性的意义。

（2）基础施工前对多年冻土地基进行物理、化学改良，使其具有良好的抗冻、融循环能性和强度特性。可供采用的改良地基土力学、热学性质的物理和物理化学方法有：用冻胀不敏感的粗颗粒土换填地基中的多年冻土；预先融化地基多年冻土至一定深度，采用强夯等方法使之固结；在地基土中加入某种化工材料，增加地基土的抗水性和强度等。

（3）采用能适应较大不均匀变形和易于维修的建筑结构。如增大建筑物的整体刚度和构件强度；采用简单的建筑轮廓，将长大建筑物分成较小单元，增加建筑物变形缝；增大建筑物的柔性和韧性等。

（4）采取热防护措施，控制地基多年冻土的热状态，使建筑物在施工和运营期间，地基多年冻土的温度都维持在设计允许的变化范围内。

以上方法常常综合采用。

气—地界面的热交换和物质交换过程，控制着地表温度。气—地界面的热交换和物质交换包括：对流，长波和短波辐射，蒸化、蒸腾和传导。影响气—地界面热交换和物质交换强度的因素有：①地表面的颜色、物质成分和粗糙度；②植被覆盖程度；③地表水和地下水的分布；④雪盖和有机层的厚度等。

以上因素控制着地表温度的高低。而地表温度是影响活动层动态和多年冻土温度场的主要因素。

铁路工程的施工热干扰，如铲除地表植被，碾压地表覆盖层等，常使地表条件发生显著变化，从而，引起地表温度升高，使地基多年冻土发生严重衰退。经验表明：所有寒区土木工程对地基中热流传输的变化是极敏感的。因此，多年冻土区土木工程设计的核心问题是：采取有效热防护措施，提高地基多年冻土的热稳定性，使地基多年冻土的温度，在建筑物施工和运营期间，都维持在设计温度。

在通常情况下，多年冻土上建筑物基础的长期稳定，都是通过维持地基多年冻土的冻结状态和控制地基多年冻土热状态变化在一个可接受的范围内来实现的。

地基多年冻土热状态的控制，可采用无源技术。所谓无源技术，是指无需外加动力的隔热、保温和制冷技术。无源制冷技术装备具有如下特点：①无需外加动力，靠温差驱动工作，无废气等排放；②设备没有运动的机械部件，无噪声干扰；③无需日常养护、维修。

因此，无源制冷技术是一种节省能源、有利环境的理想绿色环保技术。

无源技术可以作为工程结构的一部分，与工程一起施工；也可作为工程运营中的一种补救措施。可以长期应用，也可短期使用。

目前，在寒区土木工程界，常用的无源技术有以下五类。

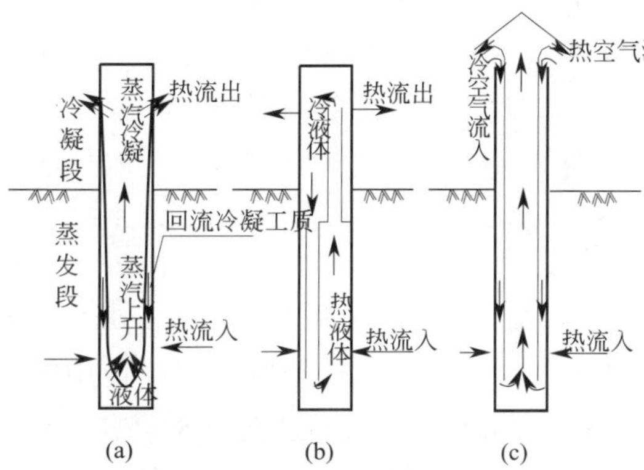

图 5-12　天然对流装置示意图

（1）天然对流装置（图 5-12）

天然对流装置是利用温差启动工作的。在寒季，当气温降至低于地基多年冻土温度时，装置中的工质出现温差（装置中工质出现密度差），产生自然对流，将地基中的热量带出，释放于大气中，从而冷却地基，降低地基多年冻土的温度，防止其衰退和融化。如：单相对流热棒（图 5-12（b）），两相对流热棒（图 5-12（a））、地基通风管（图 5-12（c））等。

（2）热障（隔热层）

在建筑物地基基础中的适当部位，设置隔热层，增大多年冻土上地基隔热层的热阻，减少建筑物传入地基多年冻土的热量。

（3）蓄冷槽（地下冷库）

在建筑物地基活动层中，设置一定厚度、一定含水率的粗颗粒土垫层或建造一定储水量的钢筋混凝土水槽。寒季冻结时，将冷量储存在垫层中或储水槽中。暖季，地基传入的热量，全部为冻结垫层融化或储水槽中冰融化所消耗。从而阻止热量传入地基多年冻土。

（4）架空通风基础

在建筑物基础中，设置一定通风空间，将建筑物与地基表面分开，利用空间中空气的对流将建筑物地坪传出的热量带入大气中，从而，减少传入地基多年冻土的热量。

（5）改良地表的热工特性

即改变地表对太阳短波辐射的反射、吸收特性。如：改变地表颜色；用黏性土覆盖地表；恢复地表植被；在地表敷设一定厚度的碎石、块石层；设置遮阳板来遮断太阳的直接辐射等。采用这些措施都可使地表温度降低，从而，减少传入地基的热量。

多年冻土地区的建筑经验表明：上述措施的综合应用，几乎可以解决寒区土木工程中的所有地基基础热工问题。

无源技术在我国寒区铁路工程中已得到广泛应用。如：热棒、热桩基础；架空通风基础；低填通风管基础；隔热层（包括工业材料隔热层和块石、碎石隔热层）基础；保温护道路堤（包括土护道和块石、碎石护道）；冻结沟、积冰沟等。这些工程处理措施，对养护地基多年冻土，改善地基多年冻土的温度状态，确保多年冻土地区铁路工程的稳定，是十分有效的。

5.7.4 冻土地基计算方法和基础类型的选择

（1）冻土地基基础设计原则

在多年冻土区和季节冻土区，冻胀力，特别是法向冻胀力，对基础的作用，是多年冻土区和季节冻土区建筑物破坏的主要原因。铁路工程地基基础的设计，应特别注意防止地基活动层土体冻结过程中，冻胀力对建筑物的冻胀破坏。

为确保多年冻土上建筑物的稳定，地基基础的设计应遵守以下基本原则。

① 在采用原则Ⅰ利用地基多年冻土时，基础底面应埋入多年冻土稳定人为上限以下至少0.5 m。

② 尽量减少通过建筑物基础传入地基中的热量（包括辐射和传导）。为此，应尽量减小建筑物基础的体积，提高建筑物一层（使用层）的架空高度。

③ 采取冷却地基的工程措施（热防护措施），确保地基多年冻土的温度在建筑物施工和运营期间，都不高于设计温度或波动在设计允许的范围内。

④ 采取有效的基础防冻胀措施，确保建筑物在施工和运营期的抗冻胀稳定。

（2）维持多年冻土地基基础稳定的对策

全球气候变暖对多年冻土的影响不容忽视。目前，我国的多年冻土大多处于衰退状态，因此，多年冻土地区的建筑设计，应采取一定热防护措施，来减小和消除这种影响，确保建筑物的稳定和正常运营。可供采用的对策有以下几种。

①增大基础埋深和多年冻土的预融深度（当采用预先融化地基多年冻土时）。根据建筑物的使用年限和气温升温速率，确定在建筑物使用年限内，多年冻土上限的下降深度，从而确定基础埋深和多年冻土的预融深度。

②设立通风或不通风地下室。其中最有效和最可靠的是具有终年通风系统的通风地下室。

③建立地基管式冷却系统。在地基中建立自然通风或强迫通风管道系统来冷却地基多年冻土。

④在建筑物周围倾填碎石、块石堆层。利用碎石、块石层的“热开关效应”来减少进入地基的热量，提高地基多年冻土的稳定性。

⑤采用热桩（棒）冷却地基。

⑥提高建筑物适应地基不均匀变形的能力和建筑物的可维修性能。

⑦在地基活动层与多年冻土之间建造“零梯度融土隔热层”（即零度帷幕层），来阻止热量进入地基多年冻土，延缓地基多年冻土的衰退。

众所周知，在不衔接多年冻土区的寒季，活动层底面存在一个相变界面，多年冻土顶面也存在一个相变界面，两相变界面间的融土层即是“零梯度隔热层”。在这一隔热层中，其温度梯度为零，故没有热流通过。“零梯度隔热层”是可以真正“隔断热流的隔热层”。

不衔接多年冻土上的房屋工程，可通过控制地基表面温度，使地基的冻结深度大于融化深度，从而，在地基活动层底面和多年冻土层顶面之间，形成一层“零梯度隔热层”。

（3）冻土地基的计算

多年冻土地基基础的计算，应根据地基多年冻土的利用原则和多年冻土的工程特性，按以下要求进行。

①采用原则Ⅰ利用地基多年冻土时，可采用下面两种方法进行计算：

a. 极限强度法（第一极限状态）。使基础作用于地基多年冻土的荷载应力，不大于冻土的极限长期强度。荷载与冻土地基承载力之间，应满足以下关系式：

$$F \leqslant F_u / k_n \tag{5.109}$$

式中　F——基础作用于冻土地基上的计算荷载；

F_u——冻土地基的允许承载力（长期极限承载力）；

k_n——按建筑物的类型和重要性给出的安全系数，对于桥梁墩、台桩基础，可取 1.4。

对于桩基和柱式基础，多年冻土地基的承载能力，由桩底和柱式基础底面多年冻土的允许承载力和桩、柱侧面多年冻土的冻结力组成。即：

$$F_u = \frac{1}{K}\left(RA + \sum_{i=1}^{n} R_{fi} S_i\right) \tag{5.110}$$

式中　R——桩底或柱底多年冻土的极限长期强度（允许承载力）；

A——桩或柱底面的投影面积；

R_{fi}——第 i 层多年冻土与桩侧面或柱侧面的极限长期冻结强度；

S_i——第 i 层多年冻土与桩侧面或柱侧面的冻结面积；

K——安全系数，一般采用 1.0。

将式(5.110) 代入式(5.109)，即可求得基础的设计尺寸。柱端冻土地基的允许承载力与冻土的计算温度有关，可按有关设计规范确定。

在根据桩基静载试验资料计算桩的承载力时，应考虑设计桩基使用条件与试桩条件的差别，予以适当折减。在俄罗斯的冻土地基、基础设计规范 СниП—88 中规定：设计单桩的承载力 F_u，应根据现场桩基静载试验结果，按下式确定：

$$F_u = \frac{K \times F_{sy}}{K_t} \tag{5.111}$$

式中　F_{sy}——静载试桩的极限长期承载力。

k_t——安全系数（可靠度系数），采用 1.1。

K——考虑试验桩与设计桩工作条件不同的系数，按下式确定：

$$K = \frac{F_{up}}{F_{uc}} \tag{5.112}$$

式中　F_{up}和 F_{uc}——分别为试验桩和设计桩的计算承载力。

设计桩的桩侧冻结强度和桩底冻土抗压强度，按设计地温确定；试验桩的桩侧冻结强度和桩底冻土抗压强度，按实测地温确定。如果设计地温采用实测地温，则 $K=1$。

b. 蠕变位移法（第二极限状态）。控制建筑荷载作用下，建筑物施工和运营期的蠕变下沉量，不超过建筑物的允许变形值。即：在建筑物运营期，地基、基础的下沉变形应满足下面关系式：

$$S_F \leqslant S_U \tag{5.113}$$

式中　S_U——在建筑物计算运营期，基础的允许极限下沉量；

S_F——在建筑物荷载作用下，塑性冻土地基的蠕变变形。

当地基多年冻土为坚硬冻土时，可不计算地基的下沉变形，采用极限强度法进行地基基础设计。当地基多年冻土为塑性冻土时，应同时采用极限强度和蠕变位移两种方法进行地基基础的设计。

地基冻土的长期极限承载力 F_u 和地基的下沉变形 S_F 都是冻土温度的函数。众所周知，地基多年冻土各深度的温度是周期变化的，在按蠕变方法进行桩基设计时，必须考虑地温的年周期变化对桩下沉蠕变速率的影响。经验表明，在利用桩蠕变基本方程进行桩基设计时，选用桩埋深范围多年冻土地温的年平均值，进行长期下沉计算是合理的。即从一年末至另一年末的桩总下沉量，可用由年平均地温得出的稳定蠕变速率来计算。尽管在一年中，桩的下沉速率较之设计稳定蠕变速率有高有低。但这种计算方法将减小按正弦变化温度计算出的相应蠕变速率的误差，其计算结果较为可靠。

设计时，可以假定在整个建筑物设计使用期限内，桩的下沉是均匀发生的。允许的蠕变速率是桩基允许下沉量除以设计使用年限得出的。

按照蠕变法设计时，应计算出桩—地基系统处于最高地温时，桩的下沉蠕变速度，其值不得超过桩进入渐进流动时的临界值。

桩的允许下沉量，取决于被支承建筑物的结构系统特性以及该建筑物与相邻建筑物的关系。

对于桩的蠕变分析，仅考虑长期作用荷载（恒载）的作用。短期作用荷载（风载、地震荷载等）对桩的蠕变没有影响。

②采用原则Ⅱ利用地基多年冻土时，应同时按第一极限状态和第二极限状态进行计算。即作用于地基的应力和地基下沉应同时满足以下两个关系式：

$$F \leqslant F_U / K \tag{5.114}$$

$$S < S_U \tag{5.115}$$

式中　F——作用于融化地基土上的计算荷载；

F_U——融化地基土的允许承载力；

K——安全系数；

S——在计算极限融化深度 H 内，运营过程中，地基的下沉量；

S_U——建筑物下沉变形的极限允许值。

运营过程中，地基的下沉量，主要是地基中融化多年冻土的融化下沉和压密下沉。与已融多年冻土的下沉量相比，融化层下多年冻土的压密沉降是较小的，一般可忽略不计。S 可采用下面公式计算：

$$S = \sum_{i=1}^{n} (A_i + \delta_i \sigma_i) h_i \tag{5.116}$$

式中　A_i——第 i 层正融土的融化系数；

δ_i——第 i 层正融土的压缩系数；

σ_i——第 i 层土中部的垂直压应力；

h_i——第 i 层正融土的厚度。

不论采用何种原则利用地基多年冻土，寒季地基活动层冻结过程作用于基础的冻拔力应小于基础的锚固力与作用于基础上的荷载之和。即寒区基础工程的抗冻胀稳定应满足以下要求：

$$\tau \times u \times h \leqslant p + u_0 \times \sum_{i=1}^{n} f_i \times l_i \tag{5.117}$$

式中　τ——地基活动层土的切向冻胀力；

u——活动层中基础的周长；

h——活动层中基础埋深；

p——作用于基础的垂直荷载（恒荷载）；

u_0——多年冻土中基础的周长；

f_i——第 i 层多年冻土的冻结强度；

l_i——第 i 层多年冻土中的基础长度；

n——基础埋深范围多年冻土的分层数。

（4）基础型式的选择

按原则Ⅰ利用地基多年冻土时，可采用桩基、柱基或填土地基上的基础。桩在平面上的布置方法，与建筑物的结构方案和所传递的荷载类型有关。在选择布置方案时，选用较大直径和长度较小的桩是经济而合理的。

桩的间距，在一般工程设计中，采用 1.5 ~ 5.0 m 是合理的。但最小桩距不应小于 $3d$（d 为桩断面的边长或其直径），净距不得小于 0.5 m。

位于季节冻融层中和地上部分的基础，其建造材料应满足抗冻、防渗和抗腐蚀稳定的要求。在采用钻孔灌注桩时，加速混凝土固化的化学外加剂，通常是不允许使用的。

人工地基上的基础，应优先考虑柱式基础、条形基础、通风管地基上的圈梁基础等浅基础。

按原则Ⅱ利用地基多年冻土时，应采用能较好适应地基不均匀变形的基础型式，如：对于钢性结构建筑物，可采用强化的钢筋圈梁条形基础、伐片基础或桩基础；对于柔性结构建筑物，可采用柱式基础或桩基础。此外，应根据地基变形计算结果，采取减小地基变形的措施，如：预先融化一定厚度的地基多年冻土、换填地基中高含冰多年冻土、加大基础埋深等。

第6章　热棒（桩）地基和基础

寒区工程建设，会使多年冻土区的生态环境产生一系列的变化。这些变化，都是由工程施工、运营热干扰引起的，一般来说，于寒区工程的稳定是不利的。消除工程施工、运营产生的热干扰，维持地基多年冻土和多年冻土环境的热稳定，是确保工程长期稳定的关键。采用热棒（桩）地基和基础，是消除施工、运营热干扰，防治地基多年冻土衰退和融化的最佳方法。

6.1　热棒（桩）制冷技术的发展

热棒（桩）技术是20世纪60年代初发展起来的一种广泛用于土木工程中的无需外加动力的冷冻技术。它实质上是一种无蕊重力式热管。在管线工程、桥涵、道路路基、机场跑道、通迅输电线塔以及港口工程中，热棒（桩）被用来冷却地基，防止冻胀和融沉，增加冻土地基的强度，保证冻土地基基础的稳定。热棒（桩）技术在世界一些有多年冻土分布的国家得到了广泛的应用。

热管是一种具有很高传热能力的器件。早在1942年，Gaugler就曾提出热管的原理。1964年，美国Los Alamos科学试验室的Grover等人独立地推出了类似Gaugler提出的一种器件，取名为热管。

美国科学家作了第一批试验，证明了热管的高效传热能力，以后在世界引起了链锁反应，西德、意大利、荷兰、英国、苏联、法国及日本等国都展开了大量的研究工作。美国无线电公司是第一家大规模研制热管的商业机构，1966年，他们已经研制了各种热管。Los Alamos科学试验室对热管的研究在世界上一直处于领先地位。

1968年，热管作为卫星仪器温度控制手段，第一次应用于测地卫星，用以减小卫星中不同应答器之间的温差。

除空间技术外，热管首先被用于电子工业领域，用以冷却电子器件。例如，电子管，半导体元件和集成电路板等。此外，用热管作为等温部件以提供等温环境，对于半导体材料的生产工艺以及高精度的测量技术均具有很大的吸引力。由于热管技术的迅速发展，它的使用范围扩大到电机和机械部件的冷却。例如，电机转子和定子的冷却，变压器、高速轴承和铸模等的冷却。20世纪70年代中期，热管已应用于医用手术刀和半导体工艺等温炉。

美国陆军工程兵团的Erwin L. Long先生，在20世纪50年代晚期，从养护地基多年冻土，利用衰退、融化的不稳定多年冻土地基出发，发展了一种地基冷却（冻）系统，即无蕊重力式热管，被命名为“Long热桩”。第一根商业性热桩被该兵团于1960年安装在Glennallen的通讯塔地基中，随后（1965年）取得了发明专利。1973年，Long在阿拉斯加的安科雷季建立了北极基础有限公司，向私人和工业企业提供热桩和技术服务。

20世纪70年代中期，热棒（桩）在美国阿拉斯加输油管线工程中得到大量应用。该输油管线从北冰洋起穿过阿拉斯加至大陆太平洋，全长1 287 km，共使用热棒112 000根，建造了56 000根热棒钢管桩基础（每根钢管中插入两根热棒），建成28 000个桩排架（两根桩组成一个桩排架），用以架空直径约120 cm的560 km输油管线，来防治管线地基多年冻土的融化和活动层的冻胀。

加拿大在20世纪60年代后期向美国购买了热桩专利，开展了热桩技术的应用研究，并于20世纪70年代后期成立了加拿大北极基础有限公司，向加拿大多年冻土区提供热桩系统的技术服务。

前苏联在20世纪60年代早期曾由学者С. П. Гапеев提出过热传导桩的概念。列宁格勒铁路运输设计院曾用煤油作工质设计了单相单管和多管热传轨系统。但热桩技术的研究远不及美国和加拿大。

日本对热桩技术应用的研究始于1985年，其研究重点是热桩冷库。

目前，美国北极基础有限公司已将热桩、热棒生产规格化，它生产着从2. 81 cm直径的热棒到50. 8 cm直径的热管桩，其标准长度为5. 4 m。所采用的工质有二氧化碳、氟利昂、氨和丙烷等。当前，美国和加拿大在联合研究热桩在铁路工程中的应用，发展热桩通用分析方法，研究编制通用简便的电子计算机程序，改进制造和安装工艺，但这些方面的研究成果仍属于公司所有，不予公开发表。

我国对热管的研究始于20世纪70年代初期，在应用基础研究方面进行了大量的工作，从低温液氨热管到高温钠热管都进行过研制和性能研究。热管在电子工业、空间技术和能源工程等方面的应用已有了良好开端。

热棒制作技术和热棒地基、基础热工特性的研究在我国起步较晚。

1987年，为了更好地解决寒区铁路工程中的热工问题，铁道部下达了“冻土地区热桩技术应用研究”的科研项目，由铁道部科学研究院西北研究所（中铁西北科学研究院的前身）所承担。该项研究历时3年，经理论分析、制造工艺研发和室内低温风洞试验，以及在青藏公路可可西里山地区涵洞进出口融沉防治的现场试验，热棒研制获得成功。该研究成果解决了制作工艺、低温风洞试验和传热计算等核心问题，提出了热通量、热扩散系数、热桩功率、冻结半径及产冷量等各项参数的计算方法及相关诸模图。现场的试验测试完全证实了热棒的高传热性能。

2001年在青藏铁路设计中，提出了“保护多年冻土”的基本设计原则。为了保证在全球气温升高的背景下，实现这一设计原则，铁道部下达了“路基新结构—热棒路基”的科研项目，开展现场试验研究，验证热棒制冷技术保护路基地基多年冻土的有效性。现场实测数据和相关数值分析证明了热棒的高效率制冷效果和防治路基人为上限下降的有效性。

近年来，热棒制冷技术在我国多年冻土地区的土木工程中得到了广泛应用。在青藏铁路多年冻土地区路基工程中，热棒路基累计长度达44. 1 km；青藏公路多年冻土区的清水河段，采用热棒来整治黑面公路路基下沉和纵向裂缝病害，整治路段长度4. 6 km（热棒纵向间距4 m，埋深为人为上限以下1. 5 ~2. 0 m）；在输电线路工程中，热棒已用于高温、高含冰量多年冻土地段的杆塔基础，来防治杆塔的冻胀和融沉；在隧道工程和路堑工程中，热棒被用来构筑防渗幕，防止地下水的渗入；在涵洞工程中，热棒用于防治涵洞进出口建筑的冻胀、融沉病害。目前，在青藏铁路和青藏公路工程中，已使用热棒 25 000 余根。热棒在青藏高原多年冻土地区土木工程中的应用，都取得了满意的效果。

6.2　热棒（桩）制冷工作原理

热棒是一种汽、液两相对流循环换热的热传输装置。热棒（桩）由一根密封的钢管组成，里面充以工质，管的上部焊有散热叶片，置于空气中，称之为散热器（也称冷凝段），埋入多年冻土中的部分称之为蒸发器（也称蒸发段），蒸发段和冷凝段之间的部分称之为绝热段，其基本结构如图 6-1 所示。

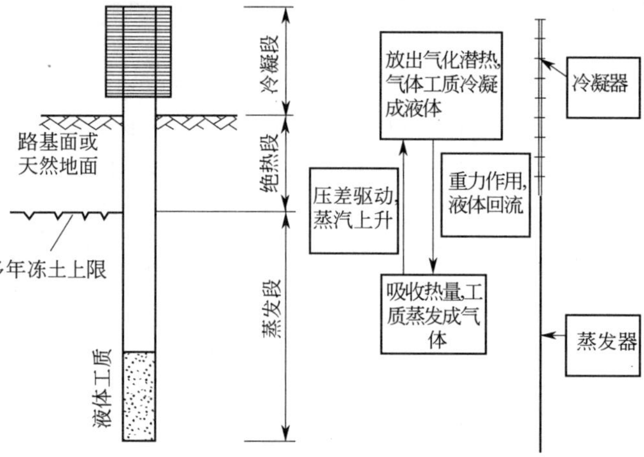

图 6-1　热棒结构及工作原理示意图

当冷凝段与蒸发段之间出现温差（冷凝段温度低于蒸发段温度）时，冷凝段汽体工质压力小于蒸发段汽、液界面的饱和蒸汽压，蒸汽开始冷凝。与此同时，蒸发段液体工质吸收汽化潜热蒸发成汽体，在压差作用下，汽体工质沿管内空腔上升至冷凝段，与较冷管壁接触，放出汽化潜热冷凝成液体，在重力作用下，液体工质沿管壁流回蒸发段吸收热量再蒸发（图 6-1）。只要冷凝器和蒸发器之间存在温差，热棒（桩）中的液、汽两相循环便被启动，连续制冷，直至温差消失。如此往复循环，将地基多年冻土中的热量源源不断地抽吸出来，传送至大气中，从而冷却地基多年冻土，提高多年冻土地基的热稳定性。

热棒（桩）的管壳材质和工质种类，是决定热棒（桩）运行质量和使用年限的关键因素。首先，管壳材料与工质必须是相容的，即两者是不能起化学反应的。再者，不同工质热棒（桩）的最佳工作温度范围是不同的。常用的管壳材料有低碳钢、不锈钢、铜、铝等。常用的工质有氨、二氧化碳、丙烷、氟利昂等。工质的选择应根据要求的热棒（桩）工作温度范围和管壳耐压性能以及工质与管壳材料的相容性来确定。热棒（桩）的工作温度范围一定要在工质的凝固点和临界温度之间，但应避免在接近临界点及凝固点附近。因为接近凝固点时，工质的饱和蒸汽压及密度均很低，蒸汽流动速度大，易形成大的蒸汽压降或出现声速限、携带限。接近临界点时，工质的品质因素将大大下降，压力过高。一般来讲，其工作温度在工质的正常沸点附近较好。

表 6-1 列出了常用的几种工质的凝固点、沸点和临界点及工作温度范围。

表 6-1　常用工质的物理参数

工　质	凝固点(℃)	沸　点(℃)	临界温度(℃)	临界压力(kg/cm^2)	工作温度范围(℃)
氨(NH_3)	-76.15	-33.45	132.15	115	-63.15 ~ 66.85
二氧化碳(CO_2)	-57.60	-77.4(升华)	31.04	75.3	-46.6 ~ 15.64
丙烷(C_3H_8)	-18.77	-42.1	96.8	43.4	-151.7 ~ 48.8
氟利昂$_{22}$($CHCl_2F_2$)	-160.0	-40.8	96.0	50.8	-129.3 ~ 48.4

工质与管壳材料如果不相容，在化学反应过程中生成的气体和其他物质将可能使热棒（桩）不能工作。表 6-2 为常用工质与各种管壳材料的相容性。

表 6-2　工质与管壳材料的相容性

工　质 \ 管壳材料	低碳钢	铝	铜	不锈钢
氨(CH_3)	相　容	相　容	不相容	相　容
二氧化碳(CO_2)	相　容	相　容	相　容	相　容
氟利昂$_{22}$($CHCl_2F_2$)	相　容	相　容	相　容	相　容
丙　烷(C_3H_8)	相　容	相　容	相　容	

目前，在我国寒区土木工程中，普遍使用低碳钢氨热棒。氨具有如下物理特性（表 6-1）：凝固点，-76.15 ℃；沸点，-33.45 ℃；临界温度，132.15 ℃；临界压力，115 kg/cm^2；汽化潜热，333.89 kcal/kg。氨热棒的工作温度范围为：-63.15 ℃ ~66.85 ℃。即在此温度范围内，只要蒸发段与冷凝段间存在温差，热棒都能启动工作，进行热量的正常传输。

热棒外露部分的表面一般处理成白色、银灰色，以提高其对太阳光的反射率和本身的长波辐射率。处理合适的冷凝器表面，其反射率可达 0.96，长波辐射率可提高到 0.95。

6.3　热棒（桩）的热传输技术特性

热棒（桩）中的热传输是利用“温差”和“潜热”进行的。它无运动部件，因而无需外加动力，也无需日常养护维修。在人烟稀少、动力缺乏的边远地区使用，其优越性尤为突出。概括起来，热棒制冷系统具有以下技术特点。

（1）热传输效率高

热棒（桩）是靠工质蒸发和冷凝进行热量传输的。即热棒是利用潜热进行热传输的，加上热棒中蒸汽的高速流动（可接近声速），因而其传热效率极高。与液体对流传热相比，其传热效率是它的 60 倍以上。据美国北极基础有限公司资料：如果设计得当，热棒（桩）的传热效率可以达到 150 000 kcal/(m·h·℃) 以上。这一传热效率较之用导热和惯用的液体对流传热所能得到的效率要高得多。热棒（桩）的有效（视）导热系数与其他物体导热系数的比较如表 6-3 所示。

表 6-3　热棒（桩）有效导热系数与其他物质导热系数的比较

有效导热系数	热棒	液体对流	铜	钢	冻土	融土
kcal/(h·m·℃)	208 040	3 566	327	37	1.9	1.2

（2）灵敏度高

据加拿大北极基础有限公司资料，在热棒冷凝器和蒸发器之间存在 0.006 ℃温差时，即可启动工作（而液体对流桩，通常要求空气温度低于土温 2.33 ℃以上时，才能开始工作）。

（3）单向传热

由于热棒（桩）中没有毛细管芯，管中液体工质不能上升至冷凝段。埋于多年冻土中的热棒（桩），在寒季，当气温低于地温时，便启动工作，将地中热量送入大气中；在暖季，当气温高于地温（即冷凝段温度高于蒸发段温度）时，热棒（桩）中的蒸汽不能冷凝，液池内液态工质不能蒸发（蒸汽已饱和），热棒（桩）自动停止工作。从而，热棒（桩）在暖季不会将大气中的热量输送至多年冻土地基中。由于热棒（桩）具有这种单向传热特性，故热棒（桩）也被称之为热二极管。

（4）等温性

由于热棒（桩）的热传输是靠蒸发和冷凝完成的。沿热棒（桩）长度如果存在温差，液体工质的蒸发和汽体工质的冷凝随处都会发生，直至温差消失。因此，热棒（桩）工作时，蒸发段的温度分布基本是均匀的。这种均匀分布的温度场，在减小切向冻胀力，防治基础冻胀，提高冻土地基承载能力方面具有重要意义。

除上述热传输技术特性外，热棒还具有以下使用技术特点。

（1）良好的环保性能

由于热棒（桩）无运动机械部件，故无需外加动力；加上热棒（桩）中的热传输循环过程又是封闭进行的，因而，工作中的热棒（桩）无噪声干扰，无污染物排放，无日常养护维修，是理想的环保冷冻装置。

（2）外形可多样化

根据热传输的不同需要，用于土木工程的热棒（桩）可以设计成各种形状和大小。

（3）使用年限长

设计制作得当，防腐有效，其使用寿命在 30 年以上。

6.4　热棒（桩）的用途

目前，热棒（桩）制冷技术已广泛用于寒区地基基础工程中，用以调节基础—地基系统的热周转过程，防治地基多年冻土的衰退和融化。

在寒区地基基础工程中，热棒（桩）可作如下用途：

（1）消除冻土工程施工和运营产生的热干扰，防治地基多年冻土的衰退和融化；

（2）降低地基多年冻土的温度，提高地基多年冻土的承载力；

（3）调节冻土工程的人为上限，减小地基活动层的厚度；

（4）回冻地基中已融化的多年冻土；

（5）减小切向冻胀力，防治基础冻胀；

（6）构筑“地下冻土隔水帷幕”等。

在多年冻土地区，热棒（桩）地基活动层的双向（水平和垂直两个方向）冻结特性，可用来有效防治基础冻胀，提高地基的承载力。尤其在防治桩基冻胀、提高桩的承载能力方面，具有特殊的效果。

热桩防治桩基冻胀、提高桩基础承载能力的机理：

（1）桩周土体的径向冻结，可有效减小作用于桩的切向冻胀力。

众所周知，土体冻结过程中，冰的析出和体积膨胀是垂直热流方向的。热桩的径向冻结，改变了冰析出和膨胀的方向，从而，活动层冻结时作用于桩的冻胀力主要为侧面法向冻胀力。

（2）寒季，热桩启动工作后，活动层土体在水平和垂直方向的一层层冻结，将桩周冻结的活动层冻土与多年冻土连接起来，这等于增加了桩的锚固长度，使桩的锚固力增加。这种冻结—锚固作用是随冻结过程的发展而发展的，如同在桩周逐渐形成一个不断扩大的“冻土锚头”，将桩牢牢锚固在地基多年冻土中，如图6-2所示。

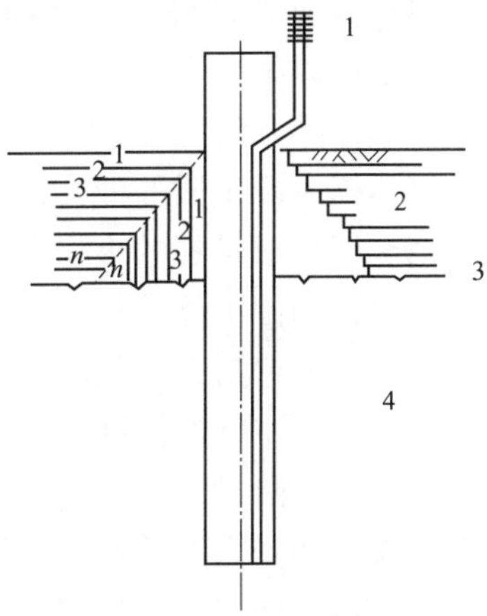

图6-2　热棒桩基础抗冻拔机理示意图

1—热棒；2—活动层；3—多年冻土上限；4—空心基础桩

（3）热桩的“超前工作特性”是热桩具有良好抗冻胀稳定性的另一重要原因。

在多年冻土地区，当地表出现不稳定冻结，一般地基活动层还在继续融化时，热桩已启动工作，热桩地基活动层停止融化，地基多年冻土开始降温。这种多年冻土地温的“提前降低”，可使桩的冻结强度增加，锚固力提前增长。在地基活动层开始稳定冻结，出现切向冻胀力时，桩增加的锚固力储备已足够抵消作用于桩的冻拔力。

6.5　热棒（桩）的安全性

用于土木工程的热棒（桩），其常用工质是氨、二氧化碳、丙烷、氟利昂等。这些化学物质，有的虽有一定的毒性，但热棒（桩）是按压力容器要求焊接和密封的，充灌于热棒（桩）中的工质，在一般情况下，是安全的。由于热棒（桩）工质的充装量不多，即使工质泄漏，在一般情况下，对人体也不会造成大的危害。热棒（桩）常用工质的毒性、易燃性如表6-4所示。

表6-4　几种常用工质的毒性、易燃性

工质名称	毒　性	易燃性
氨	H	S
二氧化碳	M	N
丙烷	S	H
氟利昂-12	N	N

注：H—高的；M—中等的；S—轻微的；N—无毒的或不燃的。

6.6　热棒（桩）地基的热工计算

热棒（桩）埋设于地基中，形成大气—热棒—地基热交换系统。在此系统中，其热传输效率是由以下因素决定的。

①热棒的几何尺寸；

②热棒制冷工质的种类；

③热棒构成材料的热物理性质；

④热棒周围土体的热物理性质；

⑤热棒内壁与工质间的放热系数和冷凝器壁到空气的散热条件；

⑥土体和空气的温度等。

描述这一热量传输相互作用过程的方程组，是非常复杂的。因此，这一问题的精确解析解，用现代物理方法是不可能得到的。在作一系列假设后，利用电子计算机数值模拟方法，可以得到这一问题的近似解。

当不可能在电子计算机上求解此问题时，可以利用在下述假设基础上的近似解析解。

①土中热传输仅通过传导方式进行；

②工作中的热棒，其轴向温度梯度等于零；

③土中的不稳定热传递，视为稳定状态的连续不断的更替；

④热棒内部的传热热阻极小，可以忽略不计。

⑤计算过程中的气温不变，并等于计算期的平均值。

单根热棒的有效传热影响半径，采用计算期的最大值。可根据热棒蒸发段计算期的最大温度较差和周围冻土的热物理性质计算确定，或现场试验确定。

寒区土木工程中的热棒（桩）地基基础，根据热棒的使用数量和设置方式，可分为以下几种类型。

根据使用热棒数量的多少，可分为：

①单热棒（桩）地基基础；

②热棒（桩）群地基基础。

根据热棒在地基中的相对位置，可分为：

①垂直（倾斜）埋设热棒（桩）地基基础；

②水平埋设热棒地基基础。

在铁路路基、桥涵、房屋等工程中，常用的热棒（桩）地基、基础型式有：

①空心桩—热棒基础，如房屋基础、杆塔基础等；

②钢管热桩基础，如桥梁墩台基础、房屋基础等；

③热棒填土基础，如房屋基础等；

④热棒地基，如热棒路基、涵洞热棒地基等。

根据上述假设，按稳定温度场热传导理论，可以推导出计算单根热棒产冷量、热棒冻结半径的计算公式。

6.6.1 单根热棒（桩）产冷量的计算

埋置于地中的热棒，其产冷量可按下面方法计算。

（1）热棒热通量的计算

液、汽两相对流循环热棒，在单位时间内的传热量（热通量 q），取决于热棒—地基系统中“热流通道”上的热阻、气温和土体温度。可根据热棒—地基系统热传输流程图计算确定。热棒—地基系统热流程图如图6-3所示。

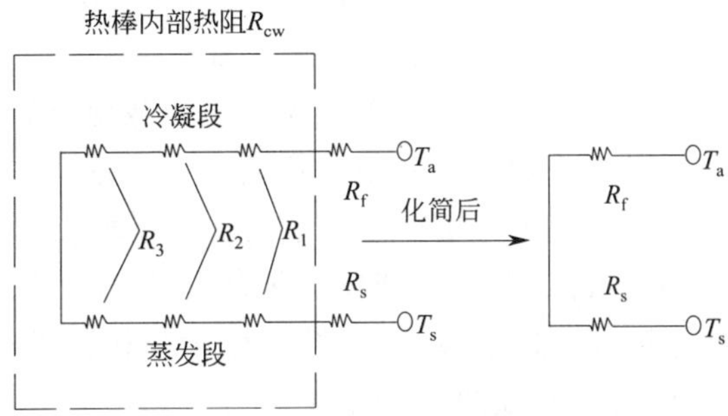

图6-3 热棒—地基系统热传输流程图

据图6-3，热棒的热通量 q，用下面公式计算：

$$q=\frac{T_s-T_a}{R_f+R_{cw}+R_s} \tag{6.1}$$

式中 q——热棒的热通量；

T_s——蒸发段土体计算期的平均温度；

T_a——冷凝段表面计算期的平均温度；

R_f——冷凝器表面的放热热阻；

R_{cw}——热棒内部热阻；

R_s——热棒蒸发段土体的热阻。

热棒内部热阻包括：管壳热阻 R_1，工质液体膜热阻 R_2 和工质蒸发与冷凝热阻 R_3。即冷凝器壁的热阻 R_{wc}；冷凝器中冷凝液体膜的热阻 R_{cc}；蒸汽的冷凝热阻 R_c；液体工质的蒸发热阻 R_e；蒸发器中冷凝液体膜的热阻 R_{ce}；蒸发器壁的热阻 R_{we}。

在上面公式中，通常情况下，冷凝器的放热热阻 R_f 和土体热阻 R_s，较之其他热阻要大得多。如外径为0.4 m，壁厚0.01 m的钢管热桩，若蒸发段埋入土体中7 m，在传热半径为1.5 m时，土体热阻约为0.026 9 h·℃/kcal。而管壁热阻仅为0.000 029 9 h·℃/kcal。即管壁热阻仅为土体热阻的1/800。在各接触面的对流换热中，以冷凝器与大气接触面的放热热阻最大。该热阻约为液体工质与管壁接触面热阻的20倍。而工质的蒸发与冷凝热阻则更小，约为冷凝器与大气接触面热阻（与风速有关）的1/1 000～1/400。所以，在实际计算中，忽略其他热阻，仅采用土体热阻和冷凝器放热热阻进行分析，其精度，于土木工程应用来讲，是完全可以满足要求的。这样一来，式(6.1)变成：

$$q=\frac{T_s-T_a}{R_f+R_s} \tag{6.2}$$

①热棒蒸发段传热影响范围土体的热阻 R_s，用下列公式计算：

a. 垂直埋于地基中的热棒，其蒸发段传热影响范围内，圆柱土体的热阻 R_s，用下面公式计算，计算图式如图6-4所示（图中 T_1 为热棒蒸发温度；T_2 为传热圆柱土体的表面温度）。

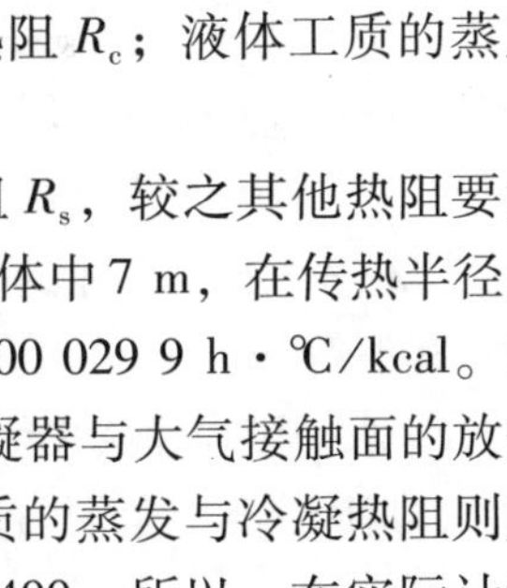

图6-4 垂直埋设热棒土体热阻计算图式

$$R_s=\frac{\ln(r_2/r_1)}{2\pi\lambda N} \tag{6.3}$$

式中　r_2——冻结期热棒蒸发段传热影响范围的平均半径，应通过现场试验确定；在无条件试验时，对于我国多年冻土地区，其传热有效影响半径，可采用 1.2 ~ 1.5 m，视热棒使用地点冻结期长短和热棒蒸发段外半径大小而定，冻结期长、蒸发段外半径大，选用大值；

r_1——热棒蒸发段的外半径；

λ——蒸发段周围土体（冻土或融土）的导热系数；

N——热棒蒸发段的长度。

b. 水平埋藏式热棒（蒸发段水平埋设于地下），其蒸发段传热影响范围内，圆柱土体的热阻 R_s，用下面公式计算，计算图式如图 6-5 所示（图中 t_1 为热棒的蒸发温度；t_2 为计算期地表平均温度）。

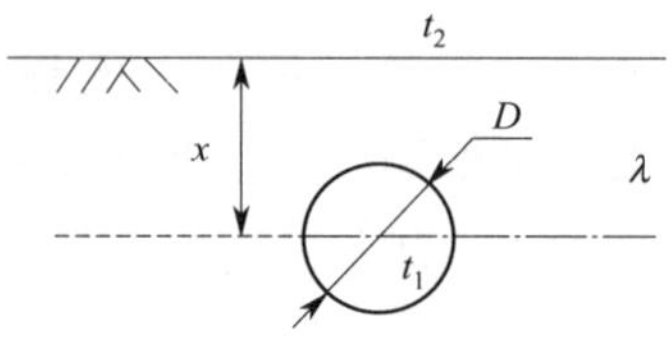

图 6-5　埋藏式热棒土体热阻计算图式

当 $x \approx D$ 时，

$$R_s = \frac{\cosh^{-1}\left(\frac{2x}{D}\right)}{2\pi\lambda N} \tag{6.4}$$

当 $x > 2D$ 时，

$$R_s = \frac{\ln\left[\left(\frac{2x}{D}\right) + \sqrt{\left(\frac{2x}{D}\right)^2 - 1}\right]}{2\pi\lambda N} \tag{6.5}$$

当 $x \gg D$ 时，

$$R_s = \frac{\ln\left(\frac{4x}{D}\right)}{2\pi\lambda N} \tag{6.6}$$

式中　x——热棒蒸发段平均埋深；

D——热棒蒸发段外直径；

λ——地基土体的导热系数；

其他符号同前。

c. 水平排式埋藏式热棒群（蒸发段水平埋于地面以下），当蒸发段的平均埋深大于蒸发段直径时，其传热影响范围内，圆柱土体的热阻 R_s，可用下面公式计算，计算图式如图 6-6 所示。

$$R_s = \frac{\ln\left[\left(\frac{2L}{\pi D}\right)\sinh\left(\frac{2\pi x}{L}\right)\right]}{2\pi\lambda N} \tag{6.7}$$

式中　L——热棒的中心间距，m；

其他符号同前。

从上面公式可以看出，成排埋设的热棒，单根热棒周围土体的热阻与热棒间距有关，随间距 L 的减小而增大，故成排埋设的热棒群，单根热棒的传热量随热棒间距的减小而减小（图 6-7）。

从图 6-7 可以看出：热棒间距从 1 m 增加到 5 m 时，其传热量迅速增加。而后，间距再增加，其传热量变化甚微。故间距大于 5 m 时，间距对热棒传热量的影响可以忽略。设计时，应根据所需产冷量和热棒技术特性，通过热工计算确定热棒的合理间距。

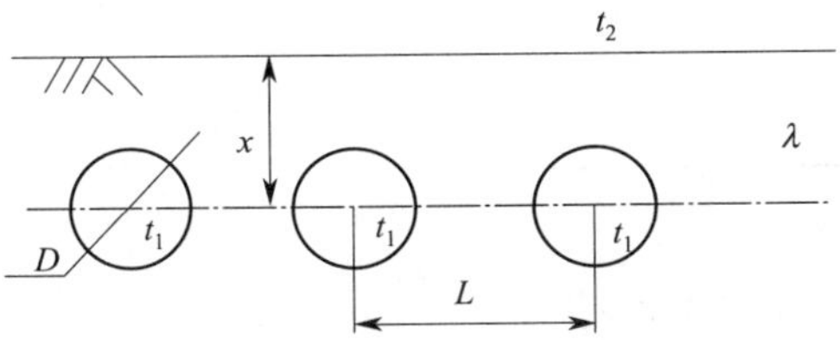

图 6-6　排式埋藏式热棒土体热阻计算图式

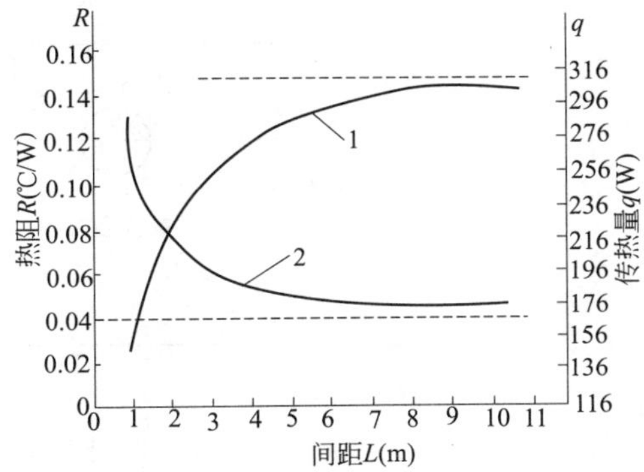

图 6-7　热阻、传热量与间距的关系
1—传热量；2—热阻

d. 对于水平倾斜成组埋于多年冻土上活动层中的热棒群，任一热棒周围土体的热阻用下面公式计算，计算图式如图 6-8 所示（图中 T_u 为地表的计算平均温度；T_d 为多年冻土的年平均地温）。

$$R_u = \frac{\ln\left[\frac{2L}{\pi D}\sinh\left(\frac{\beta_u \pi z_u}{L}\right)\right]}{\beta_u \pi \lambda_u N} \tag{6.8}$$

$$R_d = \frac{\ln\left[\frac{2L}{\pi D}\sinh\left(\frac{\beta_d \pi z_d}{L}\right)\right]}{\beta_d \pi \lambda_d N} \tag{6.9}$$

式中　L——热棒的中心间距；
D——热棒蒸发段的外直径；
z_u——热棒蒸发段的平均埋深；
λ_u——热棒蒸发段平均埋深 z_u 范围内，土体的导热系数；
z_d——热棒蒸发段平均埋深线至多年冻土年变化带深度线的距离；
λ_d——z_d 范围内，土体的导热系数；
N——热棒蒸发段的长度；
β_u、β_d——比例系数，用下面公式计算：

$$\beta_u = \frac{2q_u}{q_u + q_d} \tag{6.10}$$

$$\beta_d = \frac{2q_d}{q_u + q_d} \tag{6.11}$$

式中　q_u——来自蒸发段上部的热流；
q_d——来自蒸发段下部的热流。

②冷凝器的放热热阻 R_f，与冷凝器表面的放热系数、散热面积和有效率有关。可用下面公式计算：

$$R_f = \frac{1}{Aeh} \tag{6.12}$$

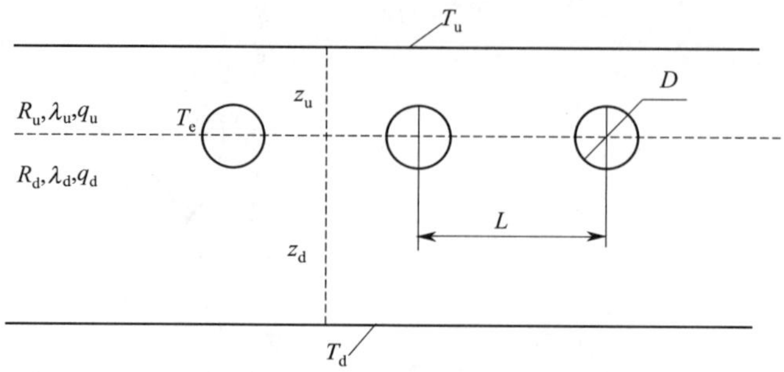

图 6-8　排式埋藏式圆柱热阻计算图式

式中　A——冷凝器的有效散热面积，m^2；

h——冷凝器的放热系数，kcal/(m^2·℃)，决定于散热器周围空气流速和散热器表面特性（表面处理情况），约为 1 ~ 5；

e——冷凝器叶片的有效率，是叶片几何形状和 h 的函数，约为 0.5 ~ 1。

对于指定类型的冷凝器，可通过低温风洞试验，测定其表面有效放热系数（eh）与风速 v 的关系，得出 $eh \sim v$ 关系曲线和计算公式；

对于钢串片式冷凝器，铁道部科学研究院西北分院曾进行低温风洞试验，得出如下表面有效放热系数（eh）计算公式：

$$eh = 2.75 + 1.51v^{0.2} \tag{6.13}$$

式中　v——冷凝器所在处的风速。

冷凝器内壁的冷凝液体膜，将增加冷凝器的放热热阻，但其增加值是较少的。并且，当液体膜流从层流变成紊流时，通过膜的热阻便大幅度地下降。据试验，对于氨热棒，当蒸发器与冷凝器之间的温差为 4.6 ℃时，其冷凝膜流总是处于紊流状态；对于二氧化碳热棒，当温差为 1.1 ℃时，其冷凝膜流亦为紊流。

应当指出，冷凝器的放热系数和冷凝器叶片的有效率，应由热桩（棒）供应商提供。供应商应对他制作的热桩散热器进行风洞热工试验，提出 eh 与风速 v 的关系方程，供设计者使用。

（2）热棒工作期的产冷量 Q，用下面公式计算：

$$Q = q \times t \tag{6.14}$$

式中　t——热棒工作时间。

6.6.2　热棒有效传热半径的计算

热棒采集冷量在热棒周围地基中的传播是随时间而逐渐扩大的，热棒蒸发段周围的地温是随离热棒距离的增加而升高的，如图 6-9 所示。

从图 6-9 可以看出，热棒启动工作后，蒸发段的温度逐渐降低，至最低温度后，又逐渐升高的。即要经历由高到低和由低到高这样一个过程。热棒采集冷量的扩散是随时间而变化的。热棒地基的传冷过程，根据蒸发段温度和周围地温的变化，可分为“储冷”和“扩散”两个阶段。在“储冷”阶段（曲线 1 ~ 5），热棒附近地基温度迅速下降，大量冷量集中在蒸发段附近，其传热影响范围较小。在“扩散”阶段（曲线 6 ~ 9），蒸发段温度与土体温度差别减小，冷量向四周扩散，传热影响范围加大。根据这一特点，热棒有效传热半径的计算，可采用“储冷”阶段的传热影响范围。

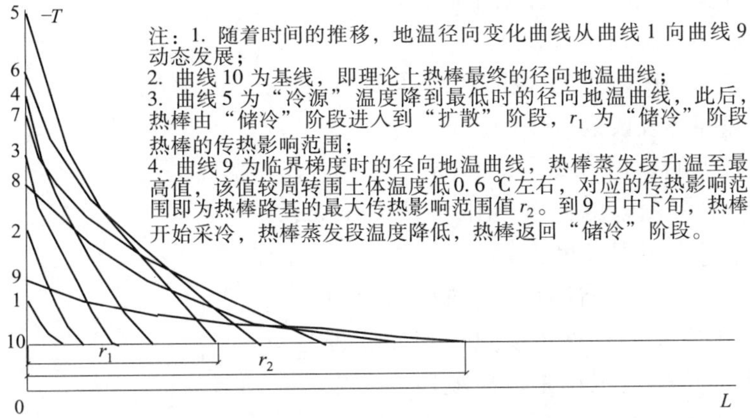

图6-9　热棒传热半径（影响范围）随时间变化示意图

热棒的有效传热影响范围与计算期热棒蒸发段表面的温度较差和计算周期长短等因素有关，应通过现场试验确定。在无条件试验时，可根据使用地段气象资料和地基多年冻土的热物理性质，分析确定热棒工作期，蒸发段表面温度较差（蒸发段表面最低温度与起始温度之差）、温度波动周期（从开始工作至热棒表面出现最低温度的时间），采用下面修正的傅里叶方程进行估算：

$$L = k\sqrt{\frac{\lambda T}{\pi C}}\ln\frac{A_0}{A_1} \tag{6.15}$$

式中　L——热棒传热影响范围，m；

k——修正系数，在青藏高原多年冻土地区可取 $k=0.20\sim0.25$；

λ——热棒蒸发段周围冻土的平均导热系数，kcal/(m·h·℃)；

T——热棒蒸发段温度波动周期，h；

C——热棒蒸发段周围冻土的平均热容量，kcal/(m³·℃)；

A_0——计算期热棒蒸发段的温度较差，℃；

A_1——计算期热棒传热影响范围边界处的温度较差，可取 $A_1=0.1$ ℃ ~0.2 ℃。

以青藏铁路清水河热棒试验路基为例，热棒传热影响范围计算如下：

设：地基多年冻土为黏性土（干容重为1 500 kg/m³，含水率为25%），$A_0=16$ ℃；$A_1=0.1$ ℃；$T=2\,952$ h（10月1日~1月31日）；$\lambda_f=1.36$ kcal/(m·h·℃)；$C_f=532.7$ kcal/(m²·℃)；$k=0.20$。

将上面资料代入公式计算得：$L=6.86\times0.20=1.57$ m。即在清水河地区，每年10月1日至来年1月31日，热棒的传热影响范围半径约为1.57 m。

6.6.3　热棒冷冻融土地基时，冻结半径的计算

采用热棒冻结地基融土时，热棒的冻结半径 r，是气温冻结指数的函数（图6-10），可

用下面超越方程求解：

$$\sum I_{\mathrm{f}}=\frac{Q}{24}\left[\pi N R_{\mathrm{f}}\left(r^{2}-r_{0}^{2}\right)+\frac{r^{2}}{4 \lambda_{\mathrm{s}}}\left(\ln \frac{r^{2}}{r_{0}^{2}}-1\right)+\frac{r_{0}^{2}}{4 \lambda_{\mathrm{s}}}\right] \tag{6.16}$$

式中　$\sum I_{\mathrm{f}}$——计算地点的气温冻结指数，℃·d；

r——热棒的冻结半径，m；

Q——热棒周围融土的体积潜热，$\mathrm{kcal/m^3}$；

r_0——热棒蒸发段的外半径，m；

λ_{s}——融土的导热系数，kcal/(m·h·℃)；

R_{f}——热棒冷凝器的放热热阻，h·℃/kcal；

N——热棒蒸发段长度，m。

必须指出，按上面方法计算出的热棒产冷量是偏大的，偏于不安全的。这可从热棒工作原理和工作过程看出：热棒的工作是靠冷凝段与蒸发段之间的温差驱动的。埋于地基中的热棒启动后，随着传热的进行，蒸发段温度迅速降低。从而，在蒸发段周围地基中逐渐形成一个“温降漏斗”，热棒传入“漏斗”的冷量逐渐与地基放出的热量平衡，热棒的传热过程趋于稳定。

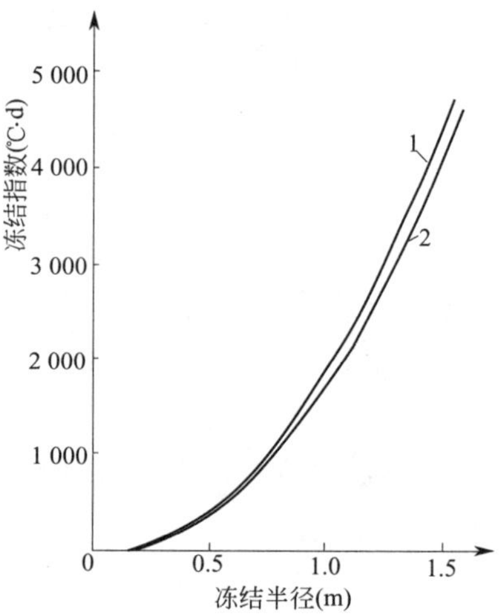

图 6-10　热棒冻结半径与气温冻结指数的关系

土质：粉土，$\rho_{\mathrm{d}}=1\,600\ \mathrm{kg/m^3}$，$\omega=10\%$；

1—风速 $v=0.9$ m；2—风速 $v=4.5$ m；

蒸发段埋深 $N=6.1$ m。

热棒的热传输循环，只在冷凝段温度低于蒸发段温度时，才能进行。指定热棒的功率，取决于蒸发段与冷凝段之间的温差。温差大，热棒的热通量大，功率大；温差小，热通量小，则功率小。

在热棒的产冷量计算中，蒸发段、冷凝段的温度，取的是计算期的平均值。即计算期蒸发段、冷凝段间温差取的固定值。但热棒的运行工况并非如此，在热棒运行过程中，蒸发段、冷凝段间温差是变化的。热棒—地基是处于半无限热力学系统中的，它的实际运行工况是：假定冷凝段温度取固定值（计算期平均气温），随着热棒的冷冻作用，蒸发段的温度逐渐降低，蒸发段、冷凝段间温差逐渐减小，热棒功率逐渐下降。最后，热棒—地基热传输系统与半无限地基热力学系统达到热动态平衡（热棒输入地基的冷量与地基传入系统的热量平衡），冷凝段、蒸发段间温差达到稳定值。据铁道部科学研究院西北分院研究资料，热棒—地基热传输系统达到热动态平衡时，蒸发段温度较冷凝段温度约低 4 ℃。例如，假定冬季的平均气温为 −10 ℃，则蒸发段的稳定温度约为 −6 ℃。这时，热棒地基的传热影响范围不再扩大，地基温度不再降低，即在这种情况下，热棒的工作对于地基降温和储冷来说，是无效的。而在计算热虹吸传热冷却地基时，是按整个冻结期热虹吸的工作都是有效的。因此，热棒的实际传热量比计算值要小。

在热棒的实际运行过程中，冷凝段与蒸发段的温度都将随气温的变化而变化，在计算热虹吸的传热量时，气象台站提供的冻结指数肯定有一部分是不能利用的。不能利用的这一部分指数究竟占多少？目前还无法肯定，估计约占30%左右。故在实际计算中，热棒的计算传热量应进行修正。

目前，市场上常见氨热棒的技术规格如表6-5所示，可供热棒地基基础设计参考。

表6-5　常用氨热棒产品的技术性能

标准外管直径(mm)	51	60	76	83	89	108
冷凝段长度(m)	2.50	2.50	2.50	2.50	2.50	2.50
冷凝(散热)面积(m^2)	2.07	2.43	3.08	3.36	3.61	4.38
蒸发段长度(m)	6.0	6.0	6.0	6.0	6.0	6.0
热流量(W)	54.3	62.2	72.7	77.0	80.5	90.9
寒季产冷量(MJ)	986.1	1 128.5	1 318.8	1 397.5	1 461.2	1 648.6
最大平均降温(℃)	5.5	6.3	7.4	7.8	8.2	9.2
融土冻结半径(m)	0.89	0.95	1.02	1.05	1.08	1.12

注：1. 平均风速4.5 m/s，热传送半径2.0 m；

2. 冻土导热系数1.67 W/(m·℃)，融土导热系数0.79 W/(m·℃)，融土体积潜热56.27 MJ/m^3；

3. 热棒热流量为冷凝段与蒸发段之间温差为10 ℃之值；

4. 寒季产冷量为寒季长210 d，温差10 ℃时之值；

5. 厂家可根据客户需要，制作各种形状、管径和长度的热棒产品。

下篇　多年冻土上的铁路工程

第7章 路基工程

我国多年冻土区的铁路建设，始于20世纪50年代。目前，我国多年冻土地区的铁路有牙林线、潮乌线、嫩林线、林碧线、塔韩支线、嫩黑线、伊加线、南疆线和青藏线等，总里程约2 100 km。

在多年冻土地区，现今存在于大气—植被—活动层—多年冻土间的热平衡状态，是第四纪地质地貌过程和现代气候的产物。路基工程的修建，改变了地表形态和地表面特性（植被的破坏；地表层岩性成分的改变；地表面吸收、反射率的变化等），从而，破坏了地表原有的热、质交换平衡条件，使路基通过地带的多年冻土上限埋深、年平均地温、地温年变化深度等发生变化，即引起多年冻土环境的变化。建设初期的冻土路基工程，是处于不平衡的多年冻土热学环境和不稳定的力学状态中的。

多年冻土路基的力学稳定，取决于线路通过地带一定范围多年冻土环境的热学稳定。这一定范围的多年冻土环境，即路基的多年冻土工程环境，称为路基系统。路基本体、路基地基、路基附属工程和相邻的空间（路堤两侧坡脚线外15～20 m和路堑两侧坡顶边线外15～20 m）部分一起，称为路基系统。处于大地半无限热力学系统中的路基系统，它的各组成部分是相互作用、相互依存的。冻土路基设计的基本环境要求是：按铁路运营要求，运用最优化方法，建立一个最佳的与多年冻土环境相容的“路基工程环境——路基系统”，来确保冻土路基运营期的热学和力学稳定。

多年冻土区的路基系统首先是一个热力学系统。在路基的施工和运营期间，路基系统将在大气—路基系统活动层—多年冻土之间，逐渐建立起系统自己新的热平衡。这种新热平衡的建立，可能需要3～5年，或更长时间。工程实践表明：在路基系统范围内，如果多年冻土的上限，能够维持或高于原来的天然位置，则路基的工作条件将得到显著改善。

多年冻土区路基工程质量的控制，首先是控制路基系统的水、热状态，即控制地基多年冻土的温度状态在运营期都维持在设计允许值，防止地表水、地下水在路基系统，尤其是路基坡脚的聚集，这是维持冻土路基稳定的必要条件；其次是控制路基系统的应力、应变状态，使路基在运营期的沉降变形速率和总变形量都不超过设计允许值，基面、边坡保持设计尺寸和完好状态，这是维持冻土路基稳定的充分条件。

多年冻土地区，路基的良好技术状态是靠有效的日常养护、维修来维持的。冻土路基的养护、维修应满足以下两点基本要求。

（1）建立完善、有效的路基排水系统，防止地表水、地下水在路基系统，尤其是在路基坡脚的聚集；

（2）改善路基系统地表对太阳辐射的吸收和反射特性，降低表面温度，增大活动层的热阻，尽量减少进入地基多年冻土的热量。

多年冻土上的铁路工程，要通过多年冻土工程地质条件各不相同的地段。路基设计的基本技术要求是：选择良好冻土工程地质地段通过；尽量减少施工和运营带给多年冻土的热干扰；改善路基系统的热传输边界条件，尽量减少传入地基的热量，增加传入地基的冷量，来提高路基系统地基多年冻土的热稳定性。

青藏铁路格尔木至拉萨段全长 1 142 km。该铁路在昆仑山北麓的西大滩（K954）进入高原多年冻土地区，于唐古拉山南麓的安多（K1498）走出多年冻土区，多年冻土区的线路总长约 544 km，是世界上海拔最高的多年冻土区铁路，海拔高程大于 4 000 m 地段的线路总长达 965 km（图 7-1）。

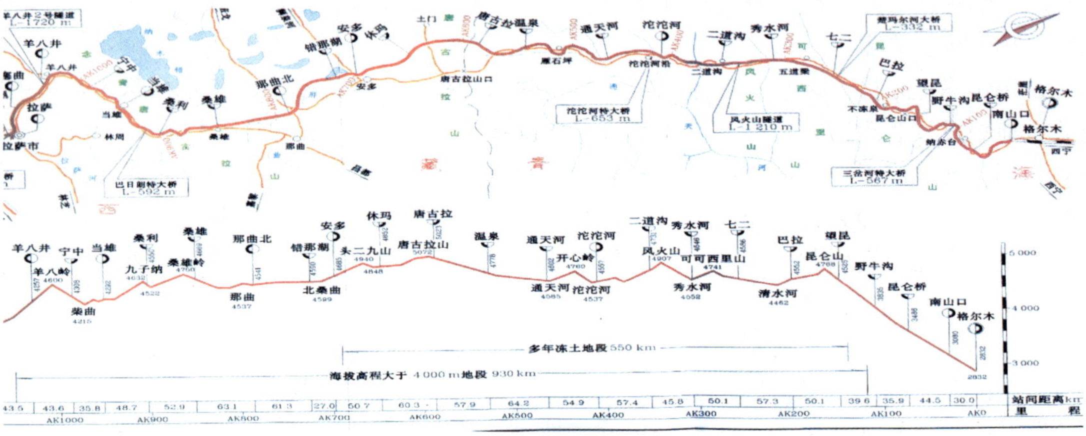

图 7-1　青藏铁路（格拉段）平面、纵剖面图

在多年冻土地区的 544 km 线路中，有桥梁 440 座，累计长度 119. 9 km；涵洞 621 座，累计 1 191 延长米；融区线路长度约 101 km，多年冻土上实际线路长度约 443 km。在这 443 km线路中，桥梁总长 111. 4 km（包括以桥代路旱桥 87. 3 km），故真正位于多年冻土上的路基长度仅约 331. 6 km。在这 331. 6 km 冻土路基中，路堤 315. 6 km；路堑、半路堑 80 处，累计长度约 16 km。

由于各种类型多年冻土（少冰、多冰、富冰、饱冰、含土冰层）在平面和剖面上的分布极不均匀，为简化设计，提高冻土路基的稳定性，青藏铁路多年冻土上的路基，均按保护地基多年冻土的原则设计。即：路堤均采用最小设计高度，来确保路堤的人为上限稳定在地基原天然上限位置附近；路堑、零填路堤、低路堤均建造在人工地基上，即：路堑基底和边坡均采用最小设计换填厚度，零填路堤、低路堤采用换填地基土至路堤最大融化深度，来确保路基人为上限稳定在人工地基中。

路堤和路堑人工地基填料均采用冻胀不敏感的粗颗粒土，冻融循环对人工地基土的热学和力学性质基本无影响。这种设计和填筑方法，可有效控制多年冻土上路基的水、热状态，防止路基的冻胀、翻浆和热融下沉。

为适应青藏高原特殊的多年冻土环境，确保路基工程的长期稳定，青藏铁路多年冻土上的路基工程大部分都是采用特殊路基结构。据 2007 年统计，青藏铁路多年冻土上的特殊路基总长约 283 km。其中：片石路堤 206 km（包括片石层平铺于路堤本体中的片石路堤 90 km，碎石护坡、护道路堤 116 km）；热棒路堤 45. 5 km；通风管路堤 0. 9 km；隔热层路堤 14. 6 km；路堑 16 km。

在青藏公路多年冻土区路基工程中，片石路堤累计长度也达 30 余 km，其中：片石路堤

1 km，碎石护坡路堤30 km（护坡碎石层垂直坡面厚度0.3 m）。

7.1 多年冻土上路基的稳定性与路基设计

多年冻土地区路基工程修建引起的多年冻土环境变化，主要表现在：植被破坏、地表反射率和渗透性发生变化、雪盖改变及地表径流条件恶化等。这些变化最终导致地表与大气间热平衡的破坏，使传入地中的热量增加，引起多年冻土的衰退和融化。

施工中失去平衡的多年冻土环境，会立刻开始热平衡的恢复。此过程的主要表现是多年冻土上限的变化（即活动层的形成）。路基系统多年冻土上限的下降与抬升，都将引起地基土物理、力学性质的显著变化，从而，使路基的力学稳定性发生改变。

路基系统多年冻土上限的变化情况，是路基系统多年冻土工程环境热稳定性好、坏的判据。路基建成初期，地基多年冻土的升温和融化，会引起路基的大量下沉：路堑基底和边坡会出现各种不均匀沉降和裂缝；路堤的应力场在调整过程中，堤体会出现各种裂缝。路基系统地基多年冻土上限的大幅下降，是冻土路基失稳和破坏的基本原因。在这种情况下，路基的力学稳定性是最差的。

随着路基系统植被的逐渐恢复和地表状态逐渐改善，路基多年冻土的稳定人为上限逐渐形成，路基系统多年冻土环境逐渐趋于新的热平衡。在路基系统达到新热平衡后，路基稳定人为上限位置保持不变（进入正常波动），路基进入热、力相对稳定阶段，路基的力学稳定性是最好的。只要系统的地表状态、活动层热阻、植被、水屏障等相对保持不变，系统的多年冻土上限位置也是相对稳定的。如果路基系统多年冻土环境的新热平衡被打破，则路基系统多年冻土的上限又将发生新的变化。

从上面路基和路基系统热、力平衡过程可以看出：路基的力学稳定是路基系统多年冻土环境热学稳定的结果。“没有路基系统多年冻土环境的热学稳定，就没有多年冻土路基的力学稳定”，这是近百年来，多年冻土地区筑路经验的总结。路基力学稳定与路基系统多年冻土环境热学稳定之间，是一种依存关系。前者是依附于后者而存在的。

7.1.1 多年冻土地区的路基工程病害

严寒的气候条件和多年冻土的存在，使得多年冻土地区的路基工程病害与一般地区有所不同，有以下主要特点。

（1）病害类型的多样性、多发性、多变性。

多年冻土地区路基的病害类型多，相同病害经常发生，各种病害的出现，在时间和空间上都是变化的。

（2）病害的产生都与冷生（传热）过程有关。

路基活动层土体每年一次的冻、融循环过程，是多年冻土地区路基冻、融病害产生的根本原因。

众所周知，路基病害都是由路基变形引起的。即路基的冻融病害就是路基的不允许冻融变形。多年冻土区路基的变形可有以下三种类型。

①寒季路基活动层冻结过程产生的冻胀变形；

②暖季冻结活动层融化过程产生的沉降变形；

③地基多年冻土的衰退和融化引起的下沉变形。

冻土路堤的沉降变形，可能由以下四部分组成：

①路堤本体填土的压密沉降；

②路堤基底以下活动层的压密沉降；

③地基多年冻土融化时（在稳定人为上限形成以前）的融化下沉和压密下沉；

④地基高温多年冻土的压密下沉。

冻土路堑基底的下沉变形，可能由以下三部分组成：

①基底换填层土体的压密下沉；

②换填层下多年冻土融化（在稳定人为上限形成以前）时的融化下沉和压密下沉；

③换填层下地基高温多年冻土的压密下沉。

在多年冻土地区，路基工程常见的冻、融病害主要有：

①路基不均匀热融下沉；

②路基活动层融化时产生的融沉（差异沉降）裂缝和活动层冻结时产生的寒冻裂缝；

③路基不均匀冻胀；

④山坡热融滑坍；

⑤路基系统冰锥、冻胀丘危害；

⑥路堑挂冰、侧沟积冰；

⑦路堑边坡热侵蚀，坡面溜坍、融冻泥流；

⑧路堑石质边坡岩石冰劈破碎和松胀；

⑨侧沟及坡脚积水等。

在上述路基病害中，地基多年冻土的衰退和融化，引起路基热融下沉的病害，是多年冻土地区路基工程常见的主要病害。这种病害主要发生在高含冰量多年冻土分布地段、厚层地下冰发育地段、路桥过渡段、路涵过渡段、零填路基地段、低路堤地段和路堑地段。例如，在青藏铁路多年冻土地区的 442 座桥梁中，大部分桥头路堤都发生了较大下沉（最大下沉达 1.4 m）。究其原因，都是桥头路基地基多年冻土的衰退和融化造成的。

在多年冻土地区，路基工程病害的发生率是很高的。据俄罗斯有关资料和我国多年冻土地区路基病害调查资料：多年冻土地区的路基病害主要是路基的热融下沉和冻胀。产生病害路基的长度，往往占多年冻土地区线路总长度的 25% 以上，最高可达 40% 以上（图 7-2）。

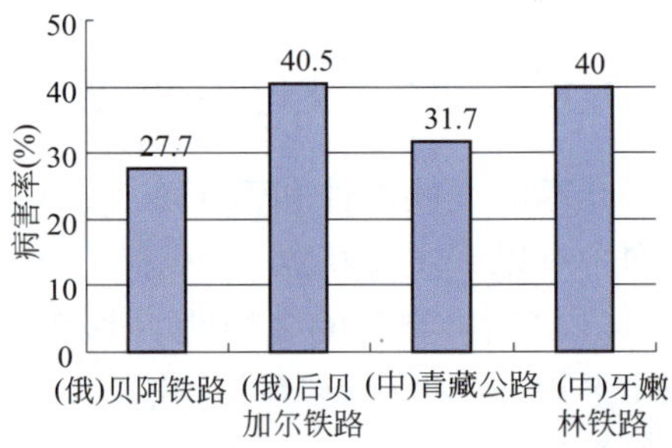

图 7-2　多年冻土地区路基病害率统计

地基多年冻土融化时的融化下沉和压密下沉，是引起冻土路基大量下沉变形的主要原因，是多年冻土地区路基工程普遍存在的病害。路基的这种热融下沉变形，往往使线路失去应有的平顺性，严重影响行车速度，甚至中断行车（图 7-3）。

除地基多年冻土融化产生大量变形外，路基的其他下沉变形，一般来说，都是较小的。据青藏铁路路基沉降观测资料：路堤本体几乎没有压密下沉变形；而地基活动层的压密下沉，其值也是较小的，而且，这种沉降一般可在较短时期内完成；至于地基高温多年冻土的压密沉降，由于路基荷载较小，加之地基高温多年冻土的存在时间较短，其压密变形一般是不存在或是很小的。

产生上述病害的原因，从设计和施工角度看，一般有以下几点：

(1) 路堤填筑高度和路堑、零填路基、低路堤的换填厚度不够；

(2) 路堤基底及近旁的有机覆盖层（草皮、苔藓植被等）被破坏；

(3) 排水沟、取土坑、施工便道设置不当；

(4) 路基施工时间的选择和控制不当等。

图7-3 俄罗斯贝阿铁路恰拉—切纳支线路基热融下沉

这些不利因素的组合，往往导致进入地基多年冻土的热量增多，引起地基多年冻土的衰退和融化，导致路基在施工和运营过程中的下沉长期不能稳定。

多年冻土区的路堑，是多年冻土区线路工程中，病害最为严重的地段。如果设计、施工不当，路堑的冻融病害会经常出现，线路变形长期不能稳定。

冻胀对于铁路路基工程的危害，一般情况下，表现要缓和些。但在开敞系统条件下，如果排水处理不当，寒季路基的冻胀也是可观的。例如，在20世纪60年代，东北牙林铁路岭顶隧道北出口路基在寒季的不均匀冻胀量就达30～40 cm。

7.1.2 地基多年冻土利用原则的选择

铁路线路将通过各种多年冻土工程地质条件的不同地段，地基多年冻土的三种利用原则，在冻土路基设计中都可采用。究竟采用何种原则，应根据线路等级，通过地段的冻土工程地质条件，路基工程的特殊技术要求、冻土环境保护要求等，经技术、经济比较确定。

保持地基多年冻土的冻结状态有利于路基稳定时，或在某些特殊情况下，不允许路基下多年冻土融化时，可采用原则Ⅰ利用地基多年冻土。例如，地基多年冻土为高含冰量冻土，融化产生的大量下会沉引起线路严重变形，无法满足铁路正常运营要求时，应采用该原则。

地基多年冻土为低含冰量冻土（包括岩石），施工、运营中，地基多年冻土融化产生的路基下沉变形不影响施工和运营线路的技术状态时，可采用原则Ⅱ利用地基多年冻土。

预先将地基多年冻土部分融化或全部融化的设计原则，可适应各种类型的多年冻土地基。在某些特殊情况下，路基设计可采用这一原则。例如，当地基多年冻土为岛状分布，厚度较小时，可预先将其挖除或融化。

地基多年冻土的不同利用原则，对路基工程的稳定、造价、养护维修等都有重要影响。从技术、经济考虑，不同冻土工程地质条件地段的路基，应采用不同的地基多年冻土利用原则。

7.1.3 冻土路基活动层土体水分的年变化特点

多年来，在多年冻土地区路基冻融病害整治方面，各国冻土工作者进行了大量研究和实践，也取得了许多可喜的成果。但今天，多年冻土区路基工程的主要病害，仍然是路基活动层的不均匀冻胀和路基的不均匀热融下沉。

路基填土的冻前含水率是计算路基冻胀强度的基本参数。在运营线路中，寒季路基冻胀病害的严重程度，取决于路基活动层土体的冻前含水率。了解路基活动层水分的动态变化，测定活动层土体冻前含水率，预测寒季可能出现的冻胀，对于指导多年冻土地区路基养护、维修，维持铁路正常运营，有着十分重要的意义。

一般冻土路基活动层的水分场，受降水和蒸发影响（在某些地段还受地表径流影响）而周期变化。暖季，路基活动层融化过程中，降水渗透，使活动层融化土体含水率增加。降水间隔期间，路基的表面蒸发，又会使其含水率减小。两个过程平衡的结果，在路基活动层中，形成一个“水分年变化带”。在这个变化带内，土体的含水率是以年为周期而波动的。

“水分年变化带”的厚度和年变化带土体含水率的变化幅度，取决于降水分布、降水强度和延续时间、土的渗透系数、毛细力大小和表面蒸发强度等。即取决于气候条件和路基填土类型。水分年变化带的厚度，依路基填土土质不同而有所区别：粗颗粒土渗透系数较大，毛细力小，水分年变化带的厚度较大；细颗粒土则由于渗透系数较小，毛细力较大，故水分年变化带的厚度较小。据青藏铁路有关资料，路基活动层水分年变化带的厚度，约为活动层厚度的1/2～3/5，约在150 cm～200 cm。年变化带中，土体含水率的变化在30%～100%。

据1970年代青藏公路二道河（岛状多年冻土区，海拔高度4 760 m，年平均气温－2 ℃～－6 ℃）中子测水试验资料：该处活动层为砂黏土夹碎石，多年冻土天然上限埋深1.8 m。在暖季，曾对0.4 m、0.7 m、1.0 m、1.8 m深处土的含水率变化进行了连续测定。测量结果表明：0.4 m、0.7 m、1.0 m深处，土的含水率随降水渗透而波动，最大变化在8月，含水率分别增大28%、38%、96%。但到9月底10月初，该三处深度处的含水率又回到原来水平，而1.8 m深处土的含水率在融化过程中没有变化。

下面分析水分年变化带土体含水率的周期变化对路基寒季冻胀特性的影响。

今以青藏铁路多年冻土地区路基工程为例，来讨论该问题。据有关气象资料，高原多年冻土地区的年降水在300～400 mm（年蒸发在1 500 mm左右），雨季是6、7、8、9月。大约80%的降水集中在雨季的4个月，20%的降水分布在其他8个月份。

据青藏铁路风火山多年冻土站33年（1976年～2008年）降水资料：33年中，风火山地区的最大年降水为490.7 mm，最小为207.9 mm，平均335.2 mm。主要分布在6、7、8、9月，占全年降水总量的71%～93%，平均82.8%。其中：6月降水平均约占全年降水总量的20%，7月约占26%，8月约占22.4%，9月约占14.4%。33年中，年内最大月降水出现在6月的有7年，占21.2%；出现在7月的有13年，占39.4%；出现在8月的有10年，占30.3%；出现在9月的仅3年，占9.1%。

从上面这些统计数字可以看出：在高原多年冻土地区的风火山，月最大降水多出现在7月份，约占39%；7月降水占全年降水总量的百分数，变化在13%～50%，平均为26%。7月是高原降水最多的月份。

高原降水的上述分布特征，决定了冻土路基活动层含水率的变化特点。即路基活动层土体的最大含水率应出现在7月。

暖季降水渗透的深度，是受路基活动层的土质成分和融化过程控制的。即降水渗透深度，随路基融化深度的增加而逐渐向下发展，并受填土土质控制。

青藏铁路多年冻土地区路基的融化、冻结过程具有以下特点。

活动层的融化，是自上而下单方向进行的；而活动层的冻结则是自上而下（气温冻结指数作用）和自下而上（多年冻土冻结指数作用）双方向进行的。据青藏铁路有关观测资料，在青藏铁路沿线多年冻土地区，路基活动层的稳定融化，在昆仑山、风火山、唐古拉山、头儿九山等越岭地段，始于4月下旬，至9月底10月初，达最大融化深度，融化历时约160 d；在沿线高平原、山间盆地、河谷等地带，稳定融化则始于4月中旬，至10月中、下旬，达最大融化深度，融化历时约180 d（表7-1）。

表7-1 清水河热棒路基的融化进程

观测时间	测点位置	融化深度(m)	占最大融深的百分比(%)	备 注
2005.4.26	左侧路肩	0.18	5.3	路堤为粗颗粒土填筑，填高3.2 m（DK1 024 +425断面）
2005.5.12		0.85	25.2	
2005.6.11		1.50	44.5	
2005.7.12		2.25	66.8	
2005.8.12		2.80	83.1	
2005.9.11		3.20	95.0	
2005.9.20		3.26	96.7	
2005.10.10		3.30	97.9	
2005.10.21		3.37	100	

活动层自上而下的稳定冻结，在越岭地段，始于9月初，自下而上的冻结，则始于10月初。至11月初，活动层上、下冻结界面衔接，冻结历时约60 d（多年冻土冷源引起的回冻历时约30 d，回冻高度约30 cm）。在沿线其他地段，活动层自上而下的稳定冻结，始于9月中；自下而上的冻结，则始于10月中。至11月中、下旬，活动层上、下冻结界面衔接，冻结历时约70 d。

高原的暖季（正温期）为5、6、7、8、9月。暖季路基活动层融化期间，正是高原的雨季。大量的雨水渗透，引起路基活动层土体含水率的波动。雨水渗透的深度，是时间（活动层融化深度）的函数。据清水河试验路基资料（表7-1）：5月，路基的融化深度，约为活动层厚度的1/4，故5月降水的下渗深度，不超过活动层厚度的1/4；6月，约为1/2；7月，约为2/3；8月，降水渗透的最大可能深度，约为活动层厚度的4/5。9月上旬，路基活动层表面开始出现稳定冻结，冻土的隔水作用，使降水不能下渗，因此，9月中、下旬的降水，对路基融化层土体的含水率变化没有影响。

据青藏铁路路基含水率调查资料，粗颗粒土路基的冻前含水率一般不超过饱和含水率的50%。据俄罗斯有关野外观测资料，细颗粒土路基的冻前含水率，在通常情况下，一般不超过液限含水率的60%～70%。

综上所述，可以得出以下初步结论：在青藏铁路沿线多年冻土地区，通常情况下，在路基出现稳定冻结前，高原的雨季已基本过去，表面蒸发使活动层土体的含水率回到较低水平。所以，暖季活动层土体含水率的增大，对路基冻胀，在一般情况下，没有影响。除非在活动层冻结前夕（9月上旬），赶上一场降水，使活动层土体含水率大量增大，路基才会出现大的冻胀。

青藏铁路多年冻土地区路基的冻胀变形观测资料，证明了上述结论是基本正确的：自2006年运营以来，青藏铁路多年冻土地区路基寒季的冻胀量，基本在20 mm以下，大多数路基的冻胀量在10 mm左右。这就说明，暖季路基活动层含水率的变化，对寒季路基的冻胀没有影响。

我国其他多年冻土地区的气候特征，大体与青藏高原相似。青藏铁路多年冻土地区路基活动层水分的变化规律，可供我国其他多年冻土地区路基设计参考。

7.1.4　冻土路基的热稳定性评价

路基系统多年冻土人为上限的变化特征，反映路基系统多年冻土环境的热稳定情况。在路基系统多年冻土环境达到新的热平衡后，路基系统多年冻土的稳定人为上限形成，路基系统热状态进入相对稳定阶段。只要系统的冻土环境不变，路基的多年冻土上限埋深也是相对稳定的。

影响冻土路基工程热、力稳定性的因素，可分为内部因素和外部因素两类。

（1）内部因素

①路堤高度、结构、几何形状和填料特性；

②路堑几何形态、深度和换填料特性。

（2）外部因素

①气候特征（太阳辐射、气温、降水和蒸发）；

②多年冻土环境特征（植被覆盖特征，地表水和沼泽湿地的分布特点，地下水的类型与补给、径流、排泄条件，多年冻土的埋藏特点、多年冻土的年平均地温等）；

③路基走向等。

上述各因素的变化，会使路基获得的太阳辐射能量不同，从而，传入地基多年冻土的热量不同，路基地温场的变化特征不同。这种变化表现在路基人为上限处地温的年平均值和多年冻土年平均地温的变化上。地温是冻土路基热稳定性好坏的度量指标。分析多年冻土路基长期监测资料，可系统、全面掌握冻土路基的热学稳定状态的变化，对多年冻土区路基的热学稳定性进行评价。

稳定的路基人为上限，是路基系统多年冻土环境热稳定的标志。

如何来评价冻土路基和路基系统多年冻土环境的热稳定性呢？在有路基地温场长期监测资料时，可采用以下两种方法对路基的热稳定性进行评价。

（1）特征地温法

根据路基长期监测资料，计算出路基系统多年冻土人为上限处地温的年平均值 T_s、多年冻土的年平均地温 T_{cp}，按下面标准来评价：

①如果 $T_s < T_{cp}$，则地基多年冻土是热稳定的，多年冻土将保持现状或发展，路基系统的多年冻土环境是热稳定的，路基的人为上限是热稳定的；

②如果 $T_s > T_{cp}$，则地基多年冻土是“热不稳定的”，多年冻土将出现衰退和融化。路基人为上限和路基系统多年冻土环境是热不稳定的。

（2）积温法

路基人为上限的热稳定性，也可用路基表面的融化指数和冻结指数来评价。根据路基地温长期监测资料，计算出路基表面的融化指数 I_t 和冻结指数 I_f，按下面标准来评价：

①如果 $I_t < I_f$，则路基的人为上限是热稳定的，路基系统的多年冻土环境是热稳定的；

②如果 $I_t > I_f$，则路基的人为上限是热不稳定的，路基的多年冻土环境是热不稳定的。

在第一种情况下，不考虑气温升高影响时，路基的人为上限，只随年际（年平均）气温的波动而波动，而不会逐年下降。

在第二种情况下，路基人为上限将逐年下降。这种情况在青藏铁路多年冻土地区的南北边缘地带，年平均气温较高地段是可能出现的。

7.1.5 冻土路基人为上限的变化特点

路基的边坡与路基面，由于其朝向、走向和表面吸收、反射特性等不同，得到的太阳辐射热是不同的。即：路基各部分的融化、冻结深度不同。因而，路基的人为上限形态，在一般情况下，是不对称的。

多年冻土地区路基的稳定性，与路基人为上限的埋深和形态密切相关。据以往青藏公路、青藏铁路路堤人为上限调查资料，多年冻土地区路堤的人为上限与路堤的填土高度、填料类型、路堤走向、多年冻土工程地质条件、气候特征等因素有关。其中，路堤的填土高度是主要影响因素。

据中铁西北科学研究院资料：在多年冻土地区，路堤填筑将引起地基多年冻土上限下降，但路堤高度达某一临界值时，路堤下的多年冻土上限位置可保持不变，这便是临界高度路堤。

路基的稳定人为上限是怎样形成的呢?

假定路堤高度大于临界高度，路堤填筑在暖季完成，路堤表面的冻结指数大于融化指数。来临的第一个寒季，路堤及基底活动层全部冻结（与多年冻土衔接）。

在这种情况下，路堤稳定人为上限的形成，大体要经历以下过程。

（1）第一个暖季，路基表面的融化指数，使路基融化至最大融化深度。据有关观测资料，这一融化深度，一般小于路堤高度加基底原天然上限埋深。即：路堤下原天然上限得到抬升，初步形成路堤人为上限。

（2）第二个寒季，路堤表面冻结指数，将暖季融化的路基活动层全部冻结，并使地基中蓄积的热量（施工热干扰所致），大部消散。

（3）第二个暖季，路堤进入第二个融化、冻结循环，路堤再次融化至最大深度。由于第二个寒季的蓄冷，路堤第二个暖季的融化深度小于第一个暖季的深度。即路堤下多年冻土的人为上限得到进一步抬升。

（4）第三个寒季，路堤被再次冻结，地基的冷储量进一步增加，路堤的热平衡状态调整得到进一步巩固。

如此融化、冻结循环，经3～5年，路堤达到新的热平衡，路堤的稳定人为上限形成，路基和路基系统进入热、力稳定状态。

进入热、力稳定状态的路基系统，只要系统的多年冻土环境（主要是地表状态）不恶化，路基的人为上限是相对稳定的（只随年际年平均气温的波动而波动）。

上述路基稳定人为上限的形成过程，可从青藏铁路开心岭冻土路堤人为上限变化实测图（图7-4）看出：路堤在第一个融化期，稳定人为上限埋深4.2 m多年冻土天然上限抬升1.7 m，完成上限抬升总量2.3 m（路堤高度4.0 m，基底原天然上限埋深2.5 m）的74%，路堤人为上限初步形成；第二个融化期，人为上限又抬升0.4 m，完成其抬升总量的17%。剩余的9%抬升量，是在随后的1～2个融化、冻结循环过程中完成。

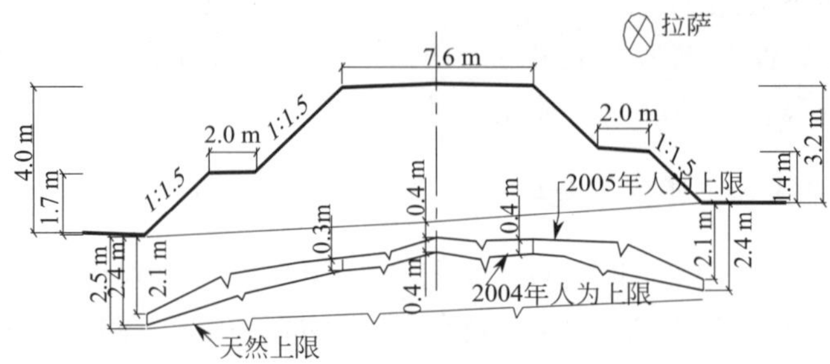

图 7-4　多年冻土路堤人为上限的形成过程（开心岭）

如果路堤填土高度小于临界高度，路堤基底多年冻土的原天然上限将逐年下降，直至稳定人为上限形成。

在存在临界高度路堤的多年冻土地段，路堤高度不同，其人为上限的形态和埋深不同，如图 7-5 所示。据青藏铁路多年冻土区路堤人为上限调查资料：当路堤高度等于临界高度时，路堤下多年冻土的天然上限位置可保持不变，即路堤的人为上限埋深等于原天然上限埋深（图 7-5（c））；如果路堤高度大于临界高度时，则路堤下多年冻土的天然上限将抬升，即路堤的人为上限埋深小于原天然上限（图 7-5（a），（b））；如果路堤高度小于临界高度，则路堤下多年冻土的天然上限将下降，即路堤的人为上限埋深将大于原天然上限（图 7-5（d））。

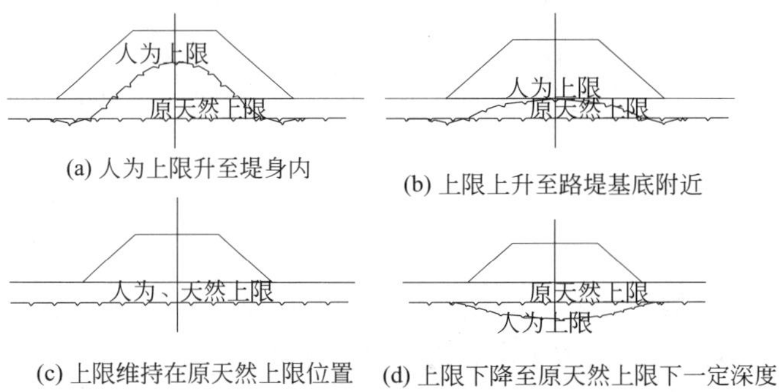

图 7-5　多年冻土地区路堤人为上限示意图

路堤的力学稳定性与路堤人为上限有着密切关系。据多年冻土地区路基养护、维修经验：从路堤整体沉降变形和堤体开裂两个方面看，在这四种人为上限形态的路堤中，第二种（图 7-5（b））路堤的力学稳定性最好，原因是：（1）人为上限上升至基底附近，原基底活动层大部已变成多年冻土，地基的压密沉降减少，路堤下沉变形小；（2）平缓的人为上限形态，使路堤融化过程中融土的差异沉降减小，从而，使路堤填土中的拉应力减小，不容易产生裂缝。

第一种（图 7-5（a））和第三种（图 7-5（c））路堤的稳定性次之：第一种路堤，人为上限已上升至路堤体内，冻土核的压缩变形是可以忽略的，路堤整体下沉变形将最小，但融化期路堤活动层土体的差异沉降较大，路堤土体中的拉压力较大，产生裂缝的可能性大；第三种路堤，原地基活动层土体的压缩变形较大，路堤整体沉降较大，但水平的多年冻土人为上限面消除了路堤融土中的拉应力，路堤不会产生融化下沉裂缝。

第四种（图7-5（d））情况的路堤，由于地基多年冻土上限下降，多年冻土的融化、压密下沉，加上地基活动层土的压密变形，路堤的下沉将最大。另外，凹形的人为上限，有利冻结层上水在地基中的聚集，会使路堤活动层土的含水率增大，路堤的冻胀变形相对严重。在这种情况下，路堤的稳定性是最差的。

多年冻土区的路堑较之路堤，其病害发生率要高，路基稳定性要差。据有关调查资料，青藏公路1972年改建前，在K772～K786的14 km路段中，有融沉、翻浆病害工点35处。其中：路堑占21处，半填半挖占5处，占74%。路堑病害的多发与路堑的人为上限形态有着密切关系。据有关调查资料，路堑的人为上限形态如图7-6所示，在剖面上与路堑的断面形态相似，形似一个大盆。在平面上，如同一条集水廊道。这种上限形态使地表水、地下水流向路堑，影响边坡和路堑基底的稳定。经验表明：路堑集水是路堑冻、融病害多发的主要原因。因此，多年冻土地区的路堑工程，除保证足够的换填厚度，来保障边坡和基底的热学和力学稳定外，还应特别注意堑顶的截水、排水和堑内排水。

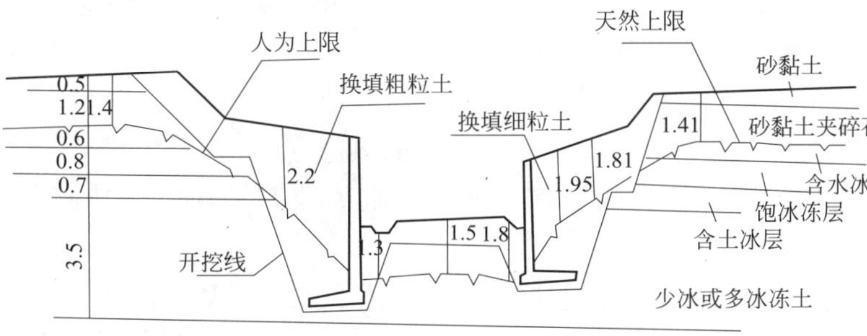

图7-6 L挡墙路堑的人为上限形态（风火山试验路基）（单位：m）

为减少和消除路堑冻融病害的发生，对于高含冰量多年冻土中的路堑，可采用建造人工地基的方法修建。即将路堑建造在冻胀不敏感的粗颗粒土人工地基上（图7-7）。人工地基（边坡和基底）的换填厚度，应经热工计算确定，但一般应不小于路堑地段粗颗粒土最大融化深度的1.3倍。即建造的路堑人工地基应有足够厚度，以保证路堑建成后，边坡和基底的冻融循环过程只发生在人工地基内。

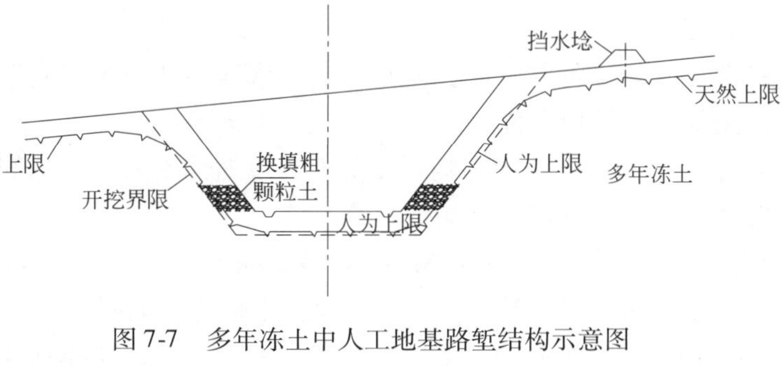

图7-7 多年冻土中人工地基路堑结构示意图

如果换填厚度太大，可在换填层下设隔热层。

7.1.6 冻土路基的力学稳定性

多年冻土区路基的力学稳定性与一般地区一样，可分为局部稳定性和整体稳定性。但多年冻土地区的路基，每年要经受一次冻融循环，在此过程中，路基将产生冻胀和融沉。因而，多年冻土地区路基的稳定性，又与一般地区有所不同，其稳定性应考虑路基本体和地基土体的冻胀和融沉过程及特性。

冻土路基的局部失稳是指：（1）路基局部冻胀；（2）路基边坡和路肩的局部滑动；（3）路基局部下沉。

冻土路基的整体失稳是指：（1）斜坡路基的整体滑动；（2）整段（较长一段）路基的整体热融下沉。

在寒季，路基土体冻结时，路基面在横向和纵向的局部不均匀冻胀，产生两轨高差超限和三角坑，破坏了线路的平顺性。不同路段间的不均匀冻胀，使整段路基失去稳定性；暖季，冻结路基的融化，可能引起路基的局部不均匀下沉和边坡局部滑动，使路基局部失去稳定。而整段路基的热融下沉和路基沿斜坡的滑动，会使路基使去整体稳定。

防止地基多年冻土衰退和融化，提高路基稳定性有以下对策。

（1）改变路基系统表面对太阳辐射的反射特性。即增大路基和路基系统的反射率和长波辐射率，降低路基系统的表面温度；

（2）增大路基系统活动层的热阻，减少热量流入地基多年冻土；

（3）冷却地基多年冻土，提高地基多年冻土的热稳定性。

（4）加强路基系统排水，使地表水、地下水远离路基坡脚，保持路基处于相对干燥状态。

为了维持多年冻土地区路基工程的稳定，多年冻土地区路基的设计、施工和运营都必需遵循一定的原则，满足一定的要求。多年来，冻土工程师们在路基结构和热防护措施方面，进行了大量研究，取得了许多成功的经验。下面讨论的特殊结构路基就是这些成功经验的总结。

多年冻土上路基工程设计的主要任务是：保证路基有足够的抗冻胀稳定性和隔热性能，使路基在使用期限内，地基多年冻土的上限，维持在一个稳定的位置，来确保多年冻土地区路基的热学和力学稳定性。因此，多年冻土上的路基工程，应采取一些特殊工程措施，防止路基下地基多年冻土的衰退和融化。

在多年冻土地区，路基活动层每年一次的冻融循环，使冻土路基的力学稳定性发生周期性变化。这种变化具有以下特点。

（1）寒季，路基活动层的冻结，使路基填土成为含冰的“负温岩石”，并与地基多年冻土连成一个整体，路基的力学稳定性最好。

（2）暖季，路基活动层融化，填土的强度降低，压缩性增大，路基的稳定性最差。

路基力学稳定状态的发展过程具有如下特点：

（1）在路基修筑的第一个暖季，路基系统的多年冻土环境进入快速的热平衡调整。施工热干扰使路基系统多年冻土温度升高，地基多年冻土融化，上限下降。在路基填土载荷作用下，融化地基土和高温多年冻土被压缩，路基产生大量下沉，路基应力场发生巨大变化，引起路基开裂，融沉裂缝大量出现，路基稳定性处于最差状态。

（2）第一个寒季，路基和路基系统的活动层全部冻结，与地基多年冻土整合，成为一完整的冻结岩体。在这种情况下，路基的强度最大，稳定性最好。但地基中的施工蓄热，在第一个寒季尚不能全部消散，因而，地基多年冻土温度较高，压缩性较大，路基可能继续下沉。

(3) 第二个暖季，路基和路基系统融化至当年的最大深度，路基和路基系统人为上限初步形成，但路基地基在上部载荷作用下，融化地基土和高温多年冻土被继续压缩，路基继续下沉和裂缝，但下沉量值较之第一个暖季要小得多，裂缝的规模和数量也大量减少，路基稳定性得以提高。

(4) 第二个寒季来临，路基活动层再次冻结，但消耗的表面冻结指数，较之第一个寒季要小得多，地基多年冻土得到较强冷却，施工蓄热大部扩散，冻土温度降幅增大，强度增加，压缩性减少。

如此冻融循环，至第三个暖季，路基系统多年冻土环境的热平衡初步建立，路基的稳定人为上限初步形成，路基进入热、力基本稳定阶段。

进入热、力平衡基本稳定阶段的路基系统，在之后的年际气温波动过程中，只要路基系统多年冻土环境不恶化，其稳定性是会得到进一步巩固和提高的。

7.2 路堤临界高度与路堑临界换填厚度

在多年冻土地区，保证一定路堤高度和路堑换填厚度，可以防止路基地基多年冻土的衰退和融化。从而，确保路基的基本稳定。

7.2.1 地表 *n* 系数与临界高度路堤

(1) 地表温度变化特性与表示方法

多年冻土上部活动层、多年冻土层和多年冻土下的融土层一起组成地基土体系统。多年冻土热状态的变化，受界面能流的控制。包括多年冻土层在内的土体系统上界面是地表接触层（由土体系统上部层和大气底层组成），下边界是岩石圈（图7-8）。

土体系统中的地热梯度，控制着岩石圈流向土体系统的热流。土体系统与大气圈之间的能量交换，在土体（固体）与大气（流体）之间的界面上发生。多年冻土的温度，受地表与接触层之间的能量交换和多年冻土中的热扩散控制。

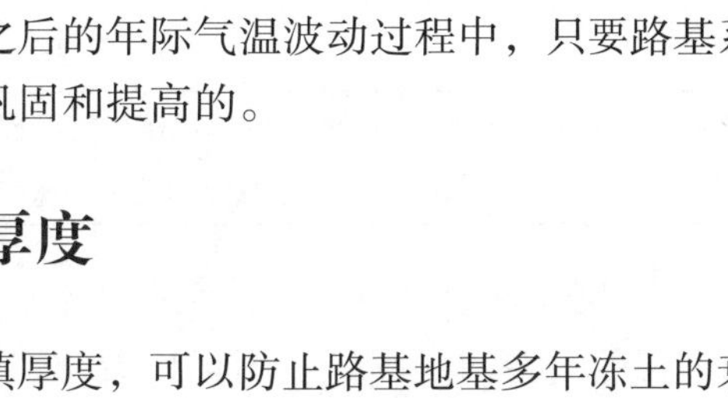

图7-8 多年冻土中的温度场和能流

在接触层中，能量的传递是复杂的，并且，随大气中能量的变化而迅速变化。但是，随着渗入深度的增加，能量传递引起的地温变化迅速减小。

接触层中的能量传递方式大致可有以下几种。

①表面辐射。包括太阳短波辐射、地表和大气圈的长波辐射。这是多年冻土地区的主要能流；

②大气圈与地表之间的乱流交换；

③接触层中的蒸发、冷凝以及各层之间的水分迁移；

④接触层中水的相变；

⑤接触层中的传导与对流，包括来自深层的地热流。

在冻土地基基础的热工计算中，最简单的上边界条件是一确定的地表温度。地表温度可以从接触层的能量平衡进行计算，尽管这种计算常常不完全满意，但对于很多地基基础热工问题，有某段时间的平均温度就足够了。冻结季节和融化季节，对于冻土地基基础的热工计算是两个重要的时期，研究冻结季节和融化季节地表的温度变化特征和计算方法，于冻土地基基础的热工计算，尤其是冻土路基工程的热工计算，有着十分重要的意义。

在多年冻土地区，地表层热量的主要来源是太阳辐射。不同纬度和不同海拔的地区，由于太阳辐射强度不同，因而，相同性质的地表在不同纬度和海拔的地区，其地表温度不同。在同一地区，由于不同（地）表面，对太阳辐射短波的反射率（或吸收率）不同，故不同表面的温度不同。表 7-2 列出了部分表面的反射率 a。

表 7-2　不同表面的反射率 a

表面特征	沥青混凝土路面	混凝土新路面	混凝土旧路面	砾石路面	碎石路面	黄色石英砂路面	砂、卵石土路面
反射率 a	0.06	0.20	0.27	0.12	0.14	0.34	0.23

图 7-9 为西藏安多气象站观测的气温与地温的关系曲线图。从图可以看出，地表温度与气温有着良好的线性关系。因而，地表融化指数和冻结指数与气温融化指数和冻结指数亦应有良好的线性关系。

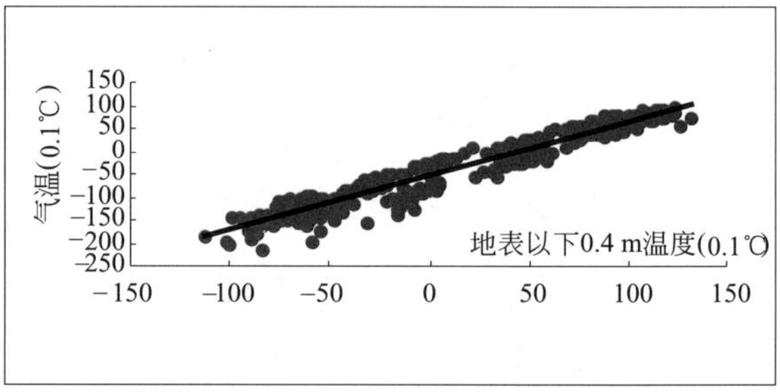

图 7-9　月平均气温与月平均地温的关系
（安多气象站，1966 年～2002 年）

多年冻土地区地表层的融化和冻结深度，取决于地表的融化和冻结指数。气温融化指数是指 1 年内，高于零度的气温与时间乘积之和。即：

$$I_{at} = \sum —\int_0^{\tau_t} T_{\tau t} d\tau \tag{7.1}$$

气温冻结指数是指 1 年内，低于零度的气温与时间乘积之和。即：

$$I_{af} = \sum \int_0^{\tau_f} T_{\tau f} d\tau \tag{7.2}$$

式中　I_{at}、I_{af}——气温的融化指数和冻结指数；

τ_t、τ_f——高于零度和低于零度气温的延续时间；

$T_{\tau t}$、$T_{\tau f}$——正气温与负气温值。

地表面的融化指数和冻结指数的定义和计算方法与上述相同。只要将气温改成地表温度就可以了。

地表面的温度可用地表面的 n 系数来描述。即：

$$n = \frac{I_s}{I_a} \tag{7.3}$$

式中　I_s——地表的温度指数；

I_a——空气的温度指数。

在暖季，路基表面的温度可用 n_t 系数（地表融化指数与气温融化指数之比）来描述。n_t 系数越大，路基表面的温度越高，路基的融化深度越大。据青藏高原多年冻土地区各气象站浅层地温观测资料计算：细粒土水平表面的 n_t 系数约为2.5；粗颗粒土表面的 n_t 系数约为3.5；黑色沥青路面的 n_t 系数约为5.0。而在高纬度低海拔的阿拉斯加（东北多年冻土区与此地类似）多年冻土区，由于太阳辐射较弱，表面的 n_t 系数要小许多。据美国陆军工程兵寒区研究与工程实验室费尔班克斯试验资料，草坪表面的 n_t 系数约为1；水泥混凝土表面的 n_t 系数约为1.82；砾石表面的 n_t 系数约为1.99。

冻结期，表面的 n_f 系数值一般小于1。据美国陆军阿拉斯加资料，水泥混凝土表面的 n_f 系数值约为0.95；砾石表面的 n_f 系数值约为0.9。在青藏高原，据五道梁、风火山、沱沱河三气象站地温观测资料统计，细粒土表面的 n_f 系数值约在0.7～0.9之间，沥青路面的 n_f 系数约为0.7。

有了表面的 n 系数和空气的融化指数和冻结指数，即可计算出表面的平均温度。即：

$$\overline{T}_s = \frac{n\,\overline{T}_a \tau_s}{\tau_s} \tag{7.4}$$

式中 $\overline{T}_s$——计算表面的平均温度。当气温为融化季节平均温度时，计算出的地表温度为融化季节的地表平均温度；当气温为冻结季节平均温度时，计算出的地表温度为冻结季节的地表平均温度；

$\overline{T}_a$——空气的平均温度；

τ_a、τ_s——融化或冻结季节空气和地表温度延续时间。

地表面温度的高低，取决于以下因素：

①太阳短波辐射，与纬度、海拔高度、季节、云层覆盖等有关；

②地表和大气圈的长波辐射，与空气温度、相对湿度、地表温度等有关；

③地表层的热工特性，与表面的漫反射率、反射率、粗糙度、热阻等有关；

④水汽的冷凝和蒸发，与土体的湿度有关；

⑤大气显热，与风速、大气圈的稳定性等有关；

⑥土体系统的热特性，与土的热性质、渗透性等有关。

在上述影响 n 系数的因素中，短波辐射、长波辐射和地表层的热工特性是最主要的。

此外，大气圈的稳定性对 n 系数也有着重要影响。晴天、阴天、多云天气，地表得到的太阳直接辐射能量不同，因而，地表的温度不同；雪盖、雨水和风改变着表面的散热条件，因而，降雪、降雨和刮风的天气，地表的温度不同。由于上述因素的综合影响，平均地表温度和 n 系数在时间和空间的变化都是很大的：同一地区、同一土体系统的地表面，不同时间的地表温度和 n 系数是不同的。例如，青藏高原沱沱河，细颗粒土地表的 n_t 系数，据1981年至1996年观测资料统计，其值变化在1.9～2.4之间，平均2.25；n_f 系数变化在0.68～0.81之间，平均0.75；不同地区的相同地表，在相同时间的 n 系数也是不同的。例如，细颗粒土地表的 n_t 系数：五道梁为2.73，沱沱河为2.23，清水河为2.01，平均2.23；n_f 系数：五道梁为0.74，沱沱河为0.79，清水河为0.91，平均0.81。

沥青路面 n 系数的变化就更大了。由于沥青路面的强吸热作用和隔水作用（无表面蒸发)，暖季的路面温度可高达 50 ℃以上，就是寒季，其表面的温度也总是高于气温的。因此，沥青路面的 n_t 系数很大，n_f 系数总是较小的。

1991 年 9 月 ~1992 年 9 月，铁道部科学研究院西北研究所（现中铁西北科学研究院）冻土研究室，在青藏铁路风火山冻土站近旁（海拔高度 4 750 m），对青藏公路沥青路面的表面温度进行了观测。表 7-3 列出了 1991 年 10 月 ~1992 年 9 月地表热周转年中各月正、负气温天数和沥青路面正温、负温天数及其融化指数和冻结指数值。

表 7-3　沥青路面融化指数、冻结指数统计表（1991. 10 ~ 1992. 9）

月份	正气温天数(d)	气温融化指数(℃·d)	负气温天数(d)	气温冻结指数(℃·d)	路面正温天数(d)	路面融化指数(℃·d)	路面负温天数(d)	路面冻结指数(℃·d)
10	4	4. 5	27	−137. 8	20	84. 9	11	−27. 6
11	0	0	30	−349. 7	0	0	30	−194. 4
12	0	0	31	−445. 2	0	0	31	−377. 4
1	0	0	31	−481. 3	0	0	31	−406. 1
2	0	0	29	−500. 2	0	0	29	−360. 1
3	0	0	31	−276. 0	1	1. 3	30	−171. 5
4	5	16. 3	25	−116. 7	25	114. 3	5	−6. 0
5	14	40. 6	17	−32. 6	31	300. 8	0	0
6	24	84. 8	6	−3. 3	30	838. 8	0	0
7	30	154. 3	1	−0. 9	31	471. 7	0	0
8	31	153. 6	0	0	31	461. 3	0	0
9	25	90. 6	5	−16. 7	31	322. 7	0	0
总计	133	544. 7	233	−2 360. 4	200	2 595. 4	167	−1 543. 1
总结	正气温天数/负气温天数 = 0. 57；气温融化指数/气温冻结指数 = 0. 23				沥青路面正温天数/负温天数 = 1. 2；沥青路面融化指数/路面冻结指数 = 1. 68			
	据沥青路面观测的温度指数计算，沥青路面的 n_t = 4. 8；n_f = 0. 65							

从表 7-3 可以看出，由于沥青的强吸热作用，沥青路面的正温天数高达 200 d，是路面负温天数 167 d 的 1. 2 倍。即，由于沥青路面的强吸热作用，使路面的正温期较负温期长了 33 d。

据表 7-3 观测资料计算，在风火山多年冻土环境条件下，1991 年 ~ 1992 年，气温的冻结指数是融化指数的 4. 3 倍，而沥青路面的冻结指数仅是融化指数的 0. 59 倍（沥青路面的融化指数是冻结指数的 1. 68 倍）。也就是说，在风火山冻土观测站附近，沥青路面下的融化深度应是冻结深度的 1. 68 倍。在这种条件下，地表热量的年周转循环，会使热量在路基中聚集，引起地基多年冻土的衰退和融化，使路基发育融化槽。

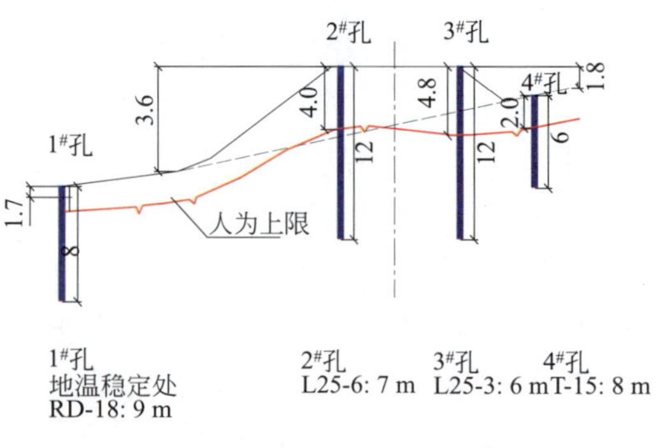

图 7-10　风火山哑口沥青路面公路的多年冻土人为上限

但在风火山哑口（离风火山冻土站约

10 km，海拔高度4 900 m），试验观测发现，沥青路面公路路堤下的多年冻土上限是向上凸出的（图7-10）。这就表明：该处沥青路面的融化指数是小于冻结指数的。即该处沥青路面下的融化深度是小于冻结深度的。

距离10 km，拔海高度差150 m，沥青路面的冻结指数和融化指数却有如此大的变化，可见沥青路面 n 系数变化的复杂性。

表7-4为风火山冻土站各月沥青路面 n 系数的观测结果。

表7-4 沥青路面 n 系数在一年中的变化（1991.10～1992.9）

月份	10	11	12	1	2	3	4	5	6	7	8	9	平均
n_t	18.9	—	—	—	—	—	7.0	7.4	5.2	3.1	3.0	3.6	4.9
n_f	0.2	0.56	0.85	0.83	0.72	0.62	0.05	—	—	—	—	—	0.63

注：n_t 为4、5、6、7、8、9六个月的平均值；n_f 为10、11、12、1、2、3六个月的平均值。

从表7-4可以看出，沥青路面的稳定正温期为4月至9月，共6个月；稳定负温期为11月至次年3月，共5个月。沥青路面暖、寒季节交替期的10月和寒、暖季节交替的4月，其气温和沥青路面温度的变化都是十分复杂的。据观测资料，风火山10月的气温，仍有4 d为正温，其融化指数为4.5 ℃·d；负温天数为27 d，其冻结指数为-137.8 ℃·d。而沥青路面10月的正温天数为20 d，融化指数为84.9 ℃·d；负温天数为11 d，冻结指数为-27.6 ℃·d。据此计算，沥青路面的 n_t 系数为18.9，太大，不宜将其纳入统计系列。风火山4月的气温，有5天为正温，其融化指数为16.27 ℃·d；负温天数为25 d，其冻结指数为-116.7 ℃·d。而沥青路面4月的正温天数为25 d，其融化指数为114.3 ℃·d；负温天数为5 d，其冻结指数为-6.0 ℃·d。据此计算，沥青路面4月的 n_f 系数为0.05，太小，也不宜纳入统计系列。故表7-4中 n_t 系数的平均值，未计入10月的数据；在计算 n_f 时，未计入4月的数据。

1980年，交通部西安第一公路设计院，在五道梁对沥青路面和砂砾石路面的表面温度进行观测，得到其表面融化指数分别为：沥青路面，1 708 ℃·d；砂砾石路面，1 236 ℃·d。1980年五道梁的气温融化指数为371 ℃·d。故：沥青路面的 n_t 系数为4.6；砂砾石路面的 n_t 系数为3.3。

综合国内外多年冻土地区地表 n 系数的观测资料，表7-5给出了我国多年冻土地区不同地表 n 系数的参考值。

表7-5 我国多年冻土地区地表 n 系数的参考值

地　　区	青藏高原		东北地区*	
地表类型	n_t 系数	n_f 系数	n_t 系数	n_f 系数
森林中苔藓地表	—	—	0.4	0.3
草皮覆盖地表	1.0	0.5	1.0	0.5
碎石层、卵石层表面	1.65	1.04	—	—
细颗粒土地表	2.5	0.8	1.5	0.85
砾石土、碎石土表面	3.5	0.65	2.0	0.7
水泥混凝土表面	3.5	0.7	2.0	0.7
沥青混凝土表面	5.0	0.65	3.0	0.7

注：* 东北多年冻土地区地表的 n 系数值，是参考美国陆军阿拉斯加资料和青藏高原资料，结合我国大兴安岭多年冻土环境特点给出的。

从上面 n 系数特征分析可知，地表温度总是高于气温的（图 7-11）。据青藏铁路风火山冻土站资料，在同一地区地表年平均温度比年平均气温要高 2 ℃ ~4 ℃（表 7-6）。

从表 7-6 可以清楚地看出，1976 年 ~2005 年的 29 年间，风火山地区的年平均气温升高了约 0.5 ℃，地表温度升高了约 0.7 ℃。

表 7-6　风火山砂黏土表面年平均温度与气温的关系

统 计 年 代	年平均气温(℃)	年平均地表温度(℃)
1976 年 ~ 1980 年	-5.1	-3.2
1981 年 ~ 1985 年	-5.6	-2.4
1986 年 ~ 1990 年	-5.0	-2.5
1991 年 ~ 1995 年	-5.0	-2.2
1996 年 ~ 2000 年	-4.7	-1.7
2001 年 ~ 2005 年	-4.4	-1.8
1976 年 ~ 2005 年平均	-5.0	-2.6

地表温度是影响和控制多年冻土地温场的主要因素。地表年平均温度的多年平均值可用来评价多年冻土的稳定性。

地表年平均温度低于 0 ℃，是多年冻土得以保存的地表条件。在青藏高原，只有在年平均气温 $T_a \leqslant -2.6$ ℃ ~ -2.8 ℃时，黏性土地面的年平均温度 T_s 才能低于 0 ℃，在 $T_a \leqslant -2.7$ ℃ ~ -2.8 ℃时，砂砾石地面的年平均温度才能低于 0 ℃。据统计，高原多年冻土区地表年平均温度 $T_s \approx 0$ ℃时，相应的年平均气温 $T_a \approx -4$ ℃。

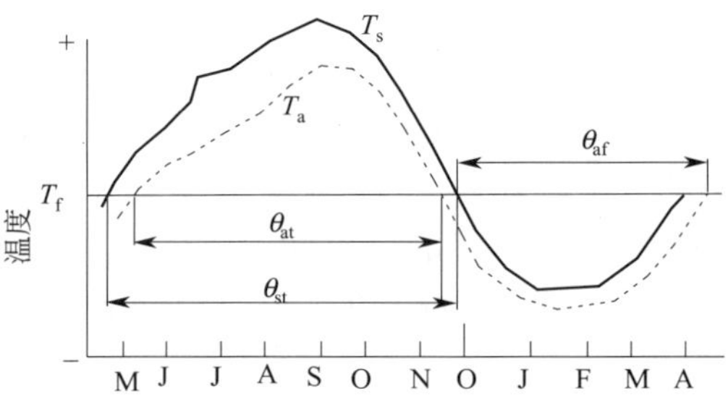

图 7-11　地表温度与气温的关系

（2）临界高度路堤

在多年冻土地区，维持路基稳定的常用方法（也是基本方法）是使设计的路堤高度不低于临界高度。保证一定高度的路堤，可以有效控制路基的水热状态，防止地基多年冻土的衰退和融化，防止路基的冻胀翻浆和热融下沉。

路基工程的修建，在一般情况下，会使流入地基多年冻土的热量增加。要维持路基下多年冻土的稳定，路堤必需保证一定高度，即增加地基多年冻土上覆层的热阻，使流入地基多年冻土的热量保持不变。这一定高度路堤便是多年冻土上的临界高度路堤。

俄罗斯在 20 世纪 60 年代，就开始对多年冻土上路堤最佳高度进行研究。研究认为："多年冻土上限的位置，是大量天然因素（认为超过 50 个）相互作用、影响的最终结果。对于具体的长距离线路工程来说，这些影响因素，实际上是不能确定的。"多年冻土上修筑路堤后，如果地基多年冻土的上限，能够上升至基底，则路堤是不会下沉的（路堤本体已压实至最佳密度，基底以下多年冻土亦是不可压缩的）。如果基底下存在季节活动层，则季节活动层的压缩，将使路堤产生下沉。下沉量不超过允许值时，路堤的设计高度便是最佳高度。多年冻土上路堤的设计和计算，就是确定能够使路堤下多年冻土上限保持在一定位置，路堤下沉量不超过允许值的最佳路堤高度。

20世纪70年代，俄罗斯在《北方公路路基》一书中，对多年冻土地区的公路路基，提出三种设计原则。

①保证多年冻土上限上升至路堤基底，并在路基整个运营期，多年冻土上限都保持在这一位置。这一设计原则，适应在多年冻土工程地质条件复杂（岩性复杂多变，多年冻土的工程类型多变，地表水、地下水发育等）的高含冰量冻土分布地段采用。这时，路基应设计成路堤，并用粗颗粒土填筑。

②控制地基土的融化深度。这一原则适应于地基土为砂类土等粗颗粒土或冻土总含水率小于液限含水率的黏性土分布地段。这时，路基应设计成路堤，并用粗颗粒土填筑。运营期路基的下沉量应不大于路基的允许值。

③将路基下的地基冻土融化和疏干。这一原则适应于高温多年冻土分布地段，且路基通过地段具备疏干、排水条件。在路基施工前，将地基多年冻土融化至设计深度。

研究发现，在贝阿干线的低温冻土区，仅高度小于1.5 m的石质土路堤，其下的多年冻土上限才下降（降低的数值不超过活动层厚度），在用非石质土修筑的路堤下，多年冻土上限总是上升的；在高温多年冻土区，路堤下多年冻土的上限总是下降的，其下降值为2~4倍天然上限埋深。

在贝阿干线多年冻土地区沼泽湿地路堤的设计中，路堤的高度除考虑上述最佳高度外，还应考虑路堤不得被雪埋和水淹。经验表明，高度1.5~2.0 m的路堤，便可满足上述要求。研究指出：由于多年冻土上限的位置，主要是由地表水、地下水、植被和活动层的特性所决定的。因此，单纯靠增大路堤高度，来抬高多年冻土上限，有时是做不到的。从这里可以看出，路堤最佳高度的设计，应从路基系统的总的稳定性出发，综合各种影响因素考虑确定。

美国曾于1978年，在阿拉斯加的巴罗地区，进行了北极苔原上的路堤临界高度试验。试验路堤的结构和施工方法如下：

根据热阻等效替代原理，用厚度60 cm的粉砂替代苔原植被。即：将苔原上的植被铲除，在其上用粉砂修筑高60 cm的路堤，以期维持路堤下多年冻土的天然上限不变。

观测结果表明：在暖季，路堤下的温度较天然地面高；在寒季，则温度较低。总的结果是路堤下的多年冻土上限已下降，替代路堤是不成功的。

1982年，在同一地区又进行了隔热层路堤试验。这次是用厚5 cm聚苯乙烯塑料板和30 cm厚砾石来替代苔原植被。路堤施工方法同上。

观测结果表明，路堤基底地温，在全年中，都保持在0 ℃以下，替代路堤是成功的。即：在阿拉斯加的巴罗地区，用砾石修筑的路堤，其临界高度应在1 m左右。

我国关于多年冻土地区路堤临界高度的研究始于1960年。多年来，结合青藏铁路的修建，研究了青藏铁路沿线多年冻土区路堤临界高度存在的条件和计算方法，并提出了青藏铁路沿线多年冻土区路堤最小设计高度的计算方法。

路基是多年冻土上的线型建筑物。路堤与多年冻土的相互作用，不是直接的，而是通过活动层来实现的。路堤修筑后，地基多年冻土的上限既有可能上升，也有可能下降。路堤的稳定与否，取决于基底活动层、路基系统植被和水文地质条件等被破坏的程度。路堤对地基多年冻土的影响，表现在以下两个方面：一是增加了多年冻土上覆层的厚度，即增大了多年冻土上覆盖层的热阻，从而可减小通过覆盖层传入多年冻土的热量，多年冻土的上限位置将有可能抬升；二是填筑路堤（包括施工和路堤本身）改变了地表条件（地表反射、吸收率的变化），压密了活动层（土体导热系数增大），改变了路堤及其附近地带的水文地质条件，使传入地基多年冻土的热量增加，因而，多年冻土上限将有可能下降。这两种作用平衡时，路堤下多年冻土上限位置将保持不变。

在《青藏高原多年冻土地区铁路勘测设计细则》中，对于路堤临界高度是这样定义的："路堤下多年冻土天然上限保持不变时的路堤最小高度，称为路堤临界高度。"在青藏高原多年冻土区的腹部地带，黏性土路堤的临界高度约为0.5 m。也就是说，高于0.5 m的黏性土路堤，地基多年冻土的天然上限是要抬升的。

路堤融化深度是路堤表面融化指数的函数。在青藏铁路沿线多年冻土区，不同地段的气温融化指数是不同的，因而，路堤表面的融化指数也是不同的。路堤临界高度存在的前提条件是：路堤表面的融化指数小于或等于冻结指数。即路堤的融化深度小于或等于冻结深度时，路堤下的多年冻土人为上限位置才能保持不变。

气温的融化指数和冻结指数是气温的函数。因此，路堤临界高度与年平均气温有密切关系。能使路堤临界高度存在的年平均气温称为路堤临界高度的年平均气温临界值。也就是说，当某地段的年平均气温高于临界值时，路堤的融化深度将大于冻结深度，路堤下的多年冻土上限是要逐年下降的，即临界高度路堤不会存在。据观测资料计算，在青藏铁路沿线多年冻土区用细颗粒土填筑的路堤，其临界高度的年平均气温临界值约为 -2.8 ℃。

从上面分析，可以得出路堤临界高度是否存在的判据：

$$n_f \times I_{af} \geqslant n_t \times I_{at} \text{或} I_{af}/I_{at} \geqslant n_t/n_f \tag{7.5}$$

式中　n_t、n_f——为路堤表面的 n 系数；

I_{af}、I_{at}——为计算地段空气的冻结指数和融化指数。

满足上面关系式，则该地段存在临界高度路堤。否则，临界高度路堤是不存在的。

综上所述，在临界高度路堤存在的多年冻土地段，只要路堤高度高于临界值，路堤下多年冻土的上限是不会下降的，路堤是基本稳定的。

由于气候和工程环境的变化，上面所说的路堤临界高度，并不能完全保持路基地基多年冻土上限的稳定。要保证地基多年冻土上限的稳定，还需增加路堤的高度。这便是路堤的最小设计高度 H_{min}。据中铁西北院资料，路堤的最小设计高度可用下面经验公式计算：

$$H_{min} = k(H_0 + \Delta h_y + \Delta h_a) \tag{7.6}$$

式中　H_0——路堤的临界高度，m；

Δh_y——路堤下季节融化层的融化压缩量，m；根据路堤下活动层的物理参数计算确定；

Δh_a——路堤临界高度的气温波动增量，m；可取 $\Delta h_a = (0.2 \sim 0.3)h_{天}$，$h_{天}$ 为计算地点的天然上限；

k——工程安全系数，可取 $k = 1.15$。

多年冻土天然上限是随气温的波动而波动的。年平均气温升高，多年冻土上限下降；年平均气温降低，多年冻土上限上升。表7-7列出了青藏铁路沿线砂黏性土分布地段的多年冻土上限埋深随气温变化的情况。

表 7-7 青藏铁路沿线砂黏性土分布地段多年冻土上限埋深与气温波动的关系

地貌单元	昆仑山	可可西里	风火山	沱沱河	唐古拉山	均值
资料数量	多	多	多	较多	较少	
统计年平均气温(℃)	-5.7	-5.0	-5.5	-3.3	-4.	-4.84
统计上限埋深(m)	1.3	1.55	1.35	2.15	1.65	1.60
统计年平均气温与均值离差(℃)	-0.86	-0.16	-0.66	-1.54	0.14	
统计上限埋深与均值的离差(m)	-0.3	-0.05	-0.25	0.55	-0.05	
年平均气温升降1 ℃上限变化(m)	0.35	0.31	0.38	0.36	0.36	0.35
年平均气温变化1 ℃上限变化(%)	21.9	18.4	22.7	22.5	22.5	22.0

从上面表 7-7 统计资料可以看出，在青藏铁路沿线多年冻土地区，砂黏土质多年冻土的上限埋深随年平均气温的波动具有如下规律：年平均气温变化 1 ℃，多年冻土上限将波动 18.4% ~22.7%，平均波动 22%。这就是路堤临界高度之所以要进行气温波动修正的原因。

路堤临界高度 H_0 也可用下面经验公式确定：

①根据路堤下多年冻土上限抬升高度 δ 与路堤高度 H 关系的经验公式确定：

$$\delta = aH - b \tag{7.7}$$

式中 H——路堤高度，m；

a、b——系数。根据青藏铁路沿线多年冻土区路堤人为上限调查资料统计分析，系数 a 约为 0.997；系数 b 约为 0.54。

计算时，假定 $\delta = 0$，即可求出路堤临界高度 $H_0 = H$。

②根据路堤临界高度 H_0 与当地天然上限 $h_天$ 关系的经验公式确定：

$$H_0 = a_0 h_天 + b_0 \tag{7.8}$$

式中 b_0、a_0——统计系数。

据青藏公路 1986 年科研资料，在连续多年冻土区，砂砾石路面路堤的临界填土高度 H_0 用下面公式计算：

$$H_0 = 1.0 - 0.15 h_天 \tag{7.9}$$

对于黑色沥青路面路堤，其临界填土高度 H_0 用下面公式计算：

$$H_0 = 2.46 - 0.4 h_天 \tag{7.10}$$

公式（7.9）、（7.10）中，a、b 系数包含了 1.5 倍方差，即其保证率达 92.32%。计算地段的天然上限埋深，应采用现场实测的多年平均值。

青藏公路沿线各多年冻土地段，各类土质天然地层的上限概值如表 7-8 所示。

表 7-8 青藏铁路沿线各多年冻土地段的天然上限概值

多年冻土地段	黏土	砂黏土	黏沙土	沙类土	砾石类土	碎石类土
西大滩(m)	—	1.5 ~2.0	1.3 ~2.1	2.5 ~2.0	2.0 ~3.0	2.5 ~2.5
昆仑山区(m)	1.0 ~1.3	1.0 ~1.5	1.2 ~1.6	1.5 ~2.0	1.7 ~2.8	1.3 ~2.5
楚玛尔河高平原(m)	2.0 ~2.4	1.2 ~1.6	1.5 ~2.0	1.8 ~2.5	2.2 ~2.5	2.5 ~2.0
五道梁(m)	1.6 ~2.4	1.2 ~2.4	1.2 ~2.5	1.8 ~2.8	2.5 ~2.0	2.4 ~2.0
可可西里山(m)	1.6 ~2.4	1.2 ~2.5	1.1 ~2.4	—	1.9 ~3.9	—

续上表

多年冻土地段	黏土	砂黏土	黏沙土	沙类土	砾石类土	碎石类土
秀水河(m)	1.6～2.0	1.3～2.5	1.3～1.4	1.4～1.5	—	—
风火山区(m)	—	1.1～1.4	1.1～1.4	1.6～1.8	1.5～2.8	1.4～2.9
沱沱河(m)	2.2 左右	1.5～2.8	1.5～2.2	2.2～2.3	1.6～2.0	2.1 左右
开心岭(m)	—	2.0～2.6	2.3～2.5	—	2.4～2.9	—
唐古拉山北(m)	1.4～2.3	1.1～2.6	1.1～2.2	1.6～3.2	1.5～2.8	—
唐古拉山南(m)	—	1.2～2.0	—	—	2.0～2.5	2.0～2.5
扎加藏布河谷(m)	—	—	1.5～2.5	2.5～2.0	2.0～2.5	—
头儿九山区(m)	—	1.3～2.0	—	2.5～2.0	2.5～2.0	—

综上所述，青藏铁路沿线大片连续多年冻土区，黏性土填筑的路堤，其临界高度概值约为0.5～0.8 m。

在青藏铁路多年冻土地区路基工程设计中，对高含冰量多年冻土地段的黏性土路堤，采用的最小路堤设计高度如表 7-9 所示。

表 7-9　青藏铁路多年冻土地区黏性土路堤最小设计高度

多年冻土地温分区	低温稳定	低温基本稳定	高温不稳定	高温极不稳定
多年冻土年平均地温 T_{cp}(℃)	$T_{cp} < -2.0$	$-2. \leqslant T_{cp} < -1.0$	$-1.0 \leqslant T_{cp} < -0.5$	$-0.5 \leqslant T_{cp} \leqslant 0$
路堤最小设计高度(m)	1.50	1.90	2.30	2.50

填料为非黏性土时，应考虑填料对路堤最小设计高度的影响，对填筑厚度进行修正。其修正系数如表 7-10 所示。

表 7-10　路堤最小设计高度的土质换算系数

填料名称	一般黏性土	砂类土	砂、砾混合土	块、卵石土
换算系数	1	1.20	1.30	1.40

贝阿铁路的有关研究指出：路堤下多年冻土上限的上升高度与路堤高度、天然条件下的活动层厚度、多年冻土的年平均地温和气温融化指数等有关。可采用以下经验方程计算。

①低温多年冻土区

a. 路堤填料为细颗粒土时

$$h = H + h_e - \frac{1}{K(1.24 + 0.55H)} \tag{7.11}$$

b. 路堤填料为粗颗粒土时

$$h = H + h_e - \frac{1}{K(1.4 + 0.6H)} \tag{7.12}$$

②高温多年冻土区

a. 路堤填料为细颗粒土时

$$h = H + h_g - K_c \frac{(2.4 + 0.4t_0)}{0.95H)} \tag{7.13}$$

b. 路堤填料为粗颗粒土时

$$h = H + h_g - K_c \frac{(6.8 + 1.2t_0)}{1.75H} \tag{7.14}$$

式中 h——地基多年冻土上限的上升或下降值；

H——路堤高度；

h_e——天然条件下的活动层厚度；

t_0——多年冻土的年平均地温；

K——气候修正系数，考虑贝阿铁路多年冻土区不同地段气温融化指数的差异而采用的系数，按表7-11选用；

表7-11 气候修正系数

地　段	涅利亚塔	恰拉	乌斯季纽克扎	腾达	丘利曼
系数K值	0.98	1	0.96	0.98	1.1

K_c——考虑地表水条件的系数，当路堤旁无积水时，$K_c = 0.65$；

h_g——前期施工，天然植被破坏后的多年冻土上限，其值为

$$h_g = mh_e$$

其中 m——前期工程的热影响系数，按表7-12选用。

表7-12 前期工程的热影响系数

前期施工项目	热影响系数m
砍伐树木,并清除苔藓植被	2.7
砍伐树木,保留苔藓植被	2.20
施工车辆碾压苔藓植被	1.30

加拿大北极圈内的登普斯特公路，从保护地基多年冻土，减少多年冻土区路基病害出发，通过对伊努维克机场已有公路路堤地温场和变形的观测，经有限单元分析后，要求北极圈内的公路路堤，其填土高度不得小于1.4 m。为保持路堤坡脚的稳定，一般要求在路堤两侧修筑护道。护道宽度一般为6 m左右。路堤边坡坡度一般很缓，为1∶2～1∶4。路堤填料多为碎石、砾石、粗砂等粗颗粒土。

美国阿拉斯加利文古德至普罗德海湾的多年冻土区公路路堤高度设计，采用了两种标准：在冻土工程地质条件较好的地段（冻土融化后的加州承载比CBR值大于3），路堤最小高度为0.9 m；在冻土工程地质条件较差的地段（CBR小于3），路堤最小高度为1.5～1.8 m。实际上，在阿拉斯加多年冻土地区填筑公路时，一般要求路堤高度不小于2.0 m，填料要求采用冻胀敏感性小的粗颗粒土。

7.2.2 路堑、低路堤、零填路堤的临界换填厚度

多年冻土区路堑、低路堤和零填路基的稳定，用零界换填厚度来保证。

多年冻土地区的路堑、低路堤和零填路基，是多年冻土区路基工程中，地基需要特殊处理的工程。各国冻土工作者，对于这类工程均采用换填、隔热（保温）方法处理。即：控制路堑、低路堤和零填路基的冻结、融化过程在人工换填层内，用换填材料的冻胀、融沉不敏感性，来维持路基的稳定。

据中铁西北科学研究院的研究资料，路堑人为上限的埋深有以下特点：阳坡的上限最

深，基面次之，阴坡最浅。基面的年平均地温高于天然地面温度，即基面的融化深度大于路堑处天然地面的融化深度。堑顶包角，由于双向热流的影响，其融化深度较大。

路堑边坡和基底、低路堤、零填路基的保温、换填临界厚度，由热工计算确定。

在青藏铁路多年冻土地区的路堑、低路堤和零填路基施工中，总结出了一些为保护多年冻土区环境，确保多年冻土区路基工程稳定的、行之有效的施工方法。可供多年冻土地区路基设计、施工参考。这些做法是：

（1）考虑多年冻土环境特性和对施工的特殊要求，认真作好施工组织设计。施工准备工作（包括换填材料的准备）应周密、细致。

（2）施工中，应注意尽量不破坏或少破坏施工场地地表的天然状态，以减小对多年冻土环境的热干扰。

（3）注意作好临时隔热保温，防止多年冻土直接暴露在阳光下。实践表明，采用棚布白天遮挡阳光，夜晚敞开冷却的隔热保温方法，可使开挖暴露冻土的温度保持在一个较低水平。

（4）施工时，应贯彻“先排水工程，后主体工程”的施工原则。即主体工程开工前，先作好场地的排水工程，防止地表水、地下水进入路堑开挖基槽。

（5）路堑较长时，应分段开挖和回填，并使各道工序紧密配合，尽量减少多年冻土的暴露时间。

（6）路堑施工，尽量按排在寒季末、暖季初或暖季末、寒季初气温较低的季节进行。如不得不在暖季施工，也应合理安排一天的施工时间，尽量避免在一天最热的时段进行基槽基面整平和回填。

在青藏铁路多年冻土区路堑、低路堤和零填路基工程中，均采用粗颗粒土进行换填。为了减小换填厚度，一般在底部设工业材料隔热层。常用的隔热层材料有：聚苯乙烯硬质泡沫板（EPS 板）、聚氨酯板（PU 板）和挤压聚苯乙烯板（XPS 板）。

青藏铁路路堑、低路堤和零填路基的换填厚度，经热工计算，一般在 2.3 ~ 2.5 m。

加拿大在多年冻土地区路基工程设计中，为减少对多年冻土环境的破坏，降低路基工程病害，要求多年冻土地区路基应以填方为主，尽量减少挖方，尤其是高含冰多年冻土分布地段。并且要求在必需挖方时，路堑长度不得超过 3 km，并采用扩大断面。具体作法是：基底采用粗颗粒土换填，换填深度 1 ~ 1.5 m；侧沟采用浅宽形式，一般底宽 3 ~ 6 m；边坡坡度一般为 1∶2 ~ 1∶3，在边坡冻土含冰量较大时，为 1∶4。边坡任其融化、下溜、自埋。在边坡人为上限形成后，路基即趋于稳定。在路堑深度超过 10 m 时，采用折线型边坡。在边坡上每隔 4 ~ 5 m，设一个 6 m 宽的平台。

美国在阿拉斯加多年冻土区路基工程中，对于路堑、低路堤和零填路基，亦是采用换填、隔热进行处理。换填材料采用砾石、碎石等不冻胀粗颗粒土。一般在底部设有工业材料隔热层，其换填厚度经热工计算确定。

7.3　热棒路基

实践表明：热棒用于路基工程，可以解决地基多年冻土的衰退和融化问题，长期维持冻土路基的稳定。热棒路基在美国、加拿大和俄罗斯的道路工程中都已采用。

7.3.1 热棒路基的试验与推广

热棒制冷技术在我国多年冻土区路基工程中的应用，始于2001年。随着青藏铁路开工建设，在青藏铁路多年冻土区路基工程中，开展了热棒路基试验。2004年，在东北多年冻土地区既有铁路路基病害整治工程中，又采用了热棒来重新冻结路基下已融化的地基多年冻土，整治路基热融下沉病害。青藏铁路和东北多年冻土区的热棒路基试验，都取得了满意的效果。目前，两地的热棒路基都在正常运营中。

青藏铁路清水河热棒试验路基位于楚玛尔河高平原上，试验地段地形平坦开阔，平均海拔4 470 m。该区气候严寒，冻结期为9月至次年4月，年平均气温-4.3 ℃，极端最高气温23.1 ℃，极端最低气温 -46.1 ℃，最热月平均气温6.5 ℃，最冷月平均 -21.3 ℃。气温融化指数478.0 ℃·d，气温冻结指数 -2 760.0 ℃·d。平均风速为4.5 m/s，最大风速31 m/s。

热棒试验路基位于高含冰量多年冻土地段，厚层地下冰发育。多年冻土年平均地温 -1.4 ℃，厚度约30 m，天然上限埋深2.3～2.5 m。植被覆盖率5%～30%。

试验段地层岩性：地表为第四系冲、洪积砾砂和风积细砂层，厚1～2 m，砾砂层厚0.3～0.5 m。基岩为第三系泥岩、泥灰岩及砂岩，风化严重。

清水河热棒试验路基（图7-12）长50 m。于2001年9月14日开始施工，至11月5日竣工。2003年6月6日铺轨。

路基边坡坡率1∶1.5，填土高度约3.2 m。填料为当地角砾粗颗粒土。

图7-12 青藏铁路清水河热棒试验路基

清水河试验路基所采用热棒的规格为：①热棒基管直径83 mm；②热棒总长度12 m，其中热棒蒸发段长度6 m；绝热段长度3 m；冷凝段长度3 m（翅片管长度2.5 m）。

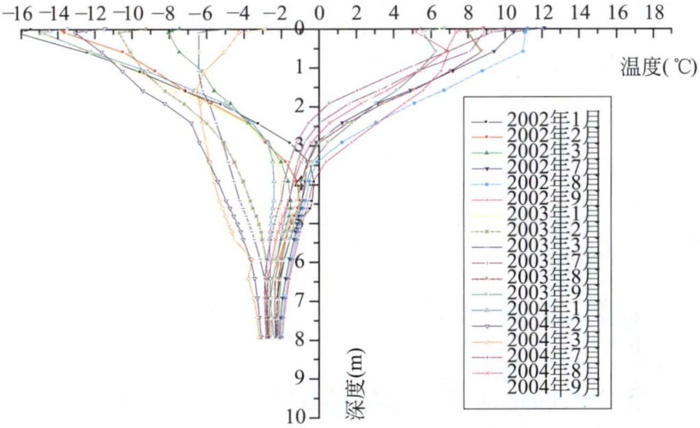

图7-13 DK1024+445断面5号右路肩孔
（距热棒93 cm）月平均地温曲线

热棒垂直埋设在路基两侧（图7-12），纵向间距4 m，左右两侧错位布设。

热棒蒸化段埋入路堤基底下 6 m 深，绝热段位于路堤中。

在路堤中设绝热段的目的，是为了让热棒寒季采集的冷量，全部送入基底以下的地基中，以提高热棒的冷却（降温）效果。

2001 年 11 月底至 12 月初，在测试元件埋设完成后，立即开始了热棒路堤地温场和路堤冻胀、下沉变形观测。

图 7-13 给出了 2001 年 12 月 ~2004 年 12 月观测期间，寒季（1、2、3 月）和暖季（7、8、9 月）热棒路基的月平均地温沿深度变化的曲线。

从图 7-13 可以看出：由于热棒的输冷，绝热层以下（路堤基底以下）的路基地基土温度均维持在负值。如果将热棒路堤基底地温与相同高度普通路堤基底地温相比，暖季，热棒路堤基底地温约为 0 ℃，普通路堤基底地温约为 2 ℃；寒季，热棒路堤基底地温约为 -7 ℃，普通路堤基底地温约为 -3 ℃。热棒冷却地基的效用是明显的。

热棒冷却地基的效果，还可从热棒路基人为上限的变化看出。图 7-14、图 7-15 为热棒路堤和普通路堤人为上限变化实测图。

从图 7-14、图 7-15 可以看出，在观测期内，热棒路堤的多年冻土人为上限变化是较大的：2002 年抬升 1.01 m（平均值）；2003 年抬升 0.62 m；2004 年抬升 0.35 m。总计抬升 1.98 m。而普通路堤（填料相同，高度 3.02 m），在 2002 年人为上限已抬升至稳定位置。2003、2004 年，人为上限位置基本保持不变。其抬升高度仅 0.35 m（路堤融化深度约 4.7 m）。这说明热棒在冷却地基多年冻土、提高路基人为上限方面的作用是十分有效的。

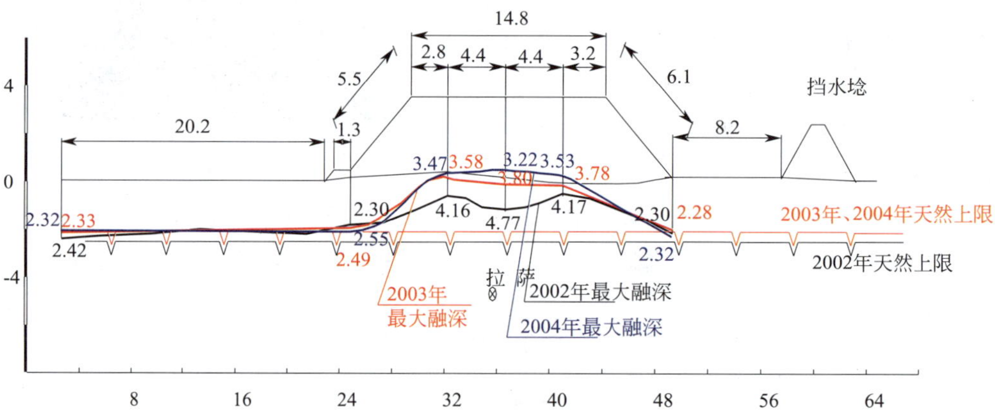

图 7-14　热棒试验路基人为上限的变化（DK1024 +425 断面）（单位：m）

从图 7-14、图 7-15 还可看出，热棒路基的人为上限是逐年上升的，但其抬升高度是逐年减小的。到 2004 年，热棒路基的人为上限已上升至基底附近，稳定人为上限已形成。也就是说，在青藏高原多年冻土地区的试验条件下，热棒路基人为上限的形成，大体需 2 ~3 年时间。而普通路基的人为上限 1 年即可形成。

据观测资料分析，试验路堤热棒的传热影响半径，随寒季热棒工作时间的延长而扩大，至 4 月底达最大值，其有效传热影响半径约为 1.5 m。试验条件下，热棒的年产冷量约 25 ~30 万千卡。

综上所述，在青藏铁路试验条件下，用热棒来冷却地基，增加地基冷储量，养护地基多年冻土是可行的。热棒路堤基底的年平均地温约为 -3 ℃，低于该地段多年冻土的年平均地

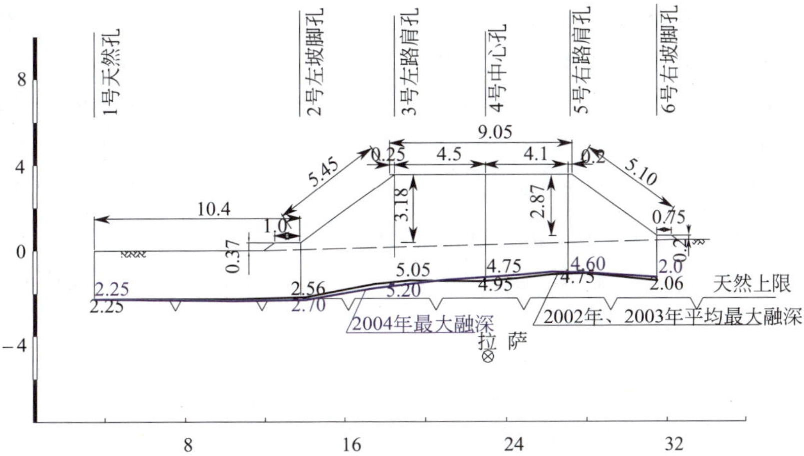

图 7-15 普通路基人为上限变化图（单位：m）

温（-1.4 ℃），地基多年冻土是稳定发展的。热棒路基系统是稳定的，试验是成功的。

清水河热棒路基的试验成功，推动了热棒在多年冻土地区路基工程中的应用。2003 年开始，在青藏铁路多年冻土地区的许多高温、高含冰量多年冻土地段，为确保冻土路基的长期热稳定，在路堑、路堤工程中，均采用热棒来冷却路基下的地基多年冻土。据 2006 年有关资料统计：在青藏铁路沿线多年冻土地区，共修筑热棒路基 44.1 km。

2003 年，在青藏公路多年冻土地区的清水河路段，为整治沥青路面公路路基的长期下沉和纵向裂缝病害，在路基两侧埋设了热棒（图 7-16），整治路段长度 4.6 km。热棒纵向间距 4 m，埋深为人为上限以下 1.5～2.0 m。该段路基高度为 2.1～2.8 m，共用热棒 1 558 根。热棒基管直径 89 mm，总长度 12.0～12.5 m。

经热棒冷冻路基后，路基、路面的技术状况得到显著改善。2004 年的观测资料就表明，由于热棒的冷却作用，路基下多年冻土的人为上限已停止下降，路基停止下沉。目前，该段热棒路基的人为上限已抬升，路面技术状态良好，整治工程取得良好效果。

图 7-16 青藏公路上的热棒路基

图 7-17 东北嫩林铁路上的冻土热棒试验路基

2004 年，在东北大兴安岭多年冻土地区，开展了热棒整治既有铁路路基长期下沉病害的研究。热棒路基试验段共五段，总长为 2.637 km。采用热棒的外直径为 ϕ89 mm 和 ϕ108 mm两种。热棒总长度 13 m，插入地中 9 m，外露 4 m，以 75°角向外倾斜，从两侧路肩（距线路中心 4 m）插入路基体内（图7-17）。纵向间距：89 mm 热棒，为 2. 5 m；108 mm为3. 0 m。路堤填土高度 1. 0 ~ 2. 6 m，共用热棒 1 342 根。

2004 年，热棒安装完成后，便开始对热棒路基地温场和路基变形进行观测。试验观测资料分析表明：热棒的制冷效果是好的，试验是成功的。

图 7-18 为热棒蒸发段周围多年冻土地温随时间的变化过程曲线。从图 7-18 可以看出：热棒在每年的 8 月底 9 月初开始工作，向地中输送冷量，地温逐渐降低，至 1 月上旬，热棒周围土体温度达最低；而后，随着气温的上升，热棒输冷量减少，加上地中聚集冷量的进一步扩散，地温开始缓慢升高，至 8 月底达最高值。

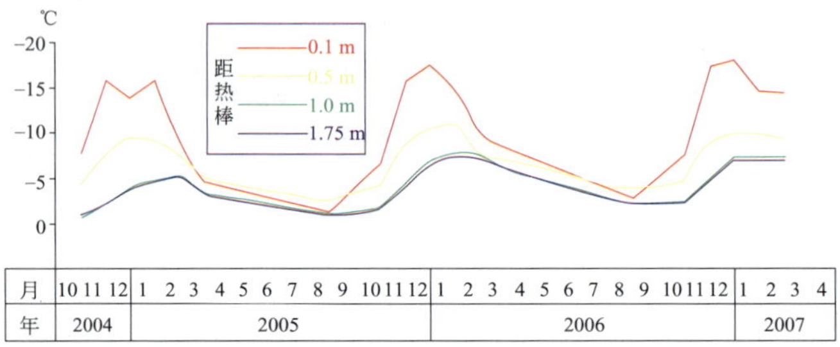

图 7-18　东北多年冻土地区热棒试验路基地温—时间曲线

热棒的降温效果是明显的。在热棒传热影响范围内，寒季末期，路基面下 6 ~ 8 m 深度范围的平均地温，可降低至 −9 ℃ ~ −12 ℃。热棒路基系统寒季储存的冷量，可使热棒路基在暖季末期，路基面下 5 ~ 8 m 深处的最高地温仍保持在 −1. 0 ℃左右。

热棒路基系统新热平衡的建立过程在 2 年内完成。在大兴安岭地区，冻结指数 3 300 ~ 3 700 ℃ · d（融化指数为 1 900 ~ 2 100 ℃ · d，冻结指数是融化指数的 1. 4 ~ 1. 9 倍）的条件下，热棒的有效传热影响半径约 2. 0 m。

热棒的冷冻作用，使路基下的多年冻土人为上限大幅度上升，其抬升幅度一般在 1. 5 ~ 2. 0 m，最大可达 3. 0 m。图 7-19 给出了牙林线 107 km 处路基整治前、后人为上限的变化情况。从图可以看出，在整治后的 2005 年，路基人为上限大幅抬升。2006 年，路基新的稳定人为上限已初步形成。

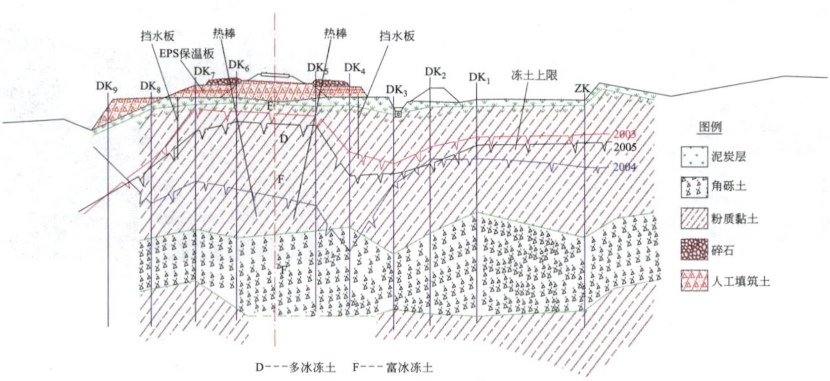

图 7-19　牙林线 107K 整治前、后的路基多年冻土人为上限

牙林、嫩林铁路已运营 50 多年。50 多年来，在气候转暖和人类经济活动影响下，地基多年冻土出现了严重衰退和融化。已出现融化槽的路基，在自重和车辆活载作用下，产生大

量下沉。其沉降量一般在 30 ~ 50 cm，最大可达 1.0 m 以上。经热棒处理后，路基融化槽基本消失，下沉趋于稳定，路基稳定性大大提高。据工务部门反映，整治后，路基的日常维修工作量减少了一半以上，其效果是明显的。

加拿大北部寒区的面积约占国土面积的一半。北部的哈德逊湾铁路，是多年冻土区修建的第一条铁路。该铁路从加拿大 Manitoba 省西南部的 Pas 至东北部哈德逊湾畔的 Churchill，全长 820 km。在该线的南端为岛状多年冻土区，北部为连续多年冻土区。线路所过地区地貌平缓、地形平坦开阔，为冰川湖床和滨海低地景观。

哈德逊湾铁路于 1917 年开始修建，1929 年完成。在铁路修建过程中，曾因第一次世界大战和 Churchill 港终点站位置变更勘测而中断。由于终点站位置改变，迫使线路通过哈德逊湾低地。该低地是世界上最大的多年冻土泥炭地。

为了尽量减少对多年冻土的热干扰，确保铁路线路的稳定，在该铁路设计中，贯彻了避免开挖路堑，采用路堤通过多年冻土地区的原则。

自 1929 年至现在，哈德逊湾铁路一直在连续运营。但是，在过去的年代里，由于路基基底工程地质条件不良，路基寒季冻胀，暖季融沉不断发生，线路质量一直在不断恶化，冻胀、融沉病害不断发生。该铁路的吉拉姆—切奇尔段，地势低平，为苔原湖泊景观。由于路基两侧排水不畅，路基下多年冻土产生融化，致使路基融沉、冻胀现象严重，线路起伏呈波浪状，列车运行速度仅 40 ~ 50 km/h。多年来，线路养护、维修费用递增，路基病害整治已成为一个头痛的问题。1978 年，养护部门在哈德逊湾铁路选点进行了热棒整治热融下沉试验。热棒安装于两侧路肩，直径 61 mm，长 8.1 m（北侧）和 10.1 m（南侧），纵向间距 4 m（图 7-20）。

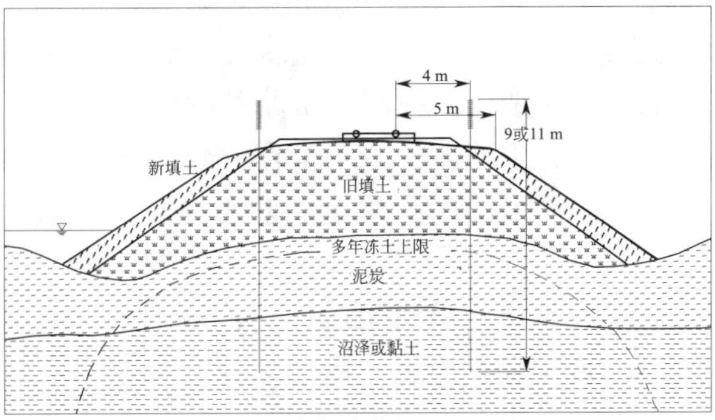

图 7-20　哈德逊湾铁路热棒路堤示意图

热棒安装完成后，进行了 2 年的观测。观测结果表明：热棒能有效停止路堤下多年冻土的融化，从而使路堤停止下沉，线路恢复稳定。

1987 年，在哈德逊湾铁路南北两端病害严重地段，各选 2.5 km 线路区段，用热棒对区段内的路堤热融下沉陷槽进行了整治试验。首先对要整治的热融下沉陷槽用地质雷达进行探测，查明陷槽下多年冻土的特征及上限变化情况，而后根据探明的冻土工程地质条件进行设计，力求将热棒安装在最合理的位置。

热棒的规格和布置形式与 1978 年试验方案相同。在 1987 年 9 月的 26 d 内，采用轨道钻探安装系统，对数十个热融下沉陷槽进行了热棒安装，共埋设热棒 400 根，该安装系统工作效率较高，平均每小时可安装热棒 2.3 根。

施工完成后，在一些典型地段安装了热敏电阻测温装置和路堤下沉观测装置，对热棒的使用效果进行观测，提出了热棒使用效果定量分析方法。运营和养护部门根据定量分析方法，对热棒的有效性作出了评价。

试验得出如下结论：热棒安装后，南、北 2.5 km 整治试验段线路质量有了重大改善。运营和养护部门认为，热棒整治路堤热融下沉是成功的。

俄罗斯在 20 世纪 60 年代，С. И. Гапеев 设计研制了一种单相热桩，使用于多年冻土地区的铁路和公路工程中，用来降低地基多年冻土的温度，维持多年冻土上地基基础工程的稳定。目前，俄罗斯在路基工程和房屋工程中，广泛采用单相和两相热棒，来解决地基基础工程中的热工问题。

俄罗斯使用的单相热棒由一根或多根钢管组成，循环工质采用煤油。管径一般 60 ~ 120 mm，长度视需要而定。两相热棒多用直径 38 ~ 57 mm 的无缝钢管制成。

热棒的埋深、间距经热工计算确定。一般埋入多年冻土中的深度不超过 2 m。当多年冻土埋深较大时，也可将热棒埋在融土中。在西伯利亚多年冻土地区的铁路路基工程中，多处可以看到埋于路基一侧或两侧的的单相或两相热棒。

美国阿拉斯加多年冻土地区，在公路和铁路路基工程中，采用热棒来冷却路基下多年冻土，防止多年冻土衰退和融化的范例也是很多的。例如，在阿拉斯加的费尔班克斯阿拉斯加大学校园外，有一段公路通过泥炭沼泽地，由于泥炭层被压缩，多年冻土融化，引起路堤下沉，多年不能稳定。后在路堤两侧埋入热棒，多年冻土停止融化，路堤不再下沉。

7.3.2　热棒路基设计

寒区地基基础工程中出现的冻、融病害问题，都与热量在地基中的传输有关，是一个热工问题。实践表明，采用热棒制冷技术来调节地基中的热传输过程，解决地基基础工程中的冻、融病害问题，是经济、合理的。

在多年冻土地区，路基工程中最常见的冻、融病害是路基的冻胀和融沉。地下水的热侵蚀和地基多年冻土的衰退和融化，是引起路基冻胀和下沉变形的主要原因。热棒路基设计的任务就是采用热棒制冷技术，来冷却、冻结地基土体，防止地下水的热侵蚀，防治地基多年冻土的衰退和融化，提高冻土路基的热稳定性。

在多年冻土地区的路基工程中，热棒可作以下用途。

（1）养护地基多年冻土，防止地基多年冻土的衰退和融化；

（2）冻结地基中已融化的多年冻土，改善多年冻土地基的热状态；

（3）在地下水发育地段，建造地下“人工冻结帷幕”，防止地下水对路基的热侵蚀；

（4）调整路基人为上限的埋深和形态。

在青藏铁路沿线的多年冻土地区，气温冻结指数与融化指数之比一般在 3 以上，在腹部地区（如风火山）可达 7。在东北多年冻土地区，一般在 1.4 以上，在大兴安岭的北部地区（如满归、莫河），可达 1.9 以上。这就是说，多年冻土地区，寒季空气中有大量的冷量可供采集使用。因而，用热棒采集空气中的冷量，送入地基多年冻土，降低地基多年冻土的温度，提高地基多年冻土的热稳定性是合理而有效的。

热棒路基设计一般要求提供以下冻土工程地质资料。

（1）气象资料（最近 10 ~ 15 年各年的月平均气温，寒季平均风速）；

（2）多年冻土的年平均地温，上限埋深；

（3）设计地段的地表特征，包括：地表层岩性成分，植被覆盖情况；

（4）路基地基持力层的岩性成分、含水率、密度；

（5）路基填土、地基活动层、多年冻土层的导热系数和热容量；

热棒路基活动层和融化槽的冻结和融化过程是十分复杂的。在存在路基融化槽的情况下，寒季路基冻结时的冷源有三个：大气冷源、热棒冷源和多年冻土冷源。大气冷源自上而下冻结，是活动层冻结的主要冷源；热棒冷源径向（水平方向）传冷，是融化槽冻结的主要冷源；多年冻土冷源自下而上冻结，是冻结融化槽的第二冷源。三种冷源的共同作用，可使路基活动层土体的冻结速率加快，使融化槽土体得到逐渐冻结，使地基多年冻土的冷量储备增加。

据青藏铁路热棒路基试验资料，热棒路基的人为上限具有基本平坦的上凸形状。这说明，现行考虑纵向间距（小于两倍有效传热影响半径），忽略横向间距（大于2倍传热影响半径，一般6~8 m）影响的热棒路基设计计算方法，是基本合理的。按这种方法设计的热棒路基，尽管热棒横向间距较大，仍然能使路基中心的人为上限得到抬升。这就说明，热棒路基的安全储备是较大的。因此，热棒路基的设计计算可不再考虑安全系数。

（1）养护地基多年冻土的热棒路基设计

热棒和传热影响范围的地基土体组成热棒地基系统。热棒地基系统是处于大地半无限热力学系统中的子系统。寒季，热棒的冷冻作用，使热棒地基系统的温度降低，热棒采集的冷量向周围地基扩散。热棒地基的这种热扩散，在热棒制冷过程中始终存在，直至热棒地基与周围地层之间达到热平衡（温差消失）为止。在青藏高原多年冻土地区，大体在来年的5月底至6月初，热棒地基与周围地层之间的温差才基本消失，热棒地基与无热棒的一般地基一样，进入暖季自上而下的升温期。

但是，多年冻土地区的气候特征和地中温度波的传播特点，使热棒地基的冻结—融化过程与一般地基的冻结—融化过程有所不同：暖季末期，当夜晚气温出现负值，热棒便启动工作，向地基送冷，热棒地基的温度停止升高，地基冻土停止融化。而此时，一般地基的温度仍在继续升高，地基冻土仍在融化。这种冻结—融化过程的差别，使热棒地基暖季的最高温度保持在较低值，从而，提高了地基的热稳定性。据试验，在青藏高原多年冻土地区，热棒地基较之一般地基，其最高地温要低0.5 ℃~0.8 ℃。

因此，在多年冻土地区，采用热棒制冷，是可以改善地基多年冻土的热状况，防止多年冻土的衰退和融化，提高路基稳定性的。但是，过多的冷量输入，是没有意义的。因为，暖季热棒停止工作以后，热棒路基与半无限地基之间，很快就达到热平衡。地基多年冻土的最高温度，并不会因多输入冷量而有明显降低。因此，在这种情况下，进行详细、复杂的路基热工计算是没有必要的。

合理选择热棒型号，确定热棒间距和埋深，是热棒路基设计的主要任务。

热棒的间距和埋深可按以下原则确定：

热棒间距：热棒的数量应能使热棒路基地基土体寒季末的温度场分布基本均匀。即路基中单根热棒冷冻的地基土圆柱体至少应彼此相切。为此，热棒间距应不大于2倍热棒寒季的有效传热影响半径。

热棒埋深：热棒采集的冷量，应尽量送入地基多年冻土，以增加地基多年冻土的冷储量。为此，热棒的埋深应保证热棒在多年冻土中的长度不小于2~3 m。路基活动层上部2/3深度的热棒宜设置隔热层，防止采集冷量在活动层中散失。

热棒路基，应向两端普通路基各延长至少2倍热棒纵向间距。即，在热棒路基的两个端头外，应至少增加两排热棒。

设计文件应明确热棒路基的施工要求和注意事项。

（2）冻结地基中已融化的多年冻土，提高路基稳定性的热棒路基设计

在无临界高度路堤的多年冻土地段，路基面的融化指数是大于冻结指数的。因此，路基的融化深度大于冻结深度，路基下的多年冻土上限是逐年下降的。在这种地段，多年冻土在剖面上的分布是不衔接的，即在路基下存在融化槽。

融化槽的发育，往往使路基的下沉变形长期不能稳定，因此，路基的良好技术状态是很难保持的。

融化槽的发育过程是漫长的。整治融化槽病害，只要能停止地基多年冻土的进一步融化，路基的下沉变形是会逐渐稳定的。

因此，采取有效工程措施，减少传入地基的热量，促使融化槽逐步冻结，是解决这种路基热融病害的唯一方法。

在路基中埋设热棒，是所有整治工程措施中最好的方法。

冻结融化槽热棒路基的设计，可根据融化槽融土厚度的大小，让冻结任务在 2 ~ 3 年内完成。

设计的主要任务是：根据冻结融化槽土体所需的冷量，选择热棒型号（直径大小）、确定热棒的合理间距和埋深。

热棒的平均使用（输出）功率（单位时间产冷量）是气温冻结指数、热棒外径、热棒间距和埋深的函数。

单根热棒寒季的产冷量随热棒内径的增加而增大，随间距的减小而减小，随埋深的增加而增大（图 7-21）。在热棒内径、间距和埋深不变时，单根热棒寒季的产冷量随气温冻结指数的增加而增大，是热棒埋设地段气温冻结指数的函数，如图 7-22 所示。

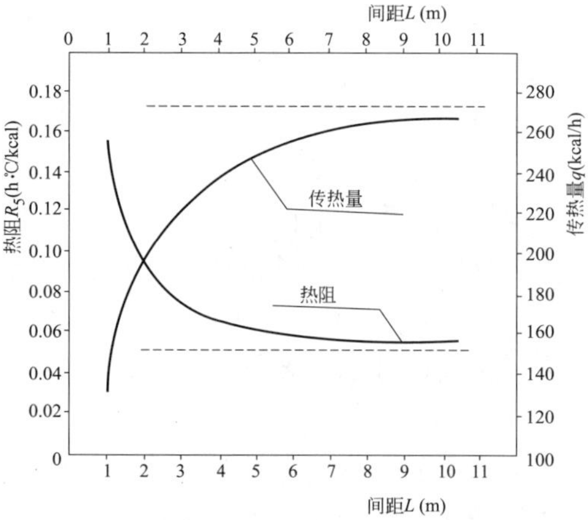

图 7-21　热棒产冷量、热阻、间距之间的关系

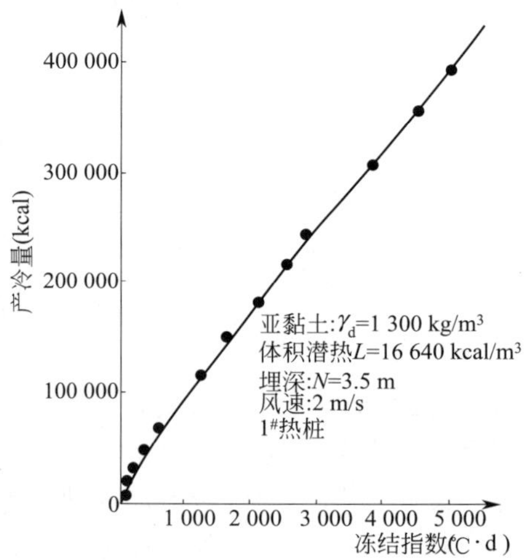

图 7-22　热棒产冷量与冻结指数的关系

因此，在布设热棒时，应充分考虑上述特点，合理选择热棒的间距和埋深，以求充分利用热棒的制冷能力，使地基热棒群达到最佳使用功率。

热棒路基设计按以下步骤进行。

①根据地基融化槽融土层（最大冻结深度至多年冻土上限之间的土层）的厚度和含水率，计算冻结该层融土所需的冷量。计算时，可不考虑融土降温（降至 0 ℃）所需消耗的

冷量。

②选择热棒型号（热棒直径）。根据路基融化槽的几何形状（融土层的厚度及其平面分布），确定热棒在路基横断面上的埋设位置和排数（单排或多排），初步确定热棒的纵向间距、埋深。

③根据计算地段的气象资料（寒季的平均气温、平均风速）、热棒的技术规格（热棒直径、冷凝器放热系数）、热棒埋深和间距，计算单根热棒寒季的产冷量。

④计算出的单根热棒寒季产冷量应乘以0.7的安全系数。

⑤计算路基热棒群的寒季产冷量，并与计算的需冷量相比，看是否满足要求？如不满足要求，应调整热棒间距，或重新选择热棒型号，进行计算，直至满足要求为止。

⑥提出热棒路基施工要求和注意事项。

(3) 热棒挡水埝（冻结挡水帷幕）的设计

斜坡地段的路基，地表水和冻结层上水经路基渗流时，地下水的热侵蚀，会使地基多年冻土出现严重衰退和融化，路基人为上限下降，引发路基冻、融病害。

在斜坡路基上侧坡脚一定距离（一般不大于3 m）外修筑挡水埝，在挡水埝中埋设热棒来抬高挡水埝下的多年冻土人为上限，形成“地下冻土挡水帷幕”。这种挡水埝和地下冻土挡水帷幕的组合称为“热棒挡水埝”。

设计合理的热棒挡水埝，可有效截断流向路基的地表水和冻结层上水，从而，消除地表水、地下水对路基的热侵蚀。

热棒挡水埝设计，应注意以下几点。

①挡水埝的布置、尺寸和填筑，应满足一般冻土路基设计要求。热棒布置在挡水埝横断面的中轴线上。

②选定热棒型号，确定热棒埋深（热棒埋入多年冻土中长度不大于1 m）。

③根据设计地段的气温冻结指数、热棒外半径、热棒冷凝器放热系数、挡水埝下地基活动层融土的导热系数、容积热容量，计算单根热棒的冻结半径。

④根据计算的冻结半径，确定热棒的间距，热棒间距不得大于2倍冻结半径。

⑤提出热棒挡水埝施工要求和注意事项。

(4) 调整路基人为上限的热棒路基设计

路基人为上限的埋深和形态，是由路基表面各组成部分的冻结指数和融化指数大小和比例关系决定的。但在一般情况下，起决定作用的是路基面的冻结指数和融化指数。即路基人为上限的特征，是由路基表面的热工特性决定的。因此，可通过调整路基表面冻结、融化指数的大小和比例关系，来控制路基人为上限的埋深和形态。

路基表面的 n_t 系数都是大于1的，而 n_f 系数都是小于1的。

调整路基表面冻结、融化指数大小的方法很多：如改变路基表面的土体类型、密实度；改变路基表面的颜色；路基边坡植草；设路基遮阳棚、边坡遮阳板；在路基基床中设置“均温热棒”等。在这些措施中，设置“均温热棒”层的方法是理想而合理的（图7-23）。它可将路基面的 n_t 系数和 n_f 系数都调整

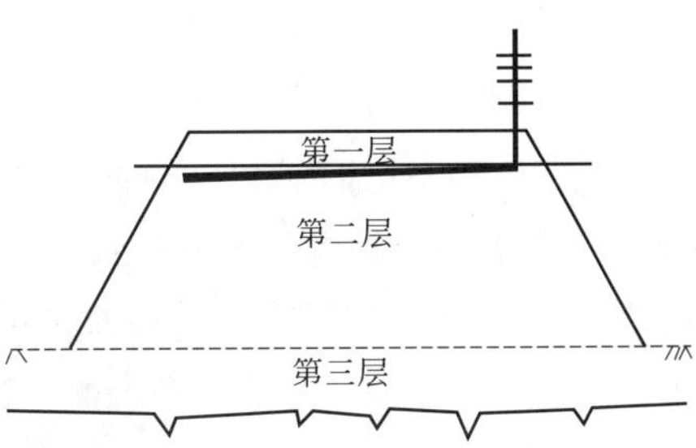

图7-23 均温热棒路基示意图

为1。而上述的其他方法是做不到这一点的。

众所周知，热棒是靠温差驱动工作的。在热棒冷凝段和蒸发段之间，只要存在温差，热棒就会启动工作，将热量从高温端输送至低温端，直至温差消失。即热棒是一种很好的“均温器件”。

路基“均温热棒”的工作原理如下：

氨热棒的工作温度范围约在 -60 ℃ ~ +60 ℃之间。在此温度范围内，只要在蒸发段和冷凝段之间存在温差，热棒都能启动工作。因此，在暖季，埋设于路基中的热棒，只要在冷凝段与蒸发段之间出现温差（图7-24），热棒同样可以启动工作，将蒸发段的地温降下来，使之与冷凝段气温一致。这便是热棒的“均温作用”。

据有关研究资料，在暖季，路基表面的温度总是高于气温的（n_t 系数大于1）。路基活动层中的温度，尤其是地温日变化带的温度，也有不少时段是高于气温的，如图7-24所示。从图7-24可以看出，在暖季夜间气温较低时段，在浅层一定深度范围内，地温在午夜就会比气温高，如图7-24中粗线（40 cm深处地温细线）及以下的细线（气温）所示。这种气温低于地温的时段，大多出现在午夜后的1点到8点。在这些时段，热棒会启动工作，将地温降下来，保持地温与气温一致。据统计，在青藏铁路沿线多年冻土地区的暖季，这种均温热棒每天的工作时间在6~7 h，5月~8月份的工作时间大约为25%~30%。即通过暖季热棒的冷却作用，可使热棒埋设处土层的地温保持与气温一致（如果热棒不工作，则说明热棒埋设处的地温是低于或等于气温的）。

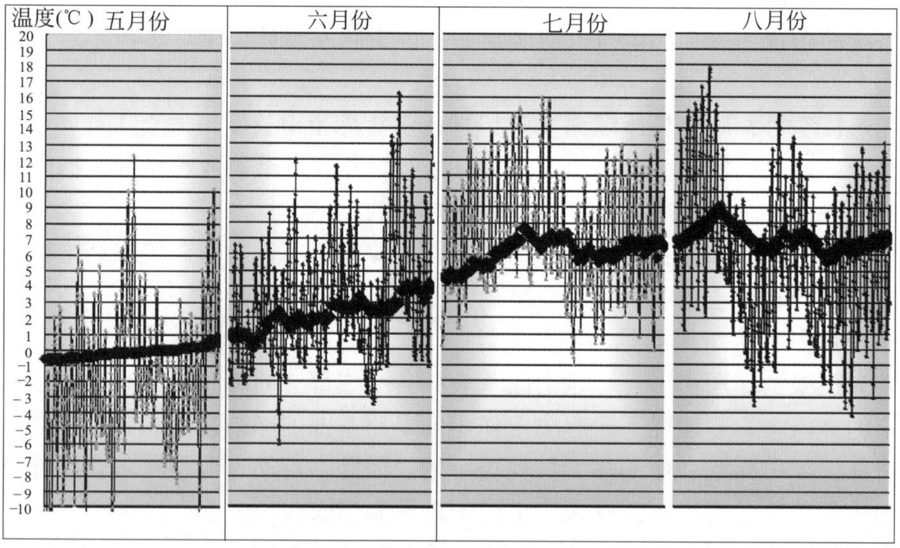

图7-24　5月~8月每小时平均气温与地表下40 cm深处平均地温随时间的变化

基于上述“热棒均温”原理，在路基上部基床（路基面下0.5~0.8 m）中埋设热棒，便可在路基中建立一个地温与气温一致的路基“准表面层”。在这个路基“新表面”上，其 n_t 系数和 n_f 系数都是等于1的（在青藏高原多年冻土地区，一般细颗粒土表面的 n_t 系数在2.5以上，n_f 系数在0.8以下）。这一路基“新表面”的存在，可使作用于路基的冻结指数增加20%，融化深度减小 $(1-\frac{1}{\sqrt{n_t}})$ 倍。在青藏铁路沿线的多年冻土地区，“均温热棒路基”的融化深度可减小约

30% ~40%，平均冻结速率加快5 mm/d，活动层回冻时间从104 d减小至88 d。

热棒均温路基的高冻结速率和路基体内增加的等温冷冻面，可使路基的人为上限抬升，横断面对称性增加。在路基面范围内，人为上限的上凸面平缓，路基的总冻胀量减小，路基横向不均匀变形基本消除，路基稳定性增加。

对于沥青路面公路来说，热棒均温“准路基面”的存在，可使沥青路面的 n_t 系数从5.0减小至1；n_f 系数从0.7增加至1。这就从根本上解决了沥青路面的高传热引起的路基长期下沉问题。

热棒均温路基的设计，应注意以下几点。

①路基面下水平热棒蒸发段的间距，可根据计算地段的气象资料和活动层土的热物理性质，按傅里叶第一定律计算出地表温度日变化影响深度的平均值，热棒间距一般不宜大于该平均值的2倍。

②热棒应设计成折线型，水平蒸化段与垂直冷凝段之间的夹角不宜小于110°，夹角应尽量弯成圆角。

③热棒水平蒸化段的长度不宜小于路基面宽度的4/5，垂直冷凝段的长度不宜小于2 m。

④热棒蒸化段与水平面（热棒在水平面下）间的斜角不宜小于5°。

⑤热棒冷凝器分置于路基两侧，并应采取措施，防止冷凝器纵向倒伏。

⑥提出热棒埋设方法和施工注意事项。

算例：

1. 冻结路基融化槽的热棒路基设计

设：今有一高3.5 m的普通填土路堤，基面宽7.1 m。基底下为高含冰多年冻土，路堤下沉变形多年不能稳定，路基下已出现融化槽，融土夹层厚度达1 m，人为上限为锅底形状。

为整治该路堤融沉病害，决定在路堤两路肩埋设热棒，向地基输送冷量，以停止地基多年冻土的进一步融化，并将融化槽内已融化的多年冻土重新冻结起来。热棒埋设位置和要求人为上限抬升高度如图1所示。

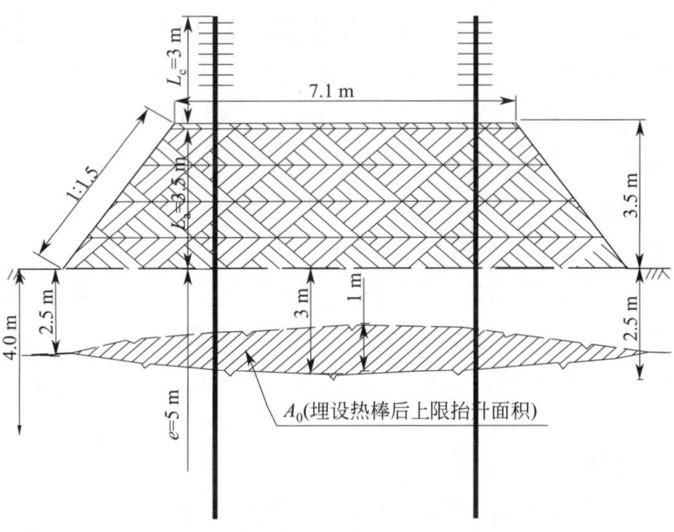

图1 热棒路基结构及人为上限变化示意图

假定该地寒季为 200 d（即热棒连续工作时间为 $T=200$ d）；寒季平均气温 $T_a=-16$ ℃；冻结指数 −3 200 ℃ · d，融化指数 674.7 ℃ · d；平均风速 5.2 m/s。融化槽土体温度 $T_s=0$ ℃。路堤填料及地基土的物理参数如表 1 所示。

表 1　土物理参数表

土体类型	土　名	干密度 γ_d(kg/m^3)	含水率 ω(%)	导热系数 λ[kcal/(m · h · ℃)]	
				融化状态	冻结状态
路基填料	砂砾石土	1 500	6	1.13	1.38
地基土	粉质黏土	1 400	20	0.68	0.79

请给出所需热棒的尺寸、埋深和间距。

题解：

假定路基融化槽在埋设热棒后的第一个寒季全部冻结。

今取热棒纵向间距（$S=3.3$ m）长的路基体进行计算。计算时忽略融土降温的显热消耗。

从图 1 知，需冻结融土层的最大厚度为 1 m（路堤中轴线上新人为上限抬升值为 1 m）。

（1）冻结融化槽所需冷量 Q_m 计算

①横断面上融土的面积（参见图 1）按三角形计算，得 $A_0=8.8$ m^2。

②融土层体积潜热值：$q_L=\gamma_d\times\omega\times L_0=22\,400$ kcal/m^3；其中 L_0 为水的相变潜热，其值为 80 kcal/kg。

③冻结融土层所需冷量：$Q_m=q_L\times V=Q_L\times A_0\times S=650\,496$ kcal。

（2）热棒产冷量 Q_y 的计算

Q_y 是热棒直径 D、蒸发段长度 L_e、散热面积 A、放热系数 α、间距 S 及地基土体导热系数 λ 等的函数。

假定热棒直径 $D=108$ mm；冷凝器面积 $A=4.27$ m^2；蒸发段长度 $L_e=4$ m；冷凝器表面放热系数 $\alpha=2.57$ kcal/(m^2 · h · ℃)；热棒传热影响半径 $r=1.5$ m。故可得：

冷凝段放热热阻 $R_f=1/(\alpha A)=1/(4.27\times 2.57)=0.091\,1$ h · ℃/kcal；

热阻 $R_s=\ln(2r/D)/(2\pi\lambda L_e)=\ln(2\times 1.5/0.108)/(2\times 3.14\times 0.94\times 4)=0.141$ h · ℃/kcal；

热通量 $q=(T_s-T_a)/(R_f+R_s)=68.94$kcal/h；

单根热棒寒季产冷量 $Q_y=qT=68.94\times 200\times 24=330\,912$ kcal。

故计算路基段两根热棒产冷量为 $Q=661\,824$ kcal。

比较 Q_m 与 Q，计算路基段热棒产冷量与冻结融土层所需冷量基本相等。在不考虑间距对热棒产冷量的影响时，可得热棒路基设计参数：热棒直径 $D=108$ mm；埋深 7.5 m，绝热段长 3.5 m，蒸发段长 4 m；冷凝器露出地面 3.0 m。总长 10.5 m；纵向间距 $S=3.3$ m。

2. 热棒挡水埝的计算

今有一斜坡路基，需求在上侧山坡设挡水埝。为阻止冻结层上水对路基的热侵蚀，希在挡水埝下形成一冻土隔水帷幕。请给出热棒尺寸、埋深和间距。斜坡路基地段活动层厚度为 2 m，气温冻结指数为 −2 560 ℃ · d。

题解：

为满足上述要求，需抬高挡水埝下多年冻土上限，将活动层土体部分变成多年冻土，并在纵向连成一连续的整体，形成一冻土隔水堤。

今假定挡水埝下活动层土体冻结所需的冷量均由热棒提供。只要求出单根热棒的冻结半径，就可确定热棒的间距。热棒冻结半径可用本书第六章公式(6.16)的超越方程求解。

由于挡水埝的断面尺寸很小，计算时，可不考虑挡水埝的存在。热棒蒸发段长度从原地面起算。

假定热棒的外直径为73 mm，冷凝器的放热热阻为0.106 6 h·℃/kcal（冷凝面积为3.5 m^2，表面放热系数为2.68 kcal/(m^2·h·℃)，蒸发段长2.5 m（热棒埋入天然上限下0.5 m）。活动层土体为砂黏土，干容重1 400 kg/m^3，含水率20%，导热系数为0.68 kcal/(m·h·℃)，体积潜热为22 400 kcal/m^3。

将有关参数代入超越方程，假设不同的冻结半径，进行试算，直至方程两边数值相等。此时的冻结半径即为所求。

$$2\,560=\frac{22\,400}{24}\left[3.14\times2.5\times0.106\,6(r^2-0.036\,5^2)+\frac{r^2}{4\times0.68}\left(\ln\frac{r^2}{0.036\,5^2}-1\right)+\frac{0.036\,5^2}{4\times0.68}\right]$$

设冻结半径 $r=0.97$ m，代入上面方程计算，得方程右边值为2 527，与方程左边值2 560基本相等。故在该条件下，热棒的冻结半径为0.97 m。为确保挡水埝下冻土隔水堤在纵向为一连续整体，热棒的间距不宜大于2倍冻结半径。

设挡水埝高度为0.8 m。可得热棒挡水埝的设计参数为：热棒外直径73 mm；埋深3.3 m（自挡水埝顶面起算）；冷凝器长度2.5 m；热棒总长5.8 m。热棒间距1.8 m。

7.4 块石（碎石）路基

块石、碎石隔热材料在路基工程中的应用是近30年发展起来的。在我国，块石、碎石路基的研究是铁道部高原研究所于20世纪60年代开始的。目前，在世界各多年冻土国家的道路工程中，块石、碎石隔热材料得到了广泛的推广使用。

7.4.1 块石、碎石隔热材料在国外的应用

在俄罗斯，大块碎石在多年冻土区铁路工程中的应用十分普遍。据后贝加尔铁路局工务处介绍：在贝阿铁路沿线的多年冻土地区，由于铁路施工破坏了原地面的热量平衡，引起高含冰多年冻土和地下冰的融化，路基产生严重下沉。采用块石、碎石层对病害进行整治后，铁路工程基本处于稳定状态。例如，在贝阿干线的腾达城附近，铁路从一沼泽泥炭地通过，路堤高度约5 m。由于环境破坏和泥炭层压缩，引起地基多年冻土融化，路堤出现大量下沉，且长期不能稳定。工务部门在路堤两侧抛填大量大块石，作成宽3 m，高度与路堤相近的护道后，路堤下多年冻土上限得到抬升，上限温度的年平均值降低1 ℃多，路基停止下沉。

据后贝加尔铁路局工务部门介绍：在俄罗斯，用于路堤工程的抛石，其细粒土的含量不得超过20%～25%，石块的平均粒径20～40 cm，最好采用等粒径的石块；大块碎石层的厚

度应不小于 0.8 m；抛石应采用坚固的、非崩解性的、抗冻性好的岩石。据介绍，抛石护坡对各种路堤均有效，而抛石护道对“窄”路堤较为有效。护道的高度应不低于路堤高度的 30% 。

在前苏联建筑部 1990 年发布的建筑规范 BCH61－89 中，对用大块碎石土、排水土加固斜坡，防止表面侵蚀，提高多年冻土斜坡的稳定性，提出了一套计算方法，并且指出：大块碎石层的铺填厚度，应视斜坡的高度、坡度和斜坡的组成土质而定，一般可采用 0.2～0.5 m。斜坡上的大块碎石层，亦可采用上薄下厚的断面型式。

大块碎石层在贝阿干线上的应用，除路基边坡外，路基排水沟有的亦采用较小碎石覆盖，以防止水沟边坡冲蚀，改善水沟下多年冻土的温度状况。碎石层的厚度为 0.15～0.20 m。在桥梁工程中，桥台锥体护坡有的也用大块碎石覆盖起来，以降低桥台地基多年冻土的温度。在有的地段，河流为季节性流水时，桥下河床亦用大块碎石覆盖，以降低河床下多年冻土温度。

加拿大多年冻土区的路堑边坡，亦多采用碎石覆盖，厚度 0.3～1.0 m。目的是防止边坡冲刷，减小边坡融化深度，保护边坡多年冻土，提高边坡的稳定性。

加拿大埃德蒙顿至大努湖的铁路，在 1920 年代修建时，路堤基底采用了 0.8～1.2 m 的碎石层，用以改善施工条件，保护地基多年冻土。据有关资料，该铁路在岛状多年冻土区，路基病害仍以热融下沉为主；在连续多年冻土区，则以冻胀为主。

在美国阿拉斯加中部的高温（0 ℃～－1 ℃）多年冻土区，公路路堤的主要病害是热融下沉，认为路基边坡的增温效应，是路基病害产生的主要原因。有关观测资料分析指出：路基边坡表面的温度较之路基面和毗邻的未受干扰的表面的温度都要高。在阿拉斯加高温多年冻土区，所有研究情况下，边坡表面的年平均温度都明显高于 0 ℃。因此，基底多年冻土发生融化，在边坡和侧沟下发育融区。研究还指出，路基边坡的增温效应，是由冬季雪盖的隔冷和夏季边坡的加热作用所造成。为防治路基热融下沉，工务部门曾采用过许多工程措施。其中包括：工业材料隔热层、泥炭隔热层、路堤护道、空气对流冷却管道、热棒、边坡遮阳板、碎石护坡、防雪棚以及土工布加筋等。这些工程措施，在一定程度上减少了病害的发生，增加了路基的稳定性。

美国在阿拉斯加多年冻土区的公路工程中，块石护坡路堤和块石路堤被广泛采用，称之为“空气循环路堤”。块石层有设于路堤底部的，也有设于路堤顶部的，其厚度 2～3 m。块石、碎石护坡高度与路堤相同，断面采用上小、下大形式，以加强坡脚热防护。块石、碎石层的平均厚度 2～3 m。块石、碎石护坡已在阿拉斯加多年冻土区的许多地段，如布朗丘陵采石场公路、PARKS-CHENA 公路和汤普森公路等工程中，推广应用，均取得了良好效果。

7.4.2 块石（碎石）层的热工特性

块石、碎石层是一种用于土木工程的散体隔热材料。近年来，在多年冻土地区的道路工程中得到了广泛应用。它的固有热物理特性是：其热物理性能具有相变异特征，即：在正温和负温条件下，其热物理性能是不一样的。其中，导热系数的变化最大，在正温条件下，它的导热系数很小；而在负温条件下，它的导热系数很大。负温导热系数与正温导热系数之比可达 12 以上。因此，在多年冻土地区，常利用它具有的热物理性能相变异特性，应用于多年冻土地基基础工程中，以减少暖季传入地基的热量，增加寒季传入地基的冷量（与其他隔热材料相比)。据文献［59］提供的碎石层热物理参数计算：在青藏高原风火山地区，通过1.3 m厚的碎石层，寒季传入地基的冷量约是暖季传入地基热量的3.7倍（粗颗粒土层约是1.9倍)。与1.3 m厚粗颗粒土层比较，碎石层暖季传入的热量，仅是粗颗粒土层的46%；寒季传入地基的冷量却是粗颗粒土层的1.12倍。可见“碎石层的阻热、传冷”效果是明显的。

碎石层暖季少传入地基的热量和寒季多传入地基的冷量，使被保护地基多年冻土的冷储量相对增加。这对调节多年冻土区路基的人为上限形态，提高路基的热稳定性是非常有意义的。

在土木工程中应用的块石（碎石）层，它的特点是孔隙率较大，具有一系列特殊的热工特性。倾填块石（碎石）层，顾名思义，是运输车辆将所装块石（碎石）倾倒出，自由堆积而成的块石（碎石）层。由于块石（碎石）是自由堆积而成，故块石（碎石）层的孔隙度较大，块石（碎石）之间为点接触。又由于块石（碎石）块径较大，表面能小，故表面无吸附水，其含水率可视为零。因而，块石（碎石）层可视为固、气两相组成体。块石（碎石）层结构的这些特点，决定了块石（碎石）层在“冻结和融化过程”中，没有相变，空气可以在块石（碎石）层中自由流动。这正是块石（碎石）层具有“阻热、传冷”特性的原因。

在20世纪60年代，中铁西北院曾对敞开式碎石层的热传输特性进行试验研究，得出如下研究成果：

（1）碎石层中，大孔隙的存在，使碎石层中空气可以自由流动。碎石层中的热传输方式，在寒季以孔隙中空气的垂直对流换热为主，在暖季以碎石间的热传导为主，辐射是次要的。因此，碎石层的当量导热系数，主要由对流和传导所决定。

（2）在暖季，碎石层表面空气温度较碎石层孔隙中空气温度高，故外部热空气无法进入孔隙中。碎石层表面被阳光加热的空气，像一帷幕，覆盖于碎石层表面，使孔隙中空气处于准静止状态。因此，碎石层孔隙中的空气在暖季有一定的热屏蔽作用，碎石层中温度较天然土层地温要低（表7-13)。

表7-13　暖季，碎石层中地温与天然土层地温的比较（1963.9）

深度(m)	碎石层地温(℃)	天然地温(℃)	差值(℃)	备　注
0.25	5.6	6.4	0.8	差值为天然土层地温与碎石层地温之差
0.4	5.1	6.0	0.9	
0.5	4.7	5.7	1.0	
0.6	4.4	5.1	0.7	
0.7	4.0	4.3	0.3	
0.8	3.4	3.5	0.1	
0.9	2.5	2.7	0.2	
1.0	1.6	2.0	0.4	
1.1	1.2	1.3	0.1	
平均差值			0.5	

从表7-13可以看出，在暖季，碎石层各深度的地温差别是较大的。这说明，在暖季碎

石层的热阻是较大的，具有一定的“热屏蔽作用”。

（3）在寒季，碎石层孔隙中空气温度高于大气温度，密度较大的外部冷空气很容易下沉到碎石层的孔隙中，将孔隙中的热空气挤出。即寒季，碎石层中的热交换是以对流换热为主的。因而，碎石层中地温较天然土层地温要低（表 7-14）。

表 7-14　寒季，碎石层中地温与天然土层地温的比较（1963. 1）

深度(m)	碎石层地温(℃)	天然地温(℃)	差值(℃)	备　注
0. 25	-20. 1	-16. 8	3. 3	差值为天然土层地温与碎石层地温之差
0. 4	-20. 5	-14. 2	6. 3	
0. 5	-20. 9	-12. 2	8. 7	
0. 6	-20. 6	-11. 9	8. 7	
0. 7	-20. 3	-11. 7	8. 6	
0. 8	-19. 8	-11. 5	8. 3	
0. 9	-18. 9	-11. 3	7. 6	
1. 0	-18. 1	-11. 0	7. 1	
1. 1	-17. 2	-10. 3	6. 9	
平均差值			7. 3	

从表 7-14 可以看出，在寒季，碎石层中各深度的地温差别是较小的。这说明，在寒季碎石层的热阻是很小的，具有“高传冷能力”。

（4）碎石层的“热屏蔽作用”和“高传冷能力”，使碎石层如同一“自动热整流开关”，将来自大气层的热量，部分阻滞于保护地基之外；而将大气层的冷量，大量传入地基中。即碎石层具有“热开关效应”。

（5）敞开碎石层的大孔隙率，使表面对太阳辐射短波的吸收减少，因而，无论暖季还是寒季，碎石层表面的温度都较低。这就使得暖季碎石层表面的 n_t 系数减小；寒季，碎石层表面的 n_f 增大。表 7-15 列出了碎石层表面和不同深度处的 n 系数和地温。

表 7-15　敞开式碎石层不同深度的 n 系数和地温

深度(m)	0. 0	0. 25	0. 50	0. 75	1. 00	1. 30
n_t	1. 65	0. 99	0. 54	0. 45	0. 17	0. 07
暖季平均地温(℃)	4. 0	2. 9	1. 3	1. 1	0. 41	0. 17
n_f	1. 04	1. 07	1. 10	1. 03	0. 97	0. 94
寒季平均地温(℃)	-15. 24	-15. 68	-16. 12	-15. 10	-14. 22	-13. 78

从表 7-15 可以看出：碎石层表面的 n_t 系数（1. 65），较之粗粒土（n_t =3. 5）和细粒土（n_t =2. 5）表面的 n_t 系数都小。碎石层中的 n_t 系数和地温均具有随深度的增加而线性减小的特点，至 1. 3 m 时，其 n_t 系数和地温几乎减小至零，说明碎石层在暖季的当量导热系数很小，热阻很大，是隔热的。而碎石层表面的 n_f 系数大于 1（其他工程材料表面的 n_f 系数都小于 1，变化在 0. 7 ~0. 9），且各深度的 n_f 系数变化很小，并接近于 1。这说明碎石层在寒季的当量导热系数很大，热阻很小，是不隔冷的。

另外，从表 7-15 中碎石层寒季地温和 n_f 系数的变化情况还可看出，在碎石层中 0. 5 m

深度附近存在一“逆温空气层”。即碎石层中 n_f 系数和地温沿深度的分布存在一个拐点，在拐点 n_f 系数最大，地温最低。这是由于寒季碎石层表层（地温日变化带）的复杂热传输过程造成的。这一“逆温层”的存在，对寒季碎石层中的冷量传输有一定影响。

（6）倾填碎石层寒季和暖季当量导热系数之间的关系，可用下面方程表示：

$$\lambda_f = \frac{I_t}{I_f}\lambda_t \tag{7.15}$$

式中 I_t——暖季，碎石层全部“融化”所消耗的表面融化指数；

I_f——寒季，碎石层全部冻结所消耗的表面冻结指数；

λ_f——碎石层寒季的当量导热系数；

λ_t——碎石层暖季的当量导热系数。

据中铁西北院1963年碎石路基观测资料：碎石层的“融化期”自5月31日开始至6月21日结束，计22 d，所消耗表面融化指数为40.5 ℃·d。碎石层的“冻结期”为9月23日，计1天，消耗的表面冻结指数为2.31 ℃·d。将此观测资料代入上面关系式得：

$$\lambda_f = \frac{40.5}{3.31}\lambda_t = 12.2\lambda_t$$

即：该倾填碎石层，寒季的当量导热系数为暖季当量导热系数的12.2倍。根观测资料计算，该碎石层暖季的当量导热系数为0.865 kcal/(m·h·℃)。故寒季该碎石层的当量导热系数应为10.553 kcal/(m·h·℃)。

碎石层的热物理性能相变异系数 k，用下面公式计算：

$$k = \sqrt{\frac{\lambda_f C_f}{\lambda_t C_t}} \tag{7.16}$$

式中 λ_f，λ_t——分别为碎石层冻结和融化时的导热系数；

C_f，C_t——分别为碎石层冻结和融化时的容积热容量。

设：碎石层的热物理指标为：

$\lambda_f = 10.553$ kcal/(m·h·℃)；$\lambda_t = 0.865$ kcal/(m·h·℃)；$C_f = C_t = 297.8$ kcal/(m^3·℃)(因碎石层不含水，故冻结、融化状态的容积热容量相等)。

将上面数值代入式(7.13)，得碎石层的热物理性能变异系数 $k = 3.5$。

以上研究成果揭示了碎石层的固有热物理特性，为碎石隔热层在道路工程中的推广应用提供了依据。

从上面资料可以看出：块石、碎石层只是一种“隔热不隔冷”的散体隔热材料，并不具有“主动制冷”能力。

块石、碎石层的厚度，应根据被覆盖地基要求减小融化深度的数量大小、表7-16中的 n 系数值和气温融化指数，通过热工计算确定。

7.4.3 倾填块石、碎石路基的试验与应用推广

多年冻土区，维持路基稳定需要解决的关键问题，是如何防止路基下地基多年冻土的衰退和融化，防止路基多年冻土人为上限下降。多年的工程实践表明，只要地基多年冻土上限不下降，则路基基本是稳定的。但上限一但下降，除个别冻土工程地质条件良好地段外，路基均将出现大量下沉变形。因而，冻土工程师们，多年来一直在寻找保护多年冻土的方法，

隔热层是大家最早想到的。即在路基中设置一层一定厚度的隔热层，增大路基热阻，以减少暖季热量的传入，从而，保持地基多年冻土上限不下降。这一方法确能起到保护多年冻土的作用。所以，冻土工程界一直在采用它。然而，隔热层在隔热的同时，也将冷量“拒之门外”，由于隔热层的存在，传入地基多年冻土的冷量也减少了，这是人们所不希望的。能否找到一种隔热材料，用于路基隔热，既能减少暖季热量的传入，又不阻碍阻寒季冷量进入地基多年冻土。倾填碎石层就是这样一种能满足上述要求的隔热材料。1960 年，铁道部高原科学技术研究所（中铁西北科学研究院的前身），为解决青藏铁路多年冻土地区的筑路问题，在青藏铁路沿线的风火山多年冻土地区进行了路基工程试验。在厚层地下冰分布地段，修建了一段倾填碎石路基（敞开式碎石层），以研究碎石路基的温度场特性和路基边坡防护方法，确定厚层地下冰地段路基的合理结构和施工工艺。

试验路基长 40 m，采用爆破快速开挖，基底用碎石换填，边坡用草皮防护。换填碎石层底部设 0.3 m 砂黏土隔水层，隔水层表面设 2% 纵向排水坡。底部积水从纵向排至零断面处，横向排出路基。

路基顶面宽度 5.4 m，长 40 m。碎石层平均厚度 1.32 m。所用碎石为风火山紫红色铁质胶结细砂岩，块径 5 ~ 8 cm（图 7-25）。

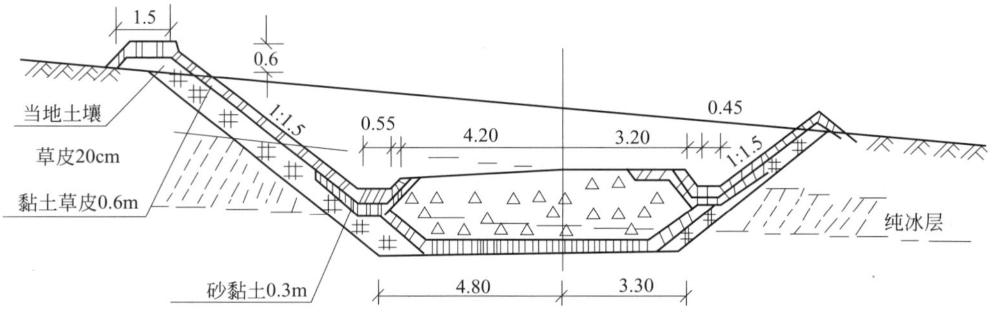

图 7-25　1960 年碎石换填试验路堑横断面图（单位：m）

1962 年 ~ 1964 年观测资料表明：试验路基下，多年冻土新的人为上限已经形成。边坡和路基顶面未出现变形，路基是稳定的。这说明：倾填碎石层，在保护地基多年冻土方面，具有良好的效果：暖季能有效减少热量传入地基，有明显的热屏蔽作用；而在寒季，能显著提高冷量的传入，增加地基多年冻土的冷储量。

碎石层和天然地层温度场的比较如图 7-26 所示。从图 7-26 可以看出：由于倾填碎石层的阻热、传冷效应，不论是暖季还是寒季，碎石层及其下卧地层的温度，均低于天然地层相同深度处的温度。暖季，平均低约 0.43 ℃；寒季，平均要低 6.2 ℃。

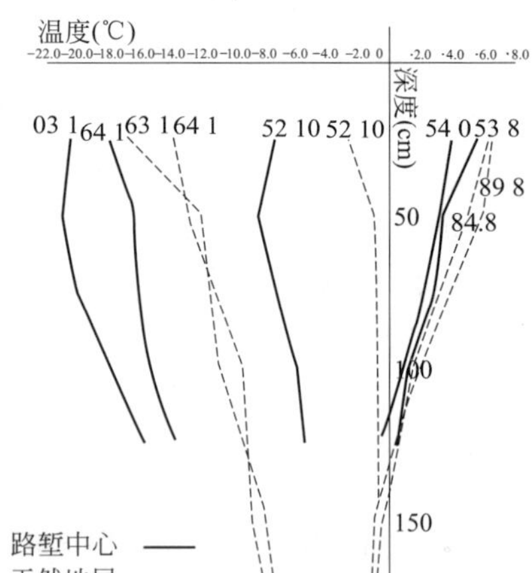

图 7-26　倾填碎石层地温与天然地层地温的比较

至 2007 年，在青藏铁路多年冻土区的路基工程中，已建成块石（碎石）路基 200 多公里。块石路堤中的块石，抗压强度不小于 30 MPa，石料块径 10 ~ 40 cm，块石层厚度 80 ~ 120 cm。碎石护坡路堤所用碎石块径 5 ~ 10 cm，厚度 80 ~ 100 cm。块石（碎石）护道所用石料规格与上述相同，护道宽度 3 ~ 5 m，厚度 80 ~ 120 cm。据青藏铁路公司工务部门有关资料，使用效果是好的。块石（碎石）路基是稳定的。

今以青藏铁路沿线多年冻土地区清水河试验块石路堤（顶面封闭块石层）为例，来讨论块石路堤的热传输特性。

清水河试验块石路堤总高度 5.3 m。块石层厚度 1.5 m，设置于路堤底部，块石层底面离地面高度0.2 m，块石层顶面以上堤体厚度 3.6 m。石料块径 0.2 ~ 0.4 m。

据 2002 年 6 月至 2004 年 12 月的地温观测资料，块石层顶面、底面地温随时间的变化如图 7-27 所示。

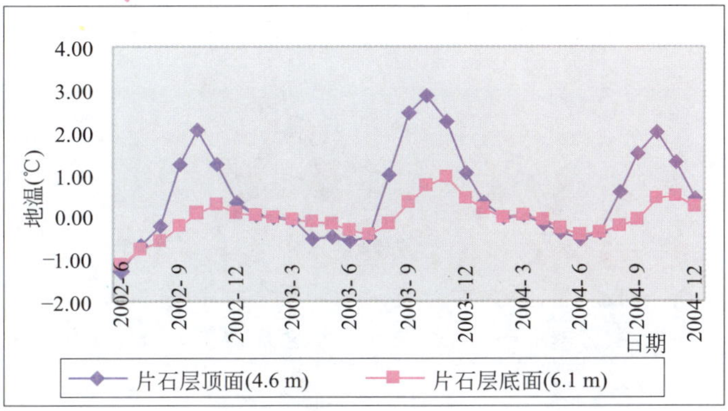

图 7-27 块石层顶面和底面地温随时间的变化曲线

从图 7-27 可以看出：在暖季，块石层顶面和底面间的温差很大，说明暖季片石层的热阻很大。寒季，块石层顶面和底面地温曲线几乎重合，温差很小，说明寒季块石层的热阻很小。这一地温曲线充分反映了块石层的固有热工特性。

2004 年，测得的块石层顶面和底面的冻结指数、融化指数如表 7-16 所示。

表 7-16 2004 年清水河块石路堤块石层顶面、底面的冻结指数和融化指数（℃ · d）

指标名称	冻融指数	左路肩			路堤中心			右路肩		
		顶面	底面	减少%	顶面	底面	减少%	顶面	底面	减少%
冻结指数	-2335.09	-44.62	-44.77	0.0	-235.35	-172.19	27	-561.01	-396.54	29
融化指数	762.08	185.56	36.56	80	2.36	0.22	95	56.15	12.99	77

从表 7-16 可以看出：在寒季，块石层顶面和底面的冻结指数相差很小，其差值平均在 18% 左右；在暖季，块石层顶面和底面的融化指数确相差很大，差值在 77% ~95%，平均差 84%。即 1.5 m 厚块石层的阻热作用，可使底面的融化指数比顶面平均减小 84%，其阻热效果与 8 cm 厚 EPS 隔热层相同（8 cm EPS 隔热层上、下面之间融化指数相差 86% 左右）。这充分说明：路堤中的块石层，其"热开关效应"是明显的。

从表 7-16 还可看出，与气温融化指数和冻结指数相比，块石层底面的融化指数和冻结指数都是很小的。即块石层下的冻结和融化深度都不大。从块石层底面的融化指数看，试验条件下，块石路堤下地基多年冻土的稳定人为上限，可以抬升至块石层的底部附近。

据表 7-16 中资料计算，块石层顶面和底面的 n 系数如表 7-17 所示。

表 7-17　块石路堤中块石层顶面和底面的 n 系数

n 系数	左路肩		路堤中心		右路肩	
	顶面	底面	顶面	底面	顶面	底面
n_t	0. 24	0. 05	0	0	0. 07	0. 02
n_f	0. 02	0. 02	0. 10	0. 07	0. 24	0. 17

从表 7-17 可以看出：试验条件下，块石层顶、底表面的 n 系数都是很小的。其 n_t 系数和 n_f 系数均在 0. 24 以下。

清水河块石路堤块石层顶面、底面温度和普通路堤相同深度层面温度随时间的变化如图 7-28 和图 7-29 所示。

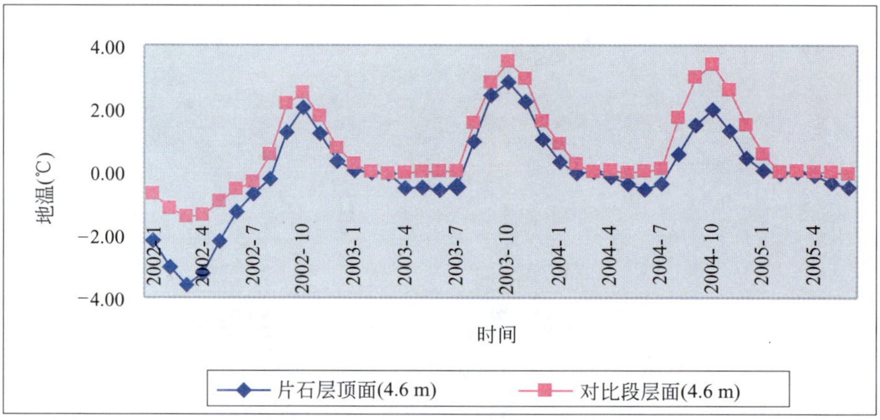

图 7-28　块石层顶面和普通路堤相同深度层面地温随时间的变化

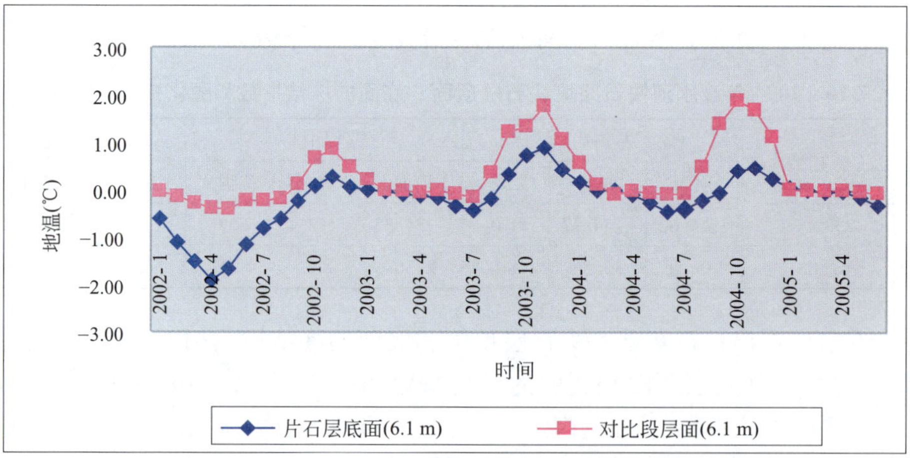

图 7-29　块石层底面和普通路堤相同深度层面地温随时间的变化

从图 7-28 和 7-29 可以看出：不论是寒季还是暖季，片石层顶面和底面的温度都要比普通路堤相同深度层面的温度低。但在寒季，两者相差较小；暖季，则相差较大。

块石路堤中块石层顶面、底面与普通路堤中相同深度处冻结指数、融化指数的比较如表 7-18 所示。

表7-18　块石路堤与普通路堤冻结指数和融化指数的比较

工程名称	路堤中位置(m)		冻结指数(℃·d)	融化指数(℃·d)	备　注
块石路堤	左路肩	块石层顶面(3.6)	-44.62	185.56	气温冻结指数：-2 335.09 ℃·d 气温融化指数：762.08 ℃·d
		块石层底面(5.1)	-44.77	36.56	
	路基中心	块石层顶面(3.6)	-235.35	2.36	
		块石层底面(5.1)	-172.19	0.22	
	右路肩	块石层顶面(3.6)	-561.01	56.15	
		块石层底面(5.1)	-396.54	12.99	
普通路堤	左路肩	3.6	-28.36	405.50	
		5.1	-2.45	116.97	
	路基中心	3.6	-32.05	73.52	
		5.1	-1.44	27.73	
	右路肩	3.6	-114.27	3.30	
		5.1	-92.22	2.44	

从表7-18可以看出：在寒季，块石层顶面和底面的冻结指数均大于普通路堤相同深度处的冻结指数，块石层顶面冻结指数的平均值为-280.99 ℃·d，普通路堤3.6 m深度层面冻结指数的平均值为-58.23 ℃·d，块石层顶面冻结指数是普通路堤相同深度处的3.74倍；块石层底面的冻结指数平均值为-204.17 ℃·d，普通路堤5.1 m深度层面冻结指数的平均值为-32.04 ℃·d，块石层底面冻结指数是普通路堤相同深度处冻结指数的5.4倍。这就说明：寒季块石层中空气与环境大气间的对流换热，使块石层顶、底面的冻结指数增加了-393.89 ℃·d（为气温冻结指数的15.9%）。相对于普通路堤来讲，寒季输入块石路堤系统的冷量较普通路堤系统要多约15.9%。暖季，块石层顶面和底面的融化指数基本小于普通路堤相同深度处的融化指数（右路肩异常，其原因是暖季主导风的影响），块石层顶面融化指数的平均值为82.02 ℃·d，普通路堤3.6 m深度层面的融化指数为161.77 ℃·d，块石层顶面的融化指数仅为普通路堤相同深度处的50.7%。块石层底面的融化指数平均值为15.92 ℃·d，普通路堤5.1 m深度层面的融化指数平均值为50.05 ℃·d，块石层底面的融化指数仅为普通路堤相同深度处的32.8%。即暖季块石层的阻热作用，可使块石层底面的融化指数减小32.13 ℃·d（为气温融化指数的3.3%）。即：块石层下地基的融化深度，与普通路堤5.1 m以下融深相比，将减小约65.2%。试验条件下，普通路堤的融化深度为6.25 m，块石路堤的融化深度为5.5 m。

块石（碎石）层的"热开关效应"，也可从铁路道砟层下路基面和道砟层外路肩面在一年中的温度和融化指数看出。据有关资料，路基中心道砟层（厚45 cm）下的路基面，暖季的平均温度为2.7 ℃，正温持续时间为173 d，融化指数为467 ℃·d；而无道砟覆盖的路肩表面，暖季的平均温度为4.4 ℃，正温维持时间为203 d，融化指数为1 095.2 ℃·d。两相比较，道砟层使路基面的温度降低了39%，融化指数减小了57%。

另外，据观测资料，道砟层的存在，使寒季路基面维持负温的时间较之路肩要延长约30 d。

7.4.4　块石（碎石）路基的设计

块石（碎石）路基依块石（碎石）在路基结构中的位置不同，可分为：

（1）块石（碎石）路堤。块石层平铺在路堤本体中的路堤（图 7-30）；

图 7-30　青藏铁路上的块石路堤

图 7-31　青藏铁路上的块石护坡路堤

（2）块石（碎石）护坡路堤。边坡用块石（碎石）全部或部分覆盖起来的路堤（图 7-31）；

（3）块石（碎石）护道路堤。路堤两侧或一侧带有块石（碎石）护道的路堤；

（4）以上三种型式路堤的组合（图 7-32）。

图 7-32　青藏铁路上的碎石护坡、护道路堤

如前所述，在块石路堤中，块石层中的对流换热是以垂直方向为主的。但水平方向也存在一定的对流换热。在进行块石（碎石）路基的设计和计算时，如果忽略水平对流热交换的影响（其计算结果是偏于安全的），其设计、计算方法，与其他隔热材料路基相同，只不过块石层的导热系数是可变化的。在计算路基冻结、融化深度时，应采用不同的导热系数。

从传热学角度看，与任何其他材料一样，块石（碎石）层覆盖于路基边坡上，具有三种作用（对覆盖表面来说）。

（1）遮断边坡表面的太阳直接辐射；

（2）改变表面（碎石层表面和边坡表面）的温度；

（3）增加边坡活动层的热阻。

但块石（碎石）层的“热开关效应”则是其他材料所没有的。

路堤结构中的块石（碎石）层，依其顶面敞开与否，可分为两种。

（1）顶面敞开的块石（碎石）层。如块石（碎石）护坡、护道上的块石（碎石）层；

（2）顶面封闭的块石（碎石）层。如路堤体中的块石层。

上面两种类型块石（碎石）层，具有相同的固有热工特性。但两种块石（碎石）层的表面温度状态，确有很大差别：敞开块石（碎石）层顶面直接与大气层接触，其表面温度由太阳辐射决定；而封闭块石（碎石）层的表面温度，则主要由上、下表面接触层的温度状态决定，并与块石层中空气与大气环境对流换热有关。所以，两种块石（碎石）层在路基热力学系统的热平衡过程中所起作用的大小是不同的。

块石（碎石）路基设计应注意以下几点：

（1）块石层在路基结构中的位置，应根据设置目的而定。当需要抬高路基人为上限，在路基面范围提供较为平坦的多年冻土顶面时，块石层应设置在路堤中，即设计块石路堤。当路堤高度较大，坡面的传热量影响超过路基面时，为加强路基坡脚热防护，调整路基人为上限形态，提高人为上限的对称性，块石（碎石）层应设置在边坡或坡脚外。即设计块石（碎石）护坡路堤或护道路堤。

（2）块石路堤中块石层的厚度和设置高度，应根据抬高人为上限要求和路基结构允许，经路堤融化深度计算确定。计算时，假定块石层的体积热容量等于0，其导热系数选正温值，用多层介质斯蒂芬方程计算即可。但其厚度一般不宜小于0.8 m，块石层底面离地面的高度不得小于0.5 m。

（3）块石（碎石）护坡路堤和块石（碎石）护道路堤块石（碎石）层的厚度，应根据要求坡面和坡脚外地面人为上限的抬升值，经热工计算确定。或根据要求坡面和坡脚外地面融化指数降低值，参考表7-15确定。块石（碎石）护道的宽度一般不宜小于3 m。

（4）块石（碎石）层的填筑宜采用倾填方法，以其得到较大的孔隙度。

7.5 通风管路基

通风管应用于路基工程，在我国还是第一次。

在路基中埋设通风管的目的有两个。

（1）在暖季，利用管中空气的对流，拦截来自路基上部的热量，减小路基融化深度；

（2）在寒季，在路基中增加一个冷冻面，加快路基的冻结，减小路基冻胀，增加地基多年冻土的冷储量。

工程实践表明，在路基中埋设通风管，是维持地基多年冻土热稳定行之有效的热防护方法之一。

1970年，通风管曾在青藏铁路风火山冻土站的房屋基础工程中应用（低填通风管基础），取得了满意的效果。该房屋目前仍在正常使用。

2001年，在青藏铁路建设过程中，曾在清水河和北麓河两处路基试验工程中，开展了通风管路基实体工程试验（图7-33，图7-34），试验路堤总长995 m。

图7-33 清水河通风管试验路堤

图7-34 北麓河通风管试验路基

清水河通风管试验路基长度573 m，试验路基顶面宽9 m，路堤中心填高4.22～5.64 m。采用两种不同材质和管径的通风管：PVC管，管径0.3 m；钢筋混凝土管，管径0.4 m。管间净间距为 1.5 倍管径，通风管分别埋设在路基中部和下部。路路基填料为砂砾石土。

北麓河通风管试验路基长度为 422 m，路基填土高度 3.5 ~4.8 m。通风管分别埋设在路堤中部和下部。通风管净间距为 2 倍管径。管体材料和管径与清水河试验路基相同。

7.5.1 通风管路基的热工特性

在路堤中埋设通风管，可起到如下两种作用：

（1）暖季填筑较高路堤时，填料带入堤体的热量，可通过通风管中空气的对流带出，加速路堤冻结，消除路堤中融土夹层和基底融土核，提高路堤的稳定性。

（2）在一般情况下，对于一般高度路堤，通风管除可降低堤体的温度外，作为第二冷源，还可冷冻通风管下路堤，增加地基的冷储量，提高路堤的热稳定性。

在寒季，通风管中空气的对流，可增加传入路基地基多年冻土的冷量（增加多少，依环境气温、通风管离地面的高度、通风量等而定），降低地基多年冻土的温度。在暖季，通过管中空气的自由对流和强迫对流（试验条件下，以自由对流为主），可改变路堤的融化深度（依通风管在路堤中的位置而定）。

只有通风管寒季输入路基系统的冷量，大于暖季输入路基系统的热量时，采用通风管来冷却地基多年冻土才是有效的。即通风管路堤的应用需一定的气候环境：只有通风管路堤所在地段的气温能使通风管内表面的冻结指数大于融化指数时，通风管路堤才是稳定的。根据房屋低填通风管基础试验资料和通风管路基试验资料，考虑通风管在路堤中的埋设位置，为维持路堤地基多年冻土的天然上限不变，气温的冻结指数与融化指数之比，宜大于 2。即通风管下的冻结深度宜是融化深度的 1.41 倍以上。只有在这种条件下，路堤中的通风管才可起到冷却地基多年冻土的作用。

在青藏铁路沿线多年冻土地区的楚玛尔河、五道梁、风火山、土门等地区，气温冻结指数与融化指数之比为 3.5 ~6.8。即这些地区的气温有相当大的剩余冻结能力。但在温泉地区、沱沱河地区，这个比值就只有 2.2 ~2.5 了，其剩余冻结能力相对较弱。

青藏铁路沿线多年冻土地区代表性地段的气温冻、融指数及其比值如表 7-19 所示。

表 7-19　青藏铁路沿线多年冻土地区的气温冻结指数与融化指数表

地　区	年平均气温（℃）	气温冻结指数 Ω_f（℃·d）	气温融化指数 Ω_t（℃·d）	Ω_f/Ω_t	备　注
楚玛尔河高平原	-4.9	-2 703	539	5	
五道梁地区	-4.7	-2 576	476	4.4	
风火山地区	-5.6	-2 770	354	6.8	
沱沱河盆地	-3.4	-2 323	717	2.2	
温泉地区	-3.1	-2 043	589	2.5	
土门地区	-4.2	-2 406	529	3.5	

从表 7-19 可以看出，青藏铁路沿线多年冻土地区的气候环境，均能满足通风管路堤的采冷需要。因此，采用通风管路基来维持地基多年冻土的冻结状态是可行的。

据有关试验观测资料：埋于路堤中的通风管（路基面下 2 m），由于没有太阳的直接辐射。在暖季，通风管中空气的温度比管外空气温度要低 1 ℃ ~2 ℃（依通风管材质和通风管中空气对流情况而定)；在寒季，由于通风管管径较小，空气对流条件较差，通风管中空气温度比管外空气温度要高 4 ℃ ~7 ℃（图7-35，表7-20）。

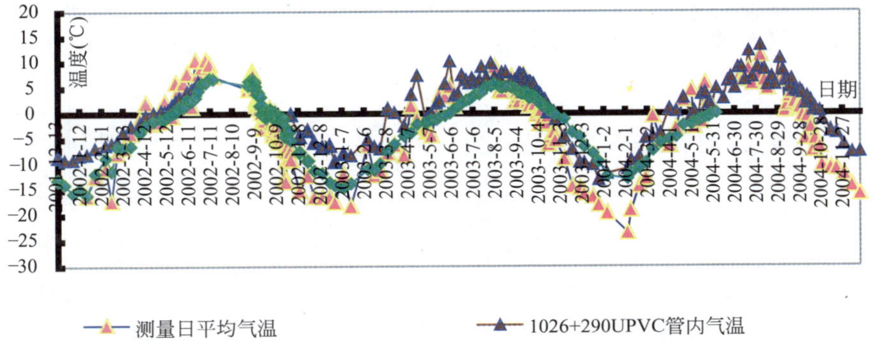

图 7-35 清水河试验路堤通风管中气温与环境气温随时间的变化

表 7-20 北麓河环境气温与通风管内气温对比

测温位置	年平均温度(℃)	最高温度(℃)	最低温度(℃)	备注
环境气温	−2.61	9	−18	通风管为钢筋混凝土管;埋设在距地面0.7 m高度处;左侧为阳坡,右侧为阴坡
左侧管中 30 cm	−1.31	9	−14	
左侧通风管中部	−1.79	8	−16	
右侧管中 30 cm	−2.21	8	−18	
右侧管中 40 cm	−1.46	8	−14	
右侧通风管中部	−2.04	8	−16	
右侧管中 40 cm	−2.31	8	−18	

从表 7-20 可以看出，通风管中气温的年平均值较环境气温年平均值要低 22% ~50% 。

通风管内表面的 n 系数取决于表面吸收的散射辐射和管周地温场特征。试验观测资料表明，通风管表面的融化指数和冻结指数都是较小的。表 7-21 列出了清水河试验路堤通风管内表面和管外空气的冻结指数、融化指数观测值。

表 7-21 清水河试验路堤通风管内表面和管外空气的冻结指数、融化指数

通风管类型与埋深	时间	通风管内表面		通风管外空气		n 系数值#	
		融化指数(℃·d)	冻结指数(℃·d)	融化指数(℃·d)	冻结指数(℃·d)	n_t	n_f
混凝土管,2m	2003 年	423.36	−1 206.59	655.8	−2 264.6	0.65	0.53
混凝土管,2m	2004 年	317.2	−1 151.15	624.2	−2 160.5	0.51	0.53

注：# n_t = 管内表面融化指数 ÷ 管外气温融化指数；n_f = 管内表面冻结指数 ÷ 管外气温冻结指数

从表 7-21 可以看出，通风管内表面的融化指数约为管外空气融化指数的 0.58 倍。而冻结指数约为管外空气冻结指数的 0.53 倍。即通风管内表面的 n_t 系数和 n_f 系数均在 0.5 左右。这表明：在暖季，通风管下的路堤仍有一定融化深度。因此，用通风管来抬高地基多年冻土人为上限，通风管的埋设位置就很重要了。

清水河通风管路堤与无通风管的普通路堤（路堤高度相近，填料相同）相同深度融化指数和冻结指数的比较如表 7-22 所示。

表 7-22 通风管路堤与无通风管路堤融化指数、冻结指数的比较

路堤类型	路基面下深度或通风管埋深	2003 年		2004 年	
		融化指数	冻结指数	融化指数	冻结指数
普通路堤	2.0 m	843.78 ℃·d	-301.26 ℃·d	606.77 ℃·d	-181.61 ℃·d
通风管路堤	2.0 m(混凝土管内)	423.36 ℃·d	-1 206.59 ℃·d	317.20 ℃·d	-1 151.15 ℃·d
指数比(通风/普通)		0.50	3.01	0.52	5.34

从表 7-22 可以看出：通风管（埋深 2 m）内的融化指数，仅为普通路堤相同深度层面融化指数的 50%。即通风管下路堤的融化深度仅为普通路堤 2 m 深度以下融深的 0.7 倍。但通风管中的冻结指数，较之无通风管路堤相同深度处的冻结指数要大许多，约为普通路堤的 4～6 倍。即：在寒季，通风管路堤的地基将得到更多的冷量。这充分说明：路堤中的通风管亦具有明显的“阻热、传冷”效应。这种效应具体体现在通风管路堤的人为上限变化上。

在北麓河试验条件下，通风管路堤（路堤中心填高 3.8 m）和无通风管的普通路堤（路堤中心填高 3.6 m）人为上限的变化如图 7-36、图 7-37 所示。

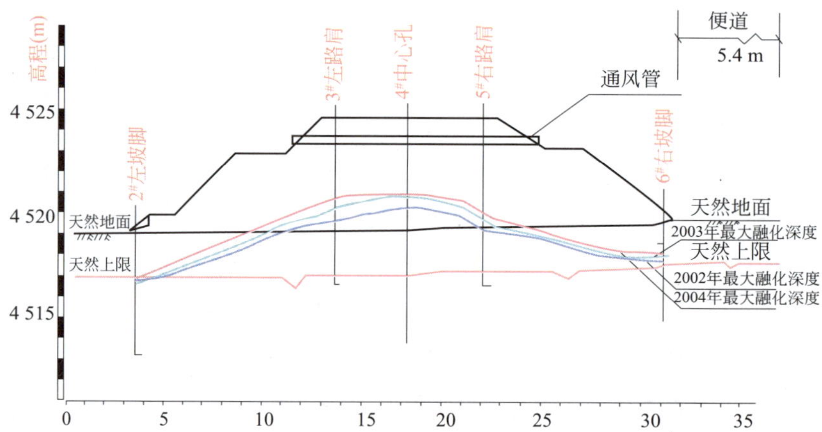

图 7-36 北麓河通风管路堤人为上限变化曲线

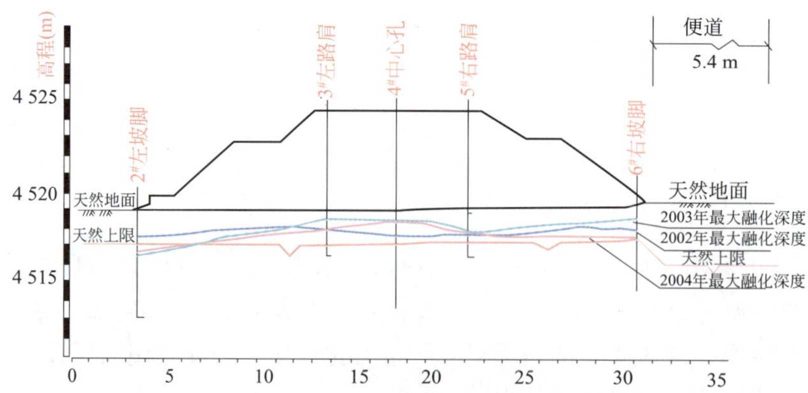

图 7-37 北麓河普通路堤人为上限变化曲线

从图7-36和7-37可以看出，该处试验路堤于2001年10月竣工后，至2004年，两路堤的稳定人为上限已基本形成。即通风管路堤和普通路堤一样，稳定人为上限的形成，大体需2～3年时间。在一般情况下，通风管路堤的人为上限埋深较普通路堤要浅。

综上所述，可以得出如下结论：路堤中的通风管，可用于调节路堤下多年冻土人为上限的位置和形态，增加地基多年冻土的冷储量，提高路基的热稳定性。

7.5.2 通风管路堤设计

如前所述，通风管内壁的 n_t 系数和 n_f 系数都在0.5左右。这就是说，设计合理的通风管路基，通风管与管间填土可组成一新的“路基面”，这个“新路基面”的 n 系数均在0.5左右。因而，“新路基面”下路基的融化深度可大大减小，地基多年冻土的冷储量可适当增加。

通风管路堤的设计，主要是确定通风管的管径 d、通风管的间距 L 和通风管在路堤中的埋设高度 H。

（1）通风管间距 L 和管径 d 的确定

通风管内空气温度是随管外气温的变化而周期变化的。在通风管中，既有长达7～8个月的冻结期，也有4～5个月的融化期。从传热学角度看，通风管冷却路基的效果，决定于通风管的管径和间距。但通风管管径、间距大小的确定，除考虑冷却效果外，还应满足路基结构的要求和技术、经济的合理性。因此，通风管路基设计应寻求得到满足上述要求的通风管“合理间距”和管径。

通风管间距 L 与管径 d 密切相关。管径和间距的选择，在通风管埋深确定后，可根据暖季需通风管带走的热量，经计算确定；亦可根据类似工程的实践经验确定。

在青藏铁路的试验通风管路基中，采用的通风管管径为0.3～0.4 m，间距是管径的1.5～2.0倍，其试验结果是满意的。这说明，在青藏高原条件下，采用中心间距 $L=(2.5\sim3.0)\,d$ 是基本合理的。

（2）通风管埋设高度 H 的确定

在确定了通风管的间距后，从维持和抬高地基多年冻土上限的要求出发，通风管路堤设计的另一个问题是通风管在路堤中的埋设位置。通风管埋设位置越低，寒季经通风管输入路堤基底的冷量越多，但暖季地基的融化深度也越深。因此，通风管的埋设位置应兼顾二者考虑：在满足抬高路堤人为上限要求的前提下，尽量将通风管往下埋，以增加输入地基多年冻土的冷量。但通风管的埋设高度应避开路堤坡脚的静风区。

7.6 隔热层路基

采用隔热层来增加路基热阻，减小路基的融化深度，调节路基人为上限的埋深和形态，是一种有效的路基热防护方法。但由于隔热层具有“隔热又隔冷”的特性，因此，它的使用受气候条件和地基多年冻土地温条件的限制。

7.6.1 隔热层在道路工程中的推广应用

在多年冻土地区，隔热层在路基工程中的应用，已有近50年的历史。

1959 年，泡沫塑料隔热层开始在美国的土工工程中使用。20 世纪 60 年代，开始用它来防止美国北部道路的冻胀破坏，并于 1966 年取得了专利。1969 年，聚苯乙烯泡沫塑料板，在美国阿拉斯加的普罗德海湾，首次在契庭纳（Chitina）附近的公路路基中和柯兹布（Kotzebue）机场跑道填土中使用。铺设的 EPS 硬质板材隔热层，用于防止地基多年冻土的热融下沉。随后，在美国阿拉斯加州的 20 多处公路路段和 4 个机场的填土工程中，都使用了 EPS 板隔热层，均取得良好效果。

柯兹布机场位于阿拉斯加多年冻土区。该处气温年平均冻结指数 -3 306 ℃ · d，融化指数 1 056 ℃ · d。该机场于 1969 年 7 月开始施工，在跑道填土工程中，共铺设 EPS 板隔热层 31 720 m^2，隔热层厚度 10 cm，埋深约 23 cm。隔热层上直接做 15 cm 混凝土基层，基层上做 8 cm 沥青混凝土面层。观测表明，10 cm 隔热层起到了良好的隔热作用，非隔热段融化深度达 3 m 时，隔热段融化深度仅 1. 65 ~2. 0 m，即减小融化深度 1 ~1. 35 m。

1976 年，阿拉斯加输油管线工程的 120 多公里输油管粗颗粒土垫层中，也使用了 EPS 隔热材料，隔热层厚度为 10 cm。据有关资料，这些隔热层都起到了良好的隔热作用，减小了融化深度，保护了地基多年冻土，效果是满意的。

在阿拉斯加铁路路基工程中，也进行过 EPS 隔热层试验，EPS 板铺设于路基面下约 80 cm处，用来增加路基热阻，减小路基活动层的厚度，防治路基冻胀和融沉。据阿拉斯加铁路局介绍，效果也是好的。

依努维克位于加拿大西北部多年冻土地区，是该多年冻土地区最早建立起来的城镇，其年平均气温约 -8. 7 ℃，冻结指数约 -4 690 ℃ · d，融化指数约 1 210 ℃ · d。1972 年，加拿大国家研究理事会建筑研究所，在依努维克城附近的马更些公路上，进行了聚苯乙烯泡沫塑料板在路基工程中的应用研究。该试验路段位于依努维克和 N · W · T 之间，公路为砾石路面，共铺设三段，EPS 隔热层厚分别为 50 mm、90 mm 和 115 mm，隔热层埋深约 70 cm，路堤高度 1. 5 m。

隔热层铺设后的 6 年中，对路基地温和下沉进行了观测。50 mm 隔热层试验路段在设计时允许道路中心线下多年冻土有某些融化，允许道路中心下沉 30 cm，但是，在第一个融化季节几乎达到了上述值；90 mm 和 115 mm 隔热层试验段的下沉是很小的。6 年的观测资料表明：90 mm 和 115 mm 厚的 EPS 隔热层能有效地防止地基多年冻土融化。

在我国多年冻土地区，路基工程中采用 EPS 隔热层，始于 1970 年。1976 年，铁道部科学研究院西北研究所，在风火山冻土站 500 m 的试验路基工程中，曾对 EPS 板在路基工程中的隔热效果进行研究，试验分别在路堤和路堑中进行：隔热层路堤高度约 2 m，长 18 m，隔热层埋设于路肩下 0. 3 ~0. 5 m，厚度 4 cm（分两层错缝铺设），板下设 5cm 砂垫层；隔热层路堑长 15. 5 m，路基面下换填 2 m 左右砂黏土，在路基面下和边坡下部设隔热层，埋深 1 m，厚度 10 cm（分两层错缝铺设），隔热层下设 0. 1 m 中粗砂和 0. 2 m 碎石垫层。

据 1977 年和 1978 年地温观测资料，隔热层路堤中心融化深度约为 1. 7 m，未设隔热层路堤的融化深度约为 2. 25 m，即 4 cm EPS 泡沫塑料板，可减小融化深度约 0. 55 m；隔热层路堑中心的融化深度约 1. 1 m，未设隔热层路堑的融化深度约 2. 2 m，即 10 cm EPS 泡沫塑料板，可减小融化深度约 1. 1 m。

1992 年，交通部第一公路设计院，在青藏公路多年冻土区的昆仑山路段进行了隔热层路基试验。该试验路段长度2 000 m，海拔高度4 710～4 770 m。使用的隔热层为EPS泡沫塑料板，厚度分三种：6 cm，试验段长度900 m；8 cm，试验段长度700 m；10 cm，试验段长度400 m。隔热层埋深51～53 cm。

试验路竣工后，进行了多年的地温和变形观测。观测结果表明：由于EPS板的导热系数（0.034 kcal/(m·h·℃)）很小，隔热层中温度梯度很大，在隔热层上、下表面间形成较大温差，有效减小了隔热层下界面处的融化指数，使路基的融化深度减小。但隔热层的高热阻，在寒季也减少了冷量的传入，对保护地基多年冻土是不利的。表7-23列出了该试验路隔热层上、下表面的融化指数和冻结指数观测值。

表7-23　青藏公路昆仑山隔热层试验路隔热效果分析

EPS板厚度(cm)	6	8	10	备　注
板上融化指数(℃·d)	1 262.34	1 515.34	1 422.8	
板下融化指数(℃·d)	126.85	197.90	163.64	
差值(℃·d)	1 133.49	1 316.44	1 258.16	
融化指数减小(%)	88.9	85.9	87.4	
板上冻结指数(℃·d)	1 378.5	1 520.76	1 430.90	
板下冻结指数(℃·d)	360.86	257.20	252.00	
差值(℃·d)	1 017.64	1 262.56	1 177.90	
冻结指数减小(%)	72.8	82.0	82.4	

从表7-23可以看出：在试验条件下，昆仑山试验路中的隔热层可使埋置深度处的融化指数减小约86%，隔热层上、下的融化指数，可相差1 100～1 300 ℃·d，可减小融化深度1～1.5 m；冻结指数减小约83%。这说明，隔热层路基暖季的导热系数较小，阻隔的热量较多；寒季的导热系数较大，阻隔的冷量较少。这与隔热材料导热系数随温度降低而减小的特性是不符的，其原因可能与寒季隔热层中水分的冻结有关。

在青藏铁路多年冻土地区的路堑工程中，基底和边坡大多都采用隔热层来增加热阻，减小基底、边坡的换填厚度。在路堤工程中，隔热层被用来增加路堤热阻，抬高路堤的人为上限。隔热层路基试验都取得了较好效果。图7-38为青藏铁路多年冻土地区路堤隔热层施工情况。

图7-38　青藏铁路多年冻土地区的隔热层路堤施工

7.6.2　隔热材料的热工特性

隔热材料也称绝热材料（thermal insulating material）。所谓隔热材料是指对热流有较强阻抗作用的材料。按隔热原理，隔热材料可分为两种。

（1）多孔材料。靠导热率小的气体充填在材料孔隙中隔热，一般以空气为热阻介质，如泡沫塑料等。

（2）反射材料。靠热反射来减少辐射传热，如铝箔等。

在热工工程中，通常把导热系数在 0.2 kcal/(m · h · ℃) 以下的材料称为隔热材料。空气的导热系数约在 0.022 kcal/(m · h · ℃)，所以，静止空气是一种良好的保温、隔热材料。空气的导热系数是所有隔热材料导热系数的下限。如果设法让某些固体材料内部包含大量静止的空气，那么这种材料就会有良好的隔热性能，可以用来做保温、隔热材料。目前，市场上出售的多孔保温、隔热材料有以下三种：

（1）纤维状材料：例如，棉花、石棉、玻璃绒（玻璃棉）、矿渣棉、毛毡、软木以及木料等。

（2）粉末状材料：例如，石棉灰、珍珠岩粉（又称珠光砂）蛭石粉、烟灰等。

（3）多孔状材料：例如，矽藻土砖、石棉板、珍珠岩制品、蛭石制品、泡沫橡胶、泡沫塑料（聚苯乙烯，聚氨基甲酸乙脂等）等。

这些材料之所以具有良好隔热性能，原因是：

（1）材料内部有大量气体，充满在尺寸很小的微小孔隙中，起隔热作用。

以上三种材料的共同特点是：内部均含有大量的微小孔隙。例如：珍珠岩，粉碎筛选后在炉中快速加热到 1 000 ℃，除去其中的结晶水，其体积将膨胀约 20 倍左右。这样熔烧后，其容重可以下降到 40 kg/m^3 左右。这就表明，其中包含有大量的孔隙，因而，它是一种良好的保温、隔热材料。同一种隔热材料，当容重 γ（kg/m^3）下降时，包含的孔隙就增多，保温材料的 λ 也跟着减小。但是，如果材料内孔隙的形状不合适或空隙尺寸大到足以引起空隙内气体的自然对流时，λ 就会增大，隔热性能就会变坏。

（2）由于材料内部大量微小孔隙的存在，将隔热材料分割为固体部分和空隙部分。被空隙所分割的固体部分，热量的传导必须经过弯弯曲曲的路程，从而，使多孔材料的热阻大大增加。

隔热材料导热系数的大小受以下因素控制。

（1）容重：容重 γ 下降，λ 减小。因为容重减小，说明材料中空隙增加了，从而，空气增多，导热系数减小。

（2）材料的含水率：含水率增加，λ 增大。因为含水率增大，材料内原被气体占据的空隙，部分被水占去。而水的 λ 比空气大 20 ~ 30 倍，所以，材料的导热系数增大。例如：干红砖 $\lambda = 0.3$ kcal/(m · h · ℃)，湿红砖的 $\lambda = 0.9$ kcal/(m · h · ℃)。

（3）隔热材料的温度：温度升高时，λ 增大。材料温度升高时，通过材料空隙热辐射传递的那部分热量所占的比例增加了（同时空隙气体的 λ 也增加了），从而，材料的导热系数增大。在一定的温度范围内，隔热材料的 λ 随温度作直线变化，可用下面直线方程来描述，即：

$$\lambda_t = \lambda_0(1 + bt) \tag{7.17}$$

式中 λ_t，λ_0——分别为温度在 t ℃和 0 ℃时材料的导热系数，kcal/(m · h · ℃)；

b——由试验确定的常数；

t——材料的温度。

隔热材料内部的传热过程是复杂的。它包含固体和气体的传导换热、辐射换热和气体的对流换热三部分。但在实际计算中，常把这几部分换热都按固体导热过程来处理，并用综合的导热系数来反映。

在路基工程中，常用的工业隔热材料有：可发性聚苯乙烯硬质泡沫塑料（英文名：Expandbole Polystyrene，简称 EPS）、聚胺基甲酸乙脂硬质泡沫塑料（英文名：Polyurethane，简称 PU）和挤压聚苯乙烯泡沫塑料（英文名：Extruding Polystyrene，简称 XPS）等，其导热系数约在 0.025 ~ 0.035 kcal/(m·h·℃）之间。

在上述这几种泡沫塑料中，使用最多的是 EPS。EPS 是一种热塑性材料，经加热发泡以后，每升体积内含有 300 万 ~ 600 万个独立密闭的气泡，内含空气的体积在 97% ~ 98%。EPS 板为半硬性多孔材料，它由无数闭孔组成，含 97% 以上空气，具有导热系数较低、吸水性小、耐老化、抗压强度较大、尺寸稳定、价格便宜等特点，是较好的保温、隔热材料。

半硬性泡沫塑料板具有以下热工特性。

（1）随着环境温度的下降，其导热系数将随之减小。例如容重为 30 kg/m^3 的 EPS，当环境温度从 50 ℃降低到 −50 ℃时，其导热系数将从 0.033 kcal/(m·h·℃）减小至 0.022 kcal/(m·h·℃)。

（2）导热系数随其密度的增加而增大。但 EPS 的密度过小时，其导热系数亦将增大。在常温下，当 EPS 泡沫塑料的密度在 32 kg/m^3 时其导热系数最小。据西德 BASF 公司试验，EPS 容重为 8 kg/m^3 时，导热系数为 0.035 kcal/(m·h·℃)；容重为 32 kg/m^3 时，导热系数为 0.028 kcal/(m·h·℃)；容重为 80 kg/m^3 时，导热系数为 0.030 kcal/(m·h·℃)。

（3）导热系数随吸水率的增加而增大。水的导热系数约为 0.515 kcal/(m·h·℃)，是空气导热系数的 20 倍，EPS 吸水后，其导热系数将大大增加。这对工程使用来说是很不利的。

隔热材料吸水的机理有以下三种：重力；毛细吸力；蒸汽压力梯度。

对于 EPS 板来说，由于它的孔隙都是密闭的。因此，重力和毛细吸力都是不重要的。只有蒸汽压力梯度才是影响 EPS 吸水的主要因素。EPS 中的温度梯度可使蒸汽压力梯度增加，从而使 EPS 的吸水率增大。

表 7-24 列出了常用工业保温、隔热材料的物理、热物理及力学性能。

表 7-24 常用工业保温、隔热材料的物理、热物理和力学性能

隔热、保温材料名称	容重 (kg/m^3)	抗压强度（压缩 10%）(kg/m^2)	体积吸水率 (%)	导热系数 [kcal/(m·h·℃)]	比热 [kcal/(kg·℃)]
发泡聚苯，EPS	25 ~ 35	2 ~ 3	<1%	0.03 ~ 0.035	0.35
聚氨酯，PU			<1%	0.025 ~ 0.030	
挤压聚苯，XPS	40 ~ 50	4 ~ 5	<1%	0.035 ~ 0.040	

在土木工程中，常见物资、材料的导热系数变化范围大致如下：

建筑材料及隔热材料，0.023 ~ 2.9 kcal/(h·m·℃)；

金属材料，2 ~ 390 kcal/(h·m·℃)；

液体材料，0.07 ~ 0.7 kcal/(h·m·℃)；

气体，0.008 ~ 0.6 kcal/(h·m·℃)；

常温下，铜、钢铁、水、湿砂、干砂和空气的 λ 值分别约为：330，40，0.5，0.9，0.2 和 0.022 [kcal/(h·m·℃)]。

表 7-25 列出了某些填料和路面结构层的物理和热物理参数，供路基设计参考。

表 7-25 填料、材料和路面结构层的物理和热物理性质

填料名称	容重 (kg/m³)	冻结后导热系数 λ_f (W/m·K)	融后导热系数 λ_t (W/m·K)	冻结后热容量 C_f [kJ/(m²·K)]	融化后热容量 C_T kJ/(m²·K)	相变潜热 q (J*/m³)
路面结构层	1 827	2.441	1.808	1 612	2 025	22.30×10^6
碎石,块径 6~8 cm	1 490	0.396	0.396	1 250	1 250	0
砂砾填料	1 800	1.980	1.919	1 913	2 227	20.40×10^6
砂黏土	1 480	0.909	0.959	1 900	2 183	45.18×10^6
含角砾砂黏土	1 680	2.059	0.939	2 414	3 205	51.98×10^6
弱风化基岩	1 950	1.969	1.030	2 197	2 866	82.15×10^6
空气	0.678	0.024	0.024	0.681	0.681	
水泥混凝土	2 000	1.28	1.28	1 670	1 670	含水率 2%
沥青混凝土	2 120	0.74	0.74	3 520	3 520	含水率 1%
碎、砾石混合料	2 060	2.14	2.10	2 088	2 253	含水率 3%
道碴	1 900	1.51	1.45	1 879	2 027	含水率 5%

注：* 单位换算 1 J = 0.239 cal；1 W = 1 J/s；1 W/(m·K) = 0.86 kcal/(m·h·℃)。

表 7-26 列出了道路工程常用工业隔热材料 λ 的实测数据。

表 7-26 常见保温、隔热材料的导热系数值

材 料 名 称	测试温度 t(℃)	导热系数 λ[kcal/(m·h·℃)]	容重 γ(kg/m³)
石棉板	30	0.10	770
石棉纤维	50	0.095	470
锯木屑	20	0.06	200
粒状软木	20	0.033	45
玻璃棉	0	0.032	200
石棉白云石	100	0.084	450
矿渣棉	100	0.06	250
水玻璃珍珠岩	204	0.076	245
稀土水泥珍珠岩	205	0.092	399
矽藻土砖	350	0.18	500
隔热纤维砖	350	0.05	300

7.6.3 隔热层路基的设计

在多年冻土区的低路堤，零断面路基和路堑工程中，采用工业隔热材料来增加多年冻土上覆层的热阻，防止地基多年冻土衰退和融化的热防护方法是被广泛采用的。隔热层的厚度和设置位置应通过热工计算和力学稳定计算确定。

（1）隔热层路基设计的一般规定

隔热层路基设计的主要任务是确定隔热层的厚度和埋深。路基中隔热层的厚度应根据调整路基人为上限的要求确定；隔热层的埋设位置，应根据路基结构稳定要求，并考虑隔热效果确定。

路基中隔热层的厚度和埋设位置应满足以下要求：

① 保证隔热层路基的冻融循环过程仅发生在人工换填层内（融化深度不超过设计值）；

② 确保传至隔热层的动、静应力之和不超过隔热层的强度允许值。

在拟定了路基结构尺寸后，假定隔热层厚度和埋设位置，计算设计路基的融化深度和传至隔热层的应力，若满足要求，则隔热层厚度和埋设位置即为所求。

路基融化深度的简化计算，可按平面问题考虑，采用下面公式计算。

① 对于均质土路基，可用本书第五章式（5.103）的均匀介质斯蒂芬方程求解。

② 对于非均质土路基，可采用本书第五章式（5.106）的修正的伯格隆方程求解。

为确保隔热层路基的融化深度在设计深度范围内，在设计时，隔热层路基填土的含水率应采用运营期的含水率。

运营期的路堤，由于受大气降水和表面蒸化的影响，在路基上部，存在一个水分年波动带，填土的含水率是随时间而周期变化的。在进行路堤融化深度计算时，应通过现场试验确定土体的含水率。在无条件试验时，可采用表7-27中的值。

表7-27 路基活动层土体的计算含水率

路堤土体类型		卵石土和碎石土	中粒砂	细粒砂	粉砂	轻黏砂土	重黏砂土	轻砂黏土	普通砂黏土	重砂黏土	铁路道砟层、公路路面基层
含水率（%）	计算采用值	4～5	6～7	7～8	9	9～10	12	12～13	15	16～17	2～3
	填筑最佳值	—	9	10	12	13	16	17	20	22	—

注：路堑基底换填时，土体计算含水率采用最佳含水率。

（2）工业隔热材料路基的设计

工业隔热层路基，是寒区路基工程常用的路基结构形式，但在多年冻土地区，隔热层路基的采用需特别慎重。

① 隔热层路基的适应条件

设计EPS隔热层路基时，应注意以下隔热层路基的适应条件问题：

a. 气候条件

由于隔热层隔热也隔冷，故只有当隔热层路基所在地段，空气的年平均气温低于路堤临界高度的年平均气温临界值时，方可采用。即隔热层路基地段空气的冻结指数远大于融化指数时，路基隔热层的设置才有意义。如果不是这样，则隔热层下将出现融化夹层，多年冻土上限将下降，路基的稳定性是难以保障的。据青藏铁路和青藏公路有关观测资料分析，对于普通黏性土铁路路堤，空气的冻结指数为融化指数的3倍以上时，隔热层路堤可有效发挥隔热、保温作用。对于沥青路面路堤，这个比值就应该在5以上了。

b. 多年冻土的年平均地温

在满足隔热层路基气候条件的前提下，采用隔热层路基保护地基多年冻土能否凑效，还取决于地基多年冻土的年平均地温。如果不允许隔热层下多年冻土融化，则隔热层的漏热量不能大于多年冻土升温至它的冻结起始温度所能提供的显热量。因此，在地基多年冻土温度较高时，采用隔热层路基来防止多年冻土融化几乎是不可能的。即隔热层的应用还受多年冻土年平均地温的控制。

② 隔热层埋深和厚度的确定

a. 隔热层在路基中的埋设位置，应从隔热效果和强度要求两方面来考虑。由于 EPS 板材的强度较小，从减小附加应力和路基下沉考虑，隔热层埋深越大越好；而从隔热效果考虑，则隔热层埋深越浅越好。图 7-39 为隔热层埋置深度对隔热效果的影响曲线。从图 7-39 可以看出：EPS 板的隔热效果随隔热层埋深的增大而减小。即隔热层埋深越小，路基融化深度越小。但这种影响是较小的。据计算，隔热层埋深从 20 cm 增加到 1. 0 m 时，路基融化深度仅增大 15 cm。因此，隔热层的埋设位置主要由行车要求决定。在满足行车要求的前提下，应兼顾考虑隔热效果来确定隔热层的设置位置。

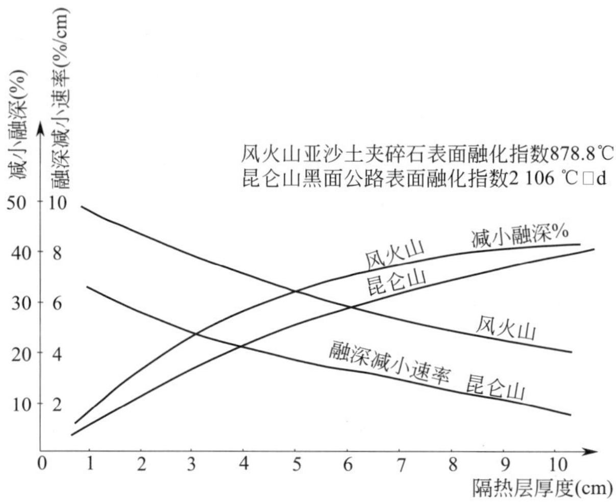

图 7-39　隔热效果与隔热层厚度的关系

b. 隔热层的厚度应根据工程需要确定。也就是说应根据需要减少的路堤填筑高度或需要减少的基底融化深度来确定。当路基表面融化指数确定后，路基融化深度随隔热层厚度增加而减小（图 7-39）。以风火山亚砂亚黏土夹碎石路堤为例，当隔热层厚度为 1 cm 时，可使融化深度减小 8. 2% ，隔热层厚度为 10 cm 时，可使融化深度减小 42. 3% 。

从图 7-39 还可看出，隔热层的隔热效果与隔热层厚度并不成正比，而是随隔热层厚度的增加而逐渐衰减的。当隔热层从 1 cm 增加到 5 cm 时，融化深度迅速减小（曲线斜率较大），从 5 cm 增加到 10 cm 时，融化深度的减小就缓慢了（曲线斜率明显减小）。据风火山试验路基资料计算：当隔热层厚度为 5 cm 时，路堤融化深度减小 32. 7% ；隔热层厚度增加至 10 cm 时，路堤融深减小 42. 3% 。隔热层厚度增加 1 倍，融深仅减小 9. 6% 。据昆仑山试验路基资料计算：隔热层厚度从 1 cm 增加到 2 cm 时，可使融深减小 4. 8% ，从 9 cm 增加到 10 cm 时，仅使融深减小 1. 9% 。因此，在选择隔热层厚度时，应结合工程需要，经济合理的确定。

隔热层并不能隔断热流，只能减小热流的速率。隔热层的隔热作用完全依赖隔热层上、下土体的温度。在隔热层设计中，应充分考虑地基土体的温度特性、允许隔热层漏热的数量，来设计隔热层的厚度和埋深。

据青藏铁路隔热层路基试验资料，路基隔热层中的降温梯度与隔热层在路基中的埋深有关，埋深浅时，降温梯度大；埋深大时，降温梯度小，平均降温梯度约为 0. 7 ℃/cm。

综上所述，EPS 等工业隔热材料具有良好的隔热性能，就是在浸水和冻融循环条件下，其隔热性能亦无明显改变，所以 EPS 等工业隔热材料在土工工程中得到了广泛应用。

由于硬质泡沫塑料板的隔冷作用，使得它在多年冻土区路基工程中的使用又受到了一定限制。

为尽量减少通过路基面传入地基的热量，提高隔热层的隔热效果，路基中的隔热层宽度应尽可能宽一些，一般应宽出枕木头不小于 1.5 m。

硬质泡沫塑料板材由于其强度较小，容易被压缩。如果施工不当或路基结构不合理时，则隔热层将被压缩，厚度减小，导热系数增大，热阻将明显减小，其隔热效果将达不到设计要求。采用什么样的施工方法和路基结构来保证硬质泡沫塑料板的设计隔热效果是今后需要进一步研究的。

7.7 遮阳棚路基和遮阳板护坡路基

地表温度是控制多年冻土地温场特征的主要影响因素。地表温度的高低，直接影响多年冻土上限的埋置深度，即直接影响路基工程人为上限的形态和埋深。而地表温度的高低，主要是由地表获得的太阳净辐射决定的。在 1 年中，多年冻土上部活动层的融化和冻结，是地表吸收太阳辐射能量变化的结果。

路基人为上限的形态和埋深，可通过调整进入路基的太阳辐射能量来控制。如前所述，到达地面的总辐射，由太阳直接辐射和散射辐射组成，直接辐射在总辐射中所占比例，在青藏铁路沿线多年冻土地区，约在 66% 左右。因此，遮挡到达地面的太阳直接辐射，可以有效减少地面获得的辐射能量，降低地表温度。

在路基上修建遮阳棚（图 7-40），边坡上设置遮阳板（图 7-41），来遮挡暖季太阳的直接辐射，可有效降低路基的表面温度，减小路基的融化深度。据试验，路基设遮阳棚后，路基表面在暖季的平均温度可降低 10 ℃ ~15 ℃，如图 7-42 所示；边坡上设置遮阳板后，边坡表面暖季平均温度可降低 3 ℃ ~5 ℃。

图 7-40 青藏铁路上的遮阳棚试验路基

图 7-41 风火山边坡遮阳板试验路基

遮阳棚、遮阳板路基设计应注意以下几点。

（1）为更好发挥遮阳棚降低路基表面温度的效果，路堑上的遮阳棚最好设计成倒扣的喇叭形状，将路堑边坡上的阳光也遮挡住。遮阳棚结构设计应考虑路堑活动层冻融循环的影响，采用合适的基础和基础埋深。

（2）边坡遮阳板应有一定架空高度，以减少坡面吸收的长波辐射，提高遮阳板下的空气对流，确保遮阳板的使用效果。

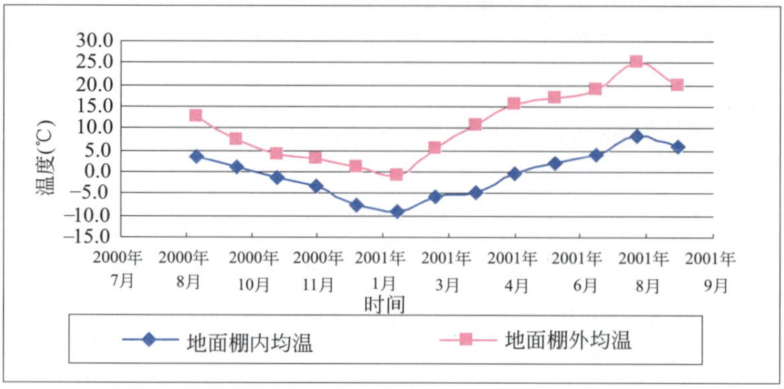

图 7-42　遮阳棚内、外地面稳定的比较

（3）遮阳板的支承结构应牢固。即边坡冻融循环引起的遮阳板变形，应不妨碍遮阳板的正常使用。

（4）应尽量提高遮阳板的反射率（采用高光洁度的白色表面），以降低遮阳板的表面温度。

7.8　沼泽湿地路基

多年冻土地区铁路的运营实践表明：在冻土沼泽湿地地段，路基的变形往往表现为局部的和不连续的持久下沉。据介绍，俄罗斯贝阿干线多年冻土地区的路基病害，冻土沼泽湿地地段的约占总病害的60% ~70%。造成沼泽湿地地段路基长期沉陷和位移的原因，是地基多年冻土的融化，以及融化地基土的液化和挤出所致。因此，防止地基多年冻土的融化，抬高路基人为上限，是防治冻土沼泽湿地地段路基病害的主要方法。

冻土沼泽湿地的工程地质特征是：地势低洼，地表水发育，植被发育，有机活动层厚度较小，地基多年冻土含冰量较大。

冻土沼泽湿地的活动层一般是由泥炭和含大量草根等一类有机物的有机土所组成。这种有机土的特点是：高含水率、高压缩性和低承载力。

在不改变现存冻土工程地质条件的情况下，冻土沼泽湿地的多年冻土环境是相对稳定的。因此，线路通过冻土沼泽湿地时，为维持路基工程的稳定，应尽可能保护好现存的多年冻土环境，尽量不要改变沼泽湿地地段的水文和水文地质条件，尽量不要破坏沼泽湿地上的有机覆盖层。

工程实践表明，适应沼泽湿地地基力学特性和多年冻土环境保护要求的路基结构是块石透水路堤。块石透水路堤具有以下优点。

（1）抛填的块石可以将基底范围内的淤泥挤出，压缩有机活动层，形成坚实、稳固的人工复合地基；

（2）透水的块石路堤基本不改变地表水的补给、径流、排泄条件，因此，不会引发因水文地质条件改变而产生的地基多年冻土衰退；

（3）块石层的“热开关效应”可有效减少暖季进入地基的热量，对保护地基多年冻土有利。

在青藏铁路沿线的多年冻土地区，有较多沼泽湿地分布。尤其在唐古拉山南麓的扎加藏布河谷，沼泽湿地分布广泛。青藏铁路通过冻土沼泽湿地地段时，除部分采用桥梁通过外，其余大多都是采用抛填块石路堤通过的。2003 年，铁道部曾在唐古拉山南麓的冻土沼泽湿地地段，开展了抛石路基试验。试验地段海拔在 4 900 m 左右，沼泽湿地有机活动层厚约 2.5 m，表层为 0.2 m 草皮，其下地层主要为角砾土，局部夹有细砂、中砂、粉土及粉质黏土，多年冻土类型主要为少冰、多冰冻土，局部有厚层地下冰存在，路堤高度约 3 m，路堤块石层厚度约 1 m。2004 至 2005 两年对试验工程进行了观测。观测结果表明：块石路堤的沉降是较均匀的，两年的下沉量在 6 ~ 12 cm；块石路堤下的人为上限抬升约 2 m，呈向上凸起形态。2006 年至今的运营实践表明：沼泽湿地的块石路堤是稳定的，路堤结构是合理的。

沼泽湿地路堤设计、施工应注意以下几点。

（1）为确保块石路堤的隔热效果，在沼泽湿地无积水时，块石路堤高出地面的高度应不小于 0.8 m；在沼泽积水深度较深时，块石路堤顶面应高出沼泽最高水位至少 0.5 m。

（2）在块石层与上部基床土层之间应设过渡层。过渡层厚度不宜小于 20 cm。应严格控制过渡层碎、砾石最小粒径，以防止小颗粒碎石、砾石漏入块石层中，影响透水和通风效果。

（3）块石粒径宜控制在 20 ~ 40 cm，不要求级配，抗压强度不宜小于 30 MPa。

（4）块石路堤采用“倾填法”在原地面填筑，倾填块石宜一次填到设计高度。

（5）块石层应采用震动压路机碾压。碾压时，应先两侧、后中间，纵向进行，反复碾压。碾压遍数由试验确定，一般不少于 6 ~ 8 次。碾压时，纵向行与行之间应重叠 0.4 m 以上，前后相邻段应重叠 2.0 m 以上，然后用 10 ~ 15 cm 粒径碎石在路基全宽内找平倾填片石层，在找平层上作过渡层。

（6）路堤施工应注重环境保护，不得将其他地表水排入沼泽，也不得疏干沼泽积水，施工车辆和机械禁止在无便道的地面行驶。

7.9　路基边坡防护

在多年冻土地区，路基边坡活动层土体冻融循环过程物理、力学性质的剧烈变化，是引发边坡病害的根本原因。路堑边坡活动层土体融化期间的高含水率和土中渗流，常引起边坡的蠕动，甚至产生融冻泥流等。路堤边坡由于其排水条件较好，路堑边坡出现的冻融病害，在路堤边坡很少产生。但路堤坡脚的“特殊换热条件”和“汇水条件”，往往使坡脚的融化深度加大，土体含水率增加，强度降低，因而，引起边坡局部下滑和坡脚地面下沉，坡脚出现积水等。

路基边坡病害威胁行车安全，影响路基的热学和力学稳定。

多年冻土地区路基边坡有以下主要冻、融病害。

（1）边坡人为上限加深，产生边坡滑塌；

（2）边坡活动层土体冻结过程的冻胀和冻胀力，引起边坡防护建筑物的变形、破坏；

（3）路堑边坡挂冰、侧沟积冰。

（4）冻融循环过程的“冰劈”作用，引起石质边坡表层岩石的破碎、松胀，形成倒石椎；

（5）边坡融化过程的融冻泥流；

（6）暖季降水和地表径流引起的边坡冲刷。

上述路基边坡病害，除边坡冲刷外，其余都与地基多年冻土的热稳定性和活动层土体的冻融循环过程有关。因此，多年冻土地区的路基边坡防护，应从提高边坡多年冻土的热学稳定性和活动层冻融循环过程的力学稳定性出发，对边坡进行热学防护和力学加固。

稳定的路基人为上限，是维持多年冻土区路基力学稳定的前提。因此，多年冻土地区路基的边坡防护，首先应是“热学防护”。在路基设计和运营过程中，都应采取措施，尽量增加边坡活动层的热阻，降低边坡的表面温度，抬高边坡人为上限的位置。在路基边坡热学稳定的前提条件下，边坡的支挡、防冲刷等力学加固措施才是有效的。

多年冻土地区路基边坡防护的设计，应充分了解边坡表面（土体）的热特性和冻融循环过程中，土压力和水平冻胀力的出现特点，充分利用多年冻土的高强度特性，采用锚杆、锚定板和柔性支挡结构等措施，来确保路基边坡的稳定。

7.9.1　冻土中的锚杆、锚定板

（1）冻土锚杆的设计

1970 年，铁道部科学研究院西北研究所，曾在青藏铁路风火山冻土站，进行冻土锚杆的抗拔力试验。研究冻土锚杆在外荷作用下，应力、应变沿锚杆长度的分布特点，以及冻土锚杆的承载能力计算方法。

多年冻土中的锚杆，是多年冻土地区，柔性挡土结构物的一种承载结构。多年冻土区的挡土墙，要承受巨大水平冻胀力的作用。采用锚杆挡土墙，利用冻土冻结强度大的特点，用锚杆的冻结力来平衡水平冻胀力是合理的。

试验采用钢筋混凝土圆柱锚杆，用等速加荷方法，将锚杆拔出，得到 P ~ S 曲线，求得锚杆的极限抗拔力和极限长期冻结强度。

① 冻土锚杆的有效长度

冻土锚杆的抗拔力，是锚杆长度、锚杆直径、冻土温度、冻土类型等的函数。试验表明：在外荷作用下，锚杆体系中的应力在径向和垂向的分布都是不均匀的。在径向，应力随离锚杆表面距离的增加而减小，如图 7-43 所示。在垂向，无论是在锚杆钢筋中，锚杆混凝土中，填砂中以及锚杆与填砂界面上，应力的分布都是上部大、下部小，且随深度增加应力迅速减少，呈指数规律衰减（图 7-44）。在锚固段的顶部，应力、应变最大，至某一深度，应力、应变变成零。这种应力、应变分布图式决定着锚杆体系的破坏特性。在锚杆上部剪应力大，因而，锚杆上部先达到冻结强度极限，即锚杆上部冻结强度率先破坏。当这一部分冻结强度破坏后，最大剪应力向下传播，下一部分锚杆进入极限状态。如此渐进破坏，直至整个锚杆进入极限状态。

从锚杆体系中应力分布和锚杆冻结强度渐进破坏的特点可以看出：锚杆体系在承受极限荷载时，锚杆上部的冻结强度已经破坏，只是下部锚杆的冻结强度在起作用。因此，可把冻结强度未破坏的那部分锚杆长度称为锚杆的有效长度（图 7-45）。从图 7-45 可以看出：所谓

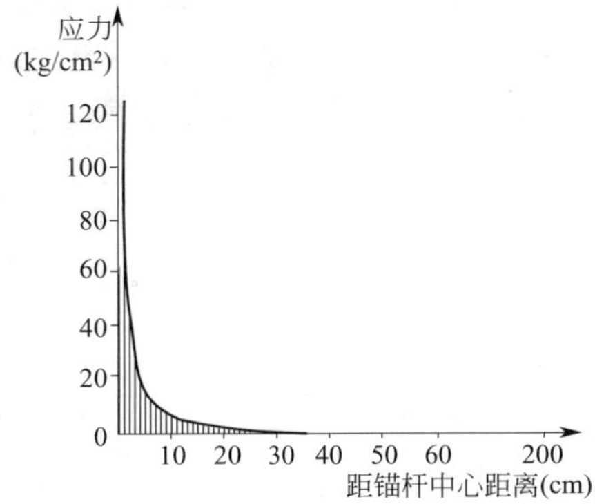

图 7-43 冻土锚杆体系中应力沿径向的分布（有限元分析）

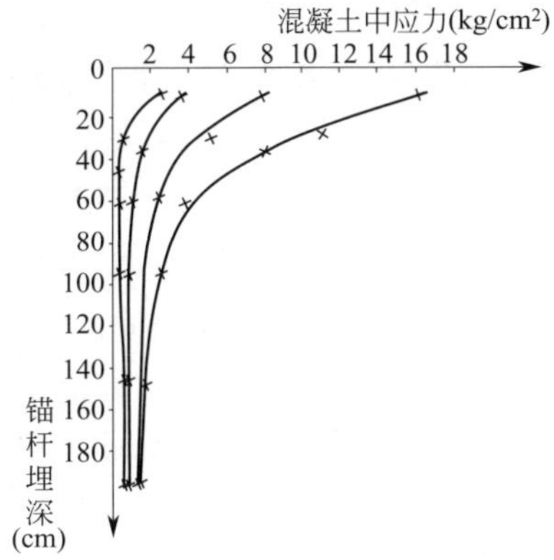

图 7-44 混凝土锚杆中应力沿深度的分布（实测）

有效长度就是锚杆剪切面上某点应力达极限长期冻结强度时，剪应力的传播深度。

锚杆有效长度与锚杆直径有关，即与锚杆的刚度有关。在地温和介质条件不变时，锚杆有效长度随锚杆直径增大而减小。在锚杆直径、地温和介质条件均不变时，有效长度为常数。也就是说，在这种情况下，锚杆的抗拔力与锚杆长度无关。即锚杆的抗拔力仅决定于锚杆的有效长度。

然而，试验表明，冻土与基础间的冻结强度存在峰值强度和残余强度。所谓峰值强度是指冻土与基础间的原始冻结强度，即冻土与基础间由冰胶黏连结结构决定的抗剪切强度。而残余冻结强度是指在原始冻结强度破坏后，在冻土与基础间存在的摩擦力，如图 7-45 中竖虚线所示。考虑残余冻结强度的作用，锚杆的有效长度应采用换算有效长度来代替（图7-45）。由于残余冻结强度随锚杆长度增加而增大，所以，锚杆换算有效长度随锚杆长度增加而增大。

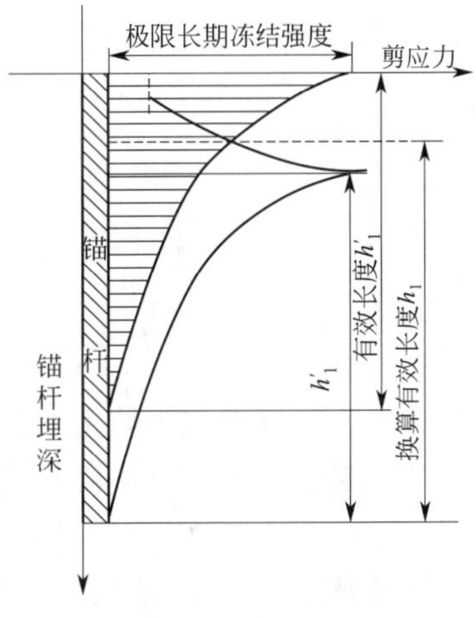

图 7-45 冻土锚杆的有效长度和换算有效长度

冻土锚杆的换算有效长度是锚杆直径、锚杆钢筋直径、钢筋屈服强度和锚杆平均冻结强度的函数。冻土中锚杆长度超过换算有效长度时，长出部分对锚杆的极限抗拔是不起任何作用的。因为，在荷载应力传播至换算有效长度深度时，锚杆钢筋已屈服，锚杆破坏。

冻土锚杆的换算有效长度可用下面公式估算：

$$h_L = D_1^2 \sigma / 4D_2 \tau \tag{7.18}$$

式中 h_L——冻土锚杆的换算有效长度；

D_1——锚杆钢筋直径；

D_2——混凝土锚杆直径；

σ——钢筋的屈服强度；

τ——冻土锚杆的极限长期冻结强度。

冻土锚杆的换算有效长度 h_L 列于表 7-28 中。从表 7-28 中可以看出：在锚固长度不超过 100 cm 时，锚杆换算有效长度等于锚杆实际锚固段长度。在锚杆抗拔力计算中，锚杆长度不用折减。在锚杆长度大于 100 cm 时，锚杆的换算有效长度小于实际锚固长度。如果把锚杆换算有效长度与实际锚固长度之比叫做锚杆锚固长度折减系数的话。那么，折减系数随锚固长度增加而减小。在锚固长度为 100 ~ 350 cm 范围内，可以取为线性关系，可用下面关系式表示：

$$K_L = 1.168 - 0.001\ 665\ h \tag{7.19}$$

式中　K_L——锚杆长度折减系数；

　　h——冻土锚杆实际锚固段长度，cm。

表 7-28　锚杆换算有效长度值

锚杆编号	锚固长度 h(cm)	平均地温 (℃)	实测极限长期抗拔力 (kg)	计算极限长期抗拔力 (kg)	锚杆换算有效长度 h_L(cm)	锚杆长度折算系数 $K_L = h_L/h$
33	50	-2.3	2 504	2 295	50	1
34	100	-2.5	5 000	4 762	100	1
35	150	-2.55	6 974	7 416	140	0.93
36	200	-2.74	8 985	10 684	172	0.86
37	250	-2.85	9 995	13 716	190	0.76
38	50	-1.85	2 499	1 925	50	1
39	100	-2.2	4 002	4 252	100	1
40	150	-2.4	5 998	6 995	135	0.9
41	200	-2.5	7 999	9 777	165	0.83
42	250	-2.8	8 998	13 579	185	0.74

②冻土锚杆抗拔力与锚固长度的关系

试验表明：在锚杆锚固长度小于有效长度、锚杆直径、锚杆周围填料成分、含水率、温度固定，加荷速度不变时，锚杆的极限长期抗拔力 P 是锚杆锚固长度 h 的函数。即冻土锚杆的极限长期抗拔力，随锚杆长度的增加而增大，两者之间呈非线性关系。在锚固长度较小时，P 与 h 的关系近似线性，在 h 较大时，P 与 h 之间表现出明显的非线性，随着 h 增长，P 逐渐接近于某一极限值——锚杆钢筋的屈服强度所决定的极限荷载值，如图 7-46 所示。

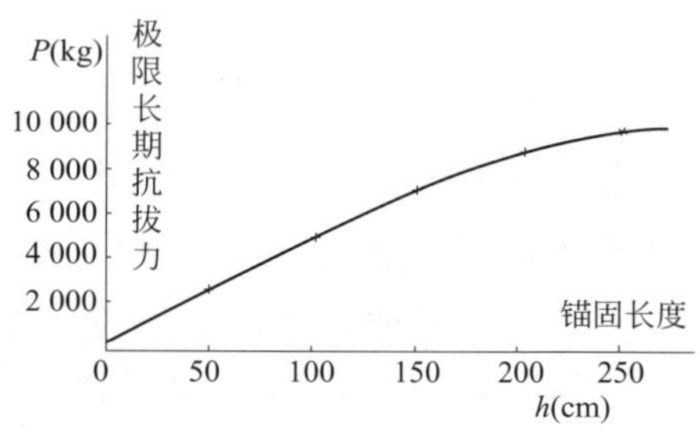

图 7-46　锚杆极限长期抗拔力与锚固长度的关系

锚杆极限长期抗拔力与锚固长度间的这种关系，可用下面方程来描述：

$$P = \sigma A(1 - e^{-kh}) \tag{7.20}$$

式中　σ——锚杆钢筋的屈服强度，kg/cm²；

　　A——锚杆钢筋的横截面积，cm²；

　　k——试验参数；试验条件下，$k = 0.006\ 98$；

　　h——混凝土锚杆的锚固长度，cm；

　　e——自然对数的底。

将 k 值代入（7.20），得：

$$P = \sigma A(1 - e^{-0.006\ 98\ h}) \tag{7.21}$$

上面 k 值是用直径为 10 cm 的锚杆，在温度为 -1.58 ℃ ~ -2.85 ℃范围内求得。故上式只能在类似的条件下使用。不同锚固长度锚杆的极限长期抗拔力试验结果列于表7-29中。

表7-29 不同锚固长度（埋深）锚杆的极限长期抗拔力

锚杆编号	锚杆直径（cm）	锚固长度（cm）	冻结面积（cm^2）	试验期间平均地温（℃）	极限长期抗拔力（kg）	极限长期冻结强度（kg/cm^2）
33	10	50.2	1 688	−2.3	2 504	1.48
34	10	100.5	3 255	−2.5	5 000	1.53
35	10	150	4 944	−2.55	6 974	1.41
36	10	198.7	6 595	−2.74	8 985	1.36
37	10	251.2	8 248	−2.85	9 995	1.21
38	10	50.3	1 719	−1.58	2 499	1.45
39	10	101	3 271	−2.2	4 002	1.22
40	10	150.9	4 926	−2.4	5 998	1.22
41	10	200.8	6 651	−2.5	7 999	1.2
42	10	251.4	8 280	−2.8	8 998	1.12

从表7-29中数据可以清楚看出：随着锚固长度 h 的增加，冻土锚杆的极限长期抗拔力增大。

如果把锚杆极限长期抗拔力除以锚杆冻结面积，求得的平均剪应力值叫做锚杆的换算极限长期冻结强度的话，那么，换算极限长期冻结强度随锚杆锚固长度的增加而减小（表7-29）。

③冻土锚杆破坏时的临界蠕变位移

冻土锚杆的破坏与锚杆的蠕变位移有关。对于一定锚固长度的锚杆，在荷载作用下，只有当蠕变位移达一定值时，锚杆才能进入渐进流动而破坏。这种蠕变位移值，可称为锚杆体系的临界蠕变位移值。

临界蠕变位移随锚杆锚固段长度的增加而增大，如图7-47所示。

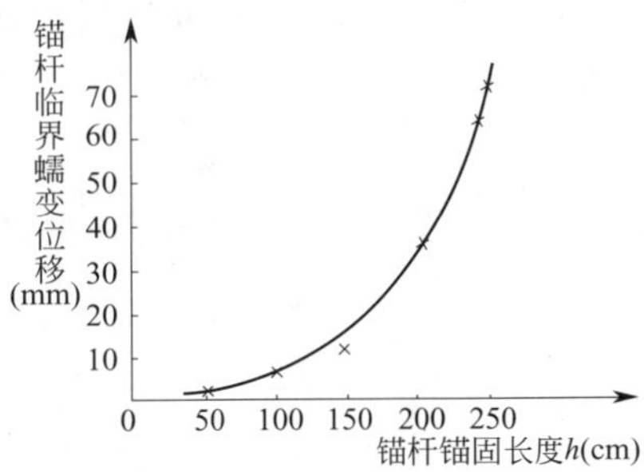

图7-47 锚杆体系临界蠕变位移与锚固长度关系

当加荷方式相同、地温不变、锚杆锚固段长度、直径及介质条件相同时，其临界蠕变位移值近似于常数。

除此之外，冻土锚杆的临界蠕变位移还与锚杆的直径、锚杆周围介质成分、容重、含水率、地温等有关。在锚杆锚固段长度、直径、介质条件等相同时，临界蠕变位移随地温降低而增大。

冻土锚杆的临界蠕变位移的试验值列于表7-30。

表7-30 锚杆体系的临界蠕变位移值

锚杆号	锚固长度（cm）	试验期平均温度（℃）	渐进流动开始时累计位移（mm）	瞬时位移值（mm）	临界蠕变位移（mm）	备注
38	50	−1.85	2.3	0.14	2.16	锚杆直径为10 cm，锚杆周围冻土为饱水中粗砂
39	100	−2.2	5.2	0.66	4.54	
35	150	−2.5	13.4	2.41	9.99	
41	200	−2.5	36.09	0.86	35.23	
42	250	−2.8	71.19	0.58	70.61	
48	150	−1.47	6.0	2.359	3.641	
40	150	−2.40	5.72	0	5.72	
50	150	−3.73	12.5	0.701	12.799	
51	150	−3.73	9.00	0.511	8.489	

从表 7-30 中所列数据可以看出：冻土锚杆的临界蠕变位移是较大的，它随锚杆锚固长度的增加而增加，随冻土地温的降低而增大。在试验条件下，其值在 2.16 ~ 70.61 mm 变化。

临界蠕变位移与锚杆锚固长度的关系，可以用下面经验公式表示：

$$L = 1.575 - 2.662h + 2.338h^2 \tag{7.22}$$

式中 L——锚杆体系的临界蠕变位移，cm；

h——锚杆的锚固长度，m。

公式(7.22) 可以用来计算温度为 −1.85 ℃ ~ −2.85 ℃范围内，直径 10 cm 锚杆的临界蠕变位移值。

④锚杆直径对冻结强度的影响

为确定锚杆直径对锚杆极限长期抗拔力的影响，采用了不同直径、相同埋深的两组锚杆进行试验，试验结果列于表 7-31 中。

表 7-31 锚杆极限长期抗拔力与锚杆直径的关系

锚杆编号	锚杆直径 (mm)	锚杆长度 (cm)	冻结面积 (cm^2)	极限长期抗拔力 kg	换算极限长期冻结强度 kg/cm^2	试验期平均温度 (℃)
9	220	95	7 001	5 002	0.7	−0.9
11	80	100	2 630	10 011	0.38	−1.3
12	100	101	3 250	1 999	0.62	−1.2
13	120	101	3 923	2 000	0.51	−1.1
14	140	95	4 385	2 500	0.57	−1.2
15	160	99	5 213	3 004	0.58	−0.9
16	180	100	5 949	2 500	0.42	−0.9
17	200	98	6 457	3 001	0.46	−0.9
18	220	100	7 252	5 001	0.69	−0.9
19	50	100	1 622	1 497	0.92	−1.3
20	80	101	2 612	2 003	0.77	−1.3
21	100	100	3 250	1 998	0.61	−1.3
22	120	98	3 808	1 997	0.52	−1.2
23	140	101	4 632	2 999	0.65	−1.2
24	160	100	5 290	3 000	0.57	−1.2
25	180	100	5 959	3 000	0.50	−0.9
26	200	101	6 576	3 997	0.61	−0.9
27	220	100	7 330	5 001	0.68	−0.9

从表 7-31 可以看出：锚杆直径增大，极限长期抗拔力增大，但两者之间的关系是非线性的，如图 7-48 所示。这说明锚杆直径的增加可以使锚杆极限长期抗拔力较快增长。

从表 7-31 还可看出：冻土锚杆的极限长期冻结强度，随锚杆直径的增大而减小。锚杆直径对锚杆极限长期冻结强度的影响，可用直径影响系数进行修正。所谓直径影响系数，是指不同直径锚杆求得的换算极限长期冻结强度与基准规定直径（10 cm）锚杆的换算极限长期冻结强度之比，用 K_d 表示：

$$K_d = \frac{\tau_d}{\tau_{10}} \tag{7.23}$$

式中 τ_d——直径为 d 的锚杆的换算极限长期冻结强度；

τ_{10}——直径为 10 cm 的锚杆的换算极限长期冻结强度。

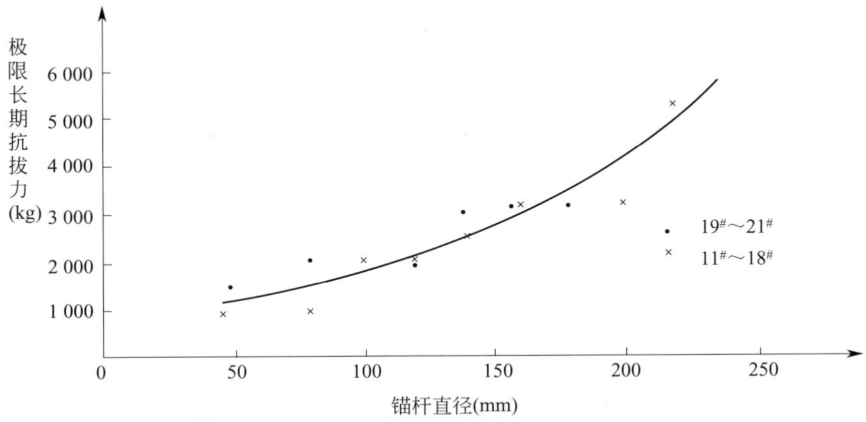

图 7-48　锚杆极限长期抗拔力与锚杆直径的关系

表 7-32 为冻土锚杆的直径影响系数。从表可以看出：锚杆直径小于基准直径时，系数大于 1；大于基准直径时，随直径增大而减小。

表 7-32　不同直径的影响系数

锚杆直径(cm)	换算极限长期冻结强度(kg/cm^2)	直径影响系数 K_d	备　注
5	0.92	1.44	基准锚杆直径为 10 cm
8	0.71	1.11	
10	0.64	1.0	
12	0.59	0.92	
14	0.55	0.86	
16	0.523	0.82	
18	0.51	0.80	
20	0.50	0.78	

⑤锚杆极限长期抗拔力与温度的关系

冻土与锚杆间冰胶黏联结的数量和强度，决定锚杆抗拔力的大小。而冰胶黏联结的强度决定于温度。温度降低，冰结构晶格中的氢原子活动性减小，冰胶黏联结的强度增大，冻土对锚杆的冻结强度增大，锚杆抗拔力增大。锚杆长期抗拔力与温度呈线性关系。

温度对锚杆抗拔力影响的试验资料列于表 7-33 中。

表 7-33　不同冻土温度下锚杆冻结强度的试验值

锚杆编号	锚杆埋设深度(cm)	锚杆直径(cm)	试验期间平均地温(℃)	极限长期抗拔力(kg)	极限长期冻结强度(kg/cm^2)	备　注
50	150	10	-4.73	10 009	2.08	锚杆周围介质为饱水中粗砂
51	150	10	-4.73	9 994	2.05	
49	151	10	-4.01	9 000	1.86	
35	151	10	-2.55	6 974	1.41	
56	151	10	-3.10	7 000	1.45	
52	150	10	-1.10	3 000	0.62	
57	151	10	-1.10	4 005	0.83	
53	151	10	-1.53	4 035	0.84	

从表 7-33 可以看出，在锚杆埋深、直径相同时，锚杆的极限长期抗拔力随冻土温度的

降低而增大。

试验得出的饱水砂与混凝土锚杆的换算极限长期冻结强度值列于表 7-34 中，可供冻土锚杆设计参考。

表 7-34　饱水砂与混凝土锚杆的换算极限长期冻结强度值

温 度(℃)	-0.5	-1.0	-1.5	-2.0	-2.5	-3.0	-3.5	-4.0	备　注
换算极限长期冻结强度(kg/cm²)	0.4	0.6	0.9	1.2	1.5	1.8	2.0	2.3	混凝土锚杆直径为 10 cm 长度为 100 cm 时采用

（2）冻土锚定板的设计

锚定板作为挡土建筑的一种支承结构形式被广泛应用在公路、铁路和港口建筑中。近年来，国内在铁路上已修建了若干处锚定板挡墙，公路系统也采用和建成一些以锚定板作为主要结构的挡墙、桥台等，锚定板的模型试验研究也随之得以开展。但在冻土地区，无论是多年冻土区还是季节冻土区，都未曾开展过冻土锚定板的试验和研究工作。

多年冻土地区的挡土建筑物，一般要承受较库仑土压力值大数倍甚至数十倍的水平冻胀力作用。在多年冻土地区，若采用锚定板支挡结构形式，则可充分利用冻土的高强度，来平衡水平冻胀力的作用，使挡土建筑物结构在技术和经济上都趋于合理。但是，在外部荷载作用下，甚至在较小的荷载作用下，冻土中常常会出现不可逆的结构改变，引起应力松弛和蠕变变形。冻土的这种流变特性，决定着冻土中锚定板在其计算理论和设计方法上与一般地区会有所不同。

①冻土锚定板抗拔过程特性

锚定板埋入钻孔以后，与填砂及钻孔周围冻土冻结成一整体，形成冻土—锚定板系统。在外加荷载作用下，锚定板平衡时，其外荷载等于钢筋的冻结力、锚定板冻结力和作用于锚定板上的抗压力之和（图7-49），即：

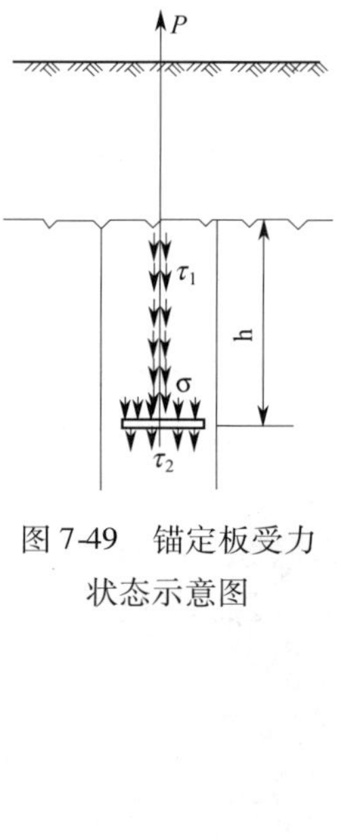

图 7-49　锚定板受力状态示意图

$$P = \tau_1\omega_1 + \tau_2\omega_2 + \sigma F \qquad (7.24)$$

式中　P——外荷载，kg；

τ_1——填砂作用于钢筋的单位冻结力，kg/cm^2；

ω_1——钢筋的冻结面积，cm^2；

τ_2——冻结填砂作用于锚定板的抗拉冻结强度，kg/cm^2；

ω_2——锚定板的冻结面积，cm^2；

σ——锚定板前方冻土的承载力，kg/cm^2；

F——锚板面积，cm^2。

在上述作用于锚定板的力系中，决定锚定板承载能力的，在一般情况下，主要是冻土的允许承载力。锚定板的抗拔过程实际上是锚定板前方冻土在压应力作用下发生流变，强度降低，最后丧失稳定，导致锚定板抗拔力完全丧失的过程。

基于上述理由，在锚定板设计中，我们可以假定作用于锚定板的荷载，通过拉杆钢筋全部传递给锚定板，锚定板将荷载传给前方冻土。即假定锚定板平衡时 $P = \sigma F$。

在荷载较小时，锚定板前方冻土产生衰减蠕变；当荷载超过某一极限值时，锚定板前方冻土出现非衰减蠕变。当锚定板—冻结填土系统的蠕变变形值达某一极限值时，出现渐进流动，锚定板破坏。

图7-50为冻土锚定板抗拔时的蠕变曲线。从蠕变曲线可以看出，在荷载较小时，曲线具衰减性质。当荷载超过某一值 P_a（比例界限荷载）时，曲线具非衰减性质，第二阶段蠕变出现。当荷载继续增加超过某值 P_k（极限荷载）时，曲线出现第三阶段蠕变，锚定板进入渐进流动而破坏。

图7-51是冻土锚定板抗拔时的 $P \sim S$ 曲线。从图可以看出，在 $P \sim S$ 曲线上，可以明显地区分出两个拐点：在曲线的 oa 段，荷载小于 P_a，荷载与位移间近似直线关系，这说明，在这个阶段，锚定板前方冻土是以弹性变形为主的；当荷载超过 P_a 时，曲线出现第一个拐点 a，而进入曲线 ak 段，在 ak 段，荷载与位移间呈明显的非线性关系，说明在这一阶段锚定板前方冻土是以塑性变形为主的；当荷载增加至 P_k 时，曲线出现第二个拐点 k。荷载超过 P_k 后，曲线急剧下降，说明锚定板前方冻土已进入塑黏流动。

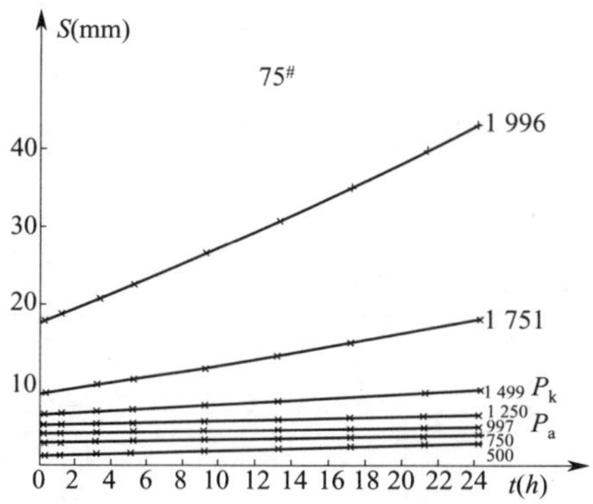

图7-50　冻土锚定板抗拔时的蠕变曲线

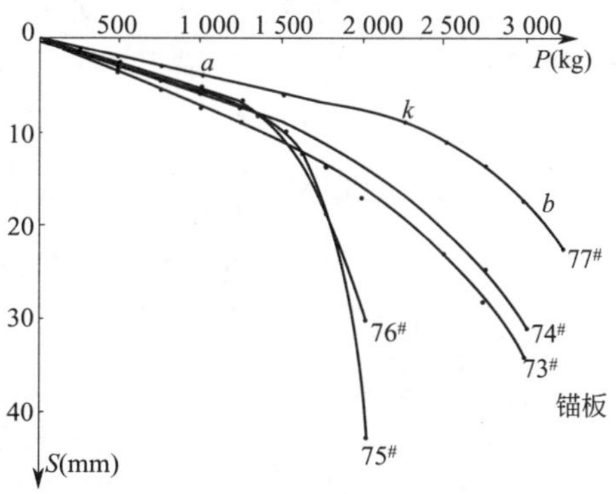

图7-51　冻土锚杆抗拔时的 $P \sim S$ 曲线

因此，我们可以把冻土锚定板在荷载作用下的变形过程划分为三个阶段：

a. 弹性变形阶段（$P \sim S$ 曲线的 oa 段）；

b. 塑、弹性变形阶段（$P \sim S$ 曲线的 ak 段）；

c. 塑黏流动阶段（$P \sim S$ 曲线的 kb 段）。

②冻土锚定板的流变方程

冻土锚定板的应力—应变曲线，如图7-52所示。从图可以看出：冻土锚定板的应力与应变间为非线性关系，且对于不同时间，所有曲线彼此类似。因此，冻土锚定板的应力、应变关系，可以用单一方程（采用不同参数），如幂函数方程，来描述：

$$\sigma = A(t)\varepsilon^m \tag{7.25}$$

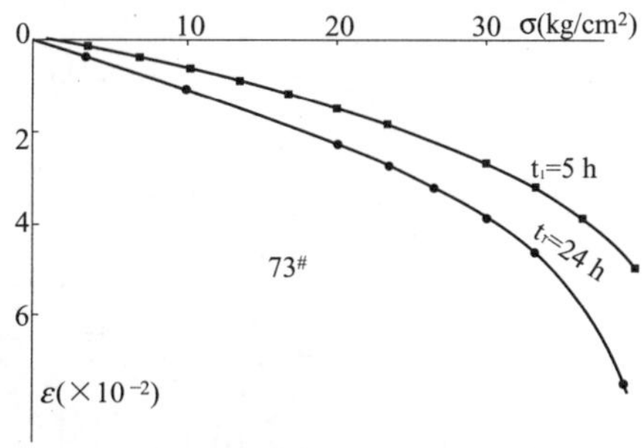

图7-52　锚定板应力—应变曲线

式中　σ——假定应力，kg/cm^2；$\sigma = \dfrac{P}{A}$；

其中 P——作用于锚定板上的荷载，

A——锚定板面积；

ε——应变（相对变形）；$\varepsilon = \dfrac{S}{u}$；

其中 u——锚定板周长；

m——固结系数（试验参数），不随温度和荷载作用时间而变；

$A(t)$ ——变化的形变模量（试验参数），随荷载作用时间和温度而变化。

试验所得锚定板前方冻土的固结系数 m 值列于表 7-35。

表 7-35　试验所得锚定板前方冻土固结系数 *m* 值

桩号	73#	74#	75#	76#	77#	$\overline{m}$
m 值	0.710 8	0.707 8	0.698 3	0.719 2	0.709 4	0.709 1

从表 7-35 可以看出，试验所得各锚定板的 m 值是不相等的。其原因是由于试验中边界条件的差异以及试验误差影响，使 m 值不完全相同。在建立流变方程时，我们取各锚定板试验所得 m 的平均值做为锚定板上方冻土的固结系数。

表 7-36 为试验所得冻土锚定板的变形系数 $A(t)$ 值。

从表 7-36 可以看出，冻土锚定板的变形模量 $A(t)$ 随时间 t 和温度 θ 而变，荷载作用时间越短，工作温度越低，$A(t)$ 值越大。

表 7-36　试验所得各锚定板的变形系数 *A*（*t*）

荷载作用时间（h）\ 工作温度（℃）\ 锚定板编号	73#	74#	75#	76#	77#
	−0.81	−1.73	−2.13	−2.52	−2.35
5	233.423	256.040	268.153	281.190	352.183
9	226.510	237.781	247.313	268.153	333.965
13	220.800	228.087	231.206	254.270	315.957
17	211.836	221.309	215.272	238.332	302.691
21	203.174	212.796	202.704	225.464	291.743
24	196.242	207.930	188.671	212.796	281.838

整理、分析上述试验资料，可得冻土锚定板的流变方程：

$$\sigma = 235.0478(1+\theta)^{0.327\,9} \times t^{-0.103\,8} \times \varepsilon^{0.709\,1} \tag{7.26}$$

将 $\sigma = \dfrac{P}{A}$ 和 $\varepsilon = \dfrac{S}{u}$ 代入上式，得冻土锚定板流变方程的另一种形式：

$$S = \sqrt[0.709\,1]{\frac{Pu^{0.709\,1}t^{0.103\,8}}{236.047\,8(1+\theta)^{0.327\,9}A}} \tag{7.27}$$

方程（7.27）可以用来计算冻结填砂中小型锚定板的位移，但不适用于计算加载初期的瞬时变形。

采用 73#锚定板试验荷载，按方程（7.27）计算的蠕变位移值列于表 7-37 中。从表7-37 可以看出，采用上面流变方程计算出的锚定板蠕变变形与试验值是基本吻合的。

表 7-37 73#锚定板的蠕变位移计算值与试验值

荷载作用时间(h)	计算应变值	计算位移值(mm)	试验应变值	试验位移值(mm)	绝对误差(mm)	相对误差(%)	备 注
5	0.011 2	0.35	0.012 1	0.38	+0.03	7.5	应力为 10.04 kg/cm² 温度为 −0.81 ℃
9	0.012 2	0.38	0.012 8	0.42	+0.04	9.5	
13	0.012 9	0.41	0.013 4	0.42	+0.01	2.4	
17	0.013 4	0.42	0.014 2	0.45	+0.03	6.1	
21	0.013 8	0.43	0.015 0	0.47	+0.04	8.3	
24	0.014 1	0.44	0.015 8	0.50	+0.06	12.6	

按冻土锚定板流变方程计算、绘制的锚定板蠕变曲线如图 7-53 所示。从图可以看出，该组曲线反映了冻土锚定板的蠕变变形特点，与试验曲线是类似的。

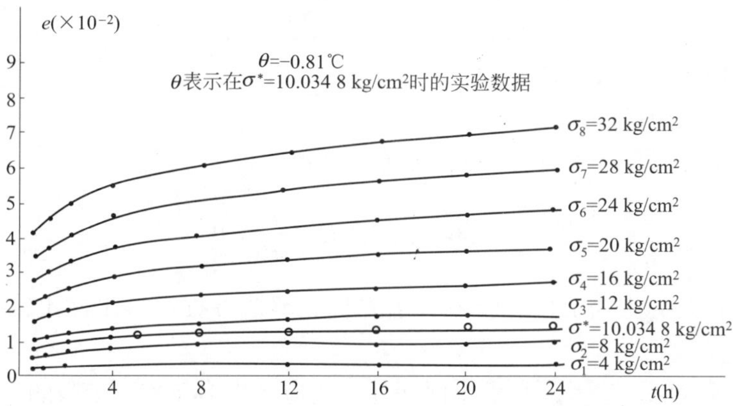

图 7-53 按锚定板流变方程计算绘制的锚定板蠕变曲线

③冻土中锚定板的设计

冻土锚定板设计的主要任务是确定锚定板的面积和埋深。锚定板的面积应根据设计荷载和锚定板前方冻土允许承载力确定。锚定板的埋深是指锚定板在多年冻土上限以下的埋深。至于多年冻土上限以上拉杆长度的设计，应根据热工计算得到的工程人为上限位置确定。

a. 锚定板埋置深度的确定

锚定板的埋置深度是由设计荷载和锚定板前方冻土的承载能力决定的。在冻土强度随深度变化的情况下，当锚定板面积一定时，可以改变锚定板的埋深来满足设计荷载的需要。在冻土强度不变时，为满足设计荷载的要求，只有改变锚定板的面积。不论何种情况，考虑锚定板的整体稳定性，其埋置深度都应不小于某一极限值——锚定板的最小埋置深度。

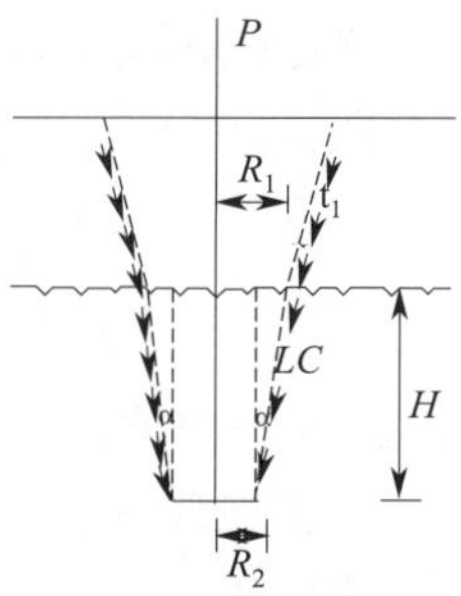

图 7-54 锚定板最小埋深计算图

假定锚定板整体稳定性破坏时，锚定板前方多年冻土和活动层融土沿图 7-54 中所示圆锥面发生剪切破坏。这时外荷载应与剪切面的抗剪强度平衡，即：

$$F_1\tau_1 + F_2C = P \tag{7.28}$$

式中 F_1——活动层融土剪切圆锥面面积，cm^2；

F_2——多年冻土剪切圆锥面面积，cm^2；

τ_1——活动层融土抗剪强度，kg/cm^2；

C——冻土抗剪强度，kg/cm^2；

P——外荷载，kg。

如果略去融土部分的抗剪力，则冻土部分抗剪力与外荷载相平衡，对于圆形锚定板有：

$$\pi(R_1+R_2)L\cdot C\cdot\cos\alpha=P$$

将 $L=\dfrac{H}{\cos\alpha}$ 代入得：

$$\pi(R_1+R_2)H\cdot C=P \tag{7.29}$$

式中　R_1——多年冻土剪切圆台体顶面半径；

R_2——锚定板半径；

H——剪切圆台体母线长度；

α——冻土应力扩散角。

将 $R_1=R_2+H\times\tan\alpha$ 代入（7.29），移项整理得：

$$H^2\cdot\tan\alpha+2R_1H-\frac{P}{\pi C}=0 \tag{7.30}$$

方程（7.30）是冻土锚定板的极限状态方程。解此方程可得出冻土锚定板的最小埋置深度。

锚定板的设计埋深，除考虑其最小埋深外，还应考虑多年冻土上限的年际波动和支挡结构物的可靠度要求。

算例：

设：$\alpha=30°$，设计荷载为 3 000 kg，锚定板直径 15 cm，锚定板前方为冻结黏砂土，土温为 −1.5 ℃，极限长期黏聚力 $c=1.08\ kg/cm^2$。将各值代入上面方程，得 $H=27.2$ cm。也就是说：在这种情况下，锚定板在多年冻土中的最小埋置深度不得小于 27.2 cm。

b. 锚定板前方冻土的允许承载力

锚定板前方冻土的允许承载力，可根据锚定板现场试验所确定的极限荷载 P_K 决定，即：

$$[P]=\frac{P_K}{f_K} \tag{7.31}$$

式中　f_K——安全系数，一般采用 2.5。

在无现场试验资料时，P_K 亦可根据球形压模试验确定的极限长期黏聚力 c_{gi}，采用普朗特公式计算。

对于条形锚定板：$P_K=(\pi+2)c_{gi}$　(7.32)

对于方形锚定板：$P_K=5.71c_{gi}$　(7.33)

对于圆形锚定板：$P_K=5.68c_{gi}$　(7.34)

表 7-38 列出了部分冻土的允许承载力，可供锚定板设计参考。

表7-38 冻土黏聚力和允许承载力

土名	含水率（%）	温度（℃）	干容重 $\gamma_{干}$（g/cm^3）	冻土构造	极限长期黏聚力（kg/cm^2）	极限荷载（kg/cm^2）	允许承载力（kg/cm^2）	备注
风火山粉质砂黏土	24.2	-2.5	1.45	微层状	1.33	7.55	3.78	按圆形锚定板计算，安全系数采用2
	28.6	-2.3	1.37	微层状	1.34	7.61	3.81	
	28.4	-1.5	1.39	微层状	0.82	4.66	2.33	
	31.7	-2.7	1.34	微层状	1.33	7.55	3.78	
	36.2	-2.5	1.32	微层状	1.30	7.38	3.69	
	33.8	-2.0	1.33	微层状	1.55	8.80	4.40	
风火山黏土夹层	21.6	-1.6	1.69	网状	1.39	7.90	3.95	
	19.6	-1.5	1.53	网状	1.15	6.53	3.27	
风火山含大量冰夹层砂黏土	78.2	-2.0	1.03	层状	0.98	5.57	2.78	
	119.4	-2.0	0.58	层状	1.16	6.59	3.29	
	118.5	-2.0	0.76	层状	0.80	4.54	2.27	
北麓河黏土、砂黏土	33.8	-1.0	1.37	层状	0.61	3.46	1.73	
	33.1	-1.7	1.41	层状	1.08	6.13	3.07	
	37.5	-1.5	1.32	层状	0.72	4.09	2.04	
	44.7	-1.1	1.32	层状	0.73	4.15	2.07	
	38.9	-2.0	1.30	层状	1.45	8.24	4.12	
清水河砂黏土、黏砂土	62.8	-1.5	1.00	层状	1.08	6.13	3.07	
	54.3	-1.5	1.02	层状	1.22	6.93	3.46	
	70.4	-1.8	0.93	层状	1.48	8.41	4.20	
	50.9	-1.8	1.02	层状	1.74	9.88	4.94	

c. 冻土锚定板的设计和计算

冻土中锚定板的设计和计算可采用以下两种方法进行。

（a）按第一极限状态（允许应力）设计：

允许应力法设计锚定板时，锚定板前方冻土的黏聚力和允许承载力，应由试验确定。在无试验资料时，可参考表7-38取值。其计算步骤如下：

ⓐ假定锚定板埋深为 H，并确定 H 深度处地温最高值 θ；

ⓑ根据锚定板前方冻土类型和地温 θ 确定冻土的允许承载力值 $[\sigma]$；

ⓒ根据设计荷载计算锚定板面积 $\omega' = \dfrac{P}{[\sigma]}$；

ⓓ选择确定锚定板面积 ω，使 $\omega > \omega'$；

ⓔ按冻土锚定板极限状态方程计算锚定板最小埋深 h，h 应满足关系式 $H > h$，否则另选择埋深 H 进行计算；

ⓕ在确定锚定板面积 ω 及埋深 H 后，计算锚定板拉杆尺寸，选择钢筋规格，并使 $\sigma_A S > \omega[\sigma]$（$\sigma_A$—钢筋允许应力，$S$—钢筋截面积）；

ⓖ进行接头设计。

（b）按第二极限状态（允许变形）设计：

按允许位移设计冻土锚定板时，应根据设计荷载 P 确定作用于锚定板前方冻土上的压应力 σ，而后计算出在该压应力作用下，建筑物在使用年限内的蠕变位移 S 应满足下面关系式：

$$S < \frac{[S]}{1.5}$$

式中　$[S]$——建筑物的允许变形，1.5 为安全系数。

在按允许位移法设计锚定板时，锚定板的埋深应满足最小埋深的要求。

7.9.2　多年冻土区的挡土墙

20 世纪 70 年代以前，多年冻土区挡土建筑物的设计和计算，均沿用一般非冻土（融土）地区的方法。即以土压力作为作用于挡土建筑物上的主要力系，以重力式挡墙作为主要结构形式。实践证明，这种设计方法不适合多年冻土地区，是导致多年冻土区挡土建筑物破坏的基本原因。

20 世纪 70 年代，土木工程界开始研究冻土地区活动层土体冻结、融化过程作用于挡土建筑物的力系特征和挡土墙的工作特性。从而，找寻新的设计方法和适合冻土地区特点的新型挡土结构型式。

(1) 多年冻土地区挡土建筑物的工作特性

多年冻土区挡土建筑物的修建，改变了原地面的热交换条件，在墙背形成新的多年冻土上限（图 7-55）。每年暖季，墙背冻土融化，形成季节融化土层，这种融化土层对墙体将作用土压力，寒季，季节融化层冻结，在此过程中，由于土中水分结冰膨胀，冻结土体对挡土墙将作用水平冻胀力。

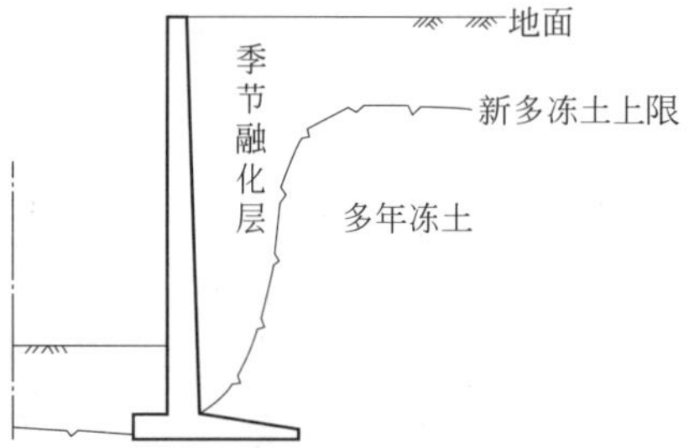

图 7-55　挡土墙的多年冻土上限形态

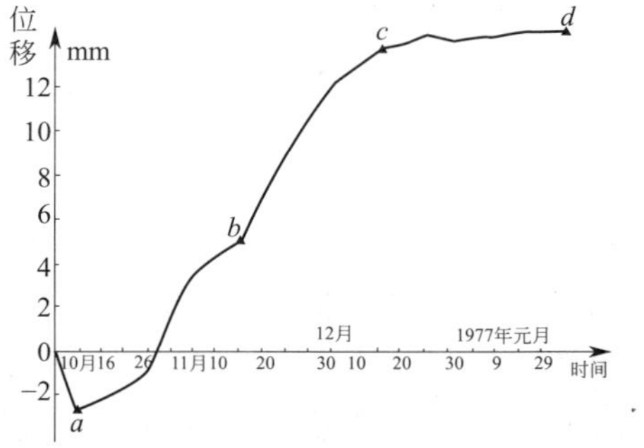

图 7-56　悬臂式挡土墙在冻结期的变形曲线

图 7-56 为多年冻土区悬臂式挡土墙（按冻胀力作用设计）在暖季末和寒季期间墙顶的水平变位曲线（图中坐标原点为最大土压力作用下，墙顶位置）。由曲线可以看出，暖季末期，墙背土体温度降低，土体产生收缩，土压力减小，因此，墙体产生向后的变位（位移值为负）。在土压力减小到最小值，而冻胀力尚未出现之前，向后变位达最大值，曲线达 a 点。在这段时间里，地面由冻融交替过渡到稳定冻结。在稳定冻结出现后，冻胀力产生，并且随冻深增加，冻胀力增大。墙体在冻胀力作用下，产生向前变位（位移为正值）。冻深达季节融化层厚度时，曲线达 b 点。在这段时间里，冻胀力随冻深增加而稳步增长，从 b 点到 c 点，曲线斜率增大，说明随着冻层温度降低，未冻水大量转变成冰，冻土体积进一步膨胀，冻胀力迅速增大。c 点到 d 点，曲线变平缓，说明冻胀力的增大与松弛基本处于平衡，

冻胀力达到最大值。

暖季来临，冻土层逐渐增温融化，冻胀力逐渐减小和消失，随着融化深度的加大，土压力产生并逐渐增大，至暖季后期达最大值。

土压力和冻胀力的交替循环作用，对多年冻土区挡土建筑物的稳定极其不利。许多按传统方法设计的重力式挡土墙，往往在这种循环作用下，产生墙体断裂，甚至出现整体倾倒等病害而破坏。

图7-57为墙后活动层土体冻结过程中，作用于挡土墙的水平冻胀力实测曲线。从图可以看出：水平冻胀力较之土压力要大几倍、十几倍，甚至几十倍。因此，按土压力设计的挡土墙，不论在墙体结构强度方面，还是在整体稳定方面，都不能满足挡墙冻胀过程安全运行的需要。

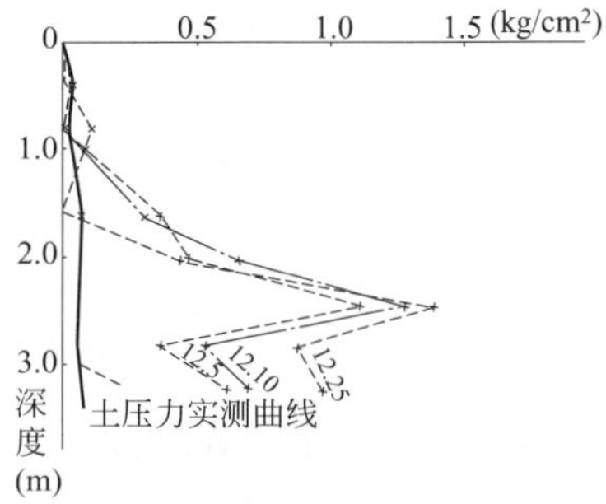

图7-57　墙背水平冻胀力和土压力实测曲线

水平冻胀力的大小，除与墙后填土的冻胀特性有关外，还与墙体对冻胀的约束程度有关。如果墙体允许自由变形，即冻结过程土体可以自由膨胀，自然不会有水平冻胀力产生。试验表明，墙体稍有变形，水平冻胀力便可大为减小。而传统的重力或刚性结构挡土墙，适应变形性能差，对冻胀约束严重，致使冻结土体产生较大水平冻胀力。

为适应墙后活动层土体冻结时，水平冻胀力的发生、发展过程特性，多年冻土地区的挡土建筑物应首选柔性结构挡土墙，如：轻型薄壁式结构的锚杆、锚定板挡墙，加筋土结构挡墙等。这种柔性结构挡土墙，既可减小水平冻胀力的作用，又可更好地保障墙体的局部和整体稳定。

（2）作用于挡土建筑物上的主要力系及其计算方法

在多年冻土地区，作用于挡土建筑物上的主要力系，有土压力和水平冻胀力。如前所述，水平冻胀力较之土压力要大得多，并且水平冻胀力和土压力的作用是循环交替出现的。即挡墙背活动层土体冻结后，由于冻土的抗剪强度很大，因而土压力消失，仅有水平冻胀力作用于挡土墙。在活动层土体融化后，体积收缩，水平冻胀力消失，仅有土压力作用于挡土墙。因此，在设计多年冻土区挡土墙时，若考虑水平冻胀力作为作用于墙体的主要力系，则不必再考虑土压力的作用。在特殊条件下，如果墙背填土为不冻胀土，或相应的工程措施可以保证填土不产生冻胀时，则挡土墙的设计可不考虑水平冻胀力，而按土压力进行设计。

①多年冻土区墙后土压力的作用特点和计算方法

在多年冻土区，按“保护多年冻土”原则设计时，挡土墙后多年冻土人为上限（活动层融土）的分布情况如图7-58所示。在挡墙高较小时（小于3倍活动层厚度），墙后融化土体的分布如图7-58(a)所示。这时，若内破裂面能够形成，仍可按库仑或朗金理论来计算作用于墙体的土压力。若内破裂面不能形成，则只能按有限填土土压力理论进行计算。这时多年冻土上限面即为滑裂面。当挡土墙高度较大（大于3倍活动厚度）时，墙后活动层融土的分布如图7-58(b)所示，融土在墙后成为一等厚土层。在这种情况下，作用于挡土墙上的土压力可用如下公式计算。

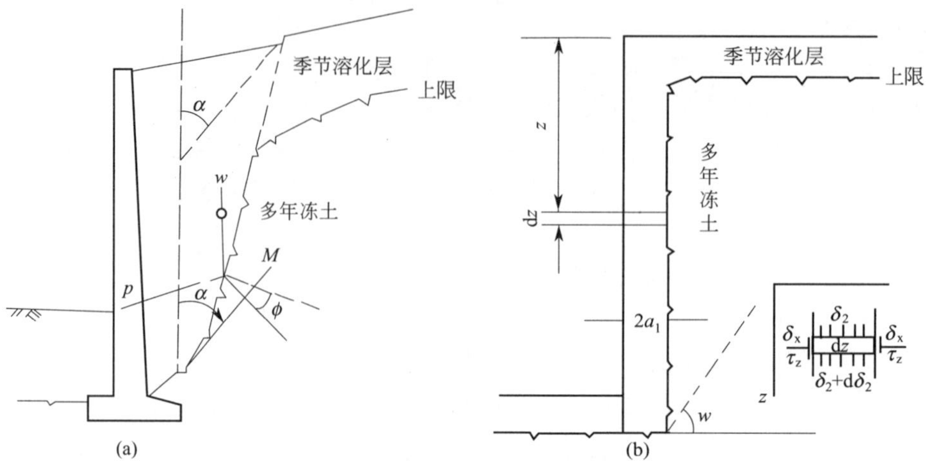

图 7-58　多年冻土区挡土墙后融化土体分布示意图

对于无黏性土，在深度 z 处的垂直应力 σ_z，水平应力 σ_x 和切向应力 τ_z 由下面公式确定：

$$\sigma_z = \frac{\gamma a_1}{k\tan\phi_0}\left[1 - \exp\left(-\frac{k\tan\phi_0}{a_1}z\right)\right] + q\exp\left(-\frac{k\tan\phi_0}{a_1}z\right) \tag{7.35}$$

$$\sigma_x = \frac{\gamma a_1}{\tan\phi_0}\left[1 - \exp\left(-\frac{k\tan\phi_0}{a_1}z\right)\right] + k\exp\left(-\frac{k\tan\phi_0}{a_1}z\right) \tag{7.36}$$

$$\tau_z = \gamma a_1\left[1 - \exp\left(-\frac{k\tan\phi_0}{a_1}z\right)\right] + kq\tan\phi_0\exp\left(-\frac{k\tan\phi_0}{a_1}z\right) \tag{7.37}$$

式中　k——沿墙高度不变的侧压力系数，$k = \frac{\sigma_x}{\sigma_z}$由试验或者分析确定。

γ——土的容重，t/m^3；

a_1——墙后活动层土体厚度的一半，m；

ϕ_0——土体和墙间的摩擦角；

q——填土表面的均布荷载，t/m^2；

对于黏性土，可将黏聚力作为外部应力考虑，其强度为 $\sigma_0 = c/\tan\phi$（c—土的单位黏聚力，ϕ 为土的内摩擦角）。则垂直应力、水平应力和切向应力由下面公式计算：

$$\sigma_z = \left(\frac{\gamma a_1}{k\tan\phi_0}\right)\left[1 - \exp\left(-\frac{k\tan\phi_0}{a_1}z\right)\right] + q\exp\left(-\frac{k\tan\phi_0}{a_1}z\right) \tag{7.38}$$

$$\sigma_x = k(\sigma_z + \sigma_0) - \sigma_0 \tag{7.39}$$

$$\tau_z = k\tan\phi_0(\sigma_y + \sigma_0) \tag{7.40}$$

在这里应指出，当边坡高度较大时，应检算冻土边坡的稳定性，以确定冻土边坡的极限高度。

②水平冻胀力的作用特点和计算方法

a. 水平冻胀力的产生、发展和消失过程

土体冻结过程的冻胀和挡土墙对冻胀的约束，产生水平冻胀力。室内和现场试验都表明，水平冻胀力的产生、发展和消失过程具有如下特点：

随着墙背土体冻胀的出现，水平冻胀力产生，而后，随冻深的增加水平冻胀力迅速增长，冻深达活动层厚度时（11 月中），水平冻胀力达最大值。在随后的时间里，由于冻土层温度降低，冻土产生收缩，以及水平冻胀力的松弛，使水平冻胀力减小。在冻结期的后半期，随着冻土层温度的升高，冻土产生体积膨胀，水平冻胀力（水平作用力）又有所增长，如图 7-59 中曲线 5 所示。但随着墙后冻结土体开始融化，水平冻胀力迅速消失。

试验观测表明：水平冻胀力峰值的作用时间是短暂的，且墙背各点水平冻胀力峰值的出现时间也是不同的。在挡土墙设计中，采用墙背各点水平冻胀力峰值同时出现且长期作用的假设是偏于安全的。

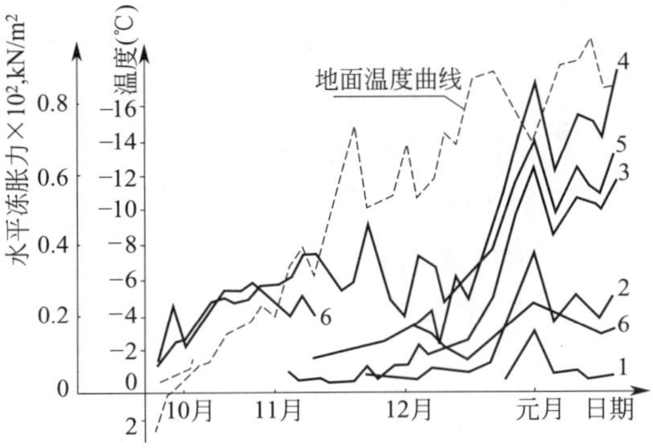

图 7-59 模型墙背水平冻胀力发展过程曲线

1. 最上层（0.0～0.2 m）；2. 第二层（0.2～0.4 m）；3. 第三层（0.4～0.6 m）；3. 第四层（0.6～0.8 m）；5. 第五层（0.8～1.0 m）；5. 第六层（1.0～1.2 m）

b. 墙背活动层土体的冻结过程特性

（a）温度场特性

在二维冻结条件下，墙背土体的冻结是从地面和墙面同时进行的。墙后土体冻结过程的地温场变化如图 7-60 所示。从图 7-60 可以看出，在墙背上部，等温线与墙体斜交，说明热流自地面和墙面双向流出，因而上部土体冻结最快，冻结峰面推进快，水分迁移轻微，冻胀量最小。在墙背中下部，等温线与墙面近于平行，其冻结条件近似一维冻结，因而，冻结速度较慢，水分迁移充分，冻胀量较大。

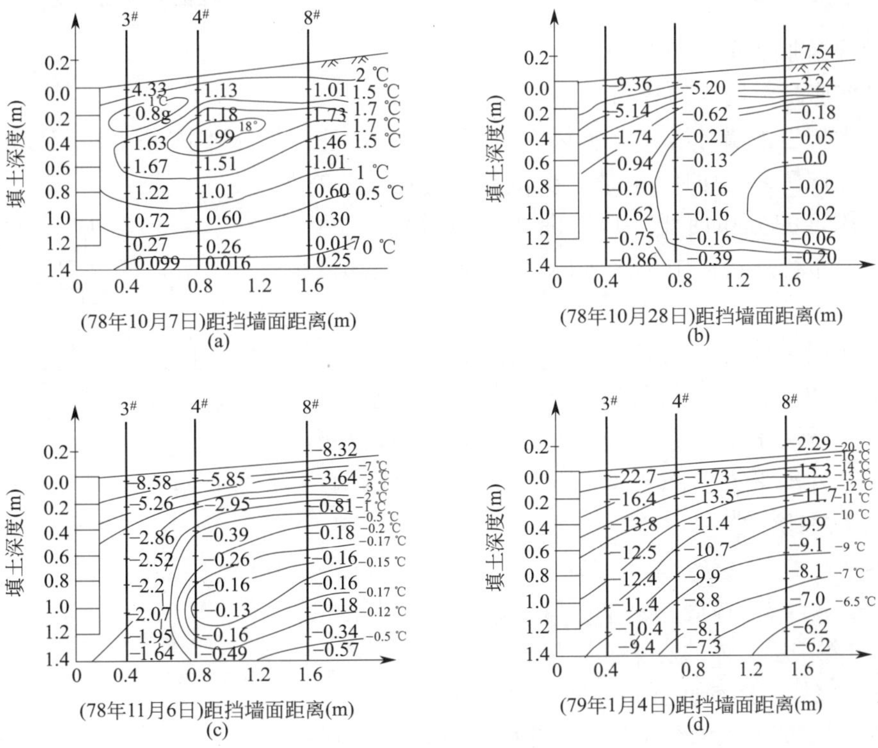

图 7-60 模型墙背地温场变化图

（b）土中水分重分布特点

图 7-61 为墙背活动层土体经冻融循环后，含水率沿深度的变化。从图可以看出，墙后填土不论是黏性土还是粗颗粒土，经冻融循环后，上部土体含水率减小，而中、下部含水率增大。这种含水率的重分布，决定着墙背土体冻胀的不均匀性，是影响水平冻胀力大小和分布的重要因素。

（c）土体密度的重分布现象

图 7-62 是墙背土体经冻融循环后，密度沿深度的重新分布曲线。冻结过程中，土体密度的变化是由土中水分结冰膨胀所致。墙背上部土体，冻结过程体积膨胀，致使密度减小。而中、下部土体冻结前，在上部土体冻结膨胀压力作用下，产生压密，密度增大。从模型试验测得的密度资料看，墙背下部土体密度可达 1.9 ~ 2.0 g/cm^3，较之冻融循环前可增大约 8%，土体密度的增大，使土的冻胀性减小。

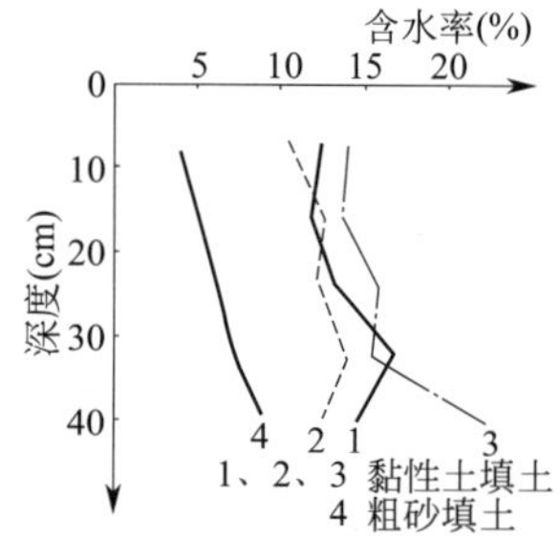

图 7-61　墙背活动层土体冻结过程水分分布曲线

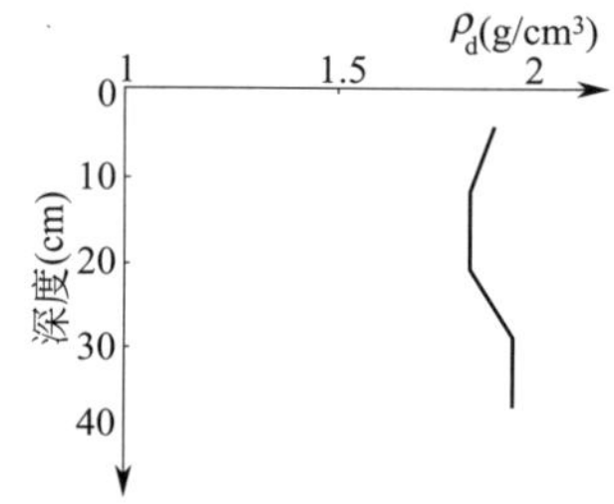

图 7-62　墙背活动层土体冻结过程密度变化曲线

（d）水平冻胀力的计算

ⓐ水平冻胀量沿墙高的分布特点

水平冻胀量是指墙背活动层土体在水平方向的冻胀量。水平冻胀量沿深度的分布如图 7-63 所示。在图 7-63 中曲线 4 是三次试验测得的水平冻胀量平均值沿深度的分布曲线。从该曲线可以看出，墙背水平冻胀量的分布特点是：中部水平冻胀量最大，上部最小，下部次之。

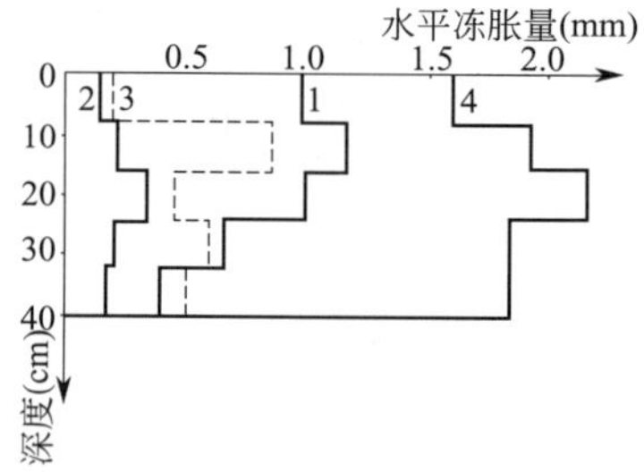

图 7-63　水平冻胀量沿深度的分布

注：1、2、3 为试验编号

墙背活动层土体冻结时，水平冻胀量的大小与该处天然地面活动层的垂直总冻胀量有一定关系，可用水平冻胀系数来表示。所谓水平冻胀系数是指挡土墙背各水平分层土体冻结时，其水平方向冻胀量与该处天然地面活动层的垂直总冻胀量之比，即：

$$k_i = \Delta h_i / \Delta B \tag{7.41}$$

式中　k_i——第 i 层土体处的水平冻胀系数；

Δh_i——第 i 层土体的水平冻胀量；

ΔB——该处天然地面垂直方向的总冻胀量。

水平冻胀系数沿深度的分布如图 7-64 所示（图中各水平冻胀系数是 14 次试验的平均值）。从图可以看出，水平冻胀系数在挡土墙上部最小，中部最大，下部次之。

对图7-64中的数据，采用最小二乘法进行曲线拟合，可得如下计算水平冻胀系数的三次多项式：

$$k_i = 0.3949 + 1.0673x - 0.9588x^2 - 0.1458x^3 \qquad (7.42)$$

式中　k_i——水平冻胀系数；

x——从墙顶算起的测点位置与墙高之比。

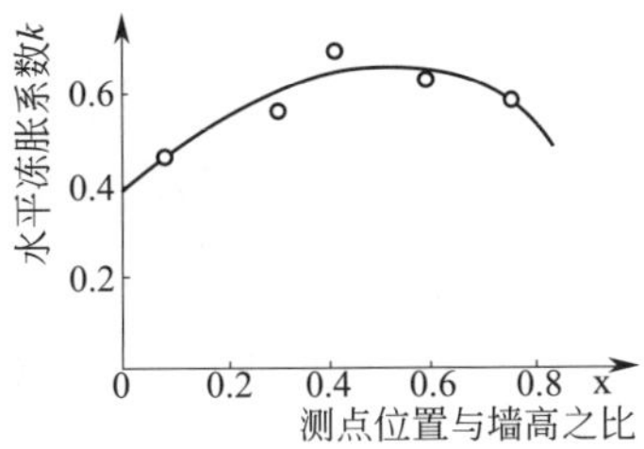

图7-64　水平冻胀系数的分布

公式(7.42)仅适用于墙高小于2倍活动层厚度时使用。用该方程预报，其剩余标准差 $S=0.0258$，即预报值中95%的点误差在4.2%内。

如果已知计算地点活动层土体的垂直冻胀量 ΔB，即可利用上面公式预报挡土墙修建后，沿墙高各点的水平冻胀量值 Δh_i。

对于高度大于2倍活动层厚度的挡土墙，其水平冻胀系数亦应是上部最小，中部最大且等于1，下部次之。

双向冻结时，水分和密度的重分布，决定了墙背土体冻胀的不均匀性。从而决定了水平冻胀力沿墙背分布的不均匀性。

ⓑ水平冻胀力与水平冻胀量的关系

在墙体变形固定时，水平冻胀力随水平冻胀量的增加而增大。两者呈幂函数关系。图7-65是野外模型挡土墙在墙体变形0.3～0.9 mm时，水平冻胀力随水平冻胀量增加而变化的曲线。从图可以看出，水平冻胀量的增加，使水平冻胀力迅速增大。

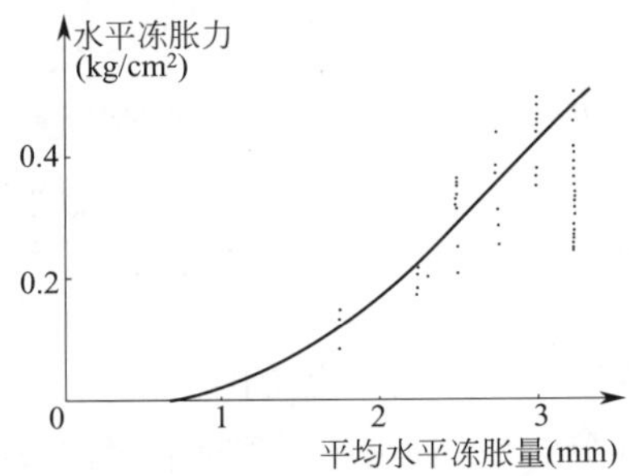

图7-65　水平冻胀力与水平冻胀量的关系

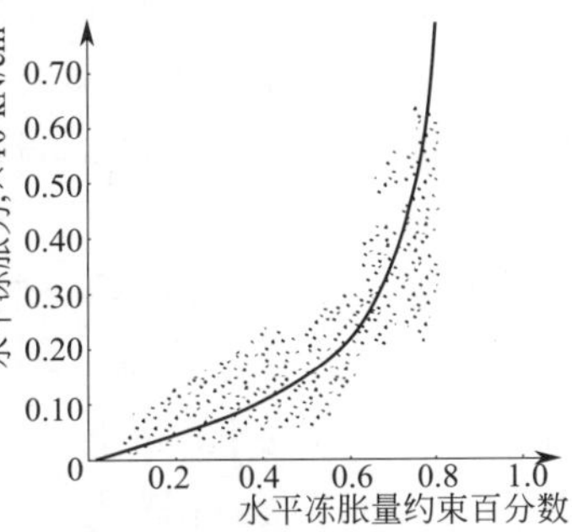

图7-66　水平冻胀力与水平冻胀量约束度的关系

ⓒ水平冻胀力与水平冻胀量约束百分数的关系

如前所述，水平冻胀力的大小受水平冻胀量和阻碍水平冻胀的程度制约，即水平冻胀力是水平冻胀量和水平冻胀量约束百分数的函数。所谓水平冻胀量约束百分数是指水平冻胀量约束量（或称压缩量）与水平冻胀量之比，以小数表示，简称约束度。在挡土墙背土体中，某点的水平冻胀量越大，约束越严重，则产生的水平冻胀力越大。

在水平冻胀量一定时，水平冻胀力随水平冻胀量约束百分数的增加而增大，两者之间存在明显的幂函数关系，如图7-66所示。

图7-66是室内模型试验，水平冻胀量为0.156～2.880 mm时，水平冻胀力与约束百分数之间的关系曲线。从曲线可以看出：约束百分数的增加，使水平冻胀力急剧增长。这种关系可用下面多项式表示：

$$\sigma = a + b\mu + c\mu^2 + d\mu^3 \tag{7.43}$$

式中 σ——水平冻胀应力，kg/cm²；

μ——水平冻胀量约束百分数，以小数表示；

a、b、c、d——试验参数。

对图 7-66 中的资料，用最小二乘法进行曲线拟合，得出如下参数：

$a=0.026\,95$；$b=0.504\,9$；$c=-1.661$；$d=2.303\,9$。

将上述参数代入（7.43），得试验条件下计算水平冻胀力的公式：

$$\sigma = 0.026\,95 + 0.504\,9\mu - 1.661\mu^2 + 2.303\,9\mu^3 \tag{7.44}$$

在现场条件下，各个场地土体冻胀性不同，从而产生的水平冻胀量不同，难以用一统一的公式进行计算，这给水平冻胀力的计算带来了困难。

为了考虑约束对水平冻胀力的影响，引入允许变形率 f 和水平冻胀力修正系数 m。允许变形率 f 是指挡墙某点的允许变形量与该位置的水平冻胀量之比；水平冻胀力修正系数 m 是指相应于该点允许变形量时的水平冻胀力与不允许变形时的最大水平冻胀力之比。当 $f=1$，即冻胀量不受约束时，水平冻胀力等于0；当 $f=0$，即完全约束冻胀时，水平冻胀力最大。f 与 m 之间存在明显的反比关系，如图 7-67 所示。在工程计算中可取 $m=1-f^{0.5}$ 进行计算。

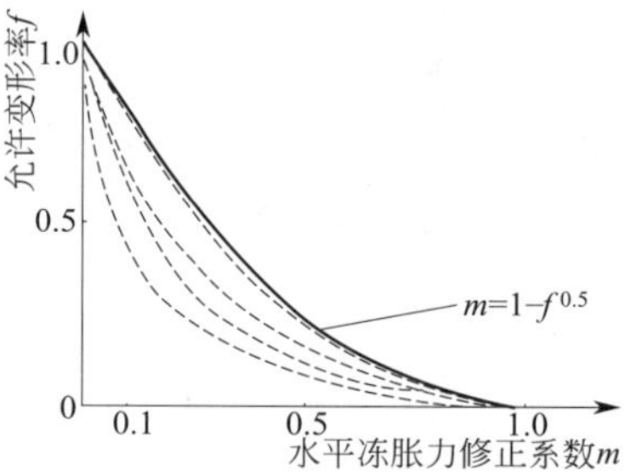

图 7-67 允许变形率与水平冻胀力修正系数的关系

在进行冻土支挡建筑物设计时，可根据允许变形率计算出 m，对水平冻胀力值进行修正。

ⓓ水平冻胀力沿墙背分布的计算图式

水平冻胀力主要分布在挡墙的中部和下部，在挡墙的上部，水平冻胀力很小，并且，墙背各深度最大水平冻胀力的出现时间是不同的。

据现场实体工程试验和模型试验测定，墙背填土成分不同，其水平冻胀力的分布特点不同：粗颗粒土的最大水平冻胀力出现在挡墙的下部；而细颗粒土的最大水平冻胀力出现在挡墙的中部或中下部，在挡墙的下部，水平冻胀力相对较小。水平冻胀力的这种分布特点，是由两种土体在冻结过程中的水分迁移特性不同决定的。另外，墙背水平冻胀力的这种分布特点，还与墙背活动层土体冻结时的温度场特征有关。在一般情况下，挡土墙中部的冻结条件近似一维，其水平冻胀力应最大。

因此，可根据墙背填土成分和墙高的不同，来假定水平冻胀力沿墙背分布的计算图式。

对于粗颗粒填土，不论墙高为何值，均假定水平冻胀力为直角三角形分布（图 7-68(a)）。

对于细颗粒填土，需作以下假定。

当墙高小于3倍活动层厚度，且挡墙基础埋深大于等于活动层厚度时，水平冻胀力沿墙背的分布图式如图 7-68(b)，最大水平冻胀力出现在墙高的下 1/3 处；当基础埋深小于等于1/2 活动层厚度（地基条件很好）时，水平冻胀力分布图式采用图 7-68(c)，最大水平冻胀力出现在墙底部；

当墙高大于3倍活动层厚度，且基础埋深大于等于活动层厚度时，水平冻胀力采用图 7-68(d)的梯形分布图式。当基础埋深小于等于1/2 活动层厚度（地基条件很好）时，水平

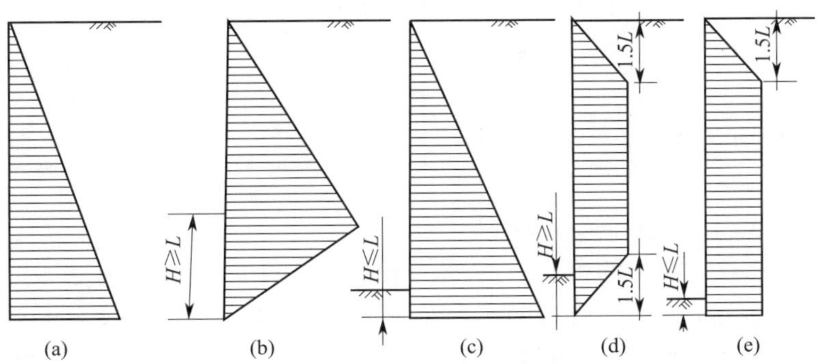

图 7-68　水平冻胀力沿墙背分布的计算图式

H—基础埋深；*L*—活动层厚度

冻胀力采用图 7-68(e) 的分布图式。

ⓔ墙背冻土层（活动层）的温度膨胀应力

现场试验观测和室内试验都表明，墙背冻土层在升温过程中，将产生体积膨胀，从而产生作用于挡土墙的温度膨胀应力。在野外试验中发现，有时最大水平冻胀力并不出现在冻土温度最低的 1 月份，而是出现在冻土层温度回升的 2、3 月份。显然，这时水平冻胀力的增长，并非由于冻土中未冻水结晶膨胀所致，而是冻土层温度膨胀的结果。

在东北季节冻土区，水平冻胀力随时间发展过程曲线如图 7-69 所示。从图可以看出：水平冻胀力最大值出现在 3 月份。显然，这是冻土层的温度膨胀所致。

据铁道部科学研究院西北研究所 1985 年 1 月青藏铁路风火山冻土站模型挡土墙观测资料：当白天气温从 −22.2 ℃升高到 −12.5 ℃时，墙背冻土温度发生变化，出现温度膨胀应力。在挡墙上部，冻土温度变化大，温度膨胀应力亦大，可达 0.12 kg/cm^2，为原有水平冻胀力的 4.71 倍。随着深度增加，温度变化减小，温度膨胀应力亦减小。冻土层的温度膨胀应力对多年冻土区挡土墙的稳定性有重要影响，在挡土墙设计中应予考虑。

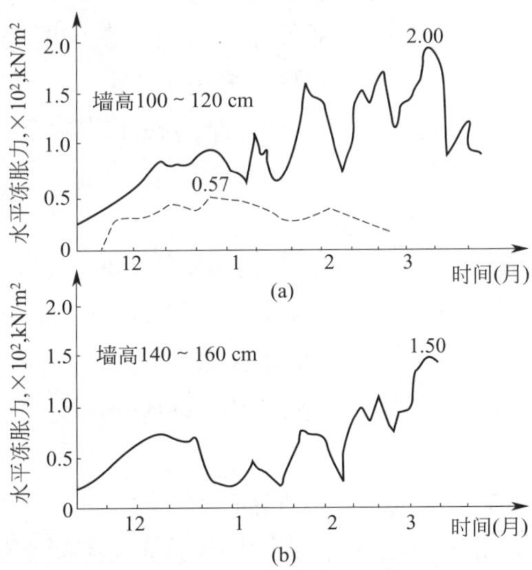

图 7-69　季冻区水平冻胀力发展过程曲线

ⓕ水平冻胀力的设计值

如前所述，水平冻胀力的大小虽受多种因素控制，但归纳起来主要是墙背土体的冻胀性和墙体对冻胀的约束程度。下面给出的水平冻胀力设计值是完全约束冻胀条件下的水平冻胀力值。而墙体约束程度对水平冻胀力的影响，则通过墙体的允许变形系数来修正。

在《青藏铁路多年冻土地区工程设计暂行规定》中，给出了允许变形系数 $f=0$ 时的挡土墙水平冻胀力值（表 7-39），供冻土地区挡土墙设计参考。

表 7-39　水平冻胀力设计值 H_d

冻胀等级	不冻胀	弱冻胀	冻胀	强冻胀	特强冻胀
冻胀率 η(%)	$\eta<1$	$1<\eta\leqslant2.5$	$2.5<\eta\leqslant6$	$6<\eta\leqslant12$	$\eta>12$
水平冻胀力 H_d(kPa)	$H_d<15$	$15\leqslant H_d<70$	$70\leqslant H_d<120$	$120\leqslant H_d<200$	$H_d\geqslant200$

（3）多年冻土区挡土墙的稳定性检算

多年冻土区挡土墙稳定性的检算，除像一般地区一样，进行抗倾复和抗滑动稳定检算外，还应进行基础的抗冻胀稳定性检算。抗倾覆稳定性检算中，稳定力矩与倾覆力矩的确定，以及在抗滑动稳定检算中，抵抗力和推力的确定，均应根据多年冻土区作用于挡土建筑物上的各力系的特点决定。在上述力矩和力确定后，其计算方法与一般地区相同。

挡土墙抗冻胀稳定性检算，按下式进行：

$$\tau\times A-P\leqslant\frac{Q}{K}\tag{7.45}$$

式中　τ——作用于挡土建筑物基础的单位切向冻胀力值，kg/cm^2；由野外试验确定或从有关规范中查取；

A——挡土建筑物位于季节融化层深度范围内的基础侧表面积，cm^2；

P——作用于基础上的固定荷载，kg；

Q——阻止基础冻胀的力，在这里是作用于基础的冻结力，kg；

K——安全系数，采用 1.1。

多年冻土对基础的冻结力按下式确定：

$$Q=\sum_{i=1}^{n}C_i\times A_i\tag{7.46}$$

式中　n——基础冻结范围内多年冻土划分的层数；

C_i——第 i 层冻土对基础的抗剪冻结强度或抗拉冻结强度，kg/cm^2；

A_i——第 i 层冻土与基础的冻结面积，cm^2；

在冻胀力作用下，使锚固基础断裂的力 F 由下式计算：

$$F=\tau\times A-P\tag{7.47}$$

式中各符号意义同前。

由 F 引起的拉应力应小于基础混凝土的抗拉强度。

当地基工程地质条件较好，冻融循环过程引起的挡土墙变形不影响其正常使用时，允许把基础埋置在活动层内。

当挡土建筑物抗冻胀稳定性检算不能满足要求时，应对挡土建筑物基础侧面进行防冻胀处理，以减小切向冻胀力，或加大基础埋深以增大抵抗冻胀的力 Q。

（4）减小水平冻胀力的措施设计

考虑水平冻胀力的发育特点，多年冻土地区的支挡建筑物宜采用柔性结构。为了利用冻土的高强度（如冻土的冻结强度、抗剪强度、抗压强度等）特点，来平衡墙背活动层冻结过程的水平冻胀力，可以采用锚杆和锚定板混合锚定式柔性挡墙。根据水平冻胀力沿墙背的分布特点，在挡墙上部可以采用小型锚定板，中部和下部采用锚杆。这种混合式锚定结构，既利用了季节冻结土体抗剪强度大的特点，又利用了多年冻土冻结强度大的特点。从而能够充分利用冻土的高强度力学特性来平衡冻结过程出现的水平冻胀力。

除考虑适合多年冻土地区的挡土结构外，减小水平冻胀力的措施设计，对提高多年冻土区挡土建筑的物稳定性具有重要意义。因此，设计多年冻土区挡土建筑物时，应同时考虑如何减小水平冻胀力作用，进行合理的减小水平冻胀力的措施设计。

减小水平冻胀力的措施有以下三类：

①结构措施，即选用适应变形能力大的结构。如：L形悬臂式挡土墙、锚杆挡墙、锚定板挡墙、加筋式桩板挡土墙等。这些结构的挡土墙，具有很大的柔性，能适用大的变形，因而，能够有效的减小水平冻胀力。

②减小墙背填土的冻胀性。这类措施又可分为三种：

a. 加强墙背排水，减小填土冻前含水率。挡土墙修建以后，新的多年冻土人为上限形成，上限面成为隔水顶板，且倾向挡土墙，冻结层上水向墙背聚积。如果不能及时排水，将使墙背填土处于饱和和过饱和状态，使土体冻胀性剧烈增长。因此，在挡土墙设计时，应在墙背设纵横向排水系统，用以疏干墙背填土，降低冻前含水率。

b. 减小墙背土体有效冻胀带的厚度，从而，减小填土的冻胀量。这一方法是在墙背和墙后地面铺设保温层，以减小墙背活动层土体的厚度。墙背保温层的厚度可根据墙体的允许变形和需要减小的冻胀土层厚度由热工计算确定。据在季节冻土区进行的试验，如果在墙背和地面铺设10 cm厚聚苯乙烯硬质泡沫塑料板（$\lambda = 0.035$ kcal/(m·h·℃)）保温层，可使冻结深度减小65%。

c. 用颗粒土换填墙背活动层冻胀性土。换填时，粗颗粒土中粉黏粒的含量应不超过12%。换填（回填）厚度应不小于当地粗颗粒土地面活动层厚度的1.5倍。

③综合措施。即上述措施的综合采用，可以收到更为理想的效果。

7.9.3 多年冻土地区常见的路基边坡防护工程

多年冻土地区，路基边坡坡面的状态，对路基热学和力学稳定性有重要影响。多年冻土地区的路基边坡防护包括“热学防护”和“力学防护”（支挡、冲刷等防护）。如前所述，路堤阴坡的冻结指数约为路基面冻结指数的1.3倍，融化指数是基面的1.02倍；路堤阳坡表面的融化指数约为基面融化指数的1.4倍。因此，路基边坡坡面对路基地基的热影响，在一般条件下，是大于路基面的。在路堤比较低的条件下，即坡面面积小于路基面面积时，坡面的传热影响不明显。在路堤高度较大时，这种影响就不能忽视了。而且，这种传热影响，随路堤高度的增加，迅速增大。

路基系统作为一个热力学系统，路基边坡防护首先应考虑边坡的隔热防护。在路基养护、维修过程中，应注意改善路基边坡坡面的表面条件，降低边坡表面的温度（即降低边坡表面的融化指数），以抬高边坡多年冻土的人为上限。这于多年冻土地区路基工程的热、力学稳定是十分重要的。

其次，路基边坡的冲刷破坏、坡面破碎、融冻泥流等对路基的力学稳定和热学稳定都有重要影响。防止边坡冲刷和边坡水土流失，于多年冻土地区路基工程的稳定也是十分重要的。

据交通部有关多年冻土地区环境保护研究资料，在青藏高原多年冻土区，路基边坡的侵蚀与冲刷具有如下特点：由于冻融循环的影响，边坡土体较疏松，加之高原降水较少，降水延续时间较短，路基边坡的坡面冲沟具有上大下小的特点（即斜坡表面流水在沿坡面流动时，很快渗入边坡土体，地表径流系数很小）；路基边坡年侵蚀模数约为5.5 kg/(m^2·年)，属强度侵蚀。因此，在青藏高原多年冻土地区，防止路肩和边坡上部冲刷对治理边坡来说是十分重要的。

多年冻土地区常采用的路基边坡防护工程措施有以下几种。

（1）边坡植被防护

路基边坡的植被防护（播洒草子、移植草皮）兼有隔热防护和冲刷防护两种功能，可有效改善边坡表面的吸收、反射、蒸发等特性，降低边坡表面温度，防治边坡表面冲刷（图7-70）。由于植被的覆盖和蒸腾耗热，可使边坡表面暖季的 n_t 系数降低至1左右，这就可使边坡表面温度大大降低。据交通部在青藏高原的有关试验资料，植草边坡，其表面温度较之无草边坡的温度要低3 ℃左右。据铁道部科学研究院西北研究所有关研究资料，覆盖良好的草皮边坡，其侵蚀模数接近于0。

图7-70 青藏铁路上的路堤草皮防护边坡

1960年，铁道部高原研究所在风火山路堑试验工程中，采用当地草皮贴砌在路堑边坡上，进行路堑边坡隔热、保温实验。1966年，铁道部西北研究所在风火山试验路堑又开展了水平叠砌式草皮护坡试验。在1976年的风火山路基试验工程中，路堑边坡的防护也采用了草皮。草皮边坡的最大融化深度与无草皮边坡融化深度的比较如表7-40所示。

表7-40 风火山1976年试验路基边坡季节最大融化深度比较表

边坡处理措施	阳坡(m)	阴坡(m)	备　注
换填砂黏土	1.96	1.64	
草皮+换填砂黏土	1.67	1.33	

（2）格架护坡

在边坡上作混凝土格架（混凝土构件尺寸15 cm×15 cm×100 cm），格中填以粗颗粒土（图7-71）。这种防护方法可有效减少边坡冲刷，保持坡面的完整和稳定。但格架护坡表面的温度较高，n_t 系数较大（2.5～3.5），因而，对地基多年冻土的热影响较大。

图7-71 青藏铁路上的路基格架护坡

（3）隔热层边坡

为了减小路基边坡传热对地基多年冻土的热影响，可在边坡表面层铺设隔热层，以增大边坡热阻，减小边坡融化深度。如：铺砌加气混凝土块、聚苯乙烯泡沫塑料板等。图7-72为青藏铁路上的路堤边坡隔热层施工情况。

（4）边坡挡土墙

与一般地区一样，可用路基挡土墙对路基边坡进行处理，以减少土方，防止边坡滑塌。图7-73为青藏铁路沿线多年冻土区路基上使用的L形挡土墙。

图 7-72 青藏铁路上的隔热防护边坡

图 7-73 青藏铁路上的路基边坡 L 形挡土墙

(5) 碎石、块石边坡

众所周知，地中温度与地表温度相关，并且是随深度增加而衰减的。图 7-74 为浅层地温观测得到的地中温度随深度的衰减曲线。从图可以看出，在 40 cm 深度范围内，随着深度的增加，地温迅速降低，至 20 cm 深度，地温几乎仅为表面温度的一半。利用地中温度传播的这一特征，在路基施工和运营养护中，可对需要降低表面温度的路基边坡用碎石等覆盖起来，对施工中暴露的多年冻土用干土、碎石、卵砾石等进行覆盖，来降低暴露表面的温度，减少多年冻土的升温和融化。

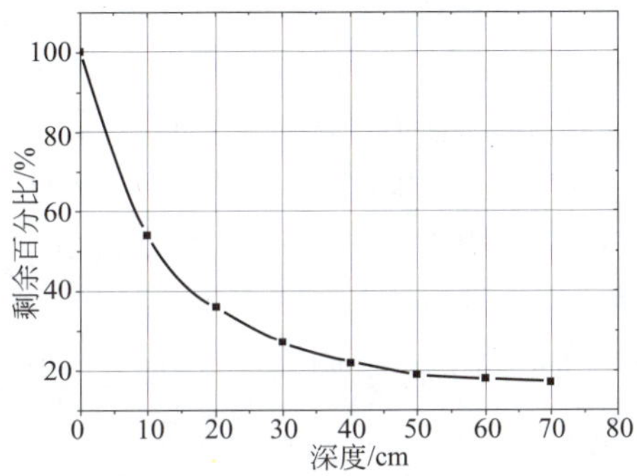

图 7-74 地面温度衰减曲线

工程实践表明，采用碎石、块石覆盖路基边坡，是防治边坡热侵蚀，防止边坡水土流失的较好方法。碎石、块石层的“热开关效应”和热阻，可有效降低坡面温度，减少进入边坡的热量，从而，减小边坡的融化深度。碎石、块石层的附加荷载作用，还可提高边坡活动层土体融化过程的固结速度，降低融化土层的含水率，减少边坡水土流失，提高边坡的力学稳定性。碎石、块石覆盖层的厚度与边坡高度、坡度和边坡土体类型等有关，可根据边坡热防护和力学防护要求，通过热工计算和力学稳定检算确定，一般可采用 0.2 ~ 0.5 m。

图 7-75 青藏铁路上的路堤块石边坡

青藏铁路运营以来，为调整路基人为上限形态，减少路基冻、融病害，对多年冻土地区的大部分冻土路堤边坡，都采用碎石、块石层进行了热防护加固和力学加固（图 7-75）。据工务部门反映，效果良好。碎石、块石层厚度一般为 0.6 ~ 0.8 m，最厚达 1.2 m。

边坡上的碎石、块石覆盖层可以是等厚的，也可以设计成不等厚的。视治理边坡的地层结构和热学、力学稳定特征而定。当坡脚地层为软弱土层，且热侵蚀严重，“软弱坡脚”可能引起边坡失稳时，碎石、块石层可设计成“上薄下厚”的不等厚覆盖层，以减小坡脚的融化深度，调整路基人为上限形态，提高路基的稳定性。当坡脚地层为力学稳定性良好的土层时，碎石、块石层可设计成等厚的覆盖层。

7.10　以桥代路

在多年冻土地区，高温高含冰量多年冻土分布地段、厚层地下冰发育地段、冻土沼泽湿地地段、冰锥冰丘发育地段等地段，是冻土工程地质条件十分复杂的地段。对于路基工程来说，要保持这些地段路基的稳定技术状态，客观地说，存在的问题是较多的。首先是这些地段路基工程的修筑，不可避免会破坏这些地段的地表热平衡，引起路基系统地基多年冻土上限的强烈变化。在路基人为上限的形成过程中，地基温度场和应力场的剧烈调整，一般会引起路基较严重的冻胀、融沉病害。其次是这些地段的冻土环境对外界热干扰非常敏感，在路基的养护、维修中，很容易引起地基多年冻土的衰退和融化，使路基的冻胀、融沉病害加剧。因此，在这些地段，要维持路基工程的长期力学稳定是很困难的。国内外多年冻土地区铁路工程的运营实践表明，许多路基长期严重下沉病害的出现，都与上述地段地基高含冰量多年冻土的衰退和融化有关。为提高上述地段铁路线路的稳定性，在青藏铁路建设中，为了解决冻土工程地质条件复杂地段路基稳定性较差，可靠度较低，难以满足青藏铁路较高行车速度的需要，决定在部分冻土工程地质条件复杂地段，采用桥梁代替路基通过。这一“特别线下工程”被称之为“以桥代路”工程（图7-76）。

图7-76　青藏铁路上的旱桥（清水河）

桥梁的上部结构与多年冻土地基是隔开的，它的养护和维修，都不与地基接触。因此，对地基多年冻土不会产生热干扰。而桥墩、桥台虽与地基多年冻土接触，但这种接触都是点式、分散的，施工时的热干扰较小，地基可在较短时期回冻，恢复其天然状态。而运营期的墩、台混凝土导热，大多可在地基活动层中消散。因此，桥梁工程的施工和运营，对地基多年冻土和多年冻土环境的影响最小。设计合理，精心施工的冻土地区桥梁工程，其热稳定性和力学稳定性都是最好的。以桥梁来代替路基，自然可以更好的保护地基多年冻土，维持多年冻土环境的热稳定。

采用桩基础的桥梁工程，可以适应各种复杂的冻土工程地质条件。在青藏铁路沿线的544 km多年冻土地段，采用桥梁代替路基的线路长度达87 km多。其中，最长的清水河旱桥长度达11.7 km（图7-76）。

青藏铁路设计中，对以下冻土工程地质条件复杂地段的路基，采用“以桥代路”通过。

（1）高温极不稳定多年冻土区的高含冰量多年冻土分布地段；

（2）不良冻土现象发育地段；

（3）厚层地下冰发育地段；

（4）沼泽和斜坡湿地地段；

（5）当采用特殊路基，维持地基多年冻土的热稳定有困难的其他地段。

“以桥代路”旱桥的地基是多年冻土，它的施工与河流融区桥梁施工的要求有所不同。其中最重要的是如何减少施工热干扰，维持多年冻土环境的热稳定。因此，旱桥的施工，应采用"快速施工、连续作业"的方法，尽量缩短工期。并充分重视对施工地段多年冻土环境的保护，尽量减少对施工场地及周围天然植被的破坏。

7.11 过渡段路基

在多年冻土地区，路基地基工程地质条件和换热边界条件的均匀性，对保障线路的平顺性至关重要。过渡段路基的设计是确保多年冻土地区路基热、力边界条件一致性的有效工程措施。

7.11.1 冻土路基地质过渡段设计

多年冻土地区铁路，要通过各种不同冻土工程地质条件的地段。为保持线路的平顺性，在不同冻土工程地质条件区段连接处，应设计路基冻胀、融沉变形过渡，以消除路基不均匀变形引起的线路坡度突变，保持铁路线路坡度的平顺。这些过渡包括：多年冻土与融区的过渡；高含冰量多年冻土地段与低含冰量多年冻土地段的过渡；填、挖过渡；第四系地层与基岩的过渡等。

为消除线路变形的不一致性，过渡段路基设计应遵守以下基本原则。

（1）过渡段路基填料应选用"耐冻融循环"的冻胀不敏感土体。如卵砾石土、碎石土、砂砾石土等粗颗粒土。

（2）过渡段路基与相邻路基应采用台阶坡连接，连接坡度应不陡于1∶10，台阶宽度不大于0.5 m。

（3）路基过渡段的长度一般不宜小于20 m。第四系地层与基岩过渡时，过渡段路基长度不宜小于40 m。

图7-77为填、挖过渡段路基换填范围和换填深度示意图。

图中 h_0——过渡地段山坡活动层的厚度；

h_1——低路堤基底设计换填厚度；

h_2——路堑基底设计换填厚度；

H_{min}——设计最小路堤高度。

h_1、h_2一般不小于过渡地段粗颗粒土的最大融化深度。在h_1、h_2相差较大时，零填路堤纵向两侧的基坑底宜采用曲线连接。

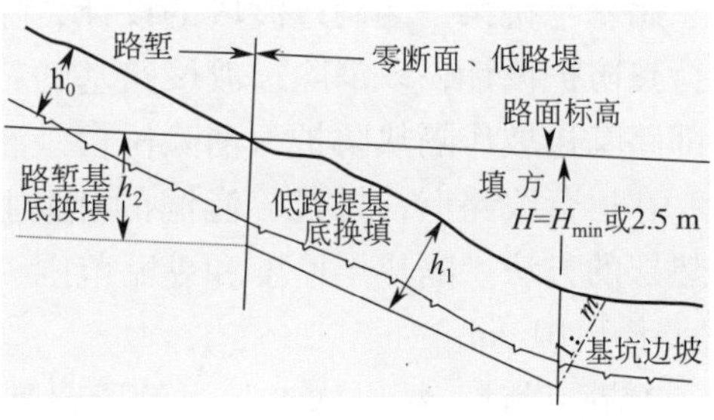

图7-77 路基填、挖过渡结构示意图

填、挖过渡路基设计的基本要求是：应使设计过渡段路基活动层的冻融循环过程仅发生在换填层内。因此，应对低路堤、零填路堤基底和路堑基底进行换填。其换填范围如图7-77所示，换填厚度应通过热工计算确定。

低路堤基底换填时，路基纵向的基坑边坡应设有一定的坡度，以改善过渡段路堤基底与相邻路堤基底连接的平顺性。图中m一般不小于5。

满足上面要求，路堤和路堑线路的冻胀和融化下沉变形，基本能保持平顺过渡。

7.11.2 路基与桥涵过渡的设计

路基与桥涵连接时，除变形过渡外，还应考虑刚度的过渡。

桥头路基和涵侧路基地基条件和热交换条件的变化，会使铁路线路的平顺性遭到破坏。桥头路堤和涵侧路堤的大量热融下沉，就是多年冻土地区最常见和最严重的路基病害。

由于桥梁和涵洞的存在，使路桥、路涵连接处路基在横向增加了一个换热面。即桥头、涵侧路基在冻结、融化过程中，是三维传热的。这种换热条件与相邻路基的不一致性，必将导致路桥、路涵连接路基冻结、融化深度的不同。在一般情况下，桥头、涵侧路基的冻结、融化深度，与相邻路基相比，要大许多。这是桥头、涵侧路基出现较大融沉和涵顶、涵侧路基出现较大不均匀冻胀的主要原因。

在以往的多年冻土地区路桥过渡段设计中，由于没有考虑过渡段路基的热防护，致使多年冻土地区的桥头路堤，出现了大量热融下沉。例如：青藏铁路多年冻土地区的400多座桥梁，桥头路堤几乎都产生了不同程度的下沉，部分桥头路堤不得不在路肩上作挡砟墙，以满足抬高线路的需要。经几年的起道，部分桥头路堤的道床厚度已达140 cm以上（图7-78）。

图7-78 路桥结合部路基下沉
（青藏铁路k973+551，格尔木端）

在深季节冻土地区，路桥、路涵连接处的特殊热交换条件，使得连接段路基出现不均匀冻胀。例如，秦皇岛至沈阳的客运专线路基，由于路基冻结边界条件的不一致性，在路桥、路涵连接段出现了不均匀冻胀，严重影响高速列车的运行。为消除路桥、路涵连接的不均匀冻胀，确保高速列车安全运行，沈阳铁路局，不得不在2007年，对全线桥涵进行热防护加固，以改善、消除路基冻结边界条件的不一致性。

因此，路桥、路涵过渡段的设计，应特别注意消除过渡段路基换热条件与相邻路基的不一致性，作好路基的隔热防护。

路基与桥梁、涵洞过渡段的设计，除满足上述地质过渡段设计要求外，过渡段路基还应进行热防护设计，以消除过渡段路基的三维换热（边界条件）。为此，可在台背、涵侧和结合部路基边坡作隔热防护，消除桥台、涵洞对路基冻结、融化过程的影响。

在运营线路上，桥梁、涵洞的热防护，可采用在桥台前壁和涵洞内侧壁、涵顶贴EPS隔热层的方法。隔热层厚度和黏贴范围，应通过热工计算确定。在一般情况下，隔热层厚度不宜小于10 cm。

“精心设计，精心施工”过渡段路基，是确保多年冻土地区铁路线路良好技术状态的基本条件。

7.12 路基排水设计

水是土体冻结和融化过程中最活跃的因素。土体冻结过程中的水分迁移和冻土融化过程中融土含水率的突变（饱和、过饱和），对路基工程稳定性的影响都是很大的。水又是热能的一个来源，地表水和地下水在路基基底和坡脚的聚集，是引起多年冻土地区路基冻融病害的重要原因。因此，排除地表水，防止地表水、地下水在路基基底和坡脚的聚集，保持路基填土和地基的干燥状态，是确保多年冻土地区路基工程稳定的重要手段。经验表明：如果路基填土含水率不超过最佳含水率，路基坡脚又无地表水聚集，则路基的稳定性是好的，冻结和融化过程对路基稳定性的影响是很小的；但如果路基填土和地基土体含水率都很大，则路基冻结过程的冻胀量一般会很大，路基融化过程的融化、压缩下沉变形也会较大。因此，设计合理、完善的路基排水系统，是确保多年冻土地区路基长期稳定的重要条件。

7.12.1 多年冻土地区路基排水设计的基本原则

青藏公路多年冻土地区路基工程的运营实践表明：不完善的路基排水系统是多年冻土地区路基下沉长期不能稳定的重要原因。在过去的很长时间里，路基养护、维修时，由于在路基两侧取土，引起路基坡脚热融下沉，形成积水洼地，致使路基排水系统失效；加上沥青路面的吸热作用，使某些地段路基的人为上限不断下降，路基下形成一种形似“锅底”形态的人为上限。在路基坡脚积水的情况下，地表水渗入“锅中”聚集，并带进大量热量，引起锅底多年冻土进一步融化，“锅底”不断加深。加深的锅，又使更多的水渗流进入锅中，多年冻土又进一步融化。这一过程的反复循环，使沥青路面路基的下沉变形多年不能稳定。在有些地段，路基下已形成一层“多年不冻的融土层”，称为“路基融化槽”。在这些地段，路基下的多年冻土已成为不衔接的多年冻土。

因此，加强多年冻土地区路基排水，建立完善、有效的排水系统，防止地表水在路基坡脚聚集，防止地下水经路基基底渗流，对于加速多年冻土上路基系统热平衡的建立，维持多年冻土上路基工程的稳定都是十分重要的。

多年冻土地区路基排水系统的设计应遵守以下基本原则。

(1) 应尽量少用排水沟，尤其是在高含冰量多年冻土分布地段。

排水沟开挖，会减小多年冻土上覆层的热阻，破坏地表现存的热平衡状态，其结果，一般都会导致传入地基多年冻土的热量增加，引起多年冻土上限下降。

(2) 在路堑工程中，堑顶排水尽量采用挡水埝；路堤工程中，尽量采用黏性土挡水保温护道。

挡水埝和挡水保温护道的修建，通常可增大多年冻土上覆盖层的热阻，并使地表水和地下水“远离”路基。因此，可减少传入地基的热量和水对路基的浸润，提高地基多年冻土和路基的热稳定性。

(3) 路基排水系统的修建，应尽量不要改变路基系统的水文、水文地质条件，防止冰锥、冻胀丘迁移，对路基构成危害。

(4) 排水系统的布置，应使地表水和地下水远离路基坡脚，尽量保持路基和路基系统的干燥状态。

7.12.2 多年冻土地区路基排水系统的设计和施工

(1) 路堑工程排水系统的设计

堑顶排水尽量采用挡水埝。在地形条件允许，而路基排水又需要时，亦可采用挡水埝和埝外天沟相结合的联合排水系统（图7-79）。

合理高度的挡水埝，可使多年冻土的上限抬升，形成“冻土挡水堤”，可防止山坡冻结层上水流入路堑；埝外天沟的存在，可适当降低沟下多年冻土上限，形成天沟下的地下水“渗透盲沟”。这种排水设施的组合，对保护多年冻土环境，防止地表水、地下水对路基的危害，是合理而有效的。

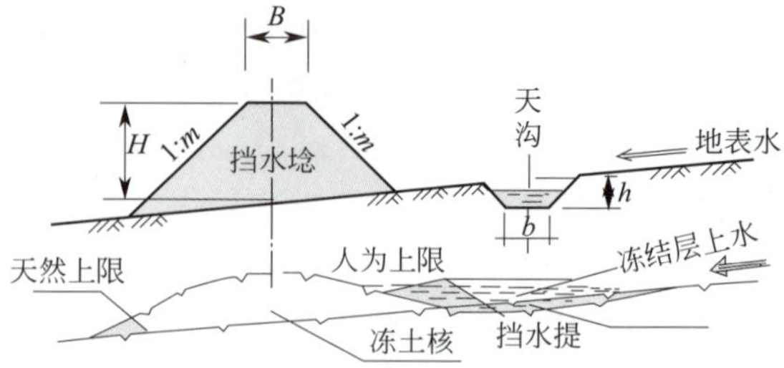

图 7-79　挡水埝、排水沟拦截冻结层上水示意图

挡水埝坡脚离路堑坡顶线的距离宜在 1 ~ 2 m。埝外天沟离挡水埝坡脚的距离一般不大于 1 m。

根据“临界路堤高度”理论，修建的挡水埝应有一定高度，才能使挡水埝下的多年冻土上限有所抬升。据风火山实验路基资料，在青藏高原多年冻土地区，采用顶宽不小于 0.6 m，高度 0.8 ~ 1.2 m 的挡水埝，可使上限的抬升高度满足要求。

表 7-41 是青藏铁路风火山冻土站路基试验工程排水系统中挡水埝下多年冻土上限的变化实测值。

表 7-41　挡水埝人为上限实测值与上限抬升值

日期	挡水埝填筑高度(m)	挡水埝人为上限实测值(m)	附近地面天然上限值(m)	上限抬升(m)	表面冻结指数(℃·d)	表面融化指数(℃·d)	资料来源
1977 年	0.8	1.98	1.41	0.23		1 031	测 温
1978 年	0.8	1.93	1.47	0.34	1 630	1 176	钎 探
1979 年	0.8	1.80	1.40	0.40	1 613	1 040	测 温
1980 年	0.8	1.86	1.42	0.36	1 650	1 076	试 坑
1981 年	0.8	1.87	1.44	0.37	1 613	1 126	测 温
1982 年	0.8	1.81	1.41	0.40	1 650	1 038	测 温
平均		1.88	1.43	0.35	1 631	1 081	
挡水埝表面特性		表面冻结指数/表面融化指数 = 1.51					

图 7-80　风火山试验路堑中的草皮铺砌侧沟（1976 年）

堑内排水可采用热防护侧沟（图 7-80），为减少沟中流水的渗透，侧沟纵坡宜适当加大。

（2）路堤工程排水系统的设计

路堤排水可采用挡水保温护道和护道外侧沟。路堤挡水保温护道的一般尺寸：宽度不宜小于 4 m，高度宜为路堤高度的一半，但不宜小于 1.0 m。

排水沟断面宜采用宽、浅形式，以尽量保持多年冻土上覆盖层的热阻不变，减少地基多年冻土的融化。排水沟应加强沟底和边坡渗水和冲刷的防护，保证顺畅的排水坡度，防止沟中积水。有必要时，可在沟底和边坡设计隔热层，增加排水沟的热阻，防止多年冻土上限下降。如，可用路基工程施工时挖出的草皮，用于排水沟的隔热防护和冲刷防护（图 7-80）。

路基两侧地表水不宜排入附近热融湖（塘），也不宜将热融湖（塘）中的水抽出，以防热喀斯特过程活化，影响路基的稳定。

在多年冻土中的融区，路基排水系统的设计，除防止地表水和地下水在路基附近聚集外，还应特别注意确保路基冻结深度范围内土体的干燥状态，以提高路基在冻结、融化过程中的稳定性。

路基排水沟、挡水埝等小型工程，分布范围广，它们的施工一般都容易使路基系统活动层的热特性发生不利于环境热稳定的变化。因此，路基工程排水系统的设计和施工，应特别注意减少对多年冻土的热干扰，保护好路基系统的多年冻土环境。

7.13　路基冻胀防治

路基的不均匀冻胀破坏线路的平顺性，使线路的平面位置和纵剖面高程发生改变。严重时可中断行车。

7.13.1　路基的冻胀特性

在一般情况下，路基活动层土体冻结过程的冻胀是不可避免的。路基的均匀冻胀对线路的技术状态没有影响，但路基的不均匀冻胀，在路基纵剖面上形成"冻坎"、"冻峰"、"冻谷"等病害，会使寒季线的路技术状态严重恶化。

路堑工程似一"集水建筑物"，地表水、地下水都流向路堑聚集，路堑基底和边坡活动层土体的含水率一般是较高的。路堤则是一"散水建筑物"，地表水、地下水都是离开路堤的，其土体含水率一般是较小的。因此，多年冻土地区路基的冻胀病害具有路堑多于路堤的特点。另外，由于路堤换热边界条件的差异，桥头路堤、涵侧路堤的冻胀病害具有多于一般路堤的特点。

影响路基冻胀的基本因素有：

（1）填土的粒度成分；

（2）路基的冻前含水率；

（3）路基表面的冻结指数；

（4）路基的冻结速率。

在上面因素中，填土的粒度成分，在路基施工时已进行控制。但冻结指数、冻结速度和活动层的冻前含水率总是在变化的，即各个年份的值都是彼此不同的。但它们的变化具有统计规律，即这些值总是在一定范围内波动。据风火山试验路基观测资料：黏性土路堤季节融化层厚度约在1.4～1.6 m，填土含水率的波动值约3%。

在封闭系统条件下，多年冻土地区路堤的冻胀，较之天然地面要轻许多；但路堑工程，由于汇水和排水不畅等原因，基底土的冻胀较之路堤要严重得多。据风火山试验路基观测资料：砂黏土填筑的路堤，其最大冻胀量达29 mm，平均冻胀量为15 mm；用砂黏土换填的路堑，其最大冻胀量达91 mm，平均冻胀量为44 mm。据青藏铁路多年冻土地区路基冻胀观测资料和轨检资料：用粗颗粒土填筑的路基，其冻胀量大多在20 mm以下。寒季多年冻土地区线路优良率（优良线路）在95%以上。这就说明：在路基面的冻胀量不超过20 mm时，轨面的平顺性是不受影响的。即：路基面20 mm以下的冻胀量，是反映不到轨面上来的。

线路的良好技术状态是通过严格的日常养护和定期维修来维持的。考虑日常养护的可能频率和能力，要维持寒季线路的良好技术状态，路基寒季的总冻胀量应不超过表7-42中所列值。

表 7-42　路基允许冻胀量与列车运行速度的关系

列车速度(km/h)	允许总冻胀量(mm)	备　注
50	50	仅适应有砟轨道线路
51 ~ 70	35	
71 ~ 120	25	
121 ~ 180	20	

考虑运营线路的日常养护能力和线路冻害特点，可对冻害线路进行如表 7-43 所示分级。

表 7-43　铁路线路的冻害分级

线 路 等 级	线路冻害特征	路基面总冻胀量(mm)	处理方法及特点
Ⅰ级无冻害线路	线路无明显冻害，技术状态良好	$\Delta h \leqslant 20$	无需日常养护
Ⅱ级轻微冻害线路	线路有轻微冻胀，技术状态欠佳	$20 < \Delta h \leqslant 40$	通过一般日常养护可达要求技术状态
Ⅲ级冻害线路	线路冻害明显，部分线路技术指标超限	$40 < \Delta h \leqslant 60$	需提高日常养护频率，整道维修
Ⅳ级严重冻害线路	线路冻害严重，各项线路技术指标超限	$\Delta h > 60$	需进行专门养护和维修。列车需减速运行

对于Ⅰ、Ⅱ级冻害线路，可通过正常的日常养护来维持线路的要求技术状态。对于Ⅲ、Ⅳ级冻害线路，需组织专门力量进行养护、维修。

7.13.2　路基冻胀防治对策

针对路基不均匀冻胀产生的原因，消除路基的不均匀冻胀，可采用以下基本对策。

（1）用合格的填料填筑路基

线路冻害主要是由路基填土的冻胀特性决定的。

众所周知，不同颗粒组成的各类填料，具有不同的冻胀特性。合理选择路基填料类型是防治路基冻胀的有效方法。在多年冻土地区，可采用冻胀不敏感的土体来填筑路堤，对路堑基底和边坡可采用粗颗粒土进行换填，以减小和消除路基冻胀。

参考季节冻土的冻胀性分类，考虑线路日常养护要求和封闭系统土的冻胀性特点（其冻胀率小于 9%），可对铁路路基设计规范中的岩块、粗颗粒土、细颗粒土三大类填料，按其冻胀率，进行如下冻胀性分组：

①Ⅰ组，不冻胀填料，其冻胀率 $\eta \leqslant 1\%$。该组包括以下填料：

硬块石和细粒土含量在 15% 以下，级配良好（$C_U \geqslant 5$，$C_C = 1 \sim 3$）的漂石土、卵石土、碎石土、砾石土、砾砂、粗砂、中砂；

②Ⅱ组，弱冻胀填料，其冻胀率 $1\% < \eta \leqslant 2.5\%$。该组包括以下填料：

不易风化的软块石和细粒土含量在 15% ~ 30%，级配不良（$C_U < 5$，或 $C_C \neq 1 \sim 3$）的漂石土、卵石土、碎石土、砾石土、粗砂、中砂、细砂、黏砂；

（上面的 C_U 为不均匀系数，$C_U = \dfrac{d_{60}}{d_{10}}$；$C_C$ 为曲率系数，$C_C = \dfrac{d_{30}^2}{d_{10} \times d_{60}}$。$d_{10}$，$d_{30}$，$d_{60}$ 分

别为颗粒级配曲线上相应于10%，30%，60%含量的颗粒粒径。）

③Ⅲ组，冻胀性填料，其冻胀率2.5% $<\eta\leqslant$6%。该组包括以下填料：

易风化的软块石和细粒土含量在30%以上的漂石土、卵石土、碎石土、砾石土以及粉砂、粉土、粉黏土；

④Ⅳ组，强冻胀填料，其冻胀率 $\eta>$6%。该组包括以下填料：

严重风化的软块石、黏粉土、黏土。

为防治路基冻胀，满足线路养护和安全运营需求考虑，在设计多年冻土地区和深季节冻土地区路基时，应视线路等级和行车速度，采用不同冻胀性的填料来填筑路基。在一般情况下，路堤基床应采用Ⅰ组不冻胀填料进行填筑；路堤本体，视行车速度和最大冻结深度情况，可采用Ⅱ组或Ⅲ组填料进行填筑。Ⅳ组填料一般不得用于填筑路堤。路堑基底应采用Ⅰ组不冻胀填料进行换填，边坡可采用Ⅱ组或Ⅲ组填料进行换填。基底和边坡的换填深度应通过热工计算确定，并不得小于当地粗颗粒土最大融化深度的1.5倍。

（2）合理设计和填筑路基过渡段

设计合理的过渡段路基纵、横剖面结构和热防护措施，采用合格的填料填筑过渡段。

（3）建立合理、完善的路基排水系统，让地表水、地下水远离路基坡脚，保持路基的干燥状态。

（4）降低路基系统的地表温度，减小路基活动层的厚度。

对运营路基，防治路基不均匀冻胀可采用以下方法：

（1）换填路基活动层中的冻胀性土，并作好换填段与未换填段间的冻胀过渡；

（2）消除路桥、路涵连接段路基冻结边界条件与相邻路基的不一致性。即消除路桥、路涵连接处的三维传热影响，保持路基冻结、融化边界条件的一致性；

（3）减小路基活动层厚度。可在路基活动层中设隔热层，减小路基融化深度；

（4）减小路基冻结深度。可在道床中撒盐，降低活动层土体的冻结起始温度，减小路基的冻结深度。

（5）填筑挡水保温护道，将地表水挡至坡脚外一定距离，保持路基和路基坡脚的干燥状态。

第8章 桥 梁 工 程

多年冻土地区的桥梁建设，已有100多年的历史。在这100多年中，积累了许多多年冻土地区建桥的成功经验，包括适应多年冻土环境（工程地质条件）的桥梁上部结构、墩台基础类型和施工工艺等。如：适应多年冻土地基变形高度不均匀性的简支上部结构；适应多年冻土环境高度热敏感性的桩基础；满足多年冻土中快速成孔的旋挖钻进技术等。这些技术和经验的采用，大大加快了多年冻土地区的建桥速度，减少了对多年冻土环境的热干扰，保证了多年冻土上桥梁的稳定。

桩基础是现今多年冻土地区普遍采用的桥梁基础型式。世界各国在多年冻土工程中使用桩基，已有近80多年的历史。桩基具有柱式基础的所有优点：可适应各种冻土工程地质条件，施工简便，无需挖掘基坑，承载能力大，对多年冻土地基的热干扰最小等。常用的桩型有：木桩、钢管桩、H断面钢桩、钢筋混凝土桩等。在北美多年冻土地区，预制钢筋混凝土桩用得较少，钻孔灌注混凝土桩只偶尔采用。在美国阿拉斯加的文耐特和费尔班克斯等地，曾采用过钢筋混凝土钻孔灌注桩，出现的问题是：水位变化带桩表层混凝土剥落，钢筋外露锈蚀；在年平均地温较高时，桩周融化冻土的回冻时间长，甚至不可能回冻；施工相对复杂等。因此，世界各多年冻土国家，大多都不采用钢筋混凝土灌注桩。在美国和加拿大，多年冻土区的桥梁，常采用的桩有：普通钢管桩、H型截面钢桩、螺旋钢管桩、钢管热桩和内插热棒钢管桩。在俄罗斯，则较多采用工厂预制的各种截面（圆形、矩形、工字形和十字形）钢筋混凝土桩，其目的是：减少混凝土桩的体积和桩的重量；增加桩的冻结面积，以提高桩的承载力。但在我国，多年冻土中的桩基础，大多倾向采用钢筋混凝土灌注圆桩。30多年来的研究和工程实践表明：多年冻土中的钻孔灌注桩，具有适合我国情况的许多优点，如：结构简单、施工方便，混凝土集料可就地开采，桩尺寸不受限制，冻结强度较高，地基抗力系数较大等；加之近年来旋挖钻机成孔新工艺的采用，大大缩短了钻孔灌注桩的施工时间，将桥梁基础施工带给地基多年冻土的热干扰减到最小，有力地保护了多年冻土环境，因而，在我国多年冻土区的桥梁地基基础工程中，得到了广泛应用。目前，我国多年冻土地区的桥梁几乎都是采用钢筋混凝土钻孔灌注桩。

在青藏铁路建设过程中，多年冻土区的桩基均采用大型旋挖钻机成孔。这种钻机具有钻进速度快，孔壁规则、对多年冻土热扰动小等优点，从而，可大大减少缩孔、塌孔的危险，由于钻探过程中不用泥浆，故对环境的污染小，于多年冻土环境保护极为有利。

青藏铁路格尔木至拉萨段，共有桥梁675座。在多年冻土地段，有桥梁441座，总长度119.3 km，全部都是采用钢筋混凝土钻孔灌注桩。

8.1 多年冻土上桥梁冻、融病害类型及产生机理

多年冻土地区桥梁病害频发的基本原因是：严寒的气候条件，使桥梁混凝土构件每年要

经受数次或十数次冻融循环的考验，构件强度逐年受损；多年冻土在平面和剖面分布的高度不均匀性和地基多年冻土的衰退和融化，使桥梁墩、台基础产生严重不均匀变形，桥梁的整体性遭到破坏。

20 世纪五六十年代，大兴安岭多年冻土地区的铁路桥梁和青藏公路多年冻土地区的公路桥梁，大多都是采用的木桩基础。由于桩基埋深较小，严重的冻胀变形是引起桥梁上部结构损坏的主要原因。20 世纪 60 年代以后，多年冻土地区的桥梁基础逐渐为混凝土墩式基础和钢筋混凝土桩基础代替，桥梁的冻融病害有所减少。但活动层的冻融循环和地基多年冻土的衰退和融化，仍然是今天引起桥梁地基基础和上部结构发生变形破坏的主要原因。

（1）多年冻土地区桥梁病害的，常见的几种类型。

①地基多年冻土的衰退和融化引起的桥梁病害

桥梁施工和运营带给地基多年冻土和冻土环境的热干扰，是引起地基多年冻土衰退和融化的基本原因。地基多年冻土的衰退和融化引起的桥梁病害有：

a. 桥头路堤严重下沉变形；

b. 墩、台的不均匀下沉和倾斜；

c. 墩、台的不均匀下沉与倾斜变形，使桥梁的整体性遭到破坏。如：波浪式变形桥面（图 8-1）；T 梁、板梁端头顶死，支座挡块剪断，支座损坏；桥墩纵向倾斜变形，桥梁支座失效等（图8-2）；

图 8-1 桥墩冻胀、融沉变形产生的波浪桥面

图 8-2 桥墩倾斜变形

d. 桥台锥体护坡下沉、裂缝等（图 8-3）。

图 8-3 桥台锥体护坡毁坏

图 8-4 桥墩混凝土剥蚀、露筋

②地基活动层的冻融循环引起的桥梁病害

a. 墩、台的不均匀冻胀和倾斜；

b. 墩、台冻胀引起桥梁整体性破坏；

c. 桥台锥体护坡冻胀、开裂等。

③寒、暖季节变化和正、负气温昼夜交替引起的桥梁病害：

a. 桥墩水位变化带混凝土剥蚀、露筋（图 8-4）；

b. 桥梁混凝土构件裂缝、剥落、露筋等。

（2）多年冻土地区桥梁冻融病害产生机理

①热融下沉病害的产生原因

桥梁基础施工，特别是明挖基础施工，破坏了设桥地点多年冻土环境的热平衡，引起地基多年冻土的衰退和融化。随着桥梁的施工和建成，桥梁地基多年冻土开始新热平衡的建立，逐渐形成桥梁地基多年冻土的人为上限。这一过程，一般需 2 ~ 3 年。在桥梁人为上限形成过程中，地基多年冻土热状态的调整，会使地基的热稳定性和强度发生强烈变化。这些变化，在一般情况下，于桥梁地基、基础的稳定是不利的，是引起桥梁基础和上部结构产生变形破坏的主要原因。在稳定人为上限形成后，桥梁地基多年冻土的热、力状态进入相对稳定阶段。

桥头路堤的严重下沉是桥头路基的三维换热边界条件引起的。台背路基的三维换热，使地基多年冻土融化，上限下降。地基多年冻土的大量融化下沉是桥头路基出现严重下沉病害的主要原因。

②活动层冻融循环病害产生的机理

地基活动层冻融循环过程对桥梁的作用是反复的、长久性的。在桥梁地基基础进入热学和力学相对稳定阶段后，地基活动层冻融循环过程对基础的冻胀力作用，就成为引起桥梁基础和上部结构病害的直接原因。由于地基活动层的组成要素是动态变化的，因而，作用于桥梁基础的冻胀力也是动态变化的。如果在某一时刻，变化的冻胀力能将桥梁基础拔起，则桥梁将产生变形或破坏。

桥梁上部结构的整体性破坏是墩、台地基多年冻土人为上限形成过程的衰退和融化，以及地基活动层的冻融循环引起的。

③桥梁混凝土构件损坏原因

桥梁混凝土构件的剥蚀、裂缝、露筋破坏是桥梁混凝土构件冻融循环（正、负气温交替引起的）过程中的冰劈作用引起的，是构件强度损失和破坏的外部直接原因。

如前所述，水、冰相转换时，体积的膨胀将产生巨大的膨胀力。混凝土构件孔隙、缝隙中水的这种结晶膨胀力作用，称为冰劈作用。冰劈作用是引起多年冻土地区桥梁混凝土构件损坏的外部直接原因。

多年冻土区气候的一个特点是暖季昼夜温差大。据风火山 1963 年气象资料分析统计，该地区暖季的正、负温度交替次数在 24 次以上，出现在 5 月、6 月和 9 月。其中：5 月，夜间气温均低于 0 ℃，白天气温高于 0 ℃的天数为 13 d，最高温度 5.1 ℃；6 月，白天气温均高于 0 ℃，夜间气温低于 0 ℃的天数为 4 d，最低温度 −2.6 ℃；9 月，白天气温均高于 0 ℃，夜间气温低于 0 ℃的天数为 7 d，最低温度 −1.6 ℃。这种短周期正、负温度的交替出现，桥梁的部分混凝土构件可能产生冻结和融化。因此，在一年中，桥梁混凝土构件可能要经受多次冻融循环，强度损失会比预期的大。因此，桥梁混凝土构件出现损坏的现象较多。

8.2 冻土桩—地系统形成的物理过程和工作特性

多年冻土中，桥梁桩—地受力系统的形成，大体要经过以下物理过程：桩基施工过程中，灌桩混凝土固化过程放出的水化热和成孔切削产生的热量，使地基多年冻土的温度场发生变化，引起桩周地基多年冻土的升温和融化，融化土体将桩体与地基多年冻土隔开，在桩—地系统中出现两个物理界面：桩—融土界面和融土—多年冻土界面。在这种情况下，桩与融土之间的联系，为土颗粒与桩基础表面之间的水膜胶黏联结。由于桩周融土厚度较小，这时的桩基础一般是无承载能力的。在桩基施工完成后，在地基“多年冻土冷源”的作用下，桩周融土逐渐降温冻结（回冻），融土—多年冻土界面逐渐向桩—融土界面靠拢，直至两界面重合。在融土与基础间的水膜胶黏联结变成了冰胶黏连结时，冻土与基础间的冻结力出现，桩基础与地基多年冻土冻结成一整体，桩—地受力系统形成，这时的冻土桩基才具有了承载能力。当地基多年冻土温度场完全恢复后，桩基的承载力达最大值。

与桩基回冻过程同时，地基多年冻土的原天然上限也在发生变化，逐渐形成与桥梁工程热力条件相适应的新的多年冻土上限，即桥梁地基多年冻土人为上限。在桥梁地基多年冻土稳定人为上限形成后，稳定的桥梁桩—地受力系统正式形成，基础、地基协同工作，共同维持多年冻土上桥梁工程的稳定：锚固于多年冻土中的桩体提供冻土桩基承载力；位于多年冻土层以上的桩体抵抗地基活动层冻融循环的破坏。

由于桩基础与地基多年冻土和地基活动层接触，因此，多年冻土中桩基的工作特性，受地基多年冻土的岩性成分、总含水率和温度等控制，受活动层土体冻融循环过程冻胀特性的影响。

地基多年冻土的冻结强度是桩基础承载力的来源（桩底承载力在一般条件下忽略不计）。因此，地基多年冻土的岩性成分、总含水率和温度等对桩基的工作状态好坏有重要影响。而活动层冻融循环对桩基工作特性的影响主要表现在：活动层的冻结过程，将产生作用于桩基础的冻胀力，使桩产生“冻拔”，但活动层冻结后，桩基础完全嵌固在冻土地基中，这时的桩基础具有最大的承载能力，稳定性最好；在活动层融化过程中，桩的承载力减小，融化深度达最大时，桩基的承载能力最小，稳定性最差。

根据多年冻土中桩基础—地基系统的上述工作特点，为增加冻土桩基的承载能力，减小冻胀力对桩基稳定性的影响，在多年冻土地区的桥梁地基基础设计中，应尽量增大多年冻土与桩之间的冻结强度，减小活动层土体与桩基础之间的冻结力，即应对活动层中的桩基础应进行防冻胀处理。

8.3 冻土桩基静载试验

桩基础具有适应性强（可适应各种冻土工程地质条件）、施工简便、对地基多年冻土的热干扰小、承载能力高等优点。因此，在多年冻土区的道路工程中被广泛采用。20 世纪 50 年代，在我国多年冻土地区的桥梁工程中，已开始使用木桩基础。至 20 世纪 70 年代，钢筋混凝土桩已被广泛用于多年冻土地区的桥梁工程中。

多年冻土与桩基础表面间的冻结强度和冻土地基的抗力系数，是桥梁桩基础设计的基本参数，须通过现场桩基静载试验确定。

我国多年冻土中的桩基静载试验，是伴随格尔木—拉萨输油管线工程（530 工程）的设计和施工开始的。1974 年，在格尔木至拉萨的输油管线工程建设中，为满足多年冻土中房屋桩基础设计的需要，决定在五道梁 9 号油泵站开展冻土桩基静载试验，建立了我国第一个冻土桩基试验场。在随后的 1976 年和 1983 年，为青藏公路改建和青藏铁路建设需要，铁道部西北研究所与西安第一公路设计院合作，又在清水河和昆仑山建立了两个冻土桩基试验场，开展钻孔灌注桩、钻孔插入桩和钻孔打入桩的桩基静载试验。

2004 年，交通部在开展西部交通建设科技项目研究时，又在青藏公路沿线多年冻土地区的昆仑山垭口盆地，建立了桩基试验场，进行了两根较大桩径（直径 1.2 m）和较大桩长（土中桩长 15 m）的钢筋混凝土挖孔灌注桩的垂直荷载试验。

近年来，为房屋冻土桩基础设计需要，黑龙江省寒地研究院在大兴安岭多年冻土地区也进行过桩基静载试验。

8.3.1　荷载试验的加载方法与稳定、破坏标准

冻土桩基荷载试验的目的是要找到这样一个荷载：在该荷载作用下，桩的下沉速率不超过非衰减蠕变的界限。目前，冻土工程界认为：下沉速度为每昼夜 0.1 ~0.3 mm，是桩—地系统从不稳定蠕变向稳定蠕变过渡的界限；桩的下沉速度为每昼夜 0.3 ~0.5 mm，是桩—地系统从稳定蠕变过渡至渐进流动的界限。

（1）加载方法

①慢速分级加载法：根据拟定的荷载等级标准和稳定标准进行试验，绘制“荷载—下沉”曲线，求得桩的弹性极限和极限承载力。并将分级加荷所得试验结果，绘制“强度—时间”曲线，确定桩的极限长期承载力。

②等速（快速）加载法：分级、定时等量连续加载，把桩开始迅速下沉的荷载，作为桩的长期承载力。

③沉降速率法：分级加载至桩产生迅速流动，绘制变形—时间曲线和下沉速率—荷载曲线，用外推法估计出桩的承载力。

水平荷载试验的加载方法：

俄罗斯采用多次反复循环加载，每个循环延续时间，由 10 min 到 8 h，每一加载循环作为一单个试验；美国、加拿大等国则采用一次连续等速加载，荷载作用时间，短期为 2 h，长期为 8 h。

（2）稳定与破坏标准

我国冻土桩基荷载试验采用桩顶“反力梁法”和桩身“自平衡法”施加荷载。加载标准大体如下：

①垂直载荷试验

a. 采用分级加荷，第一级荷载采用估算极限荷载的 30%，以后每级增加量为估算极限荷载的 10%。

b. 在 24 h 内，桩的下沉量小于 0.5 mm 时，认为桩的沉降已稳定。

c. 加荷当日，除开始的 8 h 外，后两个 8 h 平均沉降速率若小于每昼夜 0.5 mm 时，则认为试桩沉降已稳定，即可加下一级荷载。

d. 加载后，连续 10 d 沉降量均大于或等于每昼夜 0.5 mm 时，该级荷载即为破坏荷载，

其前级荷载即为极限荷载。

② 水平载荷试验

铁道部科学研究院西北研究所，采用一次连续加载法，其试验过程如下：

首先，根据桩—土系统特性估算桩的水平承载力，进行荷载分级，每级为估计承载力的10% 。而后，采用等量加荷，每级荷载施加后，按6 min、9 min、15 min、30 min……时间间隔读取各百分表数值，至最后一小时地面处桩的水平位移小于或等于0.04 mm时，即加下一级荷载。若地面处桩的水平位移值，对于预制桩大于10 mm，灌注桩大于6 mm，且在一昼夜不稳定时，即认为地基及桩身均已破坏，停止试验。钢管试桩的稳定标准与破坏标准均为钢筋混凝土桩的两倍。内力测量每隔半小时进行一次。

8.3.2 冻土桩基静载试验

试验前，在桩周活动层一定范围内挖去融土，回填隔热材料，以消除活动层融土的摩擦力，减小地温在试验期间的变化。试验期间每天测量一次桩周各深度的地温，以确定试验期间冻土的平均温度。

（1）现场垂直荷载试验

① 2004年昆仑山冻土桩基静载试验

试验采用自平衡加载法。这是我国首次将自平衡加载方法用于冻土桩基试验。自平衡试桩法是比较接近于竖向抗压桩实际工作条件的试验方法，其加载设备是设置于桩中的荷载箱（图8-5）。它与钢筋连接后，安放在桩身平衡点（该试验条件下，离桩底1.5 m）。垂直荷载通过液压系统施加。随着荷载箱内压力的增大，箱顶和箱底被推开，产生向上和向下的推力，即施加于上、下段桩上的垂直荷载。这种试验方法用于冻土桩基试验时，一次加载可完成以下三种力学试验：上段桩的抗拔试验；下段桩的抗剪试验；桩底冻土的载荷试验。由于这种加载方法无需设置反力锚桩与加载横梁等，因而，可节省试验费用。

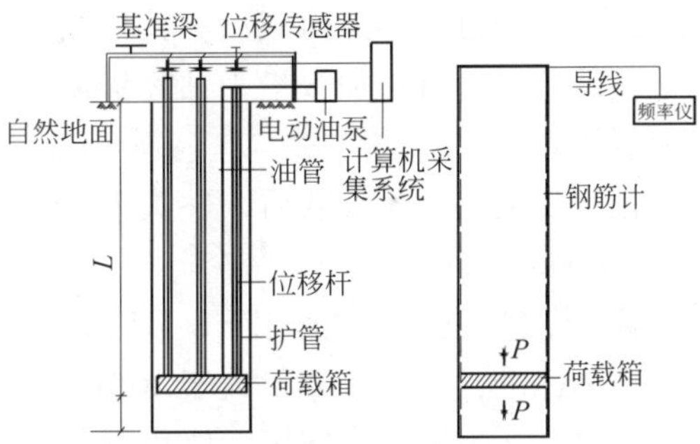

图8-5 桩基自平衡加载与测试系统示意图

试验场的冻土工程地质条件为：试验场位于昆仑山垭口盆地。海拔高度约4 650 m。该区气候严寒，冻结期长达7~8个月，年平均气温-5 ℃左右，极端最高气温22.7 ℃，极端最低气温-26.7 ℃。年平均降雨量220.9 mm，年平均蒸发量1 468.8 mm。多年冻土为少冰、多冰冻土，上限埋深2.1 m，厚度约100~110 m，年平均地温约-1.8 ℃。地层岩性为：0~2.5 m为粉质黏土，2.5 m以下为砂砾石和粉砂土互层。

试桩尺寸和主要技术参数如表8-1所示。

表8-1 2004年昆仑山桩基试验场试桩主要技术参数

试桩编号	桩身直径（mm）	实际桩长（m）	有效桩长（地面以下桩长）（m）	荷载箱距桩底距离（m）	成桩方法
1#	1 200	16	15	1.5	人工挖孔
2#	1 200	16	15	1.5	人工挖孔

2004 年 6 月 9 日，钢筋混凝土试桩施工完成。7 月 21 日 ~7 月 25 日（成桩 42 d 后），做第一次垂直荷载试验。试验时，桩侧表面冻土平均温度恢复到 -0.6 ℃，桩周冻土季节融化深度约 1.6 m，混凝土强度达到设计值。9 月 4 日 ~9 月 5 日（成桩 87 d 后），进行第二次垂直荷载试验。此时，桩侧表面冻土平均温度已恢复到 -1.5 ℃，与天然孔的地温基本一致。桩周冻土融化深度约 1.9 m。即：第一次试验时，上部桩的冻结长度为 11.9 m；第二次试验时，上部桩的冻结长度为 11.6 m。由于条件所限，未进行水平荷载试验。

昆仑山试验桩桩侧和桩底融化冻土的温度均在 12 d 左右达到 0 ℃。然后，随着时间的延长，地温逐渐降低。约在 80 d 以后，桩周地温接近天然状态。在冻土地温恢复的同时，桩—土界面的冻结强度和桩底冻土的抗压强度都在迅速增长，冻土桩基的承载力逐渐形成。

静载试验时，桩的主要技术参数如表 8-2 所示。

表 8-2　桩的主要技术参数

试桩编号	试验日期	多年冻土上限（m）	季节融化深度（m）	上部桩冻结长度（m）	下部桩冻结长度（m）	试验期平均地温（℃）
1#	6.21 ~6.25	2.1	1.6	11.9	1.5	-0.6
2#	6.21 ~6.25	2.1	1.6	11.9	1.5	-0.6
1#	8.4 ~8.5	2.1	1.9	11.6	1.5	-1.5
2#	8.4 ~8.5	2.1	1.9	11.6	1.5	-1.5

试验采用慢速维持荷载法，其荷载分级与稳定、破坏标准如下。

荷载分级：每级加载量为估算极限承载力的 1/15。第一级荷载为分级荷载的两倍。卸载分五级进行。

位移观测：每级加载后，在头 1 h 内，分别于 5、15、30、45、60 min 读一次数，以后每隔 30 min 读数一次。

稳定标准：每级荷载作用下，最后 30 min，下沉量不大于 0.1 mm 时，则认为桩的下沉已稳定。

破坏标准：①总位移量大于 40 mm，且本级荷载的下沉量大于或等于前一级荷载下沉量的 5 倍时，认为试桩已破坏，停止加载；②总位移量大于 40 mm，且本级荷载加上后，24 h 未达稳定，则认为试桩已破坏，停止加载；③总位移量小于 40 mm，但荷载已大于或等于设计荷载乘设计规定的安全系数，则可终止加载。

第一次试验，施加荷载 450 t；第二次试验，施加荷载 500 t。两次试验桩的位移都较小（桩向上、向下的位移都在 7 mm 以下），但施加荷载已大于设计荷载，故停止试验。

表 8-3 列出了第一次试验时，试桩荷载、位移试验结果。

表 8-3　第一次试验时，试桩荷载、位移试验结果汇总

试桩编号	1#	2#	备注
预定加载量(kN)	2×4 500	2×4 500	
最终加载量(kN)	2×4 500	2×4 500	试验期，桩侧表面多年冻土平均温度约 -0.6 ℃
荷载箱处最大向上位移(mm)	5.58	5.77	
向上残余位移(mm)	4.71	4.49	
上部桩土体系弹性变形(mm)	0.87	1.28	

续上表

试 桩 编 号	1#	2#	备 注
预定加载量(kN)	2×4 500	2×4 500	
荷载箱处最大向下位移(mm)	5.14	5.46	试验期，桩侧表面多年冻土平均温度约 -0.6 ℃
向下残余位移(mm)	4.49	4.61	
下部桩土体系弹性变形(mm)	0.65	0.85	
桩顶位移(mm)	3.62	3.70	
上段桩压缩变形(mm)	2.96	2.07	

表 8-4 列出了第二次试验时，试桩荷载、位移试验结果。

表 8-4 第二次试验时，试桩荷载、位移试验结果汇总

试 桩 编 号	1#	2#	备 注
预定加载量(kN)	2×5 000	2×5 000	
最终加载量(kN)	2×5 000	2×5 000	试验期，桩侧表面多年冻土平均温度约 -1.5 ℃
荷载箱处最大向上位移(mm)	3.27	3.13	
向上残余位移(mm)	2.55	2.03	
上部桩土体系弹性变形(mm)	0.72	1.10	
荷载箱处最大向下位移(mm)	3.97	3.42	
向下残余位移(mm)	3.07	2.34	
下部桩土体系弹性变形(mm)	0.90	1.08	
桩顶位移(mm)	2.79	2.62	
上段桩压缩变形(mm)	1.48	1.51	

从上面表 8-3 和 8-4 可以看出：即使钢筋混凝土桩的直径已达 1.2 m，在荷载作用下，桩仍然产生了压缩（第一次试验，1#桩的上段桩压缩量为 2.96 mm，2#桩的上段桩压缩量为 2.07 mm；第二次试验，1#桩的压缩量为 1.48 mm，2#桩的压缩量为 1.51 mm），即桩仍然属弹性桩，因此，桩中轴力和桩侧桩—土界面上的剪应力分布是不均匀的。两次试验，总的来说，桩的位移都较小（与所定破坏标准 40 mm 相比），但是，由于冻结强度的破坏位移较小，试验时桩侧冻结强度可能都已破坏。从表中还可以看出，第一次试验时，桩侧冻土温度较高（平均 -0.6 ℃），冻结强度和冻土的弹性模量较小，桩—土系统的变形较大，桩顶位移在 3.26 ~ 3.70 mm；第二次试验时，桩侧冻土温度较低（平均 -1.5 ℃），冻结强度和冻土的弹性模量较大，桩—土系统的变形较小，桩顶位移仅 2.62 ~ 2.79 mm。在桩—土系统的变形中，主要为塑性变形，弹性变形很小（弹性变形约占总变形的 13% ~26%）。说明在剪应力作用下，桩—土界面上的剪切变形主要为塑黏流动。

多年冻土中桩基的承载能力，来源于桩侧冻土的冻结力和桩端多年冻土的反力（忽略季节融化层部分的融土摩擦力和冻结时的冻结力）。据有关试验资料，在一般情况下，尤其是在桩长较大和桩径较小情况下，桩侧冻结强度的破坏与桩底多年冻土的破坏（压缩下沉）是不同步的。即在一般情况下，桩底多年冻土还未承受荷载或承受荷载较小时，桩侧冻结强度已破坏。因此，在确定多年冻土中桩的承载能力时，应根据桩侧冻结强度的破坏位移，来确定桩底多年冻土的反力大小。而不能按桩底多年冻土的极限抗压强度来确定桩端承载力。

下面通过上段桩的抗拔试验、下段桩桩—土界面的抗剪强度试验、桩底地基多年冻土的荷载试验资料分析，来分析确定试验条件下的冻土桩基设计参数。

a. 上段桩的抗拔试验

表 8-5 列出了各级荷载下，桩中轴力沿深度的分布（第一次试验时，1#试桩数据，其他桩的试验结果与此相似）。

表 8-5　第一次试验，1#试桩各级荷载下，轴力（kN）的分布

荷载编号	桩顶,0.0 m	截面 1，-4.7 m	截面 2，-6.6 m	截面 3，-7.9 m	截面 4，-12 m	荷载箱,12.5 m	截面 5，-15 m
1	0	0	0	0	0	0	0
2	0	86	150	231	439	600	502
3	0	147	228	324	617	900	719
4	0	210	323	446	852	1 200	960
5	0	327	450	597	1 106	1 500	1 221
6	0	398	565	750	1 359	1 800	1 471
7	0	576	791	990	1 623	2 100	1 691
8	0	603	873	1 120	1 889	2 400	1 955
9	0	656	966	1 250	2 158	2 700	2 233
10	0	691	1 114	1 419	2 451	3 000	2 484
11	0	649	1 138	1 527	2 714	3 300	2 678
12	0	682	1 186	1 623	2 939	3 600	2 923
13	0	707	1 246	1 747	3 168	3 900	3 160
14	0	765	1 324	1 863	3 390	4 200	3 422
15	0	825	1 420	1 994	3 659	4 500	3 701

从表 8-5 可以看出：荷载作用下，试桩中轴力的分布，是以荷载箱为中心，沿桩向上、向下逐渐减小的。桩中轴力的这种分布形式，是由桩—土界面上剪应力的不均匀分布所决定的：离荷载箱距离越小，剪应力越大；离荷载箱越远，剪切应力越小。这就是说，在整个冻结桩长上，桩与冻土间冻结强度的破坏，是自下而上逐渐发生的，即：桩侧冻结强度的破坏是自下而上逐渐进行的。在荷载作用下，当桩侧表面某一深度处的剪应力达到极限冻结强度时，该处桩与冻土间的冰胶黏连结被破坏（但还存在残余冻结强度），桩侧最大剪应力向上传播，下一段桩—土界面进入破坏剪切变形。如此循环，直至整个桩—土界面破坏。

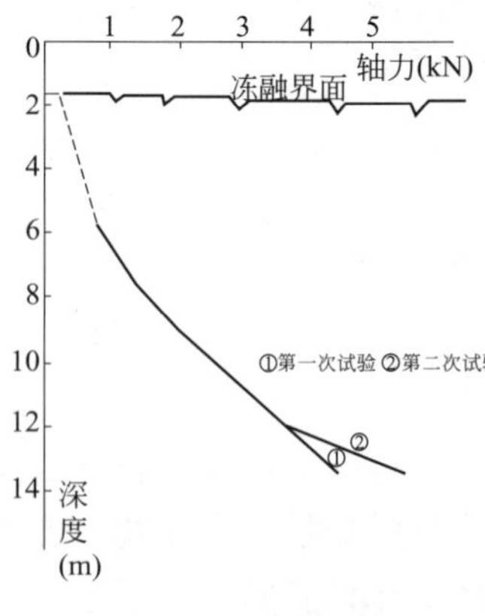

图 8-6　桩中轴力沿深度的分布

在最大荷载作用下，两次试验得到的上部桩中轴力沿深度的分布如表 8-6 和图 8-6 所示。

表 8-6 最大荷载作用下，上段桩中轴力（kN）的分布

试桩编号	冻土平均地温（℃）	荷载箱位置，-12.5 m	测试截面 4，-12 m	测试截面 3，-7.9 m	测试截面 2，-6.6 m	测试截面 1，-4.7 m
1#	-0.6	4 500	3 659	1 994	1 420	825
2#	-0.6	4 500	3 554	2 021	1 380	801
1#	-1.5	5 000	3 753	1 964	1 440	814
2#	-1.5	5 000	3 625	2 062	1 407	817

从表 8-6 和图 8-6 可以看出，在第二次试验时，虽然荷载增加 500 kN，但除第 4 断面的轴力有较大的变化外，其他各断面上的轴力基本保持不变。

根据表 8-6 所列数据，经计算，得到最大荷载作用下，桩与冻土界面上剪应力的分布，如表 8-7 和图 8-7 所示。

表 8-7 最大荷载作用下，桩与冻土界面上剪应力（kPa）的分布

试桩编号	试验温度（℃）	荷载（kN）	-12 ~ -12.5 m	-7.9 ~ -12 m	-6.6 ~ -7.9 m	-4.7 ~ -6.6 m	-4.7 ~ 上限	冻结桩段平均剪应力
1#	-0.6	4 500	147.69	142.47	115.95	82.15	52.38	107.93
2#	-0.6	4 500	166.20	131.15	105.35	84.26	51.82	107.25
1#	-1.5	5 000	220.50	152.05	105.91	86.42	55.82	123.94
2#	-1.5	5 000	242.10	132.76	107.47	85.96	56.03	124.86

从表 8-7 和图 8-7 可以看出：在桩与冻土界面上，剪应力的分布是自下而上逐渐减小的。在荷载箱附近，剪应力最大，桩与冻土之间的冰胶黏连结可能已破坏。据表 8-7 资料计算，在 -0.6 ℃条件下，桩与冻土间的平均极限冻结强度约为 1.08 kg/cm^2；在 -1.5 ℃条件下，约为 1.25 kg/cm^2。

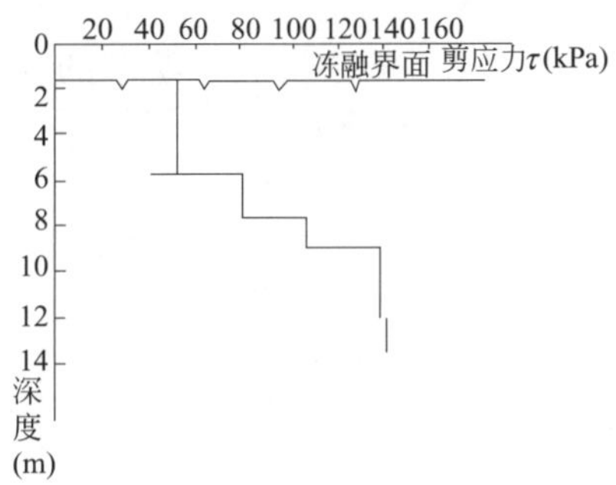

图 8-7 桩—土界面上剪应力沿深度的分布

b. 下段桩桩—土界面抗剪强度试验

由于下段桩较短（1.5 m），长径比较大，且埋深大（13 m 以下），故在分析下段桩桩—土界面的抗剪强度特性时，作以下假定。

（a）在荷载作用下，下段试桩冻结界面上的剪应力分布是均匀的；

（b）在试验期间，剪切界面上的温度分布是均匀的。

各级荷载作用下，两次试验所得桩—土界面的剪应力和剪切位移如表 8-8 所示。

表 8-8 桩—土界面的剪应力和剪切位移

荷载（kN）	第一次试验（界面温度 -0.6 ℃）				第二次试验（界面温度 -1.5 ℃）			
	1#桩		2#桩		1#桩		2#桩	
	剪应力（kPa）	位移（mm）	剪应力（kPa）	位移（mm）	剪应力（kPa）	位移（mm）	剪应力（kPa）	位移（mm）
0	0	0	0	0	0	0	0	0
600	17.30	0.14	14.44	0.24	20.77	0.16	25.89	0.14
900	31.93	0.36	25.16	0.41	49.51	0.39	29.79	0.38

续上表

荷载(kN)	第一次试验(界面温度 -0.6 ℃)				第二次试验(界面温度 -1.5 ℃)			
	1#桩		2#桩		1#桩		2#桩	
	剪应力(kPa)	位移(mm)	剪应力(kPa)	位移(mm)	剪应力(kPa)	位移(mm)	剪应力(kPa)	位移(mm)
1 200	42. 48	0. 50	33. 80	0. 62	59. 66	0. 58	44. 11	0. 62
1 500	49. 36	0. 78	46. 82	0. 80	64. 65	0. 82	58. 22	0. 77
1 800	58. 12	1. 17	55. 30	1. 08	79. 01	1. 03	68. 63	0. 86
2 100	72. 26	1. 50	72. 06	1. 69	83. 61	1. 41	80. 00	0. 99
2 400	78. 65	1. 83	84. 14	2. 30	96. 62	1. 97	96. 08	1. 37
2 700	82. 67	2. 13	102. 32	2. 76	101. 76	2. 25	98. 04	1. 72
3 000	91. 28	2. 43	113. 13	3. 30	105. 98	2. 78	111. 56	2. 13
3 300	110. 08	3. 23	132. 09	4. 11	110. 99	3. 32	134. 77	2. 78
3 600	119. 69	4. 13	143. 86	4. 93	125. 39	3. 65	152. 34	3. 17
3 900	130. 91	4. 90	146. 27	5. 97	132. 44	4. 23	162. 73	3. 50
4 200	137. 50	5. 54	153. 83	6. 52	145. 50	4. 58	171. 42	3. 73
4 500	141. 35	6. 54	160. 07	7. 49	160. 24	4. 86	174. 70	4. 31

从表 8-8 可以看出，桩—土界面上的剪应力和剪切位移变化具有以下特点：剪应力和剪切位移均随荷载的增大而增加；但剪应力随界面温度的降低而增大，剪切位移随温度的降低而减小。

根据表 8-8 中资料，绘制的桩—土界面剪应力 τ 与剪切位移 s 关系曲线，如图 8-8、图 8-9 所示。

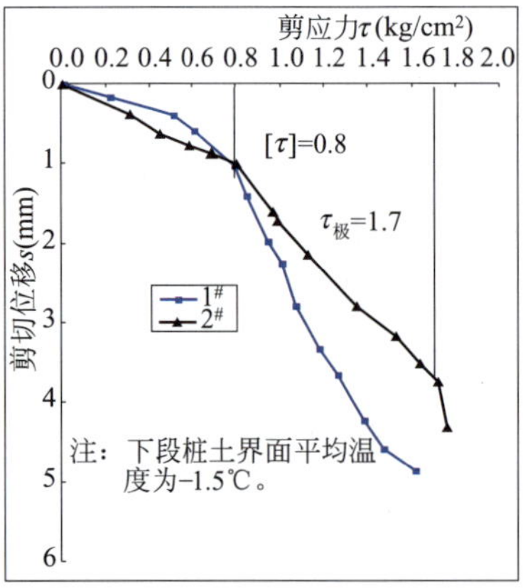

图 8-8　桩—土界面的 τ—s 曲线

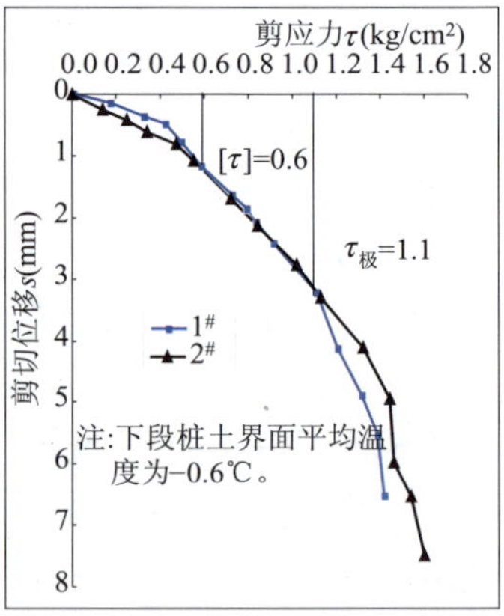

图 8-9　桩—土界面的 τ—s 曲线

从图 8-8、图 8-9 可以看出：在试验的初期，桩的剪切位移随剪应力的增加而增加，其关系近似线性关系；当剪应力增大到某一界限值（比例界限）后，桩的剪切位移随剪应力的增加迅速增长；在剪应力达到另一界限值（极限荷载）后，桩进入渐进流动阶段。

如果把比例界限的剪应力称为桩—土界面的计算冻结强度；极限荷载对应的剪应力，称为桩—土界面的极限冻结强度，则两次试验所得下段桩的计算冻结强度和极限冻结强度以及两种强度所对应的剪切位移如表 8-9 所示。

表 8-9 下段桩的计算冻结强度和位移以及极限冻结强度和位移

试验日期	试验平均温度（℃）	计算冻结强度（kg/cm^2）	计算位移（mm）	极限冻结强度（kg/cm^2）	极限位移（mm）
2004.7	-0.6	0.6	1.3	1.1	2.3
2004.9	-1.5	0.8	1.5	1.7	2.5

注：计算冻结强度对应位移未考虑桩的弹性压缩。

从表 8-9 可知，下段桩（与冻结砂砾石和粉砂）的极限冻结强度，在温度为 -0.6 ℃时，约为 1.1 kg/cm^2，破坏（极限）位移约为 2.3 mm；-1.5 ℃时，约为 1.7 kg/cm^2，破坏（极限）位移约为 2.5 mm。其极限冻结强度与上段桩的试验结果大体相近。

c. 桩底多年冻土的载荷试验

多年冻土地基荷载试验的载板面积（即桩端投影面积）为 11 310 cm^2。第一次试验时，地基多年冻土温度为 -1.2 ℃；第二次试验时，地基多年冻土温度为 -1.8 ℃。在桩端荷载作用下，桩底多年冻土产生压密下沉。两次试验的荷载值与下沉值列于表 8-10 和表 8-11。

表 8-10 第一次试验时，桩底压应力与压密下沉值

1#试桩		2#试桩	
桩端荷载（kN）	桩端位移（mm）	桩端荷载（kN）	桩端位移（mm）
0	0.00	0	0.00
502	0.23	518	0.14
719	0.44	758	0.25
960	0.58	1 009	0.38
1 221	0.85	1 235	0.49
1 471	1.13	1 487	0.67
1 691	1.75	1 693	1.07
1 955	2.59	1 924	1.46
2 233	3.07	2 121	1.77
2 484	3.37	2 360	2.12
2 678	3.87	2 553	2.65
2 923	4.60	2 786	3.19
3 160	4.92	3 073	3.87
3 422	5.36	3 330	4.23
3 701	5.95	3 595	4.87

表 8-11 第二次试验时，桩端压应力与压密下沉值

1#试桩		2#试桩	
桩端荷载（kN）	桩端位移（mm）	桩端荷载（kN）	桩端位移（mm）
0	0.00	0	0.00
550	0.15	521	0.12
720	0.38	832	0.36
996	0.55	1 084	0.59
1 301	0.79	1 388	0.74
1 553	0.99	1 612	0.82
1 860	1.36	1 881	0.94
2 121	1.92	2 124	1.32
2 425	2.19	2 446	1.66
2 734	2.71	2 702	2.07
3 039	3.24	2 905	2.71
3 291	3.57	3 139	3.09
3 584	4.14	3 413	3.41
3 844	4.48	3 698	3.63
4 094	4.75	4 012	4.21

将表 8-10 和表 8-11 中资料，绘制荷载—沉降曲线，如图 8-10 和图 8-11 所示。

冻土地基的承载力是随冻土温度的降低而增大的。分析图 8-10 和图 8-11 的 $P\sim S$ 曲线，

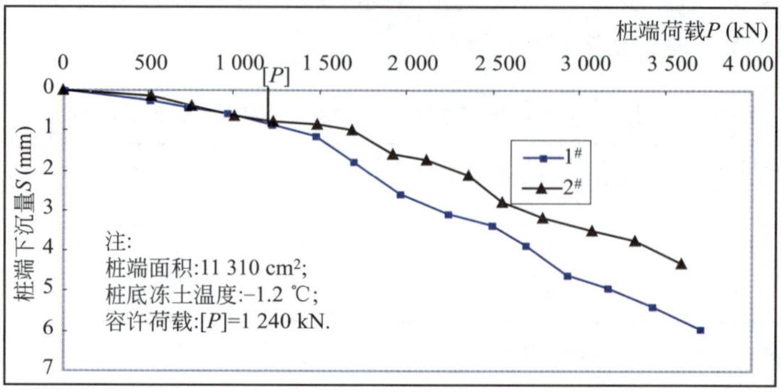

图 8-10　第一次试验得到的地基荷载—下沉曲线（$P \sim S$ 曲线）

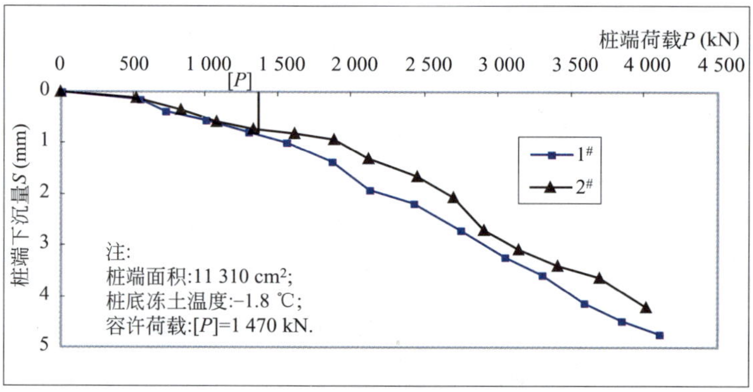

图 8-11　第二次试验得到的地基荷载—下沉曲线（$P \sim S$ 曲线）

可得出两次试验的多年冻土地基允许荷载：当桩底多年冻土温度为 -1.2 ℃时，地基允许承载力约 1 240 kN（11 kg/cm^2）；当桩底多年冻土温度为 -1.8 ℃时，地基允许承载力约 1 470 kN（13 kg/cm^2）。

d. 试验桩的允许承载力和极限承载力

现在，根据上部桩的抗拔试验、下部桩剪切试验和桩底多年冻土地基荷载试验所得数据，来分析确定多年冻土中试验桩的允许承载力和极限承载力。

表 8-12 列出了最大试验荷载作用下，上部桩各段桩—土界面的剪应力和位移。

表 8-12　最大荷载作用下，上部桩各段桩—土界面的剪应力和位移

荷载 (kN)	温度 (℃)	桩号	1.75～4.7 m		4.7～6.6 m		6.6～7.9 m		7.9～12 m		12～12.5 m	
			位移 (mm)	应力 (kPa)	位移 (mm)	应力 (kPa)	位移 (mm)	应力 (kPa)	位移 (mm)	应力 (kPa)	位移 (mm)	应力 (kPa)
4 500	-0.6	1#	2.96	37.39	2.04	82.15	2.11	115.95	2.27	142.51	2.52	147.69
		2#	2.04	37.64	2.12	84.26	2.19	105.35	2.36	131.19	2.60	166.20
5 000	-1.5	1#	2.11	36.87	2.19	86.43	2.26	105.92	2.42	152.10	2.68	220.51
		2#	1.93	38.41	2.01	85.96	2.09	107.47	2.25	132.80	2.51	242.11

注：表中所列试桩各段位移已减去试桩的压缩量。

现根据表 8-12 中，下部桩剪切试验得到的极限冻结强度，来判断试验时上部桩的工作状态。从表 8-9 中资料可以看出：第一次试验（-0.6 ℃）时，在最大试验荷载（4 500 kN）

下，按极限冻结强度为1.1 kg/cm^2 计算，则6.6 m以下，桩—土界面的冻结强度都已达极限值，可以认为桩—土界面的冰胶黏连结已剪切破坏，但1.6～6.3 m的冻结强度并未破坏，故第一次试验时，上部桩的极限抗拔力应大于4 500 kN。第二次试验（-1.5 ℃，5 000 kN）时，按极限冻结强度为1.7 kg/cm^2 计算，则12 m以下桩土界面的冻结强度已破坏，但1.9～12 m的冻结强度并未破坏，故上部桩的极限抗拔力应大于5 000 kN。从试桩剪切位移分析，桩—土界面的剪切位移，在第一次试验（极限剪切位移2.3 mm）时，除12～12.5m段达到极限位移外，其余均未达极限位移值；第二次试验（极限剪切位移2.5 mm）时，桩—土界面的剪切位移均较小，未达极限位移值；即：两次试验试桩均未达极限工作状态。

（a）上段试验桩的允许抗拔力和极限抗拔力计算

根据下部桩抗剪强度试验得出的计算冻结强度和极限冻结强度（表8-9），计算出的试验桩上段允许抗拔力和极限抗拔力如表8-13所示。

表8-13 上段试桩的计算允许抗拔力和极限抗拔力

试验编号	界面平均温度(℃)	计算冻结强度(kg/cm^2)	极限冻结强度(kg/cm^2)	允许抗拔力(t)	极限抗拔力(t)	备 注
第一次试验	-0.6	0.6	1.1	269	493	最大荷载450t
第二次试验	-1.5	0.8	1.7	350	743	最大荷载500t

注：第一次试验时，上段桩冻结面积为448 619 cm^2；第二次试验时，上段桩冻结面积为437 309 cm^2。

从表8-13可以看出，计算的极限抗拔力493 t和743 t与上面的分析结论是一致的。

（b）整根试验桩的允许承载力和极限承载力计算

按桩长15 m，来计算试验条件下，桩的允许承载力和极限承载力。计算结果如表8-14所示。

表8-14 试验条件下，桩长15 m时，桩的允许承载力和极限承载力

试桩编号	桩底冻土温度(℃)	桩侧冻土温度(℃)	计算冻结强度(kg/cm^2)	极限冻结强度(kg/cm^2)	计算冻结力(t)	极限冻结力(t)	计算桩底反力(t)	极限桩底反力(t)	允许承载力(t)	极限承载力(t)
1#	-1.2	-0.6	0.6	1.1	303	556	150	257	453	813
2#					303	556	180	317	483	873
1#	-1.8	-1.5	0.8	1.7	395	790	180	315	575	1 155
2#					395	790	240	360	635	1 200

根据上表数据计算，桩端反力约占总承载力的28%～38%之间，平均为32.4%。

试验条件下，15 m桩的允许承载力和极限承载力计算如下：

第一次试验时，冻结桩长为$L=(11.9+1.5)$ m＝13.4 m。桩侧计算（允许）冻结强度为0.6 kg/cm^2，计算冻结强度对应的位移为1.3 mm；桩侧极限冻结强度为1.1 kg/cm^2 时，对应的位移为2.3 mm。冻结面积为505 168 cm^2。

首先，从桩底多年冻土地基的荷载试验资料 $P\sim S$ 曲线来确定地基下沉1.3 mm和2.3 mm时的地基反力。

1#桩：下沉1.3 mm时，地基反力为150 t；下沉2.3 mm时，地基反力为257 t。

2#桩：下沉1.3 mm时，地基反力为180 t；下沉2.3 mm时，地基反力为317 t。

故：

1#桩整根桩的允许承载力为：

P_Y = 505 168 kg × 0.6 + 150 000 kg = 453 100 kg ≈ 453 t，桩端承载力占总承载力的33.1%。

2#桩整根桩的允许承载力为：

P_Y =483 t，桩端承载力占总承载力的37.3%。

1#桩整根桩的极限承载力为：

P_J =505 168 kg × 1.1 + 257 000 kg = 812 684 kg ≈ 813 t，桩端承载力占总承载力的31.6%。

2#桩整根桩的极限承载力为：

P_J =505 168 kg × 1.1 + 317 000 kg = 872 684 kg ≈ 873 t，桩端承载力占总承载力的36.3%。

第二次试验时，冻结桩长为12.1 m，冻结面积为493 858 cm²。桩的计算（允许）冻结强度为0.8 kg/cm²，计算冻结强度对应的位移为1.5 mm；桩侧极限冻结强度为1.7 kg/cm²，对应的位移为2.5 mm。

按上述方法求得下沉1.5 mm和2.5 mm时的地基反力为：

1#桩：下沉1.5 mm时，地基反力为180 t；下沉2.5 mm时，地基反力为315 t。

2#桩：下沉1.5 mm时，地基反力为240 t；下沉2.5 mm时，地基反力为360 t。

计算得：

1#桩：P_Y =575 t，桩端承载力占总承载力的31.3%；P_J =1 155 t，桩端承载力占总承载力的27.3%。

2#桩：P_Y =635 t，桩端承载力占总承载力的37.8%；P_J =1 200 t，桩端承载力占总承载力的30.0%。

从上面资料分析，可以得出如下结论：试验条件下，钢筋混凝土桩桩底承载力约占总承载力的28%～38%之间，平均为32.4%；在桩长15 m，桩径1.2 m时，从荷载—位移曲线可以看出，桩侧冻结强度比例界限的蠕变位移和桩底冻土抗压强度比例界限的蠕变位移均在1 mm左右，因此，可以认为，桩—土冻结界面和桩底多年冻土地基可以协同工作。即在计算多年冻土中桩的允许承载力时，可以同时考虑桩侧冻结力和桩底承载力。

（2）20世纪七八十年代的冻土桩基荷载试验

20世纪70年代和80年代，铁道部科学研究院与530工程指挥部和西安第一公路设计院合作，在青藏高原多年冻土地区的五道梁、清水河和昆仑山建立了三个冻土桩基试验场，对冻土中桩基进行了垂直荷载试验和水平荷载试验。通过试验，对多年冻土中桩基的工作特性进行了分析和讨论，提出了多年冻土中桩基垂直承载能力和水平承载能力的计算方法和有关参数。为我国多年冻土地区桩基的设计提供了依据。

三个桩基试验场的冻土工程地质条件如下。

①五道梁试验场：位于可可西里山北麓的五道梁一级阶地上，海拔4 618 m，年平均气温 −4.7 ℃。多年冻土为富冰、饱冰冻土，年平均地温 −1.5 ℃，上限深度1.5～2.0 m，厚度约50 m，冻结层上水发育。地层：表层0～7 m，以冲积细砂及洪积砾石层为主，其下为第三系泥灰岩。

②清水河试验场：位于楚玛尔河高平原的清水河一级阶地上，海拔4 470 m，年平均气

温 -3.8 ℃。多年冻土层为饱冰冻土及含土冰层，年平均地温 -0.7 ℃，上限埋深 2 ~ 2.5 m，厚度约25 m，无冻结层上水。地层：表层0.5 m 为砂黏土，0.5 m 至5 ~7 m 为冲积粉细砂，以下为第三系强风化泥灰岩。

③昆仑山试验场：位于昆仑山垭口盆地西侧台地上。海拔 4 700 m，年平均气温 -6.0 ℃(1982 年)。多年冻土为饱冰冻土，年平均地温 -2.7 ℃，上限深度1.4 m 左右，厚度大于100 m。地层：0 ~2.5 m 为粉砂质黏土，2.5 ~8 m 砂砾石，8.0 m 以下为砂黏土。上限以上平均含盐量为0.15% ~0.22% 。

在这三个试验场中进行试验的桩基类型有：钢筋混凝土钻孔打入桩、钢筋混凝土钻孔插入桩及钢筋混凝土钻孔灌注桩。在昆仑山试验场，为了探索提高桩基承载力的方法，还增加了三根变截面钢筋混凝土插入桩。另外，为了研究钢筋混凝土桩水平承载特性与钢管桩的差别，增加了两根钢管插入桩。三个桩基试验场，共进行 29 根桩的试验。各试验场的试桩数量和试桩主要技术参数如表 8-15 所示。

表 8-15　试桩数量与主要技术参数

桩基试验场	试桩主要技术参数					
	试桩类型	桩径(mm)	钻孔孔径(mm)	沉桩方式	入土深度(m)	数量(根)
五道梁	预制钢筋混凝土管桩	400	350	钻孔打入	5.0	3
	预制钢筋混凝土圆桩	300	350	钻孔插入	5.5	3
清水河	预制钢筋混凝土管桩	550	500	钻孔打入	6.5	3
	预制钢筋混凝土管桩	550	650	钻孔插入	7.1	3
	现浇钢筋混凝土圆桩	630	630*	钻孔灌注	7.0	3
昆仑山	预制等截面钢筋混凝土管桩	400	500	钻孔插入	5.5	4
	预制钢筋混凝土变截面管桩	400	500	钻孔插入	5.5	3
	现浇钢筋混凝土圆桩	500	500	钻孔灌注	5.5	3
	现浇钢筋混凝土空底式圆桩	500	500	钻孔灌注	5.0	2
	钢管桩	377	500	钻孔插入	3.55	2

注：* 原设计孔径为650 mm，因钻头磨耗实际孔径为630 mm。

从表 8-15 可以看出，上述桩基荷载试验的不足之处，是桩径和桩长都比较小。

昆仑山、清水河、五道梁三个试验场的桩基垂直荷载试验，均采用反力梁法。

由于冻土具有强烈的、与温度有关的流变特性。因此，桩基荷载试验方法的选择，必须考虑研究桩—地基系统流变特性的需要和冻土地温场的变化特点，注意以下两点：①试验时间不宜太短。试验时间太短，桩—地基系统的流变特性表现不出来；②试验时间也不宜太长。多年冻土温度场是随时间而变化的，试验时间过长，桩周温度又无法控制。因此，冻土桩基试验必须制定一套切实可行的加载方法。参考国外冻土区桩基垂直荷载试验方法，结合我国融土地区桩基试验的经验与量测仪表精度，在上述三个试验场，决定采用分级加载、控制下沉的方法进行垂直荷载试验。

a. 荷载分级：第一级荷载采用估算的极限长期荷载的 30% ，以后每级增加量为 10% ；

b. 稳定标准：24 h 内桩的沉降量小于或等于 0.5 mm，作为沉降稳定标准。即试桩在该级荷载作用下沉降已稳定，可加下一级荷载。

c. 破坏标准：加载后，连续 10 d 沉降量均大于或等于每昼夜 0.5 mm 时，即认为桩已破坏。前一级荷载即为极限荷载（桩的极限承载力）。

五道梁、清水河、昆仑山三桩基试验场的桩垂直荷载试验结果，如表 8-16～表 8-18 所示。

表 8-16　清水河、五道梁桩基垂直荷载试验结果总汇表

桩号	桩长（m）	桩径（cm）	极限荷载（t）	试验日期（年、月、日）	平均地温（℃）	实测桩端反力及相应冻结力 τ				理论计算的桩端反力和冻结力 τ			
						测力筒实测		根据桩身内力		切线法		对数图解法	
						R（t）	τ（t/m²）	R（t）	τ（t/m²）	R（t）	τ（t/m²）	R（t）	τ（t/m²）
清插Ⅰ	8.65	55	60	1976.8.22～1976.9.13	-0.59	7.1	4.1	7.1	4.1	—	—	—	—
清插Ⅱ	8.65	55	60	1976.9.16～1976.10.22	-0.49	10.2	3.4	9.5	3.6	—	—	3.0	4.0
清插Ⅲ	8.65	55	100	1978.8.1～1978.8.25	-0.44	21.2	6.5	17.0	7.0	18.0	6.9	19.8	6.8
清打Ⅰ	8.00	55	110	1977.6.4～1977.6.23	-0.60	—	—	—	—	17.5	8.3	25.0	7.8
清打Ⅱ	8.00	55	140	1977.5.5～1977.5.28	-1.10	—	—	—	—	16.0	9.0	—	—
清打Ⅲ	8.00	55	90	1978.6.20～1978.7.20	-0.58	—	—	10.0	8.6	11.5	8.4	—	—
清灌Ⅰ	8.50	63	220	1977.7.4～1977.8.7	-0.72	—	—	36.0	13.0	55.0	11.6	40.0	13.9
清灌Ⅱ	8.50	63	180	1977.8.29～1977.9.18	-0.50	—	—	32.0	12.2	50.5	11.8	42.0	12.5
清灌Ⅲ	8.50	63	200	1977.9.27～1977.11.4	-0.35	—	—	56.5	12.8	63.6	9.5	48.0	10.5
五打Ⅰ	6.50	40	80	1975.9.9～1975.10.16	-0.95	—	—	—	—	—	—	17.5	13.5
五打Ⅱ	6.50	40	60	1975.8.16～1975.9.6	-1.01	—	—	—	—	17.0	8.7	15.5	9.3
五打Ⅲ	6.50	40	60	1976.5.11～1976.6.6	-1.48	—	—	—	—	—	—	—	—
五插Ⅰ	6.90	30	30	1975.10.19～1975.11.5	-0.96	2.9	6.1	—	—	—	—	3.0	6.0
五插Ⅱ	6.90	30	53	1976.6.10～1976.7.1	-1.34	—	—	—	—	—	—	—	—
五插Ⅲ	6.90	30	38	1976.7.3～1976.7.25	-1.15	4.6	5.5	—	—	—	—	6.4	5.4

注：“清插Ⅰ”为“清水河插入Ⅰ桩”；“清灌”为“清水河灌注桩”，“五打”为“五道梁打入桩”，“五插”为五道梁插入桩。

表 8-17　清水河、五道梁试桩桩端反力占极限荷载百分数统计表

桩　　号	极限荷载(t)	桩端反力(t)		占极限荷载百分数	备　　注
		实测值	理论分析		
清水河插Ⅰ桩	60	7.1	—	11.8%	按实测计算
清水河插Ⅱ桩	60	8.2	3.0	13.7%	按实测计算
清水河插Ⅲ桩	100	21.2	19.8	21.2%	按实测计算
清水河打Ⅰ桩	110	—	17.5	15.0%	按理论计算
清水河打Ⅱ桩	140	—	16.0	11.4%	按理论计算
清水河打Ⅲ桩	90	—	11.5	12.8%	按理论计算
清水河灌Ⅰ桩	220	—	55.0	25.0%	按理论计算
清水河灌Ⅱ桩	180	—	50.0	27.8%	按理论计算
清水河灌Ⅲ桩	200	—	48.0	24.0%	按理论计算
五道梁插Ⅰ桩	30	3.0	—	10.0%	按实测计算
五道梁插Ⅲ桩	38	4.5	—	11.8%	按实测计算

表 8-18 昆仑山桩基极限承载力汇总表

试桩号	破坏荷载(t)	极限承载力(t)					采用P极值(t)
		破坏荷载的前级荷载	P ~ S法	S ~ lgT法	LgS ~ lgP法	荷载百分率法	
等插 1#	25	20	20	20	20		20
等插 2#	45	40	40	35	35 ~ 40	30	40
等插 3#	80	70	70	60	60	50	60 ~ 70
变插 1#	35	30	25	25	25	25	25 ~ 30
变插 2#	55	50	40 ~ 45	45	40 ~ 45	45	45
变插 3#	25	20	20	20	20		20
灌空 1#	50	40	30	30	30	30 ~ 35	30 ~ 35
灌空 2#	75	62. 5	50	50	50	60	60 ~ 62. 5
灌 1#	120	100	80 ~ 100	80 ~ 100	80	80	80 ~ 100
灌 2#	80	70	60	60	60	60	60 ~ 70
灌 3#	60	50	50	40	45	40	50
灌 4#	150	140	130	110	110	100	120 ~ 130
灌 3#（快速法）	（终极）180				60		60

从表 8-16 ~ 表 8-18 可以看出，试验条件下，据桩身内力计算，钢筋混凝土灌注桩的冻结强度最大，打入桩次之，插入桩最小。钻孔灌注桩的冻结强度较之打入桩要大约 40%，较之插入桩要大约 60%。桩底反力占极限荷载的百分数在 11. 4% ~27. 8%。

昆仑山桩基试验场，钢筋混凝土钻孔灌注桩与多年冻土间的冻结强度和桩底应力，如表 8-19 所示。

表 8-19 昆仑山灌注桩的冻结强度和桩底压应力

试桩类型及编号	试验平均地温(℃)	桩底压应力(kg/cm^2)	平均冻结强度(kg/cm^2)
灌注 1#	-2. 5	1. 48	0. 98
灌注 2#	-1. 6	1. 58	0. 67
灌注 3#	-1. 7	1. 74	0. 52
灌注 3#(快速加载)	-2. 8	0. 97	0. 74
灌注 4#	-2. 4	1. 89	1. 37

从上面试验结果分析可知，多年冻土中单桩的垂直允许承载力，应为桩侧冻结力与桩底反力之和。但工程应用实践表明，多年冻土中基础桩的桩底承载力，一般只占总允许承载力的 10% ~15%。因此，在桩径较小时，可不考虑桩底的承载力。美国陆军工程兵团规定，对于桩径 15 cm 以下的桩，不计算其桩端承载力。

（3）水平荷载试验

水平受荷桩的工作特性，是由桩、地基土的力学特性和相互作用决定的。不论是完全埋置桩，还是部分埋置桩（桩的上段露出地面以上），都是利用桩周土体的抗力，来承担水平荷载的。桩在水平荷载作用下产生弯曲，桩身产生水平变位和弯曲应力，外力的一部分由桩本身承担，另一部分通过桩传递给土体，促使桩周土体发生相应的变形而产生抗力。即在桩—地基系统中，桩、地基土共同承担水平荷载的作用。

当水平荷载较小时，这一抗力是由靠近地面的土提供的。而且，土体的变形主要为弹性的，即桩周土处于弹性压缩阶段。随着水平荷载的增大，桩的变形加大，表层土逐渐产生塑性屈服，从而，使水平荷载向更深处的土层传递。当变形增大到桩的变形极限或桩周土体失去稳定时，桩—土体系统破坏。

①桩的分类

桩—土体系统相互作用的这种特性，与桩体和土体的相对刚度有关。可分为以下两种情况：

a. 刚性桩。当桩径较大，入土深度较小或桩周围土层较松软，即桩的刚度远大于土层刚度时，水平荷载作用下，桩身挠曲变形不明显，如同刚体一样围绕桩轴线某一点转动（图 8-12）。如果水平荷载继续增大，则桩侧土体出现塑性平衡时，桩丧失承载的能力而破坏。这时，基桩的横向允许承载力，由桩侧土的强度决定。

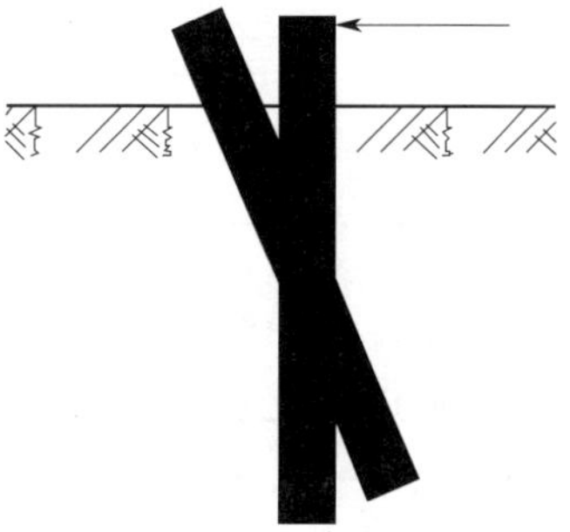

图 8-12　刚性桩在横向力作用下的变形示意图

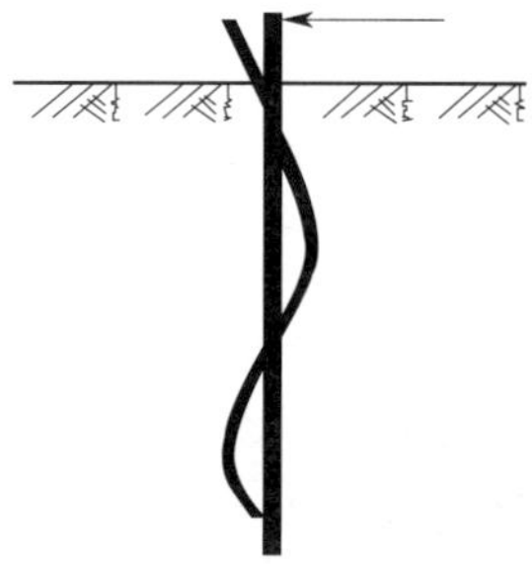

图 8-13　弹性桩在横向力作用下的变形示意图

b. 弹性桩。当桩径较小，桩的入土深度较大或桩周土体较坚实，即桩的刚度较小时，由于桩侧土有足够大的抗力，使桩身发生挠曲变形，其侧向位移随着入土深度的增大而减小，达一定深度后，位移变成零，形成一端嵌固的地基梁（图 8-13）。水平荷载继续增大，桩身可能在最大弯矩处发生断裂（或桩体发生过大的侧向位移）而破坏。在这种情况下，基桩的横向允许承载力，由桩身的抗弯强度或桩顶侧向变形条件决定。

以上分析是针对桩顶为自由端的情况而言的。若桩顶端嵌固在承台中，这对桩在横向力作用下变形性状的改善，是有利的。但其横向承载力，仍由上面两种条件确定。

水平受荷桩的计算，主要有以下三种方法：有限单元法，以弹性地基梁挠曲微分方程为依据，其分析计算实质上是一种矩阵分析；弹性分析法，假定土体为理想的半无限弹性连续体，其中最具代表性的是 Poulos 方法；地基反力法，忽略土的连续性，认为桩某一点的抗力只与该点的位移有关。

目前，桩基水平荷载试验所能得到的且比较可靠的数据是：地面以下，桩身各测试断面的应变（弯距）和地面以上桩的位移和传角。至于地基抗力，由于技术上的原因，还无法进行实测。

水平荷载试验资料的分析方法，归纳起来可分为两类：一类是先建立桩的力学模型，即抗力函数 $q(x, y)$ 的形式，通过计算逼近实测值，而后，选定最佳的抗力函数形式；另一类是从实测资料出发，通过数值分析，求得桩的位移、内力和土抗力分布，在此基础上，建立桩的力学模型。这两类方法各有其长处和短处。但比较起来，后一种方法比前一种少一些盲目性和局限性，可以比较真实地反映桩、土体系的力学特征。

目前，多年冻土区，桩基水平承载能力的计算，和融土地区一样，采用基于文克尔理论的弹性地基梁法。即：将土体看作弹性介质，采用文克尔假定，用弹性地基梁的计算理论进行桩基水平承载能力的计算。该法假定：作用于桩上的侧向土体反力，等于土的地基系数与桩的挠度（或称水平位移）的乘积。即：水平受荷桩任意深度处桩—土系统的抗力函数形式为：

$$\sigma_z = k_z \varepsilon \tag{8.1}$$

式中 σ_z——z 深度处的地基抗力；

k_z——z 深度处的地基系数；

ε——z 深度处桩的水平位移。

大量的试验资料表明：地基系数 k，一般随深度呈指数规律变化，可用下面方程表示；

$$k = m(y_0 + z)^n \tag{8.2}$$

式中 k——地基系数；

m——地基系数随深度变化的比例系数；

n——随地基土性质而变化的指数；

y_0——与地基土的形成年代、成因、黏聚力等有关的系数；

z——深度。

m、n、y_0 由桩基水平荷载试验确定。

②计算假定

在实际计算中，地基系数 k 的变化规律，常假定为以下三种：

a. 任何深度的地基系数都是相同的。即，地基系数沿深度为常数。这就是所谓的“k 法”。

b. 地基系数随深度成正比增大。这便是“m 法”。

c. 地基系数随深度的增大，仅至一定深度，超过此深度，地基系数不再变化。这个深度一般认为是第一弹性零点至桩顶（地面处）的距离。这便是“混合法”。

水平荷载试验的目的：找出试桩地点桩、土系统抗力函数的合理形式，并确定函数中的有关参数，为多年冻土中桩基设计，提供一个合理、实用的计算方法。

③五道梁、清水河桩基水平荷载试验

水平荷载试验，采用一次连续加载法。首先，根据地基多年冻土和桩的特性，估算桩的水平承载能力。采用等量加荷，每级荷载为估算荷载的10%。每级荷载施加后，按6 min、9 min、15 min、30 min、30 min……时间间隔读取百分表数值。至最后一小时，地面处桩的位移小于或等于0.04 mm时，认为该级荷载下，变形已稳定，可施加下一级荷载。若地面处桩的位移值大于6 mm，且在一昼夜不稳定时，即认为地基和桩身均已破坏，停止试验。

试验资料的整理，采用的是第一类方法，即先建立桩土系统力学模型的方法。

根据融土地区桩基水平荷载试验经验，以及冻土地基的特点（冻土的力学强度较融土要大得多），提出了9种可能的地基系数分布函数。对其中常用的4种地基系数沿深度的分布形式（图8-14），进行了计算。经分析，“m 法”和“k 值法”计算出的弯距，最逼近实测值。

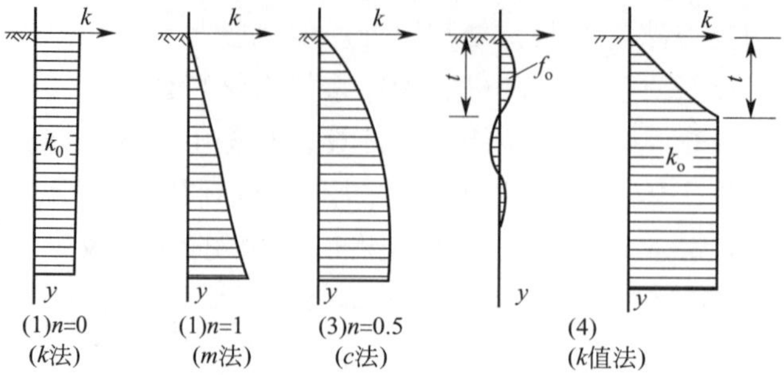

图 8-14　常用地基系数分布函数形式

图 8-15 为清水河Ⅱ号钻孔灌注桩实测弯距与计算弯矩沿深度的分布曲线。从图可以看出，“m 法”和“k 值法”计算出的结果与实测比较接近。

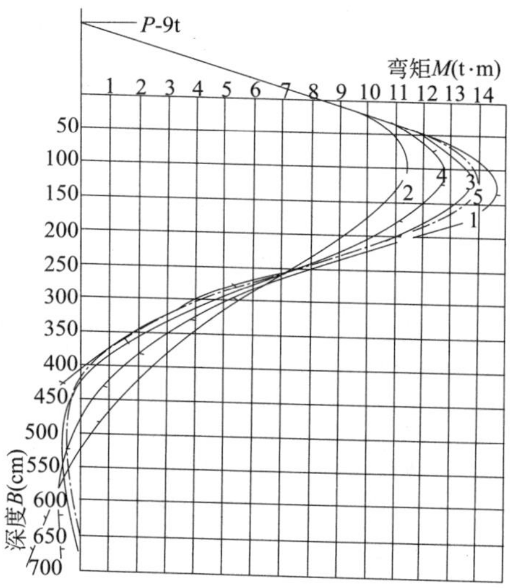

图 8-15　清水河钻孔灌注桩实测弯矩与计算弯矩沿深度分布曲线

1—实测；2—“k 法”；3—“m 法”；4—“c 法”；5—“k 值法”

常用的四种地基系数分布函数如下：

a. 设 $n=0$，则：

$$k=m(y_0+z)^n=m(y_0+z)^0=m=k_0 \quad (8.3)$$

即：该法假定地基抗力系数与深度无关而为定值。即 k 为常数。这便是“k 法”。

b. 设 $n=1$，则：

$$k=m(y_0+z)^n=m(y_0+z) \quad (8.4)$$

即：地基系数随深度成直线变化。这便是“m 法”。

c. 设 $n=0.5$，则：

$$k=(y_0+z)^{0.5} \quad (8.5)$$

即：地基系数沿深度按凸形抛物线变化，这便是“c 法”。

d. 假定地面至第一弹性零点，地基抗力系数按二次抛物线（$n=2$）变化；第一弹性零点以下，地基系数与深度无关，这便是“k 值法”。“k 值法”可以看成是“m 法”和“k 法”的一种修正。

用实测的桩位移，对清水河各试验桩在不同荷载下，地基系数随深度变化的比例系数进行了计算，结果如表 8-20 所示。

表 8-20　由实测位移反算的地基系数沿深度分布的比例系数（清水河）

桩　号	荷载(t)	m 法(t/m^4)	c 法(t/m$^{3.5}$)	k 法(kg/cm^3)	k 值法(kg/cm^3)
打 I	4	16 941	19 739	17. 38	279. 44
	5	14 307	14 870	13. 54	218. 66
	6	11 282	12 023	11. 2	181. 7
	7	8 641	9 470	9. 06	147. 87

续上表

桩　　号	荷载(t)	m 法(t/m^4)	c 法($t/m^{3.5}$)	k 法(kg/cm^3)	k 值法(kg/cm^3)
打Ⅱ	2	33 451	32 053	26.68	428.58
	3	19 749	19 905	17.58	285.14
	4	14 888	15 438	14.02	228.46
	5	12 452	13 167	12.17	198.79
	6	10 032	19 318	10.26	163.14
	7	8 114	8 973	8.66	142.51
	8	6 908	7 765	7.6	125.76
打Ⅲ	2	37 651	35 084	28.03	428.41
	4	20 500	20 412	17.73	275.22
	6	10 366	11 074	10.29	162.83
插Ⅲ	2	16 261	10 549	14.7	227.39
	4	9 083	9 810	0.24	145.42
	6	4 432	5 152	5.18	83.64
灌Ⅰ	4	41 612	33 413	32.42	525.21
	5	28 165	27 005	23.89	387.49
	6	20 729	20 561	18.74	306.07
	7	17 101	17 293	10.1	263.38
	8	15 560	15 894	14.93	244.86
	9	13 215	13 736	13.12	215.52
	10	9 723	10 430	10.28	169.8
	11	7 308	10 034	9.93	164.05
灌Ⅱ	2	56 745	50 370	40.67	624.58
	4	22 345	21 720	19.58	302.72
	6	12 725	13 121	12.41	195.94
	8	9 208	9 826	9.59	152.74
	10	5 823	6 494	6.61	107
灌Ⅲ	4	75 150	64 098	50.35	768.04
	6	50 289	44 815	36.72	423.21
	8	32 796	30 588	26.21	406.43
	10	25 237	24 212	21.32	332.23

表8-20列出的采用上面四种地基系数分布图式计算出的桩最大弯矩误差，如表8-21所示。

表8-21　最大弯矩比较表

荷载(t)	实测弯矩(t·m)	m 法弯矩(t·m)	差值*(%)	c 法弯矩(t·m)	差值(%)	k 法弯矩(t·m)	差值(%)	k 值法弯矩(t·m)	差值(%)
6	10.52	10.02	-4.8	9.31	-11.5	8.44	-19.8	10.27	-2.4
8	14.73	13.78	-6.4	12.78	-13.2	11.54	-21.6	14.08	-4.4
10	18.62	17.90	-3.9	16.64	-10.6	15.06	-19.1	18.40	-1.2

注：* 差值 $=\dfrac{\text{计算弯矩}-\text{实测弯矩}}{\text{实测弯矩}}\times 100\%$

从表 8-21 可以看出，“m 法”计算出的弯距误差在 3.9% ~6.4%；“c 法”误差在 10.6% ~13.2%；“k 法”误差在 19.1% ~21.6%；“k 值法”在误差 1.2% ~4.4%。其中以“k 值法”最接近，“m 法”次之，“c 法”较差；“k 法”最差。

表 8-22 列出了采用四种地基系数分布图式，计算出的最大弯矩点位置误差。

表 8-22　灌Ⅱ桩最大弯矩位置比较表

荷载(t)	实测深度(m)	m 法深度(m)	差值*(%)	c 法深度(m)	差值(%)	k 法深度(m)	差值(%)	k 值法深度(m)	差值(%)
6	1.21	1.04	-14.0	1.00	-17.4	0.84	-30.6	1.06	-12.4
8	1.28	1.11	-13.3	1.05	-18.0	0.92	-28.1	1.14	-10.9
10	1.30	1.20	-7.7	1.15	-11.5	1.08	-16.9	1.30	0

注：* 差值 $=\dfrac{\text{计算深度}-\text{实测深度}}{\text{实测深度}}\times 100\%$

从表 8-22 可以看出，随着荷载的增加，最大弯矩点的位置略有加深。在四种分布图式中，以“k 值法”最好，“m 法”次之。

对其他试桩的分析，其结果与此类似。

从清水河、五道梁桩基水平荷载试验资料分析，可以得出以下结论。

a. 多年冻土中水平受荷桩的计算，可以采用弹性地基梁法；

b. 分析结果表明，随着荷载增大，地基系数随深度变化的比例系数减小；

c. 地基系数沿深度的分布图式，以“m 法”和“k 值法”比较适合于多年冻土中水平受荷桩的计算；

d. 在多年冻土中桩基础设计时，可以用“k 值法”或“m 法”进行计算，来确定冻土地区桩—土系统的抗力函数 $q(x, y)$。

多年冻土中桩的工作特性，主要决定于季节融化层和其下一定深度多年冻土中的地基系数的分布与大小。只要这部分的地基系数的分布与大小取得合适，其计算结果总是能满足设计要求的。

多年冻土中，钢筋混凝土桩的水平承载能力，还受桩混凝土开裂和地基冻土蠕变的控制。在这两个因素中，混凝土开裂是主要的。因此，为了充分利用地基冻土的承载能力，应采用抗裂性能优良的灌桩混凝土。

在青藏铁路沿线多年冻土地区的清水河、五道梁地区，采用“m 法”或“k 值法”进行冻土桩基计算时，地基系数沿深度分布函数的比例系数，在无实测资料时，可从表 8-23 中查取。

表 8-23　地基系数沿深度分布函数的比例系数

桩类型	清水河		五道梁	
	m 法(t/m^4)	k 值法(kg/cm^3)	m 法(t/m^4)	k 值法(kg/cm^3)
插入桩	2 000	60	3 000	90
打入桩	2 300	65	3 500	100
灌注桩	2 500	70	—	—

④昆仑山桩基水平荷载试验

昆仑山桩基水平荷载试验的加载方法和稳定标准与五道梁、清水河的试验相同。

水平荷载试验资料的分析，采用第二类方法。即根据各深度实测的弯矩，进行曲线拟合，得出桩的弯矩函数。而后，通过计算，得出桩的位移函数、内力函数、土抗力函数和地基系数的分布形式，在此基础上，建立桩—土系统应力、应变的数学模型。该方法的实质是对实测弯矩进行曲线拟合，其计算过程如下：

这里，给实测的桩弯矩曲线配一个 n 次多项式：

$$M(x)=a_0+a_1x+a_2x^2+a_3x^3+\cdots\cdots+a_nx^n+\cdots \tag{8.6}$$

将已知边界条件和实测弯矩代入式(8.6)，经整理化简，得（$n+1$）个线性方程组。解此线性方程组，即可得到弯矩函数 $M(x)$ 方程的各参数。对弯矩函数 $M(x)$ 进行一次微分，可得到剪力函数 $Q(x)$，二次微分，可得到土抗力函数 $q(x)$；积分一次，得到转角函数 $\Phi(x)$；积分二次，得到位移 $y(x)$。据文克尔假定，令 $q(x)=-B\times k(x)\times y(x)$，得到地基系数的分布函数 $k(x)=\dfrac{-q(x)}{B\times y(x)}$（$B$ 是桩的计算宽度）。有了内力、土抗力和位移表达式之后，就可以方便的求出最大弯矩及其位置、地面处位移和弹性零点。

通过上面计算，可以得出桩在各级荷载下的位移、转角、弯矩、剪力和土抗力。并由此得出地基系数沿深度的分布函数。

表 8-24 列出了昆仑山桩基试验场 4#钻孔灌注桩，采用上面方法得到的弯矩函数，计算出的弯矩与实测弯矩的比较。

表 8-24 实测弯矩于计算弯矩的比较

日期	2 月 2 日	3 月 3 日	4 月 4 日	5 月 5 日
实测值(t·m)	2.72	3.62	4.042	2.18
计算值(t·m)	2.949	3.85	3.795	2.343
相对误差(%)	8.4	6.4	-6.1	7.5

表 8-25 列出了昆仑山桩基试验场 4#钻孔灌注桩，计算出的地面以上位移与实测位移的比较。

表 8-25 表地面以上实测位移与计算位移的比较

计算位置	实测值(mm)	计算值(mm)	相对误差(%)
下层百分表	1.2	1.099	8.4
上层百分表	1.98	1.858	6.2

从上面表 8-24 和表 8-25 可以看出，其计算值与实测值是比较接近的。

图 8-16 和图 8-17 是计算得到的昆仑山 4#灌注桩（桩径 0.5 m，桩长 6.5 m，入土桩长 5.5 m。试验时，地基融化深度为 1 m）的抗力—位移曲线和地基系数沿深度的分布曲线。

从图 8-16 和 8-17 可以看出，地基系数沿深度的分布，是从地表开始向下逐渐增大的（其他试桩的地基系数分布形式，也具有这一特点）。在多年冻土地区，地基系数在季节融化融层中很小，随深度近似直线增加；进入多年冻土层后，则迅速增大。曲线总的看来，呈下凹型。说明冻土对桩的横向变形的抗力，较之融土要大得多。这就表明：多年冻土中的桩基，地基系数沿深度的分布函数，可以用凹曲线函数来表示，也可用分段函数表示。

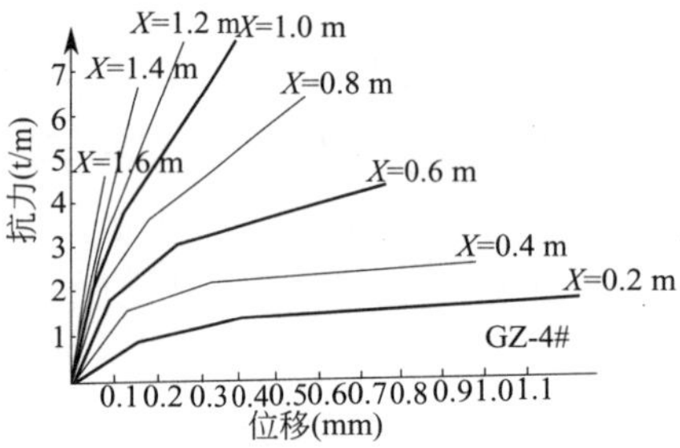

图 8-16　抗力—位移曲线

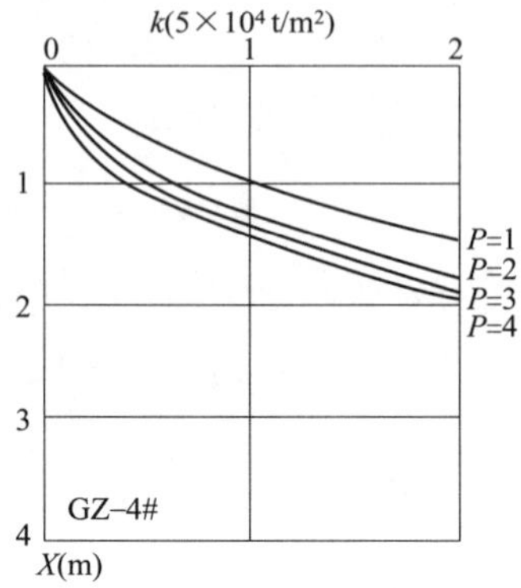

图 8-17　地基系数分布曲线

下面介绍采用凹曲线函数拟合得到的计算结果。

假定地基系数与计算深度和地基融化深度之比的 n 次幂成正比，即：

$$k(x)=(m)\left(\frac{x}{x_{\mathrm{c}}}\right)^{n} \tag{8.7}$$

式中　x——计算点深度，m；

x_{c}——试桩地点多年冻土天然上限深度，m；

$k(x)$——x 深度处的地基系数，t/m^3；

m——地基系数沿深度分布的比例系数；

n——幂指数，这里采用 $n=2$。

计算结果如表 8-26 所示。

表 8-26　按凹曲线 $k(x)=m\left(\frac{x}{x_{\mathrm{c}}}\right)^{2}$ 计算的比例系数汇总表（t/m^3）

桩名	融化深度(m)	平均地温(℃)	荷载等级							
			第一级	第二级	第三级	第四级	第五级	第六级	第七级	第八级
等插 1#	0.90	−1.77	—	10 813	6 650	4 406 *	2 720	2 375	—	—
等插 2#	0.40	−2.61	1 600 000	210 000	221 250	230 000	135 938	109 844	52 188 *	—
等插 3#	0.70	−2.46	249 000	145 000	82 500	62 500	48 750	37 813	—	—
灌注 1#	1.20	−2.36	160 000	95 000	59 500	41 875 *	30 000	—	—	—
灌注 4#	1.00	−2.16	130 000	74 500	50 125	34 375 *	—	—	—	—
灌空 1#	0.50	−2.15	155 000	87 500	58 125	40 000 *	—	—	—	—
变插 2#	0.90	−1.89	—	31 981	54 944	19 991 *	—	—	—	—
钢管 1#	0.80	−2.13	21 250	14 531	10 188	8 195	6 375	5 797	5 100	4 466

注："＊"系临界荷载。

桩基侧面土抗力的计算宽度，可参照《铁路桥涵设计规范》或《公路桥涵设计规范》有关规定给出：

当：$d>1$ m，$B=0.9\ (d+1)$；$d\leq 1$ m，$B=0.9\ (1.5\ d+0.5)$；其中 d 为桩直径。

从上面分析计算结果，可以得出以下初步结论：

a. 桩—地基土系统的抗力—位移，在桩位移很小时，抗力和位移近似线性关系（图8-16）；随着荷载增大，位移增加，进入非线性区，土体开始发生塑性流动。

b. 荷载传递使得地面附近首先进入塑性区。随着荷载的增大，塑性区逐渐向下扩展，到一定深度时，桩身应力超过其临界荷载应力，桩身混凝土开始开裂，桩—地基土系统进入破坏阶段。

c. 地基系数随深度的分布曲线，随荷载的增加而增大，在接近临界荷载时，趋于稳定。因此，在进行水平受荷桩计算时，地基系数应取临界荷载所对应的值。

d. 地基系数的大小与地基融化深度和冻土温度关系密切。平均地温愈低，融化深度愈小，地基系数愈大。

8.4 多年冻土中的钻孔灌注桩

目前，我国多年冻土区的桥梁基础几乎都采用钻孔灌注桩。但是，对于多年冻土中钻孔灌注桩热设计方面的一些问题，还不十分了解，需进一步研究。例如：成桩过程热干扰对多年冻土地温场的影响、桩基承载能力的形成过程特点和计算方法、桩周融化冻土回冻时间的计算、桩基上部荷载施加的合适时间、灌桩混凝土的选择、桩基的合理设计温度剖面等，都是目前多年冻土中钻孔灌注桩基础设计中需要考虑和解决的问题。

8.4.1 水化热对桩—地系统地温场的影响

钻孔灌注桩带入地基多年冻土的热量主要是：灌桩混凝土带入的显热与水泥水化热。显热与水化热是引起桩周多年冻土融化和升温的主要热源。据有关资料：水泥（比重3.1~3.2 kg/cm^3，容重：一般，900~1 300 kg/m^3；紧密，1 500~200 kg/m^3）与水化合时，放出热量的多少，主要取决于熟料的矿物成分、孰料的结构形态、水泥的粉磨细度和水泥的存放条件等。熟料矿物成分中，铝酸三钙、硅酸三钙含量越多，放热量越大；玻璃质结构矿物放热量大，晶体结构矿物放热量小；粉磨细度越细，放热量越多；存放时间越长，放热量越小。

水泥孰料的矿物成分有以下四种：①硅酸三钙（$3CaO\cdot SiO_2$）；②硅酸二钙（$2CaO\cdot SiO_2$）；③铝酸三钙（$3CaO\cdot Al_2O_3$）；④铁铝酸四钙（$4CaO\cdot Al_2O_3\cdot Fe_2O_3$）。

水泥遇水后，与水进行水化反应，放出热量，生成新的水化产物——水泥石。其化学反应式如下：

$2(3CaO\cdot SiO_2)+6H_2O\rightarrow 3CaO\cdot SiO_2\cdot 3H_2O+3Ca(OH)_2$；

$2(2CaO\cdot SiO_2)+4H_2O\rightarrow 3CaO\cdot SiO_2\cdot 3H_2O+Ca(OH)_2$；

$3(3CaO\cdot Al_2O_3)+10H_2O+CaSO_4\cdot 2H_2O\rightarrow 3CaO\cdot Al_2O_3\cdot CaSO_4\cdot 12H_2O$；

$4(4CaO\cdot Al_2O_3\cdot Fe_2O_3)+10H_2O+2Ca(OH)_2\rightarrow 6CaO\cdot Al_2O_3\cdot Fe_2O_3\cdot 12H_2O$。

表8-27列出了纯熟料矿物水化时放出的水化热。

表 8-27 纯熟料矿物水化时放出的水化热（cal/g）

水泥矿物类型	硬化时间					完全水化时
	3 d	7 d	28 d	3 月	6 月	
$3CaO \cdot SiO_2$	97	110	116	124	135	160
$2CaO \cdot SiO_2$	15	25	40	47	55	84
$3CaO \cdot Al_2O_3$	141	158	209	222	245	254
$4CaO \cdot Al_2O_3 \cdot Fe_2O_3$	42	60	90	99	—	136

从表 8-27 可以看出，铝酸三钙（$3CaO \cdot Al_2O_3$）的放热量最大；硅酸三钙（$3CaO \cdot SiO_2$）次之；硅酸二钙（$2CaO \cdot SiO_2$）和铁铝酸四钙（$4CaO \cdot Al_2O_3 \cdot Fe_2O_3$）的放热量最小。

不同品种的水泥，其放热量是不同的。表 8-28 给出了各种水泥放热量的变化范围。

表 8-28 水泥放热量的变化范围（cal/g）

养护时间	3 d	7 d	28 d	3 月	6 月	1 年
放热量变化范围	27 ~ 90	31 ~ 114	42 ~ 132	46 ~ 136	61 ~ 137	65 ~ 139

从表 8-28 可以看出，不同品种水泥的放热量可相差 2 ~ 3 倍。在 28 d 养生期内，其放热量可相差约 3 倍左右。

水泥水化热的释放是逐步进行的，开始时，水泥颗粒表层水化速度快，释放的水化热多。而后水化速度减缓，释放水化热的速率逐渐减小，呈指数规律变化（图 8-18）。

表 8-29 列出了硅酸盐水泥水化热释放数量与时间的关系。从表 8-29 可以看出，水泥水化热的释放主要在初期，7 d内放出的水化热占全部水化热的一半。而 7 d 仅是完全水化时间的 2%。而后，在 98% 的时间内，释放另一半水化热。

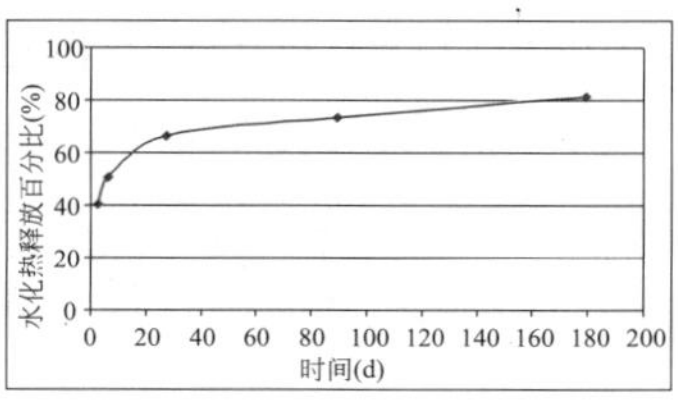

图 8-18 硅酸盐水泥水化热释放数量与时间关系曲线

表 8-29 硅酸盐水泥水化热释放数量与时间关系

时间(d)	3	7	28	90	180	330
水化热释放(%)	41	51	67	74	82	100

硅酸盐水泥 1 kg 熟料，1 kg/cm^2 活性放出的水化热与时间关系如表 8-30 所示。

表 8-30 1 kg 熟料、1 kg/cm^2 活性放出热量与时间关系

时间(d)	1	3	5	7	10	18	28
水化热(kcal)	0. 1	0. 12	0. 135	0. 15	0. 165	0. 19	0. 20

从表 8-30 可以看出，水化热的释放是随混凝土强度的增长而增加的。

多年冻土中的钻孔灌注桩桩体混凝土的温度究竟是如何变化的呢？

按绝热升温计算，混凝土（500#普通硅酸盐水泥，用量 350 kg）灌筑后，随着水化热的释放，桩体混凝土温度迅速增高，在浇筑后的第 3 天，混凝土的温度应可达到 34 ℃（图 8-19）。但实际情况并不是这样。图 8-20 给出了混凝土灌筑后桩中心温度随时间变化

的实测曲线。从图 8-20 可以看出：混凝浇灌后，释放的大量水化热，使桩周冻土产生融化和升温，但由于桩—地系统之间的热交换，第 3 天的桩体混凝土实际温度仅 11 ℃多。在随后的混凝土强度增长过程中，桩体温度迅速降低，至第 7 天，温度降至 3 ℃ ~4 ℃。7 天后，降温速度减缓，至第 20 天，桩体温度降至 0 ℃。之后在水化热的扩散（与地中冷量的平衡）过程中，混凝土温度缓慢下降，逐渐接近于天然地温。这一过程的完成，约需 3 ~4 个月或更长。

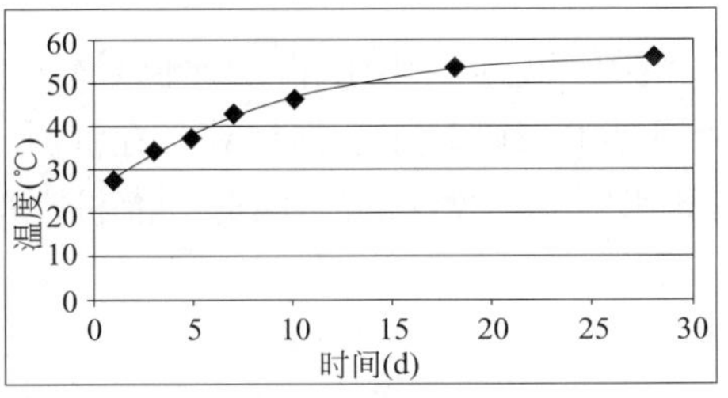

图 8-19　1 m^3 混凝土的绝热升温值与时间关系

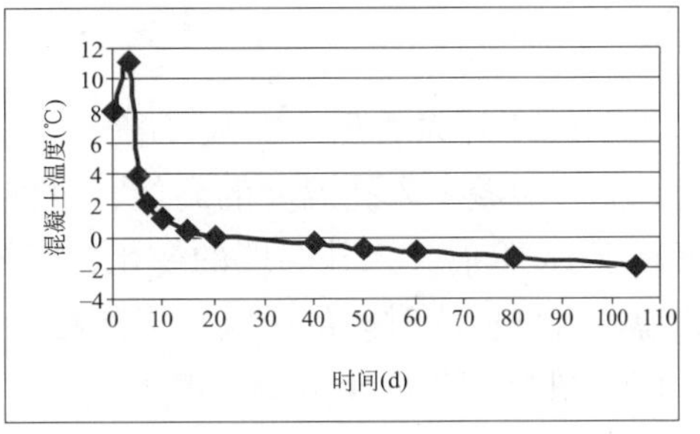

图 8-20　昆仑山混凝土灌注桩 5 m 深处桩中心温度随时间的变化曲线

从上面资料可以看出：桩周多年冻土融化（延续时间 20 d）消耗的混凝土水化热约占 60% 左右，还有 40% 的水化热则扩散于桩周多年冻土中。

今以普通硅酸盐水泥为例，来计算 28 d 养生期内，混凝土放出的热量和桩周冻土的融化厚度。

（1）混凝土放出的水泥水化热

混凝土放出的水化热采用下面公式计算：

$$Q_1 = q \times n \times g \tag{8.8}$$

式中　q——1 kg 熟料、1 kg/cm^2 活性在计算期内放出的水化热平均值；

n——水泥标号（活性）；

g——水泥用量。

设：采用 500# 普通硅酸盐水泥，每 1 m^3 混凝土水泥用量 350 kg。

从表 8-30 可知，普通硅酸盐水泥，1 kg 熟料、1 kg/cm^2 活性 28 d 内放出的水化热平均值为 0. 15 kcal。则每 1 m^3 混凝土 28 d 内放出的水化热为：

$$Q_1 = 0.15 \times 500 \times 350 = 26\ 250\ \text{kcal}$$

（2）混凝土带入的显热

混凝土的热容量是水泥、细骨料、粗骨料及水的热容量的加权平均值，采用 $C = 0.27$ kcal/（kg · ℃）。

设：混凝土容重为 2 300 kg/m^3。混凝土入孔后，温度从入孔温度 θ 降至 0 ℃，放出的热量采用下面公式计算（表 8-31）：

$$Q_2 = C \times \gamma \times \theta \tag{8.9}$$

式中　C——混凝土的重量热容量；

γ——混凝土的容重；

θ——混凝土的入孔温度。

表 8-31　不同入孔温度混凝土的显热

混凝土入孔温度(℃)	1 m^3 混凝土放出的显热量(kcal)	占水化热的百分比(%)	占总热量的百分比(%)
5	3 105	7.9	7.1
10	6 210	16.7	14.1
15	9 315	25.6	21.0

从表 8-31 可以看出：灌桩混凝土带入的显热，在混凝土总热量中所占的比例是较小的。因此，灌桩混凝土入孔温度的高低，对桩周冻土融化厚度的影响较小。据计算，在混凝土温度不高于 15 ℃时，入孔温度的变化，对桩回冻时间的影响在一天左右。因此，灌桩混凝土入孔温度对桩回冻时间的影响可以忽略不计。

（3）桩周多年冻土的融化厚度

设：混凝土入孔温度为 15 ℃，据表 8-31，带入的显热为 9 315 kcal，故 1 m^3 混凝土灌入钻孔后，28 d 放出的总热量为：$Q = Q_1 + Q_2 = 35\ 565$ kcal。

假设这些热量全部用于桩周多年冻土的融化（实际上并非如此，有相当部分热量，扩散于桩周多年冻土中），来计算桩周多年冻土的融化厚度。

设：桩径为 1.13 m，则每米桩用混凝土为 1 m^3，释放出的热量为 35 565 kcal。可融化桩周冻土厚度如表 8-32 所示。

表 8-32　混凝土热量融化桩周冻土厚度

冻土类型	干容重 (kg/m^3)	含水率 (%)	体积潜热 ($kcal/m^3$)	混凝土水化热 ($kcal/m^3$)	桩周冻土融化体积 (m^3)	桩周冻土融化厚度 (m)
少冰冻土	1 450	16	18 640	35 565	1.91	0.40
多冰冻土	1 450	20	23 120	35 565	1.54	0.34
富冰冻土	1 450	29	33 280	35 565	1.07	0.25
饱冰冻土	1 450	40	46 480	35 565	0.77	0.19
含土冰层	<1 450	>40	>46 480	35 565	<0.77	<0.19

从表 8-32 可以看出：在一般混凝土配比和混凝土入孔温度条件下，钻孔灌注桩桩周冻土的融化厚度是不大的，大致均在 0.5 m 以下。

从上面讨论可以得出如下初步结论：在一般情况下，水泥水化热和混凝土显热变化（即改变混凝土的显热和水化热）对桩周多年冻土融化厚度的影响虽然较大，但对处于“半无限多年冻土冷源”中桩的回冻时间影响来说，还是有限的。因此，在多年冻土地区桩基施工时，钻孔灌注桩混凝土用水泥品种的选择和混凝土入孔温度的控制，可根据施工条件决定。当然，在施工可能与方便的情况下，尽量降低灌桩混凝土带入的热量，如选用低水化热水泥、降低混凝土入孔温度等，对加快地温场的恢复还是有意义的。

8.4.2　钻孔灌注桩承载能力的形成过程及特点

多年冻土中钻孔灌注桩的成桩过程，将带给地基多年冻土热干扰，使桩周多年冻土升温和融化。干扰热量的来源有：①钻孔过程中钻具切削和摩擦产生的热量；②灌注混凝土的显热和水泥水化热。这些热量将使桩周冻土升温和融化，在桩周形成一环形融土环形圆柱。由于融土圆环的厚度较小（一般25～45 cm），在一般情况下，是没有摩擦阻力的。当桩周冻土为黏性土时，只有融土厚度超过某一临界值（产生摩擦阻力的临界厚度）后，桩身才有摩擦阻力的作用。因此，多年冻土中的钻孔灌注桩，在桩周冻土融化期间，桩侧的摩擦承载能力是很小的（或无承载能力）。而桩端冻土，由于升温和部分融化，其承载能力也是较小的。这时的桩，既不是完整意义的摩擦桩，也不是冻结桩，是否具有承载能力和承载能力的大小及计算方法是一个需要研究解决的问题。

在桩周融土回冻过程中，桩身部分融土近似一维冻结，降温较慢，回冻时间较长；而桩端则为二维冻结，降温较快，回冻时间较短。在桩基回冻过程中，桩端承载能力首先出现，并迅速增长；而桩侧摩擦承载力（在存在摩擦力时），则随土温降低和融土厚度的减小而逐渐减小。在土温降至0 ℃和融土厚度减小至临界厚度时，桩的摩擦承载能力减小至0。但桩端承载能力在此过程中，随着桩底冻土温度的降低而迅速增大（图8-25）。当桩周0 ℃融土全部转变成0 ℃冻土时，土颗粒与桩侧表面间的水膜胶黏连结全部转变为冰胶黏连接时，摩擦桩也转变成冻结桩，桩的承载能力产生跳跃，由零增长至某一值。随着桩周冻土温度的继续降低，桩的承载能力迅速增长，温度达最低值时，桩承载力（为桩侧冻结力与桩端反力之和）达最大值。

多年冻土中钻孔灌注桩承载力的形成过程和特点，如图8-21和8-22所示。图8-21描述的是桩周为粗颗粒冻土时，桩基承载力的发生、发展过程；图8-22表示的是桩周为细颗粒冻土时，桩承载力的发展、变化情况。

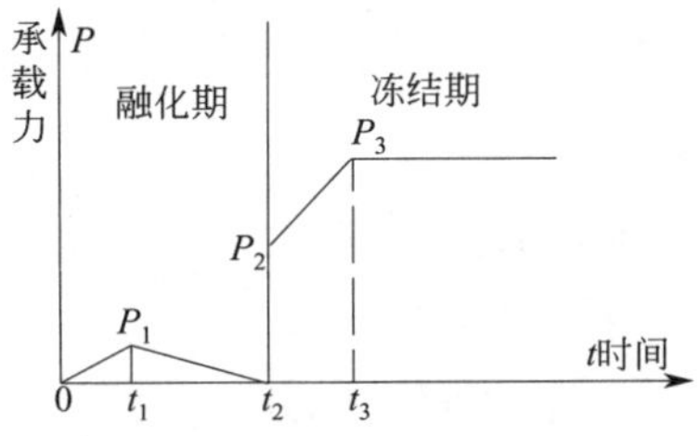

图8-21　粗颗粒冻土中钻孔灌注桩承载力形成过程示意图

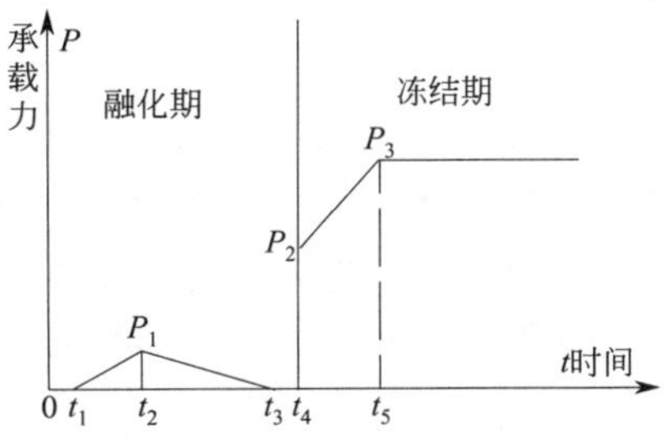

图8-22　细颗粒冻土中钻孔灌注桩承载力形成过程示意图

从图8-21可以看出，在混凝土灌筑完成后，桩周冻土便开始其融化和回冻过程：在0～t_1时间内，桩周冻土逐渐融化至最大厚度，桩的承载力（摩擦力）由0增长至最大值P_1；在t_1～t_2时间内，桩周融化冻土逐渐回冻，摩擦力由P_1减小至0。在t_3～t_4时间内，当桩、土界面的+0 ℃融土薄层变成-0 ℃冻土（水胶黏连结转变成冰胶黏连结）时，桩冻结力产生，承载力跳跃增长至P_2；在t_4～t_5时间内，随着桩周冻土温度降低，冻结承载力线性增长，冻土温度达最低值时，承载力P达最大值P_3。

细颗粒冻土中（图8-22），钻孔灌注桩承载力的发生、发展过程与粗颗粒冻土有所不同。由于细颗粒土具有黏聚力，在0～t_1时间内，桩周融化的冻土薄层黏附于桩上，桩—土之间不可能产生摩擦力，只有当融化土层厚度达临界厚度后，摩擦力才开始出现；在

$t_1 \sim t_2$ 时间内，桩周融化冻土厚度由临界值增加至最大厚度，桩侧摩擦力由 0 增长至 P_1；在 $t_2 \sim t_3$ 时间内，桩周融土逐渐回冻，厚度由最大值减小至临界值，桩侧摩擦力由 P_1 减小至 0；在 $t_3 \sim t_4$ 时间内，桩周融土继续回冻，厚度减小至 0，当桩、土界面的水胶黏连结变成冰胶黏连结时，冻结力产生，桩的冻结承载力跳跃增长至 P_2；在 $t_4 \sim t_5$ 时间内，随着桩周冻土温度降低，桩冻结承载力线性增长，当冻土温度达最低值时，桩承载力增长至最大值 P_3。

从以上多年冻土中钻孔灌注桩承载力形成过程及变化特点可以看出：冻土桩基的设计承载能力，只有在地基多年冻土温度场完全恢复后才能达到。

8.4.3　桩周融化土层回冻时间的计算

经验表明，虽然钻孔灌注桩成桩过程热干扰会引起桩—地系统温度场的变化，但处于“半无限多年冻土冷源”中的桩—地系统温度场，其恢复速度还是较快的。

桩周融化土层回冻时间的长短，取决于融土层的厚度和体积潜热、多年冻土的年平均地温和导热系数。融土层越厚、体积潜热越大，多年冻土年平均地温越高，导热系数越小，则回冻时间越长。反之，则回冻时间越短。对于桩径 1.0 ~ 1.3 m 的混凝土灌注桩，回冻至“起始冻结温度”所需时间，可用下面经验公式估算：

$$t = k\sqrt{\frac{Q}{\lambda_f(T_{cp} + T_f)}} \tag{8.10}$$

式中　t——桩周融土回冻至其起始冻结温度的时间，d；

Q——桩周融土冻结时放出的潜热（在数量上可认为等于混凝土 15 d 放出的水化热），kcal；

λ_f——冻土的导热系数，kcal/(m · h · ℃)；

T_{cp}——多年冻土的年平均地温，℃；

T_f——桩周融土的起始冻结温度，℃；($T_{cp} + T_f$) 取绝对值；

k——修正系数，$k = 0.13 \sim 0.15$。

算例：采用公式(8.10) 计算清水河、北麓河和昆仑山钻孔灌注桩的回冻时间。

设：桩径为 1.13 m，每米桩用混凝土量为 1 m^3，配合比如前述（参见 8.4.1 节）；混凝土入孔温度为 15 ℃；冻土的导热系数 $\lambda_f = 1.7$ kcal/(m · h · ℃)；桩周融土的起始冻结温度 $T_f = -0.15$ ℃。桩周多年冻土的年平均地温分别为 −0.5 ℃、−0.7 ℃和 −2.0 ℃。

将有关参数代入公式(8.10)，得清水河桩的回冻时间为 27 d；北麓河为 23 d；昆仑山为 15 d。计算结果与实际情况基本相符。

桩的“回冻时间”有不同的定义，可分为：

(1) 桩周融土回冻至“冻结起始温度”所需时间；

(2) 桩周融土回冻至“设计温度”所需时间；

(3) 桩周融土回冻至“天然地温”所需时间。

桩回冻时间的长短与“回冻”的定义密切相关。这可从桩体混凝土温度随时间的变化曲线（图 8-23）看出。该曲线是昆仑山桩基试验场挖孔灌注桩的回冻过程实测曲线。试桩直径 1.2 m，桩长 15 m，该处多年冻土年平均地温为 −2.0 ℃。如果定义的“回冻”是指桩身混凝土平均温度达 0 ℃，则回冻时间约为 22 d；如果指桩混凝土平均温度达 −1.0 ℃，则回冻时间约为 65 d；如果指桩混凝土平均温度达天然地温（多年冻土年平均地温），则回冻时间约为 130 d。据昆仑山桩基试验资料，试桩侧表面融土回冻至 0 ℃，约需 12 d；回冻至 −0.5 ℃，约需 50 d；回冻至 −0.7 ℃，约需 80 d。因此，在讨论桩的“回冻”时，应事先明确“回冻”的定义。这可从桩混凝土强度增长、桩承载特性及施工要求三方面来考虑，综合确定桩基“回冻”的含义。

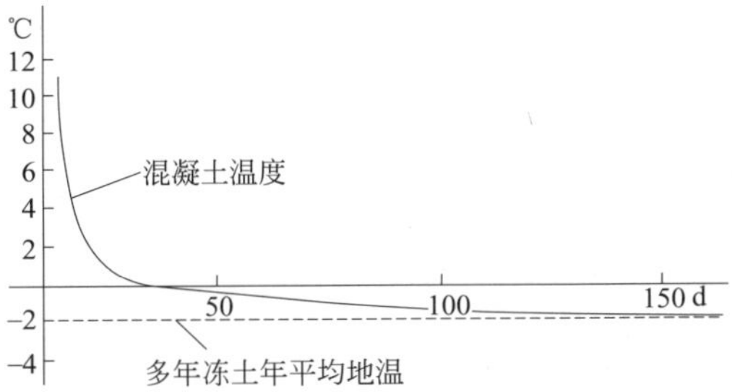

图 8-23　昆仑山试桩桩身混凝土平均温度随时间变化曲线

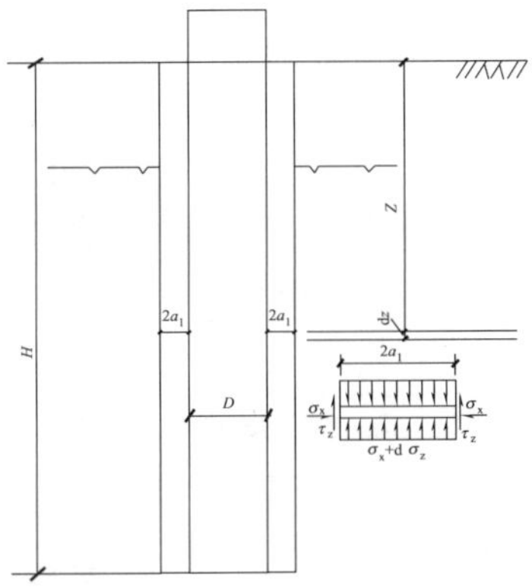

图 8-24　钻孔灌注桩桩周融土承载能力计算示意图

8.4.4　桩周融土回冻前，垂直承载能力的计算

根据多年冻土中钻孔灌注桩桩周冻土融化和回冻特点，桩基础回冻前的早期承载能力，应为桩侧摩阻力与桩端冻土阻力之和。

在桩周融土回冻前，钻孔灌注桩的摩擦阻力，可采用下面公式计算。其计算图式如图 8-24 所示。

（1）桩侧摩擦阻力

①桩周融化冻土为粗颗粒土时

a. 桩侧正压应力：

$$\sigma_x = \frac{\gamma l}{2\tan\phi_0} \tag{8.11}$$

式中　σ_x——融土作用于桩侧表面的垂直应力，t/m^2；

γ——融化冻土的容重，t/m^3；

l——桩侧融化冻土厚度（等于计算图式中的 $2a_1$），m；

ϕ_0——融土与桩侧表面间的摩擦角，可取 $\phi_0 = (1/2 \sim 3/4)\phi$，$\phi$ 为融土的内摩擦角。

b. 桩侧摩阻力：

$$F = m \cdot \sigma_x \cdot A \tag{8.12}$$

式中　F——桩侧摩阻力，即桩的承载能力；

m——融土与桩间的摩擦系数（表 8-33）；

A——桩侧表面积，m^2。

表 8-33　融土与混凝土桩间的摩擦系数

土　名	不含粉土的粗颗粒土	含粉土的粗颗粒土	粉　土	黏性土
摩擦系数	0.55	0.45	0.35	<0.33

②桩侧融化冻土为细颗粒土时

a. 桩侧正压应力。

地面 1.5 m 以下，桩周融土中某一点的垂直应力；

$$\sigma_z^c = \frac{\gamma l}{2k\tan\phi_0} - \sigma_0 \tag{8.13}$$

式中　σ_0——黏聚力的换算强度（连续应力），t/m^2。$\sigma_0 = c/\tan\phi$，c 为融土的黏聚力，ϕ 为融土的内摩擦角。

k——沿深度不变的侧压力系数，其值为

$$k = \mu/(1-\mu)$$

其中　μ——波桑比（表 8-34）

ϕ_0——融土与桩侧表面间的摩擦角。

表 8-34　土的波桑比 μ 和侧压力系数 k

土　名	波桑比 μ	侧压力系数 k
砂	0.26 ~ 0.30	0.36 ~ 0.42
砂黏土	0.37 ~ 0.38	0.60 ~ 0.62
黏土	0.41 ~ 0.43	0.70 ~ 0.75

当 $\phi_0 = \phi$ 时，融化黏性土中的垂直应力 σ_z^c 沿整个桩长深度均等于 0，故得 $\frac{\gamma l}{2kc} - 1 = 0$。即 $l = \frac{2kc}{\gamma}$ [注：将 $\tan\phi_0 = \tan\phi = c/\sigma_0$ 代入式(8.13)，可得 $\sigma_0\left(\frac{\gamma l}{2kc} - 1\right) = 0$。在左式中，$\sigma_0$ 不等于零，则只有 $\left(\frac{\gamma l}{2kc} - 1\right) = 0$]。

现在来分析桩周融土厚度与摩擦力的关系。

（a）当 $l \leqslant 2kc/\gamma$ 时，所有融化黏性土由于黏聚力的作用，而全部黏着于桩侧表面上，正压力等于 0，摩擦力等于 0。桩承受一附加垂直荷载 P_1。

$$P_1 = \frac{H}{4}\pi(R_1^2 - R_2^2)\gamma \tag{8.14}$$

式中　P_1——桩承受的、黏附于桩上的融化黏性土重量，t；

R_1——桩周融化土柱的半径（从桩中心算起），m；

R_2——桩半径，m；

γ——融土容重，t/m^3；

H——桩的计算长度，m，其值为

$$H = H_0 - h_0 - 0.5D$$

其中　H_0——桩的埋深，m；

h_0——桩位置的天然上限，m；

D——桩直径，m。

（b）当 $l>2kc/\gamma$ 时，桩周融化黏性土发生剪切，土体产生压密，并产生作用于桩侧表面的正压应力，即：

$$\sigma_x^c = \frac{1}{2\tan\phi}(\gamma l - 2c) \tag{8.15}$$

式中　σ_x^c——融化黏性土作用于桩侧表面的正压力，沿桩深度为常数。

桩的摩擦阻力为：

$$F = m \cdot \sigma_x^c \cdot A \tag{8.16}$$

式中符号同前。

据计算，桩周多年冻土为黏性土时，融土圆环产生摩擦阻力的“临界厚度”约在 0.3 ~ 0.4 m。也就是说，只有桩周融土厚度大于 0.3 ~ 0.4 m 时，才有摩擦力作用于桩体。据青藏铁路桥梁桩基观测资料，对于桩径为 1.2 m 以内的桩，成桩过程桩周多年冻土的融化厚度，一般不大于 0.4 m。故桩周多年冻土为黏性土时，在桩回冻以前，一般是无承载能力的。

b. 桩端阻力。

在混凝土浇筑后，桩底冻土虽有升温和融化，但较桩侧要小许多。据昆仑山桩基试验观测资料：在成桩过程中，桩底边缘处的多年冻土温度始终未低于 0 ℃（图 8-25），桩底中心融土的最高土温约 2.5 ℃，且融化深度较小。桩底中心融土回冻至 0 ℃ 的时间约 12 d。15 d 后，桩底冻土平均温度达 -0.45 ℃。故在计算桩回冻前的早期承载能力时，桩底持力层可按冻土考虑。

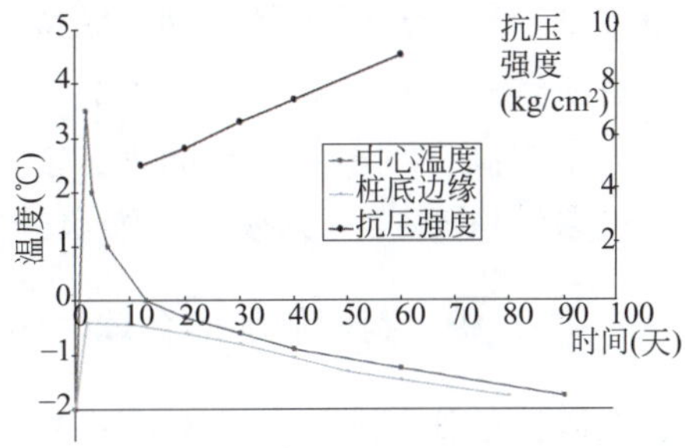

图 8-25　昆仑山 1 号桩，桩端冻土温度和抗压强度随时间的变化曲线

从上面计算分析可知，多年冻土中的钻孔灌注桩，在回冻前，其承载力主要来自桩底多年冻土的阻力，桩侧摩擦力是很小的。故在桩周融土回冻前，桩基的承载能力一般不宜利用。

8.4.5　回冻后，桩基垂直承载能力计算

冻土中桩的工作特性，由作用于桩上的荷载类别、桩的几何尺寸和地基冻土的力学特性决定。在外部荷载作用下，桩—地基系统的变形，具有塑黏性性质。

试验表明，冻土中桩径较小的单桩，其承载能力与桩长的关系是非线性的，随桩长的增加，承载力逐渐趋近于一极限值——桩的结构强度所决定的极限荷载。因此，多年冻土中的桩基存在一个“有效长度”，即不能用无限增加桩长来提高桩基的承载能力。

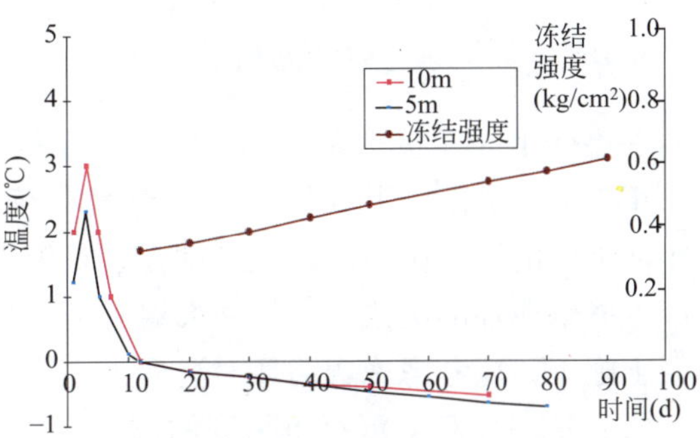

图 8-26　桩侧回冻土体温度和冻结强度随时间的变化曲线

图 8-26 是昆仑山桩基试验场（2004 年）1 号试桩桩侧 5 m 和 10 m 深处两点土温和冻结强度随时间的变化曲线。从图 8-26 可以看出：该两点土温在混凝土浇灌后，于第 12 天

降至 0 ℃。冻土冻结强度增至 0.35 kg/cm^2；至第 28 天，冻土温度降至 −0.2 ℃，冻结强度增至 0.4 kg/cm^2。而后，冻土温度缓慢下降，冻结强度缓慢增长，至最低温度时，桩侧冻结强度达最大值。

桩端多年冻土的抗压强度，随桩底融土的回冻和冻土温度的降低而增长，其过程如图 8-25 所示。从图 8-25 可以看出：桩端多年冻土的温度，其中心部分在混凝土浇筑后第 12 天，降至 0 ℃，而边缘部分多年冻土的温度始终保持在负温度。故桩端冻土的抗压强度，如果按桩底中心温度考虑，在混凝土浇筑后的第 12 天，桩底融化多年冻土回冻至 0 ℃时，桩底冻土的抗压强度便可达 5 kg/cm^2。随后，随冻土温度的降低，抗压强度逐渐增长，桩端承载能力逐渐增大。

随着桩的逐渐回冻，桩侧冻结力逐渐增大，桩端阻力在承载力中的比重逐渐减小。据青藏高原多年冻土区钻孔桩荷载试验，桩长 10 ~ 20 m，桩径 1.0 ~ 1.3 m 的桩，其桩底允许承载力仅占桩总允许承载力的 15% ~20% 。

应当指出，在多年冻土中的钻孔灌注桩设计中，为提高混凝土的早期强度，防止混凝土过早冻结，一般都添加早强剂和防冻剂。添加了防冻剂的混凝土，其表面与冻土间的冻结强度将有所减小。在计算其承载力时，冻结强度应乘以 0.7 的系数。

为了提高桩端多年冻土的承载能力，在成桩时，如发现桩底持力层为高含冰量黏性冻土时，可多钻进 1 ~ 2 m，换填以饱水的砂砾石或粗砂，以改善桩底持力层的应力状态。

8.4.6　桩上荷载施加的合理时间

在以往的实践中，认为只有在桩周融土回冻后，且桩身混凝土强度达设计值时，方可在桩上施加荷载。在钻孔灌注桩承载能力形成过程中，能否施加施工临时荷载呢？这是大家所关心的问题。

从昆仑山 1 号桩（细颗粒冻土），桩侧冻结强度和桩底承载能力的增长过程曲线（图 8-25 和图 8-26）可以看出，在试验条件（地基为细颗粒冻土，年平均地温 −2.0 ℃）下，混凝土浇筑后的 12 天内，桩是没有承载能力的。12 天以后，桩的冻结承载能力逐渐增长，桩底多年冻土具一定承载能力，能否承受施工荷载，应根据桩混凝土强度的增长情况（据有关资料，在养护温度为 1 ℃时，第 12 天，混凝土强度可达设计强度的 45%）和桩承载能力的增长情况以及荷载的大小，经计算确定。一般来说，在 28 天养生期内，桩是不能承载的。

8.4.7　多年冻土中的灌桩混凝土

多年冻土区气候的特点是严寒干噪，天气多变，除寒季、暖季交替（长周期）循环外，在一年中的短周期（几天）正、负温度交替次数也是较多的。如前所述，在青藏铁路沿线多年冻土区的风火山地区，短周期正、负温度交替次数就在 24 次以上，能使桥梁混凝土构件产生冻融循环的次数，一年中大概有 4 ~ 6 次，而不是一次。因此，多年冻土地区的灌桩混凝土施工，应考虑冻融循环对混凝土强度增长的影响和桩基的抗冻耐久性问题。

（1）冻融循环对混凝土强度的影响

混凝土中拌合水的相变，将引起混凝土结构和强度等的变化。

冻结、融化过程对混凝土强度的影响可分以下三种情况。

①新鲜混凝土的冻结和融化

新浇筑混凝土初凝前的冻结是一物理过程。发生冻结时，拌合水除少量参与水化反应外，其余都冻结成冰，混凝土的凝固过程被迫终止。这种冻结虽伴随有体积膨胀，但对混凝土强度的增长过程没有影响。在混凝土温度升高后，其中的冰融化，水化反应恢复，只要在初凝前振捣密实，加强养护，防止再次冻结，混凝土的性能是不会受影响的。

②混凝土养生过程中的冻结和融化

混凝土初凝后，养生过程中的冻结，对混凝土强度的影响是很大的。首先，存在于水泥石毛细管、孔隙中水的结冰膨胀，使水泥石中产生微裂隙，孔隙率增大，内部结构严重受损，造成不可恢复的强度损失。其次，由于水泥石的孔隙率增大，使水泥石与粗骨料之间的黏结力降低。在这种冻结、融化过程中产生的微裂隙，在随后的继续养护过程中，是不能修复的。养生过程冻融循环对混凝土强度的影响程度与冻结发生时的混凝土强度有关，冻结发生时强度越大，影响越小。

表8-35 列出了混凝土早期受冻时，强度的损失情况。

表8-35 混凝土早期受冻时，强度的损失

冻结前预养护时间(h)	冻结时间(h)	融化后标养时间(天)	环境温度(℃)	混凝土强度损失(%)		
				C20	C30	C40
0	24	28	-5	38.0	48.9	48.1
			-10	32.5	41.8	43.3
			-20	27.8	16.8	20.1
0	24	90	-5	35.9	44.1	47.8
			-10	30.5	37.0	41.8
			-20	19.4	22.5	20.8

从表8-35 可以看出：在混凝土初凝后，未经养护而受冻时，其强度损失最大可达50%。由于水泥浆体中的水泥颗粒很细，冻结时的水分迁移对析冰冻胀影响很大。在环境温度较高时，冻结速率较小，冻结锋面移动速度较慢，水泥浆体中的水分有较多时间迁移至冻锋面析冰膨胀，因而，水泥石中产生的微裂隙较多，故混凝土的强度损失较大；在环境温度较低时，情况正好相反，混凝土的快速冻结，使浆体中水分来不及迁移，冻结过程产生的微裂隙较少，故混凝土的强度损失反而较小。

试验表明，混凝土早期受冻的强度损失大小，与混凝土的预养护时间长短有关。预养时间长，受冻混凝土的冻前强度大，混凝土冻融过程强度损失就小。从这一事实出发，提出了混凝土抗冻临界强度的概念。所谓抗冻临界强度是指混凝土在受冻以前必需达到的最低强度。在《铁路混凝土与砌体工程施工及验收规范》中，对混凝土的受冻临界强度作了如表8-36 所示的规定。

表8-36 混凝土的抗冻临界强度

混凝土类型	混凝土早期受冻临界强度
采用普通硅酸盐水泥配制的混凝土	设计标准值的30%
采用矿渣水泥配制的混凝土	设计标准值的40%
低于C15 的混凝土	不得小于5 MPa

据试验，在受冻前达到抗冻临界强度的混凝土，融化后恢复 28 天的正常养护，其强度可达到设计强度的 95% 以上。

早期受冻对混凝土与钢筋黏结强度的影响如表 8-37 所示。

表 8-37　早期受冻对混凝土与钢筋黏结强度的影响

试件混凝土强度等级及编号	标养 28 天的黏结强度(MPa)	受冻前混凝土预养护时间(h)	受冻 24 小时的环境温度(℃)	受冻后标养 28 天的黏结强度(MPa)	受冻强度与未受冻强度之比(%)
C30-1	6.0	1	-20	1.8	33
		24		4.5	75
		60		5.6	97
		72		6.0	100
C30-2	4.2	0	-20	1.2	28
		24		2.9	69
		60		3.7	88
		72		3.8	91
C20	3.4	0	-20	0.5	15
		24		1.9	56
		60		3.2	94
		72		3.2	94

从表 8-37 可以看出，混凝土早期受冻后对钢筋的黏结强度，随受冻前预养时间的延长而增加，预养时间超过 3 天后，黏结强度的减小在 10% 以内。

以上资料充分说明，混凝土的早期受冻对混凝土的各项性能均有重要影响，在多年冻土地区的混凝土工程施工中，应尽量避免出现。

③冻融循环对混凝土构件强度的影响

桥梁混凝土构件在使用期间的冻、融循环，会使混凝土的各项性能指标逐渐降低。为提高多年冻土地区混凝土构件的可靠度和使用年限，铁道部在 2002 年颁布了《青藏铁路高原冻土区混凝土耐久性技术条件》，对青藏铁路高原冻土区混凝土的抗冻融循环性能、抗渗性、护筋性、抗氯离子渗透性、抗裂性、耐腐蚀性、抗碱-骨料反应性能、抗风蚀性能指标等都提出了明确的要求。在这些耐久性标准中，混凝土的抗冻融循环性能最为重要，在一般情况下，能满足抗冻融循环要求（冻融循环 300 次），其他耐久性标准都可满足。

（2）多年冻土中混凝土桩的工作环境特征

在多年冻土地区，桩基的不同部分，其工作环境特性是不相同的：地面以上桩体暴露在大气中，受冻融循环影响最大；活动层中的桩体，每年经受一次冻融循环；多年冻土层中的桩体，其工作环境是恒温的。因此，多年冻土中的钻孔灌注桩，地面以上部分和活动层中的混凝土，应考虑防止混凝土的早期受冻；多年冻土中的混凝土则无需考虑冻融循环影响的问题。

考虑多年冻土区桩基工作环境的上述特性，为确保桩基质量，用于多年冻土区的灌桩混凝土，应具有较好适应负温环境的特性：早期强度增长较快；抗冻性能好，即混凝土应具有较低的冻结温度和较强的抗冻融循环能力；在负温养生条件下，混凝土强度亦能正常增长。

混凝土强度的增长，与温度有关。养生温度降低，强度增长减慢，如图8-27所示。从图8-27可以看出：当混凝土的养生温度为5 ℃时，混凝土28天的强度，只能达标养强度的91%；当养生温度为1 ℃时，混凝土28天的强度，只能达标养强度的70%。但随着时间的延长，混凝土强度仍能达到设计强度。

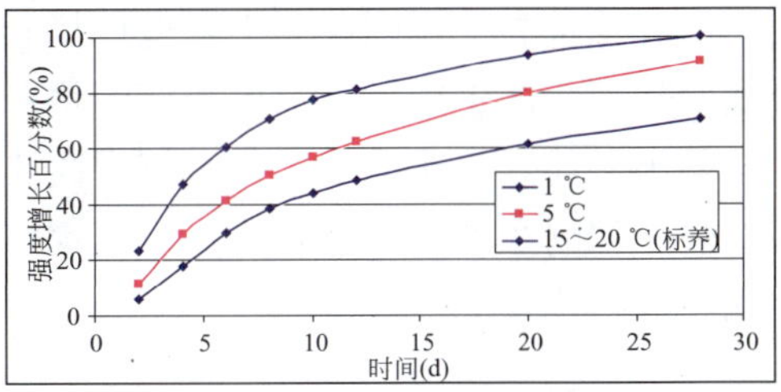

图8-27 300#～500#硅酸盐水泥混凝土强度增长曲线

在青藏高原多年冻土区，多年冻土的年平均地温，大多在-0.5 ℃～-2.5 ℃，即多年冻土中混凝土的养生温度在-0.5 ℃～-2.5 ℃。在这种养生温度下，混凝土的强度增长会更慢一些。但据试验观测资料，多年冻土中的新浇混凝土，水化热能使其平均温度达6 ℃，维持时间达12～20天。这样，多年冻土中的混凝土在进入负温环境前，其强度能够增长至标养强度的40%～60%。这一强度已达混凝土的抗冻临界强度，符合寒冷地区混凝土施工要求。

混凝土强度达抗冻临界强度后，在负温环境下（表8-38）养生，其后期强度的增长如表8-39所示。从表8-39可以看出，在负温环境下，混凝土的强度是能增长的，只是速度较慢一点。

表8-38 试件养护温度及延续时间

养护时间	0～2天	3～5天	6～10天	11～15天	16～30天	31～56天
养护温度	10 ℃	5 ℃	1 ℃	0 ℃	-0.5 ℃	-1.0 ℃

混凝土强度的增长过程如表8-39所示。

表8-39 混凝土强度的增长过程

试验编号	水灰比	抗压强度(MPa)/与设计强度之比				
		3 d	7 d	21 d	28 d	56 d
A0	0.58	5.87/0.19	11.52/0.38	18.61/0.62	20.42/0.68	30.62/1.02
A1	0.44	7.53/0.25	15.18/0.51	25.44/0.85	27.82/0.92	34.12/1.14
A2	0.44	8.41/0.28	16.88/0.56	27.91/0.93	30.46/1.01	36.35/1.21
A3	0.44	5.16/0.17	10.44/0.35	22.82/0.76	24.82/0.83	33.91/1.13
A4	0.44	5.76/0.19	11.61/0.39	21.28/0.71	24.34/0.81	33.11/1.10
A5	0.44	6.84/0.23	13.93/0.46	24.14/0.80	25.46/0.85	34.32/1.14
A6	0.44	6.3/0.21	12.7/0.42	22.94/0.76	24.12/0.80	33.22/1.11

注：表中分母数为混凝土强度达设计强度的百分数。

从表8-39可以看出：7天的混凝土的后期强度就能够继续增长35%以上，满足抗冻临界强度的要求。28天的强度已达设计强度的68%以上，最大者已超过设计强度。至56天时，混凝土的强度均已超过设计强度。负温养护条件下，混凝土的强度是能“顺利”增长的。

据青藏铁路多年冻土地区钻孔灌注桩桩基小应变检测资料，桩基强度的增长有如下特点：7天以内，波速变化很大，但波速很低，说明混凝土灌注初期，强度增长较快，但强度很低；7～14天，波速变化很大，但规律性差，说明强度增长较快；15～28天，波速变化不大，但波速较高，说明混凝土强度已增长至较大值，但强度的增长速度变慢。这些特点也充分证明，多年冻土中混凝土桩强度的增长是“正常”的。这与实验室试验结果完全一致。

基于上述，多年冻土中的灌桩混凝土（无冻融循环），一般无需添加任何外加剂，就能满足强度和耐久性方面的要求。但地面以上桩体和活动层中桩体混凝土应有特殊考虑，在养护期间应防止受冻。

8.5　多年冻土上桥梁地基基础的设计和计算

8.5.1　桥梁地基多年冻土人为上限的计算

桥梁基础是一种冷基础。但是，桥梁工程的施工和桥梁的建成，将打破原地表的热量平衡，引起地基多年冻土上限的变化。即在桥梁位置处，地基多年冻土将形成新的多年冻土人为上限。

在多年冻土地区，一定流量的大河河床、漫滩及其附近地带，一般为融区。但中、小河流的河床下面，一般都有多年冻土存在，甚至埋藏有地下冰。近年来，铁道部门在多年冻土地区筑路时，对于多年冻土工程地质条件太差的地段，采用“以桥代路”的方法通过，即用旱桥代替路基，通过这些地段。因此，在多年冻土区筑路时，仍有很多桥梁基础建在多年冻土地基上。桥梁修建时热干扰引起的天然上限位置变化，只有在桥梁基础—地基系统达到新的热力平衡时，才能形成新的、稳定的多年冻土上限，即桥梁的人为上限。

桥梁人为上限的形成过程，与桥址处多年冻土工程地质条件、水文特征、施工方法、基础类型等因素有关。

多年冻土区的中、小河流，其天然上限一般具有如下特点：河床部分为砂、卵、砾石粗颗粒土覆盖；而河滩及岸边，则为较细颗粒的土，且一般植被较发育。故河床的天然上限均较岸坡部分深。但由于其流量一般不大，寒季枯水期，河床活动层往往冻透。在一般情况下，河床下的多年冻土仍为平面上连续、垂直方向上衔接的多年冻土。

在青藏公路沿线多年冻土地区，据勘探及测温资料，中、小河流的流水部分，上限埋深较岸坡部分要深 0.5 ~ 1.0 m。例如：风火山东大沟河床上限为 2.5 ~ 3.0 m，岸坡部分只 1.4 ~ 2.0 m；清水河河床上限 2.6 m，岸坡部分为 1.6 m。河床以下土层的地温变化规律与天然地层相近，平均地温最低的月份是 2 月 ~ 3 月，最高是 8 月 ~ 9 月。

我国多年冻土地区的桥梁基础，目前大多采用桩基础。但在 20 世纪 50、60 年代，则大多采用明挖基础。自 20 世纪 70 年代开始，我国多年冻土区的桥梁基础，就几乎全部采用桩基础了。

明挖基础施工，由于基坑开挖，使地基多年冻土暴露，从而，给地基多年冻土的热干扰最大。加之混凝土整体圬工基础水化热的影响，明挖基础施工带来的热干扰，往往要在工后数月或数年才能完全消除。

多年冻土中桩基础的施工，对地基多年冻土的热干扰则要小得多。20 世纪 70 至 90 年代，多年冻土中桩基础施工，采用冲击钻机，钻进速度较慢，桩基施工时间较长，从而，成孔带来的热干扰较大。在 2001 年至 2005 年的青藏铁路多年冻土地区上万根桥梁钻孔灌注桩施工中，采用大功率的旋挖钻机成孔，其钻进速度很快，一根直径 1.2 m，深 25 m（在青藏铁路多年冻土地区，采用的桩径多为 1.0 ~ 1.25 m，桩长 15 ~ 30 m）的钢筋混凝土灌注桩，成孔带灌注仅用6~8 h即可完成。这种成桩工艺，自然带给地基多年冻土的热干扰是最小的。

例如，青藏公路红梁河桥，位于可可西里丘陵地带，为2跨6 m钢筋混凝土板梁桥，1969年6月~7月用明挖方法施工建成。施工中基坑暴露约1个月，在基坑开挖至标高后，就地灌注混凝土整体基础和柱式墩台，于8月5日前全部回填。

该桥桥址原河床天然上限1.8 m（从河床表面算起），基坑挖至天然上限以下1.1 m。由于施工是在6月~7月，基底及基坑周围冻土融化明显。到回填时，桥墩基础下，多年冻土融化0.5 m；桥台基础下，多年冻土融化0.7 m（墩、台基底在河床面以下2.9 m。桥头路基填土高1.7 m）。同时基础周围多年冻土温度升高。

基坑回填后，地基多年冻土的温度开始恢复，冻融界面开始抬升。红梁河桥河床地温较低（最大融化季节时，4.0 m处地温为 -2.6 ℃），虽然明挖施工带入大量热量，但回填后，地温仍然恢复得较快，10天左右，进入相对稳定阶段，1个月后冻融界面开始回升，至10月底，其平均抬升速度约1.2 cm/d。

红梁河所在地的可可西里山区，建桥当年和次年的空气正、负积温比为1:6，即负积温是正积温的6倍，再加上多年冻土年平均地温较低，因而地温场的恢复速度是较快的。

第一个寒季，河床融化部分全部冻透。1970年6月，该桥桥墩处河床已融化至1.9 m（原天然上限以下0.1 m）。到季节最大融深的9月下旬（9月24日），人为上限比天然上限下降0.9 m，但仍在基础底面以上0.2 m。基础底面在最大融化季节后期的温度，保持在 -0.5 ℃ ~ -0.8 ℃。

建桥后的第2年（1971年）9月，对该桥进行钻探与锥探，得到桥梁地基的稳定人为上限为：①桥台部分，地基多年冻土上限较原天然上限抬高0.1~0.3 m，在基础底面以上1.2~1.4 m；②桥墩部分，比天然上限降低0.9 m，保持在1970年的2.7 m的位置，在基础底面以上0.2 m。

上面观测资料表明：对于埋式桥台，地基多年冻土的人为上限是上升的；而桥墩地基多年冻土的人为上限是下降的，其埋深约是天然上限埋深的1.5倍。

对于桩基础，桥梁地基多年冻土人为上限的埋深应比明挖基础浅。

对一般中、小桥，地基多年冻土人为上限的计算，可采用以下经验公式：

$$H = 1.2KH_1 \tag{8.17}$$

式中 H——桥梁人为上限；

H_1——河床天然上限；

K——工程热影响系数，见表8-40。

式(8.17)中1.2系数是考虑勘测年后，百年气温波动而影响人为上限变化的安全系数。

表8-40 工程热影响系数值

<table>
<tr><td rowspan="3">基础类型</td><td rowspan="3">埋式桥台</td><td colspan="4">桥　墩</td></tr>
<tr><td colspan="2">高温冻土</td><td colspan="2">一般冻土</td></tr>
<tr><td>明挖圬工</td><td>桩基</td><td>明挖圬工</td><td>桩基</td></tr>
<tr><td>K值</td><td>1.0</td><td>2.0</td><td>1.6</td><td>1.6</td><td>1.2</td></tr>
</table>

注：高温冻土系指年平均地温高于 -0.5 ℃的冻土层；一般冻土系指年平均地温低于 -0.5 ℃的冻土层。

8.5.2 桥梁基础型式的选择

多年冻土区桥梁基础型式选择的合理性，是桥梁设计的关键。多年冻土中桥梁基础设计的基本原则是：应尽量减小基础施工对地基多年冻土的热干扰，尽量减小桥梁地基活动层冻融过程对桥梁结构的不利影响。桥梁基础类型的选择，应根据桥梁结构特点、多年冻土工程地质条件、水文地质条件和地基多年冻土利用原则确定。

地基多年冻土的三种利用原则，在桥梁工程中都可采用。究竟采用何种原则，应根据多年冻土的基本特征、河床结构特点、桥梁结构对地基的特殊要求，并考虑桥梁修建后地基多年冻土的可能变化，综合考虑决定。

多年冻土中的桥梁基础，通常承受以下力（全部的或部分的）的作用：①来自上部建筑的建筑荷载（恒载）；②基础自重（恒载）；③多年冻土对基础的锚固力（冻结力）；④季节融化层土体冻结过程，作用于基础侧面的切向冻胀力和侧面法向冻胀力（水平冻胀力）；⑤作用于基础的水平荷载（地震力、风载、火车和汽车的制动力等）；⑥作用于基础的临时垂直荷载（车辆动载、雪载等）。

在上述力（全部的或部分的）的作用下，多年冻土中的桥梁基础—地基系统，将处于复杂应力状态，其变形具有塑、黏性特征。

目前，用于多年冻土地基的桥梁基础类型有钻孔桩基础和明挖基础。

明挖基础施工时，对地基多年冻土的热干扰大，不利地基多年冻土温度场的快速恢复。但是，明挖基础具有施工方法和施工机具简单、能就地取材和造价低廉等优点。因此，在基础埋深不大的中、小桥梁中可有选择地采用。

桩基础是多年冻土区桥梁工程中大量采用的基础型式，具有以下优点：①施工热干扰最小，有利于地基多年冻土温度场的快速恢复；②承载力高，沉降量小，抗拔力大，基础稳定性高；③适用于各种地基条件（岩土类型、多年冻土特性和水文地质条件等）；④施工不受季节影响，全年都可施工；⑤施工速度快，工期短。桩基础的缺点是造价较高。

在多年冻土地区曾使用过的桩基础有：钻孔插入桩、钻孔打入桩和钻孔灌注桩。目前，国内普遍采用的桩基础是钻孔灌注桩基础，由于其设计理论和施工工艺均较成熟，所以，使用较为广泛，效果也比较理想。青藏铁路高原多年冻土区的桥梁全部采用的钻孔灌注桩。试验研究和工程实践表明，钻孔灌注桩基础具有如下优点：①可以建造 1.0 m 以上大直径桩，满足上部大荷载要求；②桩—地系统的地基系数和冻结强度指标均较高；③混凝土砂、石集料可就地取材。

钻孔灌注桩基础的缺点是：施工热干扰较大，地基多年冻土温度场的恢复（回冻）时间相对较长，施工条件受季节影响较大。

钻孔插入桩是采用先钻孔，后沉桩，再填充桩体与钻孔间隙的方法施工。孔径比预制桩直径大 50 ~ 100 mm。其承载力由桩与填料或填料与冻土之间的冻结强度决定。

钻孔插入桩基础具有如下特点：①预制桩体的质量容易保证；②施工效率相对较高；③施工热干扰较小，回冻时间较短。

钻孔插入桩基础的缺点是：桩承载力低（仅为同等直径钻孔灌注桩的 1/3 左右）；桩径受起吊机具能力限制，目前还不能建造大直径的桩基。

钻孔打入桩是将预制桩体打入钻孔的基础形式，一般钻孔比预制桩体直径小 50 ~

100 mm。由于沉桩困难，目前在国内多年冻土地区应用较少。

钻孔打入桩的优点是施工热干扰最小，回冻速度最快；缺点是使用受地基冻土温度和岩性限制（仅适用于黏性土、砂土类为主的塑性冻土地基），施工受打桩机具能力限制，桩径大于 0.6 m 时，沉桩困难。

多年冻土地区的桥梁基础，应根据桥梁结构类型，地基多年冻土工程地质条件，从上述基础型式中合理选择。

8.5.3 桥台地基多年冻土的热防护设计

桥头路堤下沉是多年冻土地区桥梁普遍存在的严重病害。究其原因主要是桥台后路基下地基多年冻土的大量融化引起的。因此，要消除桥头路堤的热融下沉，就应加强桥台地基多年冻土的热防护，防止地基多年冻土的大量融化。

引起桥头路基大量热融下沉的原因较多，归纳起来主要有：①路基活动层填料的不均匀性；②路基活动层土体水分分布的不均匀性；③桥头路基与相邻路基换热边界条件的不一致性；④路基地基多年冻土工程地质条件的不均匀性。其中，桥头路基热交换条件与相邻路基的差异是引起桥头路基大量下沉的主要原因。

暖季，路基融化深度的大小，与融化期换热边界条件有关。由于桥梁的存在，一般路基冻融循环过程的二维热交换边界条件，在桥头路基变成了三维条件。即，对桥头路基来说，其冻融过程增加了一个桥台—锥体护坡换热面。从而，桥头路基的冻结、融化过程，已变成一个三维传热问题。这种冻结、融化边界条件的差异，自然会使桥头路基的融化深度大为增加。即，桥台附加热源的影响，使桥头路基的稳定人为上限，较之相邻路基要大许多。台背地基多年冻土的融化，是引起桥头路基严重下沉的根本原因。

但是，在以往的路基设计中，是不考虑桥头路堤在冻融循环过程中，换热边界条件与相邻路基的这种差异的。也就是说，忽略了桥头路基的特殊热防护设计。

据青藏铁路多年冻土地区桥头路基维修资料，桥头路基下沉影响范围的大小，与桥台高度有关。一般为桥台高度的 1.5 ~2.0 倍。

消除桥头路堤冻融过程病害的基本方法是：加强桥台地基多年冻土的热防护，消除桥头路基冻融过程换热边界条件与相邻路基的不一致性。

路基冻融循环过程，通过桥台传入路基的热量，可根据桥台锥体护坡表面的冻结、融化指数和桥台组成材料的热物理性质，通过热工计算确定。

桥台锥体护坡表面的 n 系数，应通过现场观测确定，在无条件观测时，可参考下面资料确定。据有关研究资料，暴露于阳光下的混凝土表面，其 n_t 系数约为 1.8；n_f 系数约为 0.95。对多数时间暴露于阳光下的桥台和锥体护坡，其表面的 n_t 系数采用 1.8；n_f 系数采用 0.95，于设计来说应是偏于安全的。

根据 n 系数和气温冻结、融化指数，可计算出桥台、锥体护坡表面的平均温度，据此，可进行寒季和暖季的传热计算。

路桥连接路基热工设计的任务是：采取工程措施，消除通过桥台传入路基的热量。从而，保持桥头路基冻结、融化边界条件与相邻路基的一致性。

可供采用的热防护措施有：在桥台背、桥台锥体护坡下、桥头路堤边坡设置隔热层；用片石将桥台锥体护坡、桥头路堤边坡覆盖；在桥头路堤两侧埋设热棒；桥头路堤边坡植草等。隔热层、片石层的厚度和覆盖范围应通过热工计算确定。

8.5.4 桥墩水位变化带混凝土的防护设计

水位变化带桥墩混凝土剥落、钢筋腐蚀，是多年冻土地区常见的桥梁病害。水位变化带桥墩混凝土冻融循环和钢筋的化学、电化学腐蚀是桥墩腐蚀破坏的主要原因。在多年冻土地区，防止桥墩混凝土冻融腐蚀破坏是桥梁设计的一项重要内容。提高混凝土的密实性，减少裂纹的产生是改善混凝土抗腐蚀性能的主要途径。但由于混凝土材料的多孔性和施工裂纹等问题难以彻底解决，因此，到目前为止，附加外防护措施仍然是十分重要和不可缺少的。

防止桥墩水位变化带混凝土腐蚀的措施有：

（1）外涂层防护。在已产生腐蚀的部分作外涂层，防止混凝土的进一步腐蚀。

①普通水泥砂浆层。在混凝土外表面涂抹5 ~20 mm厚的水泥砂浆层，在减缓碳化影响方面有一定作用，砂浆越密实效果越明显。本方法最为经济方便，可用于轻微的腐蚀环境中。

②聚合物改性水泥砂浆层。这是近年发展起来的新型混凝土覆面材料，具有以下优点：聚合物大都以乳液形式掺入水泥砂浆中，可大大提高砂浆层的密实性和黏接力；可在潮湿基面上施工，不需要专业防腐队伍；其耐久性可与基体（混凝土）保持一致等。国内外用于砂浆层中的聚合物品种越来越多，如丙烯酸类乳液、己烯基树脂乳液、环氧树脂乳液等。多种聚合物的配合使用，可进一步提高砂浆层的保护性能。

③渗透型涂层。利用混凝土“可渗透”的特点，在混凝土表面涂以渗透型涂层材料，这些渗入的物质，可与混凝土组分起化学作用和堵塞孔隙，或自行聚合形成连续性憎水膜。这样，在混凝土表面深入内部的一定范围内（如3 ~5 mm），形成一个特殊的防护层，它能有效地阻止外界环境中腐蚀介质进入混凝土中，从而保护混凝土与钢筋免受腐蚀。渗透型涂层属有机硅类材料，如烷基烷氧基硅烷等。

④有机涂层。如沥青、煤焦油类、油漆类、防水涂料、树脂类涂料等。

（2）加固防护。采用碳纤维布、芳纶纤维布、玻璃纤维布等高强度纤维布，通过黏接技术，使之与混凝土牢固黏接，形成高强度混凝土结构，使失去强度的混凝土构件恢复结构能力。这种加固防护具有较高的防水性，且使用寿命较长，是一种理想的防护方法。

8.5.5 桩基承载力和稳定性计算

（1）冻土桩基垂直承载能力的计算

多年冻土中的桩基，在地基温度场恢复至设计状态后，桩—地基受力系统形成。在桩长小于有效桩长时，其垂直承载能力为冻结力和桩端抗力之和，用下面公式计算：

$$P = \frac{1}{K}\left[\sum_{i=1}^{n}\tau_i \cdot A_i + F\sigma\right] \tag{8.18}$$

式中 P——桩基础的允许承载力，t；

τ_i——桩侧第 i 层冻土的计算（允许）冻结强度，t/m^2；

A_i——第 i 层冻土的冻结面积，m^2；

F——桩端投影面积，m^2；

σ——桩端冻土的允许承载力，t/m^2；

K——安全系数。

在冻土桩基承载力计算中，由于地基活动层的存在和桩体混凝土的导热影响，活动层部分的冻结力和多年冻土上限下一定深度的冻结力都是不能利用的。因此，从利用冻结强度角度考虑，多年冻土中的桩基存在一个有效长度。桩的有效长度采用下面公式计算：

$$L_e = L_0 - (h_{th} + d) \tag{8.19}$$

式中 L_0——桩的入土长度，m；

h_{th}——地基活动层厚度，m；

d——桩径，m。

暖季，混凝土桩导入热量的绝大部分在活动层中已经消散，只有极少部分传入上限以下。据观测，其影响深度不大于桩径，一般仅 30～50 cm。故在桩的有效长度计算中，仅减去一倍桩径。

从有效桩长的规定可以看出，多年冻土中桩基的承载力在一年中是变化的。暖季，地基多年冻土的温度最高，（$h_{th}+d$）长度的桩体又无冻结力作用，桩基的承载力最小；寒季，地基多年冻土的温度最低，整个入土长度桩体都有冻结力作用，桩基的承载力最大。

桩侧多年冻土的冻结强度应通过试验确定。在无条件试验时，可根据桩侧冻土的计算温度和土质成分，从有关规范中查取。表 8-41 列出了冻土与混凝土基础间的冻结强度参考值。

表 8-41 冻土与混凝土基础间的冻结强度

土种类	不同土温(℃)下,冻土与混凝土基础间的冻结强度(kg/cm^2)							
	-0.3	-0.5	-1.0	-1.5	-2.0	-2.5	-3.0	-3.5
黏性土	0.4	0.6	1.0	1.3	1.5	1.8	2.0	2.3
砂土	0.5	0.8	1.3	1.6	2.0	2.3	2.6	2.9
泥浆	—	—	0.2	0.3	0.35	0.45	0.5	0.6

桩端多年冻土的允许承载力［σ］，可根据设计地温和桩的入土深度，从有关规范中查取。表 8-42 列出了体积含冰量 $0.2 \leqslant i_i \leqslant 0.4$ 的各类冻土（包括粗颗粒和细颗粒冻土）允许承载力的参考值。

表 8-42 桩端冻土的允许承载力（kg/cm^2）

桩入土深度(m)	[σ]				
	-0.3 ℃	-0.5 ℃	-1.0 ℃	-1.5 ℃	-2.0 ℃
3～5	3.0	4.0	5.0	6.5	7.5
10	3.5	4.5	6.0	7.0	8.0
15 和 15 以上	4.5	5.0	6.5	7.5	8.5

在以往的冻土桩基设计中，通常认为，采用桩侧冻土的最高地温剖面来计算桩的承载力是合理的。其实，从地基多年冻土温度场的变化特征来看，这种计算方法是过于保守的。因为，桩侧不同深度最高地温的出现时间是不同步的。也就是说，让桩侧各深度的最高温度在同一时间出现，并以此为依据来计算桩的承载力，这显然是保守的。因此，建议采用年平均地温剖面来进行桩基承载力计算。

（2）水平荷载作用下，桩基稳定性验算

多年冻土中的桩基础设计，应对基础桩在水平荷载作用下的稳定性进行验算：

①计算图式

水平荷载作用下，桩基稳定性验算采用图8-28图式。

②稳定性检算

桩在水平荷载作用下，由于桩的弯曲而产生的土中应力，应不超过土的抗剪强度，即：

$$\sigma_z \leqslant \frac{4}{\cos\phi}(g \times \gamma \times z \times \tan\phi + 0.3c) \tag{8.20}$$

式中　σ_z——临界点处土中的应力；

z——临界点的深度，$z = H_{th}/3$；

γ——z 深度处融土的容重；

ϕ——z 深度处融土的内摩擦角；

c——z 深度处融土的黏聚力；

g——重力加速度。

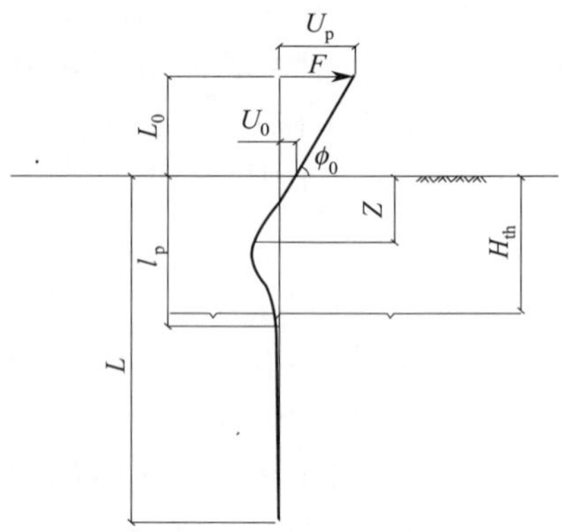

图8-28　水平受荷桩的计算图式

图中：F—作用于桩的水平荷载；U_p—桩顶位移；U_0—地面处桩的位移；ϕ_0—桩与地面之间的夹角；z—临界点深度，$z = H_{th}/3$；l_p—桩受弯段长度：$l_p = H_{th} + 1.5d_p$；l_0—桩在地面以上的自由长度；H_{th}—季节融化层厚度；d_p—桩径。

σ_z 用下式计算：

$$\sigma_z = K_b z\left(U_p A_1 - \frac{\phi_0}{\alpha_e}B_1 + \frac{M_0}{\alpha_e^2 E_b I_p}C_1 + \frac{H_0}{\alpha_e^3 E_b I_p}D_1\right) \tag{8.21}$$

式中：$\alpha_e = \sqrt[5]{\dfrac{K_b(1.5d_p + 0.5)}{3E_b I_p}}$

$$U_p = U_0 + \phi_0 L_0 + \frac{FL_0^3}{3E_b I_p} + \frac{ML_0^2}{2E_b I_p}$$

$$U_0 = H_0 e_{HN} + M_0 e_{HM}$$

$$e_{HN} = \frac{A_0}{\alpha_e^3 E_b I_p};e_{MM} = e_{HM} = \frac{B_0}{\alpha_e^2 E_b I_p};e_{MN} = \frac{C_0}{\alpha_e E_b I_p}$$

$$H_0 = F;M_0 = FL_0$$

$$\phi_0 = H_0 e_{MH} + M_0 e_{MN}$$

式中　E_b——桩材的弹性模量；

I_p——桩截面的惯性矩；

K_b——系数；$K_b = 0.532E_b/d_p$；

A_0、B_0、C_0——按表8-43查取的参数；

A_1、B_1、C_1、D_1——按表8-44查取的参数。

表8-43　参数 A_0、B_0、C_0 值

受弯段的换算长度 $\bar{l}_p = l_p \cdot \alpha_e$	A_0	B_0	C_0
0.6	0.072	0.180	0.600
0.8	0.170	0.319	0.798
1.0	0.329	0.494	0.992

续上表

受弯段的换算长度$\bar{l}_p = l_p \cdot \alpha_e$	A_0	B_0	C_0
1.2	0.556	0.698	1.176
1.4	1.849	0.918	1.342
1.6	1.186	1.134	1.480
1.8	1.532	1.321	1.581
2.0	1.841	1.460	1.644
2.5	2.290	1.565	1.680
3.0	2.385	1.586	1.691
4.0 以上	2.401	1.600	1.732

表 8-44 参数 A_1、B_1、C_1、D_1 值

临界点处的换算深度$\bar{z} = z \cdot \alpha_e$	A_1	B_1	C_1	D_1
0.0	1.000	0.000	0.000	0.000
0.2	1.000	0.200	0.020	0.001
0.4	1.000	0.400	0.080	0.011
0.6	0.999	0.600	0.180	0.036
0.8	0.997	0.799	0.320	0.085
1.0	0.992	0.997	0.499	0.167
1.2	0.972	1.192	0.718	0.288
1.4	0.955	1.379	0.974	0.456
1.6	0.913	1.553	1.264	0.678
1.8	0.843	1.706	1.584	0.961
2.0	0.735	1.823	1.924	1.308
2.2	0.575	1.887	2.272	1.720
2.4	0.347	1.874	2.609	2.195
2.6	0.033	1.755	2.907	2.724
2.8	-0.385	1.490	3.128	3.288
3.0	-0.928	1.037	3.225	3.858
3.5	-2.928	-1.272	2.463	4.980
4.0	-5.853	-5.941	-0.927	4.548

（3）桩基础抗冻胀稳定验算

地基活动层土体的冻结，对基础会产生冻胀力。多年冻土中的桩基，在地基活动层土体冻结时，将承受切向冻胀力的作用。切向冻胀力是影响多年冻土区和季节冻土区基础稳定主要因素。为防止切向冻胀力的冻拔破坏作用，应进行桩基抗冻胀稳定性检算。

桩基础的抗冻胀稳定应满足下面不等式：

$$\tau \times U_{p0} \times H_{th} - U_{p0} \times (L - H_{th}) \times \gamma_p \leqslant \frac{1}{K} R_a \times U_{p0} \times (L - H_{th}) \tag{8.22}$$

式中　τ——活动层冻结过程作用于桩的切向冻胀力；

U_{p0}——桩的周长；

H_{th}——活动层的厚度；

L——桩的埋深；

R_a——桩与多年冻土之间的冻结强度；

K——安全系数；

γ_p——桩混凝土的容重。

通过上面计算，如果不能满足要求，应采取防冻胀措施，对桩基活动层中部分桩体进行防冻胀处理，减小切向冻胀力；或改变桩的尺寸和埋深，重新进行检算，直至满足要求。

第9章 涵洞工程

在铁路工程中，涵洞是小型工程，但广泛分布，总体数量较多。因此，涵洞工程技术状态的好坏，直接影响线路的质量，进而影响行车速度。

在我国和俄罗斯，多年冻土区的涵洞，多采用分节的（分段设沉降缝）钢筋混凝土圆涵或矩涵。基础为混凝土现浇整体基础或混凝土拼装基础。在加拿大和美国多年冻土区，则普遍采用金属波纹涵管。

青藏铁路沿线多年冻土地区的544 km线路中，共有涵洞621座。2006年交付运营后，涵洞冻、融病害时有发生，并有发展趋势。据青藏公路多年冻土地区涵洞使用情况调查资料，多年冻土地区的涵洞，轻微破坏和使用良好的，仅一半多一点。因此，在多年冻土地区铁路路基设计中，重视涵洞地基基础和结构的合理设计，提高涵洞的使用技术性能，是非常必要的。

9.1 多年冻土地区涵洞工程的冻融病害与防治对策

多年冻土地区，地基多年冻土的衰退和融化、活动层的冻融循环过程影响和涵洞工程的特殊工作条件，是涵洞冻融病害多发的基本原因。

9.1.1 多年冻土地区涵洞工程的冻融病害

在多年冻土地区，影响涵洞地基、基础和涵洞结构稳定的有以下特殊因素。

（1）进、出口地表对太阳辐射的吸收、反射特性；

（2）地基多年冻土的类型、年平均地温；

（3）涵洞结构的热工特性；

（4）地表水、地下水的热侵蚀特性；

（5）地基活动层土体的冻融循环特性；

（6）不良冻土现象的危害等。

涵洞基础多为明挖浅基础，埋深较浅，地表流水在涵洞中的下渗，常使地基活动层土体处于高含水甚至饱水状态。下渗流水带入地基的热量，常使地基多年冻土产生升温和融化。活动层的强冻胀和地基多年冻土的衰退和融化，是多年冻土地区涵洞工程病害产生的基本原因。

据青藏公路有关资料：青藏公路格尔木至拉萨段，全长1 170 km，于1954年建成通车。由于条件限制和工期紧迫，当时修建的桥涵是很少的。1955年起，青藏公路按老4级公路标准改建。从西大滩到安多的高原多年冻土地带，共修建197座涵洞。这些涵洞的大部分均为木涵、皱纹管涵和石拱涵。据铁道部科学研究院西北研究所在20世纪60年代的调查：在这197座涵洞中，严重破坏的涵洞20座，占涵洞总数的9.2%；一般破坏的74座，占36.6%；轻微破坏及使用良好的108座，占53.8%。

1973 年，青藏公路按 2 级公路标准，再次进行改建。在高原大片多年冻土区的 520 km线路中，共修建涵洞 772 座。并普遍采用了钢筋混凝土结构，使涵洞的技术状况得到显著改善。据中交第一公路勘察设计研究院 1990 年调查资料：在这 772 座涵洞中，严重破坏的 119 座，占涵洞总数的 15. 4%；一般破坏的 163 座，占 21. 1%；轻微破坏的 490 座，占 63. 5%。病害涵洞中，破坏最多、最严重的部位是洞口建筑和涵底铺砌。在 282 座严重破坏和一般破坏涵洞中，洞口建筑和涵底铺砌破坏的就有 243 座，占 86%。在已破坏（特别是严重破坏的）涵洞中，大部分流水期较长，流量较大，地基土为高含冰量多年冻土，冻土工程地质条件较差。

2004 年，交通部西部课题组又对青藏公路、青康公路、天峻—木里公路多年冻土地区的涵洞使用状况进行了调查，其病害发生率约在 40% 左右。

从上面资料可以看出，多年冻土地区的涵洞，几乎有一半受地基活动层土体冻融循环过程和地基多年冻土衰退和融化影响，而产生不同程度的结构破坏。

上述涵洞结构冻融病害是影响涵洞使用功能的病害。从线路技术状态角度来看，还有一类是由于涵洞存在而产生的、影响线路正常运营的涵洞病害。如涵侧路基下沉、涵顶路堤冻胀等。这些病害的出现，是由于路堤中的涵洞改变了路基与大气间的换热条件而引起的。

综上所述，多年冻土地区的涵洞工程病害可分为以下两类。

（1）影响涵洞使用功能的结构冻融变形病害：

①洞身、涵台沉降、倾斜或开裂；

②涵底铺砌开裂、破碎和渗漏；

③洞口端墙和翼墙沉降、倾斜或开裂；

④洞口铺砌和急流槽开裂、破碎、渗漏和冲刷损毁；

⑤涵洞冰塞；

⑥洞口积沙等。

（2）影响线路技术状态的涵洞路基冻融病害：

①涵侧路基下沉；

②涵洞顶部路堤冻胀。

9. 1. 2 涵洞冻融病害产生原因与防治对策

（1）涵洞冻融病害产生原因

①地基活动层的冻胀、融沉作用

涵洞结构冻胀、融沉变形，在多年冻土地区的涵洞工程中是普遍存在的。在多年冻土地区，涵洞地基活动层土体，每年都要经受一次冻融循环。在此过程中，地基土的冻结和融化，都将引起涵洞基础的冻胀变形和融化下沉变形。由于地基活动层土体的结构、组成成分、含水条件和冻结边界条件等都是动态变化的，故涵洞基础的冻胀、融沉变形也是动态变化的。当这种变形超过涵洞结构的允许值时，便造成涵洞工程的破坏。

涵洞结构冻胀、融沉变形的大小，主要取决于地基土体类型、水分条件、基础埋深、冻结边界条件以及涵洞基础防冻胀措施的有效性等。由于涵洞基础的埋深一般较浅，不少涵洞的基础甚至埋在活动层中，气温和地表条件的变化，都直接影响涵洞的稳定。图9-1为青藏公路五道梁附近，孔径1.2 m盖板箱涵涵洞的变形—时间曲线。在青藏公路多年冻土地区，大部分涵洞的变形，都具有这种特点。从图9-1可以看出，寒季（9月至5月），涵洞基础出现冻胀；暖季（5月至9月），基础产生下沉。涵洞的变形，以下沉为主，曲线呈台阶状。

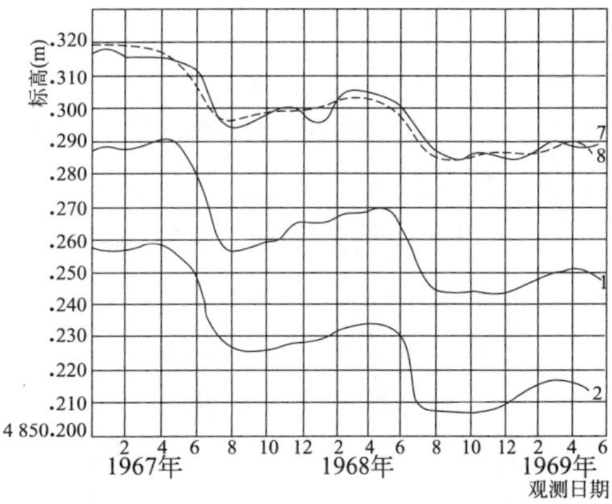

图9-1 涵洞冻胀、融沉变形过程曲线

7、8为入口帽石测点；1、2为出口帽石测点

涵洞的这种台阶状变形曲线，是在活动层冻融循环和地基多年冻土衰退、融化共同作用下产生的。下沉变形中，地基多年冻土融化时的融化下沉和压密下沉变形是主要的。这是基础埋深不够的涵洞变形的基本特点。

在基础埋深合适（基础下地基土无冻、融循环），涵洞人为上限相对稳定时，涵洞结构一般无冻胀、融沉变形。但是，在某些特殊情况下，涵洞人为上限波动值超过设计安全界限，地基活动层深入基础底面以下时，仍有可能使涵洞的不均匀冻胀和融沉变形值超过涵洞结构的允许值。在这种情况下，涵洞结构的变形破坏还是可能发生的。

②地基多年冻土的衰退和融化

地基多年冻土的衰退和融化引起的涵洞变形，是多年冻土地区涵洞结构破坏的主要原因。

在铁路运营过程中，路基维修、养护施工引起的路基系统多年冻土环境变化（如植被覆盖度的变化、地表吸收率的变化、涵洞进出口积水等），是地基多年冻土产生衰退和融化的主要原因。而涵底铺砌损坏，地表水下渗，形成地下渗流的热侵蚀，则是地基多年冻土出现衰退和融化的另一重要原因。

地基多年冻土温度升高时，基础的蠕变下沉将增大。而地基多年冻土融化产生的融化下沉和压密下沉，会使涵洞基础出现大量下沉变形。因此，地基多年冻土的衰退和融化，是多年冻土地区涵洞产生变形破坏的主要原因。

③涵洞换热边界条件的影响

涵洞和路涵过渡段的换热边界条件与一般路基不同。一般路基的传热可看作是二维的，而涵洞和路涵过渡段的换热是三维的。这种换热条件的差异，导致涵洞路基的冻结、融化深度增大（与涵洞影响范围以外路堤相比），因而，涵洞路基的冻胀、融沉变形增加，引起涵洞路基病害。

另外，涵洞遮断了太阳的直接辐射，洞中气温较低，易形成涵洞冰塞、结构冻裂等病害。

④涵洞结构的空气动力学特性

涵洞的“狭管效应”，使风沙流通过涵洞时，流速增大。至涵洞出口，“狭管效应”消失，流速突然下降，悬浮砂粒沉淀在洞口，形成沙丘，堵塞涵洞。

⑤冰劈作用

水冻结时体积膨胀产生的冰劈作用（或称千斤顶效应），是涵洞混凝土构件和浆砌片石破坏的主要原因。

（2）防治对策

防治涵洞冻融病害的基本对策是：保护设涵地段多年冻土环境，防止涵洞地基多年冻土的衰退和融化，减小冻胀力对涵洞基础的作用。

①维持设涵地段多年冻土环境热稳定的基本方法有：

a. 尽量不要改变设涵地段的水文和水文地质条件；

b. 尽量不要破坏设涵地段的地表植被；

c. 降低涵洞周围地表的温度，如地表植草、用细颗粒土或碎石层覆盖地表等；

d. 增加活动层的热阻，如整平涵洞周围地表。

②减小、消除地基活动层土冻胀和冻胀力，可采用以下方法：

a. 调整涵洞基础埋深；

b. 将涵洞基础侧表面进行憎水处理；

c. 在涵洞基础底面和侧面设置水平隔热层；

d. 用冻胀不敏感的粗颗粒土回填基坑；

e. 采用柔性结构涵洞（如金属波纹管涵）。

9.2 多年冻土地区涵洞工程的热工特性

9.2.1 涵洞基础—地基热力学系统的形成过程

多年冻土上涵洞基础—地基热力学系统的形成，大体要经过以下过程。

（1）涵洞基础施工，破坏地表原始热平衡，引起地基多年冻土的衰退和部分融化。

（2）涵洞建成后，基础—地基系统开始新热平衡的建立过程，逐步形成与涵洞工程热力学条件相适应的地基多年冻土上限，即涵洞地基多年冻土的人为上限。

（3）在稳定人为上限形成后，涵洞基础—地基系统进入热学稳定状态，地基、基础协同工作，涵洞工程进入力学稳定阶段。

9.2.2 涵洞工程的热力学特性

涵洞中没有太阳的直接辐射，因此，涵洞中的气温和地表温度都是较低的。据有关试验观测资料，多年冻土地区的涵洞具有以下热力学特性。

（1）洞内气温低于洞外气温

据青藏铁路风火山多年冻土站太阳辐射观测资料统计，在风火山地区，太阳直接辐射约占太阳总辐射的66%。多年冻土地区的涵洞，由于遮断了太阳的直接辐射，涵洞内表面吸收的只是散射辐射，自然，洞中气温和洞壁温度要比洞外低。无论是暖季，还是寒季，都是如此。

图9-2 给出了1976 年风火山试验涵洞洞内、外气温随时间的变化曲线。图9-3 是青藏铁路试验涵洞洞内、外气温随时间的变化曲线。从两曲线可以清楚看出：在1 年中，洞中的气温总是比洞外气温低。暖季，由于洞内无太阳直接辐射，洞内、外温差明显，洞内月平均气温比洞外约低0.5 ℃～1.5 ℃；寒季，由于空气对流强烈，洞内、外气温相近，温差仅0.2 ℃～0.5 ℃。

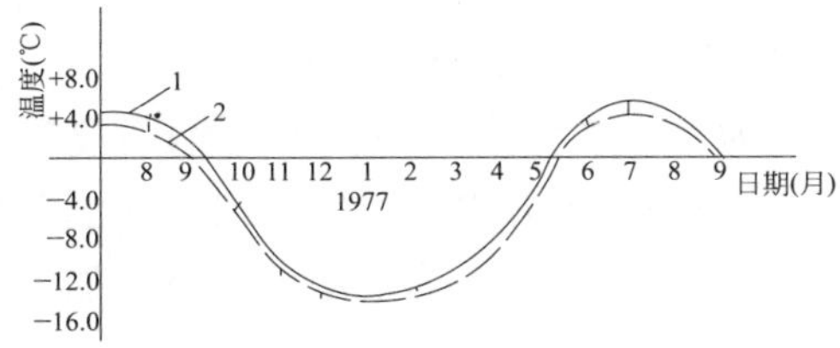

图 9-2　风火山试验涵洞洞内、外气温随时间变化曲线（1976 年）

1—洞外气温，2—洞内气温

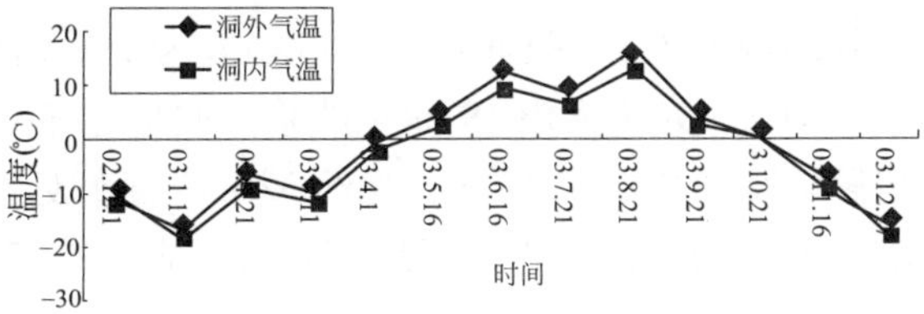

图 9-3　青藏铁路试验涵洞洞内、外气温随时间变化曲线（2005 年）

（2）洞壁（洞内地表）温度低于洞外地表温度

图 9-4 是风火山试验涵洞 1976 年洞内、外地表温度观测曲线。从图 9-4 可以看出，洞中地表温度较之洞外要低。据观测资料统计，暖季时，洞内地表温度（月平均）较之洞外（涵洞进口铺砌地面）要低 1.2 ℃ ~1.5 ℃；寒季，洞内地表（月平均）温度较之洞外约低 0.5 ℃ ~1.5 ℃。

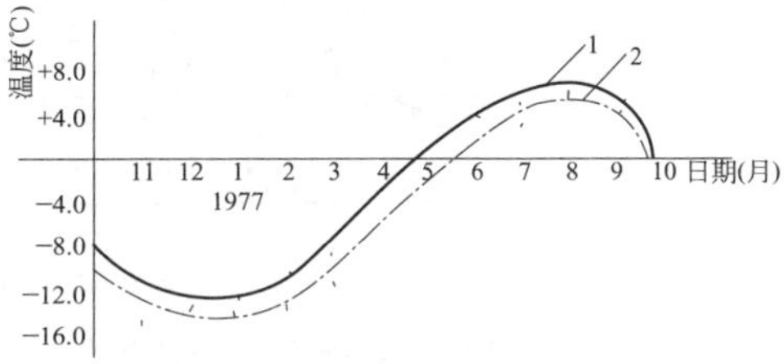

图 9-4　风火山试验涵洞地表温度变化曲线

1—洞外地表温度，2—洞内地表温度

（3）据青藏铁路风火山冻土站观测资料，铁路试验涵洞（孔径 2.0 m）内地面的融化指数和 n_t 系数如表 9-1 所示。

表 9-1　风火山铁路试验涵洞洞内地表 n_t 系数观测值

观测年份	地表温度(℃)	地表融化指数(℃·d)	气温融化指数(℃·d)	n_t 系数	n_t 系数平均值
1978	3.86	521.1	400.3	1.30	1.28
1979	3.76	507.6	323.5	1.57	
1980	3.18	429.3	338.5	1.27	
1981	3.80	513.0	531.1	0.97	

从表 9-1 可以看出，涵洞内地表 n_t 系数是较小的，略高于草地的 n_t 系数。因此，涵洞中地基多年冻土的人为上限埋深与涵洞外天然地面的多年冻土上限埋深相近。但洞口段的人为上限，由于太阳直接辐射影响，人为上限埋深是大于天然上限的。

必须指出，涵洞内地表 n_t 系数与涵洞的孔径有关，孔径越小，n_t 系数越小。

9.2.3　涵洞的人为上限特点

（1）涵洞人为上限形态似倒扣的平底锅

涵洞地表温度的上述分布特点，决定了涵洞地基多年冻土人为上限的形态特征：洞身部分上限埋深浅，进、出口端上限埋深深，形似倒扣的锅底。

据青藏公路多年冻土地区涵洞调查资料，涵洞地基多年冻土人为上限的埋深和形态，与涵洞孔径和流水情况有关。不同孔径和不同流水情况（季节性流水，常年流水）的涵洞，人为上限的形态基本相同，但埋深差别较大。在青藏高原多年冻土区，一般条件下，洞身部分上限可维持在原天然上限位置或略有上升；而进、出口端，地基多年冻土的天然上限总是下降的。据调查资料统计，在一般情况下，涵洞中轴线上中间段的人为上限埋深较之原天然上限约浅 1/3 ~ 1/4；而进出、口端人为上限则要深 1/2 ~ 1/3（天然上限埋深）。

图 9-5 为风火山 1976 年试验涵洞地基多年冻土人为上限实测图。该涵洞为钢筋混凝土矩涵，孔径 2 m×2. 5 m，长约 32 m，涵洞处路堤高度约 9 m。从图 9-5 可以看出，在涵洞纵剖面上，涵身段人为上限埋深基本一致，略呈上凸形态；进、出口人为上限埋深略有加大。

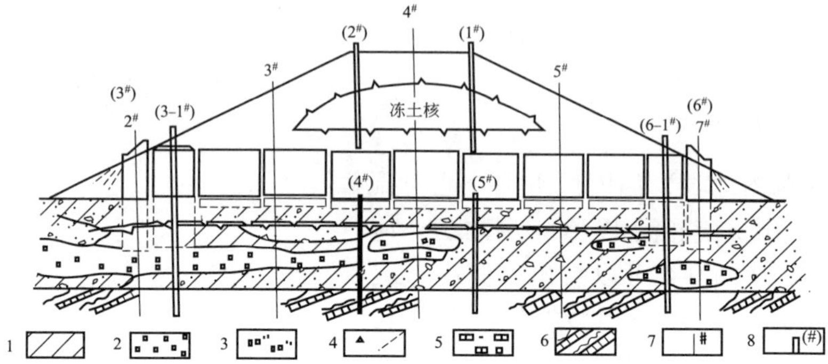

图 9-5　风火山 1976 试验涵洞人为上限形态实测图
1—黏砂土夹碎石；2—砂页岩风化块石；3—少量网状冰；4—角砾石；5—饱冰富冰冻土；6—砂页岩互层；7—1976 年测温孔；8—1978 年新增测温孔

（2）在涵洞横剖面上（沿路基纵向），涵洞人为上限的形态有以下两种情况：

①路堤高度较大（即涵顶填土较高）时，在路堤中将形成多年冻土核（图 9-5），涵身段被多年冻土包围，其人为上限为一圆形。即在融化期，涵洞周围将形成一个融化圈。如图 9-6 所示。

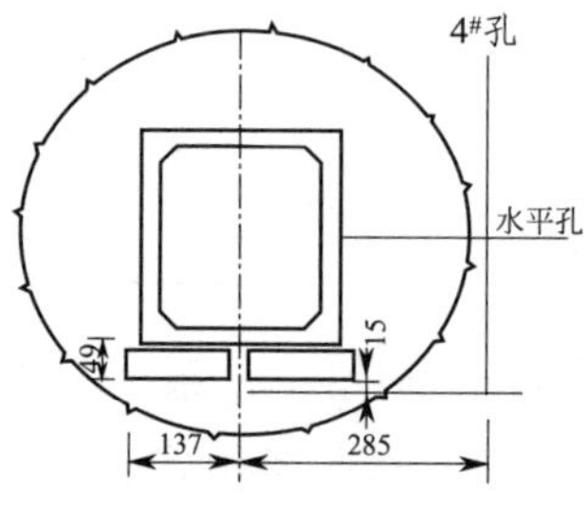

图 9-6　风火山试验涵洞的人为上限（4#孔处横剖面）

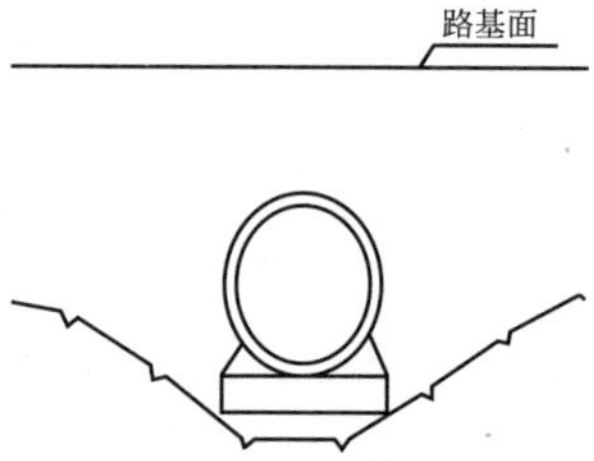

图 9-7　涵洞基础下的融化盆

②当路堤高度较小（涵顶填土较低）时，涵洞的人为上限形态似锅底。即在融化期，涵顶冻土全部融化，涵洞基础下形成一盆状融化盘，如图 9-7 所示。

路堤中涵洞的这些热工特性，在多年冻土地区的涵洞设计中，应予充分考虑。

9. 3　多年冻土地区涵洞的设计和计算

多年冻土地区的涵洞工程设计，应该说是一个较为复杂的系统工程问题。

多年冻土环境的脆弱性和冻土的特殊工程性质，以及冻土工程稳定性与多年冻土环境的密切关系，要求在进行多年冻土地区涵洞工程设计时，将涵洞结构、地基基础、涵侧路基等作为一个统一的整体来考虑。涵洞工程系统包括：涵洞基础、涵身、洞口建筑、涵侧路基、地基多年冻土。涵洞工程系统是一个热力学系统，涵洞工程的稳定，与多年冻土环境的热稳定密切相关。在涵洞设计中，必须统筹考虑涵洞结构的热工特性、地基多年冻土工程地质条件、建涵工程材料的抗冻融性能、涵侧路基的冻胀融沉变形特性和施工方法等对涵洞工程稳定性的影响，全面协调涵洞施工、营运与多年冻土环境热稳定之间的关系，通过热工计算，正确选择涵洞结构、基础类型、热防护方法和基础的合理埋深。并从环境保护要求出发，规定涵洞施工方法，提出施工注意事项。只有这样，才能有效降低多年冻土地区涵洞工程产生各种病害的几率。

地基活动层土体冻结时产生的冻胀和冻胀力，地基冻土融化时出现的严重下沉和强度损失，是多年冻土地区涵洞工程结构变形破坏的主要原因。因此，减小作用于基础的冻胀力，减小涵洞基础变形，维持涵洞附近多年冻土环境的热稳定，是多年冻土地区涵洞工程设计的核心任务。

9.3.1 涵洞地基多年冻土利用原则的选择

涵洞地基多年冻土利用原则的选择，关系到涵洞结构设计、施工工艺、使用要求等各个方面，对涵洞使用期的稳定性和维修养护等都有重要影响。在涵洞工程设计中，应根据设涵地段多年冻土的工程地质条件、冻土环境特征、拟建涵洞结构（力学和传热学）特点，合理选择冻土地基设计原则，使涵洞结构与地基设计原则相统一，使涵洞工程与多年冻土环境最相容，实现涵洞工程地基基础的长期稳定。

对涵洞工程设计来说，地基多年冻土的三种利用原则都可采用。但由于其数量大、工程分散、单个涵洞的投资较少，加上涵洞又是一冷建筑，不可能在地基基础方面有更多的投入。在一般情况下，采用的原则都是尽量维持地基多年冻土的天然状态，即采用保持地基多年冻土冻结状态的设计原则。从区域多年冻土工程地质特征考虑，对于涵洞工程，总的来说，三种地基设计原则的适应条件是：保持冻结状态的设计原则，一般适应厚度较大、年平均地温较低的高含冰量多年冻土分布地段；允许逐渐融化的设计原则，仅适应低含冰量粗颗粒多年冻土分布地段和基岩出露地段；预先融化的原则，一般在多年冻土厚度较小、年平均地温较高，上限埋深较浅的情况下采用。究竟采用何种原则，应通过技术、经济比较确定。

9.3.2 涵洞基础类型的选择

在多年冻土地区，可供采用的涵洞基础类型有：明挖基础和桩基础。

明挖基础，具有施工方法简便，机动灵活，便于组织施工等优点，较为适合多年冻土地区高分散的涵洞工程采用。但是，暖季进行明挖基础施工时，大面积暴露于大气之中的多年冻土会产生严重升温和融化；加上基础现浇混凝土水化热和回填、换填材料带入的热量，常常使涵洞地基温度场长期不能恢复。在涵洞使用过程中，由于明挖基础体积大，地基活动层的冻结过程作用于基础冻胀力也较大。这些对于保持地基土的冻结状态和涵洞的稳定都是不利的。

桩基础具有对地基多年冻土的热扰动小，地基温度场容易恢复，有利于保持地基冻结状态；由于桩体在地基活动层中的冻结面积较小，故桩基具有较好抗冻胀稳定的性能。

然而，涵洞工程采用桩基础时，由桩基础、承台、涵身和洞口建筑构成的“涵洞总成”，常常会出现与地基活动层和多年冻土变形不协调的问题。在涵洞人为上限形成过程中，地基多年冻土衰退和融化引起的地基下沉变形，会使涵洞承台悬空，地表水下渗，加剧地基多年冻土的融化，严重时，会使涵侧路基严重下沉，线路平顺性遭到破坏。

因此，多年冻土地区的涵洞基础，一般仍以明挖基础为主。

由于多年冻土地区涵洞的人为上限，是一向上凸起的弧形面，涵身部分上限较浅，进出口部分上限较深。因此，多年冻土地区的涵洞基础，可采用不等厚的整体混凝土基础、钢筋混凝土基础或混凝土拼装基础，并在不同厚度基础连接处设置沉降缝。

9.3.3　涵洞人为上限的计算

涵洞地基多年冻土的人为上限，与涵洞孔径、地基多年冻土类型、基础材料的热物理性质和厚度、所在地点的气温融化指数等有关。

（1）鲁基扬诺夫公式

前苏联学者鲁基扬诺夫，在斯蒂芬方程基础上，提出了涵洞人为上限（地基多年冻土融化深度）的计算公式：

$$h=\sqrt{\frac{2\lambda_1\theta_0}{q_0+\frac{1}{2}C_1\theta_0}(\tau-\tau_1)+S^2}-S \tag{9.1}$$

式中　h——涵洞基础底面下，地基多年冻土的融化深度，m；

S——当量基础厚度，其值为

$$S=\delta\frac{\lambda_1}{\lambda_2}$$

其中　δ——涵洞基础厚度（包括涵管壁厚），m；

λ_2——基础材料的导热系数，kcal/(m·h·℃)；

τ——融化累计时间，h；

τ_1——涵洞基础底面温度达到 0 ℃所需时间，h；共值为

$$\tau_1=26.4\sqrt{\frac{1}{\alpha_2}}\delta$$

其中　α_2——基础材料的导温系数，m^2/h；

q_0——冻土的融化潜热，$kcal/m^3$；

λ_1——地基冻土的导热系数，kcal/(m·h·℃)；

C_1——容积热容量，$kcal/m^3$；

θ_0——涵洞内过水面的地表温度，℃。

将 $S=\delta\frac{\lambda_1}{\lambda_2}$ 和 $\tau_1=26.4\sqrt{\frac{1}{\alpha_2}}\delta$ 代入式(9.1)，得：

$$h=\sqrt{\frac{2\lambda_1\theta_0}{q_0+\frac{1}{2}C_1\theta_0}\left(\tau-26.4\sqrt{\frac{1}{\alpha_2}}\delta\right)+\left(\delta\frac{\lambda_1}{\lambda_2}\right)^2}-\delta\frac{\lambda_1}{\lambda_2} \tag{9.2}$$

公式(9.2)便是计算涵洞人为上限的鲁基扬诺夫公式。当 $h=0$ 时，δ 便是涵洞的人为上限埋深，即涵洞基础的最小厚度。

（2）经验公式

试验观测表明：涵洞的人为上限，与涵洞所在地的气温融化指数、地基多年冻土的导热系数、涵洞基础导热系数、涵洞孔径等有关。表9-2列出了青藏铁路沿线不同孔径涵洞的人为上限观测值。

表9-2 涵洞人为上限与涵洞孔径的关系

涵洞位置	涵洞孔径(m)	涵洞人为上限(m)	备注
风火山铁路涵洞	2.0	1.23	1970年观测值
五道梁公路涵洞	1.0	1.08	
清水河公路涵洞	0.75	0.93	

从表9-2可以看出，涵洞的人为上限随涵洞孔径的减小而减小。

因此，可根据设涵地段的气温融化指数、涵洞孔径、地基基础的导热系数，采用下面经验公式来计算涵洞的人为上限：

$$h=K\lambda\sqrt{I_{at}} \tag{9.3}$$

式中 h——涵洞地基的融化深度（包括涵管壁厚度，基础厚度和地基土的融化深度），m；

λ——导热系数，计算时应取涵管、基础以及地基冻土导热系数的加权平均值，kcal/(m·h·℃)；

I_{at}——涵洞所在地附近气象台站提供的气温融化指数，℃·d；

K——与涵洞孔径有关的经验系数，由不同孔径的涵洞实测资料反算得出（表9-3）。

表9-3 不同孔径的 *K* 值

涵洞孔径(m)	2.0	1.0	0.75
经验系数 *K*	0.06	0.05	0.04

除上面的计算方法外，在已知涵洞内地表的融化指数时，涵洞的人为上限，可采用斯蒂芬方程计算。计算时，涵洞基础混凝土的含水率可采用2%～8%。

9.3.4 涵洞基础的埋深

实践表明，基础埋深是影响多年冻土地区涵洞工程稳定的主要因素。合理的涵洞基础埋深，是确保多年冻土地区涵洞工程长期稳定的前提条件，应通过热工计算确定。

在我国和俄罗斯，多年冻土区的涵洞，多采用分节的（分段设沉降缝）钢筋混凝土圆涵或矩涵。基础为混凝土现浇整体基础或混凝土拼装基础。在公路涵洞使用状况调查中发现，我国多年冻土区的大部分涵洞基础埋深小于人为上限。在这种情况下，涵洞会出现以下两种使用技术状态：

（1）当地基土为粗颗粒低含冰量冻土时，涵洞一般无变形或仅有轻微变形，涵洞能维持正常使用；

（2）当地基土为高含冰量细颗粒冻土时，涵洞一般都要产生变形和破坏。

基于上述调查资料，为消除法向冻胀力的作用，多年冻土上的涵洞基础，一般应埋入涵洞稳定人为上限以下至少 0. 25 m。只有在地基活动层为粗颗粒土，地基多年冻土层为粗颗粒低含冰量冻土时，才允许将涵洞基础埋在上限以上。

因此，为确保涵洞工程的稳定，根据多年冻土工程地质条件的不同，多年冻土地区的涵洞基础埋深可分以下三种情况：

（1）在衔接多年冻土地段，当地基为高含冰量多年冻土时，涵洞基础应埋入（涵洞）稳定人为上限以下至少 0. 25 m。

（2）在不衔接多年冻土地段，涵洞基础应埋入季节冻深线以下至少 0. 25 m。

（3）当地基为低含冰量多年冻土，允许地基多年冻土在施工和使用过程中逐渐融化时。基础埋深可根据涵洞工程结构稳定要求，通过热工计算确定。

由于涵洞允许下沉量较大（不大于 20 cm），分段沉降缝又能有效防止不均匀变形引起的混凝土构件开裂。因此，在（1）、（2）种情况下，经计算，如果变形能满足要求，涵洞中间段基础亦可置于人为上限（冻深线）以上。但涵洞进、出口及端翼墙基础应埋入人为上限（冻深线）以下。但这种设计方法，所承担的风险是较大的。

在俄罗斯多年冻土地区，对于建筑物基础的埋置深度，要求非常严格。即使地基多年冻土为不融沉土，基础也要求埋入活动层以下，以防在建筑物运营过程中，由于冻土工程地质条件的变化，在建筑物基础底面产生法向冻胀力。

9. 3. 5　涵洞结构类型的选择

涵洞工程广泛分布在各种地貌单元，具有数量大、单个涵洞工程量小、工点分散等特点。但涵洞施工对多年冻土环境的影响，还是不可忽视的。经验表明：涵洞结构类型、地基处理方法、环境保护措施等选择是否合理，对涵洞工程的长期稳定都有重要影响。因此，多年冻土地区的涵洞设计，在结构上，应考虑能否“快速施工、连续作业”；地基处理是否能确保人为上限保持在设计深度；完成涵洞施工是否对多年冻土环境的热干扰最小；为确保涵洞工程使用期的长期稳定，应采用怎样的环境保护措施等方面的问题进行综合考虑，确定合理涵洞的设计方案。为此，涵洞设计应注意以下几点。

（1）在采用保持冻结状态原则利用地基多年冻土时，为加快施工进度，保护多年冻土环境，应尽量采用工厂化生产的拼装结构洞身和拼装基础。

（2）当采用允许地基多年冻土逐渐融化原则设计时，应选择适应地基不均匀变形能力较强、整体性又较好的洞身结构。

（3）采用破坏地基多年冻土原则设计时，涵洞结构类型的选择与季节冻土区要求相同。但应采取措施，确保涵洞使用期地基土的设计状态。

（4）不论采用何种原则利用地基多年冻土，都应优先选择能快速施工、抗不均匀变形性能好、对多年冻土环境热干扰小的洞身结构和基础类型。

为适应多年冻土区涵洞地基基础的变形特点，维持多年冻土地区涵洞的稳定，洞身结构应具有一定的刚度和整体性，并具有较好适应地基不均匀变形的能力。在多年冻土地区，常用的洞身结构有：钢筋混凝土盖板涵、现浇钢筋混凝土箱涵、拼装式钢筋混凝土箱涵和钢筋混凝土圆管涵、钢筋混凝土矩涵、金属波纹管涵等。这些涵洞在多年冻土地区使用，具有以下特点：

（1）钢筋混凝土盖板涵：盖板为简支结构，具有应力分布较均匀、稳定性较好、洞身横截面既具有一定刚度，又具有一定适应变形的能力等特点。如果采用整体式基础，并在涵洞纵向进行合理分割，可以显著提高对多年冻土地基不均匀变形的适用性。

（2）现浇钢筋混凝土箱涵：洞身横截面刚度较大，整体性好。

（3）拼装式钢筋混凝土箱涵和钢筋混凝土圆管涵、矩涵：横截面刚度较大；但如果地基处理不当，基础设计不合理，涵洞在纵剖面上可能产生过大的不均匀变形而影响使用；

（4）金属波纹管涵：钢质波纹管强度高，横截面刚度较大，稳定性较好，并可消除管壁渗漏。但如果地基处理不当，涵管纵向可能产生过大的不均匀变形，而影响涵洞的正常使用。

钢筋混凝土盖板涵和钢筋混凝土管涵，能够适应地基轻微变形，部分构件可以集中预制，有利于结构拼装化，减轻劳动强度。当地基可能产生严重下沉变形时，宜优先选用钢筋混凝土箱涵和金属波纹管涵。

选用钢筋混凝土盖板涵时，涵洞边墙不宜采用砌体。

在多年冻土地区，正确选择洞身结构类型，关系到施工难易程度、工程质量、工程造价、使用性能和维护工作量等，是涵洞设计的技术关键。因此，多年冻土地区涵洞结构类型的选择，应综合考虑地基多年冻土工程地质条件、设涵地段水文和水文地质条件、不良冻土现象（冰锥、冰丘、厚层地下冰等）分布特征、气候条件和交通运输条件、地基多年冻土利用原则、基础设计方案等，综合分析确定。

由于涵洞洞口部分直接受气候变化影响，翼墙地基融化深度较大，并承受土压力和水平冻胀力作用，因此，其稳定性较差。地基的不均匀沉降和土压力、水平冻胀力作用，常使翼墙产生倾斜、断裂，甚至与涵身分开。因此，洞口翼墙和端墙应根据多年冻土特点，按挡土工程设计，以确保洞口建筑的结构稳定。

9.3.6 金属波纹管涵的工程特性与设计

金属波纹管涵洞的应用历史已有近百年。在多年冻土地区使用波纹管涵有以下优点：无需特殊基础，因此，涵洞施工对多年冻土的热干扰最小；自重轻、运输方便；安装容易、施工简便，可连续、快速施工；钢质波纹涵管强度高、刚性大，在土压力和水平冻胀力作用下，不易发生破坏；抵抗不均匀变形能力强，可较好适应多年冻土地基的不均匀变形等。因此，波纹管涵在北美多年冻土地区得到了广泛应用。

我国公路和铁路工程中，波纹管涵的使用尚不普遍。解放前，在东北和西北地区的铁路工程中，曾少量使用过金属波纹管涵，但在解放后的铁路维修、养护过程中，金属波纹管涵逐渐被钢筋混凝土涵洞替代。1954 年青藏公路通车后，在青藏公路的维修、养护过程中，对金属波纹管涵进行了多次试验。在 20 世纪 50 年代的青藏公路抢修工程中，修建了多座美国制造的金属波纹管涵；20 世纪 90 年代，在唐北的温泉地区，修建了孔径 1.5 m 的整体式金属波纹管试验涵洞两座；在雁石坪地区，修建了孔径 1.5 m 的两半圆拼装式金属波纹管试验涵洞一座。2000 年 ~2003 年期间，在青康公路（214 国道）多年冻土地区公路改建工程中，共修建金属波纹管涵洞 111 座，占改建路段涵洞总数的 17.5%。目前，金属波纹管涵已逐渐在我国多年冻土地区的公路工程中推广使用。

如前所述，多年冻土地区的涵洞结构，要求有较大的柔性和一定刚度，以适应地基活动层冻融循环过程的不均匀变形，维持涵洞工程的稳定。金属波纹管涵洞就是一种能较好满足上述要求的涵洞结构。波纹钢管涵的涵身采用波纹钢管或波纹钢板拼接而成，是一种柔性结构物，适应地基不均匀变形能力很强。由于管壁波纹的存在，涵管的横向刚度增大，调整、分散集中应力的能力得到加强。金属波纹管涵的这些结构特性，能有效抵抗地基活动层土体冻融循环对涵洞结构的破坏。

柔性金属波纹管涵的另一最大优点是不需要刚性混凝土基础。因此，它的建造无需进行地基开挖，对多年冻土环境和地基多年冻土的热干扰最小，于涵洞工程的长期稳定和保护多年冻土环境都是有利的。

金属波纹管涵的工作垫层（基础）施工简单、容易；管节由工厂生产，具有重量轻（仅为钢筋混凝土管节重量的4% ~22%），组装容易（采用螺栓或扣件连接），施工无需大型设备等特点。因此，金属波纹管涵的施工可以做到速度最快，工期最短，可以最大限度地降低施工对多年冻土环境的影响。

金属波纹涵管一般采用镀锡合金钢制作，其最大孔径可达1.8 m以上。小孔径涵管为整体式，大孔径涵管则为多片拼装式，用螺栓连接。波纹管涵有圆形和椭圆形两种截面型式。大型涵管多为椭圆形，管壁厚4 ~8 mm。当波纹管涵孔径较大，路堤较高时，设有端墙。端墙是由金属波纹板制作，里面充以砂石。

波纹管涵是无基涵洞。当沟床为细颗粒土时，应用粗颗粒土换填，其换填厚度应不小于涵洞人为上限埋深，可通过热工计算确定。在无条件计算时，亦可按涵洞直径的一半考虑，一般为0.6 ~1.8 m。地基工作垫层完成后，将涵管直接放于换填地基上，涵管两侧用粗颗粒土回填。涵顶填土厚度一般不宜小于1.2 m。

波纹钢管涵壁厚的选择，可根据管顶覆盖土层厚度，参考表9-4 和9-5 确定。

表9-4　波纹钢管涵管型构件壁厚与管径、管顶覆土关系

管径(m)	不同管顶覆土厚度时，壁厚(mm)									
	0.8 ~ 2.0 m	2.1 ~ 3.5 m	3.6 ~ 5.0 m	5.1 ~ 6.5 m	6.5 ~ 8.0 m	8.1 ~ 9.5 m	9.6 ~ 12.0 m	12.1 ~ 12.5 m	12.6 ~ 14.0 m	14.1 ~ 17.0 m
1.00	2.7	2.7	2.7	2.7	2.2	2.2	3.0	3.0	3.0	3.0
1.25	2.7	2.7	2.7	2.2	3.0	3.0				
1.40	2.7	2.7	2.2	3.0	3.0					
1.50	2.2	2.2	3.0	3.0						
1.70	2.2	2.2	3.0							
1.80	2.2	3.0								

表9-5　波纹钢管涵板型构件壁厚（mm）与管径、管顶覆土关系

管径(m)	不同管顶覆土厚度时，壁厚(mm)											
	0.8 ~ 1.7 m	1.8 ~ 2.0 m	2.1 ~ 3.5 m	3.6 ~ 5.0 m	5.1 ~ 6.5 m	6.6 ~ 8.0 m	8.1 ~ 9.5 m	9.6 ~ 12.0 m	12.1 ~ 12.5 m	12.6 ~ 14.0 m	14.1 ~ 15.5 m	15.6 ~ 17.0 m
1.5	2.7	2.7	2.7	2.7	2.7	2.2	2.2	2.2	2.2	2.2	3.0	3.0
2.0	2.7	2.7	2.7	2.2	2.2	2.2	3.0	3.0	3.0	3.0	3.5	3.5
2.5	2.2	2.2	2.2	2.2	3.0	3.0	3.0	3.5	3.5	4.3	4.3	5.3
2.0	2.2	3.0	3.0	3.0	3.5	4.3	4.3	4.3	5.0	5.0	5.0	6.0
2.5	2.2	3.0	3.0	3.5	4.3	4.3	5.0	5.0	5.0	6.0	6.0	
3.0	3.0	3.5	3.5	4.3	4.3	5.0	5.0	6.0	6.0			
3.5	3.5	4.3	4.3	5.0	5.0	6.0						

金属波纹管涵洞的设计，应注意以下问题：

（1）由于涵洞波纹会增大流水阻力，波纹钢管涵孔径的选择应比钢筋混凝土圆管涵增大一级。

（2）波纹钢管应采用硬度高的不锈钢材制造，以满足涵洞防腐、耐磨要求。

（3）涵洞地基工作垫层的修建，尽量不要改变设涵地段的水文、水文地质条件和活动层的热阻。以防止地基多年冻土融化，涵洞产生过大沉降变形，影响涵洞的正常使用。

9.4 多年冻土地区涵洞的施工

涵洞数量大，工程分散，涵洞浅基础的明挖施工，对多年冻土环境的影响是不容忽视的。涵洞的施工过程是实现设计意图，保证工程质量的重要环节，施工工艺不合理常常导致涵洞工程的变形和破坏。

据我国多年冻土地区涵洞施工调查，以往涵洞施工，多采用人工开挖，这种施工方法，进度慢，基坑暴露时间过长，对多年冻土环境破坏较大，因而，常常引起地基多年冻土的升温和融化，地基温度场受到严重干扰，基础长期不能稳定，是引起多年冻土地区涵洞变形破坏的一个重要原因。

因此，在多年冻土地区的涵洞基础施工中，应根据地基多年冻土的利用原则，确定施工工艺，科学、合理的组织施工，并保护好多年冻土环境，尽量减小施工对周围多年冻土环境的热干扰。

为此，多年冻土地区涵洞施工应遵守以下规定。

（1）采用“连续作业、快速施工”方法，精心组织施工，尽量缩短施工期限。

基坑开挖前，备好所需材料和构件。基坑开挖宜采用爆破松动，机械清方。应严格控制洞口、洞身基坑开挖深度，防止过量超挖。基坑完成后，应立即进行基础砌筑、防冻胀处理和基坑回填。基坑开挖和基础砌筑施工，宜控制在10天内完成；

（2）尽量减少对涵洞附近植被的破坏。

基坑开挖铲起的草皮，应集中堆放保管，涵洞施工结束，用于施工场地植被恢复。基坑弃土不得堆放于植被发育地段。

（3）加强基坑的临时隔热防护，不得将基坑多年冻土直接暴露在阳光下。

（4）合理选择涵洞的施工时间。高含冰量多年冻土发育地段的涵洞，宜选择在暖季末寒季初和寒季末暖季初施工。

（5）加强地表和基坑排水，施工期基坑不得积水。

（6）施工结束，应及时清理施工场地，恢复地表自然状态。

第10章 房屋工程

多年冻土是一种含有冰的“岩石”，在负温条件下，具有软岩的工程性质，是建筑的良好地基。在多年冻土地区，按保持冻结状态利用地基多年冻土时，应采取有效措施，确保地基多年冻土的设计温度状态。

与一般地区不同，在多年冻土区房屋地基基础工程中，需要解决的特殊问题是基础与地基多年冻土之间的热传输问题。房屋地坪和基础的渗、漏热，常使地基多年冻土出现衰退和融化，引起房屋的变形和破坏。如何消除地坪和基础渗、漏热对地基多年冻土的影响，是多年冻土地区建筑地基基础设计所必须解决的问题。

防治房屋地坪和基础渗、漏热对地基多年冻土影响的对策可有两种：一是不让房屋地坪和基础渗、漏热；二是将房屋地坪和基础渗、漏的热量拦截，不让传入地基多年冻土层。

多年冻土地区的建筑经验表明：房屋—基础—地基系统是一热力学系统，不让房屋地坪和基础渗、漏热是不可能的。即，房屋地坪和基础的渗、漏热是不可避免的。那么，解决问题的途径就只有第二种了。即，将房屋地坪和基础渗、漏出的热量拦截，释放于大气中，消除渗、漏热对地基多年冻土的影响；或者，在地基中设置“热开关隔热层”，将渗、漏热量阻隔于地基多年冻土层之外，让大气中的冷量顺利通过隔热层进入地基多年冻土，增加地基多年冻土的冷储量，维持地基多年冻土的热稳定。

冻土的特殊工程性质和地基活动层的冻融循环作用，使多年冻土地区房屋地基、基础工程的设计和施工不得不考虑许多特殊问题。其中，防止地基多年冻土在施工和运营中的衰退和融化以及地基活动层冻融循环过程中的基础冻拔，就是多年冻土地区房屋地基基础设计和施工必须特别关注和解决的问题。

10.1 房屋建筑选址

多年冻土地区房屋工程的稳定，取决于房屋地基基础的热学和力学稳定。因此，选择多年冻土工程地质条件良好的建筑场地，是维持多年冻土上房屋工程长期稳定的有力保障。多年冻土地区房屋的建筑场地，宜选择在基岩出露地段、向阳干燥的粗颗粒低含冰量多年冻土分布地段。不宜选择在不良冻土现象发育地段、高含冰量多年冻土分布地段和多年冻土地区的边缘地带。可参考第5章有关建筑场址选择的内容，综合考虑确定。

水是影响多年冻土上房屋地基基础稳定的重要因素。地表水和地下水对房屋地基多年冻土的热侵蚀，是多年冻土上房屋变形破坏的重要原因。因此，房屋建筑场地的选择，应充分考虑给、排水的特殊要求。

10.2 地基多年冻土的利用原则

多年冻土地基基础的设计，应根据建筑地段的冻土工程地质条件和房屋工程的重要性，选择合适的冻土地基利用原则。

原则Ⅰ：多年冻土地区房屋地基、基础设计通常采用的基本原则。在采用这一原则时，房屋基础应埋置于地基多年冻土中，并采取有效措施，确保在房屋施工和使用期间，地基多年冻土的温度都维持在设计允许范围。这一原则适应各种多年冻土地基。

原则Ⅱ：当建筑地基为基岩、砂卵石层、碎石土，经试验和计算，在地基持力层内，多年冻土融化后，其下沉量和力学强度均能满足设计要求时，或者，地基多年冻土厚度较小，房屋桩基设计不考虑多年冻土层的冻结力和摩擦力时，可采用原则Ⅱ进行设计。

为避免不均匀下沉对建筑物的影响，在采用浅基础时，允许融化的多年冻土地基应满足以下条件：$A_0/a_0 \leqslant 3$ 和 $\Delta s \leqslant s_{cp}/4$。

式中 A_0——冻土的融化下沉系数；

a_0——冻土融化压缩系数；

Δs——地基的沉降差；

s_{cp}——地基的平均融化沉降值。

原则Ⅲ：预先融化地基多年冻土的原则，是变多年冻土地基为融土地基的设计方法。这一方法的实质，是在多年冻土上建造一种“人工地基”，房屋地基、基础的设计和计算，按季节冻土进行，基础置于融土地基中。该方法适应各种多年冻土地基。

采用这种方法，可满足多年冻土地区某些建筑结构对地基的特殊要求。

人工融土地基可分以下三种。

（1）在衔接多年冻土区，当多年冻土厚度较大，地温较低时，可预先融化地基多年冻土至房屋使用期的最大融化深度。采用这一方法时，应保证在房屋使用期间，地基多年冻土人为上限的相对稳定。即确保房屋融土地基持力层物理、力学状态的相对稳定。

（2）在不衔接多年冻土地区，当多年冻土埋深和厚度都较大时，可通过热工计算，设计某种特殊基础，来调整、控制房屋地基土的冻结、融化深度，使房屋在使用期间，地基的融化深度略小于冻结深度，从而，在地基活动层与多年冻土之间，建立一层有一定厚度的“零梯度融土绝热层”，来阻止活动层热量进入地基多年冻土，确保地基多年冻土的热稳定。房屋基础埋置于活动层中。

（3）当地基多年冻土厚度较小时，可将建筑场地一定范围内的多年冻土全部融化（或挖除），房屋地基基础按季节冻土设计。

10.3 房屋地基基础的设计

房屋冻土地基基础的设计、计算与地基多年冻土的利用原则密切相关。按不同原则设计的房屋地基基础，应满足以下基本要求：

（1）当采用原则Ⅰ利用地基多年冻土时，作用于地基的荷载应力应小于地基冻土的极限长期承载力；基础运营期的变形不超过允许值。

（2）当采用原则Ⅱ利用地基多年冻土时，作用于地基的荷载应力应不超过冻土融化后的允许承载力；地基的融化下沉和压密沉降不超过允许值。

（3）当采用原则Ⅲ利用地基多年冻土时，作用于融土地基的荷载应力不超过允许承载力；地基的压密沉降不超过允许值。

不论采用何种原则设计，房屋基础的埋深和结构强度均应满足抗冻胀稳定的要求。

10.3.1 房屋基础型式的选择

多年冻土区常用的房屋基础型式主要有：桩基础、柱式基础、圈梁基础、条形基础、条形填土通风基础、圈梁填土通风基础等。

桩基础是多年冻土地区的主要基础类型。桩基础适应各种类型（高温、低温多年冻土，高含冰量、低含冰量多年冻土，粗颗粒土、细颗粒土多年冻土）多年冻土地基。

多年冻土地区房屋工程中常用的桩基础有：钻孔灌注桩基础；钻孔插入桩基础和钻孔打入桩基础。在我国多年冻土地区的房屋工程中，多采用钻孔灌注桩基础，有时也采用钻孔插入桩基础。但在世界其他多年冻土国家，则多采用钻孔插入桩和钻孔打入桩基础。

柱式基础是多年冻土地区常用的一种独立基础。在建筑上部荷载较小，地基多年冻土温度较低，上限埋深较浅时，常常用这种基础。

条形基础和圈梁基础在多年冻土地区采用较少。其主要原因是条形基础和圈梁基础存在施工热干扰大，适应（地基的）不均匀变形性能差，抗冻胀稳定性差等缺点。这些缺点的存在，严重限制了它的使用范围。但在粗颗粒低含冰量冻土分布地段，低层房屋采用条形基础和圈梁基础是可能的。

条形填土通风基础和圈梁填土通风基础是多年冻土地区低层房屋常采用的基础型式。在确保填料质量和设计填土厚度的条件下，这两种基础可适应各种类型多年冻土地基。

采用何种基础型式，应根据房屋的结构和使用特点、房屋的重要性、多年冻土环境和地基多年冻土特征，综合考虑确定。

10.3.2 房屋地基冷却方式的选择

为维持地基多年冻土的设计温度状态，在多年冻土地区的房屋地基、基础工程中，一般在地基、基础中都设计有专门的冷却设施。如：通风地下室、通风管道、通风管沟、卧式热棒、热桩等。

常用的地基冷却系统有：架空基础通风冷却系统；填土通风管地基冷却系统；热棒、热桩地基冷却系统；片石填层地基冷却系统等。

（1）架空基础通风冷却系统

多年冻土地区，房屋地基基础工程中，需要解决的复杂难题，是基础与地基多年冻土之间的热传输问题。由于地坪和基础的渗热，常使地基多年冻土出现衰退和融化，引起房屋的变形和破坏。为维持地基多年冻土的冻结状态，采用在地基表面与建筑物之间设置简单的通风空间或各种形式的风道系统，即将房屋基础设计成通风散热型式，来处理地基基础的热传输问题。这种通风散热基础借助通风空间的空气对流，将地坪渗、漏热量和基础导入的热量拦截，释放于大气中，确保地基多年冻土的热稳定，达到防止建筑物变形、损坏的目的。架空基础通风冷却系统，是多年冻土地基上最为合理的地基基础型式。

架空通风基础，系指地基表面与建筑物一层地板底面之间，留有一定高度通风空间的基础（图 10-1）。基础中的通风空间，可设在地下或半地下，但一般都设在地上。

架空通风基础可分为室内地坪架空通风基础和地下室通风基础两种。

研究表明，桩基架空通风基础房屋，依其建筑尺寸和架空高度不同，以及基础的热干扰程度不同，地基产生轻微的升温趋势是可能的。但它对消除采暖热干扰，防止地基多年冻土衰退和融化的作用是肯定的。

（2）填土通风管地基冷却系统

图 10-1　青藏铁路多年冻土地区的桩基架空基础通风冷却系统

图 10-2　青藏铁路多年冻土区的填土通风管地基冷却系统（风火山冻土站）

填土通风管基础是在填土垫层内埋设有通风管的基础（图 10-2）。这种基础通过通风管中空气的对流，将室内地坪传至填土地基的热量带出，释放于大气中，将房屋地基的融化深度，控制在填土垫层内，确保地基多年冻土的热稳定。

填土通风管基础，是地基基础的复合体，其基础多为圈梁、条形基础等，地基则为填土中埋设有通风管的人工复合地基。填土通风管基础，适应于多年冻土地区的低层房屋。这种基础型式具有造价便宜、施工方便等优点。

采用填土通风管基础，保持地基多年冻土冻结状态的方法，在青藏铁路沿线多年冻土地区和大兴安岭多年冻土地区已使用多年，效果良好。

（3）热棒、热桩地基冷却系统

为维持地基多年冻土的稳定，可采用热棒、热桩来冷却地基多年冻土。图 10-3 是热棒填土基础示意图。

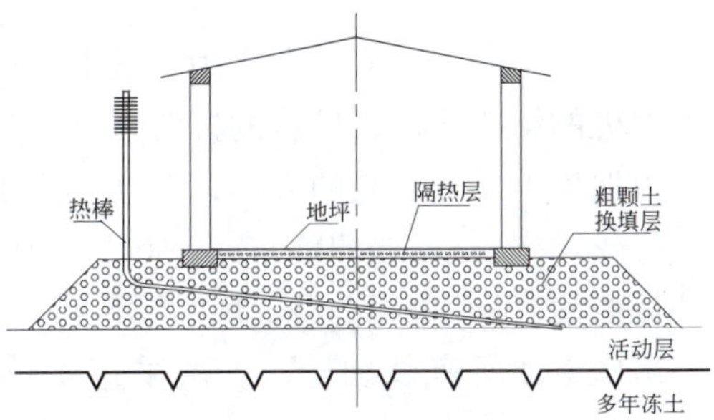

图 10-3　热棒地基冷却系统示意图

在多年冻土地区，按一般方法设计的房屋基础，在热量的年周转过程中，地基的热量积累和多年冻土热状态的变化过程是：暖季，环境热量的渗入，将使房屋地基融化一定深度；寒季，房屋采暖，地坪渗、漏热进入地基，会使多年冻土地温升高，上限下降。进入地基的这两部分热量的叠加，会使地基多年冻土产生衰退和融化，引起房屋的变形破坏。

采用热棒热桩地基冷却系统，可有效拦截进入地基的热量，控制基础—地基的热周转过程，维持地基多年冻土的热稳定。

（4）片石填层地基冷却系统

片石填层是一种热物理性能具有相变异特性的散体隔热材料层，其相变异系数达 3.5。它的固有热工特性是：寒季，片石层的当量导热系数很大（达 10.553 kcal/(m·h·℃)；

暖季，片石层的导热系数很小（仅 0.865 kcal/(m · h · ℃)）。两者之比在 12 以上。

片石层具有良好的“热开关”效应：暖季，片石层可有效阻止热量通过；寒季，冷量可“畅通无阻”的通过片石层。

多年冻土上的片石填层基础，是近年发展起来的一种较好的基础型式。片石填层基础，是指在天然地面上，用非冻胀性粗颗粒土填筑一定厚度的人工地基，并在其中铺设一层一定厚度片石层的地基基础复合结构（图 10-4）。片石填层基础中的片石层，可有效减少热量进入地基，抬高地基多年冻土的人为上限，防止地基多年冻土的衰退和融化。

图 10-4　青藏铁路上的片石填层地基冷却系统（片石层厚度 1.5m）

以上四种地基冷却系统是多年冻土上房屋地基基础工程中常采用的。究竟采用何种冷却方式，应根据房屋工程的结构和使用特点、房屋工程的重要性、地基多年冻土的基本特征和保护多年冻土环境的要求等，经经济、技术比较确定。

10.3.3　房屋地基基础的设计

（1）桩基设计

多年冻土中房屋桩基的设计、计算和成桩要求与桥梁相同。可参考桥梁地基基础设计有关规范。

在多年冻土上的房屋地基基础工程中，常采用的基础桩多为钻孔插入桩。

在多年冻土地区房屋桩基础设计中，为减少对多年冻土地基的热干扰，增加房屋基础的抗冻胀稳定性，应力求减少桩的数量。这可通过增加桩的埋深或增大桩的直径来实现。

桩的大小和埋深应根据作用于桩上的荷载和地基多年冻土特性以及桩的工作条件确定。为确保桩的结构稳定，桩材的抗弯强度应超过土的抗压强度的 15% 以上。

根据桩上承受荷载的大小，钻孔插入桩的截面尺寸可参考以下值采用：

荷载（t）	30 ~ 60	61 ~ 100	101 ~ 1200
桩截面（cm）	30 × 30	35 × 35	40 × 40

房屋下的所有基础桩，一般采用整体式承台或拼装式承台将桩组合起来，使其协同工作。

桩的垂直荷载和水平荷载计算，可参考桥梁一章的有关内容进行。

（2）架空通风基础的设计

架空通风基础通风空间的尺寸、基础的埋深、和地坪隔热等，应通过热工计算确定。

架空通风基础的通风空间，依其外表形态，可分为隐蔽式通风空间和开敞式通风空间两种。目前，采用较多的是开敞式通风空间。

为使基础自然通风良好，通风空间高度 h 与建筑物宽度 b 之间应满足一定比例关系，据计算和经验，其比值应不小于 0.02。不满足时，应采用强制性通风措施。

桩基架空通风基础的架空高度一般在 1.0 ~ 2.0 m，视房屋宽度和架空空间的附加用途而定。房屋宽度不大于24 m时，架空高度（从地面至承台底脚石）不宜小于1.0 m。当房屋宽度大于24 m时，架空高度不宜小于1.5 m。在美国阿拉斯加州北部北冰洋边的普罗德海湾，架空房屋下空间用作停车场，其架空高度超过2.5 m。

架空通风基础下，地基温度场变化情况如图10-5所示。与天然地面地温曲线（图10-6）相比，桩基架空通风基础下，地基表面的温度，无论是暖季，还是寒季，都比天然地面要低。地基多年冻土的上限埋深，较之天然地面要浅约1 m。这一观测结果，证明了架空通风基础保护地基多年冻土的有效性。

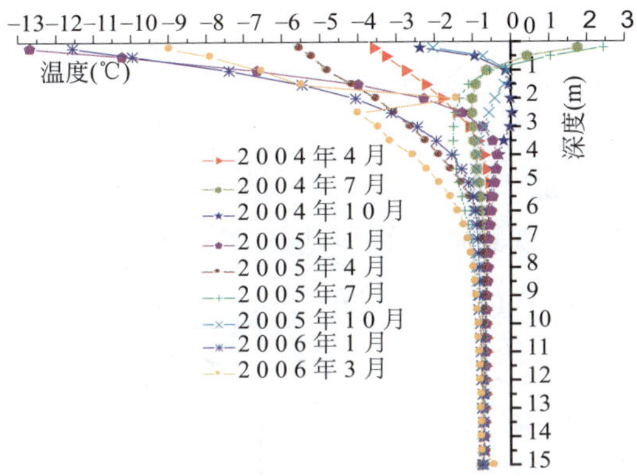

图10-5 架空通风基础下，地基月平均地温变化曲线（不冻泉车站，桩基，架空高度40 cm）

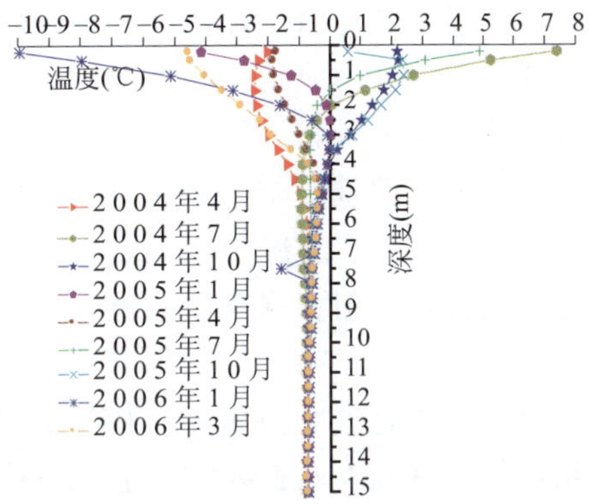

图10-6 不冻泉天然地面下月平均地温变化曲线

通风地下室基础是将房屋地下室或一层设计为不采暖层，并让其通风，以消除房屋采暖对地基多年冻土的热影响。它与桩基架空通风基础的作用是类似的。

架空通风基础房屋应重视地坪隔热设计。良好的地坪隔热，除可有效保护地基多年冻土外，更重要的是提供了一个适宜的室内居住环境。

（3）填土通风管基础的设计

填土通风管基础中通风管的直径、数量和间距，应根据建筑物热特性、填土高度、气候特点和地基多年冻土的特征，经热工计算确定。

低层房屋的柱式基础和圈梁基础，常常置于粗颗粒填土地基中，填土垫层的平面尺寸应超过建筑物的轮廓尺寸2～4 m。为防止建筑物变形，传递到垫层上的有效荷载应力，应不超过以下值：

砾卵石土、碎石土垫层 $2.5\ kg/cm^2$

砂垫层 $1.96\ kg/cm^2$

在我国，通风管多采用混凝土管，通风管的内直径D，一般采用0.25～0.30 m，根据房屋宽度和填土厚度的大小选择。为使通风管自然通风良好，通风管的长度L与管径D之间，应满足一定的比例关系。据青藏铁路试验，通风管的长径比不大于40时，填土通风管基础能发挥良好的作用。通风管的净间距应通过热工计算确定，一般不超过通风管内直径的2倍，可采用0.3～0.6 m。埋深（从室内地坪起算）以0.5 m左右为宜。通风管长度应超出房屋纵向边线2～3 m。在房屋山墙外布置的通风管数量不宜少于

2 根。

通风管的通风可采用自然通风或强迫通风。自然通风时，通风管轴线应尽量与当地主导风向一致。

填土层的厚度应能确保地基多年冻土天然上限不下降，可通过热工计算确定，一般不小于建筑地点多年冻土天然上限埋深的 1.0 倍。计算时，应考虑下列因素：

①室内地面荷载扩散到原地面软弱土层时，应按软弱土层允许承载力，计算确定填土层厚度。

②填土层下原活动层的压密下沉引起的通风管变形，应不影响通风管的正常使用（采用预留沉降高度克服，预留高度一般取 0. 15 m）。

③室内地坪不应直接与通风管接触，以便设置圈梁、条形基础和地坪保温层，并使上部荷载在填土层中分布均匀。

④通风管地基暖季的融化深度应小于填土垫层加天然上限埋深。填土层应有足够的热阻，以保证地基多年冻土原天然上限不下降。据青藏铁路通风管路基试验资料，由于通风管中无太阳直接辐射，在暖季，通风管中空气的温度较管外气温低；在寒季，通风管中空气的温度较管外气温高。据有关观测资料：暖季，通风管内壁的 n_t 系数约为 0. 6 左右；寒季，通风管内壁的 n_f 系数约为 0. 5 左右。这就是说，在暖季，通风管下的地基仍有一定融化深度。因此，填土层需有一定厚度，才能保证地基多年冻土天然上限不下降。据青藏铁路实践经验，在一般情况下，填土厚度可采用 1. 0 ~ 1. 5 m。

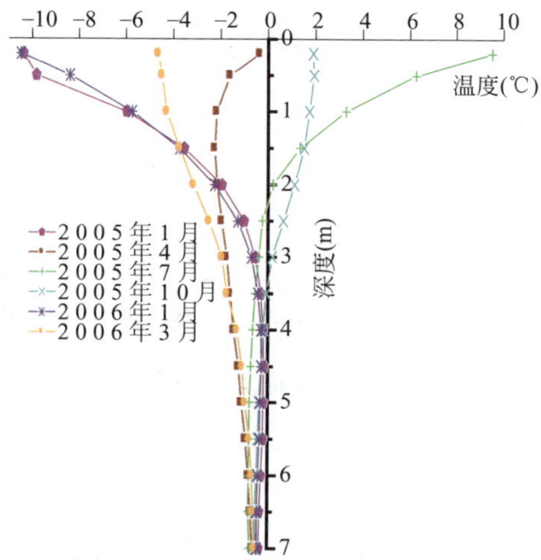

图 10-7　填土通风管基础房屋地基月平均地温变化曲线（青藏铁路不冻泉车站车库）

填土通风管基础房屋地基温度场变化曲线如图 10-7 所示。该房屋的填土平均高度为1. 2 m。通风管内径 0. 24 m，外径 0. 35 m，中心间距 0. 82 m，管顶埋深约 0. 4 m，长径比为 43。该处多年冻土天然上限埋深 3. 9 m。从图 10-7 可以看出，该房屋地基的最大融化深度（从室内地坪起算）约为 3. 7 m。

图 10-2 是青藏铁路风火山多年冻土观测站试验及生活用房。该房建于 1976 年，地基多年冻土为粗颗粒富冰冻土，天然上限埋深 1. 7 m。地基通风管为混凝土管，内直径 33 cm，外直径 40 cm，净间距 45 cm。填土平均厚度 80 cm，通风管顶埋深（从室内地坪起算）约 40 cm。地基最大融深（从室内地坪起算）约 1. 7 m。该房屋至今完好，仍在正常使用。

从上面两处填土通风管房屋地基多年冻土人为上限观测资料可以看出：填土通风管圈梁基础房屋下，地基多年冻土天然上限的抬升高度约与填土厚度相当。

架空通风基础和填土通风管基础，适用于各种地形、地貌、冻土工程地质条件的多年冻土地基。在我国青藏高原多年冻土地区和东北大兴安岭多年冻土地区的阿木尔、满归等地，均采用过这种基础（表 10-1），使用效果良好。

表10-1 架空通风基础使用情况调查表

地区	建筑地点	多年冻土分布特征	年平均气温(℃)	建筑物下夏季最大融深(m)	全部回冻月份	基础类型	房屋类型	架空高度、通风管内径(mm)	地基条件、建筑年限
东北多年冻土地区	阿木尔、劲涛	大片连续	-5~-6	2.1	1	桩基架空通风基础	住宅	—	—
	朝晖站	同上	-5	2.9	1	桩基架空通风基础	住宅	—	—
	满归	同上	-4.5	2.74	1	填土通风管条形基础	住宅	540	多冰冻土
青藏高原多年冻土地区	风火山	同上	-6.6	0.9	10	桩基架空通风基础	锅炉房	800	富冰冻土,天然上限1.7 m。1976年
	风火山	同上	-6.6	1.7	11	填土通风管圈梁基础	住宅	330	富冰冻土,天然上限1.7 m,平均填土高度0.8 m。1976年

架空通风基础和填土通风管基础的设计和计算，可参照《冻土地区地基基础设计规范》进行。

（4）热棒、热桩基础的设计

热棒的形状、长度应根据使用需要确定。热棒的直径、间距和埋深，应通过热工计算确定。

在青藏高原多年冻土区，由于热桩基础能提前在9月下旬（夜间出现负温）开始工作，热桩房屋地基的最高温度较之普通桩基础要低0.5 ℃~0.8 ℃。这种温度变化可使桩基础的承载能力大为提高。据计算，冻土温度从-0.3 ℃下降至-1.0 ℃时，冻土桩基承载能力可增大2.5倍；下降至-2.0 ℃时，承载能力可增大2.8倍。热桩、热棒的冷冻效应可有效减小多年冻土中基础桩的埋置深度。

在多年冻土地区，常用的热棒（桩）基础型式有：

①空心桩—热棒架空通风基础

空心桩—热棒架空通风基础，是在基础空心桩中插入热棒，通过热棒制冷，降低桩周多年冻土的温度，提高多年冻土地基的热稳定性和桩基承载能力的一种基础型式。热棒插入空心桩安装好后，空心桩中可用湿砂回填，也可不回填。

基础空心桩可采用钢筋混凝土桩或钢管桩。桩的大小和埋深以及单桩所需热棒的数量，应通过热工计算和承载力计算确定。

②钢管热桩架空通风基础

钢管热桩架空通风基础，是将基础钢管桩加工成热桩，通过热桩的制冷，降低桩周多年冻土温度，提高多年冻土地基稳定性的一种基础型式。钢管热桩的直径和埋深，应通过热工计算和承载力计算确定。

③热棒填土圈梁基础

热棒填土圈梁基础，是指在天然地面上，用非冻胀性粗颗粒土填筑一定厚度的人工地基，并在其中埋设一定数量热棒的地基基础复合结构（图10-3）。它一般由热棒、圈梁和填土组成。暖季，用地坪和填土层的热阻，来保证地基的融化深度维持在设计深度；寒季，热棒将地坪渗热和地基中的热量带出，使融化的填土和地基土回冻，并使地基中多年冻土得到冷却，从而保持多年冻土地基的稳定。

热棒的功率大小、间距和埋深，应根据房屋地坪的渗、漏热量，暖季地基的融化深度和地基多年冻土温度的允许波动范围，经热工计算确定。

（5）算例

①钢管热桩地基的计算

设：今有一直径 0.40 m 的钢管热桩，埋于多年冻土中，用来承担上部结构荷载和稳定地基中的多年冻土（图 1）。求该热桩的年近似传热量和桩周冻土地基的温度降低值。冻结期为 240 d；冻结期平均气温为 −10.5 ℃，平均风速为 5.0 m/s；蒸发段平均地温 −3.0 ℃；多年冻土上限埋深 1.0 m。

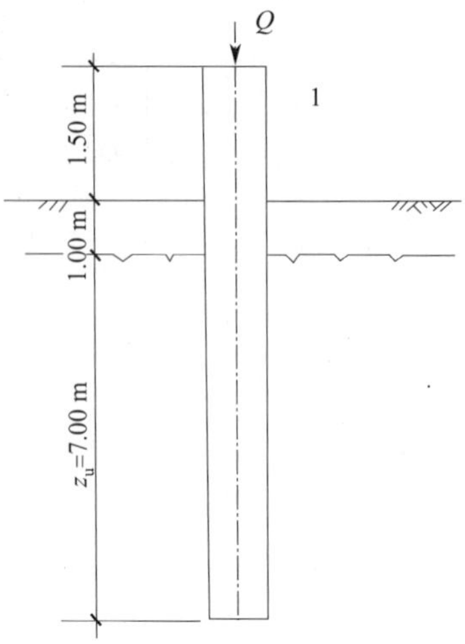

图 1　钢管热桩地基计算示意图

1—冷凝面积 1.88 m^2；

2—λ = 1.997 W/(m^2 · ℃)；

3—平均地温 −3.0 ℃

题解：

a. 绘制热流程图

由于活动层厚度较薄，冻结活动层的冷量主要来自大气层。故在计算中，将活动层中热桩看作绝热段。这样，在热桩—地基系统中，多年冻土是唯一的热源，钢管冷凝段是唯一的热汇。多年冻土中的热量传至热桩蒸发段，使液体工质蒸发成气体；气体工质在压差作用下，携带热量上升至冷凝段，将热量传递给钢管（冷凝器），散发至大气中，气体工质冷凝成液体。据此，可以绘出热流程图，如图 2 所示。

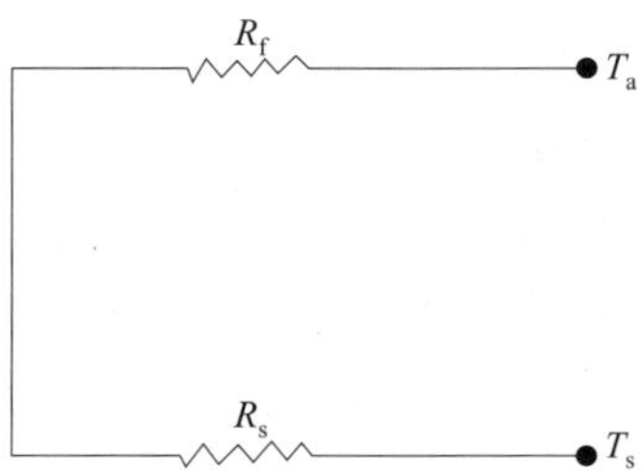

图 2　钢管热桩—地基系统热流程图

单位时间的传热量（热通量），采用下面公式计算：

$$q = \frac{T_s - T_a}{R_f + R_s} \tag{1}$$

b. 计算冷凝段的热阻 R_f

在该算例中，冷凝器为无散热翅片的裸露钢管。据有关资料，裸露钢管的放热系数，较叶片式散热器的大。由于裸露钢管的放热系数无计算公式，这里采用铁道部科学研究院西北分院提出的叶片式散热器放热系数计算公式进行计算，即：

$$eh = 2.75 + 1.51v^{0.2} \tag{2}$$

将 $v = 5.0$ 代入，得 $eh = 4.83$ W/(m^2 · ℃)

所以，$R_f = 1/Aeh = 1/1.88 \times 4.83 = 0.110\ 1$ ℃/W

c. 计算土体热阻 R_s

假定冻结期的平均传热半径为 1.5 m

则：
$$R = \frac{\ln\left(\frac{r}{r_0}\right)}{2\pi\lambda z} = \ln(1.5/0.2)/2 \times \pi \times 1.977 \times 7 = 0.023\ 2\ ℃/W \tag{3}$$

d. 计算热桩的热通量 q

$$q = \frac{T_s - T_a}{R_f + R_s} = \frac{-3.0 - (-10.5)}{0.110\ 1 + 0.023\ 2} = 56.26\ \text{W} = 202.54\ \text{kJ/h} \tag{4}$$

e. 计算冻结期热桩的总传热量 Q

$$Q = qt = 202.54 \times 24 \times 240 = 1\ 166\ 630.4 \text{ kJ} \tag{5}$$

热桩的年近似传热量：$Q_a = \dfrac{Q}{\psi_Q} = \dfrac{1\ 166\ 630.4}{1.5} = 777\ 753.6 \text{ kJ}$ (6)

式中 ψ_Q——热桩传热折减系数。

f. 计算冻结期桩周冻土地基的最大温度降低值 T

设冻土的体积热容量 $C = 2\ 470.2$ kJ/(m^3·℃)

传热影响范围内的冻土体积为：

$$V = \pi(r^2 - r_0^2)z_u = 3.141\ 5 \times (1.5^2 - 0.2^2) \times 7 = 48.6 \text{ m}^3 \tag{7}$$

$$T = \frac{Q_a}{VC} = \frac{777\ 753.6}{48.6 \times 2\ 470.2} = 6.5\ ℃ \tag{8}$$

即在冻结期内，可使桩周冻土地温降低约 6.5 ℃。

②热棒填土基础的计算

设：今有一填土地基采暖房屋（图 3）。为防止地基中的多年冻土融化和衰退，保持地基多年冻土的稳定，采用在地基中埋设热棒，将地坪传下去的热量带出。求热棒的合理间距和多年冻土地基的最大温降。有关计算参数如图 3 所示。

题解：

a. 绘制热流程图

从图 3 可以看出，该系统存在两个热源（室内采暖和多年冻土）和一个热汇（热棒），据此，可以绘出热流程图如图 4 所示。

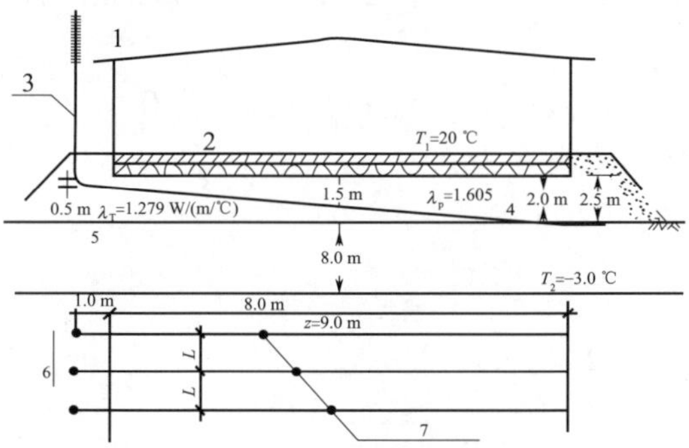

图 3 热棒填土基础热工计算示意图

1—T_a = −10.5 ℃，冻结期 265 d；2—地坪 150 mm 混凝土，λ_c = 1.279 W/(m·℃)；200 mm 聚乙烯泡沫塑料，λ_p = 0.041 W/(m·℃)；3—热棒；冷凝器面积 A = 6.24 m^2；4—砾石垫层；5—亚黏土 λ_{fp} = 1.977 W/(m·℃)；6—风速 v = 5.0 m/s；7—蒸发器 ϕ = 60 mm

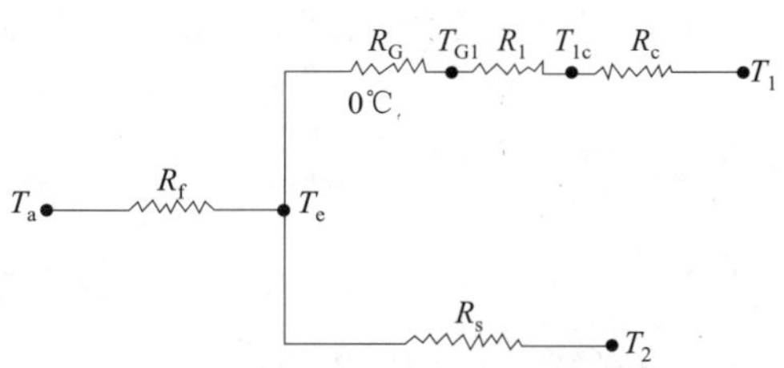

图 4 热棒—地基基础系统热流程图

R_c—混凝土层热阻；R_1—隔热层热阻；R_G—砾石垫层热阻；R_s—冻结亚黏土层热阻；T_{1c}—混凝土层底面温度；T_{G1}—隔热层底面温度

温度与热阻的关系为：

$$\frac{T_e - T_a}{R_f} = \frac{T_1 - T_e}{R_c + R_1 + R_G} + \frac{T_2 - T_1}{R_s} \tag{9}$$

b. 计算砾石垫层暖季的融化深度

计算土体融化深度有许多方法，这里采用多层介质的斯蒂芬方程，来求解碎石填土层的融化深度。

$$\sum T_m = \frac{L_n d_n}{24 \times 3.6}\left(\sum R_{n-1} + \frac{R_n}{2}\right) \tag{10}$$

式中 $\sum T_m$——融化指数，℃ · d；

L_n——第 n 层的体积潜热；

d_n——第 n 层的融化厚度；

R_n——第 n 层的热阻。

设：融化期为 100 d，则地坪表面的融化指数为：

$$\sum T_m = (20-0)\times 100 = 2\,000\ ℃ \cdot \mathrm{d}$$

$$L_n = 32\,154.6\ \mathrm{kJ/m^3}$$

$$\sum R_{n-1} = \frac{0.15}{1.279} + \frac{0.2}{0.041} = 4.995\,3\ ℃ \cdot \mathrm{m^2/W}$$

$$R_n = \frac{d_n}{\lambda_n} = \frac{d_n}{1.605}\ ℃ \cdot \mathrm{m^2/W}$$

将上面各值代入方程（10），得出一个 d_n 的二次方程：

$$115.9 d_n^2 + 1\,859 d_n - 2\,000 = 0$$

解上面方程得：

$$d_n = 1.0\ \mathrm{m}$$

c. 计算砾石层的回冻

在计算砾石层的回冻时，假定来自多年冻土层的热流是微不足道的，故仅考虑热流程图的上半部。

现取 1/2 融深处截面进行计算，即在回冻过程中，假定 1/2 融深处的温度为 0 ℃。

这样，从 1/2 融深面到热棒蒸发器中截面的平均距离 S 为：

$$S = 1.50 - 0.48 = 1.02\ \mathrm{m}$$

因 $q_\mathrm{d} = 0$

所以

$$\beta_\mathrm{u} = 2\left(\frac{q_\mathrm{u}}{q_\mathrm{u} + q_\mathrm{d}}\right) = 2 \tag{11}$$

设：热棒间距为 $L = 3.0$ m

令：$D = 0.06$；$\lambda_\mathrm{u} = 1.605$ W/(m · ℃)，$z = 9.0$ m

则

$$R_\mathrm{u} = \frac{\ln\left[\dfrac{2L}{\pi D}\sinh\left(\dfrac{\beta_\mathrm{u}\pi z_\mathrm{u}}{L}\right)\right]}{\beta_\mathrm{u}\pi\lambda_\mathrm{u} z} = 0.053\,9\ ℃/\mathrm{W} \tag{12}$$

热棒散热器的热阻 R_f，采用本书第六章中公式（6.13）计算，得：

$$eh = 4.83\ \mathrm{W/(m^2 \cdot ℃)}$$

$$R_\mathrm{f} = \frac{1}{Aeh} = \frac{1}{30.14} = 0.033\,2\ ℃/\mathrm{W} \tag{13}$$

单位时间内从热棒传走的热量 q 为：

$$q = \frac{T_\mathrm{s} - T_\mathrm{a}}{R_\mathrm{u} + R_\mathrm{f}} = \frac{0-(-10.5)}{0.053\,9 + 0.033\,2} \times 3.6 = 434.00\ \mathrm{kJ/h} \tag{14}$$

通过单位面积地坪和已融砾石层上部在单位时间内传入的热量 q_1 为：

$$q_1 = \frac{(T_a - T_s)}{R_C + R_1 + R_G} = \frac{3.6 \times (20 - 0)}{\left(\frac{0.15}{1.279} + \frac{0.2}{0.041} + \frac{0.48}{1.279}\right)} = 13.41\ \text{kJ/(h} \cdot \text{m}^2) \tag{15}$$

在每根热棒范围内通过地坪传入的热量 Q 为：

$$Q = 13.41 \times 3 \times 8 = 321.84\ \text{kJ/h}$$

砾石层的净冷却率为：

$$q_2 = q - Q = 434.00 - 321.84 = 112.16\ \text{kJ/h}$$

每根热棒范围内融化砾石层的冻结潜热 Q_1 为：

$$Q_1 = 3 \times 8 \times 0.96 \times 32\ 154.6 = 740\ 841.98\ \text{kJ}$$

则砾石层的冻结时间 t 为：

$$t = 740\ 841.98/(112.16 \times 24) = 275\ \text{d}$$

这与假定的冻结期 265 d 基本相等。

若采用安全系数为 1.5，则热棒间距为：

$$L = 3/1.5 = 2\ \text{m}$$

按新间距进行计算，得：

$$R_u = 0.061\ 3\ ℃/\text{W}$$

$$q = 400.00\ \text{kJ/h}$$

$$Q = 13.41 \times 2 \times 8 = 214.56\ \text{kJ/h}$$

$$q_2 = q - Q = 185.44\ \text{kJ/h}$$

$$Q_1 = 2 \times 8 \times 0.96 \times 32\ 154.6 = 493\ 894.66\ \text{kJ}$$

$$t = 493\ 894.66/(185.44 \times 24) = 111\ \text{d。}$$

即采用间距 $L = 2$ m 时，砾石层的回冻时间为 111 d。

d. 砾石层回冻后的传热

计算各层的热阻：

设：$\beta_u = 1.60$；$\beta_d = 0.40$

则：

$$R_u = \frac{\ln\left[\frac{2L}{\pi D}\sinh\left(\frac{\beta_u \pi S}{L}\right)\right]}{\beta_u \pi \lambda_u z} = \frac{\ln\left[\frac{2 \times 2}{\pi \times 0.06}\sinh\left(\frac{1.6 \times \pi \times 1.5}{2}\right)\right]}{1.6 \times \pi \times 1.605 \times 9} = 0.084\ 3\ ℃/\text{W} \tag{16}$$

$$R_d = \frac{\ln\left[\frac{2L}{\pi D}\sinh\left(\frac{\beta_d \pi d}{L}\right)\right]}{\beta_d \cdot \pi \cdot \lambda_d \cdot z} = \frac{L_n\left[\frac{2 \times 2}{\pi \times 0.06}\sinh\left(\frac{0.4 \times \pi \times 8.5}{2}\right)\right]}{0.4 \times \pi \times 1.977 \times 9} = 0.344\ ℃/\text{W} \tag{17}$$

$$R_c = \frac{0.15}{1.279 \times 16} = 0.0073\ ℃/W$$

$$R_1 = \frac{0.2}{0.041 \times 16} = 0.3049\ ℃/W$$

$$R_f = 0.0332\ ℃/W$$

计算蒸发温度 T_e：

$$T_e = \frac{\frac{T_a}{T_f} + \frac{T_1}{R_c + R_1 + R_u} + \frac{T_2}{R_d}}{\frac{1}{R_f} + \frac{1}{R_c + R_1 + R_u} + \frac{1}{R_d}} = \frac{\frac{-10.5}{0.0332} + \frac{20}{0.0073 + 0.3049 + 0.0843} + \frac{-3.0}{0.344}}{\frac{1}{0.0332} + \frac{1}{0.0073 + 0.3049 + 0.0843} + \frac{1}{0.344}} = -7.71\ ℃ \quad (18)$$

计算从上下界面流入热棒的热量 q_u 和 q_d：

$$q_u = \frac{T_1 - T_e}{R_c + R_1 + R_u} = \frac{27.71}{0.3965} \times 3.6 = 251.6\ \text{kJ/h}$$

$$q_d = \frac{T_2 - T_c}{R_d} = \frac{4.71}{0.3440} \times 3.6 = 49.29\ \text{kJ/h}$$

重新计算 β_u 和 β_d：

$$\beta_u = \frac{2q_u}{q_u + q_d} = 1.67$$

$$\beta_d = \frac{2q_d}{q_u + q_d} = 0.33$$

与假定的 $\beta_u = 1.60$ 和 $\beta_d = 0.40$ 基本相符，即砾石层回冻后，每根热棒每小时可以从地基中带出 300.89 kJ 的热量。其中 49.29 kJ 是用于地基的过冷却的。

e. 计算地基的过冷却

热棒在冻结期可提供地基的过冷却冷量为：

$Q_0 = 49.29 \times 24 \times (265 - 111) = 182\,175.84$ kJ。

若这些冷量用于冷却热棒下 8 m 以内的地基，则可使地基土温度降低值为：

设：冻结亚黏土的热容量为 2 386 kJ/(m^3 · ℃)

则：$\Delta t = 182\,175.84/(8 \times 2 \times 8 \times 2\,386) = 0.60$ ℃

即除使砾石层回冻外，还可使地基温度降低 0.60 ℃。

③热棒—钢筋混凝土桩的计算

设：有一钢筋混凝土桩，内径 200 mm，外径 400 mm，埋深 8 m，在桩中插入热棒一根（图 5），热棒外径 60 mm，桩内长度 8 m，散热器面积 6.14 m^2。求热棒的年近似传热量和桩周冻土的最大温度降低值。该处冻结期平均气温 −10.5 ℃，平均地温为 −3.0 ℃。平均风速为 5.0 m/s。冻

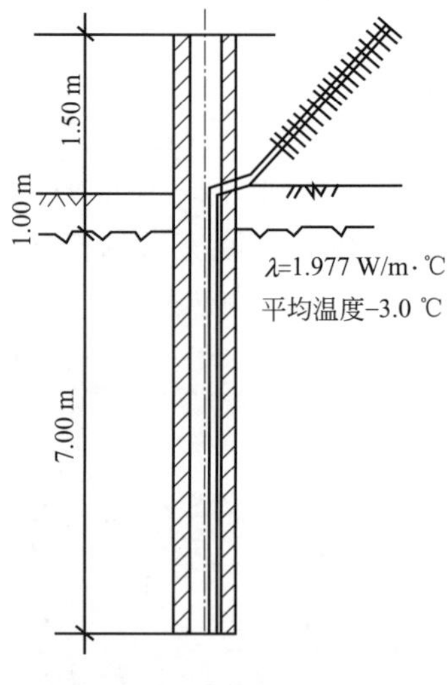

图 5　钢筋混凝土热桩计算示意图

结期 240 d。

题解：

设钢筋混凝土导热系数 $\lambda = 1.547$ W/(m · ℃)；

冻土导热系数 $\lambda = 1.977$ W/(m · ℃)。

a. 绘热流程图

由于活动层较薄，且它的冻结主要由于来自大气层的冷量，故在计算中予以忽略。

热流程图如图 6 所示。

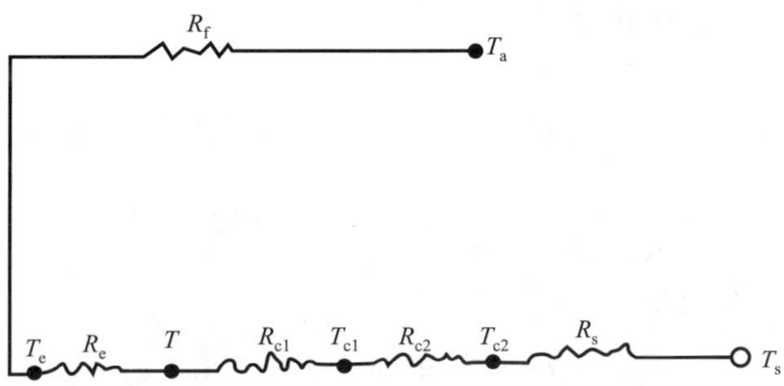

图 6　钢筋混凝土桩—土系统热流程图

R_f—散热器的放热热阻；R_e—蒸发器的放热热阻；R_{c1}—钢筋混凝土桩内表面的放热热阻；R_{c2}—钢筋混凝土管壁的热阻；R_s—土体热阻；T_a—气温；T_s—冻结期多年冻土平均温度；T_e—蒸发器表面温度；T—钢筋混凝土桩中空气温度；T_{c1}—钢筋混凝土桩内表面温度；T_{c2}—钢筋混凝土桩外表面温度。

单位时间热棒的热流量，用下面公式计算：

$$q = \frac{T_s - T_a}{R_f + R_e + R_{c1} + R_{c2} + R_s} \tag{19}$$

b. 计算各热阻值

散热器的放热热阻 R_f：采用下面公式计算，即：

$$eh = 2.75 + 1.51 v^{0.2} \tag{20}$$

$v = 5.0$ m/s 时

则：$eh = 4.83$ W/(m^2 · ℃)

所以，

$$R_f = 1/Aeh = 0.0337 \text{ ℃/W} \tag{21}$$

蒸发器的放热热阻 R_e：仍采用上面公式计算，但 $v = 0$，则 $eh = 2.75$ W/(m^2 · ℃)

故

$$R_e = 1/Aeh = 1/(\pi \times 0.06 \times 7 \times 2.75) = 0.2756 \text{ ℃/W} \tag{22}$$

钢筋混凝土桩内表面的放热系数 R_{c1}：设钢筋混凝土桩内表面的放热系数与热棒蒸发段钢管相同

即：$eh = 2.75$ W/(m^2 · ℃)

则：$R_{c1} = 1/Aeh = 1/(\pi \times 0.20 \times 7 \times 2.75) = 0.0827$ ℃/W

钢筋混凝土桩管壁的热阻：

$$R_{c2}=\frac{\ln(d_2/d_1)}{2\pi\lambda L}=\frac{\ln(0.4/0.2)}{2\times\pi\times1.547\times7}=0.010\,2\ ℃/W \tag{23}$$

桩周土体热阻 R_s：

设传热影响范围为 1.5 m

则：

$$R_s=\frac{\ln(d_2/d_1)}{2\pi\lambda L}=\frac{\ln(1.5/0.4)}{2\times\pi\times1.977\times7}=0.015\,2\ ℃/W \tag{24}$$

c. 计算热棒单位时间的传热量 q

$$q=\frac{T_s-T_a}{R_f+R_e+R_{c1}+R_{c2}+R_s}=\frac{-3-(-10.5)}{0.033\,7+0.275\,6+0.082\,7+0.010\,2+0.015\,2}\times3.6$$

$$=\frac{7.5}{0.417\,4}\times3.6=64.69\ kJ/h$$

d. 计算冻结期的总传热量

$$Q=64.69\times24\times240=372\,614.4\ kJ$$

热棒的年近似传热量 Q_a 为：

$$Q_a=Q/\Psi_a=372\,614.4/1.5=248\,409.6\ kJ$$

e. 计算冻结期桩周冻土温度降低值 θ

设冻土的体积热容量 $C=2\,470\ kJ/(m^3\cdot ℃)$

传热影响范围内冻土体积 V 为：

$$V=\pi(r_2^2-r_1^2)L=3.141\,5\times(1.5^2-0.2^2)\times7=48.6\ m^3$$

所以，$T=Q_a/(VC)=248\,409.6/(48.6\times2\,470)=2.07\ ℃$。

即，在冻结期内可使桩周冻土温度降低 2.07 ℃。

（6）片石填层基础的设计

片石填层应满足以下技术要求：片石抗压强度应不小于 30 MPa，块径 10 ~ 30 cm，填层的厚度，一般在 0.8 ~ 1.5 m。

据青藏铁路片石路基试验资料，路基中厚度 1.5 m 的封闭片石层，在寒季，片石层顶面和底面的冻结指数大体相当，其差值平均在 18% 左右，说明寒季片石层的热阻很小；在暖季，片石层顶面和底面的融化指数却相差很大，差值在 77% ~95%，平均差 84%（其阻热效果与 8 cm EPS 隔热层相当，8 cm EPS 隔热层上、下面之间融化指数相差 86% 左右）。这说明：暖季，封闭片石层的热阻也是很大的，1.5 m 厚片石层的阻热作用，可使片石层底面的融化指数比顶面平均减小 84%。即：封闭片石填层下，地基的融化深度可减小 60%。

据中铁西北科学研究院 1960 年试验路基资料：开敞片石层中，不同深度处的 n 系数值，如表 10-2 所示。

表 10-2　敞开碎石层中不同深度处的 n 系数

深度(m)	0.0	0.25	0.50	0.75	1.00	1.30
n_t	1.65	0.99	0.54	0.45	0.17	0.07
n_f	1.04	1.07	1.10	1.03	0.97	0.94

从表10-2可以看出，开敞碎石层表面的n_t系数很小，而n_f系数却很大（细颗粒土表面的n_t系数约为2.5；n_f系数约为0.9）；开敞碎石层中，n_t系数沿深度的衰减速度很快，而n_f系数却变化很小。这说明：暖季，碎石层的导热系数很小；寒季，碎石层的导热系数很大。碎石层具有隔热不隔冷的“热开关”和“热二极管”效应。因此，碎石（片石）层是冻土地基基础工程中，最理想的隔热、保温材料。碎石（片石）层用于多年冻土地基的热防护是十分理想的。

片石填层的厚度，应根据房屋结构特点、采暖情况、地基多年冻土特征、要求人为上限位置高低等，通过热工计算确定。其设计、计算基本方法，与其他隔热层相同，但计算时，导热系数应采用正温环境下之值。据青藏铁路使用经验，其厚度不宜小于1.0 m。

10.4 多年冻土上的人工地基

在多年冻土地区，地基活动层冻融循环过程的冻胀和地基多年冻土的衰退和融化，是引起多年冻土上房屋工程变形、破坏的主要原因。采用冻胀不敏感的粗颗粒土，建造人工地基，将房屋工程地基多年冻土的人为上限控制在人工地基内，可有效消除地基活动层土体冻融循环和多年冻土衰退和融化对建筑物稳定性的影响。

建造人工地基是解决多年冻土地区房屋工程冻、融破坏的有效方法。

10.4.1 多年冻土上房屋工程中的热工问题

在多年冻土地区，房屋施工、使用期间遇到的工程问题都与基础地基中的热量传输过程有关。

房屋工程稳定人为上限的形成，约需3～5年或更长时间。在此过程中，房屋基础—地基系统的热状态和应力状态进行着剧烈的调整，在一般情况下，房屋的下沉变形是明显的、较大的。在稳定人为上限形成后，基础—地基系统达到新的热平衡，房屋工程变形进入相对稳定阶段。

采暖房屋是多年冻土上的热源。房屋采暖渗、漏入地基的热量，会使地基多年冻土产生衰退和融化，从而，引起房屋的严重下沉变形。这种现象在多年冻土地区是屡见不鲜的，是多年冻土上房屋破坏的一个主要原因。

地基活动层土体冻、融循环过程的冻胀和融化下沉，往往引起基础的“冻拔”，是多年冻土地区房屋破坏的另一个重要原因。

除此之外，不良冻土现象的危害，也是多年冻土地区房屋工程出现冻融病害的一个原因。房屋工程的施工和运营，引起地形、地貌、活动层岩性成分、水文和水文地质条件等的变化，从而，引发一系列与工程有关的冷生过程和现象。如：冰锥、冻胀丘发育，房屋中涌水，边坡热融滑坍，地表荒漠化等。如果遇到这些问题，房屋工程的变形和破坏，也是难免的。

综上所述，基础—地基系统的新热平衡过程，地基多年冻土的衰退和融化，活动层的冻融循环，冷生过程与冷生现象，是多年冻土地区房屋设计需要考虑的主要热工问题。

10.4.2 人工地基的设计和计算

解决上述房屋热工问题的方法很多。在多年冻土上建造人工地基是其中的一个较好方法。

在所述房屋热工问题中，防止地基多年冻土的衰退和融化，消除地基活动层土体冻融循环过程对房屋稳定性的影响，是多年冻土上房屋工程设计必须重点解决的问题。

众所周知，在一般情况下，粗颗粒土在冻结和融化状态下的物理、力学性质相近，冻结过程的冻胀性很小。用粗颗粒土建造的人工地基，地基多年冻土的升温和融化，地基活动层土体冻融循环过程的相态转换，对冻土工程稳定性的影响都将是很小的。如果把房屋建造在粗颗粒土人工地基上，并将其人为上限控制在人工地基内，则上述房屋工程中的热工问题就可较理想地解决了。

采用人工地基时，地基多年冻土的活动层应在人工换填层或填土层内。基础可置于活动层内，地基持力层为人工填土或人工填土和多年冻土。

（1）人工地基设计应满足的基本要求

①保证足够的填土和换填厚度。填土层和换填层的厚度应能保证地基多年冻土的天然上限不下降（上升是允许的）。人工地基的填筑边线应大于房屋轮廓线 3 ~ 5 m；

②保证地基融化深度的一致性。人工地基填土和换填厚度应考虑建筑物朝向的影响，确保地基的冻融循环过程仅发生在人工地基内；

③保证换填材料的质量和均匀性。人工地基填料应是粉黏粒含量不大于 15% 的砂砾石土或碎石土，应保证整个人工地基填料粒度成分的基本一致；

④作好换填基坑排水。应确保人工地基填土在施工和运营期间保持干燥；

⑤采用架空通风基础。为减小填土和换填厚度，减小和消除地坪传热对地基多年冻土的影响，应尽量采用架空通风基础。

（2）人工地基的计算

建造人工地基时，需确定人工地基（填土）的最大融化深度。从而，得到地基的换填厚度。

人工地基填土的融化深度，可采用均匀介质斯蒂芬方程或多层介质斯蒂芬方程计算。

采用架空通风基础时，通风空间地面下人工地基的融化深度，可采用均匀介质的斯蒂芬方程计算。在这种情况下，如何确定地基表面的融化指数 I_t，是正确计算人工地基融化深度的关键。据青藏铁路和大兴安岭房屋工程试验资料，架空通风基础房屋，寒季，房屋地坪传热，不会引起地基的进一步融化。相反，基础通风可使暖季融化的地基土完全回冻。因此，采用架空通风基础时，人工地基的换填厚度，可仅根据暖季地基融化深度确定。

据青藏铁路通风基础房屋试验资料：通风空间地面的融化指数近似等于气温融化指数，地基中通风管内表面的融化指数约为气温融化指数的 0.6 倍。因此，在计算人工地基的融化深度时，采用气温融化指数进行计算是安全的。

采用地坪隔热、非架空通风基础时，地基的融化深度由室内地坪的年融化指数控制。在这种情况下，包括地坪、隔热层在内的人工地基，是多层介质地基，其融化深度，可采用多层介质斯蒂芬方程进行计算。计算前，对人工地基进行分层，而后，采用上面公式，从上而下，计算地基每层融化所消耗的融化指数，直至融化各层所消耗的总融化指数等于地坪融化指数时，停止计算。此时，已融各层厚度之和，即为人工地基的融化深度。

人工地基的最大融化深度，除决定于地坪融化指数外，还与地基多年冻土的年平均地温、建筑地段的气温冻结指数、融化指数和地表状态等有关。当地基融化盘与多年冻土界面的热交换达到平衡时，地基多年冻土停止融化，人工地基达最大融化深度。

人工地基的换填厚度（或填土厚度），受诸多因素控制。应根据地基融化深度、建筑物的重要性，并参照当地建筑经验综合确定。

为确保人工地基的有效性，人工地基适宜在气温冻结指数大于融化指数3倍以上的连续多年冻土地区采用。地基多年冻土类型不受限制。

稳定的多年冻土环境，是维持房屋工程热、力学稳定的前提。因此，加强施工环境保护和工后环境恢复，对维持房屋工程的长期稳定至关重要。

人工地基、基础的施工，应遵循“精心组织，快速施工”的原则，尽量缩短施工时间，以减小对地基多年冻土和周围多年冻土环境的热干扰；应加强环境保护，按时、保质作好环境保护工程的施工；对基坑暴露多年冻土应加强临时保温、隔热防护，不得将多年冻土直接暴露在阳光下；作好基坑永久排水，确保运营期人工地基换填土的干燥状态。

考虑多年冻土地区气候特点，地基活动层冻融循环特性和基础抗冻融变形稳定要求等提出的人工地基处理方法，是多年冻土地区地基、基础工程处理方法中的较好方法。该方法已在多年冻土区的道路路基（换填路堑、路堤）、房屋地基（填土地基、换填地基）、机场跑道（换填道槽、隔热填土）、输油管线地基等工程中得到广泛应用。它具有施工简单、方便，造价便宜等优点。设计、施工合理的人工地基，能有效消除基础的冻胀和融沉，维持地基多年冻土的长期冻结状态。人工地基与热棒、隔热层等联合使用，可合理解决多年冻土地基、基础工程中的几乎所有复杂热工问题。

10.5 岛状多年冻土地区的房屋地基和基础

在我国多年冻土地区的边缘地带，都有一定数量的岛状多年冻土存在。尤其在大、小兴安岭多年冻土区的南部边缘地区，多年冻土岛的数量和分布面积都是较大的。这些岛状多年冻土，都具有特殊的工程地质特性，其上的房屋地基基础设计，有着与一般地区和连续多年冻土地区不同的要求。正确设计和施工岛状多年冻土地区的房屋地基基础，是确保岛状多年冻土地区房屋工程稳定的关键。

10.5.1 我国岛状多年冻土的分布和特征

我国的岛状多年冻土主要分布在东北多年冻土地区。

目前，东北多年冻土区的南界，大体在阿尔山—嫩江—伊春一线。即主要分布在大、小兴安岭多年冻土区的南部边缘地区（年平均气温 -3 ℃等值线和0 ℃等值线所包围的地区），总面积约2.6万 km^2。在岛状多年冻土区，由北向南，多年冻土的分布面积由40%逐渐减少至5%以下。该区的多年冻土，多保存于山间低地中的草甸、塔头草发育的沼泽湿地地段以及阴凉的山前平缓斜坡中。在阳坡和山顶通常很少发现有多年冻土。在大兴安岭西坡南部的三河、拉布达林、牙克石等地，呼伦贝尔草原的海拉尔、满洲里等地，大兴安岭东坡南部的黑河、北安等地，小兴安岭东南部的伊春等地，在低洼的沼泽湿地中，几乎都有多年冻土岛的存在。岛状多年冻土的厚度变化较大，大部分地区为3～10 m，个别地段可达15 m以上。

大小兴安岭地区地表水、地下水发育，植被发育，腐殖质土和泥炭层发育，且厚度较大（1～3 m）。这种地质环境对多年冻土的保存非常有利。所以，在东北岛状多年冻土区的南部，在一些潮湿的细颗粒土分布地段和饱水泥炭地段，甚至在年平均气温高达 0 ℃ ~1.0 ℃条件下，仍有岛状多年冻土存在。这充分说明：多年冻土区的自然环境对多年冻土的衰退与消亡过程有着重要影响。在环境条件有利于多年冻土保存时，多年冻土的衰退与消亡过程又是相对漫长的。

东北的岛状多年冻土，从空间分布看，又可分为衔接的和不衔接的。衔接岛状多年冻土分布在该区的北部，南部则为不衔接多年冻土。

东北的岛状多年冻土具有以下工程地质特点：

（1）多年冻土的年平均地温高，北部的衔接多年冻土，一般在 -0.5 ℃ ~ -1.0 ℃；南部的不衔接多年冻土，一般为 -0 ℃ ~ -0.5 ℃。因而，热稳定性差。

（2）多年冻土厚度较小，最小仅几米，最大不超过 30 m，一般在 7 ~15 m。

（3）岛状多年冻土的上限埋深具有以下特点：在北部的衔接多年冻土地段，其上限埋深一般为 1.0 ~2.5 m，低洼的沼泽湿地和植被覆盖良好的地段，通常为 1.1 ~2.0 m，背阳的山前缓坡地段，一般为 1.5 ~2.5 m，植被覆盖较差的河漫滩地段，上限可达 3.0 ~3.5 m。在南部的不衔接多年冻土地段，其上限埋深一般在 5 ~7 m，最大可达 10 m 以上。

（4）多年冻土岛的面积较小，一般在数百平方米至数千平方米。尤其是在岛状多年冻土区的南部边缘地带，冻土岛的面积小到有时一栋房屋不得不采用两种地基，即不得不把一幢房屋的基础同时放在冻土和融土地基上。

10.5.2　岛状多年冻土地基的热工特性

东北的岛状多年冻土地基具有以下热力学特点。

（1）岛状多年冻土地基，是一结构相对复杂的热力学系统。地基中的多年冻土，在该系统与周围环境的热交换过程中，将逐渐升温、融化，衰退、消亡。

在衔接岛状多年冻土地段，在热年周转周期中，通过气—地界面进入地基的太阳辐射热量略小于地基散失的热量；在不衔接岛状多年冻土地段，地基获得的太阳辐射热量多于散失的热量。因此，地基中的多年冻土目前处于严重的衰退和消亡过程中，其热工特性是：多年冻土年平均地温高，可供调节、利用的显热少，抗外界热干扰能力很弱，热稳定性很差。

（2）据有关调查资料，在目前气候和地表自然条件（植被、水屏障、土壤等）下，岛状多年冻土的衰退和消亡过程又是相对缓慢的。因此，保护、改善建筑地段的多年冻土环境，尽量减少施工热干扰，延缓地基多年冻土的衰退、消亡过程是可能的。

（3）不衔接多年冻土地段，存在于多年冻土层与季节冻土层之间的融土夹层，在地基冻结、融化过程中，是一“准零梯度”隔热层。这种隔热层的热工特性是：在地基冻结、融化过程中，隔热层中的温度梯度都接近于 0。因此，在地基冻结、融化过程中，流过该融土夹层进入多年冻土的热量是很少的。这种融土夹层的存在，对减小气候变化影响，延缓多年冻土的衰退消亡过程是有利的。

（4）在不衔接多年冻土地段有冻结层上水存在时，水的“高热容量和高相变潜热”特性，可将进入地基的热量有效“拦截”于含水层中，从而，有效保护地基多年冻土。地下水的这种蓄热特性，可称其为“热库效应”。即多年冻土上的含水层是一良好的“储热仓库”：寒季地基冻结时，地下水相变可蓄积大量的冷量；暖季地基融化时，进入地基的热量大部为地下冰（冻结的地下水）融化所消耗，剩余的小部分热量大多都变成了“地下水的显热”，而很少进入多年冻土层。

10.5.3 岛状多年冻土区房屋地基、基础的设计

岛状多年冻土地基的设计，应充分考虑岛状多年冻土的热工特性，采用合适的基础型式和地基处理方法，来满足房屋工程建设的需要。目前，在东北岛状多年冻土地区，房屋地基、基础设计，通常采用允许地基多年冻土在施工和运营期间逐渐融化的方法。这种方法又可分为以下两种：自由融化法和控制融化法。

（1）自由融化法

自由融化法是允许地基中的多年冻土在房屋施工和运营过程中自由融化的方法。这种方法的实质是选择合适的基础型式和上部结构，使地基中多年冻土的消亡过程对房屋的稳定没有影响。

按自由融化法设计时，合理的基础型式是桩基，可按如下方法设计：

①桩应穿透多年冻土层，桩尖置于可靠的持力层上；

②桩基承载力仅计算多年冻土层上、下融土层的摩擦力和桩端地基土的反力。季节冻结层的冻结力和摩擦力以及多年冻土层的冻结力均不考虑；

③基础梁和建筑上部结构设计，可按一般季节冻土地区要求处理。但应特别注意防止基础梁承受地基土冻结时的法向冻胀力作用；

④桩基应进行抗冻胀稳定验算，不满足要求时，应对季节冻土层中桩段进行防冻胀处理；

⑤桩基承载力计算时，地基多年冻土融化下沉时的负摩擦力，可不考虑。

地基中多年冻土层的融化，主要是自下限往上逐步进行的，且每年融化的厚度较小，产生的负摩擦力，较之未融多年冻土的冻结力要小得多，对桩的承载能力没有影响。相反，在已融多年冻土下沉、固结后，桩侧与融土的接触面积增加，摩擦力增大，桩基承载能力增大。按这种方法设计的桩基，在地基多年冻土衰退、消亡过程中，其承载能力是逐步增加的。

（2）控制融化法

控制融化法是控制地基中多年冻土在建筑物施工和运营期间的融化速率。采用控制融化法时，应充分利用“准零梯度融土隔热层”的良好隔热效果和地下水的“热库效应”，选用合适的基础型式和上部结构，来消除采暖房屋的热影响，维持地基多年冻土的相对稳定。

采用控制融化法时，适宜的基础型式有条形基础、柱式基础、片筏基础等架空通风基础，其设计、计算应注意以下几点。

①采取有效措施，保护建筑场地和周围的多年冻土环境，维持和改善现存的地表热平衡条件（如降低地表温度等），尽量维持和降低地基多年冻土的现有衰退速率。

②尽量增加地基多年冻土上覆盖层的热阻，以减少传入地基多年冻土的热量。

为使房屋变形相对均匀，应控制房屋阳面和阴面地基多年冻土融化速度的一致性。为此，在房屋的阳面地基中，应设置隔热层（如 EPS、XPS、PU 等）。隔热层应紧靠基础铺设，其覆盖宽度和厚度应经热工计算确定，一般宽度不宜小于 5 m，厚度不宜小于 10 cm。

③提高房屋结构适应地基不均匀变形的能力。如，适当增大基础的刚度，以抵抗地基局部沉降的不均匀性；当建筑物长度较大时，应设置沉降缝，以适应地基在长度方向下沉的不均匀性。

④应采用架空通风基础，并确保基础的通风散热效果。

据青藏铁路不冻泉车站试验房屋（生活用房）资料：多年冻土上的架空通风基础，由于遮断了太阳直接辐射（太阳直接辐射约占地表获得总辐射能量的66%），其地基表面（通风空间地表）的月平均温度，无论是寒季，还是暖季，都比天然地面要低（参见图10-5，10-6），寒季（2006年1月）地基表面平均温度较之天然地面约低20%。在暖季（2005年7月），地基表面平均温度较之天然地面约低45%；据此，可得出以下两点结论：a. 设计合理的架空通风基础，可消除房屋采暖对地基多年冻土的热影响；b. 架空通风基础下，地基表面温度较低，有利于地基中多年冻土的保存。

⑤基础埋深应不小于建筑地点的最大冻结深度，并采取有效措施，防止基础冻胀。

⑥尽量采用易于维修的建筑结构，提高建筑物的可维修性能。

上述岛状多年冻土地区房屋地基、基础设计方法，在东北岛状多年冻土地区（如满洲里、三河、牙克石等地）已广泛采用。据调查，使用效果良好。

应用实例：

在东北岛状多年冻土地区，如牙克石、海拉尔、满洲里、额尔古纳等地，房屋地基基础的设计，较多采用的是“控制融化法”。但随着经济、技术的发展，许多建筑物的地基基础设计，也开始采用“自由融化法”。

在岛状多年冻土地区，采用自由融化法设计房屋地基基础，只要桩基设计、计算合适，房屋的稳定性是保障的。

控制融化法的使用，受冻土工程地质条件、建筑物允许变形大小、维修养护要求等控制。因此，在岛状多年冻土地区，采用控制融化法进行房屋地基基础设计，应通过技术经济比较确定。

今以额尔古纳市三河回民乡小学教学楼为例，来说明控制融化法的适应条件和设计要点。

额尔古纳市三河回民乡小学位于该市三河回民乡。该教学楼地基基础是按控制融化法设计的。

教学楼为4层楼房，分为东、西两部分：东楼为老教学楼，建于1990年代中期；西楼（拐角楼）为新教学楼，2008年建成。两楼连成一体，占地面积520 m^2，建筑面积2 600 m^2，砖混结构（图10-8）。

图10-8　多年冻土上的额尔古纳市三河回民小学

该教学楼东楼已建成使用10多年，至今完好无损，说明该教学楼采暖屋对地基多年冻土的热影响是微小的。究其原因，无非是该处特殊的冻土工程地质条件和该楼的特殊基础结构所决定的。

（1）冻土工程地质条件

据2008年4月西楼冻土工程地质勘察资料：该地区年平均气温在 −0.5 ℃ ~ −1.5 ℃。建筑地段最大季节冻深约为3.30 m。建筑地段为多年冻土分布，平面上为岛状，剖面上不衔接，冻土工程类型为多冰、富冰冻土，整体、层状、斑状构造，年平均地温 -0 ℃ ~ -0.7 ℃，上限埋深4.5 ~13 m，下限埋深约40 m。

该建筑场地地形平坦开阔，地面坡度小于5°，植被发育，属大兴安岭山前斜坡地带。第四系覆盖层厚度约30 m，基岩为火成岩。主要持力层为粉质黏土砾砂层、圆砾层、砂质黏土层等。地层分布较均匀。

地基土可分为以下几层。

①杂填土：由生活垃圾及腐植土等组成。厚度1.30 ~3.00 m，普遍分布。

②含粉质黏土砾砂：黄色，稍密-中密，稍湿，砂磨圆度一般，成分为火成岩碎屑，粉质黏土呈可塑状。厚度1.00 ~3.50 m，层顶埋深在1.30 ~3.00 m。

③圆砾（大于2 mm颗粒含量占59.8%，<0.075 mm颗粒含量占23.4%）：黄色，稍密-中密，饱和，砾石磨圆度一般，成分为火成岩碎屑，厚度0.80 ~2.50 m，层顶埋深在2.50 ~5.00 m。

④砂质黏土：黑色，可塑，含有少量有机质，局部含有砾石。该层为多年冻土，厚度大于11.10 m，上限埋深4.50 ~13.00 m，总含水率为15.7% ~37.0%。

⑤含粉质黏土砾砂：黄色，砂磨圆度一般，成分为火成岩碎屑。层顶埋深在15.40 m。该层为多年冻土，总含水率为13.6% ~13.9%。

建筑地段发育第四系孔隙潜水（冻结层上水）。主要含水层为砾石层，厚度0.8 ~2.5 m，层顶埋深在2.50 ~5.00 m。稳定水位埋深在1.7 ~3.6 m之间，水位季节变化幅度一般为1.00 m。为该地居民生活用水水源。

综上所述，该建筑场地的冻土工程地质特点是：地形平坦、开阔，植被覆盖良好，粗颗粒土沉积厚而广泛分布，地下水发育，多年冻土埋深大。

（2）基础结构设计特点

该教学楼地基按“控制融化”原则设计。即控制地基多年冻土在建筑物施工和使用期间，维持其天然衰退状态。

基础为毛石条型基础，埋深3.00 m；架空通风，架空高度约0.4 m，通风孔面积为25 × 25 cm^2，间距0.8 m。地坪作隔热层。为防止基础冻胀，基侧采用砂砾石土（砂砾石土中小于0.075 mm颗粒的含量不大于15%）回填。

地坪隔热和基础架空通风是该房屋基础结构设计的特点。

教学楼的这种地基、基础结构，为什么能维持多年冻土的热状态呢？究其原因，有以下两点：

①教学楼的架空通风基础，使地基表面的热状态发生有利于多年冻土保存的变化。

a. 通风基础消除了房屋采暖对地基多年冻土的热影响。

b. 通风基础遮断了地基表面的太阳直接辐射，使地基表面的温度降低。

以上两点综合影响的结果是：通风空间在寒季和暖季的地表温度都有所降低，这种变化有利于地基多年冻土的保存。

②特殊的冻土工程地质条件，减缓了多年冻土的衰退、消亡速度。

据2008年勘察资料，该地的多年冻土虽然地温较高，但埋藏较深（一般在5 m以下）。在天然条件下，多年冻土上覆盖层的热阻，可有效阻挡太阳辐射热量的侵入；

该地段的最大季节冻深为3.3 m。暖季，季节冻土层融化过程中，在多年冻土层与季节冻土层之间，存在有一层厚度在 1.7 m 以上的“零梯度绝热层”。这一绝热层的存在，可有效阻隔上部热量的入侵，于保护地基多年冻土非常有利。

该处地基中发育的孔隙潜水（层顶埋深 2.5 ~ 5.0 m 的砾石含水层），在季节冻土层融化后（约在 7 月底），可有效吸收传入地基的热量。据计算，如果砾石层的天然孔隙度为 0.319，暖季平均升温 2.5 ℃，则每立方米砾石含水层，可吸收热量 798 kcal。

从上面资料可以看出，“控制融化法”设计原则适应以下条件：

①上限埋深大的不衔接多年冻土分布地段。即多年冻土上的覆盖层应有足够大的热阻。

②采用架空通风基础，并确保通风效果，来消除房屋采暖对地基多年冻土的热影响。

③地基中有地下水流速很小（相对静止）的含水层存在时，更有利于减缓地基多年冻土的衰退、消亡速度。

④房屋地基、基础的施工，不应减小多年冻土上覆盖层的热阻。可采用增加多年冻土覆盖层热阻的方法，来提高房屋地基基础的热稳定性。

第11章 隧道工程

在多年冻土地区，隧道工程建设要引起许多与一般地区不同的环境工程地质问题。如：形成隧道围岩冻融圈；改变隧道通过地段的水文地质条件；隧道围岩冻融过程冻胀和冻胀力的出现等。其中，水文地质条件的变化和隧道围岩活动层（冻融圈）的出现是产生多年冻土地区隧道工程冻融病害的基本原因。因此，多年冻土地区隧道工程的设计，必须解决的特殊问题是：①给隧道周围多年冻土中的地下水以“出路”，防止地下水在隧道围岩活动层中聚集和经隧道排泄（渗、漏入隧道）；②减小隧道围岩活动层厚度，消除围岩活动层冻融循环过程对隧道结构和线路的影响。也就是说，冻土隧道设计的基本问题是防、排水和防冻融病害的问题。只有解决好了这两个问题，多年冻土地区隧道工程的正常使用才能得到保障。

地下水是引起多年冻土隧道冻融病害的基本要素。实践表明，围岩中无地下水存在的冻土隧道是长期稳定的。

11.1 多年冻土区隧道工程的环境工程地质问题

多年冻土地区现存的地表和地中热平衡，是与现存的多年冻土环境相适应的。

隧道工程建设改变了通过地段气—地界面的原始结构，打破了地表和地中的原始热平衡。因而，必将引起下列环境工程地质问题。

（1）地中换热边界条件变化引起的问题

隧道工程的建成，在多年冻土内部，出现了新的气—地换热界面，形成隧道—围岩热力学系统。隧道—围岩系统是由隧道构筑物（衬砌、隔水排水系统、热防护设施等）及隧道周围一定厚度（温度年变化深度）的岩土组成的。该系统的热学稳定性，决定着系统的力学稳定性。

在隧道—围岩系统热平衡过程中伴生的、与多年冻土环境变化有关的不良物理地质现象主要有：

①隧道围岩中出现冻融循环。由于隧道洞中空气与隧道外空气是连续分布的，因而，隧道衬砌表面温度将随气温而变化。即，隧道围岩将与隧道外天然地表层一样，经受每年一次的冻融循环。随冻融循环伴生的冷生现象是影响隧道工程稳定的主要因素。

②形成隧道围岩活动层和围岩地温年变化带。隧道围岩中的冻融循环过程，使多年冻土围岩中产生活动层，形成围岩多年冻土地温年变化带。年变化带地温场的特性与变化特点对隧道工程的稳定有一定影响。

③围岩的冻融循环过程，引起围岩活动层土物理性能（厚度、含水特征、温度等）的变化，并伴生出一系列不良物理地质现象。如：暖季，衬砌渗水、漏水；寒季，衬砌冻胀破坏，排水系统堵塞，隧道拱顶、边墙挂冰，侧沟、道床积冰，道床冻胀等。这些冻融过程病害，往往使隧道的良好技术状态遭到严重破坏。

上述过程和现象的出现，一般会随隧道—围岩系统热平衡的建立而减轻。当系统热平衡建立后，隧道—围岩系统进入相对热稳定状态。围岩活动层物理特性的变化进入正常波动。

（2）水文地质条件变化引起的问题

隧道通过地段有含水层分布时，隧道工程的修建，将改变隧道通过地段地下水的径流和排泄条件。隧道穿过含水层时，将压缩地下水通道的过水断面面积，甚至截断地下水的通道，从而，改变地下水的径流条件。从地下水动力学角度看，隧道工程如同一水平集水廊道，围岩中的地下水向隧道集中、排泄。这种水文地质条件的变化，将引起以下工程地质问题：

①地下水的渗透压力增大。隧道引起的含水层过水断面减小，将导致地下水渗透压力的升高。高承压地下水，会加大衬砌渗漏范围，增加衬砌混凝土的含水率，是引起衬砌酥碎、剥落等病害的重要原因。

②地下水向隧道汇流。隧道这一“水平集水建筑物”的存在，必然导致地下水在隧道围岩中的聚集，引起围岩活动层含水率的增加，使冷生过程病害加剧。

③多年冻土区的潜水（冻结层上水），在地表层冻结过程中，具有从无压变成有压的特性。隧道围岩的冻结，会进一步增加地下水的压力。季节性高承压地下水的存在是隧道防水工程可靠度降低的主要原因。

地下水对隧道工程的危害，与隧道在多年冻土中的位置有关。众所周知，多年冻土地区的地下水分为冻结层上水、冻结层间水和冻结层下水。冻结层间水在山区很少分布。因此，对冻土隧道来说，构成威胁的地下水主要是冻结层上水和冻结层下水。隧道埋深较浅时，威胁隧道安全的主要是冻结层上水；隧道深埋时，预防冻结层下水的危害，就成了冻土隧道设计、施工的重要任务了。

11.2 冻土隧道—围岩系统的热力学特性

处于多年冻土环境中的冻土隧道，是多年冻土半无限热力学系统中的工程。隧道外气温的周期变化，将影响隧道—围岩系统地温场的变化，从而，使隧道—围岩系统的热稳定性发生变化，最终导致隧道结构的力学稳定性发生改变。研究冻土隧道—围岩系统的热力学特性，于多年冻土中隧道工程的热防护设计和结构设计有着十分重要的意义。

11.2.1 隧道中气温的变化和分布特点

隧道中空气与洞外大气是联系在一起的，是连续分布的介质。洞外气温的周期（日、月、年）变化，必将引起洞内气温的周期性变化。

在青藏铁路建设期间的2003年~2005年，曾对青藏铁路多年冻土地区的昆仑山隧道和风火山隧道的气温、地温和冻胀力等进行观测、研究。结果表明：隧道中空气的温度是受隧道外气温和隧道内冻土围岩温度控制的。在洞口段，洞中空气温度主要受大气温度影响；在隧道中间段，空气温度主要受冻土围岩温度影响。隧道中气温在洞外气温变化的影响下，亦具有日、月、年周期的变化。

（1）隧道中空气温度沿隧道纵向的分布

隧道洞口外气温对隧道内空气温度的影响，随深入隧道距离的增加而减小，如表11-1

所示。

表11-1列出了青藏铁路风火山多年冻土隧道（隧道轨顶标高为4 889.67～4 905.40 m，总长1 338 m，是世界上海拔最高的隧道）中1、8月气温变化的观测结果。从表11-1可以看出，隧道进、出口段的气温受洞外气温的影响变化较大；随着深入隧道距离的增加，洞外气温的影响逐渐减弱，围岩多年冻土地温的影响逐渐增强，至隧道中间段，空气温度主要受围岩多年冻土地温的控制，变化很小。

表11-1 隧道外气温对隧道内气温的影响（青藏铁路风火山隧道，2004年）

测点编号	拉1	拉2	拉3	拉4	拉5	6	格5	格4	格3	格2	格1
距洞口距离(m)	36	46	60	222	361	671	418	220	70	58	46
1月最低气温(℃)	-18.22	-16.87	-17.00	-15.63	-14.26	-14.00	-14.06	-14.51	-15.12	-16.62	-16.25
8月最高气温(℃)	6.00	6.25	5.87	5.42	5.46	4.87	4.73	5.55	6.54	6.72	6.33

隧道外气温对隧道内气温的影响距离与隧道外气温、围岩多年冻土年平均地温、行车密度等有关。从表11-1可以看出，在青藏铁路目前营运条件下，隧道外气温对风火山隧道内气温的影响距离约350 m。

（2）隧道内气温随时间的变化

隧道内空气温度的变化既然是隧道外气温变化影响的结果，那么，隧道内空气温度也应有季节性的变化。表11-2列出了青藏铁路风火山隧道内代表性测点气温随时间变化的观测结果。

表11-2 隧道内气温（月平均）随时间的变化（2004年）

月份 / 测点距洞口距离(m)	1	2	3	4	5	6	7	8	9	10	11	12
46	-14.13	-11.39	-6.66	-2.49	-1.42	0.49	2.59	3.90	2.26	-3.43	-10.20	-11.26
361	-12.59	-10.18	-7.24	-3.43	-1.25	0.48	2.69	3.64	2.25	-2.62	-8.82	-10.63
671	-12.21	-11.18	-7.59	-3.45	-1.44	0.16	2.58	3.30	1.96	-2.44	-8.03	-10.29
风火山地区月平均气温	-16.5	-15.2	-9.1	-5.7	-1.2	2.0	4.8	4.9	2.1	-5.3	-13.5	-14.5

从表11-2可以看出，隧道内气温亦具有正弦变化规律，负温期为8个月，正温期为4个月，其变化规律与隧道外气温变化规律完全相同。但隧道中各点气温的变化幅度（物理较差）是不一样的，它随离洞口距离的增加而减小。例如：离洞口距离为46 m时，较差为18.03 ℃；距离为361 m时，较差为16.23 ℃；距离为671 m时，较差为15.51 ℃。风火山地区气温的物理较差为21.4 ℃。

隧道内气温的冻结指数和融化指数，亦具有随离洞口距离增加而减小的规律（表11-3）。

表11-3 隧道内气温的冻结指数和融化指数（风火山隧道，2004年）

距洞口距离(m)	冻结指数(℃·d)	融化指数(℃·d)	冻结指数/融化指数	备注
46	1 843.52	283.69	6.5	风火山地区年平均气温为-5.6 ℃
361	1 716.77	278.13	6.2	
671	1 710.51	245.88	7.0	
风火山地区气温	2 446.20	423.70	5.8	

从表 11-3 可以看出，隧道中气温的融化指数是较小的，仅为其冻结指数的 1/6 ~ 1/7。隧道中空气的冻结指数约为洞外气温冻结指数的 0. 70 ~ 0. 75 倍；其融化指数约为洞外气温融化指数的 0. 6 ~ 0. 7 倍。

综上所述，可以得出如下结论：

①隧道中空气的温度随隧道外气温的变化而变化，其变化规律与隧道外气温变化规律相同。隧道进、出口端约 350 m 范围，是气温强烈变化段。超过 350 m 以外的中间段，气温变化很小，是相对稳定不变的地段。隧道热防护的重点地段应是隧道的进、出口地段。

②隧道内空气的温度与隧道外气温相比，寒季温度要高，暖季温度要低。隧道内空气的冻结指数与融化指数之比约在 6 ~ 7。即隧道内气温有较大的过余冻结能力。这有利于隧道 ~ 围岩系统热平衡的建立，缩短其平衡过程。

③隧道衬砌表面的 n_f 系数约为 0. 7；n_t 系数约为 0. 6。即暖季隧道内围岩的融化深度是较小的，约为隧道外天然草皮地面融化深度的 0. 6 倍。

11. 2. 2 隧道围岩稳定地温场的形成与分布特点

冻土隧道的存在，在多年冻土中增加了一个气—地热交换和物质交换界面，形成隧道—围岩热力学系统。隧道施工的热干扰，使多年冻土地温场发生变化，围岩多年冻土温度升高和部分融化，形成围岩冻融圈和围岩地温年变化带。

（1）冻土隧道围岩稳定地温场的形成

隧道施工完成后，随着隧道气—地界面热交换和物质交换的进行，隧道—围岩系统将逐步建立起自己新的热平衡，形成围岩多年冻土地温的稳定年变化带。这一新热平衡的建立，一般需 2 ~ 3 年。据风火山、昆仑山冻土隧道地温观测资料，2003 年隧道竣工后，围岩地温逐年下降，衬砌背后围岩季节融化层厚度逐年减小，至 2005 年，两隧道仅局部地段存在季节融化层，最大融深：昆仑山隧道 < 1. 5 m，风火山隧道 < 1 m。这说明，隧道 ~ 围岩系统的热平衡过程已基本完成，围岩稳定地温场已基本建立。

（2）围岩地温沿隧道纵向的分布及特点

由于隧道中气温沿纵向的分布是不均匀的。受隧道气温分布的影响，围岩地温沿纵向的分布也是不均匀的。图 11-1、图 11-2 分别为昆仑山隧道和风火山隧道纵向各点 2005 年围岩各深度地温年平均值的分布曲线。图中还给出了两隧道内各点气温的年平均值曲线。

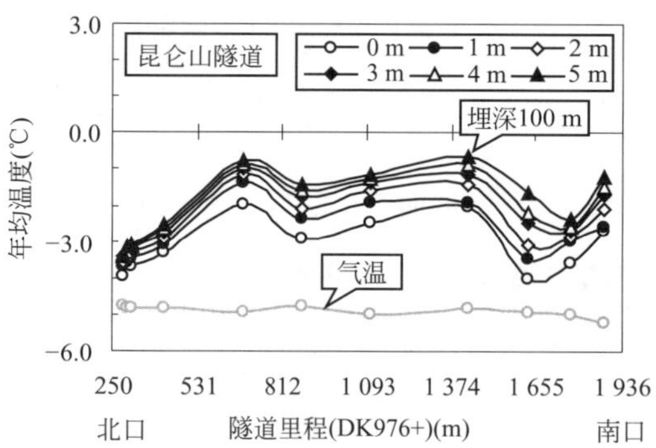

图 11-1 昆仑山隧道围岩地温沿隧道纵向的分布

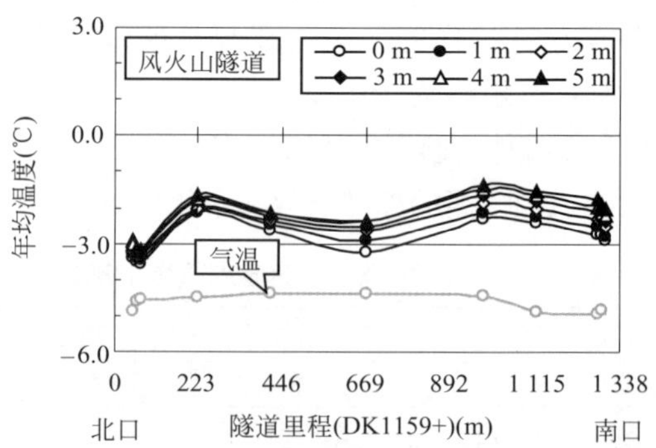

图 11-2 风火山隧道围岩地温沿隧道纵向的分布

从图 11-1 和图 11-2 可以看出，隧道围岩地温沿纵向的分布有以下特点：

①隧道围岩地温沿隧道纵向的分布是不均匀的。受朝向影响，隧道北口围岩地温低于隧道南口。在隧道进、出口和隧道中部，围岩的温度最低。

②在隧道进、出口，围岩地温较低，随离洞口距离的增加，围岩地温逐渐升高，至一定距离（洞外气温影响距离）后，地温升高至最高值；然后，地温开始下降，至隧道中部，围岩地温降至最低值。这与隧道中气温的分布特点是相同的。

③由于隧道中无太阳直接辐射，隧道衬砌表面的温度比气温要低，从图 11-1 和图 11-2 可以看出，衬砌表面的年平均温度较之隧道中气温的年平均值要低 1 ℃ ~3 ℃（隧道外天然裸露地面的温度较之气温要高 2 ℃ ~3 ℃）。

据观测资料，昆仑山、风火山隧道围岩的多年冻土上限在 1 m 左右，据图 11-1 和图 11-2，上限地温的年平均值约在 -1.5 ℃ ~ -3.2 ℃。这一温度较之两隧道处多年冻土的年平均地温（-1.0 ℃ ~ -2.5 ℃）要低，说明目前两隧道围岩的多年冻土是稳定的。

11.3 冻土隧道冻融病害产生机理与防治对策

11.3.1 冻土隧道的冻融病害

隧道—围岩系统中，地下水的存在和围岩活动层每年一次的冻融循环，是引起多年冻土中隧道冻融病害的主要原因。

多年冻土隧道的稳定性，与以下环境因素有关。

（1）隧道围岩融化圈的岩性成分和含水特征；

（2）围岩地下水的水文地质特征和隧道防、排水效果；

（3）隧道围岩的冻、融过程特性。

众所周知，土的冻胀取决于土的岩性成分和含水特征。如果围岩活动层为冻胀不敏感土体或土的含水率小于它的冻胀起始含水率，土的冻结过程就不会出现冻胀。因而，也就不会有冻胀力作用于隧道衬砌，隧道的力学稳定是保证的。

地下水是多年冻土区隧道冻融病害产生的根源。如果隧道防、排水设计不合理，大量水分会在隧道周围聚集，使隧道围岩活动层土体的含水率增大，衬砌混凝土含水率增加。在这种情况下，寒季，活动层的冻胀、冻胀力可能使衬砌破坏，防水层失效；“冰劈作用”可能使混凝土衬砌出现大量裂隙。暖季，隧道周围地下水会通过损坏的防水层和衬砌大量流入隧道。在紧接而来的下一冻融周期中，隧道拱顶和边墙挂冰、侧沟和道床积冰等冷生过程病害会不约而至，且层出不穷，隧道工程的稳定受到严重威胁。国内外隧道运营经验表明：在隧道围岩中存在地下水的条件下，周期出现的冻融病害会愈演愈烈。因此，可以说地下水是冻土隧道安全运营的克星。在无地下水存在的条件下，冻土隧道一般不会出现危害运营安全的冻融病害。

土体冻结过程产生冻胀、冻胀力的大小，除取决于上述因素外，还与围岩活动层的厚度、冻结速率等有关。减小围岩活动层厚度，寒季保持隧道通风良好，是提高冻土隧道稳定性的有效方法。

多年冻土地区，隧道工程常见的主要冻融病害有：

（1）衬砌冻胀开裂、酥碎、剥落；
（2）隧道漏水，顶部、边墙挂冰；
（3）排水系统结冰堵塞；
（4）道床积冰和冻胀；
（5）隧道洞门墙开裂；
（6）洞口路堑边坡热融滑塌等。

11.3.2 隧道冻融变化产生原因

隧道衬砌开裂，是多年冻土地区隧道工程中较为普遍存在的问题。隧道衬砌开裂的原因与围岩活动层冻胀、衬砌结构类型和施工工艺等因素有关。其中，围岩活动层冻融循环过程的冻胀，是引起衬砌开裂的主要原因。围岩活动层土体冻结时，作用于隧道衬砌的法向冻胀力是巨大的（可达 400 ~ 700 t/m^2）。尤其在隧道防、排水系统设计不合理，地下水在边墙后围岩活动层中聚集冻结时，巨大的冻胀力可使隧道边墙断裂。

据现场调查资料，隧道衬砌裂缝可分为环向、纵向及斜向三种形式，其分布具有以下特点：

（1）环向裂缝（垂直于隧道纵轴）。这种裂缝多出现在衬砌施工接缝处。这是因为施工缝是隧道衬砌结构中的薄弱处，其结构强度较小，在冻胀力作用下，施工缝处应力集中所致。

（2）纵向裂缝（平行于隧道纵轴）及斜向裂缝（斜交隧道纵轴）。这两种裂缝绝大部分出现在隧道边墙，且大多数分布在隧道内地下水出露的地段。在这些地段，地下水的聚集，使围岩活动层土体饱水，而产生强烈冻胀。巨大冻胀力的作用，往往使隧道边墙出现断裂、挤出、错牙等病害。据昆仑山隧道调查资料，2003 年，由于地下水在围岩中的聚集，围岩活动层的冻胀，使边墙断裂、挤出，最大挤出量达 200 ~ 300 mm，最大错牙量达 50 ~ 70 mm。因此，可以认为，衬砌后积水冻结和高含水率围岩冻胀是纵向、斜向裂缝产生的主要原因。

隧道衬砌的酥碎、剥落，是衬砌在冻融循环过程中，饱水混凝土中水分结冰膨胀，冰劈作用使混凝土结构破坏所致。

至于隧道顶部、边墙挂冰，道床积冰和冻胀等病害的出现，显而易见，是地下水渗入隧道，而排水系统又不能发挥良好作用而引起。据昆仑山隧道调查资料，由于地下水大量渗入隧道，2003 年寒季，隧道道床积冰长度达 300 余米，积冰厚度达 0.3 ~ 1.3 m，隧道内线路冻胀隆起高度达 170 mm。

11.3.3 防治隧道冻融病害的基本对策

针对上述隧道常见冻融病害产生的主要原因，防治的基本对策是：

（1）治水，让地下水“远离”隧道。建立完善、有效的隧道防、排水系统，防止地下水在隧道围岩和隧道内聚集。寒季，疏干的围岩活动层和干燥的洞内环境，是不具备产生隧道冻融病害条件的。

（2）调节围岩活动层厚度。尽量减小围岩活动层厚度或消除围岩活动层。无围岩活动层存在，自然，冻融循环过程对隧道稳定性就无影响。

11.4 多年冻土地区隧道工程的设计

为减少冻融循环过程病害，确保冻土隧道的长期稳定，多年冻土地区隧道工程的设计，应遵守以下基本原则："尽量减小围岩活动层的厚度，处理、控制好围岩中的地下水；尽量减少冻融循环过程对隧道工程稳定性的影响"。采用合理的衬砌结构，设计有效的隧道防、排水系统和热防护系统，减小、消除围岩冻融圈，是多年冻土地区隧道工程设计的中心任务。

隧道结构设计应充分考虑以下要求：①根据隧道围岩地温场的分布特点，合理设计隧道隔热层，尽量减小隧道围岩活动层的厚度；②提高隧道衬砌混凝土的抗渗性能，确保地下水不渗入隧道；③合理设计隧道防、排水系统，并确保寒季排水系统畅通（在围岩活动层冻透前，进入排水系统中的地下水应能顺利排出）；④确保寒季围岩中的地下水有畅通的径流、排泄通道。

11.4.1 隧道隔热层的设计

冻土隧道围岩的融化深度，取决于以下两个因素：①隧道衬砌表面的融化指数；②隧道衬砌结构层的热阻。

以上两个因素中，隧道衬砌表面的融化指数，一般来说，是不好控制、调节的。但隧道衬砌结构的热阻是容易控制和改变的。增加隧道衬砌结构的热阻，是减小围岩融化圈厚度的合理途径。

隔热层可以有效增加衬砌结构层的热阻，可使衬砌表面融化指数的绝大部分消耗在隔热层中，从而，达到控制围岩融化深度（融化圈厚度）的目的。这一方法已在多年冻土地区的隧道工程中得到广泛采用，其效果是明显的。例如，青藏铁路上的昆仑山、风火山冻土隧道，都设计了衬砌结构隔热层，隔热层材质为聚胺酯泡沫塑料板（密度 80 kg/m^3，导热系数0.033 W/(m·K)，厚度5 cm)。据地温观测资料：两隧道围岩的大多数地段都无融化圈存在。个别地段出现的融化圈，其厚度也是较小的（在昆仑山隧道小于1.5 m；在风火山隧道小于1.0 m)。这说明，5 cm的聚胺酯泡沫塑料板可有效减少暖季传入围岩的热量，减小围岩融化圈厚度。

隔热层可设置在衬砌外或衬砌内，视要求和条件决定，但一般都设置在一衬和二衬之间。用于隧道工程隔热的常用工业隔热材料有：EPS、XPS、PU等。隔热层的厚度，可根据隧道衬砌表面的融化指数和设计要求，经热工计算确定。

11.4.2 隧道防、排水设计

多年冻土地区隧道工程营运的实践表明：地下水是影响多年冻土地区隧道工程稳定的主要因素。如果隧道通过地段无地下水，一般情况下，隧道—围岩系统的冻融循环过程，不会出现影响隧道正常营运的严重病害。处理好隧道围岩中的地下水，是确保多年冻土地区隧道工程正常营运的关键。

如前所述，多年冻土地区的地下水，有着与非冻土地区地下水不同的特殊水文地质特征。就冻土隧道而言，与其关系密切的特殊类型地下水是承压性可变的冻结层上水（包括潜水和裂隙水）。寒季高承压冻结层上水在隧道围岩中的出现，必将在隧道衬砌中寻找薄弱处，强行渗入隧道中。并且，这种渗流通道一旦存在，由于“冰劈作用”，随着冻融循环次数的增加，混凝土的致密结构会迅速破坏，渗流通道会越来越大，隧道衬砌会出现严重漏水。

考虑多年冻土地区地下水的这种动力学特性，多年冻土地区隧道工程的防、排水设计基本原则应是：“导、排为主，堵、截为辅”。即首先应给地下水以“出路”，确保寒季地下水的径流、排泄通道畅通，消除地下水承压的条件。在此基础上，辅以适当的堵、截措施，则可将地下水堵、截于隧道衬砌之外，从而，保障冻土隧道免遭地下水的危害。

为提高冻土隧道的防、排水效果，可采用以下措施：

（1）提高衬砌混凝土的抗渗性能，其抗渗等级不宜低于 P8，抗冻等级 F 不宜低于 300。

（2）加强施工缝、变形缝的防水处理，确保施工缝、变形缝的隔水性能；

（3）在初期支护与二次衬砌间，设置全包式防水层，确保衬砌不漏水。

（4）防水层外作环向渗沟和纵向盲沟，盲沟与洞内保温侧沟连接，保温侧沟通过洞口保温暗管与洞外检查井和洞外保温出口连接，组成冻土隧道完整的“防寒保温”排水系统；

（5）在隧道下方修建泄水隧洞；

（6）在隧道边墙外建集水井。

防寒泄水隧洞是防治寒区隧道冻害的成功经验。在地下水发育地带，采用沿隧道纵向修建的防寒泄水隧洞，汇集排除围岩中的地下水是十分有效的。

泄水隧洞与堵、截措施结合，是多年冻土地区隧道防、排水设计“导、排为主，堵、截为辅”基本原则的一种完美体现。这种防、排水系统，可确保冻土隧道不受地下水的危害。

采用泄水隧洞排水需要解决的关键问题是：如何防止泄水隧洞出水口和洞中结冰堵塞。严寒的气候条件，常会使泄水隧洞出水口结冰，使泄水隧洞失去作用。解决这一问题的方法是用塔头草等保温材料砌筑保温锥体出水口。实践证明，这种出水口在整个寒季能保持泄水洞排水畅通。

泄水隧洞内积冰是泄水隧洞的另一种冻害。东北呼中支线翠岭隧道二号和奥拉岭隧道在20 世纪 70 年代就出现过这种病害。齐齐哈尔铁路局采用的通风融冰办法，能在很短时间内将洞内积冰融化，恢复泄水洞的功能。

隧道围岩中的地下水（裂隙水、孔隙潜水）仅局部分布时，可在隧道边墙外一定距离修建大口径集水井，让寒季地表封冻后的承压地下水流向集水井中，再用排水设备将井中地下水排离隧道。这种方法可有效降低寒季地下水的压力，提高冻土隧道防、排水系统的可靠性。

例如，2003 年，昆仑山隧道Ⅱ号冲沟浅埋段衬砌漏水，隧道出现洞顶、洞壁挂冰；侧沟、道床积冰，道床冻胀等冷生过程病害，严重影响列车的正常运行。2004 年，采用隧道外建集水井、隧道内压浆堵水方法处理，收到了良好的效果。

必须指出，寒区隧道防、排水系统的设计，还有一个不容忽视的重要问题——寒季排水系统的结冰堵塞问题。寒季，隧道中、隧道外气温都很低，侧沟、盲沟和排水系统出口都可能结冰堵塞，失去排水功能，引发隧道冻融病害。因此，必需采取有效措施，防止排水系统寒季的结冰堵塞，确保寒季系统排水畅通。其预防方法是：在排水系统中，增加电热加温装置，对出水口作特殊防冻处理。

多年冻土中隧道工程的成败，与施工有着密切的关系。在冻土隧道的设计中，应对施工提出要求，对必须遵守的基本原则和注意事项做出明确规定，以确保隧道工程质量和施工顺利进行。

11.5　多年冻土隧道施工

多年冻土隧道施工，应遵守以下基本原则。

(1) 隧道施工组织设计，应贯彻“连续作业、快速施工”的原则，合理划分施工工序，使各道工序紧密连接，尽量缩短各道工序的延续时间，尽量缩短工期；

(2) 为减小围岩融化厚度，确保衬砌结构混凝土质量，维持人员、设备的正常作业，应采取通风、供暖和洞口防寒保温等措施，将隧道洞内沿程气温控制在 −5 ℃ ~5 ℃范围内，施工工作面的气温控制在0 ℃左右；

(3) 收集施工地段的水文地质资料，组织施工水文地质调查，尽量查清施工地段地下水的类型、分布、补给、径流、排泄条件；尽量查清含水层的岩性成分、厚度和分布范围；评价地下水对隧道工程和施工的影响；

(4) 施工地段地下水发育时，应贯彻“先导、排地下水，后进行隧道施工”的原则；尽量减小地下水对隧道施工的危害和对冻土围岩的热侵蚀，确保隧道施工顺利进行和工程质量。

(5) 注重多年冻土环境保护，特别是洞口环境的保护。保护洞口植被，在洞口50m范围内不得弃渣和堆放材料；隧道弃渣场应选择无植被覆盖的地段，堆放弃渣不得截断地表径流，不得形成集水洼地；施工废水不得排入外流水体。

(6) 施工结束，应按设计要求及时进行环境恢复。

青藏铁路多年冻土隧道简介

风火山隧道和昆仑山隧道是青藏铁路上仅有的两座多年冻土隧道。昆仑山隧道位于青藏高原多年冻土区的北界附近，风火山隧道位于该多年冻土区的腹部地带。两隧道通过地段的冻土工程地质条件有着较大差别：风火山隧道通过地段为第三系红层，单斜构造，地下水不发育；昆仑山隧道通过地段为三迭系变质岩层，背斜构造，断层、节理、裂隙发育，地下水发育。

为消除和减小围岩冻胀力，防止隧道内积冰和道床冻胀，两冻土隧道在衬砌隔热、防水和隧道排水等方面的设计要求是相同的：即严格控制围岩融化圈厚度；严防地下水对隧道工程的危害。

2006年，两隧道正式交付营运。几年来的营运实践和观测表明：两隧道的围岩融化圈已基本消除，衬砌无冻胀变形和破坏，隧道内无积冰、线路无冻胀。风火山、昆仑山隧道的衬砌隔热、防水设计和隧道防、排水系统设计是成功的。

(1) 昆仑山隧道

昆仑山隧道位于昆仑山脉中段的中、高山区。隧道通过地段地形起伏大，山坡陡峭，坡面破碎，植被稀少。

昆仑山隧道通过地段基岩为三叠系板岩夹片岩。第四系为残积、坡积角砾石土、碎石土和洪积砂、卵石土，厚度3～5 m。除隧道进口段有富冰、饱冰冻土分布外，其余地段为多冰、少冰冻土分布，上限埋深2.7～3.0 m，年平均地温－1.5 ℃～－2.0 ℃。

昆仑山区的气候具有明显的冰缘干寒气候特征。区内寒冷干燥，气候多变，四季不明，空气稀薄，气压低，一年冻结期长达7～8个月。该区年平均气温约－5.2 ℃，极端最高气温为23.7 ℃，极端最低气温为－27.7 ℃。年平均降雨量220.9 mm，年平均蒸发量1 469.8 mm。相对湿度平均为44.8%，最大风速为23.0 m/s，主导风向西风。地震基本烈度为8度。

图11-3　昆仑山隧道

昆仑山隧道（图11-3）的起迄里程为DK976＋250～DK977＋936，全长1 686 m。线路轨顶标高为4 642.66～4 665.91 m。是目前世界上最长的多年冻土隧道。

昆仑山隧道大部位于直线段，但出口段位于R-1000曲线上，线路纵坡为14‰单面坡（图11-4）。

隧道通过地段有两处山谷（Ⅰ、Ⅱ号冲沟），格尔木端的Ⅰ号冲沟，离隧道北口约600 m；拉萨端的Ⅱ号冲沟，离隧道南口约300 m。Ⅱ号冲沟汇水面积较大，冻结层上水（孔隙潜水、基岩裂隙水）发育，潜水含水层为碎石土，厚度2～4 m，大气降水补给。

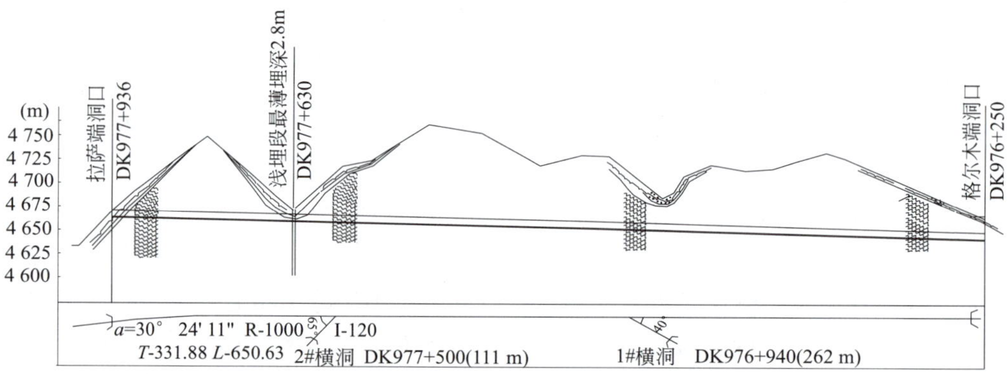

图11-4　昆仑山隧道纵剖面图

为减小、消除隧道围岩融化圈，防止地下水侵入隧道，防止隧道内侧沟积水冻结和道床冻胀，昆仑山隧道在衬砌中设计了隔热层、防水层；在隧道衬砌外设计了环向渗沟和边墙脚盲沟；洞内设计了双侧保温侧沟。其具体隔热、防水结构为："一次衬砌＋防水板＋隔热层＋防水层＋二次衬砌"；保温排水系统为："衬砌后盲沟＋洞内双侧保温水沟＋隧道洞口外保温出水口"。除此之外，还对隧道施工缝、伸缩缝进行了防水处理设计（图11-5）。

施工缝、伸缩缝采用如下方法处理：施工缝浇筑新混凝土前刷涂2 mm厚的WJ接口黏结剂，在衬砌断面中设置遇水膨胀的橡胶止水条（图11-5）；衬砌变形缝的处理与施工缝处理类似（图11-5），在衬砌断面中铺设橡胶止水带，靠近支护一侧的变形缝中设置10 cm遇水膨胀橡胶，其余变形缝用渣油麻筋或浸油木板填塞。

昆仑山隧道的这种隔热、防水、排水设计，在一般情况下，应该是安全的。

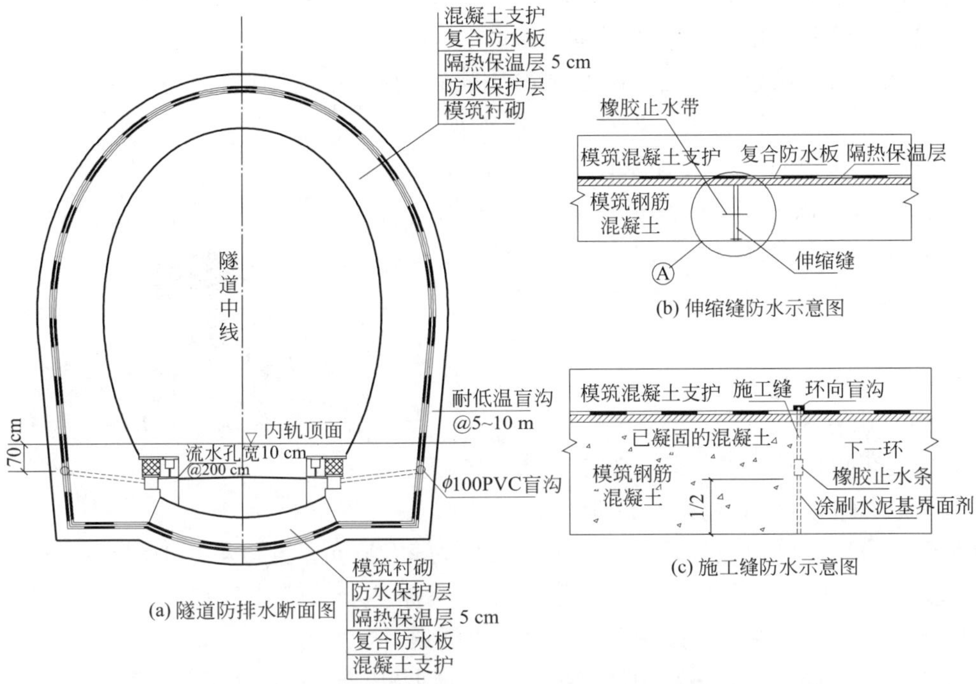

图 11-5 昆仑山冻土隧道防、排水设计示意图

但是，由于昆仑山隧道在Ⅱ号冲沟处为浅埋，隧道顶部埋深仅 2.8 m。2002 年 7 月，隧道施工至浅埋段时，发生坍塌冒顶，洞内 DK977 + 629 ~ + 640 段出现大面积涌水。随后，洞内施工缝、避车洞发生不同程度的渗漏水。

对于这一突发病害，采取了如下措施进行处理：

2002 年 10 月 ~ 11 月，对浅埋段隧道进行了洞内注浆堵水、沟床陷坑清理换填、冻土上限附近设隔水层、隧道顶部沟床（上、下游一定范围）铺砌加固。

2003 年暖季，冲沟附近隧道围岩中出现了融区，其最大融化深度达 8 m 以上，沿隧道纵向的影响长度达 300 多米。隧道衬砌出现大面积漏水，其涌水量达 220 m^3/d 之多，最大涌水量达 400 m^3/d 以上。为阻止冲沟地表水及冻结层上水通过局部融区向隧道内渗透，2003 年 10 月 ~ 11 月，沿隧道纵向，在（冲沟上、下游）隧道衬砌两侧外缘一定范围进行深孔注浆，以期形成堵水帷幕。

以上两次处理并未收到预期效果。隧道漏水、挂冰依然存在。

在总结前两次设计、施工经验教训的基础上，2004 年暖季，决定对昆仑山隧道的漏水问题，采取以下措施进行彻底整治。

①给寒季地下水以“出路”，减小寒季高压地下水对隧道的威胁。在隧道上游侧冲沟中，修建大口径集水井，汇集冻结层上水。这一集水井，在暖季，可降低地下水的渗透水头；在寒季，可降低地下水的承压压力。

②在隧道与集水井之间，进行补充深孔注浆，提高注浆帷幕的堵水功效。

③进一步疏通、加固二号冲沟沟床，确保地表水排水顺畅，不下渗。

④在二次衬砌上打孔，进行一、二次衬砌之间空间的回填注浆。

⑤对渗、漏水的环向、纵向施工缝，进行注浆防水加固。

⑥对大流量泉水出露点衬砌，进行凿除、注浆防水加固。

⑦修复损坏的防、排水系统及衬砌。

经过这次整治，昆仑山隧道的漏水和冷生病害问题基本得到解决。2004 年寒季，未发生道床积冰、衬砌挂冰等病害。2005 年又对个别衬砌表面渗漏湿迹进行了补充注浆以后，隧道再未出现漏水，围岩融化圈逐年回冻，目前，隧道大部分地段围岩已无融化圈，隧道冻融病害消失。

昆仑山隧道的冻、融病害整治经验表明：多年冻土隧道“导、排为主，堵、截为辅”的防、排水设计原则是正确的。

（2）风火山隧道

图 11-6　风火山隧道

风火山是可可西里山的余脉，为中、低山区。风火山隧道（图 11-6）通过地段地形起伏较大，地表冲沟较为发育，隧道通过地段山顶最高海拔为 4 996 m，进口里程 DK1159 +000，出口里程 DK1160 + 338，全长 1 338 m。隧道最大埋深 96 m，隧道轨顶标高为 4 889. 67 ~ 4 905. 40 m，是目前世界上海拔最高的多年冻土隧道。

风火山地区气候属于青藏高原冰雪型气候。根据铁道部风火山冻土站气象观测资料：该区气候干燥，气温、气压低，冻结期为每年 9 月至次年 4 月；年平均气温约 -6 ℃，极端最高气温 +23. 2 ℃，极端最低气温 -37. 7 ℃；年平均降水量约 290. 9 mm，年平均蒸发量约 1 316. 9 mm；平均相对湿度约 57%；主导风向北西，最大风速约 31 m/s；年最多雷暴日约 36. 7 d。

隧道纵剖面如图 11-7 所示。

隧道通过地段山坡植被较为发育，覆盖率在 30% ~50%。第四系覆盖为残积、坡积砂黏土、黏砂土夹碎石，基岩为第三系紫红色砂、页岩互层，单斜构造，节理、裂隙较为发育。

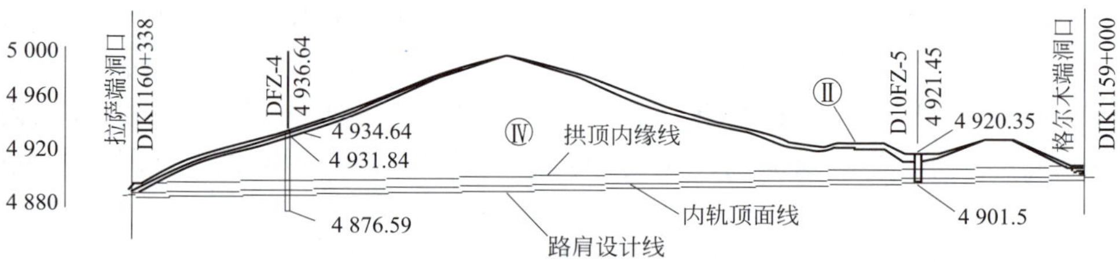

图 11-7　风火山隧道纵剖面图（单位：m）

风火山隧道的洞身全部处于多年冻土中。隧道进、出口端分布有含土冰层、饱冰、富冰冻土，厚度 2. 1 ~4. 0 m，上限埋深 1. 2 ~1. 5 m。隧道洞身通过的多年冻土层为少冰、多冰的基岩风化层。多年冻土年平均地温 -2. 0 ℃ ~ -2. 5 ℃。

风火山冻土隧道的防、排水设计和衬砌隔热设计，除无隧道外集水井外，与昆仑山隧道完全相同。即采用了“一次衬砌 + 防水板 + 保温层 + 防水层 + 二次衬砌”的保温防水结构，和“衬砌后盲沟 + 洞内双侧保温水沟 + 洞外保温出水口”的保温排水系统。观测结果表明：风火山隧道围岩的融化圈已基本消除；隧道衬砌无冻胀、不漏水；排水系统无结冰、堵塞现象；道床无积冰、冻胀。隧道的隔热、防排水设计是成功的。

第 12 章　多年冻土地区的铁路施工、运营与环境保护

气候转暖和人类经济活动，使我国多年冻土地区的冻土环境面临极大挑战。目前，我国的多年冻土正处在退化状态，如何维持多年冻土上铁路工程的长期稳定，是一个不能回避的现实问题。

稳定的多年冻土环境，是多年冻土上铁路工程稳定的前提。搞好多年冻土地区铁路施工和运营的环境保护，是确保铁路工程长期稳定的正确对策。

多年冻土环境指的是多年冻土地区的自然环境。对于铁路工程的环境保护来说，应该是铁路工程通过地区的生态环境。所谓生态环境是指人类赖以生存的地球环境。它包括自然环境和社会环境。自然环境是指环绕在人们周围的大气圈、岩石圈和生物圈中的各种自然因素的总和。如：空气、水、土壤、岩石、矿藏、森林、草原、动物、植物、微生物等。社会环境是指人类在改造、利用自然过程中，创造出的各种环境因素。如：自然保护区、风景区、名胜、古迹、疗养院、工业区、生活居住区等。所谓环境要素就是指上面那些构成人类生存环境的各种自然和人工环境因素，人们习惯上把它分为“生物环境要素”和“非生物环境要素”。

多年冻土地区的生态环境，除上述诸多的环境要素外，还包括多年冻土这一特殊的、重要的要素。由于多年冻土的存在，使得多年冻土地区的生态环境与其他地区有着较大的差别。如：植物的种属、分布和生长特征，水文和水文地质条件，冷生过程和现象，土壤的成分和结构等环境要素，都与非多年冻土地区有所不同。这些特殊的环境因素，都是由多年冻土的存在决定的。

多年冻土的衰退和消亡，将引起多年冻土环境的强烈变化。而多年冻土环境的变化，又将对铁路工程地基基础的稳定性产生强烈影响。

气候转暖和人类经济活动，一般来说，都将使流入地基多年冻土的热量增加，引起地基多年冻土的衰退和融化。了解气候转暖和人类经济活动对多年冻土环境的影响，提出防治地基多年冻土衰退和融化的对策，是多年冻土地区铁路工程设计、施工和运营中必须重视的一项重要任务。

保护多年冻土环境，在世界各多年冻土国家得到越来越多的重视。在美国，法律规定：“在着手任何新建设项目之前，应对建筑与设备以及施工对多年冻土环境的影响，作出详细的评价和叙述，充分论证其可行性。”并且规定：“在暖季，禁止在未经处理的天然冻土地表进行作业，尤其禁止车辆和施工机械碾压未经处理的天然地表。”在加拿大，皇家学会还专门出版了《冻土区环境》一书，对如何保护多年冻土地区环境进行了讨论和规定。在二战期间，美国陆军工程兵团，根据在多年冻土地区的建筑经验，就提出了“必须把工程建设与环境保护结合起来”的主张。可见多年冻土工程稳定对多年冻土环境的依赖性和保护

多年冻土环境的必要性和重要性。

12.1　我国的多年冻土环境及其特点

多年冻土环境主要是指多年冻土地区的自然环境。构成多年冻土环境的主要环境要素有：气候、地形地貌、地层岩性、土壤、植被、地表水、地下水、多年冻土等。其中，多年冻土是多年冻土环境的主体，植被和水屏障（沼泽、湿地）是多年冻土环境最重要的环境要素。多年冻土环境的基本特征是由多年冻土决定的，多年冻土环境的许多特点与多年冻土的存在、分布和特征有着密切的关系。其中，水文地质条件、土壤、植被特征和沼泽、湿地（水屏障）的分布和特点与多年冻土的关系尤为密切。多年冻土的隔水作用，使降水不能下渗，地下水滞留于上部活动层中，从而，多年冻土地区的冻结层上水发育，沼泽、湿地发育。这种水分分布条件，有利于植被的生长，从而，在多年冻土地区，植被一般较为发育，这在东北多年冻土地区尤其如此。

多年冻土是在岩石圈——土壤——大气圈之间的热、质交换过程中形成的。多年冻土环境的热平衡状态是脆弱的，对外界的热干扰是极敏感的。气候变化和人类工程活动都将使多年冻土环境发生变化。维持多年冻土地区现存地表的热平衡状态，则多年冻土是相对稳定的。

我国的多年冻土环境具有以下特点。

（1）据有关资料，我国多年冻土目前处于退化状态，多年冻土的年平均地温较高，抗热干扰能力低，热稳定性差，大多属于不稳定多年冻土。

（2）多年冻土区南部边缘地带的岛状多年冻土，其年平均地温一般都很高，多年冻土厚度很小，抗热干扰能力最低，热稳定性最差。

（3）多年冻土地区严寒的气候条件和多年冻土的隔水冷却作用，使多年冻土地区的冷生现象发育。

（4）植被和水屏障（沼泽、湿地）是多年冻土环境要素中最重要的因素，在大气圈—活动层—多年冻土的热平衡过程中起着重要作用。植被的蒸腾和光合作用，大量消耗来自太阳的短波辐射能量，使地表温度降低，从而，暖季可有效减少流入多年冻土的热量。多年冻土上的水屏障——地表水、地下水、沼泽、湿地等，是多年冻土上的隔热屏障。暖季，水的高热容量，能大量吸收来自大气圈的热量，减少热量流入多年冻土；寒季，冰的高导热性能，又可使进入多年冻土的冷量增加。因此，就保存多年冻土来说，植被、地表水、地下水、沼泽、湿地等的存在是非常有利的。

（5）多年冻土地区现存的自然环境是大气圈—活动层—多年冻土之间热平衡过程的结果。维持多年冻土环境的稳定，是维持多年冻土稳定温度状态的先决条件。

（6）多年冻土上活动层土体的物质组成、物理、热物理特性和活动层表面的状态，决定着多年冻土的热状况和热稳定性。维持、改善多年冻土上活动层的热工特性是维持、改善多年冻土热状态的基本方法。

在目前气候条件和原始地表形态、植被、水文和水文地质条件下，我国多年冻土地区的自然环境是相对稳定的。但这种稳定平衡状态是极其脆弱的。在当前全球气候转暖和人类经济活动加剧条件下，多年冻土环境的热平衡是极易打破的。经验表明，多年冻土环境一经破坏，难以恢复，有的甚至永远无法恢复。因此，在多年冻土地区的经济建设中，应加强对多年冻土环境的保护。

12.2　气候转暖、人类经济活动与多年冻土环境

半个多世纪来的气候转暖所引起的多年冻土环境变化，已是不容争辩的事实。而多年冻土地区人类经济活动的日益增多，使多年冻土环境进一步恶化的事实，也是有目共睹的。那么，气候转暖和人类经济活动究竟给多年冻土环境带来了哪些影响呢？

12.2.1　气候转暖与多年冻土环境

据有关报导，近 100 多年来，尤其是近 40 年来，全球气候在明显转暖，气温在持续升高。图 12-1 是国际气象科学考察站公布的近百年来全球气温变化曲线。从图 12-1 可以清楚看出，自 1880 年以来的 120 年间，全球气温呈明显上升趋势，尤其在 20 世纪 70 年代以后，气温上升的速率变得更快。据此资料推算，全球气温倾向率约在 0.04～0.05℃/年。

在全球升温的背景下，我国气候也出现了明显的转暖，报导称，其气温倾向率约在 0.04℃/年。据有关文献介绍，我国多年冻土地区的气候条件，在近 30 多年来，也发生了明显的变化，主要表现在气温升高，降水减少。气候条件的这种变化，使多年冻土环境出现了衰退：活动层厚度加大，地下水位下降，地表荒漠化加剧；多年冻土分布面积减少，年平均地温升高，厚度减小，热稳定性下降等。冻土工程地质条件的这些变化，于多年冻土地区铁路工程的稳定是不利的。

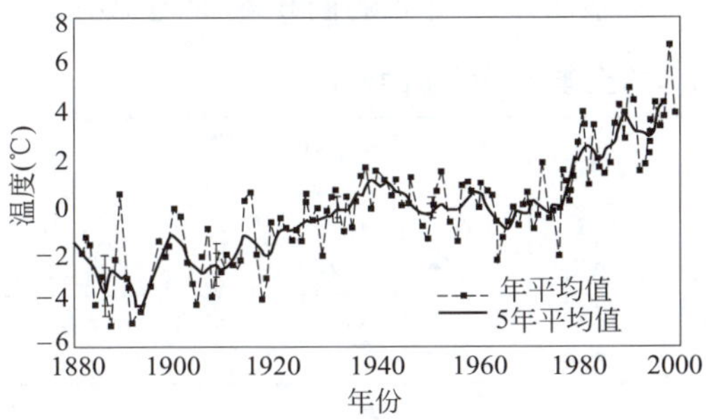

图 12-1　百多年来的全球气温变化曲线

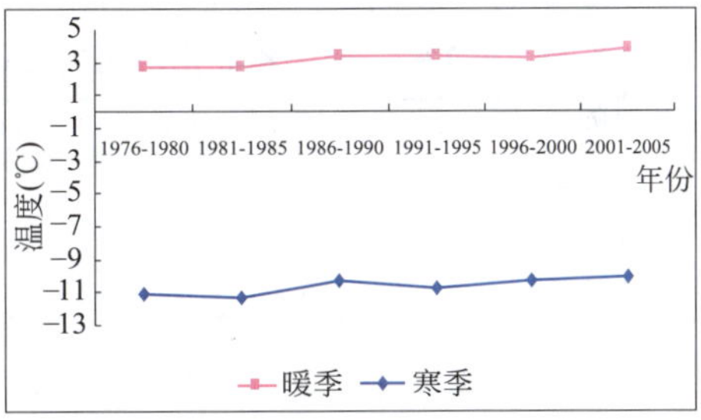

图 12-2　风火山寒、暖季 5 年平均气温变化曲线

（1）青藏高原多年冻土区的气候转暖与多年冻土

在青藏高原，据有关研究资料，1955 年以前为高温期；1960 年～1970 年间为低温期；70 年代开始，青藏高原气候持续转暖，1980 年以后，为高温期。在青藏高原的多年冻土地区，近 30 多年来，年平均气温的波动值在 0.7 ℃～0.8 ℃，与 20 世纪 70 年代相比，气温普遍上升 0.2 ℃～0.4 ℃，气温倾向率平均约在 0.013 ℃/年。

图 12-2 为青藏铁路风火山多年冻土地区，寒、暖季 5 年平均气温变化曲线。从图 12-2 可以看出，该地区自 20 世纪 70 年代以来，气温在升高，寒、暖季气温均呈上升趋势。表 12-1 统计了青藏铁路沿线多年冻土地区及邻近地区近 40 年来的气温升温率。从表中资料可以看出：多年冻土地区的升温率要小于非多年冻土区。在多年冻土区的五道梁，其气温倾向

率为 0.021 ℃/年，风火山，为 0.027 ℃/年。在非多年冻土区的青海格尔木，其气温倾向率为 0.06 ℃/年，西藏那曲为 0.036 ℃/年。

表 12-1　青藏铁路沿线多年冻土地区及附近地区气温升温率统计表

气象台、站	格尔木	东清水河	五道梁	风火山	沱沱河	安多	那曲
平均升温率(℃/年)	0.059 9	0.010 4	0.021 3	0.027 1	0.007 5	0.019 3	0.036 4
统计年数(年)	47	46	44	49	44	37	48

上面所述资料已证明，在青藏铁路沿线的多年冻土地区，气候转暖，气温升高已是不可否认的事实。

受气温升高的影响，高原多年冻土环境发生了明显的变化，多年冻土出现了明显的衰退：地表温度和多年冻土的年平均地温升高（图 12-3，表 12-2），活动层厚度增加，多年冻土厚度减小；多年冻土在平面和剖面上的分布发生变化，多年冻土的南、北界在改变，冻土区中的融区面积在增加，不衔接多年冻土开始出现；多年冻土面积在减少；不良冻土现象发育加剧，地表荒漠化加剧等。

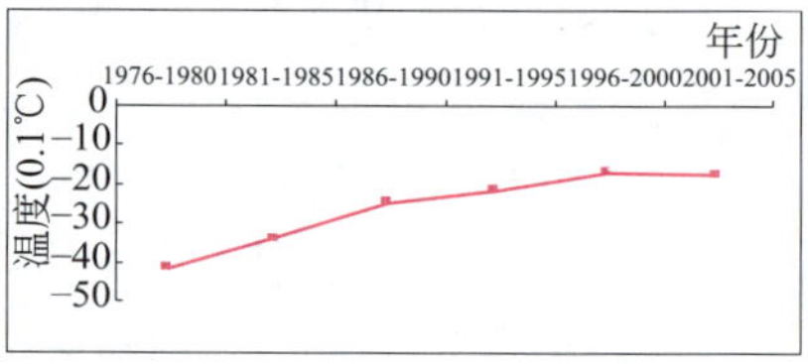

图 12-3　风火山五年平均地表温度曲线

据有关资料报导，20 世纪 70 年代至 90 年代，在大片连续多年冻土区，多年冻土的年平均地温与 70 年代相比，提高了 0.1 ℃ ~0.3 ℃；在岛状多年冻土区，多年冻土的年平均地温升高了 0.3 ℃ ~0.5 ℃。其地温升温率在 0.003 3 ~0.01 ℃/年。在青藏公路路基下，大片连续多年冻土区的北界已南移 3.67 km，南界已北移 16 km（在公路两侧 50 m 外天然地带，南界北移 12 km）。高原多年冻土区的面积减少约 10%。

表 12-2　青藏铁路沿线各主要地貌单元多年冻土年平均地温的变化（℃）

地貌单元 / 时间	西大滩谷地	昆仑山区	楚玛尔河高平原	可可西里山区	北麓河盆地	风火山区	沱沱河盆地	通天河盆地	唐古拉山区	安多谷地
20 世纪 60 年代	0.0 ~ −1.0	−2.8 ~ −3.0	0.0 ~ −1.5	—	0.0 ~ −1.5	−1.5 ~ −3.4	0.0 ~ −1.0	0.0 ~ −0.5	−1.7 ~ −3.5	0.0 ~ −1.0
20 世纪 90 年代	0.0 ~ −0.23	−2.0 ~ −3.0	0.0 ~ −1.0	−1.5 ~ −2.0	0.0 ~ −1.0	−1.5 ~ −3.0	0.0 ~ −0.5	0.0 ~ −0.2	−1.5 ~ −3.0	−0.2 ~ −0.9

据青藏铁路风火山冻土站地温观测资料，近 30 年来，在高原多年冻土区的腹部地带，15 ~20 m 深处，地温升高 0.2 ℃ ~0.3 ℃；25 ~30 m 深处，地温升高 0.1 ℃ ~0.2 ℃。高原边缘地带的岛状多年冻土退化严重，1983 年，西大滩（格—拉输油管线 6 号油泵站附近）多年冻土下限埋深在 24 ~25 m，1991 年调查时，其下限埋深已上升至 20 m，多年冻土的年平均地温升高 0.2 ℃ ~0.3 ℃。在昆仑山北坡的惊仙谷中，1975 年，多年冻土下限埋深约 20 m；1994 年，多年冻土下限埋深约 9 m，14 年间，多年冻土下限抬升约 10 m（平均每年抬升约 0.7 m），多年冻土年平均地温升高约 0.5 ℃（图 12-4）。

多年冻土年平均地温的升高，使青藏铁路、青藏公路沿线的多年冻土，大部分变成了高温多年冻土，线路通过地带融区大量增加。据青藏铁路有关资料统计：在青藏铁路西大滩至安多间的大片连续多年冻土区，线路总长 544 km，其中融区线路长度 101 km。多年冻土中的高温冻土地段占 64%，284 km；低温冻土地段占 36%，159 km。

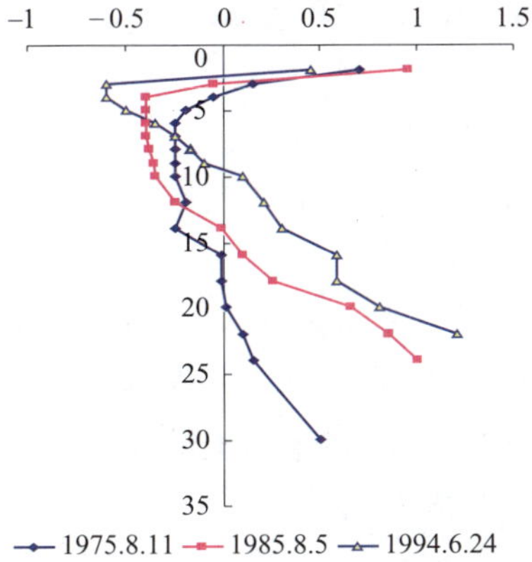

图 12-4　昆仑山惊仙谷多年冻土地温变化曲线

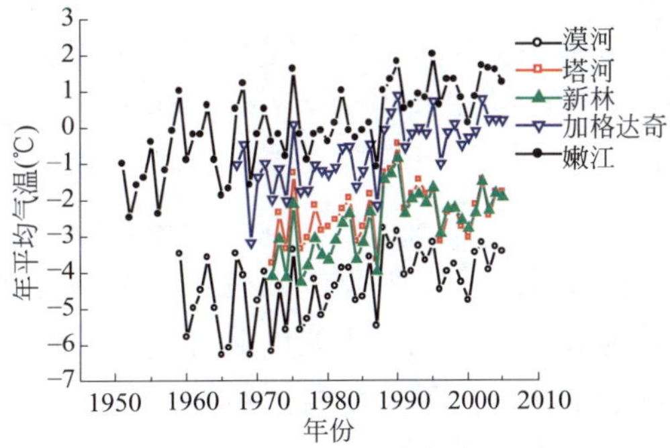

图 12-5　嫩林铁路沿线气温变化曲线图

从上面的资料可以看出，在全球气候转暖的背景下，青藏铁路沿线多年冻土地区的气温升高是明显的，气候转暖引起的多年冻土衰退也是明显的。

（2）东北多年冻土区的气候转暖与多年冻土

据有关研究资料，近 40 年来，东北地区气温的升高也是明显的。据内蒙古和黑龙江省北部 30 多个气象台、站的有关资料统计：当前，大兴安岭地区的气温与 1980 年代相比，都普遍升高 0.5 ℃以上。其中，75% 的台站所在地，气温升高在 1 ℃以上。

图 12-5 为嫩林铁路沿线五个气象台、站的年平均气温变化曲线。从曲线可以看出：该地区从 20 世纪 70 年代开始，气温呈明显上升趋势。如果把 1991 年 ~2000 年 10 年的气温平均值与 1961 年 ~1970 年 10 年的气温平均值进行比较：则漠河的气温升高了 0.9 ℃，气温倾向率为 0.03 ℃/年；加格达奇升高了 1.5 ℃，气温倾向率为 0.05 ℃/年；嫩江升高了 1.3 ℃，气温倾向率为 0.043 ℃/年。

又据根河地区和新林地区的气象资料统计：1980 年 ~2006 年的 26 年间，根河地区的年平均气温升高了约 1.6 ℃，气温倾向率为 0.06 ℃/年；新林地区升高约 1.0 ℃，气温倾向率为 0.038 ℃/年。

气候转暖使大、小兴安岭地区的多年冻土出现了严重衰退：多年冻土的年平均地温升高，厚度减小；多年冻土中融区面积增大，岛状多年冻土的分布面积增加；多年冻土区的南界北移。

目前，大、小兴安岭多年冻土的年平均地温，大多都在 -0.5 ℃ ~ -1.0 ℃，只有在大兴安岭北部和一些高山地段，多年冻土的年平均地温才在 -1 ℃以下。岛状多年冻土的年平均地温，大多在 -0 ℃ ~ -0.5 ℃。多年冻土的厚度大多在 50 m 左右；岛状多年冻土的厚度更小，大多在 20 m 以下。多年冻土中的融区面积，在北部地区已扩大到 30% ~40%；在南部零星岛状多年冻土区，多年冻土的分布面积已只有 5% ~10%。

综上所述，东北多年冻土地区的气候转暖更为明显，其气温倾向率大于青藏高原多年冻土地区；气候转暖引起的多年冻土衰退较之青藏高原更为严重。

12.2.2　人类经济活动与多年冻土环境

人类的经济活动，影响多年冻土地区许多自然过程的发展速度。特别是对冻结和融化过程及其伴生现象的影响是巨大的。经济活动对多年冻土的影响可以是直接的，也可以是间接的。

多年冻土地区经济建设引起的多年冻土衰退和环境变化是十分明显的。在某些场合，甚至超过气候转暖的影响。人类经济活动引起的多年冻土环境衰退，具有“速度快，强度大”的特点。

在多年冻土区工程的施工和运营中，地形、地貌的改变，植被的破坏，地表反射率和渗透性的变化，雪盖厚度的改变，地表水分布和地下水补给、径流、排泄条件的变化等，都将导致地表与大气间热平衡的破坏，使流入地中的热量增加，引起多年冻土的衰退和融化，加快活动层土体冻结和融化过程速度，使冷生过程和现象发育。

（1）青藏高原多年冻土区

人类经济活动对多年冻土的影响，主要是由地表状态（表面反射率、吸收率的变化）和活动层热阻的改变引起的。

近年来，受气温升高和人类经济活动影响，在青藏公路沿线多年冻土区，地表的融化指数增大，冻结指数减小，多年冻土上限在逐年下降。据中交一院青藏公路多年冻土地区路段的有关地温观测资料：由于沥青路面的强吸热作用，使得路面的融化指数，在多年冻土地区的很多路段，都大于冻结指数，沥青路面公路下多年冻土人为上限的下降特别明显。表 12-3 列出了青藏公路沿线多年冻土地区清水河地段沥青路面融化指数和冻结指数的观测值。

表 12-3　清水河沥青路面下各深度处的融化指数和冻结指数（℃ · d）

深度(m)	2001 年		2002 年		2003 年	
	I_t	I_f	I_t	I_f	I_t	I_f
0. 5	1 458. 8	-929. 9	1 505. 1	-948. 7	1 560. 8	-870. 0
1. 0	1 183. 1	-627. 0	1 234. 1	-630. 2	1 287. 4	-613. 0
1. 5	861. 1	-461. 9	891. 2	-428. 1	895. 7	-447. 7
2. 0	508. 2	-352. 9	540. 9	-308. 3	534. 8	-338. 6
2. 5	313. 7	-215. 3	317. 4	-173. 4	304. 4	-196. 7
3. 0	90. 5	-189. 9	107. 3	-143. 1	88. 5	-167. 5
3. 5	18. 9	-172. 0	21. 8	-131. 3	27. 7	-149. 6
4. 0	0. 0	-287. 7	0. 0	-252. 9	0. 0	-253. 6

从表 12-3 可以看出：沥青路面下路基的融化深度（融化指数等于零的深度）约为 4 m，而冻结深度（冻结指数为最小的深度）仅 3. 5 m。即沥青路面下，路基的融化深度大于冻结深度。也就是说，在每个冻融循环周期中，路基下都要残留一定厚度的融土夹层（常年不冻结）。这就是沥青路面下地基多年冻土的人为上限逐年下降的原因。据中交一院 1992 年和 1995 年的钻探和地质雷达探测资料，在西大滩至安多间的 528 km 大片多年冻土地区，56% 的路段，已成为不衔接多年冻土（即存在融土夹层）。这些发育融化夹层的路段，主要分布在多年冻土南、北界附近和年平均地温较高的楚玛尔河、北麓河、沱沱河、通天河等高平原和河谷地区（表 12-4）。

表 12-4　青藏公路沿线各多年冻土地段融化夹层路段的分布

多年冻土路段	年平均气温(℃)	年平均地温(℃)	融化夹层路段(%)
西大滩断陷谷地	-3.0 ~ -5.0	0.0 ~ -1.0	72.7
昆仑山区	-5.0 ~ -7.0	-2.0 ~ -4.0	53.0
楚玛尔河高平原	-4.5 ~ -5.0	0.0 ~ -1.0	72.4
可可西里山区	-5.5 ~ -6.5	-1.0 ~ -3.0	50.1
北麓河盆地	-4.5 ~ -5.0	0.0 ~ -1.0	76.9
风火山区	-5.0 ~ -7.0	-1.5 ~ -4.0	55.6
通天河断陷盆地	-4.2 ~ -4.5	0.0 ~ -0.5	53.6
唐古拉山区	-5.5 ~ -6.5	-2.0 ~ -4.0	33.3
扎加藏布河盆地	-4.0 ~ -5.0	-1.0 ~ -1.2	56.6

从表 12-4 可以看出：在西大滩断陷谷地、楚玛尔河高平原和北麓河盆地，融化夹层路段的长度已占 70% 以上；其他地段融化夹层路段长度也在 50% 以上。只有唐古拉高山区例外，其融化夹层路段长度所占比例在 35% 以下。据此推算，青藏公路大片多年冻土区路段，融化夹层路段长度应在 300 km 左右。

表 12-5 列出了青藏公路沿线多年冻土地区沥青路面公路下地基多年冻土的人为上限和相应地段的多年冻土天然上限观测值。

表 12-5　青藏公路沿线多年冻土的天然上限与沥青路面下地基多年冻土的人为上限

地段	年平均气温(℃)	多年冻土年平均地温(℃)	天然上限(m)	沥青路面公路人为上限(m)	多年冻土类型
西大滩	-2.0 ~ -4.0	-0.2 ~ -0.3	2.8 ~ 3.0	5.6 ~ 9.0	S. D
昆仑山	-4.0 ~ -6.0	-1.5 ~ -2.6	1.5 ~ 2.8	2.0 ~ 4.2	H. B. F
楚玛尔河	-3.5 ~ -4.0	-0.0 ~ -1.0	2.0 ~ 2.5	2.8 ~ 8.1	H. B. F
可可西里	-4.5 ~ -5.5	-0.5 ~ -1.8	1.5 ~ 3.9	2.9 ~ 4.5	H. B
北麓河	-3.5 ~ -4.0	-0.0 ~ -1.0	2.0	2.5 ~ 5.0	H. B. F
风火山	-4.0 ~ -6.0	-1.5 ~ -2.0	1.2 ~ 2.9	3.0 ~ 5.7	H. B
乌丽	-3.5	-0.0 ~ -1.0	2.5 ~ 2.8	3.0 ~ 5.0	H. B. F
沱沱河	-3.2 ~ -3.5	-0.2 ~ -0.5	2.5	3.0 ~ 5.0	H. B
开心岭	-4.0 ~ -5.5	-0.5 ~ -1.5	1.5 ~ 2.9	3.5 ~ 5.0	H. B
通天河	-3.2 ~ -3.5	-0.0 ~ -0.5	2.0	3.5 ~ 5.0	H. B. F
布曲河	-3.2 ~ -4.0	-0.0 ~ -1.0	1.5 ~ 2.5	3.0 ~ 8.0	H. B. D
温泉	-3.5 ~ -4.6	-0.0 ~ -1.0	2.5 ~ 2.0	2.5 ~ 5.0	H. F. D
唐古拉山	-4.5 ~ -5.5	-1.0 ~ -3.0	1.8 ~ 2.0	2.2 ~ 3.5	H. B
扎加藏布	-3.0 ~ -4.0	-0.5 ~ -1.0	1.5 ~ 2.0	3.5 ~ 4.0	H. B
头儿九	-3.0 ~ -4.0	-0.0 ~ -1.0	0.8 ~ 2.5	3.0 ~ 6.0	H. B

注：S—少冰冻土；D—多冰冻土；F-富冰冻土；B-饱冰冻土；H-含土冰层。

从表 12-5 可以看出：沥青路面路基的人为上限埋深，一般在 4.5 ~ 7.0 m，最大已超过 9 m。目前，某些路段路基的人为上限仍在逐年下降。

沥青路面公路引起的地基多年冻土衰退和融化是严重的。据中交一院有关资料，1979年，大片多年冻土区青藏公路的长度约为550 km，至1991年，其长度减为522 km，减少28 km；在岛状多年冻土区，1979年青藏公路的长度约为210 km，1991年，其长度减为191 km，减少19 km。

在青藏公路沿线多年冻土区的居民点，由于人类活动的加剧，严重破坏了周围的多年冻土环境，致使多年冻土上限下降，年平均地温升高。例如，西大滩居民点，天然状态下的多年冻土上限为3.45 m，而人为扰动的地面下为5.8 m；五道梁居民点，天然地面下为1.8～2.5 m，人为扰动地面下为2.8～3.6 m。风火山多年冻土站，天然地面下为1.4～1.7 m，扰动地面下为2.2～2.8 m。

（2）东北多年冻土区

在东北多年冻土地区，人类经济活动引起的多年冻土衰退，似乎更严重。

在20世纪50年代和60年代，牙林铁路和嫩林铁路建设初期，铁路沿线大的车站，如：图里河、根河、满归、加格达奇、林海、塔河、漠河等地，城镇都是建在多年冻土上的。但随着经济建设的发展，这些城镇辐射范围的多年冻土已大部消失，变成了多年冻土中的融区。

漠河机场多年冻土的消亡过程就更快了。2004年，国家决定在黑龙江最北部的漠河县修建机场。该机场（离漠河县城15 km）的简要工程地质情况如下：建场地点为森林覆盖良好的低山、丘陵；地层分布：上部为强风化的碎石夹砂黏土，厚度小于10 m；下部为火山凝灰岩和片岩；多年冻土年平均地温为 -1.0 ℃，厚度约22 m。2004年夏季，机场1.5 km^2范围内的植被被铲除，裸露地表的温度大幅度提高，机场范围的多年冻土开始衰退和融化，多年冻土的年平均地温迅速升高，多年冻土下限迅速抬升，至2006年秋，机场范围内的多年冻土已全部消亡，机场地基已由多年冻土变成了季节冻土（图12-6）。

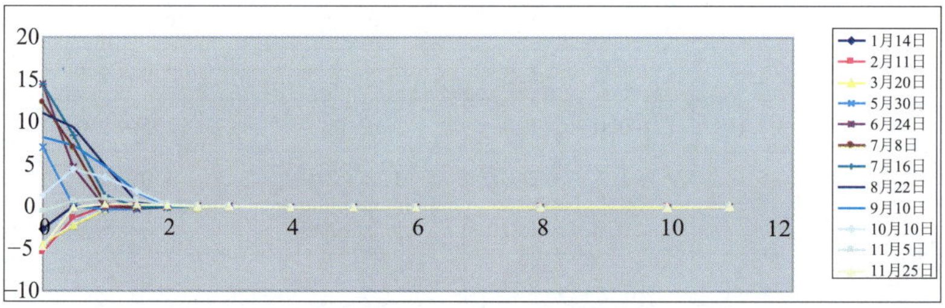

图12-6　漠河机场2006年实测地温曲线（机场跑道下）

从上面列举的高原多年冻土区和东北多年冻土区工程建设引起的多年冻土衰退实例，可以得出如下结论：冻土工程建设对多年冻土环境的影响是巨大的。加强施工和运营中的环境保护，是防止多年冻土衰退，提高工程稳定性所必须的。

12.3　多年冻土铁路环境工程地质问题

气候转暖和人类经济活动，一般来说，都会引起多年冻土的衰退，使多年冻土地区的自然环境发生改变。多年冻土衰退引起的多年冻土区环境变化，主要表现在以下几方面。

（1）多年冻土中的融区数量增加，面积扩大；

（2）活动层厚度增大，地下水位下降；

（3）地表层土体水分减少，植被衰退，植被覆盖率降低，土地荒漠化、沙漠化加剧等。

多年冻土环境的这些变化，反过来又将引起多年冻土的进一步衰退，给冻土工程的稳定性带来严重威胁。

多年冻土环境的变化，必然引发一系列多年冻土铁路环境工程地质问题。

多年冻土环境工程地质问题，是指由于气候变化或人类经济活动，引起多年冻土环境变化，所产生的与冻土工程建设有关的物理地质和工程地质问题。多年冻土区铁路工程施工和运营引起的多年冻土自然环境变化，必然引发许多与铁路工程有关的工程地质过程和现象。这些过程和现象的出现，在一般情况下，对铁路工程建筑物都是有害的，多年冻土区铁路工程的变形和破坏，可以说，都与这些过程和现象有关。主要包括：多年冻土的衰退、融化和消亡引起的工程地质问题；活动层动态变化引起的工程地质问题；水文和水文地质条件变化引起的工程地质问题；高含冰量多年冻土和厚层地下冰融化引起的工程地质问题等。在多年冻土地区工程的设计、施工和养护、维修中，对多年冻土环境工程地质问题，应给以足够的重视，并采取有效的工程和管理措施加以防治。

12.3.1 地基多年冻土衰退和融化引起的冻融病害

如前所述，近40年来，在气候转暖和人类经济活动的共同影响下，我国的多年冻土目前正处于退化状态。据近40年来青藏高原多年冻土地区气温升温率推算：在未来50年内，高原多年冻土地区的年平均气温将升高2 ℃～2.6 ℃。如果这样，青藏高原的多年冻土将大部消失。这种情况是否会发生，还无法预测。但未来多年冻土年平均地温的进一步升高，对路基和其他铁路建筑物地基基础系统的可靠度来讲，仍将是一严重挑战。

地基多年冻土衰退和融化可以引起以下冻土工程地质问题。

（1）地基承载能力与压缩性能的变化

冻土强度是负温度的函数。冻土温度升高，强度降低，冻土地基的承载能力下降，蠕变速率增大，冻土工程地基基础的稳定性降低；地基多年冻土的融化，将使地基的承载能力大大降低，甚至失去承载能力，建筑物将产生大量下沉变形而破坏。这是多年冻土地区常见的、最为严重的工程地质病害。

表12-6列出了年平均气温升高0.5 ℃时，多年冻土地基承载力的损失百分数（年平均气温升高0.5 ℃，则多年冻土年平均地温将升高0.3 ℃～0.4 ℃）。

表12-6 年平均气温升高0.5℃时，地基承载力的变化

地温区	T_{cp}—Ⅳ	T_{cp}—Ⅲ	T_{cp}—Ⅱ	T_{cp}—Ⅰ
地基承载力损失(%)	12	20	30～60	60～100

从表中数据可以看出，青藏铁路沿线T_{cp}—Ⅰ区的197 km多年冻土将大部分消失，承载力损失巨大；其他地温区的多年冻土大多将升高一级，承载力损失也是很大的。在这种情况下，冻土工程地基基础的变形将加大，其稳定性、可靠性和耐久性都将发生重大变化。

地基多年冻土衰退和融化引起的冻土工程冻融病害，在高原多年冻土地区和东北多年冻土区都是常见的。20世纪50年代至60年代，青藏公路为砂砾石路面，由于路基高度不够，路基下多年冻土出现衰退和融化，引起路面翻浆和路基大量下沉，使路况严重恶化。20世纪 70 年代，青藏公路改建成沥青路面。由于黑色路面的强吸热作用，使暖季沥青路面的温度达 50 ℃ ~60 ℃，较普通土质路基表面高出 8 ℃ ~10 ℃，路基活动层融化的开始时间较天然地面要提早 20~30 天，寒季路基开始冻结的时间要推后约 20 天。因而，路基下多年冻土出现了严重衰退和融化，加之筑路时取土不当，路基两侧严重积水，使路基产生大量下沉，路基冻融病害频繁出现，行车条件日趋恶化。虽经多次整治，路基病害率仍高居不下。据 2006 年调查，青藏公路多年冻土地区路基病害路段长度仍达 140. 49 km，占多年冻土地区公路总长 630 km 的 22% ，路基两侧积水地段累计长度达 96. 227 km。

图 12-7　五道梁运输站房屋基础下沉（1963 年）

20 世纪 50 年代至 60 年代，青藏公路沿线多年冻土区各运输站的采暖房屋，由于采用普通不通风条形基础，地基融化盘的形成过程，使地基多年冻土产生衰退和融化，基础产生大量下沉（图 12-7）。青藏公路沿线多年冻土上的很多房屋建成后 1 ~2 年便完全破坏。

东北多年冻土地区的牙林、嫩林铁路，始建于 20 世纪 50 年代，因设计、施工经验不足，带给地基多年冻土大量热干扰，引起地基多年冻土的衰退和大量融化，运营中曾出现许多严重冻胀和热融下沉问题，铁路工程病害层出不穷，如线路、站场、站房等建筑物产生大量下沉（图 12-8、图 12-9）的事例随处可见，给铁路的正常运营带来严重影响。

图 12-8　东北牙林铁路牛耳河车站站台下沉（1972 年）

图 12-9　东北牙林铁路路基热融下沉

地基多年冻土衰退和融化引起的桥头路堤下沉，更是多年冻土地区桥梁工程普遍存在的病害。据工务部门反映，在青藏铁路多年冻土地区的 440 多座桥梁的桥头路堤中，几乎都有不同程度的下沉，其中最大的下沉量达 1. 4 m 以上。

从上面的这些冻土工程冻融病害实例可以得出如下认识：要维持多年冻土上建筑物的稳定，必须使地基多年冻土的温度在建筑物施工和运营过程中，都维持在设计温度。

（2）多年冻土中融区数量增加，面积扩大。

多年冻土的衰退和融化，使多年冻土中的融区大量出现。在融区的形成和扩大过程中，已有工程建筑物可能遇到以下冻土工程地质问题：

①建筑物地基由冻土变成融土，地基土的物理、力学性质发生很大变化，建筑物基础可能产生大量下沉变形，其稳定性面临严重挑战。

②建筑物地基由热稳定性较好的多年冻土变成热稳定较差的多年冻土（过渡带多年冻土），地基基础的蠕变变形增加，可靠度下降。

③融区数量的增加和规模的扩大，使融区边缘地带不稳定多年冻土的分布面积大量增加，这将给多年冻土地区铁路选线、建筑选址和地基基础的处理带来困难。

12.3.2　地基活动层组成要素变化引起的问题

活动层将下卧的多年冻土与大气圈分开。在活动层中，水分、溶质、气体和热流传导之间，以一种微妙而复杂的方式相互影响。下卧多年冻土层的热状态是气候、表面能量交换、活动层作用和地中热流的综合反映。人类工程活动，将使活动层的物质成分、厚度、含水率和表面特性等发生变化。从而，引起活动层土体的冻结、融化过程和伴生现象发生变化，引起地表植被生长条件的变化。

活动层土体的物质成分、厚度和含水率，决定着地基的冻胀量和作用于基础冻胀力的大小。活动层厚度增加，冻结深度增大，主冻胀带厚度增加，地基土的冻胀量增大，作用于基础的冻胀力增加。在这种情况下，建筑物的抗冻胀稳定性减小，建筑物的变形增加。

（1）冻胀量和冻胀力的变化

冻前含水率的变化和地表冻结速率的变化，是引起地基活动层土体冻胀和冻胀力变化的原因。在地基活动层土体冻、融循环过程中，由于土体的物理、物理化学以及力学平衡被打破，会伴生出一系列冷生现象。对一般冻土工程来说，主要是基础的冻胀和热融下沉。这在多年冻土地区的房屋、桥梁工程中，尤为多见。

冻胀是冻土区普遍存在的一种地基土变形现象。在开敞系统条件下，当活动层土体为粉质黏性土，冻结速率较小，活动层厚度较大时，地基的冻胀一般是严重的，其冻胀量可达十几厘米，甚至几十厘米。这在高温多年冻土地段、连续多年冻土区的边缘地带和岛状多年冻土区，是常见的现象。在低温多年冻土区，活动层的厚度较小（一般不超过 1.5 ~ 2.0 m），而冻结速率又相对较快（大于 4 ~ 6 cm/d），基础的冻胀一般是不不严重的。

图 12-10　东北多年冻土地区公路桥梁桩基冻拔

地基活动层土体冻胀时作用于基础的冻胀力，在许多情况下，会出现基础上拔，建筑物产生变形，甚至破坏，如图 12-10、图 12-11 所示。从图 12-10 可以看出，该桥由于桩基在地基冻结过程中的冻拔，使桥面产生大量变形。本来平坦顺畅的桥面变成了高低不平的波浪面。这种基础冻胀上拔现象，在多年冻土地区和季节冻土地区的桥梁、涵洞、房屋、通讯输电线塔、水利等工程的地基基础工程中，是屡见不鲜的。除此之外，隧道边墙冻胀裂缝、路基不均匀冻胀和寒冻裂缝、输油管线冻胀等冻害，在多年冻土地区也是常见的。对于铁路工程来说，活动层动态变化引起的路基不均匀冻胀和融沉病害，是最常见、最头疼的病害。每年寒季来临，路基活动层土体开始冻结，产生冻胀，引起路基纵、横剖面平顺性发生变化。为满足运营要求，工务部门要花费大量的人力和物力进行整治。而且，由于活动层组成要素（含水率、冻结速度等）的动态变化，路基每年产生冻害的地段、数量和程度都是不一样的。因此，活动层土的冻结和融化过程，对建筑物稳定性的影响和危害是不容忽视的。

图 12-11　东北多年冻土区被冻拔出地面的排水管道

图 12-12　涵洞洞口积沙（青藏公路）

（2）植被衰退，荒漠化加剧

在活动层厚度增加过程中，冻结层上水的水位下降，活动层上部土壤层的含水率减少，许多植物由于得不到充分的水分而枯死。在青藏铁路沿线的多年冻土地区，许多地段的高寒沼泽草甸草原，逐渐演变为高寒草甸草原，植物的种属也发生变化，地表植被覆盖度降低，土地沙化和荒漠化加剧。

目前，青藏铁路多年冻土地区的许多路段，如：红梁河、秀水河、北麓河、沱沱河、扎加藏布河、措纳湖等地，风沙危害日益严重，道床积沙，涵洞洞口积沙（图 12-12）等沙害常有发生，直接威胁行车安全。

12.3.3　水文和水文地质条件变化引起的问题

多年冻土区工程的施工和运营，往往会改变地表水和地下水的补给、径流和排泄条件，引起地下水的埋藏条件和地表径流系数的变化，引起不良冻土现象发育特征的变化。

水是引起地基基础冻、融病害的主要因素。水文和水文地质条件的变化，会改变工程分布地段的冷生过程，引发与工程有关的许多不良冻土现象，给工程的正常运营造成危害。因此，多年冻土地区工程的设计和施工，应注意尽量不要改变建筑地段的水文和水文地质条件，以减少和消除影响工程稳定性的不良冻土现象的发生，确保工程的正常运营。

（1）冷生过程“冰害”

寒季，地表水和地下水的冻结，常引起许多“冰害”。对铁路工程危害最大的是冰锥、冻胀丘活动。冰锥、冻胀丘是一种突发性的冻土工程病害，其危害是严重的。由于冰锥、冻胀丘形成过程中的“千斤顶效应”，往往使近旁的建筑物产生抬升、倾斜甚至倒塌。

常见的冻土工程冷生过程病害有：涵洞冰塞（图 12-13）；涵洞洞口冰漫（图 12-14）；桥孔冰塞（图 12-15）；通风透水路堤冰瀑布（图 12-16）；路堤冻胀丘；路堑冰锥；隧道拱顶、侧壁挂冰；隧道侧沟冰塞；隧道道床积冰等。这些病害都是寒季活动层冻结过程中，地下水、地表水活动的结果。

（2）地表、地下水的热侵蚀

地表径流的沟蚀作用和地表水的聚集，都可能引起路基系统多年冻土环境的热喀斯特化。

图 12-13　涵洞冰塞

图 12-14　涵洞洞口冰漫

图 12-15　桥孔冰塞

图 12-16　路堤冰瀑布

路基排水系统设置不当时，常使地表水、地下水在路基系统聚积，给路基地基中的多年冻土以热干扰。常见的有：路基坡脚积水（图 12-17）；涵洞进、出口积水；站房附近积水等。据 2006 年调查资料，由于路基排水系统不完善，在昆仑山至唐古拉山之间的多年冻土地区，青藏铁路路基坡脚积水的地段，多达 114 处，累计长度达 5100 多米。

图 12-17　多年冻土区路堤坡脚积水

路基坡脚积水对铁路路基稳定性的影响，可分两种情况：

①在积水不经路基渗流时，一定深度的静水，对路基热稳定的影响是积极的。

静止的水，是一种热物理性能具有相变异特性的隔热材料。它与其他隔热材料不同的是它具有“阻热、导冷”功效。水的热容量很大，是一般细颗粒土的 2 ~ 4 倍；冰—水相转换潜热达 80 kcal/kg；水的汽化热更可达 500 kcal/kg；冰的导热系数是水的导热系数［0.5 kcal/(m · h · ℃)］的 4 倍，是一般冻土导热系数的 1.2 ~ 1.5 倍。静止水体在路基系统热平衡中的作用，可与植被相比。水面的蒸发和水的升温吸热，同样要消耗大量的太阳辐射热能，因而，水体的温度一般是较低的。据有关监测资料，路基坡脚积水（深度 15 ~ 25 cm）的水温，大约是气温的 1.5 倍，是裸露细颗粒土表面温度的 0.6 倍。暖季，冰的融化、水的升温和水面蒸发，都要消耗大量的空气融化指数，因而，使传入地基的热量减少；寒季，冰层的高导热性，又可使传入地基的冷量增加。两种效应（阻热、导冷）的综合作用结果，可使路基的融化深度减小，人为上限提升。因此，静止的水也可称为“水被”。从传热学角度看，一定厚度的静止水体，是一种较好的阻热、导冷材料，于路基的热稳定是有好处的。

②当坡脚积水经路堤渗流时，高温渗流水的热侵蚀（带入地基大量的热量），会使地基多年冻土融化，人为上限下降，下沉变形加大，于路基的热学和力学稳定都是不利的。

但不论在何种情况（静止和流动）下，路基坡脚积水，都将使路基填土的含水率增大，强度降低，不均匀冻胀加剧。在某些情况下，地下水在路基附近的聚集，还会加大路基冰锥、冻胀丘危害的危险。

建筑物附近积水引起的工程地质病害，常见的有：路基冰锥、冻胀丘；路堤承压水鼓丘；采暖房屋地坪涌泉；建筑物冻胀；建筑物热融下沉等。

12.3.4 高含冰量冻土融化引起的问题

在多年冻土区，许多严重的环境工程地质问题都是由高含冰量多年冻土的衰退和融化引起的。富冰冻土、饱冰冻土和厚层地下冰融化时，地面将产生大量下沉，甚至产生塌陷，对铁路工程的危害是灾难性的。因此，在设计、施工和养护、维修高含冰量多年冻土分布地段的工程时，应予高度重视。

高含冰量多年冻土的分布是广泛的。据青藏铁路和青藏公路沿线大片连续多年冻土分布地区线路资料统计，高含冰量多年冻土分布地段的线路长度约占线路总长的 1/2 ~ 2/3。也就是说，对于带状工程，在一般情况下，遇到的高含冰量多年冻土将在一半以上。

地下冰暴露后，太阳辐射短波（主要指红外线、紫外线和可见光）穿过冰层时，大部分辐射能被冰层吸收，引起冰层全面升温和快速融化，这便是所谓的“温床效应”。冰层的大量融化，使地基产生大量下沉，对其上的建筑物造成严重危害。因此，在施工中，应特别注意防止地下冰直接暴露在阳光下。

高含冰量多年冻土融化引起的冻土工程地质病害，常见的有：热融滑塌，热融湖塘，热融下沉等。在多年冻土地区铁路工程施工和养护、维修中，应特别注意防止高含冰量冻土的衰退和融化。

12.3.5 跨年施工引起的问题

跨年施工是冻土区工程建设不可避免的。而施工过程中的地基冻结、融化深度变化，在一般情况下，设计是未加考虑的。如果施工过程中，地基的冻结、融化深度与设计值不符，则地基基础将在不同于设计的条件下工作，这种工作条件，在很多情况下，于冻土工程的稳定是不利的。因此，施工单位应对跨年施工中，地基冻结、融化深度可能产生的变化和这种变化对工程稳定性可能产生的影响，给予充分注意，并采取有效措施，来防止冻土工程冻害的产生。

冻土工程施工引起地表热交换条件的变化，往往使地基冻结深度加大，改变地基、基础的设计工作状态，引起工程的变形和破坏。

1989 年 5 月，青藏公路沿线多年冻土区的沱沱河兵站营房，发生基础下沉开裂事故，影响营房的正常使用，青藏兵站部责成设计单位中铁西北科学研究院，对事故进行调查和处理。病害产生的原因是这样的：

1987 年暖季，沱沱河兵站营房（三层楼房）开建。营房位于沱沱河大河融区，基础为柱式基础，框架结构，设计埋深 5.5 m，持力层为第三系风化泥灰岩，沱沱河地区的最大季节冻深为 5.0 m。1987 年寒季来临前，完成房屋基础及楼房一层墙体施工后，施工队伍撤离。

1988年5月，工程继续施工，10月竣工交付使用，并开始采暖。

在1988年~1989年寒季的使用过程中发现，几乎所有房间的墙体都出现了斜裂缝，裂缝日见发展，最宽裂缝达5 cm。房屋使用功能受严重影响。

经现场调查与竣工资料分析认为：1987年寒季，基础过冬未作防冻处理，一层房屋墙体的遮阳作用又使冻深加大，基础下出现了季节冻土层是病害产生的原因，1988年施工期间，冻土层又未完全融化是病害产生的原因。1988年寒季采暖，使基础下冻土全部融化，基础产生下沉，引起墙体开裂。

经以上病害原因分析，提出如下处理意见：目前（1989年5月），基础下冻土已全部融化，基础下沉已趋于稳定。采取抬高室外地坪0.3 m，进行墙体裂缝修补和墙面粉刷措施，可恢复房屋的正常使用功能。

该兵站楼房目前仍在正常使用。

又如，东北漠河机场建设中，跑道局部下沉破坏是又一例跨年施工引起的冻融病害。2005年9月，跑道道槽挖至设计标高，并将地基中的冻胀性细颗粒土进行了换填挖除（但未回填）。由于寒季来临停止施工。道槽暴露在大气中的自由冻结，冻结深度约4.3~4.5 m。2006年春，季节冻结层开始融化时，地基回填和跑道结构层、面层施工将冻土层深埋在地下，因而，冻土融化速度减缓。8月，当暖温度波传至埋藏冻土层时，融化速度加快，跑道局部出现了下沉，其影响范围约400多平方米。

经现场钻探查明：除埋藏冻土层外，该处地下发育是引起冻害的另一重要原因。故提出以下处理对策：拆除跑道，将埋藏的季节冻土层暴露融化，补作地基排水盲沟，重新填筑结构层和铺砌跑道。

经处理后，漠河机场跑道的冻融循环仅出现在人工地基内，再未出现冻融病害，目前，跑道在正常使用中。

多年冻土地区经济建设引起的多年冻土环境工程地质问题，是多年冻土地区工程建设不可避免的，但这些现象大多又是可以预防的。在进行多年冻土地区工程的设计和施工中，应特别注意保护多年冻土环境，尽量减小对多年冻土环境的破坏，以减少多年冻土环境工程地质问题的出现，来保证冻土工程的稳定性。

12.4　铁路施工、运营中的多年冻土环境保护

“没有稳定的多年冻土环境，就没有铁路工程的稳定”。保护好铁路通过地带的多年冻土环境，减小对地基多年冻土的热干扰，提高多年冻土环境的热稳定性，维持地基多年冻土的设计温度状态，是保持多年冻土上铁路工程长期稳定的基本策略和方法。

12.4.1　新建铁路施工期的环境保护

多年冻土地区施工，应遵守以下基本原则：采用快速施工方法，尽量减少地基多年冻土的暴露时间，防止引起地基多年冻土出现严重衰退和大量融化；采取有效措施，减小地基活动层土体冻融循环过程对工程稳定的影响；注意防止不良冻土现象对工程的危害。

新建铁路施工，应遵守以下规定。

(1) 加强多年冻土环境保护多年冻土区的生态环境是脆弱的，一经破坏、扰动，将引

起多年冻土的严重衰退。因此，新线施工在环境保护方面应重视以下问题：

①增强环境保护意识，爱护多年冻土环境。多年冻土地区的施工环境保护，应体现“预防为主，保护优先，建设与保护并重”的原则。施工企业应严格按照设计文件要求组织施工，建立合格的质量管理体系，对职工进行冻土工程施工技术和冻土环境保护等基本知识培训。

②工程施工前，应认真编制好实施性施工组织设计，应对各项工程施工进行统筹安排，合理部署施工力量，正确选择适宜施工季节（高含冰量多年冻土地段，冰锥、冻胀丘地段，沼泽湿地地段宜在寒季施工）和施工方法。

③采用快速施工方法，精心组织施工。

新建铁路施工应满足“精心组织，精心施工，连续作业”的基本要求，尽量缩短工期。对基坑暴露的多年冻土加强临时隔热防护，尽量减少对地基多年冻土的热干扰。

④施工中，应积极采取措施，保护森林、沼泽湿地，尽量减少对植被的破坏，以维护现存地表的热量平衡，维持多年冻土的热稳定。

⑤基坑开挖时，宜将地表苔藓、草皮层铲起，移植于适当地点保存，施工结束时，用于施工场地的植被恢复。

⑥施工场地、施工营地、施工便道及取、弃土场应按设计要求布置，不得随意变更位置和扩大范围。

⑦对重点工程和特殊地质地段的工程，应选择一定的监测点，在施工期间就开展多年冻土地基温度场和基础变形观测，为工程长期稳定性评价积累资料，验证工程处理措施保护多年冻土的有效性。

⑧作好施工冻土工程地质工作。工程施工时，应严格核对地基多年冻土工程地质条件，如有不符之处，应及时报告有关单位，进行变更设计和处理。

⑨严格编写施工日志制度。多年冻土工程地质和水文地质条件的复杂性，要求冻土工程施工中，严格核对所有地质资料，并对天气情况、工程施工过程、地基冻土条件、工程起始施工时间和竣工时间等进行详细记录。为冻土工程长期稳定性分析和工程维护方案的制定提供依据。

（2）严格按设计文件要求，高质量地完成环境保护工程的施工。

多年冻土地区道路工程施工，应贯彻“先环保，后工程”的原则。即在主体工程开工前，应先完成环境保护工程的施工。

（3）合理布设大临工程，加强施工队伍管理。

多年冻土地区生态环境的脆弱性，要求工程施工时，布设好大临工程，管理好施工队伍。这于多年冻土环境保护和确保工程施工质量，有着十分重要的意义。为此，在施工队伍入场前，应主办有关冻土基本知识、冻土施工技术和多年冻土环境保护等方面的培训班，加强全体施工人员对多年冻土和多年冻土环境特性的了解和认识，提高全体施工人员的素质，以适应多年冻土地区铁路施工的需要。

多年冻土地区工程施工时，大临工程的设置，应兼顾方便施工和保护多年冻土环境两个方面，统筹兼顾，合理安排大临工程的数量和布设位置。

大临工程对多年冻土环境的影响是不容忽视的。为减少对多年冻土环境的干扰，大临工程布设和管理，应满足以下基本要求。

①多年冻土地区工程施工时，施工营地布设，应尽量利用已用过的空闲场地。施工营房、材料堆场、预制场、机械保养场等临时工程，应选择在少冰冻土、多冰冻土分布地段或基岩出露的平缓山坡。不得将上述临时工程设置在植被覆盖良好的地段和高含冰量多年冻土分布地段。

②施工便道应合理规划，尽量减少便道的数量。暖季施工时，高含冰量多年冻土地段的便道，其路堤高度不宜小于 0.5 m，并不得在便道两侧取土。寒季施工时，宜用雪或粗颗粒土填筑厚 20 ~ 30 cm 工作垫层，供施工机械和车辆行使。

③填筑施工便道时，不宜铲除地表植被及覆盖便道可直接在原地面修筑。便道所需填料亦应贯彻“集中取土”的原则少冰冻土与多冰冻土地段，确需在便道两侧取土时，取土坑与便道的距离不宜小于 10 m。

④集中取土场的取土数量，以不形成低洼负地形为原则。取土场取土完成后，应将取土场内的地面进行平整，边坡进行整理，并疏通排水通道。在高含冰量多年冻土分布地段、不良冻土现象发育地段、冻土沼泽地段和植被良好地段不得取土。

弃土场应选择低洼、无地表径流、无植被覆盖或植被覆盖较差、远离线路的荒地。严禁侵占河道、湿地、自然保护区的核心区和缓冲区。不得将弃土场设置于植被发育良好的地段。施工结束后，应按设计要求对弃土堆坡脚进行适当挡护，必要时堆顶应进行平整和覆盖，同时应作好排水。

⑤施工中产生的生产废水、生活污水应进行沉砂、除油等处理后，才可排放。但不得在施工营地附近形成新的地表水体。严禁将生活污水直接排放至外流河、湖中。

⑥施工中，车辆和施工机械应严格按规定线路行驶，不得随意碾压便道外的冻土地表。严禁车辆和施工机械驶入无便道的高含冰量冻土分布地段。

⑦应限制施工人员的活动范围，尽量减少对多年冻土环境的干扰。。

⑧施工完成后，应根据环保设计要求，平整并在必要时用合适的土料覆盖营地地表；对施工便道两侧的施工遗弃物应进行清理，平整便道两侧的地面，尽量恢复地表原来景观。

搞好新线施工环境保护，是确保施工顺利进行的关键，也是确保铁路工程长期稳定的基础。

12.4.2　铁路运营期的环境保护

在铁路运营期间，铁路工程周围的多年冻土环境和铁路工程地基基础的热、力平衡逐渐趋于稳定。加强铁路运营期的多年冻土环境保护，是维持铁路持久正常运营的关键。

路基、桥梁、涵洞等工程的养护、维修，可采用以下环境工程地质方法，来提高铁路线路的稳定性。

（1）多年冻土环境修复法

可采用以下修复多年冻土环境的工程措施，来提高铁路工程的热稳定性。

①全面恢复工程周围的地表植被，用细颗粒土填平周围地面的坑、洼低地，降低地表温度，增加地基活动层热阻。

②建立完善的排水系统，防止地表水和地下水在工程附近聚集。

③保护好工程附近已有的热融湖塘和沼泽、湿地，防止其活化或消亡。

（2）路基、桥涵的热防护加固法

为提高路基、桥涵的热学、力学稳定性，可采用以下热学防护和力学防护方法。

①降低路基表面温度，增加路基活动层热阻，减少进入地基多年冻土的热量。如：边坡植草；边坡作隔热层；用片石、碎石覆盖路基边坡；修建片石、碎石护道等。

②消除路桥、路涵热交换边界条件的不一致性，加强路桥、路涵过渡段的热防护，消除桥头路堤和涵洞两侧路堤的不均匀冻胀和融沉。

③修筑挡水保温护道，将路堤两侧积水挡至路堤坡脚 5 m 以外。

④加强路堑坡脚支挡，完善路堑排水系统，防止堑内积水和边坡滑塌。

⑤加固河床、沟床，防止桥下、涵内积水，防止河床、沟床冲刷。

⑥维持路基的现有力学平衡状态，暖季养护、维修时，不得在路肩堆载。寒季堆于路肩的荷载，应在暖季来临前予以清除。

保护好多年冻土环境，维持、提高路基系统多年冻土环境的热稳定性，是维持多年冻土区铁路工程长期稳定的需要，也是确保多年冻土地区铁路工程持续运营、事半功倍的正确举措。

参考文献

[1] 周幼吾，等. 中国冻土. 北京：科学出版社，2000.

[2] 铁道第三勘察设计院. 冻土工程. 北京：中国铁道出版社，2002.

[3] H. A. 崔托维奇. 冻土力学. 朱元林等译. 北京：科学出版社，1985.

[4] 工程地质教研室土质学教学小组. 土质学. 长春：长春地质学院，1959.

[5] JGJ 118－98，冻土地区建筑地基基础设计规范.

[6] GB 50324－2001，冻土工程地质勘察规范.

[7] B. A. 库德里雅采夫. 工程地质研究中的冻土预报原理. 兰州：兰州大学出版社，1992.

[8] S. W. 纪. 热管理论与实践. 北京：科学出版社，1981.

[9] 高大川. 土力学可靠性原理. 北京：中国建筑工业出版社，1989.

[10] 铁道部建设司. 青藏铁路多年冻土区工程勘察暂行规定. 北京：中国铁道出版社，2001.

[11] 铁道部建设司. 青藏铁路多年冻土区工程设计暂行规定. 北京：中国铁道出版社，2002.

[12] 铁道部建设司. 青藏铁路多年冻土区工程施工暂行规定. 北京：中国铁道出版社，2002.

[13] 铁道部建设司. 青藏铁路高原多年冻土区路基工程（含环保）施工技术细则. 北京：中国铁道出版社，2002.

[14] 铁道部建设司. 青藏铁路科技总结——冻土篇. 北京：中国铁道出版社，2008.

[15] 铁道第一勘测设计院. 西大滩至安多多年冻土区综合地质报告. 铁道第一勘测设计院，2001.

[16] 苏联建筑部. 部建筑规范——多年冻土地区铁路的勘测、设计和施工（BCH61—89）. 童伯良译. 兰州：中科院寒区旱区与环境工程研究所，2004.

[17] 苏联国家建设委员会. 建筑规程和规范——多年冻土上的地基和基础（CHиП2. 02. 04—88）. 丁靖康，徐学燕译. 兰州：铁道部科学研究院西北研究所，1991.

[18] Э. Д. 叶尔绍夫. 工程冻土学. 张长庆译. 兰州：中国科学院寒区旱区环境与工程研究所，2002.

[19] 苏联科学院西伯利亚分院冻土研究所. 普通冻土学. 郭东信，刘铁良等译. 北京：科学出版社，1988.

[20] G. H Johnston. PERMAFROST——Engineering Design and Construction. Associate Committee on Geotechnical Research. National Research Council of Canada，1986.

[21] 铁道部科学技术司. 青藏铁路高原冻土区混凝土耐久性技术条件. 北京：中国铁道科学研究院，2002.

[22] C. C. 维亚洛夫. 冻土流变学. 刘建坤译. 北京：中国铁道出版社，2005.

[23] H. A. 崔托维奇. “苏联多年冻土地区的建筑物基础”专题情报资料——多年冻土基础设计和施工. 北京：铁道部科学技术情报研究所，1977.

[24] C. C. 维亚洛夫. “美国和加拿大多年冻土上的基础工程”专题情报资料——多年冻土基础设计和施工. 北京：铁道部科学技术情报研究所，1977.

[25] H. A. 崔托维奇. 冻土地基和基础. 卢继清译. 兰州：铁道部科学研究院西北研究所，1984.

[26] G. H Johnston. “加拿大北部多年冻土地区的桩基工程”专题情报资料——多年冻土基础设计和施工. 北京：铁道部科学技术情报研究所，1977.

[27] 韩龙武，等. 青藏高原冻土区气象、冻土及工程综合监测研究. 兰州：中铁西北科学研究院，2006.

[28] 黄小铭、丁靖康，等. 青藏铁路风火山多年冻土长期综合观测与试验研究. 兰州：中铁西北科学研究院，2006.

[29] 王国尚，等. 青藏公路沿线冻土区自然环境及工程环境的变化. 第五届全国冰川冻土学大会论文集

（上）. 兰州：甘肃文化出版社，1996.

[30] 周幼吾，等. 近 40 年来东北地区季节冻结与融化层温度变化与气候变暖. 第五届全国冰川冻土学大会论文集（上）. 兰州：甘肃文化出版社，1996.

[31] 李庆武，等. 既有东北铁路多年冻土地区路基病害整治的试验研究. 北京：铁道部科技司，2007.

[32] 王绍令. 冻土退化与青藏高原冻土环境问题探讨. 第五届全国冰川冻土学大会论文集（上）. 兰州：甘肃文化出版社，1996.

[33] 丁靖康，赫贵生. 年平均气温临界值——设计青藏高原多年冻土区路堤临界高度的一个重要因素. 冰川冻土，2002.

[34] 李永强、李勇，等. 青藏铁路多年冻土区工程稳定性长期观测报告. 青藏铁路公司，2008.

[35] 徐兵魁. 多年冻土地区热棒路基的设计和计算. 兰州：中铁西北科学研究院，2006.

[36] 丁靖康，娄安金. 多年冻土中锚杆长期抗拔力的研究. 青藏铁路多年冻土科研成果论文集. 兰州：中铁西北科学研究院，2003.

[37] 丁靖康，娄安金. 冻土锚定板的试验研究. 青藏铁路多年冻土科研成果论文集. 兰州：中铁西北科学研究院，2003.

[38] 丁靖康，娄安金，等. 风火山地区冻结过程冻胀和冻胀力研究. 青藏铁路多年冻土科研成果论文集. 兰州：中铁西北科学研究院，2003.

[39] 丁靖康、娄安金，等. 青藏高原风火山地区土冻结过程水平冻胀力研究. 青藏铁路多年冻土科研成果论文集. 兰州：中铁西北科学研究院，2003.

[40] 佟治权，等. 砂粘土和粘砂土冻融交界面的抗剪强度试验研究报告. 青藏铁路多年冻土科研成果论文集. 兰州：中铁西北科学研究院，2003.

[41] 丁靖康，等. 减小切向冻胀力的物理化学方法. 全国冰川冻土学术会议论文集. 北京：科学出版社，1982.

[42] 阎景山，丁靖康，等. 渣油、表面活性剂防治桩基冻胀力应用的研究. 青藏铁路多年冻土科研成果论文集. 兰州：中铁西北科学研究院，2003.

[43] 丁靖康，娄安金，等. 冻土与基础间的抗拉冻结强度. 第三届全国冰川冻土学术会议论文集. 北京：科学出版社，1988.

[44] 慕万奎，等. 冻土地区桥涵工程技术研究. 哈尔滨：黑龙江省交通科学研究所，2006.

[45] 章金钊. 高原多年冻土地区桥涵设计与施工研究. 中国铁道科学，2001.

[46] 清华大学电力工程系热工教研组. 冻土热学讲义. 兰州：铁道部科学研究院西北研究所，1976.

[47] 徐学祖，等. 冻土物理学. 北京：科学出版社，2001.

[48] 童长江，等. 青藏公路沿线冻土环境工程地质评价及冻土工程处理. 第五届全国冰川冻土学大会论文集（上）. 兰州：甘肃文化出版社，1996.

[49] Г. М 费里德曼. 冻土温度状况计算方法. 程国栋等译. 北京：科学出版社，1982.

[50] 童长江，管枫年. 土的冻胀与建筑物冻害防治. 北京：水利电力出版社，1985.

[51] 徐学燕，等. 循环荷载下冻土的动弹模及临界动应力. 第五届全国冰川冻土学大会论文集（上）. 兰州：甘肃文化出版社，1996.

[52] 丁靖康，等. 冻－融过渡带土的长期抗剪强度. 第六届国际多年冻土会议论文集. 广州：南方科技大学出版社，1993.

[53] 章金钊. 青藏公路多年冻土地区涵洞工程病害防治探讨. 青海交通科技，2000.

[54] 陈卓怀. 多年冻土地区铁路桥涵基础. 第二届全国冰川冻土学大会论文集. 兰州：甘肃文化出版社，1983.

[55] 黄小铭，等. 青藏高原多年冻土区路堤人为上限的变化规律. 青藏铁路多年冻土科研成果汇编. 北京：铁道部科学技术司，2002.

[56] 黄小铭. 青藏高原多年冻土地区路堤临界高度的确定. 第二届全国冻土学术会议论文选集. 兰州：

甘肃人民出版社，1983.
[57] 黄小铭，等. 确定青藏高原多年冻土区路堑保温层厚度的经验公式. 青藏铁路多年冻土科研成果论文集. 兰州：中铁西北科学研究院，2003.
[58] 黄小铭，舒道德. 厚层地下冰地段路堑的设计与施工. 第二届全国冻土学术会议论文选集. 兰州：甘肃人民出版社，1983.
[59] 赫贵生，丁靖康，等. 倾填碎石层的热传输特性及其应用. 青藏铁路多年冻土科研成果论文集. 兰州：中铁西北科学研究院，2003.
[60] 丁靖康，娄安金，等. 多年冻土区挡土建筑物的设计和计算. 第五届全国冰川冻土学术会议论文集. 兰州：甘肃文化出版社，1996.
[61] 丁靖康，娄安金，等. 冻土地区热桩技术应用研究. 青藏铁路多年冻土科研成果汇编. 北京：铁道部科学技术司，2002.
[62] 丁靖康，武敬民，等. 热桩在高原多年冻土地区涵洞工程中的应用. 第六届国际多年冻土会议论文集. 广州：南方科技大学出版社，1993.
[63] 周幼吾，郭东信. 中国多年冻土的主要特征. 冰川冻土，1982.
[64] 低温早强耐久混凝土施工技术组. 低温早强耐久混凝土的施工技术. 青藏铁路公司，2001.
[65] 王国尚，等. 寒区道路块片石通风路堤试验研究. 第五届全国冰川冻土学大会论文集（上）. 兰州：甘肃人民出版社，1996.
[66] 王平. 中子水分计在冻土研究中的应用. 中国地理学会冰川冻土学术会议论文选集. 北京：科学出版社，1982.
[67] 徐敩祖，朱林楠. 西藏两道河岛状多年冻土的水热状况. 青藏冻土研究论文集. 兰州：中国科学院冰川冻土研究所，1983.
[68] 武敬民，汪双杰，等. 多年冻土地区公路工程. 北京：人民交通出版社，2005.
[69] 汪双杰，李祝龙，等. 多年冻土地区公路修筑技术. 北京：人民交通出版社，2008.
[70] 刘永锋，丁靖康，等. 聚苯乙烯隔热层在多年冻土区路基工程中的应用. 第四届国际多年冻土工程讨论会论文集. 2000.
[71] 吴紫汪，等. 寒区隧道工程. 北京：海洋出版社，2003.
[72] 铁道部科学技术情报研究所. “永冻土地区工程的设计与施工”专题情报资料. 北京：铁道部科学技术情报研究所，1975.
[73] 牛富俊，俞祁浩，等. 青藏铁路管道通风试验路基地温变化及热状况分析. 冰川冻土，2003.
[74] 交通部第一公路勘察设计院. 青藏公路整治工程科研设计文献汇编. 西安：交通部第一公路勘察设计院，1996.
[75] 徐学祖，等. 冻结缘的基本特征及特征参数的确定方法. 第五届全国冰川冻土学大会论文集（上）. 兰州：甘肃文化出版社，1996.
[76] 喻文学，武敬民. 青藏公路多年冻土区沥青路面路基高度问题. 高原多年冻土区道路工程研究报告集. 西安公路学院学报，1983.
[77] 铁道部建设司. 青藏铁路高原冻土区混凝土耐久性技术条件. 北京：中国铁道出版社，2002.
[78] 陈卓怀，等. 多年冻土区涵洞基础类型及埋置深度. 青藏铁路多年冻土科研成果汇编. 北京：铁道部科学技术司，2002.
[79] 朱元林，等. 青藏高原地下冰现场蠕变试验研究. 青藏冻土研究论文集. 北京：科学出版社，1983.
[80] 黄小铭，陈卓怀，等. 青藏高原多年冻土区桥梁基础的人为上限. 青藏铁路多年冻土科研成果论文集. 兰州：中铁西北科学研究院，2003.
[81] 叶拔友，杨海容. 确定青藏高原多年冻土地区涵洞基础人为上限的经验公式与涵洞地基土融深计算方法. 青藏铁路多年冻土科研成果论文集. 兰州：中铁西北科学研究院，2003.

[82] 励国良，等. 青藏高原多年冻土地区桩基试验研究. 青藏铁路多年冻土科研成果汇编. 北京：铁道部科学技术司，2002.

[83] 熊吟滔，等. 热力学. 北京：人民教育出版社，1961.

[84] 马小杰，等. 青藏铁路道渣层热动态监测分析. 土木工程学会论文集. 2007.

[85] V. J. Lunardini. Analytical Methods for Ground Thermal Region Calculations. Thermal Design Considerations in Frozen Ground Engineering. New York：American Society of Civil Engineering，1986.

[86] Long. E. L. Permafrost Foundation Design. proceeding of the conference on applied techniques for cold environments，ASCE.，1978.

[87] Yarmak. E. and Long. E. L. Some Considerations Regarding the Design of Two – Phase Liquid/Vapor Convection Type Passive Refrigeration Systems. Final Proceedings of the Fourth International Conference on Permafrost，1984.

[88] Johnston. E. R.. Performance of the Trans – Alaska Oil Pipe – line. Final Proceedings of the Fourth International Conference on Permafrost，1984.

[89] Long. E. L. and. Yarmak. E.. Permafrost Foundations Maintained by Passive Refrigeration. Energy – sources Technology Conference and Exhibition，ASME，1982.

[90] Johnston. G. H. Performance of an insulated roadway on Permafrost. Invoke. N. W. T. Proc. 4th intl. Permafrost conf，Fairbanks，Alaska，1983.

[91] 李永强，等. 路基新结构—热棒路基试验研究. 兰州：中铁西北科学研究院，2006.

[92] 牛怀俊，等. 青藏铁路多年冻土路基冻胀变形特点与防治措施研究. 兰州：中铁西北科学研究院，2007.

[93] 李永强. 青藏铁路多年冻土区路基工程状态研究. 兰州：中铁西北科学研究院，2008.

[94] Edward Yarmak. Jr and Ewin L. Long. 液汽两相对流式无源冷冻系统的设计. 冻土译文专辑—热桩的设计和应用. 马原生译. 兰州：铁道部科学研究院西北研究所冻土室，1986.

[95] 马宗龙，等. 青藏高原多年冻土地区的几种房屋基础. 第二届全国冰川冻土学术会议论文集. 兰州：甘肃人民出版社，1983.

[96] 蒋富强，等. 青藏高原多年冻土区房屋基础试验研究. 兰州：中铁西北科学研究院，2007.

[97] Lynnw. Glower. 低温锚——北极基础设计探讨. 冻土译文专辑—热桩的设计和应用. 丁靖康译. 兰州：铁道部科学研究院西北研究所冻土室，1986.

[98] E. Dale Waters. 用热管稳定阿拉斯加输油管线高架地段的桩基. 冻土译文专辑—热桩的设计和应用. 马原生译. 兰州：铁道部科学研究院西北研究所冻土室，1986.

[99] Otto Womick，Jr.，Roger B. LeGoullon. 下沉的稳定. 冻土译文专辑—热桩的设计和应用. 马原生译. 兰州：铁道部科学研究院西北研究所冻土室，1986.

[100] Erwin L. long. 热环形桩和热棒基础系统. 冻土译文专辑—热桩的设计和应用. 丁靖康译. 兰州：铁道部科学研究院西北研究所冻土室，1986.

[101] Erwin L. Long. Long 热桩. 冻土译文专辑—热桩的设计和应用. 马原生译. 兰州：铁道部科学研究院西北研究所冻土室，1986.

[102] 加拿大北极基础有限公司. 加拿大北方基础工程. 冻土译文专辑—热桩的设计和应用. 丁靖康译. 兰州：铁道部科学研究院西北研究所冻土室，1986.

[103] Omar T. Faroki. Ground Thermal Properties. Thermal Design Considerations in Frozen Ground Engineering. New York：American Society of Civil Engineering，1986.

[104] J. F. Nixon. Case Histories of Ground Temperature Effexts. Thermal Design Considerations in Frozen Ground Engineering. New York ：American Society of Civil Engineering，1986.

[105] 程国栋，童伯良，罗学波. 路堤填土对冻土上限的影响. 青藏冻土研究论文集. 北京：科学出版社出版，1983.

［106］ 刘铁良．国外计算冻结或融化深度公式概述．冰川冻土，1983.
［107］ B. M. 伊耶夫朵夫，B. H. 加伊沃龙斯基．计算土冻结深度的概率原理．冻土译文专辑．刘铁良译．交通部科学研究院西北研究所，1974.
［108］ 美国陆军寒区研究与工程实验室．深季节冻土地区和多年冻土地区基础设计与施工．沈忠言译．兰州：中国科学院兰州冰川冻土研究所，1984.
［109］ 刘铁良．考虑气温波动的冻结（融化）深度计算方法．铁路地质与路基，1974.
［110］ 谢应钦，等．青藏高原多年冻土发育的气候条件．第二届全国冻土学术会议论文集．兰州：甘肃人民出版社，1983.
［111］ 李树德．青藏高原多年冻土的年平均地温与厚度．中国地理学会冰川冻土学术会议论文选集．北京：科学出版社，1982.
［112］ 李爱贞，等．气象学与气候学基础．北京：气象出版社，2001.
［113］ 冯师颜．误差理论与试验数据处理．北京：科学出版社，1954.
［114］ 程国栋，等．冻土路基表面的融化指数与冻结指数．冰川冻土，2004.
［115］ 梁钟琪．土力学及路基．北京：中国铁道出版社，1986.
［116］ Б. А. 克拉索维茨基．工程建筑物与冻土之间热量交换关系与力学相互作用．张富平译．吉林省水利科技情报中心，1980.
［117］ В. Л. 涅韦切里亚．关于秋末冬初西西伯利亚铁路土质路基含水率的预报问题．冻土译文专辑．刘铁良译．交通部科学研究院西北研究所，1974.
［118］ 同济大学热工教研组．传热学．北京：中国工业出版社，1961.
［119］ 徐绍新．论粘性土冻胀力的中断压力．第五届全国冰川冻土学大会论文集（上）．兰州：甘肃文化出版社，1996.
［120］ 章金钊，霍明，等．多年冻土地区公路路基稳定性技术问题与对策．北京：人民交通出版社，2008.
［121］ 美国陆军寒区研究与工程实验室．深季节冻土地区和多年冻土地区基础设计与施工．沈忠言译．兰州：中国科学院兰州冰川冻土研究所，1984.
［122］ 葛建军．青藏铁路路基工程设计情况汇报．中铁第一铁路勘察设计院，2006.
［123］ 边纯玉，等．青藏高原多年冻土地区地下水系统研究．第五届全国冰川冻土学大会论文集．兰州：甘肃文化出版社，1996.
［124］ 黄小铭，等．青藏高原多年冻土区土冻结融化特征探讨．青藏铁路多年冻土科研成果论文集．兰州：中铁西北科学研究院，2003.
［125］ Я. НОВИКФОВ．多年冻土地区挡土墙土压力的计算．ОСНОВАНИЯ ФУНДАМЕНТЫ И МЕХАНИКА ГРУНТОВ，1980.
［126］ 李长林，等．季节冻土区水工锚定板挡土墙试验研究．吉林水科所、松辽委员会科研所，1986.
［127］ 随铁令，等．季节冻土区挡土墙水平冻胀力的研究．黑龙江省水科所，1986.
［128］ 马同泽，侯增祺，等．热管．北京：科学出版社，1983.
［129］ 张健民，等．动荷载下桩与冻土间冻结强度试验研究．第五届全国冰川冻土学大会论文集（上）．兰州：甘肃文化出版社，1996.
［130］ 西北院、铁一院、冰川所．青藏高原多年冻土地区铁路勘察设计细则．1972.
［131］ 叶阳升，等．青藏铁路高原冻土区路基填土质量的控制研究．北京：铁道科学研究院铁道建筑研究所，2002.
［132］ 盛煜，等．正弦变温过程中冻土蠕变变形初步研究．第五届全国冰川冻土学大会论文集（上）．兰州：甘肃文化出版社，1996.
［133］ 朱林南，等．冻土退化与道路工程．第五届全国冰川冻土学大会论文集（上）．兰州：甘肃文化出版社，1996.

附录A 冻土学和冻土学词汇

A.1 冻土学及其分支学科

冻土学是研究冻土生成、发展规律；冻土的分布和特点；冻土地质过程（冷生过程）与控制；以及冻土工程性质等的科学。冻土学是在20世纪20年代，随着多年冻土地区工程建设的发展而诞生的。冻土学是地质学、地理学、地球物理学以及土木工程学的边缘学科。

冻土学有以下几个分支。

（1）普通冻土学：研究多年冻土的分布、厚度、温度状况等基本特征；多年冻土地区地下水分类、埋藏和径流条件；多年冻土区地形、地貌、冷生构造以及不良冻土物理地质现象的发生、发展规律和分布特点等。普通冻土学是在地质学、地貌学和地理学的基础上发展起来的。

（2）工程冻土学：研究冻土的基本工程性质；冻土地区工程活动引起的环境工程地质问题；不良冻土物理地质和工程地质现象的防治方法等。工程冻土学是在工程地质学、土质学、土力学和传统工程建筑学基础上形成的。

（3）冻土物理学：研究冻土的结构、构造和物理特性；冻土的相组成特征及其变化；冻土（正冻、已冻、正融）中能量和物质的输送规律等。冻土物理学是在地球物理学、大气物理学、土壤物理学、地球化学等基础上形成的。

（4）冻土力学：研究冻土的弹性、塑性和流变特性；冻土的强度；土冻、融过程的物理和力学作用；多年冻土地基基础的设计、计算方法和稳定性等。冻土力学是在土力学、热力学、散体结构力学、物理化学及近代物理学等学科的基础上发展起来的。

（5）冻土热物理学：研究冻土的热物理性质及其变化规律。冻土热物理学是在气象学、土壤学和矿物岩石学基础上形成的。

A.2 冻土学词汇

（1）冻土和多年冻土

具有零温或负温并含有冰的土体或岩石称为冻土；温度在0 ℃或0 ℃以下，但不含冰的土体或岩石，称为寒土。寒土又可分为不含冰和重力水的干寒土和不含冰但含负温盐水（或卤水）的湿寒土。

冻土按冻结状态保持时间的长短分类。

①短时冻土。冻结状态保持时间在数小时、数日以至半月的冻土。

②季节冻土。冻结状态保持时间在半月至数月的冻土。

③多年冻土。冻结状态保持时间在2年以上（数年至数万年以上）的冻土。

（2）多年冻土天然上限

天然条件下，多年冻土层的上部界面。即季节融化层的底面。

（3）多年冻土人为上限

人为因素（人类经济活动）影响下，多年冻土的上部界面。

（4）多年冻土下限

多年冻土层的下部界面。

（5）地温较差与地温年较差

地表或地中某深度处、某时间段的最高温度与最低温度之差。

地温年较差是指某一深度处地温在一年中最高与最低温度的差值（一般按一年中最热月与最冷月的月平均温度计算）。

（6）地温振幅与地温年振幅

地温较差的一半。地温年振幅是地温年较差的一半。

（7）地温年变化带深度

地表下地温年较差为0的深度。

（8）多年冻土年平均地温

地温年变化带深度处的地温。

（9）多年冻土厚度

多年冻土上限和下限之间的距离。

（10）活动层

近地表每年寒季冻结、暖季融化的土层，称为活动层。按其成因，活动层又可分为季节融化层和季节冻结层。前者是指多年冻土区地表每年发生季节融化的土层；后者是指季节冻土区（包括多年冻土中的融区），地表每年发生季节冻结的土层。

（11）衔接多年冻土和不衔接多年冻土

在垂直剖面上，季节融化层回冻后，冻结的融化层与多年冻土层相连接的，称为衔接多年冻土；如果不连接，则称为不衔接多年冻土。

（12）连续多年冻土区和不连续多年冻土区

在平面上，多年冻土区内，不同成因和不同面积的融区，制约着多年冻土的连续性。融区面积占多年冻土区面积在10%以下的，称为连续多年冻土区；融区面积占多年冻土区面积在10%以上的，称为不连续多年冻土区。不连续多年冻土又可分为：大片多年冻土区和岛状多年冻土区。

（13）高纬度多年冻土和低纬度高山（高海拔）多年冻土

地球上的多年冻土，按其分布地区和特点不同，可分为高纬度多年冻土和低纬度高山多年冻土。前者是指分布在北极圈、南极圈附近高纬度地区的多年冻土。后者是指分布在低纬度高原和高海拔山区的多年冻土。

（14）多年冻土南界和多年冻土下界

高纬度多年冻土区的最南部界线，称为高纬度多年冻土区的自然地理南界（其地球物理南界，是指年平均地温为0 ℃的等值线位置）。对于高山多年冻土，其分布的最低界线，称为高山多年冻土的分布下界。

（15）融区

多年冻土区，由于热喀斯特作用形成的非多年冻土地段。

（16）冻土总含水率

冻土中，所含冰和未冻水量的总质量与土骨架质量之比，用百分数表示。

（17）季节冻结层

每年寒季冻结、暖季融化，其层底年平均地温高于0 ℃的地表层。季节冻结层的下卧层为非冻结层或不衔接多年冻土层。

（18）季节融化层

每年暖季融化，寒季冻结，其层底年平均地温低于0 ℃的地表层。季节融化层的下卧层为多年冻土层。

（19）建筑物地基多年冻土人为上限

在建筑物影响下，地基多年冻土层顶面的埋藏深度。不同的建筑物，其人为上限的形态和埋深不同。

（20）盐渍化冻土

冻土中易溶盐的含量超过规定的限值时，称为盐渍化冻土。

（21）泥炭化冻土

冻土中，当土的有机质含量（泥炭化程度）超过规定的限值时，称为泥炭化冻土。

（22）融化下沉系数

冻土融化过程中，在自重作用下，产生的下沉量与融化前相应冻土层厚度之比值。

（23）融化压缩系数

冻土融化后，在单位荷载作用下，产生的相对压缩变形量。

（24）冻胀率

单位冻结深度的冻胀量。即某一冻结深度范围内的冻胀量与相应的冻结深度之比值。

（25）冻结强度

土与基础表面冻结在一起后，其界面的抗剪强度或抗拉强度。

（26）冻土抗剪强度

冻土抵抗剪切破坏的能力。

（27）冻胀力

土的冻胀受到约束时产生的力。

（28）切向冻胀力

地基土在冻结膨胀时，平行作用于基础侧表面的力。

（29）法向冻胀力

地基土在冻结膨胀时，垂直作用在基础底面的力。

（30）水平冻胀力

地基土在冻结膨胀时，沿水平方向作用在结构物或基础表面的力，也称侧面法向冻胀力。

（31）标准冻深

在季节冻土区，非冻胀黏性土，地表平坦、裸露、城市之外的空旷场地中，不少于10年实测最大冻深的平均值。

（32）标准融深

衔接多年冻土地区，对非融沉黏性土、地表平坦、裸露的空旷场地中，不少于10年实测最大融深的平均值。

(33) 气温冻结指数

一年中，低于 0 ℃的气温与相应持续时间乘积的代数和。

(34) 气温融化指数

一年中，高于 0 ℃的气温与相应持续时间乘积的代数和。

(35) 热融滑塌

在厚层地下冰分布的自然山坡，由于坡脚被破坏，地下冰暴露融化，上覆活动层土体失去支承，在剪（拉）应力作用下断裂破坏，土体坍塌至暴露融化的冰表面，与冰融水混和并沿冰面下溜的现象，称为热融滑塌。热融滑塌具有“朔源发展”的发展规律。

(36) 热融湖（塘）

多年冻土地区，由于热喀斯特（热侵蚀）作用，致使高含冰量冻土（地下冰）融化而形成的积水洼地。

(37) 冰锥

多年冻土地区，地下水在寒季流出地表冻结而形成的冰体。

(38) 冻土沼泽湿地

多年冻土区，由于冻土层的隔水作用，使地表长期潮湿、积水，生长喜湿和喜水植物，并有泥炭堆积的山前斜坡或山间洼地。

(39) 冻胀丘

寒季，地表封冻后，地下水冻结将上部土层胀起，形成的丘状地形。

(40) 边坡融冻泥流

含水率较大的细颗粒土路堑边坡，暖季融化时，形成饱和、过饱和泥流，沿坡面流动的现象。边坡融冻泥流可堵塞侧沟，严重时可掩埋线路，危害行车安全。

(41) 寒冻裂缝

活动层土体冻结过程中，冻结土层在温度应力和干缩应力作用下，出现的裂缝称为寒冻裂缝。

(42) 隧道冻、融圈

多年冻土地区，隧道洞身围岩受隧道内环境气温变化影响而产生的融化、冻结活动带。

(43) 自然通风基础的通风模数

指房屋基础通风空间中，进气孔与排气孔的总面积与房屋外部轮廓面积的比值。

(44) 热桩、热棒

用于多年冻土地区地基基础工程中的液、汽两相转换对流循环制冷装置。这种装置中，能够承受上部荷载的称为热桩，不能承受上部荷载的称为热棒。

(45) 冻土（结）层上水

分布在多年冻土层之上的地下水。

(46) 冻土（结）层间水

被多年冻土完全包围或部分包围的自由重力水

(47) 冻土（结）层下水

埋藏在多年冻土层之下的地下水。

(48) 冻土核

多年冻土地区，在路堤中形成的形似“喇叭”的多年冻土。

(49) 不良冻土现象

又称不良冷生现象。指多年冻土地区和季节冻土地区，由于季节冻结和融化作用而产生的对工程有不利影响的物理地质现象。如冰锥、冻胀丘、融冻泥流、热融滑坍、寒冻裂缝和热融湖（塘）等。

(50) 冻土构造

指冻土层内冰体和矿物层的空间排列特征。

(51) 整体状构造

冻土内没有肉眼能看得到较大冰体的构造。

(52) 层状构造

冻土内的冰呈层状分布的构造。它又可分为薄层状构造、厚层状构造等。

(53) 网状构造

冻土内由不同大小、形状和方向的冰体形成类似连续网格的构造。

(54) 冰夹层

指分布于冻土矿物层之间的冰体。如层状和网状构造冻土中的冰层。

(55) 包裹冰

指除胶结冰外的冻土中冰体的总称。如冻土中的孔隙冰、冰夹层、冰透镜体、果核状冰等。

(56) 未冻水含量

在一定负温条件下，冻土中未冻结的水的质量与干土质量之比。

(57) 土的起始冻结温度

指土中孔隙水开始结晶（发生冻结）的最高温度。也称为土的冻结温度。

(58) 冻土地温特征值

指多年冻土地温场中某些特定深度处的地温值。如：多年冻土的年平均地温、上限处地温的年平均值、基础底面处的最高地温等。

(59) 相对含冰量

冻土中冰的质量与全部水质量之比。

(60) 冻结锋面

土体冻结过程中，冻土与融土的分界面。

(61) 开敞系统

土体冻结过程中，有外来水源补给的冻结土体系统。

(62) 封闭系统

土体冻结过程中，无外来水源补给的冻结土体系统。

(63) 热棒地基、基础

在多年冻土地区，利用热棒的高效热传输能力，将地基中的热量传送、释放到大气中，以降低地基多年冻土温度的复合地基、基础系统。

(64) 房屋融化盘

采暖建筑物下，地基多年冻土部分融化，形成界面如盘、盆状的融土体，故称融化盘。

(65) 斜坡蠕动

多年冻土地区细颗粒土斜坡的活动层土体，在冻结、融化过程中，受冻胀（垂直坡面）和融化下沉（重力方向）作用，饱水土体沿斜坡向下缓慢移动（蠕动）的现象。斜坡移动（蠕动）的结果，形成台阶状的山坡。

(66) 岛状多年冻土

以岛状形式分布于季节冻土中的多年冻土。

(67) 片状多年冻土

大片连续分布，其中可能分布有融区的多年冻土。

(68) 高温多年冻土

在铁路工程中是指年平均地温高于或等于 -1.0 ℃的多年冻土。

(69) 低温多年冻土

在铁路工程中是指年平均地温低于 -1.0 ℃的多年冻土。

(70) 塑性冻土

土温较高（一般高于 -1.0 ℃），未冻水含量较多，具有一定压缩性的冻土。

(71) 坚硬冻土

土温较低，土矿物颗粒被冰牢固胶结，实际上不可压缩的冻土。

(72) 高含冰量多年冻土

指冻土工程分类中的富冰冻土、饱冰冻土和含土冰层的总称。

(73) 低含冰量冻土

指冻土工程分类中的少冰冻土和多冰冻土的总称。

(74) 厚层地下冰

指分布于多年冻土上限附近及其下多年冻土中的一种含土冰层，冰中的土块似悬浮于冰中，其厚度一般较大。

(75) 挡水保温护道

路堤两侧的填土构筑物。它的作用是阻挡地表水，使之远离路基，减小路堤下多年冻土上限的变化幅度，改善路堤多年冻土人为上限的形状，以提高路堤的稳定性。

(76) 通风管路堤

在路堤中埋设有通风管的路堤。这种路堤由于加强了对流换热，可减少传入地基多年冻土中的热量，从而提高路堤的稳定性。

(77) 块石路堤

在路堤结构中设计有块石、碎石层的路堤。可分为块石路堤，块石、碎石护坡路堤，块石、碎厂护道路堤等。

块石路堤是指在路堤本体中设有块石层的路堤；

块石、碎石护道路堤是指带有用块石、碎石修筑的护道的路堤；

块石、碎石护坡路堤是指路堤边坡用块石、碎石覆盖起来的路堤。

由于块石（碎石）层具有“热开关效应”，可使寒季传入路堤基底多年冻土中的冷量增大，从而提高路基的稳定性。

(78) 保温（隔热）层

指由导热系数较小（小于0.2 kcal/(m·h·℃)）的天然材料或工业制品制成的热阻滞层。

(79) 土工合成材料

岩土工程用合成材料的总称。一般有土工格栅、土工格室、无纺土工织物、编织土工织物等。

(80) 保温盲沟

在沟的四周设有保温层的排水盲沟。

(81) 路基过渡段

指路堤与路堑、路堤与桥台、路堤与涵洞等横向构筑物的过渡区域。在冻土路基工程中，还包括不同地基的过渡。如：多年冻土与融区的过渡、第四系沉积与基岩的过渡、高含冰量冻土与低含冰量冻土的过渡等。

(82) 冻胀过渡

不同成份的填料（土）其冻胀量不同。为防止路基在不同填料交界处出现冻胀台阶，在两种填料交界处设坡度连接，改变强冻胀性填料的厚度，使其冻胀量逐渐减小，以保持纵坡的平顺。

(83) 多年冻土环境

指多年冻土地区现存的自然环境和生态环境。多年冻土环境的主体是多年冻土，现存自然环境和生态环境的特点是由多年冻土的状态决定的。

(84) 地基回冻

在多年冻土地区，地基、基础的施工，不可避免要给地基多年冻土以热干扰，引起地基多年冻土的升温与融化，在基础周围形成一层融土和高温冻土。基础施工完成后，热干扰终止，地基多年冻土温度逐渐恢复，融化多年冻土逐渐冻结，地基逐渐恢复至施工前的状况，这一过程称为地基回冻。

(85) 混凝土抗冻临界强度

冬期浇筑的混凝土，在混凝土温度达冻结温度之前，必须达到的最低强度。

(86) 路基工后沉降

指路基竣工铺轨后，稳定人为上限形成前产生的沉降量。青藏铁路多年冻土地区的路基，其工后允许沉降量为 20 cm。

(87) 冻土力学参数的标准值

岩土样本试验值经概率统计分析，求得试验子样的平均值和标准差，再经数学期望和方差运算，得整体标准差。而后求出岩土参数整体平均值的置信区间后，确定的岩土参数。

(88) 冻土力学参数的特征值

原位试验测得的岩土参数，或通过极限应力状态理论分析计算求得的参数。其值小于起始临界荷载，或不大于极限临界荷载的某一百分数。如，地基承载力特征值是地基静载试验求得极限荷载对应的地基抗力的 1/2。

(89) 冻土力学参数的设计值

冻土力学参数标准值经设计修正后的值或特征值。

(90) 冻土的临界强度

通过“原位试验”或“极限应力状态理论”分析计算求得的冻土力学参数。分为起始临界强度和极限临界强度。

(91) 地基允许承载力

地基承载力特征值。冻土地基允许承载力是地基冻土的极限长期抗压强度值。

(92) 比例界限

荷载作用下，冻土弹性变形阶段对应的强度值，即起始临界强度值。

附录 B 路基模型试验

多年冻土上的路基，大多都是特殊结构的路基。路基结构的合理性和热防护措施的长期有效性，一般都要通过现场实体路基长期观测结果的分析才能确定。这种观测、分析研究方法，因其周期太长，在新结构冻土路基研究、设计中，无法推广应用。

为缩短试验、观测周期，获取冻土路基设计所需数据，一般采用路基模型试验。所谓路基模型试验，是在低温实验室条件下，建立设计新结构路基（原型）的模型，并模拟路基的天然运营环境，进行模型路基的运行试验。通过试验获取的数据，分析特殊路基结构设计的合理性和工程措施的长期有效性，为新结构特殊路基工程的优化设计提供依据。

模型路基是模仿原型路基（设计新结构路基）填筑的。模型路基与原型路基之间存在着物理相似关系，即所有同名物理量都相似，或者说所有的矢量在方向上相应一致，在数值上相应地成比例。在这种情况下，模型路基和原型路基之间只有大小比例的不同，其运行的物理过程在本质上是一致的。

B.1 模型试验基本知识

相似理论是实验与模型方法的基础。了解相似理论的基本知识，是正确进行模型设计和实验的前提。

B.1.1 相似现象

我们的物质世界存在着各种各样的现象。

在相似研究方法中，常常提到同类物理现象、个别现象和相似现象。同类物理现象是指用同一基本物理方程组（方程中各参数和变数具有相同的物理意义）所描述的现象的总和；个别现象是指同类物理现象中，由一定单值条件所决定的现象；相似现象是指同类现象中，特征量（首先是单值条件）相似的现象。

所谓现象相似，是指处在几何相似物系中，进行着同一（性质）过程的物理现象，如果它们所有的特征量都相似，即所有的向量在几何上相似，所有的标量都相应地成比例，则这一类现象相互相似。,

相似的概念是从初等几何学中借用来的。相似三角形是大家所熟悉的：如果两个三角形的对应角相等（$\angle A=\angle A'$，$\angle B=\angle B'$，$\angle C=\angle C'$），对应边成比例（三角形 1 的边长为 a，b，c，三角形 2 的边长为 a'，b'，c'）即$\frac{a'}{a}=\frac{b'}{b}=\frac{c'}{c}=m_{\mathrm{L}}=$常数，则两个三角形相似。

从三角形相似可以看出，一个三角形的边长，可用另一三角形的边长乘以某倍数来获得。即：$a'=m_{\mathrm{L}}a$；$b'=m_{\mathrm{L}}b$；$c'=m_{\mathrm{L}}c$。

依此类推：相似现象每个物理量的大小，都可以一定倍数的转换来获得。

物理量相似可用下面数学方程来表示：

（1）标量（如温度）相似

$$\frac{\theta'_1}{\theta_1}=\frac{\theta'_2}{\theta_2}=\cdots=\frac{\theta'_{\mathrm{i}}}{\theta_{\mathrm{i}}}=M_\theta=\text{常数}$$

（2）向量（如速度）相似

$$\frac{u'_i}{u_i}=\frac{u'_{ix}}{u_{ix}}=\frac{u'_{iy}}{u_{iy}}=\frac{u'_{iz}}{u_{iz}}=M_{\mathrm{u}}=\text{常数}$$

式中　向量 u_i——可理解为它的绝对值；

M_{u}、M_θ——比例常数，即相似比例（相似常数或相似变换比倍数）。

相似现象的每一种物理量，其相似常数都有其独特的值。

如果表示两现象特性的各物理量互成比例，而且，每一种类的物理量，在系统的所有点上，其比例系数具有恒定的数值时，则现象相似。

设，表征某一现象特性的物理量为 X_1，X_2，…，X_n，表征另一与之相似现象特性的物理量为 X'_1，X'_2，…，X'_n，相似常数为 m_{X1}，m_{X2}，…，$m_{\mathrm{X}n}$。

则，两相似现象特征物理量转换的数学表达式的一般形式为：

$$X_i=m_{\mathrm{X}i}X'_i\Big|_{i=1}^{i=n}$$

同类量替换法则：

对相似的物理量，任何形式的比值（相似常数）都保持着自己的不变数值。

设：u 和 u'为两相似现象的特征量，如果：

$$\frac{u'_1}{u_1}=\frac{u'_2}{u_2}=m_{\mathrm{u}}=\text{常数成立,则:}$$

$$\frac{u'_1+u'_2}{u_1+u_2}=\frac{u'_1-u'_2}{u_1-u_2}=\frac{\Delta u'}{\Delta u}=m_{\mathrm{u}}=\text{常数,成立。}$$

由于常量的极限就是他本身，因此，

$$\lim_{\Delta u\to 0}\left(\frac{\Delta u'}{\Delta u}\right)=\frac{du'}{du}=m_u=\text{常数}$$

根据这一法则，在推导物理现象的相似准则时，对于特征量的任何一阶导数，可用相应特征量的比值（幂次组合量）即积分类比来代替。

例如：在研究热传导现象时，包含在导热基本微分方程中的偏微分$\frac{\partial t}{\partial \tau},\frac{\partial t}{\partial x},\cdots\cdots\frac{\partial^2 t}{\partial x^2}\cdots\cdots$，可以用它们的积分类比$\frac{t}{\tau}$，$\frac{t}{x}$，…，$\frac{t^2}{x^2}$…来代替。

特征量是指表征现象存在、运行规律的物理量。特征量包括空间、时间、动力、运动、温度等。特征量相似的物理含义是：

（1）空间（几何）相似，对应角相等，所有线性尺寸相应成比例；

（2）时间相似（谐时性），对应的时间间隔成比例；

（3）运动相似，速度场（加速度场）是几何相似的，即所有速度的方向相同，大小相应成比例；

（4）动力相似，力场是几何相似的，即所有的作用力的方向相同，大小相应成比例；

（5）温度相似，温度场的几何相似，即所有温度都相应成比例。

B. 1. 2　量纲与相似变换

在人们的生产和生活中，常常需要测量各种物理量，以评价各种物理过程。

测量任何一个物理量，就是将它与选作测量单位的同类量相比。测量值的大小，就是比较它们所得的比值。

被测量之量的单位，称为它的量纲。

物理量的单位分为基本单位和导出单位。长度、质量、时间、温度等是基本单位。导出单位是由基本单位综合而成，如力、热量等。因此，量纲也分为基本量纲和导出量纲。

例如：根据牛顿运动第二定律，作用于物体上力的大小与物体的质量和物体获得的加速度成正比，可用下面物理方程来表示：

$$f = Ama \tag{B.1}$$

式中　f——作用于物体上的力；

m——物体的质量；

a——物体获得的加速度；

A——比例系数。

绝对单位系统规定：在选择单位时，应使比例系数 A 为 1。这样，方程（B. 1）变为：

$$f = ma \tag{B.2}$$

力 f 的量纲就是方程右边部分各量量纲的综合。如果质量的单位选 kg，加速度的单位选 m/s^2，则 f 的量纲为 $m \cdot kg \cdot s^{-2}$。

傅里叶规则：以单位系统表示的物理方程，当转换测量单位时，不改变方程的形式。

为了满足上述条件，对用基本量 a 表示导出量 b 之方程的形式，必须作出一定限制。

例如，将上面方程中的质量 m 的测量单位缩小 c_m 倍，加速度 a 的测量单位缩小 c_a 倍。那么，作用力 f 应该如何变化呢？

设作用力的减少倍数为 c_f。

将 $c_m m' = m, c_a a' = a, c_f f' = f$ 代入方程（B. 2），得：

$$c_f f' = c_m m' \cdot c_a a'$$

整理得：

$$f' = \frac{c_m c_a}{c_f}(m'a')$$

要保持方程的形式不变，其比例系数应为 1。

令：$\frac{c_m c_a}{c_f} = 1$，得转换单位后的物理方程：$f' = m'a'$。该方程的形式与方程（B. 2）相同。

从 $\frac{c_m c_a}{c_f} = 1$，得 $c_f = c_m c_a$。即：要保持方程不变化，在单位转换时，力 f 的减小倍数应等于 m 和 a 减小倍数的乘积。

$c_f = c_m c_a$ 是无量纲数的组合。

已定的无量纲组合的不变性，（即在相对应的空间点上和相对应的时刻，其无量纲组合相等）是变数作相似变换时，基本方程保持不变的必要和充分条件。

现对热传导基本微分方程作相似变换，来分析保持方程不变的条件。

设：原型的基本微分方程为：

$$\frac{\partial t}{\partial \tau}+\frac{\partial t}{\partial x}\omega_x+\frac{\partial t}{\partial y}\omega_y+\frac{\partial t}{\partial z}\omega_z=a\left(\frac{\partial^2 t}{\partial x^2}+\frac{\partial^2 t}{\partial y^2}+\frac{\partial^2 t}{\partial z^2}\right) \tag{B.3}$$

现进行相似变换。

设：模型的微分方程为：

$$\frac{\partial t'}{\partial \tau'}+\frac{\partial t'}{\partial x'}\omega'_x+\frac{\partial t'}{\partial y'}\omega'_y+\frac{\partial t'}{\partial z'}\omega'_z=a'\left(\frac{\partial^2 t'}{\partial x'^2}+\frac{\partial^2 t'}{\partial y'^2}+\frac{\partial^2 t'}{\partial z'^2}\right) \tag{B.4}$$

由于模型与原型相似，模型与原型的各单值量应成比例。得如下相似现象的数学表示式：

$$\frac{t'}{t}=m_t,\frac{\tau'}{\tau}=m_\tau,\frac{x'}{x}=\frac{y'}{y}=\frac{z'}{z}=\frac{l'}{l}=m_l,\frac{\omega'_x}{\omega_x}=\frac{\omega'_y}{\omega_y}=\frac{\omega'_z}{\omega_z}=\frac{\omega'}{\omega}=m_\omega,\frac{a'}{a}=m_a。$$

式中　m_t，m_τ，m_l，m_ω，m_a——常数。

从上面数学变换式可得：$t'=m_t t$，$\tau'=m_\tau \tau$，$x'=m_l x$，$y'=m_l y$，$z'=m_l z$，$\omega'_x=m_\omega \omega_x$，$\omega_y'=m_\omega \omega_y$，$\omega'_z=m_\omega \omega_z$，$a'=m_a a$。

将上面各值代入方程（B.4），得相似现象的导热微分方程：

$$\frac{m_t \partial t}{m_\tau \partial \tau}+\frac{m_\omega m_t}{m_l}\left(\frac{\partial t}{\partial x}\omega_x+\frac{\partial t}{\partial y}\omega_y+\frac{\partial t}{\partial z}\omega_z\right)=\frac{m_a m_t}{m_l^2}a\left(\frac{\partial^2 t}{\partial x^2}+\frac{\partial^2 t}{\partial y^2}+\frac{\partial^2 t}{\partial z^2}\right) \tag{B.5}$$

为保持方程（B.4）、（B.5）的不变性，方程（B.5）各项的系数必须相等，即：

$$\frac{m_t}{m_\tau}=\frac{m_\omega m_t}{m_l}=\frac{m_a m_t}{m_l^2}$$

即：

$$\frac{m_t}{m_\tau}=\frac{m_a m_t}{m_l^2}\qquad \frac{m_\omega m_t}{m_l}=\frac{m_a m_t}{m_l^2}$$

或者把上式化为等于1的比式：

$$\frac{m_a m_\tau}{m_l^2}=m_{\left(\frac{a\tau}{l^2}\right)}=1;\frac{m_\omega m_l}{m_a}=m_{\left(\frac{\omega l}{a}\right)}=1 \tag{B.6}$$

由此可见，已定的无量纲相似比例的组合必须等于1，方程的形式才能保持不变。也就是说，相似现象的上述无量纲组合应当保持不变。

将变数代入式（B.6），得：

$$\frac{m_a m_\tau}{m_l^2}=\frac{\frac{a'}{a}\frac{\tau'}{\tau}}{\frac{l'^2}{l^2}}=1;\frac{m_\omega m_l}{m_a}=\frac{\frac{\omega'}{\omega}\frac{l'}{l}}{\frac{a'}{a}}=1$$

或

$$\frac{a'\tau'}{l'^2}=\frac{a\tau}{l^2}=\text{不变量};\frac{\omega' l'}{a'}=\frac{\omega l}{a}=\text{不变量}$$

以上所述为无量纲组合的不变性，但不是常量。因为上述无量纲组合仅仅在该系统的对应点上才相等。对非稳定过程来说，除在对应点外，还应处在对应时刻。对该系统的不同的点（和不同的时刻）来说，上述组合可以是不同的。

无量纲组合的不变性，是物理相似的数量特征，即物理相似的判据。这些无量纲组合称为相似准则（有时也叫相似不变量）。

由已知量组成的相似准则，称为已定相似准则。

在叙述相似理论时，需要决定描述现象的物理方程中各项的量纲。

例如，热力学第一定律，在工程单位系统中为下式：

$$Q = \Delta U + AL$$

其中，Q 和 U 以 kcal 来测量，而功 L 以 kg · m 来测量，则 A 的量纲应为 kcal/（kg · m）。这样，方程的三项就得到同一个量纲（kcal）。

B. 1. 3 相似三定律

相似理论是实验和模型方法的基础。相似理论的核心是相似三定律。

描述自然界被研究现象特性的物理方程的存在，是相似基本定律形成的必要条件。

（1）相似第一定律：凡彼此相似的现象，必定具有数值相同的相似准则。

今以牛顿运动第二定律来说明相似第一定律的导出。

对于第一现象有：

$$\vec{f} = m\frac{\mathrm{d}\vec{\omega}}{\mathrm{d}\tau} \tag{B.7}$$

对于第二现象有：

$$\vec{f}' = m\frac{\mathrm{d}\vec{\omega}'}{\mathrm{d}\tau'} \tag{B.8}$$

由于两现象相似，两现象各物理量间存在以下关系：

$$f' = c_{\mathrm{f}}f;m' = c_{\mathrm{m}}m;\omega' = c_{\omega}\omega;\tau' = c_{\tau}\tau$$

将上面各值代入方程（B. 8），得：

$$\left[\frac{c_{\mathrm{f}}c_{\tau}}{c_{\mathrm{m}}c_{\omega}}\right]\vec{f} = m\frac{\mathrm{d}\vec{\omega}}{\mathrm{d}\tau} \tag{B.9}$$

表示式$\frac{c_{\mathrm{f}}c_{\tau}}{c_{\mathrm{m}}c_{\omega}}$（=c）称为“相似指标”或“相似常数”，即上面提到的“相似准则”。

在方程（B. 9）中，若“相似常数”等于 1，则方程（B. 9）和方程（B. 7）的形式完全相同。令：

$$\frac{c_{\mathrm{f}}c_{\tau}}{c_{\mathrm{m}}c_{\omega}} = 1 \tag{B.10}$$

式(B. 10）称为“相似条件”。

要满足式(B. 10）的条件，组成相似常数的各量是不能任意选择的。在这一相似常数中，只有其中的三个量可以是任意的，而第四个量则由式(B. 10）来确定。

只有相似常数服从相似条件，两现象才能相似。

式(B. 10）是相似第一定律的数学表达式。

因此，相似第一定律可以这样来描述：对相似的现象，其相似指标等于 1。

将 $c_{\mathrm{f}} = \frac{f'}{f}$，$c_{\tau} = \frac{\tau'}{\tau}$，$c_{\mathrm{m}} = \frac{m'}{m}$，$c_{\omega} = \frac{\omega'}{\omega}$，代入式(B. 10)，得：

$$\frac{f\tau}{m\omega} = \frac{f'\tau'}{m'\omega'} = k(\text{不变量}) \tag{B.11}$$

对所有相互相似的现象，综合数群（相似准则）$\frac{f\tau}{m\omega}$（$=k$）相同。

这样，相似第一定律也可以这样来描述：凡彼此相似的现象，必定具有数值相同的相似准则。

在力学相似准则中，通常将其中的时间物理量去掉，而用一些其他形式的物理量来表示：

因为，$\mathrm{d}\omega=\frac{\mathrm{d}l}{\mathrm{d}\tau}$，所以，$\mathrm{d}\tau=\frac{\mathrm{d}l}{\mathrm{d}\omega}$

将 $\mathrm{d}\tau=\frac{\mathrm{d}l}{\mathrm{d}\omega}$代入 $c_\tau=\frac{\tau'}{\tau}=\frac{\mathrm{d}\tau'}{\mathrm{d}\tau}$，得：$c_\tau=\frac{c_l}{c_\omega}$

所以，$\frac{c_f c_\tau}{c_m c_\omega}=\frac{c_f c_l}{c_m c_\omega^2}=1$

从上式得：$\frac{fl}{m\omega^2}$= 不变量。

以上准则称为牛顿判据，以 N_e 表示之。

相似准则的获得，也可直接从方程(B. 7）求得。为此，应将力、质量、速度和时间，转换成相似的相对单位。;

设：f_0，m_0，ω_0，τ_0 为系统某一点上选定的相对测量单位。令：，$F=\frac{f}{f_0}$、$M=\frac{m}{m_0}$、$W=\frac{\omega}{\omega_0}$、$T=\frac{\tau}{\tau_0}$，为以这种相对测量单位表示的力、质量、速度和时间。

将相对单位表示的这些量代入方程（B. 7），得：

$$\frac{f_0\tau_0}{m_0\omega_0}F=M\frac{\mathrm{d}W}{\mathrm{d}T} \tag{B. 12}$$

式(B. 12）中的 F、M、W、T，在整个相似现象群都是相同的。$\frac{f_0\tau_0}{m_0\omega_0}=k$ 为以测量单位表示的相似不变量。

这种相似不变量也称为“无变量判据”。

方程（B. 7）对相似的现象在文字上是相同的。从中导出的判据，对所有相似的现象数值相等。

由关系方程（B. 7）转变而成的方程（B. 12）由 F、M、W、T 等量组成，这些量对所有相似的现象，其数值是相同的。也就是说，这些量是相似不变量，是无量纲的“简单数群”。

$F(=\frac{f}{f_0})$是同类物理量的比例，是不变量。但 f 和 f_0 对相似现象群的每个现象则不相同。方程（B. 12）中包含的无变量判据$\frac{f_0\tau_0}{m_0\omega_0}=k$，在所有的相似现象中都具有相同的数值。即$\frac{f_0\tau_0}{m_0\omega_0}=k$ 也是相似不变量，是无量纲的“综合数群”。

（2）相似第二定律：凡具有同一特征的现象，当单值条件彼此相似，且由单值条件的物理量组成的相似准则在数值上相等时，则这些现象必定相似。

相似第二定律是相似第一定律的逆定律。它指出了满足什么条件，现象才能相似。第二定律同时也告诉人们，在制作模型时，应遵守哪些条件，才能保证模型的运转过程与原型的过程相似。

从前面分析可知，对于物理现象的相似，除单值条件相似外，只要已定相似准则保持不变就足够了。也就是说，已定相似准则不变和单值条件相似是物理相似的必要和充分条件。也是模型设计所必须满足的条件。

（3）相似第三定律：当一现象由 n 个物理量的函数关系式来表示，且这些物理量中含有 m 种基本量纲时，则能得到（$n-m$）个相似准则。描述这一现象的基本方程可表示成（$n-m$）个相似准则的函数关系式。

相似第三定律则告诉人们，如何整理实验结果，得到描述研究现象的基本方程，将从模型上得到的实验结论，推广到原型或与之相似的实物上去。

相似第三定律是在确认现象相似的前提下提出来的。因此，第三定律的假设前提应是：现象在几何相似的系统中进行，服从于同一个关系方程，其单值量相似，且由这些单值量组成的相似准则相等。

综上所述，可以总结出物理现象相似的必要和充分条件：

已定相似准则不变和单值条件相似是物理现象相似的必要和充分条件。换句话说，只有满足下面条件，物理现象才能相似。

①现象具有空间（几何）相似，描述现象各量间的关系方程在文字上相同。

②对变量作相似变换时，基本方程组具有不变性。即同时存在以下两个方程组：

$$f(u_1,u_2\cdots\cdots u_n)=0 \tag{B.13}$$

$$f(m_1u_1,m_2u_2\cdots\cdots m_nu_n)=0 \tag{B.14}$$

式中　u_1、u_2、u_n——不同的变量；

m_1、m_2、m_n——对应的相似比例常数。

并且，由相似比例常数组成的相似指标等于 1。

③基本方程组的所有物理参数均相似。

④对于非稳定过程，在过程的初始时刻，所有变数场均相似。

⑤边界条件（在相同边界上的条件）相似。

目前普遍采用的相似论研究方法有两种：

①基于对基本微分方程组和单值条件的分析；

②基于量纲分析。

B.1.4　基本方程组和单值特解

自然界中每一类物理现象的规律，在数学上都可以用所谓基本方程或基本方程组来描述。如描述热传导现象基本规律的微分方程、描述质点运动规律的牛顿方程、描述电路系统电势变化规律的基尔霍夫方程等。

为了把某一个别现象从该类物理现象中区分出来，还必须有相应的具体条件，即单值条件。

单值条件包括：

（1）物理条件：工质（它的运动和变化构成了研究现象的内容）的具体性质。通常是工质的聚合状态和物理参数（基本方程的参数）。

（2）空间（几何）条件：研究现象发生空间的几何形状和大小。它和边界条件结合起来，决定着研究现象的空间维数（一维、二维、三维）及坐标系统的选择。

（3）时间条件：发生所研究现象时的条件（初始条件），以及所研究过程的定常性或非定常性。

（4）边界条件：同周围介质相互作用的条件。

有了基本方程组和确定的单值条件，即可求得描述某一个别现象的单值特解。

今以热传导基本微分方程，来求解无限平板壁中稳定热传导的特解为例，来了解单值特解的求解过程。

如前所述，描述热传导现象的基本微分方程具有以下形式：

$$\frac{\partial t}{\partial \tau}+\frac{\partial t}{\partial x}w_x+\frac{\partial t}{\partial y}w_y+\frac{\partial t}{\partial z}w_z=a\left(\frac{\partial^2 t}{\partial x^2}+\frac{\partial^2 t}{\partial y^2}+\frac{\partial^2 t}{\partial z^2}\right) \tag{B.15}$$

式中　τ——时间；

x、y、z——流动坐标；

w——在研究点（x、y、z）上介质的流动速度；

w_x，w_y，w_z——速度沿坐标轴的投影（分量）；

t——研究点（x、y、z）处的温度；

a——导温系数（与温度无关）。

现引入单值条件，求平板壁热传导特解。

第一个单值条件是物理条件，因为传热工质为固体平板壁，其导温系数 a 是定值，平板壁中各微元之间无相对位移，故 $w=w_x=w_y=w_z=0$；

这样，基本微分方程变为：

$$\frac{\partial t}{\partial \tau}=a\left(\frac{\partial^2 t}{\partial x^2}+\frac{\partial^2 t}{\partial y^2}+\frac{\partial^2 t}{\partial z^2}\right) \tag{B.16}$$

第二个单值条件是空间条件，研究现象发生在壁厚为 s 的无限平板壁中，热传导现象是一维的。即 $\frac{\partial t}{\partial y}=\frac{\partial t}{\partial z}=0$。故基本微分方程变为：

$$\frac{\partial t}{\partial \tau}=a\frac{\partial^2 t}{\partial x^2} \tag{B.17}$$

第三个单值条件是时间条件，研究的是稳定导热，温度不随时间而变化。即 $\frac{\partial t}{\partial \tau}=0$。故基本微分方程变为：

$$a\frac{\partial^2 t}{\partial x^2}=0 \tag{B.18}$$

因为 $a\neq 0$，故 $\frac{\partial^2 t}{\partial x^2}=0$

将上式积分，得：$\frac{\mathrm{d}t}{\mathrm{d}x}=c$

第四个单值条件是边界条件，在稳定导热情况下，平板壁的表面温度为：$x=0$ 时，$t=t_1$；$x=s$ 时，$t=t_2$；垂直壁面进入和流出平板壁的热流 q 是一常数，即进入平板（$x=0$）的热流和流出平板（$x=s$）的热流均为：

$$q=-\lambda\frac{dt}{dx}=\text{常数}$$

故得积分常数 $c=-\frac{q}{\lambda}$

式中　λ——平板壁的导热系数；

故基本微分方程变为：

$$\frac{\mathrm{d}t}{\mathrm{d}x}=-\frac{q}{\lambda}$$

将上式积分，得平板壁稳定导热特解：

$$q=\frac{\lambda}{s}(t_1-t_2)=\frac{\Delta t}{R} \tag{B. 19}$$

式中　R——热阻，$R=s/\lambda$；

Δt——温差，$\Delta t=t_1-t_2$。

B. 1. 5　准则方程

已定相似准则的不变性是相似的必要条件。而待定相似准则的不变性则是物理现象相似的结果。两种相似准则之间就存在着一定关系，在数学上可以表示为待定相似准则对已定相似准则的函数关系：

$$k_u=f(k_1,k_2,\cdots,k_n) \tag{B. 20}$$

式中　k_u——待定相似准则；

k_1，k_2，…，k_n——已定相似准则。

待定相似准则对已定现象准则的函数，称为准则方程。准则方程是基本微分方程组的特解。

确定准则方程函数关系具体形式的方法有两种：经验法和分析法。

（1）经验法：

经验法的具体作法是：

①由试验测量出相似准则中所包括的所有物理量；

②把试验数据配成准则的形式，并将结果用准则关系的图表形式表示出来，必要时归纳出经验公式。

经验法有以下缺点：

①实际应用的局限性。只有在已定相似准则为两个，最多三个的情况下，才能运用这种方法；

②在很多情况下，必须把实验得来的关系分为若干段，对于其中的每一段有不同的经验公式；

③经验准则方程只对所研究的准则数值范围是适应的。

分析法：

分析法就是对基本微分方程组求分析解（准确的或近似的）。该分析解应表示成准则的形式，并包括全部必需的相似准则。在实验验证（比较理论的与实验的规律性）后，这样所得的准则方程就能够用于以后的研究和工程设计上。

如果任何一个相似准则在某一数值范围内变动时，现象的相似性质实际上并不破坏，则对于该准则而言，这种现象叫做“自模拟”。该准则的相应数值范围叫“自模拟区”。

当所论物理现象群对某一已定相似准则为自模拟时，准则方程就不包括该准则。

下面以有压导管为例，来说明建立和求解准则方程的一般方法。

设：管道中为压力降 Δp 的流体。求流体各物理量间的关系。该关系必须表示为基本量（长度 l、质量 m、时间 τ）与导出量（速度 ω、密度 ρ、黏度系数 μ、导管直径 d）间的无量纲关系的形式。

按假设要求，所求的关系式应有如下的形式：

$$\varphi(\omega\rho\mu\Delta pdlm\tau)=0 \tag{B.21}$$

根据量纲理论，在该讨论问题中，各物理量单位转换之乘数（倍数）间的关系如下：

$$c_{\mathrm{d}}=c_{\mathrm{l}};c_{\omega}=\frac{c_{\mathrm{l}}}{c_{\tau}};c_{\rho}=\frac{c_{\mathrm{m}}}{c_{\mathrm{l}}^{3}};c_{\mu}=\frac{c_{\mathrm{m}}}{c_{\mathrm{l}}c_{\tau}};c_{\Delta\mathrm{p}}=\frac{c_{\mathrm{m}}}{c_{\mathrm{l}}c_{\tau}^{2}}。$$

从上面五个关系式，可得到相应的五个相似条件：

$$\frac{c_{\mathrm{d}}}{c_{\mathrm{l}}}=1;\frac{c_{\tau}c_{\omega}}{c_{\mathrm{l}}}=1;\frac{c_{\mathrm{m}}}{c_{\rho}c_{\mathrm{l}}^{3}}=1;\frac{c_{\rho}c_{\omega}c_{\mathrm{l}}}{c_{\mu}}=1;\frac{c_{\Delta\mathrm{p}}}{c_{\rho}c_{\omega}^{2}}=1。$$

从上面五个相似条件，可以得到相应的五个相似准则（相似不变量）：

$$\frac{d}{l};\frac{\omega\tau}{l};\frac{\rho l^{3}}{m};\frac{\rho\omega l}{\mu};\frac{\Delta p}{\rho\omega^{2}}$$

根据相似第三定律，该问题的准则方程应由五个相似准则组成。但由于$\frac{d}{l}$和$\frac{\rho l^{3}}{m}$是两个多余的相似准则（因为这两项总是常数，它们是由于在式子中引入了基本单位才出现的），故准则方程为如下形式：

$$\varphi\left(\frac{\omega\tau}{l},\frac{\rho\omega l}{\mu},\frac{\Delta p}{\rho\omega^{2}}\right)=0 \tag{B.22}$$

通过实验，测定准则方程中的物理量，绘制有关图表，或建立经验公式。

B.2　路基模型试验

多年冻土地区的路基工程，每年要经受一次冻融循环。冻融循环是检验多年冻土地区路基技术状态好坏的试金石。如果冻土路基的使用技术状态不受冻融循环作用的影响，则说明冻土路基的设计是合理的，路基是热、力稳定的。相反，如果路基的技术状态随冻融循环而变化，影响线路的正常运营，则冻土路基的设计是不合理的，路基在热学上和力学上都是不稳定的。

B.2.1　模拟实验的基本规定

模拟就是在实验室用缩小的（有时是放大的）模型来进行现象研究的方法。

模拟是用模型来类比原型的功能，通过模型的运行试验，获取试验数据，间接地分析原型的某些规律性（特性），以指导工程实践。因此，模拟实验也常常称为模型实验。

模拟一般可分为以物理相似（或几何相似）为基础的物理模拟和以数学相似为基础的数学模拟。物理相似仅能在同类物理现象中发生；数学相似又称数学类比，即采用形式上完全相同的基本微分方程组（和边界条件方程）来描述不同类型的物理现象。

冻土路基热、力稳定性的好坏，只有经过冻融循环考验，方能结论。由于试验观测周期（一个周期就是一年）太长，因此，在大多数情况下，为评价冻土路基抗冻融循环的稳定性，还需求诸模拟实验。

下列情况，一般必须采用模拟实验方法：

①当需要研究的工程现象很难直接进行研究，或根本不能进行直接研究时；

②当需要研究新设计的工程对象时。这里的模型就是与工程对象相似的“雏形”。用这个模型可以获得与新设计的工程对象相似的现象；

③当现场实验周期太长，不能满足工期要求时。

为了正确的模拟现象，模型试验必须且只须遵守以下基本规定：

①模型的现象与原型的现象应当属于同一类型，即用同一基本微分方程组描述；

②在模型与原型的相应断面上，已定相似准则在数值上必须相等（自模拟除外）；

③模型和原型的基本微分方程组中的同名物理量必须相似（相应成比例）。

B. 2. 2 模型设计

冻土路基模型实验包括路基本体和路基附属建筑物的模型实验。

按照相似理论进行模型实验的基本步骤是：

①按照相似第二定律，模仿原型设计、制作模型；

②进行模型实验，测取实验数据；

③按相似第三定律，整理实验数据，把模型上得到的结果，推广到原型上去。

（1）冻土路基模型的属性

冻土路基的力学稳定性，取决于路基和路基系统的热学稳定。实践表明：没有热稳定的多年冻土环境，就没有冻土路基的力学稳定。路基和路基系统中的热传输过程，是影响冻土路基力学稳定性的主要因素。

路基和路基系统表面状态的变化，路基活动层热阻的变化，都将引起路基和路基系统冻结、融化深度的变化，影响路基的热、力稳定性。冻土路基特殊结构和热防护措施的设计，都是为确保路基系统多年冻土环境的热稳定性。

因此，冻土路基模型首先应是热力学模型。模型与原型应是热力学相似的。

路基中的热传输以传导为主，在一般情况下，可采用傅里叶导热微分方程来描述路基中的热传输过程。但对于片石路基和通风管路基，模型设计，除考虑传导外，还应考虑对流换热。

（2）路基模型比例尺寸的确定

模型与原型应是几何相似的。冻土路基模型比例尺寸的确定，应根据低温实验室的条件、实验目的、材料性能、加工能力和控温、测试仪表的精度等综合确定，一般为1∶10～1∶50。

据铁道部科学研究院西北研究所以往的冻土路基模型实验：模型多采用1∶10的比例尺

寸。作锚杆模型实验时，模型体的直径应为锚杆直径的 10 ~ 20 倍。在非冻土地区，土中锚杆的有效长度不大于 8 m，岩石锚杆的有效长度不大于 4 m。作拔桩或压桩模型实验时，模型土体的直径应不小于桩直径的 5 ~ 6 倍。路基模型的长度应不小于高度的 3 倍。

(3) 建筑材料、土体的相似

按照上面模型实验的规定（第三条），模型结构的几何尺寸、材料特性、地基土和填土的物理性质等都应该与原型相似。但在实际模型试验中，有些物理量是无法按比例缩小的。如结构材料的密度、地基土的粒径级配等。因此，在路基模拟试验中，一般不考虑结构材料、地基土、填土等的相似。

(4) 边界条件

模型运行环境温度采用各月平均气温，按正弦曲线控制。模型运行周期根据模型比例确定。

冻土路基模型试验具有试验周期相对较短，模型制作和运行控制相对简单等优点。通过试验可较详细地了解设计冻土路基在多次冻融循环过程中稳定性的变化规律，为冻土路基的优化设计提供依据。

为准确控制模型环境温度的变化，应采用二次控温技术。

附录 C 低温混凝土配合比的设计与施工

C.1 普通混凝土配合比的设计与施工

普通混凝土的设计配合比可参照《公路工程水泥混凝土试验规程》(JTJ053-83)附录一的步骤，采用经验资料和经验公式，通过试配确定。

为确保混凝土的设计强度，要求混凝土的施工试配强度应为设计强度 1.15 ~ 1.20 倍。在有混凝土强度历史标准差或变异系数统计资料时，混凝土的施工试配强度可采用下面公式计算确定：

$$R_{\rm p}=\frac{R}{1-tC_{\rm v}} \tag{C.1}$$

$$或\ R_{\rm p}=R+t\sigma_{n-1} \tag{C.2}$$

式中 $R_{\rm p}$——混凝土施工配制强度；

R——混凝土设计标号；

t——混凝土强度保证率系数（采用 t 分布，一般取 85% 的保证率）；

$\sigma_{\rm n-1}$——混凝土强度标准差，其值为

$$\sigma_{\rm n-1}=\sqrt{\frac{\sum_{i=1}^{n}(R_i-R_n)^2}{n-1}};$$

其中 R_i——第 i 组试件的强度；

R_n——n 组试件的强度平均值。

$C_{\rm V}$——混凝土强度变异系数，其值为

$$C_{\rm v}=\frac{\sigma_{n-1}}{R_n};$$

保证率与保证率系数的关系如表 C.1 所示。

表 C.1 保证率 P 与保证率系数 t 的关系

保证率 P(%)	80	85	90	95
保证率系数(t)	0.84	1.04	1.28	1.645

强度变异系数的参考值如表 C.2 所示。

表 C.2 强度变异系数 $C_{\rm v}$ 的参考值

R(MPa)	≤20	25 ~ 40	50 ~ 60
$C_{\rm v}$	0.167	0.145	0.123

混凝土施工配制强度与设计强度的关系如表 C.3 所示。

表 C.3　混凝土施工配制强度与设计强度的关系

R	10	15	20	25	30	35	40	50	55	60
R_p	12.1	18.2	24.2	29.4	35.3	41.2	47.1	57.3	63.1	68.8
R_p/R	1.21	1.21	1.21	1.18	1.18	1.18	1.18	1.15	1.15	1.15

C.1.1　结构混凝土配合比设计

（1）设计应提供以下资料：

①混凝土设计强度；

②拟采用水泥标号；

③拟采用碎石的级配、密度和含水率；

④拟采用砂的类型、密度和含水率；

⑤要求混凝土的坍落度；

（2）混凝土配合比设计按以下步骤进行：

①选择水灰比：

混凝土抗压强度与水灰比之间的关系，可用下面经验公式描述：

碎石混凝土：

$$\sigma = 0.46C_e^0\left(\frac{C}{W} - 0.52\right) \tag{C.3}$$

砾石混凝土：

$$\sigma = 0.48C_e^0\left(\frac{C}{W} - 0.61\right) \tag{C.4}$$

式中　C——单位混凝土的水泥的用量；

W——单位混凝土的用水量；

σ——设计混凝土的抗压强度；

C_e^0——水泥的实际抗压强度，其值为

$$C_e^0 = k_c C_e$$

其中　C_e——水泥标号；

k_c——水泥标号富余系数，可取 $k_c = 1.13$.

水下混凝土的水灰比宜采用 0.5～0.6；钢筋混凝土不大于 0.49；普通道路工程路面混凝土不大于 0.50；机场跑道、高速公路路面混凝土不大于 0.46；冰冻地区寒季施工时，混凝土的水灰比不宜大于 0.45。

②确定单位用水量：

应根据选用粗骨料的种类、最大粒径、要求坍落度和采用水灰比，选择单位经验用水量。

当粗骨料的最大粒径不大于 40 mm，且粗、细骨料均干燥时，单位用水量，可按以下经验值采用：

碎石混凝土：150～170 kg/m^3；

砾石混凝土：140～160 kg/m^3；

当掺用外加剂时，应相应增减用水量。

③单位水泥用量的确定：

根据已确定的水灰比和单位用水量，即可求得单位水泥用量。但单位水泥用量应不小于300 kg/m^3 的规定。

④单位砂、碎石用量和混凝土理论配合比的确定：

混凝土的含砂率，按表C.4采用。

表C.4　碎石、砾石混凝土的含砂率

水灰比	碎石最大粒径40 mm(%)	砾石最大粒径40 mm(%)
0.46	27～32	24～30
0.50	30～35	28～33

根据选用含砂率，选用下面方法计算砂和碎石用量：

a. 假定密度法：

先假定混凝土的密度，从假定密度中减去水和水泥的重量，得单位混凝土中粗、细骨料的重量。根据选用的含砂率，即可计算出砂和碎石的重量。

b. 绝对体积法：

从1 m^3 混凝土中，减去水泥的体积和水的体积，即为砂和碎石的体积。根据含砂率和含碎石率，即可计算出砂和碎石的体积和重量。

通过以上计算，即可得出混凝土的材料质量比，即混凝土的理论配合比（水泥：砂：碎石）。

⑤施工配合比的确定：

施工时，砂和碎石中均含有水，应根据理论配合比，计算单位体积混凝土中含水砂和含水碎石的重量以及实际用水量，求出混凝土的施工配合比。

有了混凝土的施工配合比，即可进行试配，制作试件，进行混凝土强度试验。如果不能满足设计要求，则对理论配合比进行调整，并计算出施工配合比，再进行试验，直至满足设计要求。

算例：

某地修建混凝土路面，混凝土板要求抗折强度为4.5 MPa（混凝土标号30 MPa）；采用425号普通水泥；碎石采用5～20 mm和20～40 mm两档级配，相对密度为2.65；砂为中砂，相对密度为2.7；碎石的含水率为1.0%，砂的含水率为3.0%；掺用减水剂；要求坍落度为1～2 cm。试计算混凝土的配合比。

（1）选择水灰比

碎石混凝土的水灰比采用公式(C.3）计算：

取 $k_c=1.13$；$R_p=1.15R$ 则

$$C_e^0=42.5\times1.13=48.0$$

$$\sigma=1.15\times30=34.5$$

将 C_e^0，σ 代入（C.3）式，得：

$$C/W=2.08\text{，故水灰比 }W/C=0.48$$

（2）计算单位用水量

根据粗骨料的最大粒径40 mm，坍落度1～2 cm，单位经验用水量选用160 kg。掺用减水剂，减水率取10%，水灰比取0.46，故实际用水量为：160－16＝144 kg。

（3）计算单位水泥用量

根据已定的水灰比和单位用水量，可求得单位水泥用量 C，即：

C = 144/0.46 = 313 kg。

（4）计算单位砂、石用量和混凝土理论配合比

选用砂率 28%，计算砂和碎石用量。

①按假定密度法：

假定混凝土密度为 2 400 kg/m^3. 则每立方米混凝土所需砂和碎石总量为：

2 400 − 144 − 313 = 1 943 kg。

其中：砂为：1 943 × 0.28 = 544 kg；

碎石为：1 943 − 544 = 1 394 kg。

混凝土的材料质量比为：

水泥：砂：碎石 = 313：544：1 399 = 1：1.74：4.47.

②按绝对体积法：

每立方米混凝土中，砂和碎石的总体积为：

1 000 − (313/3.1 + 144/1) = 755 L；

其中：

砂为：755 × 2.70 × 0.28 = 570 kg；

碎石为：755 × 2.65 × 0.72 = 1 440 kg。

混凝土的材料质量比为：

水泥：砂：碎石 = 313：570：1 440 = 1：1.82：4.60

两种方法计算的结果接近，在试配中都可采用。根据以上配合比，经试配小梁抗折强度试验，如不符合设计要求，则进行调整，取调整后的配合比作为理论配合比。

（5）施工配合比的确定

设混凝土的理论配合比为：水泥：砂：碎石 = I：X：Y，测得砂的含水率为 W_x，碎石含水率为 W_y，则施工配合比为：I：$X(1+W_x)$：$Y(1+W_y)$。

取假定密度法得到的理论配合比，碎石的含水率为 1.0%，砂的含水率为 3.0%，计算得到每立方米混凝土中砂和碎石的用量为：

砂 = 544(1 + 0.03) = 560 kg/m^3；

碎石 = 1 399(1 + 0.01) = 1 413 kg/m^3。

每立方米混凝土实际用水量为：

144 − [(544 × 0.03) + (1 399 × 0.01)] = 114 kg/m^3.

故得施工配合比为：

水泥：砂：碎石 = 313：560：1 413 = 1：1.79：4.51。

（6）结构混凝土施工技术要求

①混凝土强度的确定

采用 20 cm × 20 cm × 20 cm 的标准试件，在温度为 20 ℃ ± 3 ℃，相对湿度不低于 90% 的空气中，养护 28 天的抗压强度作为混凝土的强度。

混凝土强度确定方法：采样制作试件，三块试件为一组。每组试件抗压强度的测定值，采用三个试件测值的平均值。如果三个测值中，有一个与中位值的差值超过中位值的 15%，则取中位值为该组试件的测定值；如果有两个测值都与中位值的差值超过 15%，则该组试

件无效。

②混凝土强度换算

当采用非标准尺寸试件作抗压强度试验时，混凝土的标号应按表 C.5 系数进行换算。

表 C.5　混凝土试件强度换算系数

骨料最大粒径(mm)	试件尺寸(cm)	换算系数
70(60)	20×20×20	1.0
50(40)	15×15×15	0.95
30	10×10×10	0.90

③水泥标号的选择

结构混凝土用水泥标号的选择，一般应遵守下面规定：

a. 对于 C30 以下的混凝土，水泥标号宜为混凝土强度的 1.2～2.2 倍；

b. C30 以上的混凝土，宜为混凝土强度的 1.0～1.5 倍。

在一般情况下，结构混凝土不使用标号低于 425 的水泥。

④混凝土拌和用水的技术要求

用于拌和结构混凝土的水，应满足以下要求：

a. 不得使用 pH 值小于 4 的酸性水、硫酸盐含量（按 SO_3 计算）超过水质量 0.27% 的水；

b. 不得使用海水拌制钢筋混凝土和预应力结构混凝土；

c. 生活用水一般均可用于拌制结构混凝土；

d. 结构混凝土拌和用水的具体质量要求。

(a) pH 值 >5；

(b) $SO_4^{2-} < 1\,500$ mg/L；

(c) 氯离子含量：预应力混凝土，小于 300 mg/L；普通混凝土，小于 600 mg/L。

⑤混凝土用砂的技术要求：

用于拌制混凝土的砂，应满足表 C.6 的规定。

表 C.6　混凝用砂的技术要求

项　目		高标号混凝土(>30)	一般混凝土(<30)
颗粒级配	筛孔尺寸(mm)	累计筛余，以质量百分比计(%)	
	0.15	95～100	95～100
	0.30	70～95	50～95
	1.20	20～55	5～55
	5.0	0～10	0～10
含泥量，按质量计，不大于(%)		3	5
云母含量，按质量计，不大于(%)		2	2
硫化物和硫酸盐含量(折算成 SO_3)，按质量计，不大于(%)		1	1
有机质含量(用比色法试验)		颜色不应深于标准色。如深于标准色，则应用混凝土强度试验加以复核。	

注：1. 抗渗混凝土用砂，宜按高标号混凝土用砂技术要求，细度模数 1.6～3.7；

2. 预应力混凝土用砂，其容重应不小于 1.55 t/m^3；

3. 10 号和 10 号以下混凝土用砂，其含泥量可适当放宽。

砂按细度模数的分组，如表 C. 7 所示。

表 C. 7　混凝土用砂的分组

砂组	粗砂	中砂	细砂	特细砂
细度模数	3. 7 ~ 3. 1	3. 0 ~ 2. 3	2. 2 ~ 1. 6	1. 5 ~ 0. 7
平均粒径(mm)	>0. 5	0. 5 ~ 0. 35	0. 35 ~ 0. 25	0. 25 ~ 0. 15

注：细度模数 M_k 和平均粒径 d_{cp}，按下面公式计算：

$$M_k = \frac{A_1 + A_2 + A_3 + A_4 + A_5 + A_6}{100} \quad (C.5)$$

$$d_{cp} = 0.5 \times \sqrt{\frac{G}{11a_1 + 1.37a_2 + 0.171a_3 + 0.02a_4 + 0.0024a_5}} \quad (C.6)$$

式中　A_1，A_2，A_3，A_4，A_5，A_6——分别为 0. 16，0. 315，0. 63，1. 25，2. 50，5. 00 mm 筛上的累计筛余%；

a_1，a_2，a_3，a_4，a_5——分别为 0. 16，0. 315，0. 63，1. 25，2. 50 mm 各筛上的分计筛余%；

G——为 0. 16，0. 315，0. 63，1. 25，2. 50 mm 各筛上的分计筛余之和。

砂的级配分区如表 C. 8 所示。

表 C. 8　混凝土用砂的级配分区

筛孔尺寸(mm)	累计筛余(%)		
	Ⅰ区	Ⅱ区	Ⅲ区
10. 00 (圆)	0	0	0
5. 00 (圆)	10 ~ 0	10 ~ 0	10 ~ 0
2. 50(圆)	35 ~ 5	35 ~ 0	15 ~ 0
1. 25(方)	65 ~ 35	50 ~ 10	25 ~ 10
0. 63(方)	85 ~ 71	70 ~ 41	40 ~ 16
0. 315(方)	80 ~ 35	92 ~ 70	85 ~ 55
0. 16(方)	100 ~ 90	100 ~ 90	100 ~ 90

注：①Ⅰ区砂基本属于粗砂范围；

Ⅱ区砂为中砂和一部分偏粗的细砂；

Ⅲ区砂为细砂和一部分变化偏细的中砂。

②除 5 mm，0. 63 mm，0. 16 mm 筛孔外，其他筛孔累计筛余允许超出分界线，但其总量不得大于 5%。

③对要求耐磨的混凝土，小于 0. 08 mm 的颗粒不应超过 3%；对其他混凝土，则不应超过 5%。但为石粉时，此限制可分别增加至 5% 和 7%。

④对混凝土用砂的其他要求：

a. 砂中轻物质的含量，按质量计，不宜大于 1%。

b. 对 30 号和 30 号以上混凝土，其所用砂的压碎指性标不应大于 35%；对 30 号以下混凝土，其压碎性指标不应大于 50%。对抗渗混凝土用砂，按 30 号以上混凝土要求办理。

c. 砂的坚固性，采用硫酸钠法进行试验。5 次循环的质量损失应不大于 10%。

⑥粗骨料技术要求：

用于拌制混凝土的粗骨料，应为坚硬的卵石或碎石。并应满足以下要求：

颗粒级配采用连续粒级或连续粒级与单粒粒级配合使用。在特殊情况下，通过试验证明混凝土无离析现象时，亦可采用单粒级；

粗骨料的最大粒径，应根据混凝土结构及施工方法而定。但最大粒径不得超过结构尺寸的 1/4 和钢筋最小净距的 3/4。在两层或多层钢筋密布的结构中，不得超过钢筋最小净距的 1/2，同时最大粒级不得超过 100 mm。

粗骨料还应满足以下技术要求：

a. 软弱颗粒的含量不大于 1%；

b. 针、片状颗粒（针状颗粒是指长度为该粒级平均粒径 2. 4 倍的颗粒；片状颗粒是指厚度为该粒级平均粒径 0. 4 倍的颗粒）含量不大于 10%；

c. 压碎值小于 20%；

d. 洛杉矶磨耗值小于 40%。

碎石、卵石中杂质允许最大含量，如表 C. 9 所示。

表 C. 9　碎石、卵石中杂质允许最大含量

序号	项　目	30 号和 30 号以上混凝土	30 号以下混凝土
1	泥土含量（用水冲法试验）（%）	1	2
2	硫化物、硫酸盐（折算为 SO_3）含量（%）	1	1
3	有机质含量（用比色法试验）	颜色应浅于标准溶液	

碎石和卵石级配范围如表 C. 10 所示。

表 C. 10　碎石和卵石的级配范围

级配类型	粒级（mm）	累计筛余（按质量计）（%）											
		筛孔尺寸（圆）（mm）											
		2. 5	5	10	15	20	25	30	40	50	60	80	100
连续级配	5 ~ 10	95 ~ 100	80 ~ 100	0 ~ 15	0								
	5 ~ 15	95 ~ 100	90 ~ 100	30 ~ 60	0 ~ 10	0							
	5 ~ 20	95 ~ 100	90 ~ 100	40 ~ 70		0 ~ 10							
	5 ~ 30	95 ~ 100	90 ~ 100	70 ~ 90		15 ~ 45		0 ~ 15	0				
	5 ~ 40		75 ~ 100	75 ~ 90		30 ~ 65			0 ~ 5	0			
单粒级配	10 ~ 20		95 ~ 100	85 ~ 100		0 ~ 15	0						
	15 ~ 30		95 ~ 100		85 ~ 100			0 ~ 10	0				
	20 ~ 40			95 ~ 100		80 ~ 100			0 ~ 10	0			
	30 ~ 60				95 ~ 100			75 ~ 100	45 ~ 75		0 ~ 10	0	
	40 ~ 80					95 ~ 100			70 ~ 100		30 ~ 60	0 ~ 10	0

（7）混凝土强度增长特性

混凝土达到 0. 5MPa 强度所需时间，如表 C. 11 所示。

表 C. 11　混凝土达到 0. 5MPa 强度所需时间

混凝土标号	不同日平均气温下,所需时间(h)		
	5 ℃ ~15 ℃	16 ℃ ~20 ℃	21 ℃ ~30 ℃
30	10	7	4
15 ~20	11	8	5

混凝土达到 1. 2MPa 强度所需时间，如表 C. 12 所示。

表 C. 12　混凝土达到 1. 2MPa 强度所需时间

水泥品种及标号	不同环境平均气温下,所需时间(d)			
	≤5 ℃	≤10 ℃	≤15 ℃	>15 ℃
硅酸盐水泥及≥325 号的普通水泥	2. 5	2. 0	1. 5	1. 0
矿渣水泥、火山灰水泥、粉煤灰水泥及≤325 号的普通水泥	4. 0	3. 0	2. 0	1. 5

混凝土强度增长与温度和时间的关系，如表 C. 13、C. 14、C. 15 所示。

表 C. 13　425 号普通水泥配制的混凝土强度增长与温度和时间的关系

温度(℃)	不同时间下,混凝土强度增长率(%)					
	3 d	5 d	7 d	10 d	15 d	28 d
35	55	70	80	90		
30	50	65	75	85		
25	45	58	68	80		
20	40	55	63	75	89	
15	33	45	56	60	88	90

表 C. 14　425 号矿渣水泥配制的混凝土强度增长与温度和时间的关系

温度(℃)	不同时间下,混凝土强度增长率(%)					
	3 d	5 d	7 d	10 d	15 d	28 d
5	8	18	23	31	42	61
10	14	23	33	42	58	79
15	19	30	38	50	68	90
20	23	35	43	58	76	100
25	28	41	50	62	80	
30	32	43	58	70	88	
35	40	55	63	80	94	

表 C. 15　325 号普通水泥配制的混凝土强度增长与温度和时间的关系

温度(℃)	不同时间下,混凝土强度增长率(%)					
	3 d	5 d	7 d	10 d	15 d	28 d
5	22	30	35	43	55	70
10	30	37	42	55	63	80

续上表

温度(℃)	不同时间下,混凝土强度增长率(%)					
	3 d	5 d	7 d	10 d	15 d	28 d
15	37	45	52	62	73	90
20	41	50	58	69	80	100
25	45	55	63	75	90	
30	50	60	70	80		
35	56	65	74	84		

(8) 水下混凝土

水下混凝土施工应注意以下事项:

①硅酸盐水泥、普通水泥、矿渣水泥和粉煤灰水泥均可用于拌制水下混凝土。但水泥标号不宜低于 250 号,初凝时间不宜小于 2.5 h。

②粗骨料优先选用卵石。如采用碎石,宜适当增加含砂率。

③粗骨料粒径应满足以下要求:

最大粒径不大于导管内径的 1/6 ~ 1/8 和钢筋最小净距的 1/4。同时,不应大于 40 mm(灌注桩体)或 60 mm(封底);

采用混凝土泵输送时,卵石粒径应不大于管径的 1/2.5,碎石粒径应不大于管径的 1/3。

④通过 0.25 mm 筛孔的骨料重量,应为总重量的 6% ~10%。

⑤细骨料宜采用级配良好的中砂。

⑥混凝土的含砂率宜采用 40% ~50%,水灰比应采用 0.5 ~0.6。

⑦混凝土的坍落度:

a. 用导管法灌注的钻孔灌注桩和管柱混凝土,宜为 18 ~20 cm。封底混凝土,宜为15 ~20 cm。

b. 采用活底容器法灌注时,宜为 10 ~15 cm。

c. 采用泵压法灌注时,宜为 12 ~18 cm。

⑧混凝土配制标号宜适当提高,一般不低于设计标号的 1.2 倍。

⑨每立方米混凝土的水泥用量,一般不少于 350 kg。围堰混凝土和掺有粉煤灰、减水剂的混凝土,不少于 300 kg。

(9) 混凝土工程质量检验及标准

①混凝土施工时,应采样制作试件,测定其在标准养护条件下,28 d 龄期的抗压强度极限。试件组数应符合下列规定:

a. 一般体积的结构物(如基础、墩台等),每一单元结构物制样不少于 2 组。

b. 大体积结构物,每 80 ~200 m^3 或每一班取样不少于 2 组。

c. 制梁时,每片梁的混凝土试件数量应符合以下规定:

(a) 梁长小于 16 m 时,取样一组;

(b) 梁长 16 ~30 m,取样 2 组;

(c) 梁长 31 ~50 m,取样 3 组;

(d) 梁长大于 50 m 时,取样不少于 5 组。

d. 就地浇筑混凝土小桥涵，每一座或每一班取样不少于 2 组。

②质量标准：

a. 大桥等重要工程及中小桥、涵洞工程，当试件数量大于或等于 10 组时，宜用数理统计方法，按以下条件进行评定：

$R_n - k_n S_n \geqslant 0.85R$；

$R_{\min} \geqslant 0.85R$

式中　n——同一批混凝土试件的组数；

R_n——同批 n 组试件强度测定值的平均值，MPa；

S_n——同批 n 组试件强度测定值的标准差，MPa；

R——混凝土设计标号，MPa；

$R_{\min}$——同批 n 组试件中强度最低一组的测定值，MPa；

k_n——系数，当 $n = 10 \sim 14$ 时，$k_n = 1.7$；

$n = 15 \sim 24$ 时，$k_n = 1.65$；

$n \geqslant 25$ 时，$k_n = 1.60$.

b. 中小桥、涵洞等工程，同批混凝土试件数量小于 10 组时，可用非数理统计方法，按以下条件进行评定：

（a）同批试件强度测定值的平均值不低于设计值 R；

（b）同批试件中，强度最低值不低于 $0.85R$；

（c）同批试件中，强度测定值低于 R 的组数应符合以下规定：

ⓐ当试件为 6～10 组时，不多于 2 组；

ⓓ当试件为 3～5 组时，不多于 1 组；

ⓒ当试件少于 3 组时，各组强度测定值均不得低于 R。

当混凝土强度按试件强度进行评定达不到合格标准时，可采用钻取岩芯试样，确定实际混凝土的抗压强度。

C.2　负温、低温早强混凝土的配制

目前，国内混凝土工程中使用的防冻剂大都是由早强组分、防冻组分、复合减水剂及引气剂组成，一般是非氯盐型防冻组分，对钢筋无锈蚀作用。通常使用的早强防冻组分以亚硝酸盐为主，它能降低水溶液冰点（－19.6℃），防止混凝土受冻，同时使混凝土在负温下仍保留部分未冻水，水泥继续水化，提高低温混凝土的早期强度；减水组分可减少拌合用水10%～20%，从而减少混凝土中的剩余水量，也减少了混凝土受冻的可能性；引气组分引入一定的气泡，使混凝土适宜泵送，并能抵消一部分冻胀应力，有利于提高混凝土的抗冻融性能。对于多年冻土地区桥涵混凝土工程（桥涵上部、墩台等外露结构）冬季施工，防止混凝土早期受冻尤为重要。

混凝土配合比设计好后，可按如下方法配制负温、低温混凝土。

C.2.1　负温早强混凝土

适应最低气温－25℃。浇筑的砼在负温环境下，能以较快的速度硬化。其配制方法和特

点如下：

（1）小体积混凝土采用早强硫铝酸盐水泥，掺加适量抗冻早强剂；大量混凝土采用硅酸盐水泥或普通硅酸盐水泥，并掺加复合性防冻剂。

（2）混凝土无需用蒸汽、电热、暖棚等方法养护，也无需采用特殊的保温措施。热水拌制的混凝土浇筑后，表面覆以塑料薄膜，以棉毡、草袋等一般材料覆盖保温即可。施工简便，节约能源。

施工注意事项：

（1）早强硫铝酸盐水泥的质量，必须符合国家专业标准要求。运输和保管要与其他水泥分开，不得与硅酸盐或石灰等碱性材料混合使用。

（2）抗冻早强剂质量必须合格，尤其是复合外加剂，使用前一定要进行试验确认，并确定掺入量。

（3）负温早强混凝土最少水泥用量不宜少于 280 kg/m^3，水灰比不应大于 0. 65。

（4）设计硫铝酸盐水泥混凝土配合比时，坍落度要比普通混凝土增加 1 ~2 cm。

（5）砂、石料温度宜保持 0 ℃以上，为保证混凝土具有施工要求的拌和温度，应对拌和用水加热，但热水温度不宜超过 60 ℃。

（6）当水泥用量大于 350 kg/m^3 时，为避免搅拌机黏罐，可按如下顺序上料：先加石子和大约一半拌和水搅拌 0. 5 min；然后加入砂、水泥和另一半拌和水，搅拌均匀。

（7）拌制好的混凝土应尽快运至浇筑地点。如混凝土失去流动性，不得二次加水拌和使用。

（8）负温早强混凝土浇筑后，外露面要及时压抹，以免出现微细裂纹。为防止混凝土表面失水起砂，宜先覆盖一层塑料薄膜，然后加盖保温材料。

（9）负温早强混凝土不宜采用电热和高温蒸汽养护。

C. 2. 2　低温早强混凝土

低温早强混凝土适用于 5 ℃以下环境温度。

低温早强混凝土具有在低温下，早期强度增长快的特点。在配制工艺上主要采用添加低温早强剂，采取加热和保温覆盖措施后，可适用较低环境温度。

低温早强剂一般由早强剂和减水剂组成。目前常用的低温早强剂有 DZ-3、DZ-1 和以硫酸钠为主的各种复合低温早强剂。

低温早强剂应满足如下技术要求：

（1）混凝土的早期强度增长快，后期强度不损失。

（2）对钢筋无锈蚀作用。

（3）对混凝土的基本性能无影响。

（4）对混凝土无腐蚀作用。

低温早强混凝土施工应注意以下两点：

（1）选用的低温早强剂为粉剂时，可随水泥一同加入进行搅拌。但其掺量应力求准确，并严格控制搅拌时间。

（2）低温早强混凝土浇筑后，应及时覆盖一层塑料薄膜，然后再覆盖保温层进行养护。

外掺剂的加入数量应通过试验确定，或按有关规范确定。

附录D　多年冻土工程类型的野外物理状态判别方法

冻土是融土经冻结而成。土体冻融过程中，土中水的相态变化，对土体基本物理性质（容重、总含水率等）的影响是较小的。因此，冻、融土的物理状态，必然存在一定的联系。利用冻土的体积含冰量和冻土融化后的物理状态，可帮助判定多年冻土的工程类型。

D.1　融土物理状态与物性指标的关系

（1）黏性土的稠度

土的稠度是指土的软硬程度。黏性土由于含水率不同，其状态可以是流动的、塑性的或固态的。黏性土的稠度，可用塑性指数和液性指数来描述。

流动状态的黏性土，随着土中自由水的逐渐蒸发，相邻颗粒间的距离逐渐减小，土的体积逐渐收缩，密度逐渐增大。当相邻颗粒间的距离减小至等于两倍电分子引力作用半径（土颗粒间开始以结合水膜相联系）时，土开始具有黏聚性，而呈可塑状态。含水率的这一临界值，称为液性限界或塑性上限，简称液限。随着土中自由水的继续蒸发，黏性土的可塑性减弱，当土颗粒间的距离缩小至接近结合水膜厚度时，土开始失去可塑性，而呈半固态。这一临界含水率称为塑性限界或塑性下界，简称塑限。黏性土的软、硬状态与土颗粒周围水分类型的关系如表D.1所示。

表D.1　黏性土物理状态与含水类型的关系

土的物理状态	固态	半固态	塑态	流态
土颗粒周围水的类型	强结合水	强结合水，弱结合水	强结合水，弱结合水，少量自由水	强结合水，弱结合水，大量自由水

塑限和液限是黏性土含水状况的两个重要特征值，是区分黏性土物理状态（塑性状态、流动状态和半固态）的界限含水率；是表征黏性土处于塑性状态时，含水率变化范围的区间界限值。

液限与塑限之差称为塑性指数（用百分数表示）。即：

$$I_P = W_L - W_P \tag{D.1}$$

式中　I_P——塑性指数；

W_L——黏性土的液限；

W_P——黏性土的塑限。

塑性指数 I_P 是表征黏性土表面物理－化学活动性强弱的指标，是对黏性土进行进一步分类的主要依据。

黏性土的稠度用液性指数 I_L 来描述。液性指数用下面公式计算：

$$I_L = \frac{\omega - \omega_P}{\omega_L - \omega_P} \tag{D.2}$$

ω——黏性土的含水率；

在工程实践中，常根据液性指数的大小，将黏性土的软硬程度进行划分（表 D-2）。

表 D.2　黏性土软硬程度与液性指数的关系

液性指数	软硬程度	
$I_L<0$	半干硬状态	
$0 \leqslant I_L < 0.5$	可塑状态	硬塑状态
$0.5 \leqslant I_L < 1$		软塑状态
$I_L>1$	流塑状态	

（2）砂土的相对密度

砂性土基本不含结合水，因此，稠度在这里没有意义。对于砂性土而言，最重要的物理状态指标是反映砂性土压实性大小的密实度。

砂性土的密实度可用孔隙比来描述。对同一种土而言，孔隙比越大，压缩性越大。在工程实践中，常采用相对密度 D 来描述砂性土的密实度。相对密度用下面公式计算：

$$D = \frac{e_{max} - e}{e_{max} - e_{min}} \tag{D.3}$$

式中　e——砂土的天然孔隙比；

e_{max}——砂土的最大孔隙比；

e_{min}——砂土的最小孔隙比

根据砂性土的相对密度，可将砂性土的密实程度进行如下分级（表 D.3）。

表 D.3　砂性土密实程度分级

密实程度级别	相对密度	
密实	$D \geqslant 0.67$	
中密	$0.67 > D > 0.33$	
松散	稍松	$0.33 \geqslant D \geqslant 0.2$
	极松	$D < 0.2$

（3）土的饱和度

饱和度是指土中孔隙被水充满的程度。

土的饱和度可根据土的孔隙比（或孔隙度）、土颗粒比重和含水率，采用下面公式计算：

$$S_r = \frac{\gamma_0 \omega}{e}, \text{或 } S_r = \frac{(1-n)\gamma_0 \omega}{n} \tag{D.4}$$

式中　S_r——土的饱和度；

γ_0——土的比重；

ω——土的含水率；

n——土的孔隙度；

e——土的孔隙比。

土的潮湿程度决定于土的饱和度。根据土的饱和度可将碎石类土、砂类土的潮湿程度划分如下（表 D. 4）。

表 D. 4 碎石类土、砂类土的潮湿程度划分

潮湿程度	饱和度 S_r
稍湿	$S_r \leqslant 0.5$
潮湿	$0.5 < S_r \leqslant 0.8$
饱和	$S_r > 0.8$

D. 2 冻、融土物理状态的关系

冻土的工程类型（少冰冻土、多冰冻土、富冰冻土、饱冰冻土、含土冰层）是根据冻土含冰（总含水率）量的大小而进行划分的。不同大小的含冰量，决定了冻土融化后的软硬（潮湿）程度。换句话说，冻土的工程类型与融土（冻土融化而成）的软硬（潮湿）程度有关。因此，黏性土软硬程度与液性指数的关系，粗颗粒土的潮湿程度与饱和度的关系，都可用于冻土工程类型的野外初步判别。

表 D. 5 将各类多年冻土与融土的物理状态指标联系起来，给出冻土工程类型的野外物理状态鉴别方法，供冻土工程地质调查参考。

表 D. 5 多年冻土工程类型的野外鉴别方法

多年冻土类型	土的名称	体积含冰量(%)	融化后的状态	饱和度,液性指数
少冰冻土	粗颗粒土	$i_{0\delta} \leqslant 15$	稍湿	$S_r \leqslant 0.5$
	黏性土		半坚硬状态	$I_L < 0$
多冰冻土	粗颗粒土	$15 < i_{0\delta} \leqslant 25$	潮湿	$0.5 < S_r \leqslant 0.8$
	黏性土		硬塑状态	$0 \leqslant I_L < 0.5$
富冰冻土	粗颗粒土	$25 < i_{0\delta} \leqslant 35$	饱和	$S_r > 0.8$
	黏性土		软塑状态	$0.5 \leqslant I_L < 1$
饱冰冻土	粗颗粒土	$35 < i_{0\delta} \leqslant 50$	大量出水	
	黏性土		流塑状态	$I_L \geqslant 1$
含土冰层	粗颗粒土	$i_{0\delta} > 50$	大量出水,骨架坍落	
	黏性土		稀泥浆、泥水	

冻土工程地质调查时，冻土工程类型的初步判定，可根据冻土的体积含冰量和冻土融化后的潮湿程度（软硬程度）来判定。有条件时，可通过试验资料，计算出液性指数或饱和度，参考表 D. 5，综合确定。

附录 E 多年冻土地温场监测注意事项

地温是多年冻土的重要特征参数。多年冻土年平均地温的高低，表征着多年冻土热稳定性的好坏，是多年冻土地基强度特性的指示标识。因此，正确测定多年冻土的年平均地温，对于准确进行建筑场地的多年冻土工程地质条件评价，有着十分重要的意义。

E.1 新建测温孔地温恢复时间的确定

在多年冻土中新建测温孔时，钻孔施工过程必然带给多年冻土以热干扰，使钻孔周围一定范围多年冻土的地温升高。热干扰程度的大小，与钻孔尺寸、钻进方法（干钻、开水钻、泥浆钻）、钻孔施工延续时间等直接相关。

为了获得多年冻土的准确地温值，新建地温观测孔的起始测温时间，应在钻孔地温恢复正常后进行。

测温孔地温恢复时间的确定，可有以下两种方法。

（1）直接测定法。在钻孔施工完成后，立即将测温电缆下入钻孔中，开始（各深度）地温的连续观测，绘制（各深度地温的）地温—时间曲线，确定钻孔地温恢复时间和多年冻土的天然地温。

按以下时间间隔（天），观测地温一次：1、2、3、5、7、10、13、16、20、25、30、35…，直至地温—时间曲线的斜率为 0 时，停止观测。

（2）计算法。测温孔干扰带多年冻土地温的恢复时间，可采用以下方法计算确定。

测温孔天然地温恢复时间的长短，取决于钻孔热干扰带与天然多年冻土层之间达热平衡所需流出的热量多少和热流速率的大小。即：测温孔天然地温恢复时间的长短，与钻孔施工时的热干扰程度，测温孔布设地点多年冻土的年平均地温、多年冻土的类型和岩性成分等有关。其中，钻孔施工热干扰和多年冻土的年平均地温，是影响钻孔周围地温恢复时间长短的主要因素。经验表明：钻孔地温恢复时间与多年冻土的年平均地温成反比，与钻孔施工延续时间成正比。即：施工时间越短，热干扰程度就越轻，钻孔地温恢复时间就越短；多年冻土的年平均地温越低，干扰带与多年冻土间的热流速率就越大，钻孔地温恢复所需时间就越短。

考虑多年冻土年平均地温和钻孔施工延续时间的钻孔地温恢复过程，可用下面经验方程来描述：

$$\theta(z,t)=\frac{k}{\theta_{\mathrm{cp}}}\ln[(t-s)/t]+\theta_0(z,t) \tag{E.1}$$

式中 $\theta(z,\ t)$ ——钻孔完成后，在计算时间 t，深度 z 处，钻孔壁多年冻土的温度；

$\theta_0(z,\ t)$ ——钻孔完成后，在时间 t，深度 z 处，多年冻土的天然地温；

k——环境影响系数，与测温孔地点的植被覆盖程度、多年冻土的类型、岩性成分等有关，变化在 0.5～1.0 之间。地表植被覆盖良好、粗颗粒土地层、高含冰量冻土分布时，$k=0.5$；裸露地表、细颗粒土地层、低含冰量冻土分布时，$k=1.0$。

θ_{cp}——钻孔地段多年冻土的年平均地温；

t——计算时刻，d；

s——钻孔施工延续时间，d。

从上面方程（E.1）可以看出，当 $t=\infty$ 时，$(t-s)/t \doteq 1, \theta(z,\infty)=\theta_0(z,\infty)$。

方程（E.1）也可用来计算时刻 t 时，钻孔壁（沿深度）的平均地温 $\theta_{cp}(t)$。此时，应将方程右边的 $\theta_0(z,t)$，改为计算时刻 t 多年冻土天然地温的平均值 $\theta_{0cp}(t)$，方程（E.1）变成：

$$\theta_{cp}(t)=\frac{k}{\theta_{cp}}\ln[(t-s)/t]+\theta_{0cp}(t) \tag{E.2}$$

公式(E.2）可用来计算测温孔地温恢复所需的平均时间。

考虑地温测量精度和工程实际应用，钻孔地温恢复的标准，规定如下：

当钻孔壁的平均地温（沿深度）较周围多年冻土的天然地温平均值（沿钻孔深度）高出范围不大于 0.1℃时，则认为钻孔地温已恢复正常。

算例：

假设：钻孔施工延续时间为 7 d；多年冻土的年平均地温为 −2.5℃；环境影响系数 $k=1$；计算时刻为 8 d、10 d、15 d、25 d、30 d。

将上面各数代入方程（E.2），计算得出不同时间测温孔干扰带多年冻土的平均地温如表 E.1 所示。

表 E.1　不同时间测温孔干扰带多年冻土的平均地温 θ_{cp}（t）

计算时刻(钻孔完成时起算)t(d)	钻孔壁干扰带多年冻土的平均地温 θ_{cp}(t)(℃)	备注
8	$\theta_{cp}(8)=\theta_{0cp}(8)+0.83$	$\theta_{0cp}(t)$为计算时刻 t，多年冻土天然地温的平均值
10	$\theta_{cp}(10)=\theta_{0cp}(10)+0.48$	
15	$\theta_{cp}(15)=\theta_{0cp}(15)+0.25$	
25	$\theta_{cp}(25)=\theta_{0cp}(25)+0.13$	
30	$\theta_{cp}(30)=\theta_{0cp}(30)+0.11$	

从表 E.1 可以看出：在假设条件下，钻孔完成后 30 d，孔壁干扰带多年冻土的平均地温，较多年冻土的天然地温平均值高 0.1 ℃，故钻孔地温恢复时间为 30 d。

采用上面假设和计算方法，用公式(E.2)，可计算出不同多年冻土年平均地温时，测温孔干扰带多年冻土地温的恢复时间（表 E.2）。

表 E.2　不同多年冻土年平均地温时，测温孔地温恢复时间

多年冻土年平均地温 θ_{cp}(℃)	测温孔干扰带地温恢复时间 t(d)	备 注
−2.5	30	
−2.0	35	
−1.5	50	
−1.0	70	

多年冻土中布设的新测温孔，应根据测温孔干扰带多年冻土地温的恢复时间，确定开始地温观测的起始时间，以提高测温资料的代表性、准确性。

从上面的计算结果可以看出，新建的地温观测孔，多年冻土天然温度状态的恢复，大体都需要 30 d 以上的时间。这与人们一般所想像的时间要长许多。产生这种差别的原因是环境影响系数 k 的取值。如果 k 值取 0.5，则钻孔地温恢复时间即可缩短一半。因此，在建立大型地温观测系统时，应事先对观测地区环境因素的代表性组合，进行钻孔地温恢复时间的试验观测，以确定观测地区的环境影响系数，供观测地区测温孔地温恢复时间计算使用。

上面计算出来的钻孔天然地温恢复时间，可能与实际情况有较大差别。但可作为制定地温观测计划的参考。所以，在测温孔施工时，最好采用直接测定法，来确定钻孔天然地温恢复时间和多年冻土的年平均地温。观测结果也可用来确定公式中的环境影响系数 k。

E.2　测温探头的感温最小反映时间

多年冻土地温的测量除应考虑测温孔干扰带地温的恢复时间外，还应考虑测温探头感温的最小反映时间。

温度是物体分子运动能量的量度。任何温度测量都要求一定的精度。这取决于测温的目的、地温场的特点和建设地温观测系统的成本要求等。对于冻土工程来说，多年冻土地温场的测定，系统精度达到 0.1 ℃，满足冻土工程地质条件评价和地基基础热工计算是没有问题的。

在确定地温测量系统的精度时，应充分考虑测温探头“测温延迟”的影响。所谓“测温延迟”，是指温度传感器（温度）与天然土体的温度达到平衡所需要的时间。

测温探头的感温最小反映时间，通常用一个时间常数来表示。这个时间常数，是指探头温度与所测地温之间的温差，减小到起始温差的 37% （$1/e = 1/2.718$）所需时间，由试验室试验测定。

测温探头时间常数的大小，取决于探头材料的比热、导热系数、探头的几何形状和被测量介质的热物理特性等。

测温探头的时间常数，由探头制造商给出。一般情况下，制造商会给出探头在水浴、油浴和静止空气中的值。

测温探头的时间常数，一般变化在 1 s（直径 3 mm 以下的小体积探头）至 1 min（大直径探头）。封闭在金属管中的热敏电阻测温电缆，其时间常数应通过试验确定。据有关资料，其时间常数一般在 1 min 左右。

在测温孔中下入电缆测温时，为测得真实的地温，应在一定的时间间隔后，方能进行地温测量。

据统计分析：5 倍时间常数后测得的地温，其准确性可达 99% ；10 倍时间常数后测得的地温，其准确性可达 99.99% 。

综上所述，多年冻土地温的测定，应采用正确的方法，以求得到反映多年冻土特征的准确地温值。